JN330807

現代日本語ムード・テンス・アスペクト論

# ひつじ研究叢書〈言語編〉

| | | |
|---|---|---|
| 第88巻 | 法コンテキストの言語理論 | 堀田秀吾 著 |
| 第89巻 | 日本語形態の諸問題 | 須田淳一・新居田純野 編 |
| 第90巻 | 語形成から見た日本語文法史 | 青木博史 著 |
| 第91巻 | コーパス分析に基づく認知言語学的構文研究 | 李在鎬 著 |
| 第92巻 | バントゥ諸語分岐史の研究 | 湯川恭敏 著 |
| 第93巻 | 現代日本語における進行中の変化の研究 | 新野直哉 著 |
| 第95巻 | 形態論と統語論の相互作用 | 塚本秀樹 著 |
| 第96巻 | 日本語文法体系新論 | 清瀬義三郎則府 著 |
| 第97巻 | 日本語音韻史の研究 | 高山倫明 著 |
| 第98巻 | 文化の観点から見た文法の日英対照 | 宗宮喜代子 著 |
| 第99巻 | 日本語と韓国語の「ほめ」に関する対照研究 | 金庚芬 著 |
| 第100巻 | 日本語の「主題」 | 堀川智也 著 |
| 第101巻 | 日本語の品詞体系とその周辺 | 村木新次郎 著 |
| 第103巻 | 場所の言語学 | 岡智之 著 |
| 第104巻 | 文法化と構文化 | 秋元実治・前田満 編 |
| 第105巻 | 新方言の動態30年の研究 | 佐藤髙司 著 |
| 第106巻 | 品詞論再考 | 山橋幸子 著 |
| 第107巻 | 認識的モダリティと推論 | 木下りか 著 |
| 第108巻 | 言語の創発と身体性 | 児玉一宏・小山哲春 編 |
| 第109巻 | 複雑述語研究の現在 | 岸本秀樹・由本陽子 編 |
| 第111巻 | 現代日本語ムード・テンス・アスペクト論 | 工藤真由美 著 |
| 第112巻 | 名詞句の世界 | 西山佑司 編 |
| 第113巻 | 「国語学」の形成と水脈 | 釘貫亨 著 |

ひつじ研究叢書
〈言語編〉
第111巻

# 現代日本語
# ムード・テンス・アスペクト論

工藤真由美 著

ひつじ書房

## まえがき

　どのような言語でも、〈述語〉は、文の中心部分であるがゆえに最も複雑な構造になっている。本書は、日本語のバリエーションとして標準語と諸方言を位置づけた上で、〈叙述文の述語〉の中核をなす〈ムード・テンス・アスペクト〉を中心に、その多様なあり様について考察しようとするものである。

　工藤（1995）『アスペクト・テンス体系とテクスト―現代日本語の時間の表現―』では、標準語のアスペクト・テンス体系と、愛媛県宇和島方言のアスペクト体系について考察できたにすぎなかった。その後、次のようなプロセスで研究対象が拡大していった。

1) 標準語中心の記述から日本語の様々なバリエーションの考察へと段階的に進展していった。これは、標準語文法を日本語のバリエーションの1つとして位置づけるという相対化のプロセスでもあった。

    本土日本語：　　東日本諸方言　⟷　標準語　⟷　西日本諸方言
    国内の日本語：本土日本語　　　⟷　奄美沖縄諸方言
    海外の日本語：国内の日本語　　⟷　ブラジル、ボリビアにおける日系及び沖縄系移民社会の日本語

2) 上記のような研究対象の拡大に伴って、動詞述語に限定した時間表現に関わるアスペクト・テンス体系の記述から、述語全体（動詞述語、形容詞述語、名詞述語）におけるムード・テンス・アスペクトのあり様の考察へと展開した。これは、ムード、テンス、アスペクトという個々の文法的カテゴリーの内部構造

だけでなく、3者間の相関性（相互作用）を視野に入れた考察へとつながるものであった。

3) さらに、言語接触論的観点からの考察へ向けても展開した。特に、次の地域では、言語の接触と混交がダイナミックに起こった結果、新たな日本語のバリエーションが生まれている。

　　国内の日本語：那覇市を中心とする沖縄地域における伝統方言と本土日本語（標準語や西日本諸方言）の接触による文法的変化
　　海外の日本語：ブラジル日系移民社会やボリビア沖縄系移民社会における日本語諸方言間の接触と混交

以上の研究プロセスを踏まえて、本書は4部構成となっている。

第Ⅰ部「序論」では、第Ⅱ、Ⅲ、Ⅳ部の前提となる理論的枠組みについて述べている。特に、時間的限定性の観点による述語の意味的タイプ（動詞分類を含む）の問題は、叙述文の述語（動詞述語、形容詞述語、名詞述語）におけるムード・テンス・アスペクトのあり様を考察するにあたって必要不可欠なものである。

第Ⅱ部「標準語のムード・テンス・アスペクト」では、次の2つの相関性に基づく記述を行っている。

①時間的限定性の観点からの述語の意味的タイプと、認識的ムード（叙述法）、テンス、アスペクトという形態論的なカテゴリーとがどう相関しているか
②テンス、アスペクトという時間的側面と、認識的ムード（叙述法）とがどのように相関（相互作用）しているか。さらには、時間的側面と認識的側面に、話し手の評価感情の側面がどのように絡みあってくるか。

第Ⅲ部と第Ⅳ部は、諸方言を対象としている（xxiv頁～xxv頁の地点一覧参照）。ここでは、標準語や中央語の歴史では実現されなかった日本語のさまざまな諸相が提示される。

第Ⅲ部「愛媛県宇和島方言のムード・テンス・アスペクト」では、著者の母語である宇和島方言を対象にして、述語における形態論的体系を考察している。アスペクトのみならずムードの面でも標準語とは異なる構造を有していることから、標準語の文法を相対化しつつ、個別方言を対象にして、標準語とは異なる形態論化のあり様を総合的に考えてみることが第Ⅲ部の目的である。これは、第Ⅳ部における通方言的考察の前提ともなる。本来、このような個別方言の総合的記述があってこそ、第Ⅳ部で述べるバリエーションの精密な考察が可能になるということであろう。

　第Ⅳ部「諸方言の多様性」では、存在動詞を出発点として、アスペクト、時間的限定性、エヴィデンシャリティーに関わるバリエーションの記述を行う。世界の諸言語のなかで日本語を見た場合、その大きな特徴は「ある」「おる」「いる」という3つの存在動詞を有する点にある。「人の存在」を表す場合に、3つの存在動詞のどれを採用するかによって、日本語のバリエーションが生じる。そして、この違いは、アスペクト、時間的限定性、エヴィデンシャリティーに関わる形態論的カテゴリーがどう形成されるかに連動し、さらには言語接触のあり様にも関わっている。一口に、アスペクトやエヴィデンシャリティーとは言っても、そこには、多様な形態論化のバリエーションが生成されていることが分かるであろう。そして同時に、標準語の文法構造が日本語の1つのバリエーションであることも見えてくるであろう。

　以上の第Ⅰ部～第Ⅳ部を貫く本書の考察内容は、最後の「むすび」にその概略を提示している。

　本書では、標準語も、諸方言も、接触言語（接触方言）もすべて、日本語のバリエーションとして扱う。標準語文法では適切であっても、諸方言の考察にあたっては不適切になる用語もある。標準語と諸方言の双方向的な記述が必要であるとすれば、方言研究を拒否しない用語の選択が行わなければならない。近年、消滅の危機に瀕した言語（方言）の問題が重要になっている。このような言語（方言）の記述に際しても、共通の枠組み、キーワードが必要不可欠になると思われ、類型論的あるいは通言語的研究において提示されて

いる枠組みが参考になる場合も多いであろう。最後に、用語解説として、主要なキーワードを提示しているので、本書を読む際の手がかりとしていただければ幸いである。

諸方言や言語接触に関わる調査研究は、参考文献に示したように共同プロジェクトとして実施されたものである。共同研究者、研究協力者の方々にお礼を申し上げたい。本書の内容は、参考文献にあげた1996年から現在までに発表してきた諸論文と新たに書き起こしたものからなる。これまで発表してきたものについても、すべて、全体構成を考えて修正や補足を行った。

日本語の未来を考える上でも、日本語の多様性とその動態を見ておくことが必要不可欠であろう。今後の課題は多々あり、本書の全体構成も十分整合的なものにはなっていないが、中間報告として公刊する次第である。

# 目　次

まえがき　V

表記方法　XXIV

方言地点一覧（地図）　XXVI

### I　序論　1
第1章　はじめに　3
第2章　〈はなしあい〉における文の２つの側面　21
第3章　述語の意味的タイプ　31
第4章　動詞　59
第5章　形態論的カテゴリーとしての
　　　　ムード・テンス・アスペクト　75

### II　標準語のムード・テンス・アスペクト　87
第1章　はじめに　89
第2章　認識的ムード（叙述法）　99
第3章　テンス　141
第4章　アスペクト　193
第5章　否定述語のムード・テンス・アスペクト　231

第6章 反事実仮想　　　263
第7章 「らしい」「ようだ」とテンス　　　279

### III　愛媛県宇和島方言の　　　325
　　　ムード・テンス・アスペクト

第1章 はじめに　　　327
第2章 方言の動態と世代差　　　333
第3章 述語の意味的タイプと品詞　　　337
第4章 存在動詞のムード・テンス・時間的限定性　　　343
第5章 運動動詞のムード・テンス・アスペクト　　　357
第6章 形容詞述語のムード・テンス　　　391
第7章 名詞述語のムード　　　401
第8章 否定述語のムード・テンス・アスペクト　　　407
第9章 実現可能形式と時間的限定性　　　421
第10章 おわりに　　　441

### IV　諸方言における多様性　　　445

第1章 はじめに　　　447
第2章 存在動詞とその文法化　　　469
第3章 アスペクト体系のバリエーション　　　493
第4章 時間的限定性のバリエーション　　　539
第5章 エヴィデンシャリティーのバリエーション　　　553
第6章 言語接触と文法的変化　　　595

| | |
|---|---|
| むすび | 621 |
| キーワード（用語解説） | 633 |
| 参考文献 | 651 |
| 用例出典一覧 | 663 |
| あとがき（謝辞） | 669 |
| 索引 | 671 |

# 詳細目次

| | |
|---|---|
| まえがき | V |
| 表記方法 | XXIV |
| 方言地点一覧（地図） | XXVI |

| | | |
|---|---|---|
| | I　序論 | 1 |
| 第1章 | はじめに | 3 |
| 1. | 本書の目的 | 3 |
| | 1.1　本書に至る調査研究史 | 6 |
| | 1.2　ムード・テンス・アスペクトと述語の意味的タイプ | 10 |
| | 1.3　述語構造の多様性 | 14 |
| 2. | 第I部の構成 | 16 |
| | | |
| 第2章 | 〈はなしあい〉における文の2つの側面 | 21 |
| 1. | 話し手と聞き手の相互行為としての〈はなしあい〉 | 21 |
| 2. | モーダルな意味による文の分類 | 23 |
| 3. | 対象的内容による文の分類 | 26 |
| 4. | おわりに | 28 |
| | | |
| 第3章 | 述語の意味的タイプ | 31 |
| 1. | はじめに | 31 |
| 2. | 時間的限定性　一般主体の場合と個別主体の場合 | 33 |
| 3. | 時間的限定性に関わる研究史概略 | 37 |
| | 3.1　時間的限定性による2分類 | 37 |
| | 3.2　特性と質　品さだめ文の下位分類 | 38 |
| | 3.3　動的現象と静的現象　物語り文の下位分類 | 41 |
| | 3.4　状態の規定と形容詞分類・動詞分類 | 44 |
| 4. | 時間的限定性から見た述語の意味的タイプ | 46 |

XIII

|  |  | 4.1 時間的限定性と品詞 | 47 |
|---|---|---|---|
|  |  | 4.2 時間的限定性とアスペクト・テンス | 49 |
|  | 5. | 現象と特性の相互移行 | 51 |
|  |  | 5.1 動的現象から特性への移行 | 52 |
|  |  | 5.2 静的現象から特性への移行 | 53 |
|  |  | 5.3 特性から静的現象への移行 | 53 |
|  | 6. | おわりに | 55 |

第4章 動詞 59
1. 3つの観点から見た動詞の特徴 59
2. 動詞の構文的機能 62
3. 動詞の語彙的意味のタイプ 64
　3.1 時間的限定性の観点から見た動詞分類 64
　3.2 アスペクトの観点から見た運動動詞の分類 69
4. 動詞の形態論的体系の多様性 72

第5章 形態論的カテゴリーとしての
　　　ムード・テンス・アスペクト 75
1. はじめに　形態論化という観点 75
2. パラディグマティックな対立としての形態論的カテゴリー 78
3. 〈はなしあい〉の構造と形態論的カテゴリー 81
4. 文の陳述性と形態論的カテゴリー 82
　4.1 ムードとモダリティー 82
　4.2 テンスとテンポラリティー 83
　4.3 アスペクトとアスペクチュアリティー 84

II　標準語のムード・テンス・アスペクト 87

第1章 はじめに 89
1. 〈はなしあい〉における叙述文 89
2. 述語の形態論的構造 92
3. 第II部の構成 95

## 第 2 章　認識的ムード（叙述法）　99

1. はじめに　99
    1.1 叙述文における断定形と推量形の基本的な対立　100
    1.2 未来のテンス的側面とムード的側面　102
    1.3 時間的限定性と認識的ムード　104
    1.4 認識的ムードと情報構造　105
    1.5 〈はなしあい〉の構造と叙述文　107
2. 断定形　108
    2.1 事実確認（聞き手にとっての新情報）　108
        2.1.1 現在・過去の事象の直接確認　108
        2.1.2 疑う余地のない事実の断定　110
    2.2 事実未確認の事象に対する確信的断定　113
        2.2.1 未来の事象に対する推量・確信的断定　113
        2.2.2 現在・過去の事象に対する確信的断定　116
    2.3 反事実仮想（反レアル）　119
    2.4 まとめ　120
3. 推量形　121
    3.1 話し手の推量　121
        3.1.1 事実未確認　121
        3.1.2 反事実仮想（反レアル）　124
        3.1.3 推量した帰結の聞き手への念押し的確認　125
    3.2 事実確認　127
        3.2.1 共有情報　127
        3.2.2 聞き手にとっての新情報　133
    3.3 まとめ　134
4. おわりに　136

## 第 3 章　テンス　141

1. はじめに　141
    1.1 過去形と非過去形の基本的な対立　142
    1.2 事実確認の有無とテンス　143
    1.3 情報構造とテンス　145
    1.4 話し手の評価感情とテンス　147
    1.5 義務的なテンス対立と二次的なムード用法　148
2. 時間的限定性とテンス　150
    2.1 時間的限定性のある事象とテンス対立　151
    2.2 時間的限定性のない事象と過去形　152

    2.2.1　主体の非現存　　　　　　　　　　　　153
    2.2.2　過去の直接確認時の焦点化　　　　　　155
 3.　非過去形のムード用法　　　　　　　　　　　　160
  3.1　〈劇的現在〉　　　　　　　　　　　　　　162
    3.1.1　スル形式が現在を表す場合　　　　　　162
    3.1.2　スル形式が過去を表す場合　　　　　　163
  3.2　評価感情の現在　　　　　　　　　　　　　167
    3.2.1　様々な評価感情の前面化　　　　　　　167
    3.2.2　当然性　　　　　　　　　　　　　　　170
    3.2.3　意外性と非難　　　　　　　　　　　　171
  3.3　テンス・事実確認・評価感情　　　　　　　174
 4.　過去形のムード用法　　　　　　　　　　　　　175
  4.1　事実の再確認（想起）　　　　　　　　　　179
  4.2　新事実の確認（発見）　　　　　　　　　　181
  4.3　意外な新事実の確認　　　　　　　　　　　184
 5.　おわりに　　　　　　　　　　　　　　　　　　186

第4章　アスペクト　　　　　　　　　　　　　　　193
 1.　はじめに　　　　　　　　　　　　　　　　　　193
  1.1　完成と継続の基本的なアスペクト対立　　　195
  1.2　話し手のパースペクティブと継起性・同時性　196
  1.3　継続相における話し手のパースペクティブ　198
 2.　時間的限定性とアスペクト　　　　　　　　　　200
 3.　アスペクトと運動動詞の意味的タイプ　　　　　202
  3.1　運動動詞分類と時間限界　　　　　　　　　203
  3.2　主体動作客体変化動詞　　　　　　　　　　205
  3.3　主体変化動詞　　　　　　　　　　　　　　207
  3.4　主体動作動詞　　　　　　　　　　　　　　212
  3.5　所属動詞一覧　　　　　　　　　　　　　　215
 4.　パーフェクトの複合性　　　　　　　　　　　　218
  4.1　パーフェクトと設定時　　　　　　　　　　218
  4.2　現在パーフェクトの複合性　　　　　　　　221
 5.　反復習慣の複合性　　　　　　　　　　　　　　226
 6.　おわりに　　　　　　　　　　　　　　　　　　227

## 第5章　否定述語のムード・テンス・アスペクト　231

1. はじめに　231
2. 否定とアスペクト　233
3. 否定とテンス　236
4. 否定述語と肯定的想定　239
5. 否定述語におけるムード・テンス・アスペクト　241
    - 5.1　シナイ形式　241
    - 5.2　シナカッタ形式　246
    - 5.3　シテイナイ形式　248
    - 5.4　シテイナカッタ形式　253
6. おわりに　255

## 第6章　反事実仮想　263

1. はじめに　263
    - 1.1　現在の事象に対する反事実仮想と過去形　264
    - 1.2　過去の事象に対する反事実仮想とシテイタ形式　265
2. 条件を表す事象におけるムードとテンスの相関性　266
3. 帰結を表す事象におけるムードとテンス・アスペクトの相関性　268
    - 3.1　現在・未来の反レアルな事象と過去形　268
    - 3.2　過去の反レアルな事象とシテイタ形式　271
4. おわりに　レアル・ポテンシャル・反レアル　274

## 第7章　「らしい」「ようだ」とテンス　279

1. はじめに　279
2. 「らしい」とテンス　284
    - 2.1　形容詞の接尾辞　284
    - 2.2　推定の助動詞「らしい」　287
        - 2.2.1　運動動詞述語におけるテンス・アスペクト　288
            - 2.2.1.1　シタらしいとシテイタらしい　289
            - 2.2.1.2　スルらしいとシテイルらしい　292
        - 2.2.2　名詞述語　295
        - 2.2.3　過去形「らしかった」の特殊性　296
    - 2.3　まとめ　298
3. 「ようだ」とテンス　299
    - 3.1　知覚印象　301
        - 3.1.1　運動動詞述語のアスペクト　301
        - 3.1.2　過去形「ようだった」の場合　303

XVII

|  |  |  | 3.1.3 非過去形「ようだ」の場合 | 306 |
|---|---|---|---|---|
|  |  |  | 3.1.4 名詞述語の特殊性 | 308 |
|  | 3.2 | 比況 |  | 309 |
|  |  |  | 3.2.1 動詞の場合 | 310 |
|  |  |  | 3.2.2 名詞の場合 | 313 |
|  | 3.3 | 推定の助動詞「ようだ」 |  | 314 |
|  |  |  | 3.3.1 運動動詞述語のテンス・アスペクト | 315 |
|  |  |  | 　　3.3.1.1 シタようだとシテイタようだ | 315 |
|  |  |  | 　　3.3.1.2 スルようだとシテイルようだ | 318 |
|  |  |  | 3.3.2 名詞述語の場合 | 319 |
| 4. | おわりに |  |  | 320 |

## III　愛媛県宇和島方言のムード・テンス・アスペクト　325

### 第1章　はじめに　327
1. 第III部の目的　327
2. 第III部の構成　330

### 第2章　方言の動態と世代差　333

### 第3章　述語の意味的タイプと品詞　337

### 第4章　存在動詞のムード・テンス・時間的限定性　343
1. はじめに　愛媛県宇和島方言の特徴　343
   1.1 ムード・テンス体系　343
   1.2 時間的限定性　345
2. ムード　347
   2.1 叙述法（認識的ムード）　347
   　　2.1.1 断定形　347
   　　2.1.2 推量形　349
   2.2 質問法　350
   2.3 表出法　351
   2.4 実行法　352
3. まとめ　353

## 第5章　運動動詞のムード・テンス・アスペクト　357

1. はじめに　愛媛県宇和島方言の特徴　357
   - 1.1　ムード・テンス・アスペクト体系　357
   - 1.2　ムードとテンス　358
2. アスペクト　361
   - 2.1　3項対立型アスペクト　361
   - 2.2　基本的なアスペクト的意味と運動動詞の3分類　365
   - 2.3　3項対立型アスペクトの提起するもの　371
   - 2.4　派生的意味とその複合性　372
     - 2.4.1　スル形式の派生的意味　373
     - 2.4.2　ショル形式の派生的意味　374
     - 2.4.3　シトル形式の派生的意味　379
     - 2.4.4　まとめ　384
   - 2.5　シトク形式とショク形式　385

## 第6章　形容詞述語のムード・テンス　391

1. はじめに　愛媛県宇和島方言の特徴　391
2. 第1形容詞と第2形容詞　391
3. ムード・テンス体系　393
   - 3.1　テンス　395
   - 3.2　ムード　395
     - 3.2.1　叙述法と質問法　395
     - 3.2.2　表出法　397

## 第7章　名詞述語のムード　401

1. はじめに　愛媛県宇和島方言の特徴　401
2. ムード体系　402
3. 第1形容詞、第2形容詞、名詞の連続性　403
4. 過去形のムード用法　405

## 第8章　否定述語のムード・テンス・アスペクト　407

1. はじめに　愛媛県宇和島方言の特徴　407
2. 存在動詞と2つの否定形式　408
3. 運動動詞と2つの否定形式　413
4. 形容詞述語・名詞述語と2つの否定形式　417

## 第9章　実現可能形式と時間的限定性　421
1. はじめに　愛媛県宇和島方言の特徴　421
2. 受動形式及び変化動詞との関係　426
3. 3つの実現可能形式　429
   3.1 「食べレン」形式　429
   3.2 「ヨー食べン」形式　431
   3.3 「食べレレン」形式　433
   3.4 動詞の種類と実現可能形式　434
4. 「食べラレン」形式　435
5. まとめ　437

## 第10章　おわりに　441


### IV　諸方言における多様性　445

## 第1章　はじめに　447
1. 方言文法が提起するもの　447
2. 言語接触と文法的変化　453
3. 調査の経緯と方法　454
   3.1 東北から奄美沖縄に至る方言調査　455
      3.1.1 共同調査研究の経緯　455
      3.1.2 調査方法　456
   3.2 ブラジルとボリビアにおける日系・沖縄系移民社会　460
4. 第IV部の構成　463

## 第2章　存在動詞とその文法化　469
1. 人の存在動詞とものの存在動詞　469
   1.1 存在動詞の分布パターン　469
   1.2 存在動詞の文法化の方向性　471
2. 人の存在動詞の文法化　472
   2.1 アスペクトへの文法化　473
   2.2 時間的限定性への文法化　480
      2.2.1 一時性の明示　481
      2.2.2 他者の一時的な内的状態の客観描写　482
   2.3 人の存在動詞の文法化が意味するもの　484

3. ものの存在動詞の文法化　　　　　　　　　　484
　　　　3.1　コピュラ及び形容詞との関係　　　　485
　　　　3.2　二次的なアスペクト形式との関係　　486
　　　　3.3　待遇性との関係　　　　　　　　　　488
　　　　3.4　エヴィデンシャリティーとの関係　　488
　　4. おわりに　　　　　　　　　　　　　　　　490

第3章　アスペクト体系のバリエーション　　　　493
　　1. はじめに　　　　　　　　　　　　　　　　493
　　2. 動詞分類とアスペクト的意味のバリエーション　494
　　　　2.1　運動動詞の分類　　　　　　　　　　495
　　　　2.2　全国諸方言における分布状況　　　　497
　　　　2.3　動詞のタイプから見た西日本諸方言における動態　500
　　　　2.4　派生的意味のバリエーション　　　　504
　　3. アスペクト体系の3つのタイプ　　　　　　　506
　　　　3.1　2項対立型アスペクト　　　　　　　507
　　　　　　3.1.1　アル型　　　　　　　　　　　508
　　　　　　3.1.2　オル型　　　　　　　　　　　511
　　　　　　3.1.3　イル型　　　　　　　　　　　512
　　　　　　3.1.4　イダ型　　　　　　　　　　　513
　　　　3.2　3項対立型アスペクト　　　　　　　517
　　　　　　3.2.1　アル型　　　　　　　　　　　517
　　　　　　3.2.2　オル型　　　　　　　　　　　519
　　　　3.3　複合型アスペクト　　　　　　　　　520
　　4. 3項対立型アスペクト体系の動態　　　　　528
　　　　4.1　存在動詞との関係　　　　　　　　　529
　　　　4.2　否定形式との関係　　　　　　　　　532
　　　　4.3　敬語との関係　　　　　　　　　　　533
　　5. アスペクトとムード　　　　　　　　　　　533
　　6. おわりに　　　　　　　　　　　　　　　　536

第4章　時間的限定性のバリエーション　　　　　539
　　1. はじめに　　　　　　　　　　　　　　　　539
　　2. 主体制限がある場合のバリエーション　　　540
　　3. 主体制限がない場合のバリエーション　　　542
　　4. おわりに　　　　　　　　　　　　　　　　548

## 第5章　エヴィデンシャリティーのバリエーション　553

1. はじめに　553
2. 直接的エヴィデンシャリティー　555
   - 2.1 中田方言　556
     - 2.1.1 存在動詞と運動動詞　557
     - 2.1.2 形容詞述語と名詞述語　560
     - 2.1.3 事実の再確認（想起）用法　565
   - 2.2 首里方言　566
   - 2.3 与論方言　569
     - 2.3.1 存在動詞　569
     - 2.3.2 運動動詞　572
3. 間接的エヴィデンシャリティー　575
   - 3.1 首里方言　575
     - 3.1.1 存在動詞　576
     - 3.1.2 運動動詞　577
     - 3.1.3 形容詞述語と名詞述語　581
   - 3.2 与論方言　582
     - 3.2.1 存在動詞　582
     - 3.2.2 運動動詞　584
4. おわりに　586

## 第6章　言語接触と文法的変化　595

1. はじめに　595
2. 言語接触の2つのタイプ　597
3. ウチナーヤマトゥグチ　599
   - 3.1 存在動詞とアスペクト　600
   - 3.2 アスペクト・テンス・ムード体系　602
   - 3.3 間接的エヴィデンシャリティー　604
   - 3.4 直接的エヴィデンシャリティー　607
4. 日系移民社会における言語接触　608
   - 4.1 ブラジル日系移民社会　609
   - 4.2 ハワイ日系移民社会　612
5. ボリビア沖縄系移民社会における言語接触　617
6. おわりに　619

| | |
|---|---|
| むすび | 621 |
| キーワード（用語解説） | 633 |
| 参考文献 | 651 |
| 用例出典一覧 | 663 |
| あとがき（謝辞） | 669 |
| 索引 | 671 |

## 表記方法

　本書における表記方法は次の通りである。特別な場合以外、本文中には説明を入れていないので、以下を参照されたい。
1) 　キーワードは〈 〉で示す。
2) 　語形については、次の点を基本原則としている。
　　2・1) 標準語については、ひらがな表記、または、漢字ひらがな交じり表記とする。諸方言の語形と区別するため、第Ⅰ、Ⅲ、Ⅳ部においては、この原則通りであるが、標準語を対象とする第Ⅱ部では、説明にあたって、スル、シテイル、シタダロウのように、カタカナ表記を使用している。
　　2・2) 本土諸方言については、カタカナ表記とするが、誤解を招かない場合には、漢字カタカナ交じり表記としている。
　　2・3) 沖縄県首里方言、鹿児島県与論方言については、音韻表記あるいは簡略音声表記とする。ただし、分かりやすくするために、カタカナ表記で示したり、カタカナ表記を併記したりする場合がある。
3) 　用例については、次の点を基本原則としている。
　　3・1) 標準語については、漢字ひらがな交じり表記である。
　　3・2) 本土諸方言については、カタカナ表記、または、漢字カタカナ交じり表記である。必要に応じて [ 　] で場面を提示し、分かりにくい場合は、( 　) で括って疑似的な標準語訳をつける。
　　3・3) 首里方言、与論方言については、音韻表記あるいは簡略音声表記とするが、分かりやすくするために、カタカナ表記にする場合がある。疑似的な標準語訳をつけ（カタカナ表記の場合は、( 　) で括る）、必要に応じて [ 　] で場面を示す。

3・4）ブラジルやボリビアの日系移民社会、沖縄系移民社会については、日本語による発話は、漢字ひらがな交じり表記とし、ポルトガル語やスペイン語による発話は、アルファベット表記とする。ポルトガル語やスペイン語に対応する日本語は、《　》に入れて示す【詳細は、工藤他『ブラジル日系・沖縄系移民社会における言語接触』（ひつじ書房）を参照されたい）。

3・5）用例を提示する際、問題になっている箇所については、下線（実線）を引いて示す。基本的には、語形に下線（実線）を引いているが、必要に応じて、述語全体や文全体に下線（実線）を引く場合もある。本文の説明に関わる箇所については波線や点線を引いて示す。

4）用例番号は入れていないが、説明上必要な場合は、（a）（b）等で示している。

5）語形一覧表においては、次の記号を使用している。

　　M：ムード
　　T：テンス
　　A：アスペクト
　　P：みとめ方（極性）

## 方言地点一覧（地図）

① = 青森県五所川原市
② = 青森県弘前市
③ = 青森県青森市
④ = 青森県三戸郡五戸町
⑤ = 宮城県登米市中田町
⑥ = 山形県南陽市
⑦ = 福島県福島市
⑧ = 新潟県南蒲原郡下田村
⑨ = 群馬県高崎市
⑩ = 長野県上田市
⑪ = 長野県松本市
⑫ = 長野県木曽郡木曽町開田高原
⑬ = 東京都八丈町
⑭ = 岐阜県高山市
⑮ = 三重県津市
⑯ = 奈良県奈良市
⑰ = 京都府京都市
⑱ = 大阪府大阪市
⑲ = 兵庫県神戸市
⑳ = 兵庫県姫路市
㉑ = 兵庫県相生市
㉒ = 和歌山県御坊市
㉓ = 和歌山県田辺市
㉔ = 和歌山県西牟婁郡上富田町
㉕ = 和歌山県東牟婁郡串本町
㉖ = 和歌山県新宮市
㉗ = 岡山県岡山市
㉘ = 岡山県新見市
㉙ = 島根県出雲市(旧平田市)
㉚ = 広島県広島市
㉛ = 山口県小野田市
㉜ = 山口県下関市
㉝ = 愛媛県松山市
㉞ = 愛媛県宇和島市
㉟ = 福岡県北九州市
㊱ = 福岡県鞍手郡宮田町
㊲ = 福岡県福岡市
㊳ = 福岡県小郡市
㊴ = 福岡県糸島市(旧前原市)
㊵ = 福岡県久留米市
㊶ = 佐賀県佐賀市
㊷ = 長崎県五島市(旧福江市)
㊸ = 熊本県下益城郡松橋町
㊹ = 熊本県上天草市龍ヶ岳町
㊺ = 大分県大分市
㊻ = 大分県竹田市
㊼ = 鹿児島県熊毛郡中種子町
㊽ = 鹿児島県大島郡与論町
㊾ = 沖縄県那覇市(首里)

方言地点一覧（地図）XXVII

# I 序論

第1章
# はじめに


　本書は、4部構成になっている。第Ⅰ部「序論」では、本書の目的を述べるとともに、第Ⅱ部以降の分析の前提となる理論的枠組みを検討する。

## 1. 本書の目的

　本書は、標準語ならびに東北から沖縄に至る諸方言を視野に入れ、〈叙述文の述語構造〉において、アスペクトやテンスという時間的側面と、認識的ムードやエヴィデンシャリティー（証拠性）、さらには話し手の評価感情という側面とが、どのように相関しつつ多様性を生み出しているかについて考察しようとするものである。
　諸方言における注目すべき現象を示せば、次のようになる。

1) 標準語では、「桜の花が散っている」と言った場合、〈進行〉なのか〈結果〉なのかは分からない。京阪地域を除く西日本諸方言には、〈進行〉を明示する「散リヨル」、〈結果〉を明示する「散ットル」という2つの形態論的形式がある（「散リヨル」は、「散リ」に存在動詞「オル」が接続した形式であり、「散ットル」は、「散ッテ」に存在動詞「オル」が接続した形式である）。ほとんどの動詞において、シヨル形式とシトル形式は次のように対立している。

　　　　〈進行〉　　　　　　　〈結果〉
　　「幕ガ　開キヨル」　⟷　「幕ガ　開イトル」

2) 標準語では、「この部屋、寒い」と言った場合、今寒いのか、いつも寒いのか分からない。東北諸方言には、〈レアルな一時

的状態〉を明示する「寒クテラ」(「寒クテ」に存在動詞「イダ」が接続した形式)という形態論的形式がある。

3) 標準語では、「昨日、交通事故があった」と言った場合、話し手自身が直接確認（体験）した事実なのかどうかは分からない。東北諸方言のなかには、「アッタ」「アッタッタ」という2つの過去形のある方言があり、「アッタッタ」（「アッテアッタ」相当形式）は、〈話し手の体験的確認〉であることを明示する。さらに、奄美沖縄諸方言のなかには、「アタン」という過去形（「アッタ」相当形式）の他に、痕跡（形跡）や記録という〈間接的証拠〉に基づく過去の事象の確認を明示する形式のある方言がある。「交通事故　アテーン」（「アッテアル」相当形式）と言った場合は、交通事故が起こったことの間接的証拠となる血痕等の痕跡（形跡）を見ての話し手の確認（推定）である。

　上記のような事実は、標準語だけでなく諸方言も含めて、述語構造の多様性を捉えうる枠組みが求められることを示すものである。
　さらに、次のような、a) アスペクトとテンス、b) テンスとムード、c) アスペクトとムードの相関性を示す事実もある。

a)　標準語では、動的事象を表す運動動詞の「する」形式は、テンス的に〈現在〉を表すことができず、「している」形式が表す（*は非文法的であることを表す）。

・〈現在〉：目下海外に<u>行っている</u>／*<u>行く</u>。
・〈未来〉：明日中国に<u>行く</u>。

　一方、奄美沖縄諸方言には、標準語の「する」に相当する無標形式は、命令や勧誘のような〈実行〉のムードにしかない。上述の 1) で述べた西日本諸方言の「ショル」に相当する形式が、〈進行・現在〉のみならず〈完成・未来〉を表す（西日本諸方言ではショル形式が〈完成・未来〉を表すことはない）。

・〈進行・現在〉：幕ヌ　アチュン。　（幕が今開きつつある）
・〈完成・未来〉：9時ニ　幕ヌ　アチュン。（9時に幕が開く）

　この事実は、〈進行・現在〉というアスペクト・テンス的意味から、〈完成・未来〉というアスペクト・テンス的意味への発展を示している。中央語の歴史では、「したり」形式において、〈結果・現在〉から〈完成・過去〉への移行があったことが知られているが、その逆の現象においても、アスペクトとテンスの関係の深さを示している。

b)　命令のような実行のムードにはテンスの分化はなく、認識的ムード（叙述法）では〈過去─非過去〉のテンス対立がある。そして、多くの言語で、過去形が〈反事実仮想〉というモーダルな意味を表すようになることが知られている。標準語でも、「9時に出発していたら今頃は会場に着いていた」のように、「今頃」と過去形の共起が可能である。西日本諸方言では、「9時ニ　出発シトッタラ　今頃ワ　会場ニ　着イトッタ」のように、シトッタ形式が使用される。また、多くの言語で、エヴィデンシャリティー形式は、過去テンス（あるいは現在テンス）に成立し、未来テンスにはないことが知られているが、上述の3）で述べた「交通事故　アッタッタ」のような〈体験性〉を明示する形式も、過去形に限定されている。そして、この形式は、標準語における「たしか彼には子供があった」のような〈事実の再確認（想起）〉というモーダルな意味も表す。このような現象は、テンスとムード的側面との関係の深さを示す。

c)　標準語の「している」形式には、「していろ」のような命令形や「していよう」のような意志・勧誘形がある。一方、認識的ムード（叙述法）と実行のムードでは異なる形式になる方言がある。和歌山県南部諸方言では、〈進行〉はシヤル形式、〈結果〉はシタール形式で区別されるのだが、この2つの形式には命令形や意志・勧誘形はない。ウチナーヤマトゥグチ（後述の8～9頁参照）のシテ（ー）ル形式にも命令形や意志・勧誘形はない。このような事実は、アスペクトとムードとの相関性を

示している。

|  | 標準語 | 和歌山県南部諸方言 | ウチナーヤマトゥグチ |
|---|---|---|---|
| 叙述法 | シテイル | シヤル／シタール | シテ(ー)ル |
| 実行法 | シテイヨウ　シテイロ | — | — |

　以上の事実は、標準語においても諸方言においても、テンス、アスペクトという時間的側面とムードに関わる側面との間において、様々なかたちでの相互作用や相互移行がありうることを示している。
　冒頭に述べた本書の目的を具体的に述べれば次のようになる。

1) 標準語を日本語のバリエーションの1つとして位置づけた上で、東北から沖縄、さらには海外日系移民社会に至る〈多様な日本語のバリエーション〉を考察する。
2) 動詞述語だけでなく形容詞述語、名詞述語も視野に入れ、アスペクト・テンスという時間に関わる文法的カテゴリーとともに、ムード的側面も含んだ〈述語構造〉全体を、可能な限り総合的に考察する。その上で、時間的側面と認識的ムードの側面、さらには証拠性(情報のソース)や話し手の評価感情の側面が、どのように相互作用しつつ多様性を生み出しているかを考察する。
3) 語彙的資源の問題も含め、文法化の進展プロセスも考察する。この文法化の進展の方向性にも多様なものがある。

## 1.1　本書に至る調査研究史

　工藤(1995)『アスペクト・テンス体系とテクスト―現代日本語の時間の表現―』を公刊以来、本書に至るこの間の研究プロセスは、概略、次の1)～4)のようなものであった。

1) 工藤(1995)では、標準語と著者の母語である愛媛県宇和島方言だけを対象にして、〈時間〉に関わる文法的カテゴリーであるアスペクト・テンスが考察できたにすぎなかった。その後、

共同調査研究として、東北から奄美沖縄に至る諸方言の記述が進み、時間表現に関わるアスペクト・テンス体系のバリエーションの豊かさに目を瞠はらざるを得なかった。

2) その調査研究の途上で、アスペクト・テンスという時間的な側面に、話し手の〈事象の確認のし方〉あるいは〈情報のソース（証拠性）〉の側面が密接に関わっていることが浮かび上がってきた。上記に述べたように、標準語では「隣の犬が死んだ」と言った場合、死ぬ現場を話し手が体験（目撃）したかどうかは分からない。東北諸方言のなかには２つの過去形がある方言があって、そのうちの１つは〈話し手の体験〉を明示する。「隣ノ犬　死ンダッタ」と言えば〈目撃証言〉になる。「信長は本能寺で死んだ」のような体験していない歴史的事実には、「死ンダッタ」は使用できず「死ンダ」を使用しなければならない。このような複数の過去形は、奄美沖縄諸方言にもある。世界の諸言語に見られるように、過去形が複数あっても不思議ではないのだが、近い過去か遠い過去かといった時間的違いではなく、話し手による事象の確認のし方、あるいは情報のソース（証拠性）の側面がテンスと絡みあっていることに注目しなければならない。

3) 現代語の過去形「した」が、かつては「したり」というアスペクトの表現形式であったことは既に周知の事実となっている。アスペクトからテンスへの移行が起こったわけであるが、アスペクトから別の方向への進展もありうることが浮かび上がってきた。沖縄県首里方言では次のようである。「オル」相当の存在動詞が文法化された「アキトーン」、「シジュン」（「シテオル」相当形式）は、標準語の「開けている」「死んでいる」と同じアスペクト的意味〈動作継続〉や〈結果継続〉を表す。また、「アル」相当の存在動詞を文法化させた「アキテーン」（「開ケテアル」相当形式）は、標準語と同じく〈客体結果〉を表す。しかし、首里方言の「シテアル」相当形式はこれに留まらない。例えば「死ぬ」の場合、「シジャン」（「シテアル」相当形式）は、血痕のような痕跡（形跡）、つまり〈間接的証拠〉

から、隣の犬が死んだという過去の変化を（間接的に）確認していることを表す。これは、通言語的には、エヴィデンシャリティー（証拠性）と言われることが多く、〈結果〉というアスペクトからエヴィデンシャリティーへの進展が起こったのではないかと考えられる。この「シテアル」相当のエヴィデンシャリティー形式は、動詞のみならず、形容詞や名詞述語にもある（アスペクトは、運動の時間的展開を表し分けるものであるので、形容詞述語や名詞述語にはありえない）。

・［犬の死体を見て］隣ヌ犬　シジュン。
　　（「死ンデオル」相当形式：〈結果・現在〉）
・［犬の死体はないが血痕を見て］隣ヌ犬　シジャン。
　　（「死ンデアル」相当形式：〈間接的証拠となる痕跡に基づく過去の変化の確認〉）
・［振る舞いから昔先生であったと推定して］太郎ヤ　先生ヤテーン。
　　（「先生デアッテアル」相当形式：〈間接的証拠となる痕跡に基づく過去の職業の確認〉）

4) 並行して、ブラジルやボリビアの日系移民社会と沖縄系移民社会における言語の接触と混交に関わる共同プロジェクトが進行した。これは、まだ一定の成果をまとめるまでには至っていないが、ブラジルやボリビアの日系移民社会における、日本各地からの移民による日本語諸方言間の言語接触と、ポルトガル語やスペイン語との二重の言語接触は、言語接触が引き起こす文法的変化（contact-induced grammatical change）への視点を要求することとなった。これは、純粋言語という発想ではなく、言語の混交的あり様への視点なしには、文法記述が実態から遊離してしまうことを示している。

この観点は、海外の日本語に対してのみならず、国内の日本語、とりわけ、那覇市を中心とする沖縄地域における言語接触現象へのまなざしも要求する。若い世代で使用されるように

なっているウチナーヤマトゥグチ(ヤマトゥグチは「大和の言葉＝本土日本語」という意味であり、ウチナーグチは「沖縄の言葉」という意味である)は、沖縄中南部の伝統方言と本土日本語(標準語や西日本諸方言)との接触によって生まれたものである。存在を表す本動詞は、「ヲゥン」(「オル」相当形式)、「アン」(「アル」相当形式)から、「イル」「アル」になっている。そして、上記の首里方言は、ウチナーヤマトゥグチでは次のようになる。「死ンデアル」は、形式面では標準語だが、意味の面では首里方言を継承しているというハイブリッドな様相を呈していることが重要であろう。

・[犬の死体を見て]
　　隣ノ犬　死ンデ(ー)ル。　　　　　　　〈結果・現在〉
・[犬の死体はないが血痕を見て]
　　隣ノ犬　死ンデアル(死ンダール)。
　　　　　〈間接的証拠となる痕跡に基づく過去の変化の確認〉

　以上については、その一部が、共著として公刊された工藤編(2004)『日本語のアスペクト・テンス・ムード体系―標準語研究を超えて―』に掲載されている。「まえがき」は次の通りである。

　本書においては、標準語の文法現象そのものはとりたてて扱っていないが、諸方言の文法現象が提示する、アスペクト、テンス、ムードの様々な現象形態や相関性のありようは、標準語の文法現象の捉え方の諸問題を逆照射していくであろう。この調査研究は、西日本諸方言のアスペクト調査から出発したのではあるが、最終的には、「文の中心部分である動詞述語の中核をなすアスペクト・テンス・ムードの関わりあいそのもの」「動詞述語のみならず形容詞述語をも含んでの文法的カテゴリーのありよう」を総合的に捉えるという方向へと展開していったのである。今後ますます日本語の諸方言の文法現象の精密な記述が進めば、標準語の文法現象も、より広い視野から相

対的に考えてゆくことが可能になると期待される。標準語と諸方言との双方向的記述こそが望ましいあり方ではないかと思われるのである。

　本研究の特徴は、次の4点にまとめられる。
(1)「複数の日本語」という発想による、伝統方言の記述のみならず、ウチナーヤマトゥグチという接触言語の記述まで含んだ総合的研究をめざしていること。
(2) 文の中心部分である述語の中核をなすアスペクト・テンス・ムードの総合的記述をめざしていること。
(3) 海外における研究成果をも視野に入れながら、標準語だけを見ていたのでは気づきにくい文法的カテゴリーを方言のなかに確認し、方言文法からの発信をめざしていること。
(4) 体系的観点と、言語接触論の視点をも含んだ動態的観点という複眼的視点での記述をめざしていること。

　本書で提示できたことはまだまだ不十分であり、本書のタイトルは竜頭蛇尾とも言えるであろうが、上記のための第一歩としてお読みいただければ幸いである。

　従って、本書は、今後修正すべき点が多々出てくると思われ、全体構成にもばらつきがあるのだが、諸方言の調査研究から逆照射された標準語の文法現象を含んでのさらなる展開として位置づけられる。アスペクト研究は、標準語の分析から出発した。しかし、諸方言を視野に入れることでそのバリエーションや動態が明らかになってきた今、この広い視野から、再び標準語のアスペクトを考察するという展開が必要であると思われる。そして、このような総合化は、アスペクトだけにとどまる問題ではないであろう。

## 1.2　ムード・テンス・アスペクトと述語の意味的タイプ

　工藤（1995）では、述語になることが主要な構文的機能である〈動詞〉のアスペクト・テンス体系について、標準語を中心に述べた。標準語の動詞の中核的アスペクト・テンス体系は、次のような図式にまとめられる（Tはテンス、Aはアスペクトの略である）。

| T \ A | 完成 | 継続 |
|---|---|---|
| 非過去 | する | している |
| 過去 | した | していた |

このパラダイムが意味するところを述べれば次のようになる。

どのような言語でも、コミュニケーション活動を行う場合、事象が「いつ、どのように」起こる（起こった）かを伝えなければならない。「明日、来年／今、目下、近頃／さっき、昨日、昔」「しばらく、ずっと／だんだん／毎日、時々、たまに」のような時間名詞、時間副詞は、どのような言語にもあって、事象が時間的に見て「いつ、どのように」成立するかを伝える。日本語では、このような〈語彙的表現手段〉の他に、動詞が文法的にかたちを変えることによって事象の時間を表す。これがアスペクトとテンスである。標準語では次のようになる。

まず、「太郎も明日の研究会に来るよ」とは言えても「太郎も明日の研究会に来たよ」とは言えない。逆に「太郎も昨日の研究会に来たよ」とは言えても「太郎も昨日の研究会に来るよ」とは言えない。「行っている」「行っていた」の場合も同様である。

・太郎も明日の研究会に<u>来る</u> ／*来た。
・太郎も昨日の研究会に<u>来た</u> ／*来る。
・太郎は目下北京に<u>行っている</u> ／*行っていた。
・太郎は先週北京に<u>行っていた</u> ／*行っている。

このように〈発話時〉を基準にして、事象が発話時以前に起こったのか否かを義務的に表し分ける文法的カテゴリーが〈テンス〉である。

一方、次の2つの例を比べると、どちらもテンス的には〈発話時以前＝過去〉であるが、「来た」と「来ていた」とでは、〈動的事象の時間的展開の捉え方〉が異なっていることが分かる。「来ていた」が表しているのは〈結果継続〉であって、改札口を出た事象との時間関係は〈同時〉である。これに対して「来た」が表しているのは、

非継続的な〈完成（限界達成）〉であって、駅の改札口を出た事象との時間関係は〈継起〉である。

・改札口を出た。すると友人が来た。　　　　〈完成＝継起〉
・改札口を出た。すると友人が来ていた。〈結果継続＝同時〉

　次の場合の「手を振っていた」が表すのは〈動作継続〉であるが、やはり、改札口を出た事象との関係は〈同時〉である。

・改札口を出た。すると友人が手を振った。　　〈完成＝継起〉
・改札口を出た。すると友人が手を振っていた。
　　　　　　　　　　　　　　　　　　　　〈動作継続＝同時〉

　このように、動作や変化という動的事象（運動）を〈完成的〉に捉えるか、動作や変化結果を〈継続的〉に捉えるかの違いを表し分ける文法的カテゴリーを〈アスペクト〉という。
　以上は、過去形の「した」と「していた」とが〈完成〉か〈継続〉でアスペクト的に対立している場合であるが、非過去形の「する」と「している」も、次のように〈完成〉か〈継続〉で対立している。「している」形式がテンス的に〈発話時と同時＝現在〉を表せるのに対して、「する」形式は現在を表せず〈未来〉を表す。「先生は現在（目下）日本に来る」とは言えない。これは、〈完成〉というアスペクト的意味と〈発話時と同時＝現在〉という外的時間関係が排除しあうからである。

・先生は現在（目下）日本に来ている。〈発話時と同時＝現在〉
・先生は明日日本に来る。　　　　　　〈発話時以後＝未来〉

　テンスとは、基本的に〈発話時を基準とする事象の時間的位置づけ〉であるが、アスペクトの方は、基本的に、継起か同時かという他の事象との時間関係のなかでの〈運動（動作・変化）の動的展開の捉え方の違い〉である。

さて、本書では、標準語で示せば、次のような〈叙述文の述語〉における、叙述法（認識的ムード）、テンス、アスペクトの記述を行う（Mはムードの略である）。*1　ムード・テンス・アスペクトが全面開花するのは動詞述語であるため、動詞述語を中心にして、形容詞述語、名詞述語も視野に入れることになる。下記のようなアスペクト対立、テンス対立を認めることに対してのみならず、叙述法（認識的ムード）において、断定（する）と推量（するだろう）の対立を認めることにも異論があるかもしれないが、本書では、第II部で述べるように、〈直接確認（断定）〉か〈間接確認（推量）〉かの基本的な対立を重視しておくことにしたい。なお、「〜のだ」「〜のだろう」そのものの分析は対象外としている。

【動詞述語】

| M \ T | | A | 完成 | 継続 |
|---|---|---|---|---|
| 叙述法<br>（認識M） | 断定 | 非過去 | する | している |
| | | 過去 | した | していた |
| | 推量 | 非過去 | するだろう | しているだろう |
| | | 過去 | しただろう | していただろう |

【形容詞述語】

| | | | |
|---|---|---|---|
| 叙述法<br>（認識M） | 断定 | 非過去 | 寒い／元気だ |
| | | 過去 | 寒かった／元気だった |
| | 推量 | 非過去 | 寒いだろう／元気だろう |
| | | 過去 | 寒かっただろう／元気だっただろう |

【名詞述語】

| | | |
|---|---|---|
| 叙述法<br>（認識M） | 断定 | 秋田犬だ（秋田犬だった） |
| | 推量 | 秋田犬だろう（秋田犬だっただろう） |

　アスペクトは動詞述語に限定されているが、認識的ムード（叙述法）はすべての述語にある。テンスは、一見すべての述語にあるように見えるが、そうではない。「鉄は硬い」「鯨は哺乳動物だ」のような、一般主体の脱時間化された恒常的事象にはテンス対立はあり

えない。特定主体の「ポチは秋田犬だ」「この川は深い」のような場合でも、通常のテンス的意味にはならない。もし過去形を使用したとすれば、「そう言えば、鉄は硬かったね」「おや、ポチは秋田犬だったのか」のような〈事実の再確認（想起）〉や〈新事実の確認（発見）〉というモーダルな意味になってしまう。

　従って、テンス対立の有無やモーダルな意味のあり様を追求するにあたっては、第3章で述べるように、時間的限定性の観点から見た〈述語の意味的タイプ〉を考える必要が出てくる。

　アスペクト研究において、金田一（1950）以来、文法的なアスペクト的意味が、動詞の語彙的意味のタイプと相関していることが明らかになっている。だとすれば、動詞述語のみならず、形容詞述語、名詞述語まで考察対象を広げるにあたっては、〈述語の意味的タイプ〉との関係を分析することが必要になるであろう。そして、動詞分類も〈述語の意味的タイプ〉のなかに位置づけることが必要になってくるのである。

## 1.3　述語構造の多様性

　工藤（1995）では、標準語のアスペクト体系とは異なる愛媛県宇和島方言のアスペクト体系を提示した。宇和島方言のアスペクト体系は、下記のような、〈完成〉〈進行〉〈結果〉の3項対立型である。

　「建ッタ」は、新校舎の〈完成〉が9月であったことを示す。「建チョッタ」は、〈進行〉を表す。従って、新校舎の完成は9月以降である。一方、「建ットッタ」は〈結果〉を表すため、新校舎の完成は9月以前である。このように宇和島方言では、〈完成〉〈進行〉〈結果〉というアスペクト対立が形成されている。

・去年ノ　9月ニ　新校舎ガ　建ッタ。　　　　　　〈完成〉
・去年ノ　9月ニワ　新校舎ガ　建チョッタ。　　　〈進行〉
・去年ノ　9月ニワ　新校舎ガ　建ットッタ。　　　〈結果〉

「開ける」のような動詞では次のようになる。「開ケトル」は、校門

が開いた状態にあることを明示する。従って、校門が開くのは9時以前である。

- 明日ハ　9時ニ　校門　開ケル。　　　　　　　〈完成〉
- 明日ハ　9時ニワ　校門　開ケヨル。　　　　　〈進行〉
- 明日ハ　9時ニワ　校門　開ケトル。　　　　　〈結果〉

　以上のように、標準語との比較において、宇和島方言を含む西日本諸方言ではアスペクト面での違いが見られるのだが、東北諸方言や奄美沖縄諸方言の記述が進むなかで、テンスと複合化されたムード面（この場合のムードはエヴィデンシャルな面を含んだ広義に使用している）での違いもあることが浮かび上がってきた。
　宮城県（登米市）中田方言には、次のように、話し手の体験的確認を明示する過去形がある。パラディグマティックな対立構造を示せば、次のようになる（「―」はスル形式が使用できないことを示す）。

|  |  | 完成 | 継続 |
|---|---|---|---|
| 未来 |  | スル | ステル |
| 現在 | 一時性中立 | ― | ステダ |
|  | 一時性明示 |  |  |
| 過去 | 体験性中立 | スタ | ステダッタ |
|  | 体験性明示 | スタッタ |  |

　例えば、「ステダッタ」は、「ステダ」及び「スタッタ」との対立関係のなかで、〈体験的確認・過去・継続〉というムード・テンス・アスペクト的意味を表す形式である（この場合のムードは、エヴィデンシャルな意味を含んだ広義に使用している）。次の例を見られたい。動作の継続過程を目撃していない場合には、「スマッテダ」を使用しなければならないし、洋服をしまったこと全体（洋服をしまう動作の完成）を目撃した場合には「スマッタッタ」を使用しなければならない。

・[話し手が継続過程を目撃したのを回想して]
アンドキ　カーチャン　タンスサ　フグ　<u>スマッテダッタ</u>。
（あのときお母さんはタンスに洋服をしまっていた）

　以上のように、「ステダ」と「スタッタ」との対立関係のなかで、ステダッタ形式は〈体験的確認・過去・継続〉というムード・テンス・アスペクト的意味を（集約して）表す。従って、形態素への分解は不可能であることにも注意されたい（なお、上記のパラダイムの現在テンスにおける〈一時性〉明示の有無の問題は第IV部で述べる）。

　奄美沖縄諸方言にもこれに類似した現象がある。首里方言や与論方言の調査では、(1) 話し手自身のことなのかそうではないのか、(2) 話し手が目撃していることなのかそうではないのか、そして (3) 何を目撃しているのか、といった場面設定をはっきりさせないと、複数の語形がインフォーマントの方から出てくるのが常であった。これにくわえて、形式と意味との対応関係が複雑な語形が多くあり、単純なパラダイムとしては提示しにくい。これは過去の変化の激しさを物語っているだろう。

　本書では、標準語と諸方言をともに視野に入れ、ムード・テンス・アスペクトが相関しつつ分化し、その相関性と分化、そして相互移行の様々なあり様が、述語構造の多様性を生み出してきているという動態を探っていきたいと思う。

## 2. 第I部の構成

　第I部「序論」では、第II、III、IV部における考察の前提となる枠組みを提示する。

　第1章では、〈叙述文の述語〉の中核をなす〈ムード・テンス・アスペクト〉を中心に、その相関性と多様性を考察するという本書の目的を述べた。諸方言も視野に入れるため、工藤（1995）とは異なり、基本的な言語活動である、話し手と聞き手の相互行為としての〈はなしあい〉に限定する。

第2章以下では、〈はなしあい〉という基本的な言語活動の基本的な単位である〈文〉の問題からはじめて、〈述語の意味的タイプ〉〈品詞としての動詞〉〈形態論的カテゴリー〉という順序で述べる。

　まず、第2章では、奥田靖雄の見解に従って、文の2つの側面である〈モーダルな意味〉と〈対象的内容〉について考察し、叙述文には〈話し手の確認〉というモーダルな意味があること、それに相関して、文の対象的内容も、主体・客体的なものであることを述べる。

　第3章では、文の対象的内容を中心的に担う〈述語〉の〈意味的タイプ〉について、〈時間的限定性〉の観点から述べる。本書では、動詞述語のみならず、形容詞述語、名詞述語まで考察の対象を拡げているため、第Ⅱ部以降の考察の前提として、品詞と述語の意味的タイプについての検討が必要となる。この章で述べる〈時間的限定性〉という観点は、第Ⅱ部以降の記述の要となるものである。

　第4章では、述語になることが一次的な構文的機能である〈動詞〉について、その文法的な特徴を考察する。動詞（終止形）には、ムード・テンス・アスペクトが全面開花するのだが、これが、文の陳述性とどう関係するかについても、奥田靖雄の見解に従って述べる。

　第5章では、ムード、テンス、アスペクトという〈形態論的カテゴリー〉の位置づけを考える。モダリティーとムードを区別しない立場が多いのだが、本書では、文レベルのモダリティー、テンポラリティー、アスペクチュアリティーと、単語レベルのムード、テンス、アスペクトとを、「今日の形態論は昨日の構文論」（Givón 1971: 413）として連続性を認めつつも、区別することを述べる。本書の考察対象は、〈形態論化〉の進んだ、単語レベルのパラディグマティックな体系である。〈形態論化〉のあり様においてこそ、多様性が生み出されると思われる。

　第2章から第5章に向けて、構文論から形態論へと考察を進めていくことになるが、〈形態論〉という文法領域の絶対的な自立性はない。工藤（1995）で示したように、アスペクトは、〈はなしあい〉であれ〈かたり〉であれ、複数の事象間の時間関係と相関して

いる。また、第II部で述べるように、認識的ムードは情報構造とも相関している。従って、形態論的カテゴリーの考察においても、談話構造や場面構造を切り離すことは不可能であろう。

\*1　下記に引用する6つの代表的文献においても、ムード・テンス・アスペクトという3つの側面の相関性が提示されている。最後の引用は、ピジン・クレオール研究のものである（欧米の一般言語学では、TAM systems という言い方が最も一般的になっているようである）。

　　Tense, aspect, and mood are all categories that further specify or characterize the basic predication, which can be referred to as the event. Tense locates the event in time. Aspect characterizes the internal temporal structure of the event. Mood describes the actuality of the event in terms such as possibility, necessity, or desirability.
　　The different temporal locations of an event—past, present, and future—are inherently corrected with differences in mood and aspect. An event that will occur after the speech moment is non-actual and potential. Hence there is a correlation between future tense and non-actual potential mood and, by implication, between non-future tense and actual mood. An event that is ongoing at the speech moment has not been completed. Hence there is a correlation between present tense and incompletive (imperfective or progressive) aspect and, by implication, between past tense and completive (perfective or non-progressive) aspect. A consequence of these correlations is that temporal distinctions may be expressed by morphsyntactic categories that have wider modal or aspectual functions.　　　　　　　　　　　　　　　　[Shopen (ed.) 1985: 202–206]

　　The division within the TAM notional space into tense, aspect and modality is far from spurious. (中略) In describing the three major categories and their sub-components or variants, we will initially maintain the pretense that each forms a separate, self-contained functional domain. Such pretense is convenient for the purpose of exposition, but is probably ultimately not warranted. Synchronically, diachronically and ontogenetically, TAM categories are interconnected, as well as connected to other regions of our conceptual map.　　　　　　　　　　　　[Givón 1984: 272]

　　The variations that have been observed among languages concerning the representations of tense, aspect and mood derive primarily from the fact that the three categories are closely interconnected. Both tense as well as aspect denote temporal notions, with tense indicating the position of an event on a linear time-scale in relation to a reference point, and aspect indicating "the internal temporal structure" of an event. However, the two are also interconnected as both of them deal with the "temporal structure" of the event. This point gets reflected in facts such as, for example, that a completed event tends to be past whereas a continuing event tends to be present or future.

Similarly, tense and mood are quite distinct from one another, but are still interconnected. Mood indicates the reality of an event. It also refers to the kind of evidence that can be adduced in support of the claim that it occurred. However its relatedness with tense is shown by the fact that events which were observed (in the past) or the ones which are being observed (in the present) tend to be associated with realis mood, whereas the ones which were not observed (the future events) tend to be associated with irrealis mood.

It is apparently this interconnectedness of tense, aspect and mood which makes it possible for some languages to choose one of them as the primary notion of their verbal system. [Bhat 1999: 93]

It has come to be recognized in recent years that modality is a valid cross-language grammatical category that can be the subject of a typological study. It is a category that is closely associated with tense and aspect in that all three categories are categories of the clause and are generally, but not always, marked within the verbal complex.
[Palmer 2001: 1]

Verbal expressions have traditionally been discussed in terms of tense, aspect, and mood or modality, indicating, roughly the temporal placement of an event relative to the speech act, temporal contour of the event, and the attitude of the speaker towards the event. We wish to argue here that in practice, these categories cannot be studied in isolating from one another. As a case study, we present part of the Turkish verbal system.
[Slobin and Aksu 1982: 186]

For the European-lexifier pidgins and creoles at least, it is the interaction of these three constituents—specifically, tense and aspect but also aspect and mood—that has given rise to the pidgin and creole TMA systems furthest from Bickerton's prototype. The articles that follow make this point in diverse ways. [Singler (ed.) 1990: xiv]

# 第2章
# 〈はなしあい〉における文の2つの側面

　言語活動の基本的単位は文であるが、文には2つの側面がある。本書では、奥田靖雄に従って、この2つの側面を、文の〈対象的内容〉〈モーダルな意味〉と呼んでおく。重要なことは、第1に、文の対象的内容とモーダルな意味とが、足し算的にではなく、相互規定的に関係づけられることである。第2に、〈命令文〉に〈話し手が聞き手に実行を求める〉というモーダルな意味があるのと同様に、〈叙述文〉にも〈話し手が現実世界の事象を確認する〉というモーダルな意味があることである。

## 1. 話し手と聞き手の相互行為としての〈はなしあい〉

　話し手と聞き手が相互に働きかけあう〈はなしあい〉は、最も基本的な言語活動である。〈はなしあい〉という言語活動では、〈わたし・いま・ここ〉がダイクティックセンターとして働く。
　次のような〈はなしあい〉の場合では、過去形は、〈発話時以前〉というダイクティックなテンス的意味を表し、「ゆうべ」というダイクティックな時間副詞も〈発話時〉を基準にして使用されている。話し手は、過去の出来事を確認（回想）し、聞き手に伝達している。

- 「この4、5日は、当地へ来た頃よりも少しは暖かい日が続いて喜んでいたら、ゆうべはまた急に冷えて、夜中に便所に3度も行きました。（後略）」　　　　　　　　　　［夕べの雲］
- 「そうか。するとその日、君は何をしていた？」
　「17日ですか。ええと……17日というと火曜日ですね。学校に行きましたよ」　　　　　　　　　　　　　　　　［青春の蹉跌］

しかしながら、小説の地の文のような〈かたり〉といったテクストタイプでは、人称構造が全く異なる。ダイクティックなテンス形式や時間副詞の使用のあり方、モダリティー形式等のあり方も異なってくる。次の場合、過去形も「昨夕」も〈発話時以前〉という時間的意味を表してはいない。話し手の介入がないままに、出来事自身が物語っているかのようである。〈かたり〉におけるアスペクト・テンス形式の使用に関しては、不十分ながら、工藤（1995）で触れているので参照されたい。

　　　誰か慌ただしく門前を駈けて行く足音がした時、代助の頭の中には、大きな俎下駄が空から、ぶら下がっていた。けれども、その俎下駄は、足音が遠退くに従って、すうと頭から抜け出して消えてしまった。そうして眼が覚めた。
　　　枕元を見ると、八重の椿が一輪畳の上に落ちている。代助は昨夕床の中で慥にこの花の落ちる音を聞いた。（後略）
　　　　　　　　　　　　　　　　　　　　　　　　　　　　　〔それから〕


また、次の非過去形「振り返る」のような使用のあり方も〈はなしあい〉では見られないものである。

　　　政治レベルでも日韓は揺れた。94年10月、河野洋平（68）＝現衆議院議長＝は日韓外相会議の夕食会で「どちらが勝っても、しこりが残って大変になる」と韓国の外相に話しかけた。その半年前、アジア連盟が共催検討を提案していた。「新聞記事を読んで、共催の手もあると頭にあったのかもしれない」と河野は振り返る。　　　　　　　〔朝日新聞2005年7月6日朝刊〕

波線部分の「話しかけた」は〈完成・過去〉であり、「提案していた」は〈(動作)パーフェクト・過去〉である。一方「振り返る」という、過去の事象に対する非過去形の使用は、書き言葉に特徴的な使用方法であろう。この3つの形式は、〈過去〉の異なる時間を、次のように表し分けている。

1）話しかけた：94年10月
　　2）提案していた：94年10月の半年前
　　3）振り返る：94年10月以後

　第Ⅱ部で述べるように、過去の事象に対して非過去形を使用することは、〈はなしあい〉でも頻繁に起こる。ただし、〈はなしあい〉の場合では、次のように、話し手の評価感情（この場合は〈当然性〉）というムード的側面が前面化してくる（第Ⅱ部第3章参照）。

　　・「きょう富野さんとやった時、本当に咬んだんですか？」
　　　「そりゃ、咬むさ。この2、3日、むしゃくしゃして歯ぐきが
　　　かゆいんだ」　　　　　　　　　　　　　　　　　［北の海］

　従って、本書の考察対象は、話し手と聞き手の相互行為としての〈はなしあい〉における〈叙述文〉の〈述語〉のムード・テンス・アスペクトに限定していることに留意されたい。このような限定は、諸方言のムード・テンス・アスペクトを考察対象とする点から言っても必要であった。
　さて、言語活動における基本的な単位としての〈文〉は、次の2つの観点から分類される。1）は、発話の目的による分類とされることが多く、2）は品詞別分類である。文にこの2つの側面があることには間違いないが、より厳密に考えることが必要であろう。

1）　叙述文、実行文（命令文）、質問文
2）　動詞（述語）文、形容詞（述語）文、名詞（述語）文


## 2．モーダルな意味による文の分類

　文の成立にとって不可欠な2つの側面が、〈モーダルな意味〉と〈対象的内容〉である。この2つの側面の関係について、奥田（1996a）は次のように述べている（多少簡略化して引用する）。

文において、はなし手は言語外的な出来事を確認し、通達する。はなし手は、文において、期待とか欲望、勧誘とか命令など、みずからの意志をあい手につたえる。そうであれば、文はなによりもまずその内容に出来事をえがきだす、ということになる。そして、文にえがきだされる出来事を《文の対象的な内容》とよぶとすれば、その対象的な内容としての出来事は、つねにはなし手の立場からの《私の確認》であったり、《私の意志表示》であったりするだろう。はなし手は《私》の立場から文の対象的な内容としての出来事を言語外的な出来事に関係づける。こうして、文の対象的な内容をとおして、はなし手と現実との関係がなりたつ。ひとくちでいえば、文の陳述性とはこういうことなのである。

はなし手がとりむすぶ、対象的な内容をとおしての、《私》と現実との関係のし方を《文のモーダルな意味》とよぶことにする。文にとっては、モーダルな意味は対象的な内容につきまとっていて、その存在は義務的である。

以上のような観点から、次の3つのタイプの文が分類される（奥田（1996a）は「酒がのみたい」のような文を「まちのぞみ文」として位置づけているが、この問題については今後の課題としたい）。

A：叙述文（ものがたり文）：話し手が現実の世界の事象を確認し、聞き手に伝える文
B：命令文：聞き手に実行を求める文
C：質問文（疑問文）：話し手の知りたい情報を聞き手に求める文

本書の考察対象は、上記のA〈叙述文〉における述語のムード・テンス・アスペクトである。この叙述文の規定において〈話し手の確認〉というモーダルな意味が指摘されていることの意義は極めて大きい。「太郎が来た」「太郎が来ている」といった叙述文には、過去や現在といった時間的意味はあっても、モーダルな意味あるいはモダリティーがない、とされることが多いのである。

この〈確認〉というモーダルな意味について、奥田（1985b）は次のように述べている（多少簡略化して引用する）。

> 現実の世界の出来事を文の内容のなかにとりこんで、あい手に伝えるという、言語活動としての《ものがたり文》は、ある状況のなかで、はなさなければならないという、話し手の欲求からおこってくる。文のなかにとりこまれる、現実の世界の出来事は、なんらかの意味で話し手あるいは仲間の利害にかかわっていて、そのことが話し手をして積極的にその出来事を文の内容にとりこませる。
> 　鏡が物をうつしだすように、文のなかに現実の世界の出来事がうつしだされるわけではない。（中略）話し手が《確認する》という、積極的な行為がなければ、ものがたり文の対象的な内容としての出来事はありえない。《確認》というのは現実にたいする、話し手の積極的な態度のあらわれである。

　第Ⅱ部は、認識的ムード（「する」と「するだろう」の対立）から出発する。「する」と「するだろう」の対立がどの程度まで形態論化されているのかについては、今後検討していく必要があるが、この対立が基本的に〈話し手の確認のし方〉の違いに関わっていることは間違いないであろう。叙述文における、現実に対する話し手の積極的な態度としての〈確認〉というモーダルな意味が、〈直接確認〉か〈間接確認（推量）〉かというかたちで分化する。次の「大きくなった」と「大きくなったでしょう」を相互に言い換えることはできない。

- 「先日お見かけしましたが、息子さん、大きくなられましたね」　　　　　　　　　　　　　　　〈直接確認〉
- 「しばらくお会いしていませんが、息子さん、大きくなられたでしょうね」　　　　　　　　　〈間接確認（推量）〉

この〈確認〉というモーダルな意味は、叙述文における、認識的

（epistemic）な側面を焦点化しているが、これは〈聞き手に対する情報伝達〉という側面（communicative function）とセットになっている。最も基本的な叙述文は、〈話し手が確認した、聞き手の知らない情報〉を伝える文である。

　次のような叙述文を見ると、〈確認〉というモーダルな意味と、聞き手に対する〈新情報の伝達〉という2つの側面があることが分かる。

・「光夫ちゃん、あなたは間違いなく、淡路新一郎の息子よ。彼が、あなたの父親。もう希代子にも私にも隠せないわ。（後略）」
　　　　　　　　　　　　　　　　　　　　　　　　［霧の子午線］

　第II部では、叙述文における、〈確認〉という認識的側面と〈情報の伝達〉という2つの側面を視野に入れて分析していくことになる。

## 3. 対象的内容による文の分類

　以上の問題は、文の対象的な内容に関する規定にも影響する。奥田（1985b）は、叙述文の〈対象的内容〉が話し手の認識活動の所産であることを強調して、次のように述べる（下線は筆者による）。

> 　文の対象的な内容としての出来事は、現実の世界の出来事の忠実な模写であると、いまはそんなふうに考えておこう。《ものがたり文》をこのようにみる言語学者はたくさんいる。したがって、かれらの考え方によれば、そこには現実にたいする話し手の積極的な態度はみられず、モーダルな意味はかけているということになる。しかし、どんなに忠実な模写であっても、模写は模写であって、実物ではない。忠実にえがきだされた、絵のなかの果物が実物ではないのと同じように。絵のなかの果物は、模写することでできあがった、絵かきの創作である。それとおなじように、文の対象的な内容としての出来事も、話し

手が現実の世界の出来事をうつしとることで、できあがった、話し手の創作である。このことは、文の対象的な内容そのものが主体的な存在であって、そこから話し手の主体性をぬぐいとることのできないことを意味している。現実の世界の出来事を一度単語の意味のなかに解体して、それをふたたびくみたてることで、現実の世界の出来事のうつしとしての、文の対象的な内容ができあがるとすれば、この過程のなかで、いい意味でも、わるい意味でも、いくらでも現実の世界の出来事を変形することができる。

次の3つの叙述文における対象的な内容は、「私には同情の心や思いやる心が欠落している」「社長は（酒はやらんから）ホテルの部屋に戻っている」「あなたは菊村真紀さんである」であるが、これらは、話し手の積極的な認識活動抜きには、文の対象的な内容とはなりえない事象であろう。

- 「あの手紙に書かれてあったとおり、私は冷血漢です。私には、同情の心とか、相手を思いやる心が欠落しています。そのことを一番よくよく知っているのは、この私自身です」
〔朝の歓び〕
- 「いいから、俺の言うとおりにしろよ。ホテルに電話するんだ。今1時ちょうどか……」松野は、サイドボードの置き時計に眼をやりながらつづけた。
「ロスは夜の9時だな。社長は、酒はやらんからホテルの部屋に戻っているよ」
〔社長の器〕
- 「最初診療室に入って来られたときから、どこかで会ったような気はしていたのです。カルテに書かれた住所を見て、やっと思い出しました。菊村真紀さんでしょう。結婚しても住所は変わっていないのですね」
〔空夜〕

このように、主体・客体的なものとしてある文の対象的内容は、大きく、次のように2分類される。

A）出来事、つまり物の具体的な運動（動作、変化、状態）を描き出している文
B）物の質、特性、関係を一般的に特徴づけている文

　この2分類自体は、第3章でも述べる佐久間（1941）の「物語り文」「品さだめ文」と共通している。文の対象的内容は、特定時の一時的な現象を描き出しているものと、恒常的な特徴を表現しているものにまず分かれるのである。
　そして、この2分類は、基本的には、A）動詞述語文と、B）名詞述語文（あるいは形容詞述語文）に対応する。

A）ポチが穴を掘っている。
B）ポチは秋田犬だ。
　　ポチは臆病だ。

　しかしながら、常にそうなるわけではない。次のB'）のように、恒常的特徴を表す動詞述語文もあれば、A'）のように、具体的な一時的現象を描き出している形容詞述語文、名詞述語文もある。

A'）足が痛い。
　　桜が満開だ。
B'）この道は曲がっている。

　本書では、奥田（1988a）に従って、時間的限定性の観点から、述語の意味的なタイプ化を行う。動詞述語文、形容詞述語文、名詞述語文という述語の品詞別分類との関係も含めて、次の第3章で詳しく述べる。

## 4. おわりに

　本書は、以上のような奥田靖雄の構文論に従って、叙述文の述語のムード・テンス・アスペクトを考察する。第II部以降において、

重要になるのは、次の点である。

1) 叙述文には〈話し手の確認〉というモーダルな意味がある。従って、第Ⅱ部以降において、この〈話し手の確認のし方〉というモーダルな意味がどのように分化しているか、その諸相を見ていくことになる。
2) 以上のような〈確認〉というepistemicな側面と同時に、叙述文には〈聞き手への情報の伝達〉というcommunicativeな側面もある。普通は、聞き手の知らない情報を伝達するわけだが、聞き手の既知情報を提示する場合もある。従って、叙述文における認識的側面と情報の伝達という側面の両方を視野に入れる（この点は否定述語の考察においても重要になる）。
3) 文の対象的内容を、〈具体的現象としての出来事（動作、変化、状態）〉と〈恒常的な特徴（特性、関係、質）〉に、大きく2分類する（品詞別分類との関係は次の第3章で述べる）。
4) 文のモーダルな意味と対象的内容とは、一方がなければ他方もないという相互規定的な関係にある。従って、文の対象的内容との相関性のなかで、モーダルな意味を考えていく必要がある。この問題は、次の第3章で述べるように、述語の意味的タイプ化を行い、それとの関係のなかで、ムード・テンス・アスペクトを考えることに連動する。

なお、上の3)の点については、今後に残された課題も大きい。〈文の対象的内容〉は、文を組み立てている要素のすべてと、それらの構造的なむすびつきで構成される。従って、述語の意味的タイプだけに限定して考察するわけにはいかず、述語と主語（さらには補語）の両方の意味的なタイプ化が必要である。奥田（1996a）では次の点が指摘されている（多少簡略化して引用する）。

> 文の対象的な内容は、話し手のreferentiation（関係づけ）の行為とpredication（のべたて）の行為によってつくりだされる。話し手は言語的諸手段をもちいて、referentiationにお

いては、特定の出来事あるいは特定の人や物を文のなかにもちこみ、predication において、その特定の人や物に属性（動作や変化や状態、特性や関係や質）をつけくわえるのである。

　以上のような課題があるが、文における述語の中心性に鑑みて、まずは、述語の意味的タイプを次章で検討することにする。

## 第3章
# 述語の意味的タイプ

　述語になることは動詞の主要な構文的機能であるが、形容詞や名詞も述語になることができる。本書では、動詞述語を基本としつつ、形容詞述語や名詞述語も視野に入れて考察するため、ここで、〈時間的限定性〉の観点から、述語の意味的タイプと品詞との関係を述べる。動詞の語彙的意味のタイプ化（動詞分類）抜きにアスペクト研究が成り立たないように、述語の意味的タイプ化抜きに、ムードやテンス研究は成り立たない。従って、本章は、第II部以降の考察の前提になるものである。

## 1. はじめに

　次の2つ（A, B）は、森鷗外の有名な小説の冒頭部である。*1

　　A）越後の春日を経て今津へ出る道を、珍しい旅人の一群れが歩いている。母は三十歳を超えたばかりの女で、二人の子供を連れている。姉は十四、弟は十二である。　［山椒大夫］
　　B）高瀬舟は京都の高瀬川を上下する小舟である。徳川時代に京都の罪人が遠島を申し渡されると、本人の親類が牢屋敷に呼び出されて、そこで暇乞をすることを許された。それから罪人は高瀬舟に載せられて、大阪へ廻されることであった。
　　　　　　　　　　　　　　　　　　　　　　　　　　　　［高瀬舟］

　Aの文は、時間のなかにレアルに現象している一時的な出来事の描写である。それに対して、Bの文は、現にある状況の描写ではなく、思考活動によって一般化されたポテンシャルな恒常的事柄の判断である。

次の場合も同様である。それぞれ、芥川龍之介と志賀直哉の小説である。

A′) 或日の暮方の事である。<u>一人の下人</u>が、羅生門の下で<u>雨やみを待っていた</u>。　　　　　　　　　　　　　　　［羅生門］
B′) 剃刀を使う事にかけては<u>芳三郎</u>は実に<u>名人だった</u>。しかも癇の強い男で、撫でて見て少しでもざらつけば毛を一本一本押し出すようにして剃らねば気が済まなかった。［剃刀］

　コミュニケーション活動において、知覚体験できる〈特定時の一時的な現象〉を伝えるのか、〈思考によって一般化された恒常的特徴〉を伝えるのかは極めて重要である。この違いを、奥田（1988a）に従って、〈時間的限定性（temporal localization）〉と名づけることにする。Aには時間的限定性があり、Bには時間的限定性がない（なお、工藤（1995）では「時間の局所限定」という用語を使用したが、本書では〈時間的限定性〉に統一している）。
　日本語の時間表現の研究は、狭義であれ広義であれ、アスペクト・テンスを中心に展開してきた。だが、〈時間のなかにいつ、どのように展開するか〉を表し分けるテンス・アスペクトは、Aのタイプ（一時的な現象を表す文）を捉えているにすぎない。これに対して、時間的限定性のカテゴリーはすべての述語を捉えているのである。

時間的限定性 ─┬─ 有（一時的現象）：A）テンス・アスペクト有
　　　　　　　└─ 無（恒常的特徴）：B）テンス・アスペクト無

　日本語において、この問題を早くに提起したのは、佐久間（1941）である。佐久間は、Aを「物語り文」、Bを「品さだめ文」と名づけ、「物語り文」を「時所的限定」があるものと喝破しているが、相対的には〈<u>時間</u>〉の方が重要であろう。従って、本書では〈時間的限定性〉とする。
　以下の記述のために、上記の文の下線部分（二重線、波線）を次

のように名づけておくことにする。そして、「広義特徴とその持主」全体を〈事象〉と言うこととする。佐久間（1941）も指摘しているように、Aの主語は「が」であり、Bの主語は「は」である。相互に入れ替えることはできない。

| | | |
|---|---|---|
| A） | 珍しい旅人の一群れが | 歩いている。 |
| | 一人の下人が | 待っていた。 |
| B） | 高瀬舟は | 京都の高瀬川を上下する小舟である。 |
| | 芳三郎は | 名人だった。 |
| 機能： | 〈主語〉 | 〈述語〉 |
| 意味： | 〈広義主体（特徴の持主）〉 | 〈広義特徴〉 |

## 2. 時間的限定性　　一般主体の場合と個別主体の場合

諺、格言、警句等において典型的であるが、時間的限定性のない普遍的真理、法則、定義等を表す文には、1）〜3）の特徴がある。

〈名詞述語〉
・鯨は哺乳動物である（だ）。

〈形容詞述語〉
・ダイヤモンドは硬い。
・星はきれいだ。

〈動詞述語〉
・鳥は飛ぶ。
・人は嘘をつく。
・天災は忘れた頃にやってくる。

1）　主語である「鯨、ダイヤモンド、星、鳥、人、天災」は、具体的な個別主体ではなく、一般化された〈類（class-concept）〉

であり、助辞「は」を伴う。「が」を使用すると、次のように、〈指定とりたて〉の意味になる。

・鯨が哺乳動物だ。
・ダイヤモンドが（一番）硬い。

あるいは、〈個別主体の具体的現象〉を表す眼前描写文（知覚体験文）になる。時間的限定性の有無は、〈思考による一般化（判断）〉か〈知覚体験〉かという〈確認のし方の違い〉とも相関している。

・（見てご覧。）星がきれいだ。
・ほら、鳥が飛ぶよ。

2) 述語である「哺乳動物である（だ）、硬い、きれいだ、飛ぶ、（嘘を）つく、やってくる」が過去形になることはない。過去形を使用すると、話し手の〈事実の再確認（想起）〉や〈新事実の確認（発見）〉という認識的ムードの意味になる。事象成立時が〈発話時以前＝過去〉であるというテンス的意味は表せない。

〈事実の再確認（想起）〉
・そうそう、鯨は哺乳動物だったね。忘れてたよ。
・ダイヤモンドは確か硬かったよ。

〈新事実の確認（発見）〉
・知らなかった。鯨は哺乳動物だったんだ。
・ダイヤモンドって硬かったんだ。

また、アスペクトを表す「している」形式になることも基本的にはない。「人は嘘をつく」とは言えても「人は嘘をついている」とは言えない。

3) 品詞的に見て、名詞述語のみならず、形容詞（形容動詞）述語、動詞述語が可能であるが、形容詞、動詞述語は、次のように名詞述語相当のかたちにしても良い。個別主体の具体的現象を表す場合には、不可能である。

・ダイヤモンドは硬い鉱物だ。
・星はきれいなものだ。
　*見てご覧。星がきれいなものだ。
・人は嘘をつく生き物だ。
・天災は忘れたころにやってくるものだ。

一方、主語が具体的な〈個別主体〉である場合には、基本的に、次のようになる。

まず、〈動詞述語〉（正確には、動作や変化を表す運動動詞述語）においては、開始、進展、終了し、場合によっては結果を残す〈一時的な動的現象（accidence）〉を表すので、時間のなかに「いつ、どのように」現象するかを示すために、テンス・アスペクト対立が出てくる。

・改札口を出るとポチが来た。　　　　〈過去・完成〉
・改札口を出るとポチが来ていた。　　〈過去・継続〉
・明日の今頃、ポチがここに来る。　　〈未来・完成〉
・明日の今頃は、ポチがここに来ている。〈未来・継続〉

一方、個別主体ではあっても、典型的な〈名詞述語〉の場合には、「秋田犬である」ことは〈恒常的特徴（essence）〉であって、時間の推移とともに変化していくことはない。

・ポチは秋田犬だ。

時間的展開性がないので〈一般主体〉の場合と同様の特徴を持つ。アスペクト対立はありえず、また、過去形を使用したとすれば、一

般主体の場合と同様に、〈事実の再確認（想起）〉〈新事実の確認（発見）〉というモーダルな意味になる。

・ポチは確か秋田犬だったね。　　〈事実の再確認（想起）〉
・ポチは秋田犬だったのか。　　　〈新事実の確認（発見）〉

さらに、一般主体の場合と同様に、主語は「は」に限定される。「が」を使用すれば、〈一般主体〉の場合と同様に〈指定とりたて〉の意味になる。

・（「どの犬が秋田犬かしら」）「ポチが秋田犬よ」

しかし、すべての点において〈一般主体〉の場合と同じなのではない。「ポチは秋田犬だった」という過去形は、一般主体の場合とは違って、〈主体の死亡（発話時における非現存）〉を表す。次の例も同様である。

・（亡くなった）父は一人息子だった。

〈個別主体〉の場合に、名詞述語の過去形が〈主体の非現存（死亡）〉を表すようになるのは、主体にとって秋田犬であったり、一人息子であったりすることは恒常的特徴であるため、その特徴を発話時以前に位置づけることはできないのだが、個別主体の存続自体に時間的制限がある（永遠ではありえない）ためである。この意味で、Givón（1984）の、time-stabilityという考え方は有益であると言えよう（後述）。

典型的な名詞述語は、相対的に時間的限定がゆるやかである（相対的に時間的安定性がある）と考えるのが妥当であると思われる。

以下、〈個別主体〉に限定し、1）時間的限定性から見た述語の意味的タイプ、2）相互移行の順に考察するが、その前に、これまでの研究史の概略を述べておく。

## 3. 時間的限定性に関わる研究史概略

### 3.1 時間的限定性による2分類

本書の枠組みは、基本的に奥田 (1988a) に従うものであるが、この奥田 (1988a) は、O. H. セリヴェルストワ編 (1982) *Семантические типы предикатов*（述語の意味的なタイプ）におけるブルィギナによる第1章の論文「ロシア語における述語の類型論の構築によせて」を承認することから出発している。以下は、奥田 (1988a) からの引用である（多少簡略化して引用、下線は筆者による。奥田は「時間の局所限定」という用語を使用しているが、本書の〈時間的限定性〉と同じである）。

　　ブルィギナは第1章の論文で《時間の局所限定》の観点から、述語の意味的なタイプをまず大きく《質》と《現象》にわける。（中略）さらに、このちがいは、なによりもまず、述語の位置にあらわれてくる品詞のちがいに表現されているとする。すこしながくなるが、ブルィギナから引用しておこう。
　　　　もしも、本質的なもの essentiality と偶然的なもの accidentality との間の対立が、時間のそとに独立して存在しているように思えるものと時間のなかにおこって進行するものとの間の対立に相応しているとすれば、動詞述語と名詞述語の間の基本的な、より一般的な、意味上の違いは、おそらく、<u>時間に対する関係のし方の違い</u>に導いていくことができるだろう。
　　　　形容詞述語と名詞述語の本質的な特徴は、これらの一次的な機能についてかたるとすれば、<u>時間からの相対的な独立性</u>である。（中略）反対に、大多数の動詞の本質的な特徴は、アクチュアルな使用にたえることができるということであって、物のあり方のつかの間的な性格、<u>具体的な時間へのしばりつけ</u>がしめされている。
　　　　かんたんにいえば、名詞あるいは形容詞が述語の位置にあらわれてくるときには、その述語は、多くのばあい、時間のそと

にとびだしている物の質をさしだしているが、動詞のばあいには、具体的な時間のなかにしばりつけられている物の現象をさしだしていると、ブルィギナは見ているのである。こうして、述語の意味的なカテゴリーとしては、《質》と《現象》とはこんなふうに規定される。

　　　質は時間から相対的に独立している。対象の特徴づけをさしだしていて、世界そのものを特徴づけている。その世界にとって、あたえられた陳述は真実なのである。はんたいに、現象は客体の存在のあるモメント、あるいは断片を記述していて、むしろうつりかわっていく、特定の世界の状態のみを特徴づけている。

　このブルィギナの記述は、述語の意味的なタイプの分類の土台にふれていて、その重要さはいくら強調しても、強調しすぎることはない。ブルィギナを全面的に承認しながら、さきにすすむことにしよう。

　このような分類については、より早い段階のものとして、佐久間（1941）が現代日本語を対象にして、次のような2分類を行っている。

　　物語り文
　　　（何々）が（どうか）する［した］　　［事件の成行］
　　品さだめ文
　　　（何々）は（どんなか）だ。　　　　　［性状規定］
　　　（何々）は（何か）だ。　　　　　　　［判断（措定）］

### 3.2　特性と質　品さだめ文の下位分類

　さて、佐久間（1941）では、上記のように、時所的限定のない品さだめ文について、「性状規定」と「判断（措定）」とに下位分類を行っている。この問題について、奥田（1988a）では、次のように述べられている（多少簡略化して引用、下線は筆者による）。

一章の記述において、ブルィギナはときどき《質》のかわりに《特性》をつかったりして、《質》と《特性》という、ふたつの用語を同義につかっている。ということは、述語の位置に名詞があらわれる場合と形容詞があらわれる場合との、ふたつの意味的なタイプをくべつしていないことを意味しているのだろうが、ぼくの方は《質》と《特性》という、ふたつの用語はいくらかことなる意味に使用したい。はっきりいえば、ブルィギナが《質》という、ひとつの用語でしめしているものを、ぼくの方は《質》と《特性》とにわけたいと思うのである。この《質》と《特性》とのちがいは、名詞述語と形容詞述語との、典型的な例をあげることでかなりはっきりするだろう。

　（中略）かんたんにいえば、《質》は、ひとつの物からほかの物をくべつする、<u>本質的な特性のセット</u>である。ところが、《特性》は物のもっている、ひとつの側面、あるいはいくつかの側面を表現するにすぎないカテゴリーであって、まだ物の質的な特徴づけをあたえるまでにはいたっていない。

　（中略）<u>《質》はアクチュアルなものへ移行しないが、《特性》は移行する</u>。もし質が特性のたばであるなら、ひとつの相互作用のなかでそれをさらけだすことは、まったく不可能である。《特性》の方は、はたらきかけ手との関係のなかで、あたかも現象のごとくふるまうことができる。

　特性の束（feature-association）を表す名詞述語ではなく、〈特性（single-feature concept）〉を表す形容詞述語の方が相対的に時間のなかに現象しやすいという見解は、Givón（1984）、Givón（2001）における次のような見解と共通する（なお、形容詞述語における、比較構文や程度副詞との共起が可能であるという特徴も、〈特性（single-feature concept）〉を表すということと関わるであろう）。

【time-stability scale】

| NOUNS | ADJECTIVES | VERBS |
|---|---|---|

most time-stable　intermediate states　rapid change

　One important reason for the great temporal stability of prototype nouns is that they are multi-featured bundles of experience. Further, like all categories, they exhibit strong feature-association. For example, the noun *horse* has prototypical size, shape, color, weight, sound, smell, part-whole composition, behavioral propensities, cultural uses, etc. Consequently, when either rapid change or deviance crop up in one feature, the relative stability of the rest insures that a deviant individual remains within a reasonable range of the population's prototype.　　　　　　　　　　[Givón 2001: 51]

　As noted above, even the most prototypical adjectives are single-feature concepts, abstracted out of more complex bundles of experience. This fact accounts, at least in part, for their lower time-stability, as compared with prototype nouns.

[Givón 2001: 53]

　具体的には、〈質〉を表す名詞述語の「ポチは秋田犬だ」の方は、「今日は（今や）ポチは秋田犬だ」とは言えないが、〈特性〉を表す形容詞述語の「ポチは臆病だ」は「今日は妙にポチが臆病だ」とは言えるということである。
　もちろん名詞述語であっても「ポチは今や盲導犬だ」といった言い方は可能であるが、次のような主語に「が」を伴う現象描写文は、形容詞述語に特徴的である。

　　・雨上がりの外に出た。あらしの通過を待っていたかのように
　　　セミの声が一段と甲高い。　　　　　　　　　　[天声人語]

「セミの声は甲高い」であれば〈恒常的特性〉である。〈特性〉を表す形容詞述語では、「は」と「が」の違いが、恒常的特性か一時的現象かの違いに相関してくる。

・山田先生はやさしい。　　　　　　　　　　〈恒常的特性〉
・（今日はなんだか）山田先生がやさしい。　　〈一時的現象〉

しかし、名詞述語では不可能である。

・山田先生はやさしい人だ。
・＊（今日はなんだか）山田先生がやさしい人だ。

なお、寺村（1984: 326）でも、名詞と形容詞とでは'時'との関わり方を同一視できず、名詞文の方が、「時を超絶」し、「時に関係せざる」性格を強くするとして、次のような例を示している（この問題については、第Ⅱ部第3章を参照。また佐藤（2009）参照）。

○昭和二十二年ハ戦後最大ノ飢饉ダッタ。
×昭和二十二年ハ戦後最大ノ飢饉ダ。
○昭和二十二年ハ戦後最大ノ飢饉ノ年ダッタ。
○<u>昭和二十二年ハ戦後最大ノ飢饉ノ年ダ</u>。

## 3.3　動的現象と静的現象　物語り文の下位分類

　下位分類が必要なのは、「品さだめ文」だけではない。佐久間（1941）は触れていない（無視している）のだが、時所的限定がある「物語り文」においても重要である。この点について、奥田（1988a）から簡略化して引用しよう（下線は筆者による）。

　　くりかえすが、ブルィギナが述べているように、述語の意味的なカテゴリーとしての《質》と《特性》は、時間のながれから相対的に独立している物の特徴をとらえて、その物を性格づ

けている。はんたいに、《現象》は具体的な時間にしばられている、客体の存在の、あるモメントを記述する。そして、具体的な時間のなかに局所限定をうけとる、その《現象》は、ブルィギナによれば、動的な現象と静的な現象とに大きくわかれる。この静的な現象のなかに《状態》のカテゴリーが位置づけられるのである。イギリスの言語学は述語の意味的なタイプをまず動的 dynamic と静的 static とにわけるが、それは《質》と《現象》とへの分割とはうまくかみあわない。

　日本語研究においても、アスペクト研究が先行したことから、「状態」という用語は、「静的な事柄」を表すものとして、Ｉを除くⅡ、Ⅲ、Ⅳすべてを指して使用されることが多い。「いる、ある」も状態動詞とされるのである。

　　　Ｉ　太郎がセミを殺した。／セミが死んだ。
　　　Ⅱ　足が痛い。／今日はポチが妙に臆病だ。
　　　Ⅲ　ポチは臆病だ。
　　　Ⅳ　ポチは秋田犬だ。

しかし、時間的限定性の観点から、次のように分類する方が正当であると思われる。

　　時間的限定性による分類：【Ｉ Ⅱ】【Ⅲ Ⅳ】
　　動的か静的かによる分類：【Ｉ】【Ⅱ Ⅲ Ⅳ】

　佐久間（1941）では、1.2〈静的現象＝状態〉の位置づけがないのであるが、この〈状態〉の位置づけは、後述するように、形容詞のみならず動詞分類においても重要になる。

　　1.　時間的限定性有〈現象〉
　　　1.1　動的現象（動作・変化）　　　動詞述語Ｉ
　　　1.2　静的現象（状態）　　　　　　形容詞述語Ⅱ

2. 時間的限定性無〈恒常的特徴〉
　2.1　特性　　　　　　　　形容詞述語III
　2.2　質　　　　　　　　　名詞述語IV

　奥田（1988a）は、ブルィギナの見解に従って、〈状態〉と〈特性〉の違いを強調しつつ、次のように規定している。簡略化して引用する（ロシア言語学については工藤編（2007）における佐藤里美論文「ロシア語の形容詞」を参照）。*2

　　この記述から明らかなように、《特性》は、特定の時間にしばられることのない、物にコンスタントにそなわっている特徴である。それに対して、《状態》は、特定の時間のなかにあらわれてくる、アクシデンタルな、つかのまの現象である。

　ところで、形容詞という品詞は、述語の位置にあらわれてきて、この《状態》をさしだすこともできるし、《特性》をさしだすこともできる。この事実は、ロシア言語学によって、ある種の形容詞の短語尾と完全語尾との意味の違いとして、早くから気づかれていた。日本語でも同じような現象が見られる。たとえば、「あの町は静かだ」と「町は今朝は静かだった」という、ふたつのいい方では、一方は《特性》としてのしずけさであるが、他方は《状態》としてのしずけさである。このことは時間の局所限定のし方のなかに表現されている。

　しかし、こんなふうに、時間の局所限定のあり方で、いつでも形容詞は《状態》の表現になったり、《特性》の表現になったりするわけではない。もっぱら状態をあらわす形容詞と、コンスタントな特性を表す形容詞との、ふたつのグループにわかれている。

　《状態》のカテゴリーは必ずしも形容詞によって表現されているわけではない。英語のような言語では、状態動詞とよばれるグループがあって、テンス・アスペクトのなかでも運動動詞に対立している。日本語では状態動詞とよばれるにあたいする動詞のグループは存在しているとしても、わずかである。たと

えば、いたむ、かなしむ、よろこぶ、いらいらするのような。

形容詞が述語の位置にあらわれて、《特性》も《状態》も表しているとすれば、《特性》と《状態》のあいだには絶対的な境界はない、ということになるだろう。

以上の見解は、Givón（2001）の次の図式との共通性が高いと思われる。ここでは、the scale of temporal stability の観点から、名詞寄りか動詞寄りかで形容詞が2分類され、また動詞も、典型的な動作を表す動詞と状態を表す動詞とに2分類されている（なお、Givón（2001）の図式では、左に most stable な tree、右に least stable な shoot が配置されているが、ここでは、説明の都合上、左右逆にしている。また、Givón（2001）では、Givón（1984）における time-stability にかえて、temporal stability という用語になっている）。

```
（時間的限定性有）              （時間的限定性無）
temporal stability: least       temporal stability: most
         ←――――――――――――――――――――――→
   shoot  work    know  sad      green    tree
   （運動）        （状態）       （特性）  （質）
```

## 3.4　状態の規定と形容詞分類・動詞分類

奥田（1988a）によって、〈静的現象としての状態〉の規定がなされたことの意義は極めて大きい。〈状態〉は、一時的な現象である点では〈運動（動作・変化）〉と共通するが、動的な時間的展開性のない静的現象である。〈状態〉は、「足が痛い」のように形容詞でも、「足が痛む」のように動詞でも、さらには「足が筋肉痛だ」

|  | 時間的限定性 | 動的展開性 |
|---|---|---|
| 運動（動作・変化） | ＋ | ＋ |
| 状態 | ＋ | － |
| 特性 | － |  |

のように名詞でも表しうる。

　金田一（1950）以来、アスペクトの観点から「状態動詞」という用語が使用されてきている。しかし、金田一（1950）では、次のように「時間を超越した観念を表す動詞」と規定されていることに注意しなければならない（波線はママ）。

　　　第1種の動詞は、「動作・作用を表す」というより寧ろ「状態を表す」と言うべき動詞で、通常、時間を超越した観念を表す動詞である。例えば、「机がある」「我が輩は猫である」の「ある」、「英語の会話が出来る」の「出来る」などがこれに属する。

　後述するように、一時的な静的現象を表す「痛む、臭う、いらいらする」のような動詞を〈状態動詞〉と規定することが、アスペクト研究にとっても重要であると思われる。そして、本書では、奥田に従って、「ある、いる」のような動詞を〈存在動詞〉とするのであるが、このことが方言を含めて日本語全体を見渡した時どのような意義を有するかということについては第Ⅳ部で述べる。

　また、以上のことは、現代日本語の形容詞分類のあり方についても大きな影響を及ぼす。従来、感情・感覚形容詞と属性形容詞に分類されてきたが、述語全体を捉えている時間的限定性の観点からは〈特性形容詞〉と〈状態形容詞〉に分類されることになる。〈状態形容詞〉には、感情・感覚形容詞のほとんどが入るが、それのみに限定されるわけではなく、「空腹だ、好調だ、冷ややかだ」のような形容詞も入る。感情を表す「好きだ、嫌いだ」は一時的な静的現象ではないので「赤い、大きい」のような属性形容詞と同様に、〈特性形容詞〉になる。「無口だ、病弱だ」も一時的現象ではないので、〈特性形容詞〉である。奥田（1988a）に従って、現代日本語の形容詞を対象にして、この点を提起したのは荒（1989）であり、八亀（2008）によるさらなる展開があった。

## 4. 時間的限定性から見た述語の意味的タイプ

以上、述べてきたように、〈時間的限定性〉とは、すべての述語を捉えているカテゴリーで、偶発的（accidental）な一時的（temporary）な〈現象〉か、ポテンシャルな恒常的（permanent）な〈本質〉かのスケール的な違いである。まとめると次のようになる。

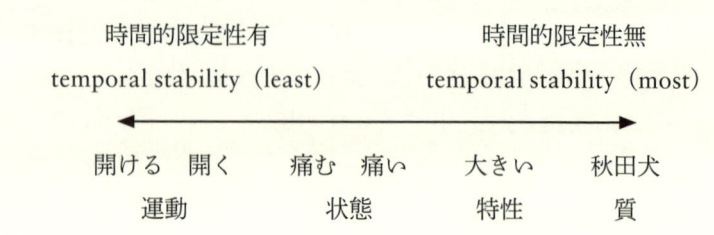

```
      時間的限定性有                時間的限定性無
   temporal stability（least）   temporal stability（most）
   ←─────────────────────────────────────────────→

   開ける　開く     痛む　痛い      大きい       秋田犬
      運動            状態          特性          質
```

ただし、〈存在〉に関わる動詞、及び〈関係〉に関わる動詞等もあることから、次のように位置づけておく。〈存在〉は一時的現象の場合も恒常的な場合もある（奥田は一時的存在を〈滞在〉としている）。〈関係〉は、相対的に見て恒常的であろう。

```
      時間的限定性有                時間的限定性無
   temporal stability（least）   temporal stability（most）
   ←─────────────────────────────────────────────→

 開ける 開く  痛む 痛い （いる） 大きい （等しい）  秋田犬
   運動        状態    （存在）  特性   （関係）    質
```

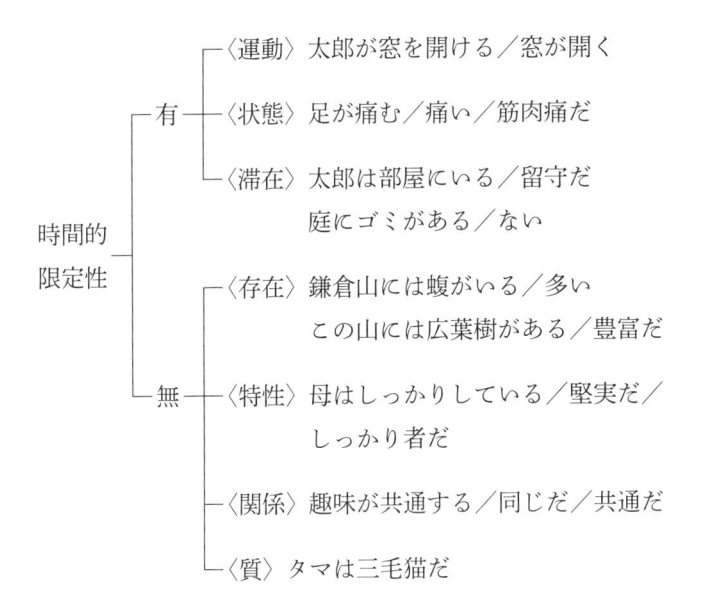

```
                    ┌─〈運動〉太郎が窓を開ける／窓が開く
              ┌─有─┼─〈状態〉足が痛む／痛い／筋肉痛だ
              │    └─〈滞在〉太郎は部屋にいる／留守だ
      時間的   │           庭にゴミがある／ない
      限定性 ─┤    ┌─〈存在〉鎌倉山には蝮がいる／多い
              │    │        この山には広葉樹がある／豊富だ
              └─無─┼─〈特性〉母はしっかりしている／堅実だ／
                   │         しっかり者だ
                   ├─〈関係〉趣味が共通する／同じだ／共通だ
                   └─〈質〉タマは三毛猫だ
```

## 4.1　時間的限定性と品詞

〈運動〉〈状態〉〈存在〉〈特性〉〈関係〉〈質〉を品詞ごとに整理すると、次頁の表のようになる。紙幅の都合上、代表例のみを示す。

この表について、品詞との関係を説明すると次のようになる。

1) 一時的な動的現象を表す〈運動（動作・変化）〉は、基本的に、2大品詞の1つである動詞に限定され、大部分の動詞らしい動詞はここに所属する（運動動詞の下位分類については第5章で述べる）。一方、最も永続性（恒常性）のある〈特徴の束〉としての〈質〉は、2大品詞の1つである名詞に限定される。この2つがプロトタイプである。

・太郎が魚を焼く。　　　　　　　　　　　　　　〈運動〉
・タマは三毛猫だ。　　　　　　　　　　　　　　〈質〉

2) 〈運動〉と〈質〉の中間に位置する〈状態〉〈存在〉〈特性〉〈関係〉は、動詞でも形容詞でも名詞でもありうる。

| 時間的限定性 | | 品詞 動詞述語 | 形容詞述語 | 名詞述語 |
|---|---|---|---|---|
| 有 | 運動 | 開ける、殺す、切る、破る、焼く、曲げる、干す、炊く、植える、刺す、入れる、並べる、飾る、運ぶ、作る、建てる、築く／開く、死ぬ、切れる、破れる、焼ける、乾く、酔う、積もる、濡れる、晴れる、腐る、咲く、枯れる／飲む、見る、歩く | | (出発だ、卒業だ)＊3 |
| | 状態 | 悲しむ、安心する、感激する、寒がる、寂しがる、いらいらする、うんざりする、痛む、しびれる、見える、聞こえる、匂う、疲れる、しらける、吹雪く、流行る、こみあう | 悲しい、安心だ、痛い、臭い、眠い、だるい、心外だ、うんざりだ、ショックだ、妙だ、空腹だ、不機嫌だ、真剣だ、冷ややかだ、忙しい、好調だ、熱っぽい、真っ暗だ | 病気だ、風邪だ、筋肉痛だ、重体だ、大流行だ、パニックだ、評判だ、本気だ、感激だ、大喜びだ、無言だ、快晴だ、吹雪だ、ずぶ濡れだ、水浸しだ、渋滞だ、お疲れだ |
| 無 | (滞在)存在 | ある、いる、存在する、点在する、欠けている | ない、多い、少ない、乏しい、稀だ、豊富だ | 留守だ、不在だ、欠席だ、空だ、いっぱいだ |
| | 特性 | 優れている、ありふれている、しっかりしている、精通している、しゃれている、こみいっている、きりたっている、尖っている、いりくんでいる、やせている | 優秀だ、平凡だ、堅実だ、詳しい、博学だ、おしゃれだ、複雑だ、好きだ、赤い、広い、高い、大きい、固い、重い、深い、病弱だ、無口だ、苦手だ、器用だ、腕白だ、有害だ | 緑色だ、優等生だ、心配性だ、好物だ、しっかり者だ、やせっぽちだ、甘党だ、寂しがり屋だ、汗かきだ、皮肉屋だ、大酒飲みだ、高所恐怖症だ、泣き虫だ、美人だ、紳士だ |
| | 関係 | 一致する、違う、反する、属する、共通する、関係する、兼ねる、匹敵する、似ている | 等しい、同じだ、ぴったりだ、そっくりだ、対照的だ、親しい、懇意だ、無関係だ | 大違いだ、共通だ、正反対だ、逆だ、先輩だ、同僚だ、実母だ、いとこだ、夫婦だ、敵だ |
| | 質 | | | 哺乳動物だ、人間だ、女だ、害虫だ、犬だ、ペットだ、高山植物だ、雑草だ、盆栽だ、ソメイヨシノだ、家具だ、宝石だ、日本人だ、作家だ、刑事だ、教師だ、幽霊だ、祭日だ |

〈状態〉
・足が痛む／痛い／筋肉痛だ。
〈存在〉
・太郎は部屋にいる／留守だ。
・鎌倉山は蝮がいる／多い。
〈特性〉
・母はしっかりしている／堅実だ／しっかり者だ。
〈関係〉
・趣味が共通する／同じだ／共通だ。

3) 言語類型論でも指摘されているように、形容詞は、2大品詞としての動詞と名詞の中間に位置づけられる。そして、「うんざりだ、痛い」のような、動詞寄りの〈状態形容詞〉と、「優秀だ、広い」のような、名詞寄りの〈特性形容詞〉に2分類することが可能である（感情・感覚形容詞の大部分は〈状態形容詞〉になるが、「好きだ、嫌いだ」等は〈特性形容詞〉である。「かいがいしい、好調だ」等は、感情・感覚ではないが、〈状態形容詞〉である）。

また、「赤い、青い」「真っ赤だ、真っ青だ」は形容詞である一方、「緑だ、ピンク色だ」は、「緑の服」「ピンク色の花」となることから、形式上は名詞述語ということになるが、意味・機能上は〈特性〉を表していて形容詞相当である。近年、第3形容詞といった分類が提起されているが、重要なことは、下記のように形容詞と名詞の間が連続的であるという点であろう。

・先生が不機嫌だ。（不機嫌な先生）
・先生は弱虫だ。（弱虫な／の先生）
・先生は心配性だ。（心配性の先生）

## 4.2　時間的限定性とアスペクト・テンス

〈運動〉と〈状態〉は、偶発的な〈現象（エピソード）〉であり、個別具体的な時間に釘づけされている点では共通するが、〈動的展

開〉の有無で異なる。〈動的展開〉の有無は、終了あるいは開始の〈時間限界〉の有無と連動している。

　従って、〈完成―継続〉のアスペクト対立が成立するのは〈運動動詞〉である。

　一方、〈状態動詞〉では、形式的には「している」形式があるが、運動動詞のように相互排除的ではない（以下の表では△で示す）。「当時ペストが流行った」でも「流行っていた」でも、アスペクト的意味の違いは大きくない。そして、状態動詞では、「部屋が臭うね」のように、「する」形式がテンス的に〈現在〉を表す。〈状態形容詞〉では、テンス対立はあるが、アスペクト対立はない。

〈運動動詞〉：　太郎が戸を開けた。　　　　　〈完成（過去）〉
　　　　　　　太郎が戸を開けていた。　　　〈継続（過去）〉
　　　　　　　太郎が戸を開ける。　　　　　〈完成（未来）〉
　　　　　　　太郎が戸を開けている。　〈継続（現在・未来）〉
〈状態動詞〉：　頭がずきずきした／ずきずきしていた。〈過去〉
　　　　　　　頭がずきずきする／ずきずきしている。〈現在〉
〈状態形容詞〉：さっき、頭が痛かった。　　　　〈過去〉
　　　　　　　今、頭が痛い。　　　　　　　　〈現在〉

|  | アスペクト対立 | テンス対立 |
| --- | --- | --- |
| 運動動詞 | ○ | ○（完成相非過去形は未来） |
| 状態動詞 | △ | ○（非過去形は現在） |
| 状態形容詞 | × | ○（非過去形は現在） |

　次に、時間的限定性のない〈特性〉〈関係〉〈質〉では、アスペクト対立がないばかりでなく、テンス的にも〈一時的な（レアルな）現在〉を表せない。〈状態〉と〈特性〉の次のペアーを比較されたい。「先生が無言だ」というのは、〈一時的な偶発的現象〉だが、「先生は無口だ」というのは〈恒常的特性〉である。「先生は無口だが、今は饒舌だ」とは言えても、「先生は無言だが、今は饒舌だ」とは言えない。同様に、「先生は病弱だが、今日は元気だ」とは言

えても、「先生は病気だが、今日は元気だ」とは言えない。

　　〈状態〉：先生は病気だ／無言だ／汗まみれだ。
　　〈特性〉：先生は病弱だ／無口だ／汗かきだ。
　　〈関係〉：太郎は山田氏の長男（弟子）だ。
　　〈質〉　：山田氏は文学者だ。

　過去形においては、〈過去の特定時における状態〉か〈主体の非現存＝死亡〉かで違ってくる。主体の恒常的特徴であるため、過去に位置づけることは、主体自身の非現存になる。

　　〈状態〉＝〈過去の特定時における一時的な現象〉
　　・先生は病気だった／無言だった／汗まみれだった。
　　〈特性〉〈関係〉〈質〉＝〈主体の非現存〉
　　・先生は病弱だった／無口だった／汗かきだった。
　　・太郎は山田氏の長男だった。
　　・山田氏は文学者だった。

　「先生は、昔は病弱だった」「若い頃、先生は無口だった」「山田氏はかつて優れた文学者だった」のように、〈長期的時間副詞〉と共起すれば、〈主体の非現存〉ではなくなるが、この場合でも、「さっき、昨日、先週、去年」のような〈短期的時間副詞〉とは共起しえない。〈反復習慣〉の問題も総合的に考えるためには、時間副詞のこの２分類は重要である。


## 5．現象と特性の相互移行

　一時的な現象と恒常的な特性との間は、連続的であり相互移行も起こる。動的現象（運動）や静的現象は、時間の抽象化、思考による一般化によって〈特性〉を表すようになる。逆に〈特性〉から〈静的現象〉への移行も起こるが、この場合には、確認（認識）のし方において、〈知覚体験性（眼前描写性）〉が前面化する。

## 5.1 動的現象から特性への移行

　まず、〈運動動詞〉は、特定時の動的現象を表すのが基本であるがゆえに、「いつ、どのように現象するか」を表し分けるアスペクト・テンス対立がある。しかし、次のように時間の抽象化が進んでいくと、最終的には〈特性〉を表すようになる。時間の抽象化が進んだ②〈反復習慣的運動〉では、繰り返し現象する運動を表すようになってポテンシャル化が進み、「する―している」のアスペクト対立がなくなる（〈反復〉と〈習慣〉ではポテンシャル化の程度が異なる点については、第Ⅱ部参照）。さらに、③恒常的な〈特性〉を表すようになると、いつでも起こりうるポテンシャルな運動を表す。この場合は「は」に限定され、「父が酒を飲む（酒飲みだ）」のように、「が」を使用すれば〈指定とりたて〉になってしまう。「人間は酒を飲む」のように、一般主体の場合になると、はっきりと、テンス対立もなくなる。この①②③における時間の抽象化の違いには、知覚体験によって確認できる現象か、思考による一般化かという確認（認識）のし方の違いが相関している。

① 〈個別具体的な運動〉：アスペクト・テンス対立有

　　父は酒を飲んでいる。
　　父は今晩酒を飲む。
　　父は昨日酒を飲んだ。
　　父は酒を飲んでいた。

② 〈反復習慣的運動〉：テンス対立有（アスペクト対立無）

　　最近、父は毎晩酒を飲む／飲んでいる。
　　若い頃、父は毎晩酒を飲んだ／飲んでいた。

③ 〈特性〉：アスペクト・テンス対立無

　　父は酒を飲む／酒飲みだ。

```
        時間的限定性有                    時間的限定性無
    ←─────────────────────────────────────────→
    ① 〈レアル〉      ② 〈ポテンシャル      ③ 〈ポテンシャル〉
      知覚体験            （＋レアル）〉        思考による一般化
      アスペクト対立有    アスペクト対立無      アスペクト対立無
      テンス対立有        テンス対立有          テンス対立無
                                              （主語「は」）
```

## 5.2 静的現象から特性への移行

〈変化結果の継続〉は、以前の変化の完成を前提とする点では動的現象である（従ってアスペクト的意味である）が、〈結果としての状態〉自体に焦点をあてれば静的現象でもある。次のペアーを比べると、(a)は、〈(一時的)状態〉であるが、(b)は、以前の変化がありえないがゆえに〈(恒常的)特性〉である。(b)では、「は」に限定され、「が」を使用すれば、「この道が一番曲がっている」のように、〈指定とりたて〉の意味になる。主体の性質上、以前の変化を前提としえない場合には、「は」を伴いつつ〈特性〉を表すようになる。

　　(a) ネクタイが曲がっている。
　　　　子供がお母さんから離れている。
　　(b) この道は曲がっている。
　　　　太陽は地球から遠く離れている。

このように、動的現象であれ、静的現象であれ、〈特性〉（あるいは〈関係〉）を表すようになると、「は」の使用が義務的になると言えよう。

## 5.3 特性から静的現象への移行

佐久間（1941）が指摘しているように、恒常的な〈特性〉（あるいは〈関係〉）を表す場合、主語は「は」である。従って、次のような場合、「が」の使用は不可能である（次の例は大槻（1987）か

ら引用)。

- 北国の秋は早い。特に今年は早いようである。札幌でも朝夕はもうストーブがいる。　　　　　　　　　　　　［北国通信］
- 三面川の河口、越後・村上は新潟と山形との県境に近い。三面川は朝日連峰から流れ出る何本かの川を集め、日本海に注ぐ。　　　　　　　　　　　　　　　　　　　　［三面川］

　一方、次のような場合は、一時的現象としての〈状態〉を描写している。「が」を「は」に変えると〈特性〉になってしまう。

- 夜霧が白い。電信柱の細いかげが針のような影を引いている。　　　　　　　　　　　　　　　　　　　　　　　［放浪記］

　次の場合は、〈一時的状態〉ならぬ〈恒常的特性〉ではあるが、「が」が使用されている。「深い」「かさなっている」というのは谷や山の恒常的特性ではあるが、目の前の現象として描写されており、〈知覚体験性〉という確認のし方が前面化されている。

- 下を覗くと美しい谷が目の届かないほど深かった。　　　　　　　　　　　　　　　　　　　　　　　　　　　　［伊豆の踊子］
- が、前面には、まだ、山がいくつもかさなっていた。　　　　　　　　　　　　　　　　　　　　　　　　　　［ゼロの焦点］

　このように〈特性形容詞〉は、偶発的な一時的〈状態〉を表す場合が出てくるが、通常の〈特性〉とは異なる状態であるので、「妙に」「変に」のような形式を伴いやすい。

- 花子はおとなしい。
- 花子が妙におとなしい。

　しかし、「おとなしい女性だ」「親切な人だ」となると、〈質〉に

近づくので、レアルな〈状態〉は表さない。

・花子はおとなしい女性だ。
・*花子が妙におとなしい女性だ。

　このように、〈質〉は、一時的〈状態〉に移行することはないが、次のように特性形容詞化すると、状態を表すことが可能になる。〈関係〉も、「太郎は山田氏の子供だ」の場合は一時的状態を表せないが、特性形容詞化すると、〈状態〉を表すことが可能になる。

・パーマー氏はイギリスの紳士だ。　　　　　　　〈質〉
　→　山田氏は（非常に）紳士だ。　　　　　　　〈特性〉
　→　あの時、山田氏は紳士だった。　　　　　　〈状態〉
・太郎は山田氏の子供だ。　　　　　　　　　　　〈関係〉
　→　太郎は（非常に）子供だ。　　　　　　　　〈特性〉
　→　今日は、太郎が妙に子供だ。　　　　　　　〈状態〉

〈特性〉が〈状態〉に移行しやすく、〈質〉が移行しにくいのは、〈質〉が〈特性の束（複合体）〉であるからであろう。〈特性の束（複合体）〉としての〈質〉では、発話主体の確認のし方は〈知覚〉ではなく、典型的なかたちでの〈判断〉である。

## 6．おわりに

　以上、すべての述語を捉えている時間的限定性の問題を考察してきた。奥田（1985b）において次のように述べられている。

　　場面やコンテキストのなかで実現する、具体的な発話としての文が、そこに使用されている諸手段によって、いかなるレアルな世界をさしだしているか、いかなるポテンシャルな世界をかもしだしているか、ということを、発話のうけとり人は、その言語的諸手段の分析をとおして、理解しなければならない。

時間的限定性は、アスペクトやテンスとは異なり、時間のみに関わる問題ではなく、現実世界の捉え方全体に関わる。

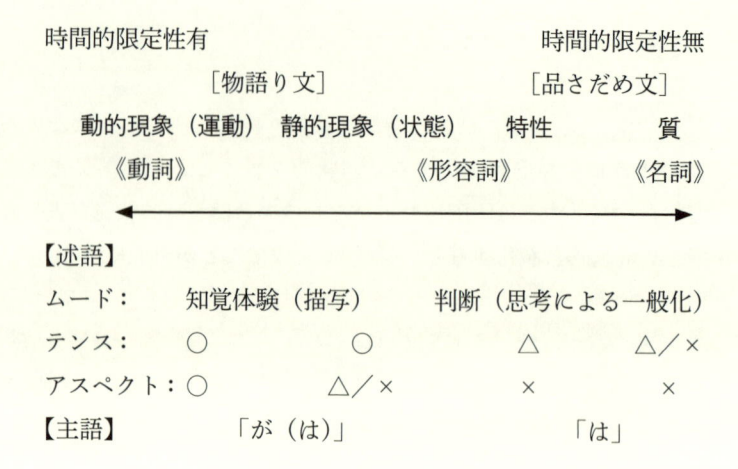

| 時間的限定性有 | | 時間的限定性無 | |
|---|---|---|---|
| [物語り文] | | [品さだめ文] | |
| 動的現象（運動） | 静的現象（状態） | 特性 | 質 |
| 《動詞》 | 《形容詞》 | | 《名詞》 |
| ←──────────────────────────────→ | | | |

【述語】
| ムード： | 知覚体験（描写） | | 判断（思考による一般化） | |
|---|---|---|---|---|
| テンス： | ○ | ○ | △ | △／× |
| アスペクト： | ○ | △／× | × | × |

【主語】　　「が（は）」　　　　　　　　「は」

　基本的に、時間のなかで動的に展開する個別具体的なものの〈運動（動作・変化）〉は、知覚による感性的経験によって確認できる。一方、ものの恒常的な〈質〉は、思考による一般化（判断）であり、主語は「は」になる。前者は、ムード・テンス・アスペクト体系を有する動詞述語文によって表現され、後者はその体系が不完全な名詞述語文によって表現される。この２つのプロトタイプの間に、形容詞述語文によって表現される〈状態〉と〈特性〉の意味領域が拡がっている。

　こうして、時間的限定性は、文の対象的な意味の土台にあって、述語におけるムード・テンス・アスペクトのあり様を規定するとともに、主語における「は」と「が」の使い分けも規定しているということになる。

　〈動的現象〉を表す運動動詞には、標準語のみならずすべての諸方言においてアスペクト・テンス対立がある。このバリエーションについては、第Ⅱ、Ⅲ、Ⅳ部で述べる。また、標準語には形態論的形式はないが、諸方言には、〈静的現象〉つまり〈状態〉を明示する形態論的形式のバリエーションがある。*4 これについては、第Ⅲ、Ⅳ部で述べる。

\*1　基本的に、この章で述べることはテクストタイプを問わない問題であるため、説明にあたって小説の地の文の例を提示することがある。

\*2　Timberlake (2004) *A Reference Grammar of Russian* でも次のように指摘されている。

> With predicative (short) forms, the property is contingent and variable depending on the time-worlds. The nominative (long) form is used when the concern is with characterizing the essential as opposed to the accidental properties of the subject.

\*3　名詞述語「到着だ」「卒業だ」と動詞述語「到着する」「卒業する」は、テンス的に同じではない。

・明日到着だ／到着する。
・既に到着だ／\*到着する。
・昨日到着だ／\*到着する。

\*4　Comrie（1976）では次のことが指摘されている。この問題については、第Ⅳ部で考察する。

> 5.2.1.2　contingent state
> 　One other area where there seems to be evidence of a link between locative and aspect concerning being in a state, rather than in the process of doing something, since here again a large number of languages use expressions that are, or derive from, locative constructions.

そして、アイスランド語とスコットランド・ゲール語においては、絶対的な状態と偶発的な状態との区別は2つの動詞の使い分けによること、1つはコピュラのisであってそれは源インド・ヨーロッパ語のbe動詞からの派生であること、もう1つは、standという意味の動詞からの派生であることを指摘している。さらに、スコットランド・ゲール語では、thaはさらに進んで、noun phrase predicateと組み合わさるところまできていることも指摘している。

第4章
# 動詞

　第3章において、時間的限定性の観点から述語の意味的タイプを考察した。動詞は、①時間的限定性のある〈動的現象（運動）〉を表し、②〈述語〉になることを主要な構文的機能とする品詞であり、③〈ムード・テンス・アスペクト体系〉が全面開花する。本章では、このような動詞の本質的特徴について考察する。

## 1．3つの観点から見た動詞の特徴

　動詞という品詞は、次のような3つの観点からの特徴づけに基づいた単語グループ（品詞）である。

①語彙的な意味
②構文的な機能
③形態論的なかたちの体系

　①時間のなかでの展開性がある〈動的事象＝運動〉を表すという動詞の語彙的な意味における基本的特徴は、②文構造においては〈述語〉になるという主たる構文的機能と相関し、この機能とむすびついて、③ムード・テンス・アスペクトの形態論的体系を全面開花させる。
　「曲がった道」「家具を売る店」のような〈規定語〉として機能する動詞（連体形）は、時間的展開性のある動的現象ではなく、恒常的な〈特性〉を表していて、いわば形容詞的である。従って、ムード・テンス・アスペクトの分化はない。次の例を比較されたい。

・澄んだ水が濁った。
・濁った水が澄んだ。

「澄んだ水が濁った。」の場合において、規定語である「澄んだ」と述語である「濁った。」を比べてみると、「澄んだ水」の方は「澄んでいる水」とも「きれいな水」とも言い換えられるが、「濁った。」の方は「濁っている。」や「汚い。」に言い換えられないか、言い換えたとしたら意味が違ってくる。述語「濁った。」は〈断定・過去・完成〉というムード・テンス・アスペクト的意味を表しているが、規定語「澄んだ」が表しているのは、恒常的な〈特性〉である。述語の「濁った。」がアスペクト的に〈変化の完成〉を表していることは、「澄んだ水が濁っていた。」にすると〈変化の結果継続・過去〉の意味になることから明らかであろう。認識的ムード（叙述法）に関して言えば、述語「濁った。」は、「（澄んだ水が）濁っただろう。」に対立して〈断定〉を表しているが、規定語では「澄んだだろう水」とは言えず、ムード対立もない（「濁った水が澄んだ」の場合も同様である）。

このような考え方は、Givón（2001）における次の考え方と共通するものであり、オーソドックスな考え方であると思われる。簡略化して引用する。

> 2.3 Major lexical word-classes
> The bulk of this chapter deals with the four major classes of lexical words that appear most widely across languages.
> ・nouns
> ・verbs
> ・adjectives
> ・adverbs
> Of the four, nouns and verbs are major lexical classes in all languages.

## 2.4 Membership criteria

In conformance with what was noted in Chapter 1 above concerning natural categories, membership in each major word-class is not defined by a single (Platonic) necessary-and-sufficient feature, but rather by three baskets of criteria.

- **Semantic criteria**: The kind of meanings ('semantic features') that tend to be coded by words of a particular class.
- **Morphological criteria**: The kind of bound morphemes—both grammatical and derivational—that tend to be affixed to words of a particular class.
- **Syntactic criteria**: The typical position(s) in the clause that words of a particular class tend to occupy.

In using a prototype-clustering approach to the membership of lexical categories, rather than rigid Platonic definitions, one merely acknowledges that lexical categories, like natural categories, elsewhere, may include members that display less than 100% of the criterial properties. That is, some members are more prototypical, while others are less prototypical but still members.

The most universally predictive criteria are semantic. Syntactic criteria are also highly universal. It is morphological criteria that show the highest degree of cross-language diversity.

［Givón 2001: 49］

上記でも指摘されている通り、〈語彙的意味〉の側面と〈構文的機能〉は普遍的に近いが、〈形態論的側面〉は、言語ごとに異なる。実際、日本語の動詞には〈人称〉は形態論化されていない。日本語内部でも、標準語と方言では、形態論的体系が異なる（詳細は第

III、IV部参照)。

　以下、構文的機能、語彙的意味、形態論的体系の順に述べる。

## 2. 動詞の構文的機能

　動詞は、〈述語〉になることを主要な機能とする品詞である。従って〈終止形〉において、ムード・テンス・アスペクトが全面開花する。

　〈連体形〉にはムードはなく（例えば、命令のムードはありえない）、「変わった人」のような場合では、テンス・アスペクトもない。前節で述べた「澄んだ水」の例とあわせて、次の例を比較されたい。

　　・投球フォームが変わった。　　　　　〈断定・過去・完成〉
　　・変わった投球フォーム　　　　　　　　　　　　　〈特性〉

「～し」「～して」のような中止形でも、ムードやテンスはない。ムード的意味、テンス的意味を表しているのは、主文の述語である。

　　・図書館に行って勉強しよう。
　　・図書館に行って勉強している。
　　・図書館に行って勉強した。

アスペクトも終止形の場合とは異なってくる。次の最初の例は、「飲んでおり」と言い換えてもよく、アスペクト的に〈完成〉の意味は表していない。また、後の例では、「たたいていて」は言えず、アスペクト的意味を表していない。

　　・太郎は日本酒を飲み、花子はワインを飲んでいた。
　　・子供が太鼓をたたいて歩いた。

「すれば」「したら」「する（した）なら」「すると」のような条件形でも、「晴れたなら、明日は運動会をします」のように、発話時

ならぬ主文の事象時を基準とする〈相対的テンス〉になる場合が出てくる。〈終止形〉の場合では、相対的テンスになることはなく、発話時が基準である。

　従って、動詞の本質は、述語として機能する終止形、つまり、predicative form にあると言えよう。下記のような体系は、終止形だけのものである。このような終止形の体系は、文の対象的内容としての事象を現実の世界に関係づけるという〈陳述性〉の機能と相関していると考えられる。この点については第 5 章で述べる。

| M \ A \ T | | | 完成 | 継続 |
|---|---|---|---|---|
| 叙述法<br>（認識 M） | 断定 | 非過去 | する | している |
| | | 過去 | した | していた |
| | 推量 | 非過去 | するだろう | しているだろう |
| | | 過去 | しただろう | していただろう |
| 実行法 | 勧誘・意志 | | しよう | していよう |
| | 命令 | | しろ | していろ |

　ムードは、大きくは、認識に関わるムード（叙述法）と実行に関わるムードに分かれる。認識的ムードは、基本的に、〈断定〉と、事実未確認の〈推量〉に下位分類される。実行のムードは、相手だけに実行を求める〈命令〉と、話し手も実行する〈勧誘・意志〉に下位分類される（話し手と聞き手がともに実行する場合は〈勧誘〉であり、話し手だけが実行する場合は〈意志〉であるが、標準語では同じ形式になる）。

　テンスは、〈認識的ムード〉に成立し、〈発話時〉を基準とする。話し手が、時間の流れのなかにある現実世界の事象を認識するとすれば、話し手の話すという行為時を基準にして、〈以前〉〈同時〉〈以後〉として時間的に位置づけることになる。話し手の発話行為時が基準になるという点で、テンスは主体的な時間である。

　動詞らしい動詞である運動動詞は、終了なり開始なりの〈時間限界〉のある動的現象を捉えている。1 つの動的事象は、他の事象と

〈継起〉あるいは〈同時〉という時間的な関係のなかにある。そのため、文のなかに動的事象を描き出す際には、他の事象との〈継起〉的な時間関係のなかで、終了なり開始なりの時間限界を視野に入れて〈完成〉的に捉えるのか、〈同時〉的な時間関係のなかで時間限界を無視して〈継続〉的に捉えるのかを表し分ける必要がある。アスペクトは、他の事象との関係のなかで、事象の〈時間的展開の捉え方の違い〉を表し分けるものである。

「している」：継続性＝時間限界を捉えず（＝同時性）
「する」　：完成性＝時間限界を捉える（＝継起性）

以下では、このような述語として機能する終止形におけるムード・テンス・アスペクトの観点から、動詞分類の問題を考える。

## 3. 動詞の語彙的意味のタイプ

### 3.1 時間的限定性の観点から見た動詞分類

動詞には多様なタイプがあり、タイプ間の関係も連続的である。どのように分類すべきかには、様々な考え方があろうが、まずは、〈時間的限定性〉の観点から、動詞らしい動詞と、そうではない動詞に分ける必要があると思われる。動詞を中心にして、第3章で示した表を、運動動詞の部分を詳しくして次頁に再掲する。

次頁の表について、動詞を中心に見ていくと、次のようになる。

1) 〈運動動詞〉が最も動詞らしい動詞であり、所属語彙が最も多い。アスペクトの観点から見た運動動詞の下位分類については、〈主体動作客体変化動詞〉〈主体変化動詞〉〈主体動作動詞〉に分けて示している。

　〈主体動作客体変化動詞〉は、〈意志的主体〉が客体に向けて働きかけていき、客体（その状態や位置等）を変化させる他動詞である。従って、このような客体に変化をもたらす動作動詞においては、客体の変化が達成されて必然的に動作が終了する

| 時間的限定性 | 品詞 | 動詞述語 | 形容詞述語 | 名詞述語 |
|---|---|---|---|---|
| 有 | 運動 | 〈主体動作客体変化〉<br>開ける、殺す、切る、割る、破る、焼く、曲げる、畳む、乾かす、炊く、濡らす、広げる、刺す、塗る、着せる、入れる、並べる、飾る、干す、埋める、外す、抜く、運ぶ、建てる、作る<br><br>〈主体変化〉<br>開く、死ぬ、切れる、割れる、破れる、焼ける、曲がる、乾く、炊ける、濡れる、刺さる、外れる、抜ける、建つ、酔う、積もる、晴れる、腐る、枯れる、汚れる<br><br>〈主体動作〉<br>触る、叩く、押す、引く、飲む、食べる、見る、読む、踊る、遊ぶ、暴れる、歩く、泳ぐ、通る、うろつく | | |
| 無 | 状態 | 悲しむ、安心する、感激する、寒がる、寂しがる、いらいらする、うんざりする、痛む、しびれる、震える、感じる、見える、聞こえる、匂う、疲れる、しらける、吹雪く、流行る | 悲しい、安心だ、痛い、臭い、眠い、だるい、うんざりだ | 病気だ、風邪だ、大流行だ、パニックだ、感激だ、大喜びだ |
| 無 | (滞在)存在 | ある、いる、存在する、点在する、欠けている | ない、多い、少ない、乏しい | 留守だ、空だ、いっぱいだ |
| 無 | 特性 | 優れている、ありふれている、しっかりしている、精通している、しゃれている、こみいっている、きりたっている、尖っている、いりくんでいる、役立つ、(やせている、ふけている) | 優秀だ、平凡だ、堅実だ、詳しい、博学だ、おしゃれだ | 緑色だ、優等生だ、心配性だ、好物だ、しっかり者だ |
| 無 | 関係 | 一致する、あてはまる、違う、異なる、反する、属する、共通する、関係する、兼ねる、匹敵する、似ている | 等しい、同じだ、ぴったりだ | 大違いだ、共通だ、逆だ、先輩だ |
| 無 | 質 | | | 哺乳動物だ、人間だ、女だ、害虫だ、桜だ |

〈終了の時間限界〉が明確にあるとともに、主体が意志的に動作を発動する〈開始の時間限界〉もある。この動詞において、ムード・テンス・アスペクト体系が全面開花する。終止形のムード・テンス・アスペクト体系を示すと次のようになる。

| M \ T \ A | | 完成 | 継続 |
|---|---|---|---|
| 叙述法 | 非過去 | 開ける | 開けている |
|  | 過去 | 開けた | 開けていた |
| 勧誘・意志法 | | 開けよう | 開けていよう |
| 命令法 | | 開けろ | 開けていろ |

一方、〈主体変化動詞〉では、〈もの〉の状態や位置等の〈変化〉だけが捉えられており、無意志的であるため、変化が達成される〈必然的終了限界〉の方が焦点化される。勧誘・意志法や命令法がなくムードが貧弱であるが、アスペクト対立ははっきりしている。

| M \ T \ A | | 完成 | 継続 |
|---|---|---|---|
| 叙述法 | 非過去 | 開く | 開いている |
|  | 過去 | 開いた | 開いていた |

〈主体動作動詞〉は、主体変化動詞とは逆に、〈動作〉だけが捉えられ、変化には無関心な動詞である。このような動作動詞のなかには、客体に働きかける動作だけを表す「触る、叩く、飲む」のような他動詞も、「歩く、泳ぐ、遊ぶ」のような自動詞も所属する。変化には無関心であるため、必然的終了限界はなく、〈開始の時間限界〉の方が焦点化される。意志的主体の場合はムード・テンス・アスペクトがあるが、「(魚が) 泳ぐ」「(蟻が) 歩く」のような場合には、状態動詞に近づいていくであろう。「照る、光る」のような、自然現象を表す動詞になると〈状態動詞〉に非常に近く、場合によっては状態動詞に入れる方が適切かも知れない。

2) 〈状態動詞〉は、時間的限定性のある点では運動動詞と共通するが、時間のなかでの動的展開のない持続的な〈静的現象〉を表す。時間のなかでの動的展開性がないとは、〈終了〉なり〈開始〉なりの〈時間限界〉が明確にはないということを意味する。従って、アスペクト対立がぼやけてきて、「する」形式がテンス的に〈現在〉を表すようにもなる。ただし、「もうすぐ見えるよ」「2時間で疲れた」のように、〈状態発生〉を表す場合には「している」形式は使用できない。基本的に、主体が意志的にコントロールできる現象ではないので、勧誘・意志法や命令法はない。下記のような体系は形容詞「痛い」に近いものである(「非常に痛む」のように程度副詞との共起も可能である)。

| 叙述法 | 非過去 | 痛む・痛んでいる |
|---|---|---|
|  | 過去 | 痛んだ・痛んでいた |

3) 〈存在動詞〉は、時間的限定性がある場合もない場合もあるが、時間的限定性がある場合においてもアスペクト対立はなく、従って、テンス的に〈現在〉を表す(「存在している」のように形式上「している」形式があったとしても意味的な対立はない)。なお、〈人の存在〉を表す「いる」にだけは、「いよう」「いろ」のような勧誘・意志法や命令法がある。

| 叙述法 | 非過去 | ある |
|---|---|---|
|  | 過去 | あった |

4) 〈特性動詞〉〈関係動詞〉は、時間的限定性がないので、基本的に、テンス対立もなくなる。過去形が使用されたとしても、発話時と事象成立時との時間関係を表すテンス的意味ではなく、「昨日見てきたけど、海岸線がとても入りくんでいた」のように、発話時と話し手の確認時との時間関係を表すか、〈事実の再確認(想起)〉〈新事実の確認(発見)〉のようなモーダルな意味を表すようになる(詳しくは第Ⅱ部第3章参照)。ただし、

長い間には、特性や関係も変化するので、「かつて（昔）は山岳部に所属した」のように言える（「昨日は山岳部に所属した」等は不可能である）。〈特性動詞〉は、変化動詞の〈結果継続〉と連続的である。「この道は曲がっている」では〈特性〉であるが、「ネクタイが曲がっている」では、一時的な結果継続である（「やせている、ふけている」も同様）。

以上をまとめると次のようになる（△は部分的であることを示す）。

|  | ムード | テンス | アスペクト |
|---|---|---|---|
| 主体動作客体変化動詞 | ○ | ○ | ○ |
| 変化動詞 | △ | ○ | ○ |
| 動作動詞 | ○／△ | ○ | ○ |
| 状態動詞 | △ | ○ | △ |
| 存在動詞 | △ | ○／△ | × |
| 特性・関係動詞 | △ | ×（△） | × |

　以上、時間的限定性の観点から見た動詞の主たるタイプを述べてきたが、次のような動詞の位置づけは今後の課題である。すべて、動作や変化を表す運動動詞や状態動詞とは違って、一時的現象ならぬ〈長期持続〉を表すものである。その意味で、〈特性動詞〉（あるいは〈存在動詞〉）に近づいていると言えるが、〈特性動詞〉とは違って、一部を除き、「銀行に勤めよう」「生徒を愛せ」のように〈意志性〉がないわけではない。「する」形式と「している」形式の対立もあり、テンス的に〈現在〉を表すためには、「している」形式の使用が義務的である（ただし、1人称主体に限定されて、「私は息子を信じます」のように〈態度表明〉を表す場合は別である）。

【タイプ1】　勤める、営む、経営する、仕える、通う、通勤する、つきあう、暮らす、住む
【タイプ2】　愛する、好む、愛読する、嫌う、恨む、信じる
【タイプ3】　所有する、保管する

これらの動詞は、現在テンスの場合、「私は銀行に勤めている」「太郎は大学に通っている」「彼女はキリスト教を信じている」のように「している」形式を使用しなければならないが、一時的なものではないので、「私は銀行員だ」「太郎は大学生だ」「彼女はキリスト教徒だ」の意味に近い。過去テンスの場合は、「した」形式と「していた」形式のアスペクト対立がぼやけてくる。次の場合、「通った」「仕えた」でもよいだろう。

・「よく存じております。一昨年まで、この家へは、私もお稽古に通っておりました」　　　　　　　　　　　　［影の告発］
・「ライバルの定子という妃のところには、清少納言が仕えていた。当時の朝廷には、時代を代表する二人の才女がいたんでしょう」　　　　　　　　　　　　　　　　　　［火車］

　次の「愛していた」は、「好きだ」とほぼ同義になっており、特性動詞に近づいている。ただし、過去テンスではない場合は、「愛する」にはまだ主体の意志性があるだろう。

・「あなたは耀子を愛していた？」
　「好きでしたよ。僕はああいう危なっかしい女が好きなんだ」
　　　　　　　　　　　　　　　　　　　　　　［顔に降りかかる雨］

## 3.2　アスペクトの観点から見た運動動詞の分類

　第Ⅳ部で述べるように、アスペクト体系には様々なバリエーションがあるのだが、このアスペクト体系のバリエーションはすべて、時間的限定性のある動的現象を表す〈運動動詞〉において成立している。〈運動動詞〉とは、〈終了〉や〈開始〉という〈時間限界〉が明確にある動詞である。
　「する」、あるいは「している」のどちらかしかない、つまりはアスペクト対立のない動詞（非運動動詞）を除けば、標準語のアスペクト研究では、金田一（1950）によって、「している」形式が〈動作継続（進行）〉と〈結果継続〉のどちらを表すかの観点から〈継

続動詞〉〈瞬間動詞〉の 2 分類が行われた。

その後、奥田（1977）によって、〈動作動詞〉と〈変化動詞〉の 2 分類が提起された。標準語では、「開ける、壊す、畳む」のような〈客体に変化をもたらす主体の動作〉を表す他動詞も「叩く、飲む、見る」のような客体に変化をもたらさない他動詞も「歩く、泳ぐ」のような主体の動作だけを表す自動詞もすべて〈動作継続〉となる一方、「開く、壊れる、枯れる」のような〈変化動詞〉は〈結果継続〉を表すからである。

金田一分類であれ奥田分類であれ、2 分類である点とその所属語彙は基本的に共通している。

必然的終了限界の有無による〈限界動詞〉と〈無限界動詞〉という 2 分類もありうるが、この 2 分類は、「している」形式が〈動作継続〉を表すか〈結果継続〉を表すかの分類としては必ずしも適切ではないであろう。金田一における瞬間動詞、奥田における変化動詞はすべて必然的終了限界のある〈限界動詞〉であるが、継続動詞あるいは動作動詞に含まれる主体動作客体変化動詞「開ける、壊す」等にも必然的終了限界があるからである。

アスペクト体系のバリエーションを捉えるためには、2 分類では十分ではなく、大きくは、次のように 3 分類すべきであると思われる。〈変化〉にはそこに至れば終了する必然的終了限界が相関し、〈動作〉にはそれが起動される〈開始限界〉が相関する。従って、主体の観点からは動作を、客体の観点からは変化を捉えている動詞には 2 つの時間限界があることになり、変化のみ、動作のみの動詞では、どちらかの時間限界が焦点化されるということになる。

主体動作客体変化動詞（開ける）：〈必然的終了限界〉
　　　　　　　　　　　　　　　　〈開始限界〉
主体変化動詞（開く）　　　　　：〈必然的終了限界〉
主体動作動詞（歩く）　　　　　：〈開始限界〉

全国的な視野から見て、3 分類しなければならなくなる理由は次の通りである（詳しくは第 IV 部参照）。

①東北諸方言のステダ（ステラ）形式のアスペクト的意味は、次のようになる。標準語の「している」形式との違いは、「開ゲデダ（開ゲデラ）」が〈動作継続〉だけでなく、〈客体の結果継続〉をも表す点にある（そして、これには、標準語と違って、シテアル形式が使用されないということが連動している）。

　　　主体動作客体変化動詞：〈動作継続〉〈（客体の）結果継続〉
　　　主体変化動詞　　　　：〈（主体の）結果継続〉
　　　主体動作動詞　　　　：〈動作継続〉

②西日本の愛媛県宇和島方言におけるシトル形式では、次のようになる（ショル形式についてはここでは略）。

　　　主体動作客体変化動詞：〈（客体の）結果継続〉
　　　主体変化動詞　　　　：〈（主体の）結果継続〉
　　　主体動作動詞　　　　：〈動作継続〉

同じく西日本であっても福岡県福岡方言のシトー形式では次のようになる。

　　　主体動作客体変化動詞：〈（客体の）結果継続〉〈動作継続〉
　　　主体変化動詞　　　　：〈（主体の）結果継続〉
　　　主体動作動詞　　　　：〈動作継続〉

　このような諸方言におけるバリエーションを見ると、標準語において、「開ける、壊す、畳む」のような動作も変化も捉えている動詞（限界動詞）と「叩く、飲む、歩く」のような動作だけを捉えている動詞（無限界動詞）とが一括化される方が特殊であるということになろう。
　日本語における様々なアスペクト体系のバリエーションを見ていくことの意義の１つには、標準語文法の相対化がある。また、西日本諸方言では、ショル系形式とシトル系形式の競合が起こり、シト

ル系形式の方が勢力を広げつつあるという傾向が見られるのであるが、このような動態を捉えるためにも3分類が必要である（第IV部参照）。

また、「着る、帰る、座る」のような主体に変化をもたらす主体の動作を表すタイプの動詞は、標準語のみならずどのような方言においても、主体動作客体変化動詞と異なり、〈主体変化〉の方を前面化して、主体変化動詞と同様に、基本的に〈結果継続〉を表す（宇和島方言や福岡方言では、「開く」のような主体変化動詞と同様に、〈進行〉を表すためにはシヨル（ショー）形式を使用しなければならない）。

　　　標準語の「座っている」　　：〈結果継続〉
　　　東北諸方言の「座ッデダ」　：〈結果継続〉
　　　宇和島方言の「座ットル」　：〈結果継続〉
　　　福岡方言の「座ットー」　　：〈結果継続〉

以上により、本書では、標準語の文法も諸方言の文法も日本語のバリエーションとして見るという相対的視点から、運動動詞を3分類した上で、様々なアスペクト体系のバリエーションを見ていくことにする。

## 4. 動詞の形態論的体系の多様性

冒頭に述べたように、形態論的体系は、言語ごとに異なる。日本語においても、アスペクトのみならず、標準語と諸方言では、終止形の形態論的体系が異なっている。

標準語、宇和島方言、宮城県（登米市）中田方言における〈運動動詞・終止形〉の〈形態論的体系〉について〈叙述法〉を中心に示すと次のようになる（やや簡略化しているため、詳細は第III部、第IV部参照）。ムード、テンス、アスペクトの形態論的カテゴリーがある点では共通するが、それぞれのカテゴリーの内実と相関性が異なる。

標準語における運動動詞・終止形のムード・テンス・アスペクト体系は次のようになる。叙述法（認識的ムード）に対立するのは、命令、勧誘・意志といった実行のムードである。

| M \ T \ A | | | 完成 | 継続 |
|---|---|---|---|---|
| 叙述法<br>（認識M） | 断定 | 非過去 | する | している |
| | | 過去 | した | していた |
| | 推量 | 非過去 | するだろう | しているだろう |
| | | 過去 | しただろう | していただろう |

　宇和島方言では次のようになる。標準語との最も大きな違いは、3項対立型のアスペクトである点である（なお、第III部で詳述するように、「スライ」といった断定の専用形式もある）。

| M \ T \ A | | | 完成 | 進行 | 結果 |
|---|---|---|---|---|---|
| 叙述法<br>（認識M） | 断定 | 非過去 | スライ | ショライ | シトライ |
| | | 過去 | シタイ | ショッタイ | シトッタイ |
| | 推量 | 非過去 | スルロー | ショルロー | シトルロー |
| | | 過去 | シツロー | ショッツロー | シトッツロー |

　中田方言では次のようになる。標準語との最も大きな違いは、テンスと絡みあった〈一時性〉と〈話し手の体験性〉を明示する形式があることである。*1

| | | | 完成 | 継続 |
|---|---|---|---|---|
| 叙述法・<br>断定 | 未来 | | スル | ステル |
| | 現在 | 一時性中立 | ― | ステダ |
| | | 一時性明示 | | |
| | 過去 | 体験性中立 | スタ | |
| | | 体験性明示 | スタッタ | ステダッタ |

第4章　動詞　73

以上のように、述語になるという構文的機能、動的現象を表すという語彙的意味とは違って、動詞の形態論的体系は、日本語内部においても様々なバリエーションがある。この点について、次の第5章で考察することにする。

---

\*1　中田方言における〈叙述法・推量〉は次のようになる（ただし、「スタッタベ」「ステダッタベ」は単純な推量の意味を表すわけではない）。

|  |  | 完成 | 継続 |
|---|---|---|---|
| 未来 | | スッペ | ステッペ |
| 現在 | 一時性中立 | ― | |
| | 一時性明示 | | ステダベ |
| 過去 | 体験性中立 | スタベ | |
| | 体験性明示 | スタッタベ | ステダッタベ |

# 第5章
# 形態論的カテゴリーとしての
# ムード・テンス・アスペクト

　本書のタイトルには、「ムード・テンス・アスペクト」という用語を使用している。これは、本書における考察の対象が、文レベルのモダリティー、テンポラリティー、アスペクチュアリティーではなく、単語レベルの形態論的カテゴリーであることによる。形態論的カテゴリーは、構文論的な意味の一部が選択的に、単語のなかに固定化されてきているものである。従って、標準語とともに諸方言を視野に入れた時、その選択のし方の違いによる多様なバリエーションが生成されていても不思議ではない。本章では、第Ⅱ部以降の記述の前提として、この点に関する立場を示す。

## 1. はじめに　形態論化という観点

　文レベルで考えれば、人称のない言語は考えられないであろう。日本語にも人称代名詞があり、文レベルでは人称を表し分ける。しかし、標準語、諸方言を問わず、単語レベルの語形変化として表現される形態論的カテゴリーとしての人称はない。また、「今、昔、明日」のような時間的意味を表す語彙的手段がない言語は考えられない。しかしながら、語形変化（形態論的カテゴリー）としてのテンスがない言語は多々ある。
　語彙的、文法的（語順を含む）、イントネーション等の様々な表現手段によって表現される、文レベルのモダリティー、テンポラリティー、アスペクチュアリティーは、どのような言語にもある。しかしながら、このようなモダリティー、テンポラリティー、アスペクチュアリティーが、単語レベルの語形変化によって表現されなければならないということはない。副詞、時間名詞、イントネーション、語順等によって表現することでも十分である。命令形のない言

語があったとしても、文レベルの命令が表せないということはない。

　形態論的カテゴリーは、言語や方言ごとに様々である。例えば、日本語の方言（沖縄県首里方言や愛媛県宇和島方言等）では、〈叙述法〉に対立する〈質問法〉が形態論化され、構文的な表現手段である上昇イントネーションが義務的ではなくなることが起こる。このような標準語と方言の違いは、モダリティーとムードとの違いを示している。諸方言では、標準語とは異なったかたちで、モダリティー、テンポラリティー、アスペクチュアリティーの一部が選択的に形態論化され、この選択の違いによって、多様性が生成されている。しかも、この形態論化が使用頻度の高い主要な部分から起こるとすれば、形態論的カテゴリーに注目することは重要になるであろう。

　第1章で述べたように、第IV部では諸方言に見られる次のような多様性を考察するが、すべて標準語では形態論化されていないか、形態論化のされ方が異なるものである。

1) 標準語では、「桜の花が散っている」と言った場合、〈進行〉なのか〈結果〉なのかは分からない。京阪地域を除く西日本諸方言には、〈進行〉を明示する「散リヨル」、〈結果〉を明示する「散ットル」という2つの形態論的形式がある。シヨル形式とシトル形式は次のように対立しており、このような〈形態論化〉には十分理由があると思われる（標準語では、〈変化進行〉を表すために「開きつつある」「開こうとしている」といった迂言的表現形式を使用しなければならない）。

　　・幕ガ　開キヨル。　　　　　　　　　〈変化の進行〉
　　・幕ガ　開イトル。　　　　　　　　　〈変化の結果〉

2) 標準語では、「この部屋、寒い」と言った場合、今寒いのか、いつも寒いのか分からない。東北諸方言には、〈レアルな一時的状態〉を明示する「寒クテラ」（「寒クテ」に存在動詞「イダ」が接続した形式）という形態論的形式がある。現実世界の

事象が、一時的なことなのか恒常的なことなのかを表し分けることは極めて重要である。だとすれば、このような形態論化にも理由がある。

3) 標準語では、「昨日、交通事故があった」と言った場合、話し手自身が直接確認（体験）した事実なのか、確かな証拠等に基づいて事実だと確認したことなのかどうかは分からない。東北諸方言のなかには、「アッタ」「アッタッタ」という2つの過去形のある方言があり、「アッタッタ」（「アッテアッタ」相当形式）は、〈話し手の体験的確認〉であることを明示する。このような違いを表し分ける形態論化が起こるのも十分理由があると思われる。

　形態論的カテゴリーが文法化の最も進んだものであるとすれば、様々な表現手段による、多様な表現内容を持つモダリティー、テンポラリティー、アスペクチュアリティー研究の前提として、その中核をなす形態論的カテゴリーの研究から出発することが着実な道筋であろう。特にモダリティーは、同じ考えの研究者は二人といないと言われるほど、その内部構造が極めて複雑である。

　従って、本書では、〈述語（終止形）〉における〈叙述法（認識的ムード）〉の形態論的諸形式のパラディグマティックな体系を中心に、ムード・テンス・アスペクト複合体として記述することが中心になる。標準語の場合を再掲する。

【動詞述語：肯定】

| M \ T \ A | | | 完成 | 継続 |
|---|---|---|---|---|
| 認識的ムード | 断定 | 非過去 | する | している |
| | | 過去 | した | していた |
| | 推量 | 非過去 | するだろう | しているだろう |
| | | 過去 | しただろう | していただろう |
| 実行的ムード | 勧誘・意志 | | しよう | していよう |
| | 命令 | | しろ | していろ |

【形容詞述語：肯定】

| 認識的ムード | 断定 | 非過去 | 寒い | 元気だ |
|---|---|---|---|---|
| | | 過去 | 寒かった | 元気だった |
| | 推量 | 非過去 | 寒いだろう | 元気だろう |
| | | 過去 | 寒かっただろう | 元気だっただろう |

【名詞述語】

| 認識的ムード | 断定 | 秋田犬だ（秋田犬だった） |
|---|---|---|
| | 推量 | 秋田犬だろう（秋田犬だっただろう） |

上記のパラダイムは次の点を示している。

①認識的ムード（叙述法）における〈断定―推量〉のムード対立はすべての述語にあるが、実行のムードは動詞述語だけである。
②時間的限定性のある述語の認識的ムード（叙述法）には〈過去―非過去〉のテンス対立がある。
③時間的限定性があり動的な時間展開のある動詞述語には〈完成―継続〉のアスペクト対立が成立する。

本書では、すべての述語を捉えている〈叙述法〉を中心に考察するが、〈述語〉としての構文的機能を一次的に果たすのは〈動詞〉である。従って〈動詞述語〉を中心とし、形容詞述語や名詞述語も視野に入れる。

## 2. パラダイマティックな対立としての形態論的カテゴリー

「Today's morphology is yesterday's syntax」（Givón 1971: 413）と言われるように、形態論的諸形式は、漸進的な文法化の結果、歴史的に成立してきたものである。従って、文法化の程度差もある。
　文法化（形態論化）について、次のように考えるのは間違いではない。「している」というアスペクト形式を例として示す。

1) 語彙的意味の漂白：「いる」において有情物の存在という空間的な語彙的意味がなくなる。
2) 意味の一般化：時間に関わる文法的意味を表すようになり、主体の制限もなくなる。
3) 品詞性の変更：本動詞ではなくなる。
4) 音声的実体の浸食：「してる」といった言い方もできるようになる。

しかし、形態論的カテゴリーとして考えるにあたって、下記に引用するような、「義務性」「パラディグマティックな対立性」という問題は、日本語文法研究において必ずしも十分に重視されていないように思われる。

> Lehman (1985) considers the notion of obligatoriness and also that of paradigmatization to be concomitant notions of grammaticalization. That is, grammaticalized concepts tend to be obligatory and get organized into paradigms; their representations get systematized in the sense that the various sub-components get proper representation in the form of a paradigm.
>
> （中略）Notice that concepts that are expressed by obligatory forms and classes carry more weight than those contained in optional categories, as pointed out by Newman (1954). In the former case, even the non-use of a marker would be meaningfull (called "zero affix" by some linguists), whereas in the latter case, the markers would generally have the function of specifying the relevant meaning; their non-use would not necessarily imply that the meaning is absent.　　　［Bhat 1999: 96］

本書では、ムード・テンス・アスペクトを考えるにあたり、標準語の場合でも方言の場合でも、パラディグマティックな対立関係を提示するが、これは、上記のような考え方に基づくものである。

従って、「する」という無標形式も対立関係のなかに入れて考えることになる。「する」という形式は、「した」との対立のなかではテンス的に〈非過去〉、「している」との対立のなかではアスペクト的に〈完成〉、「するだろう」との対立のなかでは、認識的ムード面で〈断定〉という意味を表す。

するだろう〈推量〉⟷〈断定〉する〈完成〉⟷している〈継続〉
〈非過去〉
↕
した〈過去〉

　第II、III、IV部で具体的に述べるが、ムード、テンス、アスペクトは、一方がなければ他方もありえないという対立関係のなかに形態論化されている。その際、「する」という無標形式は、他の形式との対立関係のなかで一定の積極的な文法的意味を担ってくることに留意しておかなければならない。

　確かに、「する」形式は常に〈非過去〉というテンス的意味を表すわけではなく、過去の事象を表すこともできる。「した」形式も同様に現在の事象を表すことができる。ただし、そのような場合には、第II部で述べるように、モーダルな意味の違いが伴ってくるのである。同様に、「する」形式は、「先生はたぶん研究室にいるよ」のように「たぶん」「きっと」のような副詞を伴った場合には〈推量（事実未確認）〉を表すことができる。しかし同時に、このような副詞を伴わない「先生は研究室にいる」では〈事実確認〉であり、「先生は研究室にいるだろう」と対立していることを見逃してはならない。

　そして、形態論化は、漸進的な歴史的プロセスであるので、その〈程度差〉は常に存在する。例えば、第1章で示した次のような首里方言をはじめとする沖縄中南部諸方言の事実は、〈進行・現在〉から〈完成・未来〉への動的プロセスを示している。

　　琉球列島の首里方言では、「明日は10時に開く」といった〈未

来〉の動作・変化を表すのは、本土日本語の「する」相当形式ではなく、「第1中止形（シ）」に「存在動詞オル」が接続した、西日本諸方言の「シヨル」に相当する形式である（「する」相当形式は、〈命令法〉では使用されても、〈叙述法〉では使用されない）。従って、例えば、首里方言で「幕ヌ　アチュン」といった場合、「(今)幕があきつつある」といった〈進行・現在〉のみならず、「(1時間後に)幕があく」といった〈完成・未来〉の意味も表す。このような現象は現代の本土日本語にはなく、文法化のプロセスの観点からも興味深い問題を提起すると思われる。

　形態論的カテゴリーの考察にあたっては、このような動的観点が重要になってくるわけであるが、この点に関わっては、さらに次節で示すようなマクロな視点も要求されるであろう。

## 3.〈はなしあい〉の構造と形態論的カテゴリー

　本書では、パラディグマティックな対立関係としての形態論的カテゴリーを考察するのであるが、同時に、次の点を忘れるわけにはいかないであろう。Givón（1971: 12）は、次のような the discourse origins of grammaticalization を示している。

Discourse > Syntax > Morphology > Morphophonemics > Zero

　従って、形態論的形式を考察対象にするとは言え、次のようなスタンスで記述を進めていく必要があると思われる。

①文法構造は、様々な諸相を持つ〈言語の実際的使用〉のなかで、歴史的に形成されてきているものである（共時態と通時態の峻別は不可能であるということになる）。
②従って、〈はなしあいの構造〉あるいは〈場面構造〉と切り離すことなく、文法現象を考えていかなくてはならない。アスペクト

は、複数の事象間の時間関係（タクシス）と相関している。叙述法（認識的ムード）は、第II部で述べるように、〈はなしあい〉の情報構造と相関している。否定述語にはプラグマティックな前提としての〈肯定的想定〉が関与する。構文論や形態論の絶対的な自立性はありえないであろう。

③文法構造が言語の実際的使用と切り離せないとすれば、内省とともに大量の実際の使用例に基づく一般化が必要になる。頻度の高い使用パターンから形態論化が進んでいくとすれば、そのプロセスが重要になるであろう。

④これは、同時に、文法現象のあらゆる諸側面を〈プロトタイプ〉と〈連続性仮説〉において考えるということにつながる。言語の純粋性や言語間の切断性が仮構であるように、文法的カテゴリーの純粋性も切断性（孤立性）も仮構であろう。動詞、形容詞、名詞という3大品詞は、プロトタイプとその連続性という観点から考えていく必要があるし、構文論と形態論もその連続性において考えていく必要がある。

## 4. 文の陳述性と形態論的カテゴリー

### 4.1 ムードとモダリティー

文の陳述性の中核にあるモダリティーの表現手段には、副詞、イントネーション、「するかもしれない」「するそうだ」「してもいい」「するわけだ」「するはずだ」のような合成述語といった様々なものがあり、モダリティーの内包・外延やその規定について同じ解釈をする論者はいないと言えるほど様々である。本書では、奥田靖雄の諸論文で提示されている構想に従って、モダリティーを次のように規定しておく。

　　（〈聞き手〉との関係のなかにある）〈話し手〉の立場からの
　　〈文の対象的内容〉と〈現実〉との関係に関わる構文論的カテ
　　ゴリー

標準語について言えば、モダリティーの中核にある形態論的ムードは、大きくは、〈叙述法（認識的ムード）〉〈勧誘・意志法〉〈命令法〉の対立関係を形成している。方言では、〈質問法〉が形態論化されている場合もある。
　第II部では、叙述文のモダリティーのうち、「する―するだろう」（名詞述語の場合は「Nだ―Nだろう」）の対立を考察する。認識的モダリティーのなかで、「する―するだろう」の対立が、相対的に見て、形態論化が最も進行していると思われる。

## 4.2　テンスとテンポラリティー

　文の対象的内容である事象が「いつ」のことであるかを表現できない言語は考えられない。次のような時間名詞、時間副詞という語彙的表現手段は、基本的にどのような言語にもあるであろう。これらは、文のテンポラリティーの重要な表現手段である。下記のうち、①は〈発話時〉が基準になるダイクティックな時間副詞（名詞）であるが、その他はそうではない（詳しくは工藤（1995）参照）。

①昔、かつて、先月、昨日、さっき、今、最近、明日、来週、来年
②前日、当日、翌日、前年、後年
③いつか、そのうち、やがて
④春、朝、夕方、12時、月曜日、1949年

　一方、テンスという義務的な文法的カテゴリーがない言語があることはよく知られている。日本語では、標準語でも諸方言でも、形態論的カテゴリーとしてのテンスがある。
　そして、叙述文の述語（終止形）では、常に〈発話時〉が事象の時間的位置づけの基準になる。これは、話し手によるその都度その都度の発話行為がなければ、事象の時間的位置づけができないという意味において、テンスが話し手の立場からの主体的な時間であることを示している。従って、テンスは、ムードとともに、文の陳述性を担う形態論的カテゴリーである。

## 4.3　アスペクトとアスペクチュアリティー

　時間のなかでの展開のあり様を表すアスペクチュアリティーの表現手段も、次に示すように様々である（詳しくは工藤（1995）参照）。

①している、してある、しておく、してしまう
②しつつある、しようとする、するところだ、したばかりだ
③しはじめる、しおわる、しつづける、しかける、しだす
④動詞の語彙的意味自体のなかにある時間的意味：限界動詞、無限界動詞
⑤アスペクチュアルな副詞：ついに、急に、だんだん、しばらく、時々

　ほとんどの動詞を捉えている「している」形式が、「する」形式と対立しつつ形態論的カテゴリーとしてのアスペクトを形成していることは、奥田（1977）によって理論的に提起されたところである。この標準語における「している」形式は、〈有情物の存在〉を表す本動詞が文法化の語彙的資源になっている。その後、方言調査が進むことによって、第Ⅳ部で述べるように、〈有情物の存在〉を表す本動詞が、中心的なアスペクト形式になることが明らかになるとともに、他のアスペクト形式の有無が中心的なアスペクト形式のあり様に依存していることも明らかになった。例えば、東北諸方言では、アスペクト的意味を表すシテアル形式は使用されないが、これはステダ（ステラ）形式が〈客体結果〉を表すことと連動している。

　形態論化が最も進んだ「する―している」のアスペクト対立は、しばしば言われているように、文の「命題」に含まれるとは言い切れないであろう。次の場合、現実世界における同じ動的事象を、最初は「した」で、次には「していた」で表現している。そして、この「していた」形式を「した」形式に言い換えることはできない。「見る」という動作（認識活動）との〈同時性〉を表すからである。「驚いて上を見たら、あんたがごみを棄てた」にすると〈継起性〉

になってしまう。

- 「そんな意地悪を言うんなら、伯母さんに言いつけるわよ。あんた、いま、屋根にごみを<u>棄てたでしょう</u>」
「ごみなんか棄てるものか」
「嘘おっしゃい。わたしがお玄関にはいろうとしたら、上からインキ壜のふたがおっこちて来て、私の頭にぶつかったわ。<u>驚いて上を見たら</u>、あんたがごみを<u>棄てていた</u>」　［夏草冬濤］

だとすれば、「する（した）─している（していた）」のアスペクト対立は、現実の動的事象の時間的展開が鏡に映し出されたような客体的なものではない。ちょうどカメラで現実世界のものごとを撮影する時と同様に、話し手の立場からのパースペクティブによる捉え方の違いなのである。〈完成＝非継続〉とは、動的事象の時間的限界を視野に入れたパースペクティブであり、〈継続＝非完成〉とは、動的事象の時間的限界を視野に入れないパースペクティブであると言うことができる。

　　動的事象の限界的把握（bounded）　　＝完成　「する」
　　動的事象の非限界的把握（unbounded）＝継続　「している」

従って、「している」というアスペクト形式が運動の局面を表すと規定してしまうのは適切ではないであろう。「しはじめる」「しおわる」といった局面動詞には、「しはじめる」「しおわる」と「しはじめている」「しおわっている」のアスペクト対立（話し手のパースペクティブの違いによるアスペクト対立）があり、前者は継起の機能を、後者は同時の機能を有する。

- 先生が教室に入ると、生徒が教科書を<u>読み始めた</u>。
　　　　　　　　　　　　　　　　　　　　〈完成＝継起〉
- 先生が教室に入ると、生徒が教科書を<u>読み始めていた</u>。
　　　　　　　　　　　　　　　　　　　　〈継続＝同時〉

現実世界の動的事象の時間的展開には様々な様相があるのだが、形態論化はそのうちの主要な一部を選択しながら進んでいくと思われる。そして、その形態論化においては、話し手の主体的立場が前面化される。従って、アスペクチュアリティーの中核をなすアスペクトも、ムード・テンスとともに、文の対象的内容としての運動（動作や変化）を現実世界の運動に関係づける陳述的機能を担う。
　ムードだけでなく、テンス、アスペクトもまた、話し手の立場から文の対象的内容を現実に関係づける陳述的機能を果たす形態論的カテゴリーであるがゆえに、3者は相互作用をしあうと言えよう。

II 標準語のムード・テンス・アスペクト

第 1 章
# はじめに

　第II部では、標準語における叙述文のムード・テンス・アスペクトを中心に考察するが、まず、第2章〜第7章の具体的な分析を行うにあたって前提となる枠組みについて述べる（第I部第2章〜第5章もあわせて参照されたい）。

## 1.〈はなしあい〉における叙述文

　話し手と聞き手の相互行為である〈はなしあい〉は、人間の最も基本的な言語活動である。言語活動（〈はなしあい〉）の基本的な単位である文には、次の3つのタイプがある。

　　叙述文：話し手が現実世界の事象を確認し、聞き手に伝える文
　　実行文：話し手が聞き手に実行を求める文
　　質問文：話し手が知りたいことを聞き手に求める文

　第II部の考察対象は〈叙述文の述語〉である。叙述文には、〈現実世界の事象を確認する〉という認識的（epistemic）な側面と、〈聞き手へ情報を伝える〉という伝達的（communicative）な側面がある。
　叙述文には、以上のような〈モーダルな意味〉の側面とともに〈対象的内容〉の側面がある。文の対象的内容の側面については、第I部の第3章で述べたように、大きくは、〈述語の意味的タイプ〉として、〈時間的限定性〉の観点から、次のように2分類しておく必要がある（〈存在〉はどちらの場合もある）。

時間的限定性のある事象（一時的現象）：〈運動〉〈状態〉
時間的限定性のない事象（恒常的特徴）：〈質〉〈関係〉〈特性〉

　基本的に、動詞述語は動的現象である〈運動〉を表し、名詞述語は〈質〉を表す。そして、その中間に、形容詞述語が表す〈状態〉と〈特性〉の領域が拡がっている。

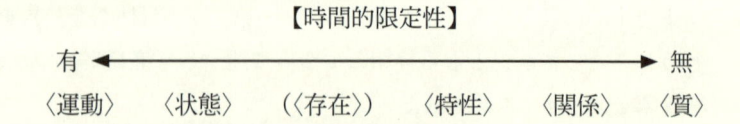

【時間的限定性】

有 ←——————————————————→ 無
〈運動〉　〈状態〉　（〈存在〉）　〈特性〉　〈関係〉　〈質〉

　このように、文には〈モーダルな意味〉と〈対象的内容〉という2つの側面がある。そして、重要なことは、この2つの側面が、足し算的関係ではなく、〈相関関係〉にあることである（この点は、アスペクトの分析にあたって、動詞の語彙的意味の側面、つまり動詞のタイプ化が必要であり、動詞の語彙的意味とアスペクト的意味とが相関していることと同じである）。
　〈叙述文〉は、話し手が現実世界の事象を確認し、聞き手に伝える文であることから、認識的モダリティーが分化する。視覚（目撃）を中心とする〈知覚体験〉（〈話し手の直接確認〉）という最も原初的な（基本的な）モダリティーは、時間的限定性のある事象に対して可能である。「鯨は哺乳動物だ」のような時間的限定性のない事象は、知覚活動ならぬ思考活動による一般化によって確認される。
　基準時（基本的には発話行為時が基準時となる）と事象成立時との時間関係を表し分けるテンポラリティーが成立するのも、時間的限定性のある事象である。「鯨は哺乳動物だ」のような恒常的事象が、発話時以前に位置づけられることはない。
　こうして、時間的限定性の有無に関わる文の対象的内容と、事象の確認のし方に関わるモダリティー、事象成立時を示すテンポラリティーは相互規定の関係にあると言えよう（アスペクチュアリティーもまた、時間的限定性のある動的事象にのみ成立する点で、

文の対象的内容と相関する)。

$$
\begin{array}{cc}
\text{文の対象的内容} & \text{モダリティー} \\
\text{【事象の時間的限定性の有無】} \Leftrightarrow & \text{テンポラリティー}
\end{array}
$$

　さらに、次のような事実もある。時間的限定性のある個別具体的な事象であっても、発話時以後の〈未来〉の事象は、知覚体験という直接確認は不可能である。既に指摘されているように、〈未来〉には、発話時以後という時間的側面とレアルではない(ポテンシャルである)というモーダルな側面とが複合化されている。「さっき(ご飯を食べていた時に)地震があった」の場合は〈話し手の直接確認した事実〉であるが、「近く地震がある」というのは〈話し手の推量〉あるいは〈確信〉である。

　従って、テンポラルな側面とアスペクチュアルな側面との相互作用が起こるのと同様に、テンポラルな側面とモーダルな側面が相互作用するということも起こる。

$$
\begin{array}{cc}
& \text{モダリティー} \\
\text{文の対象的内容} & \langle\text{話し手の事象の確認のし方}\rangle \\
\text{【事象の時間的} \Leftrightarrow & \updownarrow \\
\text{限定性の有無】} & \text{テンポラリティー} \\
& \langle\text{事象の成立時}\rangle
\end{array}
$$

　本書の考察対象は、第Ⅰ部で述べたように、叙述文のモダリティー、テンポラリティー、アスペクチュアリティーの中核部分をなす、ムード、テンス、アスペクトという形態論的カテゴリーである。従って、次のような相関関係を考慮して、第2章以下の具体的な分析を行う。

$$
\begin{array}{c}
\boxed{\text{ムード}} \\
\text{【述語の意味的なタイプ】} \Leftrightarrow \qquad \swarrow \quad \searrow \\
\boxed{\text{アスペクト}} \rightleftarrows \boxed{\text{テンス}}
\end{array}
$$

第1章　はじめに

## 2. 述語の形態論的構造

アスペクトは、動詞らしい動詞である〈運動動詞〉に成立する形態論的カテゴリーである。従って、工藤（1995）のアスペクト・テンス体系の分析では、基本的に、運動動詞の「スル」「シタ」「シテイル」「シテイタ」の４つの形式を分析対象とした。*1

本書では、認識的ムード（叙述法）も視野に入れるため、ここで、分析の対象について確認しておく。

まず、認識的ムード（叙述法）は、「スル―スルダロウ」の対立として考える。これは、アスペクトの考察においては「スル―シテイル」の対立、テンスの考察では「スル―シタ」の対立関係を考えるのと同様である。シテイルという〈継続相〉を表す有標形式との関係のなかで、スルは〈完成相〉というアスペクト的意味を表すし、シタという〈過去〉を表す有標形式との対立のなかで、スルは〈未来〉（あるいは〈現在〉）というテンス的意味を表す。

次のような２つの文を比べると、スルダロウという〈推量（間接確認）〉つまり〈事実未確認〉を表す有標形式との関係のなかで、スルは〈直接確認（知覚体験）〉つまり〈事実確認〉というモーダルな意味を表すことが分かる。

・みんな、大きくなったでしょうね。
・みんな、大きくなったね。

第Ⅰ部で述べたように、述語としての構文的機能を一次的に担うのは、動詞である。動詞のなかには、「いる、ある」や「優れている」のような非典型的な動詞も若干あるが、大部分の動詞らしい動詞は次のような特徴を有している。

①語彙的意味は、時間のなかでの動的展開がある運動を表す。
②述語になるという構文的機能を主要な任務とする。
③形態論的に、ムード・テンス・アスペクトが全面開花する。

従って、運動動詞述語を軸足にしつつ、形容詞述語や名詞述語をも視野に入れて記述する。第Ⅱ部では、次のような形態論的形式を扱う。〈反復習慣〉の場合には、〈完成〉〈継続〉のアスペクト対立はなくなる。従って、下記に示すのは〈個別具体的な事象〉の場合である。

【運動動詞述語：肯定】（MTA体系）

| M \ A \ T | | | 完成 | 継続 |
|---|---|---|---|---|
| 認識的ムード | 断定 | 非過去 | スル | シテイル |
| | | 過去 | シタ | シテイタ |
| | 推量 | 非過去 | スルダロウ | シテイルダロウ |
| | | 過去 | シタダロウ | シテイタダロウ |

【形容詞述語（状態）：肯定】（MT体系：アスペクト無）

| 認識的ムード | 断定 | 非過去 | 寒イ／元気ダ |
|---|---|---|---|
| | | 過去 | 寒カッタ／元気ダッタ |
| | 推量 | 非過去 | 寒イダロウ／元気ダロウ |
| | | 過去 | 寒カッタダロウ／元気ダッタダロウ |

【名詞述語：肯定】（Mのみ：Tは特殊用法）

| 認識的ムード | 断定 | 秋田犬ダ（秋田犬ダッタ） |
|---|---|---|
| | 推量 | 秋田犬ダロウ（秋田犬ダッタダロウ） |

　上記の表で示したのは、次の点である。
1) 〈断定〉〈推量〉、〈過去〉〈非過去〉、〈完成〉〈継続〉といった用語は、各形式における基本的な意味において使用している。過去形や推量形が〈過去〉や〈推量〉を表さない場合もあるのだが、どのような形式にも派生的な意味があるとすれば、各形式間の対立関係は、その基本的な意味において名づけておくのがよいと思われる（「断定」という用語については、第2章で説明する）。
2) 動詞述語には、〈認識的ムード（叙述法）〉に対立して、ショウ

〈勧誘・意志〉、シロ〈命令〉のような、〈実行〉に関わるムード形式がある。これらの形式にはテンスの分化がなく、人称制限もある。テンスが分化し、人称制限がないのは、話し手による事象の確認のし方を表す〈認識的ムード（叙述法）〉である（本書では、叙述法と認識的ムードという用語を同義で使用する。叙述法という用語は叙述文との対応を示すメリットがあり、認識的ムードという用語の方は認識的モダリティーとの対応を示すメリットがある）。

3) 〈認識的ムード（叙述法）〉には〈断定〉と〈推量〉の対立がある。この対立は、述語の意味的タイプに関係なく、動詞述語、形容詞述語、名詞述語のすべてにある。
4) 運動動詞述語の認識的ムード（叙述法）には〈テンス〉〈アスペクト〉があるが、時間的限定性のある形容詞述語ではテンスのみになる。そして、〈質〉を表す名詞述語の認識的ムード（叙述法）ではテンス対立も基本的になくなる。

　また、日本語では否定述語にもムード・テンス・アスペクトが分化している。運動動詞述語のムード・テンス・アスペクトを考える際には〈肯定述語〉から出発するが、〈否定述語〉との関係も視野に入れることによって、両者の特質がより一層浮かび上がってくると思われる。肯定述語と対立して〈否定述語〉がどのような意味を表すかについては、本書では、〈運動動詞述語〉の〈断定〉に限定して考察する。

【運動動詞述語：否定】

| M / T | A | 完成 | 継続 |
|---|---|---|---|
| 認識的ムード・断定 | 非過去 | シナイ | シテイナイ |
| | 過去 | シナカッタ | シテイナカッタ |

　なお、第Ⅱ部では、明治期からの変化が見られるため、1950年代以降の様々なジャンルの小説の会話文に基づく分析を行っている。

## 3．第Ⅱ部の構成

　認識とコミュニケーション活動の基本的単位である〈文〉は、文の対象的内容と陳述性の2つの側面からなるが、陳述性の中核にはモダリティーがある。従って、モダリティーの中核をなすムードから出発し、次の順序で記述を進める。

1) 認識的ムード（叙述法）　　　　　→　第2章
2) テンス　　　　　　　　　　　　　→　第3章
3) アスペクト　　　　　　　　　　　→　第4章
4) 否定述語のムード・テンス・アスペクト→　第5章
5) 反事実仮想　　　　　　　　　　　→　第6章
6) 「ようだ」「らしい」とテンス　　 →　第7章

　第2章では、時間的限定性の有無に関係なく（動詞述語、形容詞述語、名詞述語を問わず）、すべての述語にある〈断定形〉と〈推量形〉の認識的なムード対立について述べる。

|  | 〈断定形〉 | 〈推量形〉 |
|---|---|---|
| 動詞述語 | ：読む | 読むだろう |
| 形容詞述語 | ：寒い、元気だ | 寒いだろう、元気だろう |
| 名詞述語 | ：秋田犬だ | 秋田犬だろう |

　2つの形式は、基本的に、知覚体験による〈直接確認＝事実確認〉か、そうではない〈間接確認＝事実未確認〉かという、〈話し手の確認のし方〉の違いに関わる形態論的対立を形成している。この対立の考察にあたっては、〈未来〉は発話時以後の事象であるがゆえに、〈現在〉や〈過去〉の事象とは違って、レアルではない（ポテンシャルである）という問題もあわせて考察することが重要になる。

　さらに、断定形と推量形の対立には、〈聞き手にとっての新情報（聞き手の知らない情報）〉を伝えるのか、聞き手にとっての既知情

報である〈共有情報〉を提示しているのかという情報構造の違いも関わっている。このような〈話し手の確認のし方〉と〈聞き手側の認識状況〉という2つの側面は、「現実の世界の事象を確認し、聞き手に伝える」という叙述文の2つの基本的な機能（認識的な側面と伝達的な側面）に関わる。

以上の点は、第3章におけるテンスの考察に連動する。また、〈聞き手における認識状況（hearer's current epistemic state）〉の問題は、第5章における否定形式の分析においても重要になる。

第3章では、認識的ムードとは違って、時間的限定性のある述語において分化する〈過去形〉と〈非過去形〉のテンス対立について述べる。テンスとは〈発話時と事象時との時間関係〉を表し分ける形態論的カテゴリーであるが、多くの言語で指摘されているように、テンス形式の二次的なムード用法として、過去の事象に非過去形、現在の事象に過去形が使用されることが起こる。第3章では、テンス対立が義務的であるのはどのような場合かについて確認した上で、話し手の〈事実確認のし方〉や〈確認した事実に対する評価感情〉といった二次的なムード用法について述べる。

第4章では、テンスよりもさらに述語の意味的タイプが限定され、〈時間限界のある運動動詞〉に成立するアスペクト対立について述べる。標準語のアスペクトについては工藤（1995）で考察したが、その後、第Ⅳ部で述べるように、諸方言における様々なバリエーションが明らかになった。そればかりでなく、標準語型のアスペクト体系は必ずしも普遍性の高いものではない可能性もある。本章ではこのような視点から標準語のアスペクトについて述べる。

第2章〜第4章までは〈肯定述語〉について取り上げるが、第5章では、叙述文における〈否定述語〉のムード・テンス・アスペクトについて述べる。ムード・テンス・アスペクト体系の考察にあたっては、肯定述語の場合が出発点になるわけだが、事象の不成立を表す否定述語には〈肯定的想定〉がプラグマティックな前提としてある。さらに、〈聞き手の肯定的想定（判断）〉に対してその間違いを正す、話し手の〈否認〉というモーダルな意味が前面化する場合も出てくる。このような否定述語に特徴的な意味・機能について

分析する。

　第6章では、第2章〜第5章までの分析を前提として、〈反事実仮想〉を取り上げる。〈反事実仮想〉とは、現実世界において、成立したこと（肯定）であれ、成立しなかったこと（否定）であれ、確認した事実（レアル）に反する事象（反レアル）の想像（推量）である。従って、発話時以後のポテンシャルな〈未来の事象〉の場合は、時間的限定性のある個別具体的な事象であっても、反事実仮想の条件としては設定しえない。この章では、第2章〜第5章を含めての総合的考察として、〈レアル〉〈ポテンシャル〉〈反レアル〉という事象のレアリティーに関わる問題を考える。

　第7章では、認識的モダリティー形式である「らしい」「ようだ（みたいだ）」とテンスとの関係を考察する。〈わたし・いま・ここ〉がダイクティックセンターとなる〈はなしあい〉では、間接確認である〈推定〉や〈伝聞〉を表す場合には、「〜だろう」と同様に、「らしい」「ようだ（みたいだ）」自体には、過去形はない。一方、「ようだ（みたいだ）」が〈知覚印象〉を表す場合には、「ようだ（みたいだ）」と「ようだった（みたいだった）」のテンス対立がある。第2章で述べる認識的ムード形式である推量形「〜だろう」ほどには助動詞化（形態論化）が進んではいないのであるが、この形態論化の進行に、テンス対立の有無、事象の時間的限定性がどう相関しているかを述べる。第IV部では、方言における間接的エヴィデンシャリティーを考察するが、今後の展開のためにも、標準語の場合を考察しておくことが必要になる。

　第2章から具体的に述べるところだが、〈述語の意味的タイプ〉との関係のなかで、述語におけるムード、テンス、アスペクト的側面の分化と統合を複眼的に捉えることが重要であろう。

①動的現象を表し、述語になることを一次的な機能とする〈運動動詞述語〉において、最も華やかなムード・テンス・アスペクト体系が成立する。
②具体的には、「スル―スルダロウ」、「スル―シタ」、「スル―シテ

イル」という形態論的対立としての、認識的ムード、テンス、アスペクトが分化する。

③同時に、この3つの形態論的カテゴリーは、話し手の立場からする文の対象的内容と現実世界の関係づけを表す〈陳述的機能（predication）〉を持つ点で共通するがゆえに相関し、テンス形式が二次的ムード用法になるといった移行や、〈未来〉や〈反復習慣〉のような時間的側面とムード的側面との複合化がある。

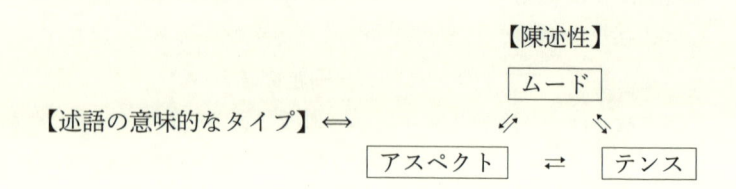

```
                                    【陳述性】
                                     ┌─────┐
                                     │ムード│
                                     └─────┘
  【述語の意味的なタイプ】 ⇔        ↙      ↘
                              ┌────────┐     ┌────┐
                              │アスペクト│ ⇌ │テンス│
                              └────────┘     └────┘
```

以上の問題は、第Ⅲ部、第Ⅳ部における方言の記述と多様性の分析においても重要になる。諸方言における多様性をも捉えうる枠組みで、標準語の分析を行う必要があると思われるのである。

---

＊1　標準語を考察対象とする第Ⅱ部では、語形を提示する際に、説明上カタカナを使用する場合がある（「表記方法」参照）。

第2章
# 認識的ムード（叙述法）

第2章では、動詞述語、形容詞述語、名詞述語を問わず、すべての述語にある認識的ムード（叙述法）について、情報構造との関係も視野に入れて考察する。

## 1. はじめに

聞き手に実行を求める命令文、聞き手に話し手の知らない情報（知りたい情報）を求める質問文に対して、〈叙述文〉は、直接的確認であれ間接的確認であれ、話し手が確認した事象を聞き手に伝える文である。叙述文では、基本的に〈聞き手の知らない情報〉を伝える。

この叙述文の述語には、動詞述語、形容詞述語、名詞述語すべてにおいて、次のような認識的ムード（叙述法）の分化があると思われる。それぞれを、〈断定形〉〈推量形〉と言っておくことにする。

〈叙述法・断定〉　　〈叙述法・推量〉
読む　　　　　⟷　　読むだろう　　　　　　　　［動詞述語］
寒い、元気だ　⟷　　寒いだろう、元気だろう　　［形容詞述語］
秋田犬だ　　　⟷　　秋田犬だろう　　　　　　　［名詞述語］

本章の目的は、この2つの形式が、どのような意味・機能において対立しているかを分析することである。これは、第3章におけるテンスの分析に連動する。*1

なお、次のような丁寧体の形式や「〜だろ」「〜でしょ」のような形式も含めて考察する（ただし、「〜のだ」「〜のだろう」のような形式は、今回の直接の考察対象から外す）。

| 〈断定形〉 | | 〈推量形〉 | |
|---|---|---|---|
| 読みます | ⟷ | 読むでしょう | ［動詞述語］ |
| 寒いです、元気です | ⟷ | 寒いでしょう、元気でしょう | |
| | | | ［形容詞述語］ |
| 秋田犬です | ⟷ | 秋田犬でしょう | ［名詞述語］ |

## 1.1 叙述文における断定形と推量形の基本的な対立

　次に示すのは、金沢に行って来た人物と行っていない人物との会話（〈はなしあい〉）である。波線部分の断定形と実線部分の推量形を入れ替えることはできない。

(a)「金沢に行ってきたの」
　　「ほう」
　　「内灘の海岸にも行ってみたわ」
　　「アカシアの花ざかりだろう」
　　「まだ少し早かったわ」
　　「どうだった？」
　　「すっかり変わってたわ」
　　「だろうな」
　　「あれから十何年もたっているんですものね」　　　［内灘夫人］

　この基本的な違いについて、奥田（1984, 1985a）は、次のように指摘している。

①述語に「だろう」を伴うおしはかりの文は、経験のなかに既に確認されている事実、あるいは既に証明されている判断をよりどころに、そこから想像あるいは思考によってあらたに引き出される事実をえがきだしている。従って、おしはかりの文に描き出される出来事は、直接的な経験があたえる事実ではなく、〈おしはかる〉という間接的な認識の結果である。
②その間接的な認識の結果は、ひとたび事実によって証明されるとすれば〈おしはかり〉であることをやめてしまうので、おしはか

りの文に描き出される出来事は、話し手が話すその時点において〈おしはかり〉である。従って「だろう」には時間が欠けている。一方、おしはかられる出来事は未来のことでもあるし、現在あるいは過去のことでもある。

③これにたいして、いいきりの文がさしだす出来事は、直接的な経験によってとらえられたものであって、考えるまでもない、うたがう余地のない事実である。こうして、いいきりの文とおしはかりの文とでは、それぞれがことなるし方の認識によってとらえられた出来事をえがきだしていて、その意味において相互に、がんこに対立する。

この論文において〈直接確認（事実確認）〉か〈間接確認（事実未確認）〉かという〈話し手の確認（認識）のし方〉という対立が提起されたことの意義は極めて大きいと思われる。本章は、この基本的な対立から出発するが、同時に次の点に留意しておく必要がある。

1) 第1には、事象のレアリティーに関わる問題である。発話時以後の〈未来〉の事象は、現在の事象、過去の事象と違って、レアルではなく、ポテンシャルであり、話し手の事象の確認（認識）のし方が、現在や過去の場合とは違ってくるであろう。
2) 第2には、「ポチが走っている」のような知覚体験できるレアルな個別具体的な事象と、「ポチは秋田犬だ」のようなポテンシャルな〈質〉（名詞述語）の場合とでも、確認のし方が違ってくる。
3) 第3には、叙述文における〈事象の確認のし方〉という認識的側面と、〈情報構造〉という伝達的側面との関係に関わる問題がある。

以下では、まずこの1) 2) 3) の点について概観する。

## 1.2　未来のテンス的側面とムード的側面

　前節に示した例（a）における二人の会話（〈はなしあい〉）は、テンス的に〈過去〉や〈現在〉の〈時間的限定性〉のある個別具体的な事象についてであった。この場合の断定形と推量形は、直接確認（事実確認）か間接確認（事実未確認）かで対立している。

　次の場合も同様である。断定形と推量形は、〈現在〉や〈過去〉の個別具体的な事象をめぐって、話し手が〈直接確認（事実確認）〉したことなのか、〈間接確認（推量）〉なのかで対立している。

(b)〈現在・直接確認（事実の断定）〉
　・「何してなさる？」
　　「気持ちがいいので歩いている。すっかり秋だな」
　　　　　　　　　　　　　　　　　　　　［あした来る人］
　・「どうしたんだよ、小沼。真っ青だぞ。具合でも悪いのか」
　　　　　　　　　　　　　　　　　　　　［地下鉄に乗って］

(c)〈現在・間接確認（推量）〉
　・「洪作、お前は、受験生のくせに、勉強もしないで、柔道ばかりやってこの夏を過ごしてしまっている。さぞ親は嘆いているだろう。不幸な親を慰めるために、せめて土産ぐらいは持って行け」　　　　　　　　　　　　　　　　［北の海］
　・「今夜中に東京に戻って、明日はもうウィーン？」
　　「いや、明後日の昼の便で発つ」
　　「フォルクス公園のバラ、いま真っ盛りでしょうね」
　　　　　　　　　　　　　　　　　　　　　　　［百年の預言］

(d)〈過去・直接確認（事実の断定）〉
　・「今日は、早めに工房を出て、伊藤と御岳に行って来た。雪がすごく積もってたぜ」　　　　　　　　　　　　　　［偕老同穴］

(e)〈過去・間接確認（推量）〉
　・「だけど結局は形だけの専務だった。できることといえば、接待ぐらいだったらしい。何しろ、社長は下戸だからな」
　　「接待というと銀座とか？」
　　「ああ、銀座あたりにも繰り出していただろうな」　［片想い］

しかしながら、次のような〈未来〉の場合では違ってくる。「お気づきになります（よ）」を「お気づきになるでしょう」に変えても、逆に、「おわかりになるでしょう」を「おわかりになります（よ）」に変えても、確認のし方の違いは生じない。

(f) 〈未来〉
・「やがてあなたも、西合宗馬や沖間学と同じだってこと、お気づきになりますよ。女のため、愛する人のため、とお思いのことが、実は自分のためだってことが、おわかりになるでしょう」　　　　　　　　　　　　　　　　　［サザンスコール］

　推量形の方は、〈現在・過去〉の場合と同様に〈間接確認〉を表している。一方、断定形の方も、〈現在・過去〉の場合とは違って、発話時以後（未来）のことであるがゆえに〈直接確認（知覚体験）〉ではなく、〈間接確認〉である。
　これは、〈現在・過去〉とは違って、〈未来〉の事象は、発話時において〈ポテンシャル〉であるがゆえに〈直接確認〉ができないことと相関している。〈未来〉は、〈発話時以後〉というテンス的側面とポテンシャルというムード的側面との複合である。
　このように、話し手による〈直接確認〉か〈間接確認〉かという認識的ムードと、〈現在・過去〉か〈未来〉かというテンスとが相関しているとすれば、断定形と推量形の対立のあり様を、テンス的側面との関係のなかで、レアリティーの問題を含めて分析していかなければならない。

　　時間的限定性のある事象
　　〈現在・過去〉：レアル　　　　→直接確認可能
　　〈未来〉　　　：ポテンシャル　→直接確認不可能（間接確認）

　そして、その上で、次の(g)(h)のように、直接確認できない〈未来のポテンシャルな事象〉について、推量形ならぬ断定形を使用した方が適切な場合があるとすれば、それはどのような場合であ

るかを分析する必要がある。

(g)「治りますよ、奥さん」おやじはいつも聴診器をしまう時、元気づけるのである。　　　　　　　　　　　　　　　　　　［海と毒薬］
(h)「エンマさん、あそこでお目にかかれてよかった。おばあさんから受け継がれたバラーダの話、私が確かに預かりました。もしあなたの命が、明日失くなっても、私が責任をもって伝えます。そして、いつか誰かが、あの曲に埋め込まれた言葉を、掘り出すでしょう。ルーマニアで一番美しいものは、いつか必ず、掘り出されます。安心してください」　　　　［百年の預言］

例（h）では、同じ未来のポテンシャルな事象を、一方は推量形「掘り出すでしょう」で、他方は断定形「掘り出されます」で提示している。後に続く「安心して下さい」との関係では、断定形の使用の方が適切であろう。断定形には、聞き手を励ましたり安心させたりするというプラグマティックな機能が出てくるのだが、断定形のこの機能には〈話し手の確信〉を表すというモーダルな意味が相関していると考えられる。

### 1.3　時間的限定性と認識的ムード

認識的ムードは、テンスやアスペクトとは異なり、時間的限定性の有無に関係なく、すべての述語にある。

〈時間的限定性のある事象〉
・〈知覚体験＝事実確認（断定）〉：ここでは雨が降っている。
・〈推量＝事実未確認〉：北海道でも雨が降っているだろう。

〈時間的限定性のない事象〉
・〈事実確認＝断定〉：ポチは秋田犬だ。
・〈事実未確認＝推量〉：ハチも秋田犬だろう。

奥田（1984, 1985a）が指摘するように、話し手が知覚体験した

事象（過去あるいは現在の事象）こそが、間違いない、疑う余地のない事実であり、断定形のモーダルな意味の中核をなすものであろう。従って、時間的限定性のないポテンシャルな事象では、次の例(i)のように、発話時における話し手の思考活動による判断としての〈確信的断定〉（実線部）を表すことが起こりやすくなる。この点は、前述の〈未来〉の場合と共通する（例(j)とは違って、確認済みの事実の記憶からの引き出しではないことに注意されたい）。

(i)「自分は先ほど、目の前でグラマンを確認しました。あれは艦載機です。本船の現在位置からしても、グラマンが陸上基地から飛来したとは考えられない。航空母艦の艦載機です」
［シェエラザード］

一方、次の場合では、時間的限定性のない恒常的事象ではあるが、記憶から引き出された〈確認済みの事実の断定〉であるため、断定形を推量形に言い換えることはできない。例(j)では、「絶対に」と共起できないが、例(i)では、「あれは絶対に艦載機です」「絶対に航空母艦の艦載機です」のように共起可能である。

(j)「でも、この事件の話を聴いては頂けませんでしょうか？」
柳田霧子は、はじめて目に乞うような表情を見せた。（中略）
「僕のところは、弁護料が高い。規定は、事務員から聴いたでしょう？」
［霧の旗］

## 1.4　認識的ムードと情報構造

推量形には次のような場合もある。

(k)「お寺から魚町に出る通りに煙草屋があるでしょう。あの裏手に小さな二階屋があります。そこに住んでいます。いつでも遊びに来てください」
［北の海］

既に指摘されているように、この場合の「あるでしょう」は〈間

接確認〈推量〉〉を表しているのではない。「あります」と同様に〈話し手の確認済みの事実〉である。しかし、「あります」に言い換えることができないのは、指示詞「あの」が明示しているように〈聞き手も知っている事実（既知情報）〉であるからである。一方、「小さな二階屋があります」の方は、指示詞「そこに」が示しているように、〈聞き手の知らない事実（新情報）〉を伝えている。従って、断定形と推量形は、〈聞き手が知らない事実〉を伝えるのか〈聞き手も知っている事実〉を伝えるのかで対立する。

　断定形と推量形の対立が生まれるのは〈叙述文〉においてであるが、〈はなしあい〉における叙述文の使命（機能）は、「話し手が直接的であれ間接的であれ確認した事象を聞き手に伝える」ことにある。従って、断定形と推量形は、〈話し手の確認のし方の違い〉を表すとともに、聞き手の知らない事実を伝えるのか聞き手の知っている事実を伝えるのかでも対立するようになる。

　次のように、〈聞き手の知らない事実〉を伝えるのが、叙述文の基本的な機能であり、このような情報伝達の機能を担うのは断定形である。

(l)「この間、送ってもらったマンションの先の通りを左に曲がったところに『さすけ』って店があるわ。そこで待っていてくださらない？」　　　　　　　　　　　　　　　　　　　［樹下の想い］

　しかし、聞き手の知っている事実を提示した上で〈はなしあい〉を進めていくことが必要になる場合もある。ここで、推量形が、〈はなしあい〉の前提となる〈聞き手の既知情報（話し手と聞き手の共有情報）〉を提示する機能を持ってくると思われる。この場合は、過去形の「あったでしょう」でもよくなる。この点については第3章で考察する。

(k′)「お寺から魚町に出る通りに煙草屋があるでしょう／あったでしょう。あの裏手に小さな二階屋があります。そこに住んでいます。いつでも遊びに来てください」　　　　　　　［北の海（改変）］

上述の例（1）の場合も、聞き手の既知情報（共有情報）をまず提示して述べるとすれば、次のようになるだろう（この場合も「あったでしょう」でもよい）。

(1′)「この間、送ってもらったマンションがあるでしょう。<u>あの</u>先の通りを左に曲がったところに『さすけ』って店があるわ。そこで待っていてくださらない？」

## 1.5 〈はなしあい〉の構造と叙述文

　直接確認（確認済みの事実）か間接確認（事実未確認）かは、〈話し手〉〈文の対象的内容〉〈現実〉との間の関係である。そして、新情報か共有情報（既知情報＝前提）かの違いには、〈聞き手〉との関係（hearer's current epistemic state）が加わってくる。話し手は、確認した事象を、聞き手の知識状況を考慮に入れて伝達する。

　従って、断定形と推量形のモーダルな意味を考えるにあたっては、〈話し手〉〈聞き手〉〈文の対象的内容〉〈現実〉の４つの側面を統合的に考えていかなければならない。この４つの側面が、〈はなしあい〉の基本構造をなしている（〈聞き手の肯定的想定の否認〉を表す否定形式の場合については第５章参照）。

　以下で述べることを先取りして、概略を示せば、次のようになる。

【話し手の確認のし方】
①事実確認　⟷　②事実未確認

　　　　　　　　新情報
【情報伝達のあり方】　　↕
　　　　　　　　③共有情報
　　　　　　　　（事実確認）

　①と②は、〈事実確認（直接確認）－事実未確認（間接確認）〉という対立である。①と③は〈話し手の確認済みの事実〉である点では共通しつつ、聞き手にとってそれが〈新情報（未知情報）〉か〈旧情報（既知情報）〉かで対立している。断定形と推量形の対立の

あり様は、〈確認のし方〉という認識的（epistemic）な側面（現実との関係）と、〈情報構造〉という伝達的（communicative）な側面（聞き手との関係）の2つの側面から、統合的に考えていかなくてはならない。

　断定形が〈事実未確認（間接確認）〉を表す場合もあるが、これについては後述する。また、推量形という用語は、①と②の基本的対立関係において用いることにする。推量形が表す③の意味・機能は、話し手と聞き手の相互行為としての〈はなしあい〉という言語活動に限定されている。

　以下、断定形、推量形の順に述べることにする。

## 2. 断定形

　推量形に言い換えることができない〈現在・過去〉の〈レアルな事象の直接確認〉から出発し、どのような条件のもとに、〈事実未確認の事象に対する確信的断定〉という意味になっていくかを考察する。1.2で述べたように、〈未来〉の事象は、発話時以後のことであるがゆえに、個別具体的な事象であっても、ポテンシャルである。従って、特別な場合以外、直接確認は不可能である。事象の成立時間と話し手の確認のし方は相関している。

### 2.1　事実確認（聞き手にとっての新情報）

　推量形に言い換えることができず、「絶対に」「きっと」のような副詞とも共起しない、断定形の基本的なモーダルな意味について、〈知覚体験による直接確認〉と〈疑う余地のない事実の断定〉に分けて述べる。

#### 2.1.1　現在・過去の事象の直接確認

　次の場合は、断定形の使用が義務的であり、推量形と対立する。「絶対に」「きっと」のような副詞とは共起しえない（第IV部で述べるように、方言には、この意味を明示する専用形式がある）。

①話し手が知覚体験によって直接確認した、〈現在・過去〉の〈時間的限定性のある具体的な事象〉を、
②聞き手の知らない事実（聞き手にとっての新情報）として伝える場合（発話時における話し手の回想となる過去の事象の場合では、記憶の不確かさはない）。

まず、次のように、〈はなしあい〉の現場における具体的な事象の場合が、レアリティー（現実性）の最高段階である。指示対象も特定化されている。一般的に言って、人間の認識は目の前で起こっている事象の確認からはじまると言えよう。

・「口から血が出ている。拭きなさい」　　　　　　［北の海］
・「ここに１通の手紙があります。この手紙をごらんになってください」　　　　　　　　　　　　　　　　　　　　［朱鷺の墓］
・「わたし、疲れています。もう休ませていただくわ」
　　　　　　　　　　　　　　　　　　　　　　　　［憂愁平野］

〈はなしあいの現場で知覚した事実〉は、波線部分の〈推量〉の〈根拠〉として働きうる。

・幸さんはしばらく黙っていたが、雨の中へ出て行って、空を仰いで、「雨はすぐやむでしょう。雲が切れている」　［氷壁］
・「私、こんなすごい雨に打たれるなんて、一生にいっぺんだと思う。ああ、気持ちがいいわ」
　「寒いだろう？　声が震えている」　　　　　　　［朝の歓び］

次に示すのは発話現場のことではないが、話し手が直接確認した事実である。従って、やはり推量形には言い換えることができない。

・「遠山が腰の骨を折って、いま中学の道場で寝ている。動けないんだ」
　「遠山が？」

「そう、暗い道場の中でひとりで寝ているんだ。何とかしてやらないと可哀想だ」　　　　　　　　　　　　　　　　［北の海］

　同様に、次に示す〈過去〉の場合も、〈話し手自身の体験（知覚体験）〉である。この場合も推量形に置き換えることはできない。近い過去のエピソード記憶であり、記憶の不確かさはない。*2

・「昨日、会場で久しぶりに坊っちゃんにお会いしましたが、しばらく見ないうちに大きくなられましたね」　　［樹下の想い］
・「行助くん、君は、本当に修一郎を刺したのか？」
　「刺しました」　　　　　　　　　　　　　　　　［冬の旅］

　次の場合は、相対的に遠い過去の回想（記憶の引き出し）である。特定時の個別具体的な事象ではないのでレアリティーは弱くなるが、推量形に言い換えることはできない。これは次の〈疑う余地のない事実の断定〉につながっている。

・「二人とも学生だったのね」
　「そうだ。ぼくだって今よりうんと若くて、痩せていた。体重は52キロしかなかったんだよ」　　　　　　　［内灘夫人］
・「はい、その頃ハツ子は新宿のキャバレー・アザミで働いていました。客として通ううちに、ねんごろになったんです」
　　　　　　　　　　　　　　　　　　　　　　　　［事件］
・「きみの親父は、しかし、民間会社の重役じゃなかったのか？」
　「いまはそうだが、むかしは通産省の役人だったよ。役人から天下りしたのさ」　　　　　　　　　　　　　［冬の旅］

## 2.1.2　疑う余地のない事実の断定
　話し手自身の知覚体験そのものではないが、①②のような、話し手が確認済みの〈疑う余地のない事実〉を、〈新情報〉として聞き手に伝える場合も、推量形に言い換えることはできない。「絶対

（に）」「きっと」のような副詞とも共起しえない。*3

① 〈現在〉〈過去〉の特定時の個別具体的な事象だけでなく、時間的限定性のない〈恒常的な事象〉でもよい。
② 〈現在〉〈過去〉だけでなく、〈近未来の特定時における確定された予定〉であってもよい。

次の例はすべて、話し手が様々な方法で確認した事象を、〈疑う余地のない事実〉として、それを知らない聞き手に伝えている。発話時における判断ではなく、記憶の引き出しとしての確認済みの事実である。

〈現在の個別具体的な事実〉
・「高倉は今夜も仕事かい？」
　「うん、京都に行っている」　　　　　　　　　　［同級生］

〈確かな情報源による、過去の個別具体的な事実〉
・「お借りしたお金で、航空会社に電話をかけて、問い合わせたんです。その人、今日のお昼の飛行機に乗ってました」
　　　　　　　　　　　　　　　　　　　　　　［朝の歓び］
・「娘の関根彰子のアリバイはどうです」
　「一応、確認はしましたよ。娘さんが死亡したのは午後11時ごろのことでしたが、その時刻には、娘さんは勤め先のスナックで働いていました。同僚の証言もあった。当日は土曜日でしたが、店は休みじゃなかったんです」　　　［火車］

〈現在のポテンシャルな事実（習慣）〉
・「大及木正昭を知らんか」
　「知らん」
　「余りえらい小説家じゃないが、しかし、有名だよ。沼津が好きだと言って、1年の半分は沼津に来ている」　［夏草冬濤］

〈恒常的特徴〉
・「それはりっぱだ。だが、段々ことわれなくなる。藤林さんは、とりわけ世話好きだ。自分は独身のくせにな。(後略)」
　　　　　　　　　　　　　　　　　　　　　　　　　　　［小説日本銀行］
・「ひどい国だな。この国の政治家は誰なんです」
「ご存じありませんか、母なるガンジスを想わせる、インディラ・ガンジー首相です。ネルーの娘ですよ。印度の母と言われています」　　　　　　　　　　　　　　　　［深い河］
・「どうですか、これはシャトー・ジスクールの75年ものです」
「飲みやすいわ」　　　　　　　　　　　　　　　　　［雲の階段］

　次の場合は、〈近未来の特定時における確定された予定〉である。この場合も、〈疑う余地のない事実〉なので、推量形に言い換えられない。

・「薫ちゃんみたいにべっぴんさんならだいじょうぶや。来年は5歳になるんやろ」と、伸子さんが言う。
「いえ、来年の夏で4歳です」　　　　　　　　　　［八日目の蝉］
・「彼の会社で働くことが決まったんだ。あしたから、宝石貴金属店〈デンピヤン〉の社員だよ」　　　　　　［朝の歓び］
・「商売になるようだったら、うちとしては毎年、2、30組の枠を持ちたい。その交渉役は、宇野くん以外にはいないからね。4月20日に、アテネで説明会がある。それに行ってもらいたいんだ。帰りは、奥さんと一緒に飛行機に乗ればいい。奥さんの航空券も社で出すよ」　　　　　　　　　［海辺の扉］

　次の〈未来〉の場合では、成立時間が特定化されていないため、上記の例とは違って、推量性が出てくる。「近々」を「いつか」に変えると、推量性はさらに前面化してくるだろう。

・「局長が近々、八尋に会う。和解のためだ。八尋をうちの番組に何とか出させるというのが取締役会の意向らしい」

[この世の果て]

　以上で述べた〈疑う余地のない事実の断定〉の場合は、副詞は共起しえない。次のように、「絶対（に）」を伴うと、〈話し手の推量〉になる。従って、このような場合は、推量形に言い換えることができる。「絶対（に）」がない場合には、〈確認済みの事実〉になることに留意されたい。推量形と「絶対（に）」との共起については後述する。*4

　　(a)「主催の嵯峨は、絶対に香里のことを知っている。あいつから何とか聞き出せればいいんだけどな」　　　［片想い］
　　(b)「露天風呂に行きましょうか。今なら空いていますよ、絶対」　　　　　　　　　　　　　　　　　　　［空夜］
　　(a′) 主催の嵯峨は、絶対に香里のことを知っているだろう。
　　(b′) 今なら空いているでしょう、絶対。

## 2.2　事実未確認の事象に対する確信的断定

　断定形が〈話し手の推量（事実未確認）〉を表す場合は、〈事実確認〉の場合とは違って、断定形と推量形の言い換えが可能である。そして、推量形ならぬ断定形を使用することによって〈話し手の確信的断定〉を明示するようになる。
　以下、〈未来（ポテンシャル）〉と〈現在・過去〉に分けて述べる。

### 2.2.1　未来の事象に対する推量・確信的断定

　〈発話時以後〉の事象は〈直接確認〉できない。この意味で〈発話時以前＝過去〉と〈発話時以後＝未来〉とは対称的関係にないことに注意しておかなくてはならない。
　〈未来の事象〉は、前述した〈確定未来〉を除くと、断定形と推量形の対立がぼやける（あるいはなくなる）。次の場合には、断定形と推量形の相互の入れ替えが可能だろう。断定形の方が、話し手の確信を明示するという違いもないように思われる。

第2章　認識的ムード（叙述法）　113

- 「ないことにしろなんて言わない。あったことなんだから。ただ、そういう事実を他人に言うのだけはやめにしようということだ。でないと、典子が疑われる。森脇さんだって痛くもない腹を探られるだろう。滅茶苦茶になってみんなが傷つく。俺はそのことに耐えられないんだ」　　　　［柔らかな頬］
- 「査察で、余計よくわかったことですが、会社はこのままでは、だめになります。社員達もみんな不安がって、とても、あなたにはついて行けない、といっています。税務当局も、いまのままの社の体制では、かなり過酷な処分に出てくるでしょう。だから、早急に会社を一新する必要があります」

　　　　　　　　　　　　　　　　　　　　　　　　［社長の器］
- 「渋谷からだって、五百円もあれば行くだろう。千円払うって言えば、白タクだって喜んで行くさ」　　［地下鉄に乗って］

次の場合も、実線部分は、推量形「天気だろう」に言い換えることができる（波線部分は、〈現在の知覚＝事実確認〉であるので、推量形に言い換えることはできない）。

　　(a)「明日は天気だな、星がきれいだ」
　　　　「のんきなことを言うな」　　　　　　　　　　［北の海］
　　(a′)「明日は天気だろうな、星がきれいだ」

以上のように〈未来〉の場合は、断定形でも推量形でもいい場合が多い。しかしながら、奥田（1985a）において「まちがいなく想像の範囲からはみだすことのない出来事が、いいきりの文でえがきだされているとすれば、そのいいきりの文ははなし手のきつい主観的な確信の表現になる」と指摘されているように、次の下線部分は、推量形ならぬ断定形を使用することによって、〈話し手の確信的断定〉を表している。

- 「たしかに、細君は来るよ」
「それ、決定的なのね？」

竜夫の自信があまり強いので、それも、きいたのである。
「確率は85パーセントというところだ」
竜夫も、絶対とは言わなかった。
「しかし、これも慎重を期して言ったので、まず、来ることは間違いないだろうね」　　　　　　　　　　　〔蒼い描点〕

　断定形の使用が適切なのは、「励まし」「注意喚起」といった聞き手を配慮したプラグマティックな面が前面化するコンテクストである。

- 「治りますよ、奥さん」おやじはいつも聴診器をしまう時、元気づけるのである。　　　　　　　　　　　〔海と毒薬〕
- 「お母さん、もっと元気を出して下さい。清くんはきっとよくなります」　　　　　　　　　　　　　　〔臓器農場〕
- 「それから薬は1日に4回、6時間おきに必ず忘れずに飲ますのです。いいですか、きちんと守らなければ眼がつぶれますよ」　　　　　　　　　　　　　　　　　　〔花埋み〕

次の例では推量形が使用されているがゆえに、患者である聞き手は励まされているとは思えないであろう。

- 「ハイヒールをやめればすぐ治るでしょう」
  「足が疲れやすいのですが」
  「それも同じです」　　　　　　　　　　　　　　　〔無影燈〕

　以上はすべて医者と患者の会話であるが、そうではない場合でも、相手（聞き手）が今後のことを心配している場合には、推量形ならぬ断定形の方が適切である。どちらも〈聞き手への配慮〉というプラグマティックな面から見て、「帰って来るでしょう」「大丈夫でしょう」に言い換えるのは不適切である。

- 「お父さんはオーバーなのよ、もう。お母さん、帰って来る

わよ、今に」　　　　　　　　　　　　　［想い出にかわるまで］
　・「まつば銀行は絶対に大丈夫です。ご安心ください」
　　　　　　　　　　　　　　　　　　　　　［波のうえの魔術師］

　次の場合でも、相手（聞き手）のことを気遣って注意を喚起するというプラグマティックな側面を前面化させつつ、話し手の確信的断定を表している。従って、推量形には言い換えにくい。

　・「何してるの？　甲板に出たきり帰ってこないから、風に吹きとばされて、海に落ちたんじゃないかって、心配したわ」
　　「ドレスが濡れるよ」
　　「かまやしないわ」　　　　　　　　　　　　　　［海辺の扉］
　・「石段が滑りますよ」
　　「いや、大丈夫。その代わり、ゆっくり降りさせて貰おう」
　　　　　　　　　　　　　　　　　　　　　　　　［宗方姉妹］
　・「気持ちがいいので歩いている。すっかり秋だな」
　　「寒いでしょう、風邪を引きますよ」　　　［あした来る人］
　・「あたしも行く」と、郁美が言った。
　　「身体が冷えるよ」　　　　　　　　　　　　　　　［火車］

### 2.2.2　現在・過去の事象に対する確信的断定

　〈現在・過去〉の場合でも、断定形は〈発話時における話し手の推量〉を表すことがある。下記の例はすべて〈事実未確認〉であるので、推量形に言い換えることができるが、断定形を使用することによって、「はなし手のきつい主観的な確信の表現」になるだろう。下記のような場合は、波線部分が示すように、コンテクスト上、断定形の使用の方がふさわしい。

　・「だって、みっちゃんが銀座の焼け跡に立ったとき、お前の後ろ姿を見たじゃないか。ということは、お前はきのう、銀座にいた。いや、いなかったとは言わせねえ」
　　「実は、アムールたちの一味と、PXのカメラを買いあさっ

たんだ。土壇場でハチ公がドジを踏んで捕まって、みんなち
　　りぢりに逃げた」　　　　　　　　　　　　　［地下鉄に乗って］
・「成績が下がったっていいじゃないか。落第点さえとらなきゃ」
　「落第点だってとってるよ。落第点とらなきゃ呼び出される
　　ことなんかあるもんか」　　　　　　　　　　　［夏草冬濤］

　次のような特定時の事象ではない名詞述語の場合でも、波線部分が示すように、〈話し手の確信〉を明示する断定形の方がふさわしい。

・「自信を持って言えます。記事はすべて事実です。いずれ証
　　明してみせます」　　　　　　　　　　　　　　［半落ち］
・「そうだ。もうひとつあなたに尋ねておきたかったことがあ
　　る。燿子は、誰の娘だとお思いですか？」
　「西合社長の娘ですわ」
　「良江が、そう言ったのですか？」
　「いいえ、私にはわかるのです。きっとそうですわ」
　　　　　　　　　　　　　　　　　　　　　　［サザンスコール］

　次の場合も〈発話時における推量〉である。従って「未成年だろう」「ホンモノでしょう」に言い換えることができるが、断定形を使用することによって〈話し手の確信的断定〉を前面に押し出している。第3章で述べるように、〈事実確認〉を明示するためには、「未成年だったね」「ホンモノでしたよ」と過去形にしなくてはならない。

・「襲われそうになったって、タクシー強盗ですか？」
　「そう、そう。3人で乗り込んできやがってね。ありゃみん
　　な未成年だね。髪なんかキンキンに染めちまって、だぶだぶ
　　のズボンはいてさ」　　　　　　　　　　　　　［凍える牙］
・「こりゃ、ホンモノですよ。映画やテレビの複写じゃありま
　　せんね」
　「そうかい」

第2章　認識的ムード（叙述法）　117

三原は半分失望していた。しかし、あとの半分はまだ勇気を残していた。　　　　　　　　　　　　　　　　　　　　　　［時間の習俗］

　以上の例は、すべて副詞と共起していない場合であったが、〈推量〉であるので、「絶対」から「たぶん」に至る、確信の程度差を表す副詞との共起が可能である（〈事実確認〉の場合は共起しえない）。

・「露天風呂に行きましょうか。今なら空いていますよ、絶対」
　　　　　　　　　　　　　　　　　　　　　　　　　　　［空夜］
・「じゃあ、今すぐ買いに行かなくちゃ」
　「お母様、きっとそろえているわよ。今お電話してみたら」
　　　　　　　　　　　　　　　　　　　　　　　　　［雲の階段］
・「梶井さんは、日本に帰って来て10日ほど実家にいたらしいの。だけど、矢巻さんが尋ねていったときは、もういなかったんだって。梶井さんのお母さんにも、お姉さんにも、何にも言わないで出て行ったらしいわ。でも、梶井さんは、たぶん、東京にいるわ」　　　　　　　　　　　　　［朝の歓び］
・「どうして事務所がわかったんだ」（中略）
　「たぶん――宋英明が教えた。ほかに考えようはない」
　　　　　　　　　　　　　　　　　　　　　　　［シェエラザード］
・「そうですよ。おそらくこいつが犯人だ。似顔絵があれば、ずっと捜査がしやすくなる」
　「即断は禁物だと思いますよ」　　　　　　　　　　　　［慟哭］

　次のように、〈条件づけ〉を伴って〈推量〉を明示する場合もある。推量形に言い換えてもよい。

・「その崖の上に1軒ぽつんと離れてる家に、6歳になる男の子がいたの。もし生きていたら、19歳になってるわ。その子、精神薄弱って言ったらいいのかしら、とにかく、数字は一から十までかぞえられないし、言葉は、朝晩の挨拶だけし

か、ちゃんと言えない。でも、相手が話していることは、ほとんど、分かってると思う」
　　　　　　　　　　　　　　　　　　　　　　　［朝の歓び］

## 2.3　反事実仮想（反レアル）

　以上に連続して、主文の述語の断定形は〈反事実仮想〉も表す。確認済みの事実に反する〈推量（想像）〉であるので、推量形に言い換えることができる。

　しかし、〈事実未確認〉の場合とは違って、断定形の方が〈確信的断定〉を明示するという違いはないように思われる。次の場合、一方は断定形、他方は推量形が使用されているが、相互の言い換えが可能である。

・「俺は、本当に、あんたに感謝し、神に感謝したよ」
　「俺がクサダシの絨毯屋に行かなかったからかい」
　「そうさ。もしあんたが絨毯屋に行ってたら、俺たちは<u>抜き差し</u>ならなくなっている。いまごろは切り刻まれて、魚の餌になって、<u>跡形もなくなっているだろう</u>」　　　［朝の歓び］

次の２例の場合も、「変わっていただろう」「死んでいただろう」に変えても、差はでないと思われる。

・「ポイントはやっぱり第３クォーターのフィールドゴールだ。あいつを決めていれば、その後の展開もがらっと<u>変わってた</u>。ところがあのキックを外すんだもんなあ。がっくりきちまったよ」　　　　　　　　　　　　　　　　　　　　［片想い］
・「その年の秋くらいかな。あんたんち、全焼したんだよ。タバコの火の不始末とかで。だから私、あんたがいなくてよかったと思ったもん。いたら一緒に<u>死んでたよ</u>」［柔らかな頬］

　なお、第６章で述べるところだが、反事実仮想では、次のように、現在のことに対して、過去形の使用が可能になる。このようなことは、〈事実未確認〉の推量や確信的断定の場合には不可能である。

この点については第3章、第6章で述べる。

- 「俺は、本当に、あんたに感謝し、神に感謝したよ」
「俺がクサダシの絨毯屋に行かなかったからかい」
「そうさ。もしあんたが絨毯屋に行ってたら、俺たちは抜き差しならなくなっている／抜き差しならなくなっていた。いまごろは切り刻まれて、魚の餌になって、跡形もなくなっているだろう／なくなっていただろう」　　　［朝の歓び（改変）］

### 2.4　まとめ
以上をまとめると次のようになる。

1) 断定形は〈話し手の直接確認（事実確認）＝聞き手の知らない情報の伝達〉を表す。これが、認識的側面と伝達的側面という2つの側面における、断定形の基本的な意味・機能（realis assertion）である。叙述文が、聞き手に情報を伝える文とされるのは、この断定形の基本的機能に基づくと言えよう。
2) 断定形は、〈推量＝事実未確認〉を表すこともある。この場合は、基本的に、推量形に言い換えることができる。ただし、断定形を使用することによって〈話し手の確信的断定〉を前面化させることになる。
3) 〈未来〉と〈現在・過去〉とは、〈間接確認〉か〈直接確認〉かの違いと次のように相関している。〈未来〉の事象は、発話時以後のポテンシャルな事象であるがゆえに、断定形は〈直接確認〉を表しえず、従って推量形との確認のし方の違いはなくなる。

　　　　未来：〈間接確認〉
　　　　　　（〈確定未来〉の場合のみ推量形に言い換えられない）
　　　　現在・過去：〈直接確認〉〈間接確認〉
　　　　　　（〈はなしあい〉の現場における知覚体験がレアリティーの最高段階である）

## 3. 推量形

推量形の場合にも、大きくは〈事実未確認＝推量（間接確認）〉の場合と、〈事実確認〉の場合とがある。ただし、〈確認済みの事実＝聞き手にとっての新情報〉である断定形とは違って、推量形では、〈確認済みの事実＝聞き手の既知情報〉つまり〈話し手と聞き手の共有情報〉であることに注意しなければならない。

以下、〈話し手の推量（事実未確認）〉の場合から述べる。

### 3.1 話し手の推量

推量形は、文字通り〈発話時における話し手の推量〉を表す。その話し手の推量には、〈事実未確認〉の場合と、〈確認済みの事実に反する推量（想像）〉の場合とがある。そして、まだ事実確認ができていない〈間接確認〉の場合には、〈直接確認〉を表す断定形とは違って、事実を知っている聞き手に対して、話し手が推量（間接確認）した帰結について念押し的に確認することになりやすい。

以下、〈事実未確認〉〈反事実仮想〉〈推量した帰結の聞き手への念押し的確認〉の順に述べる。

#### 3.1.1 事実未確認

奥田（1984, 1985a）で述べられているように、推量形では、「現実のなかに《おこりうること》として、つまり可能性として存在している出来事が想像のなかにうつしとられている」。従って、その事象は、〈現在・過去〉のことでも〈未来〉のことでもある。また、個別具体的な事象でも、恒常的な事象でもありうる。

次のような場合、断定形に言い換えると〈確認済みの事実〉になるため、推量形の使用は義務的である。

(a)「いけねェ、子供の話は、ここじゃあ御法度なんだ」
　「いいよ、そんなこと気にしなくたって。みんな、<u>大きくなっただろうな</u>」　　　　　　　　　　　　　［海辺の扉］
(a′)「いいよ、そんなこと気にしなくたって。みんな、<u>大きく</u>

なったな」

次の場合も同様である。

- 「今日は競馬がにぎわっているでしょうね」
  染乃は微笑していった。
  「一度行ってみたいわ。そのうちに連れて行ってくださいね」
  　　　　　　　　　　　　　　　　　　　　　　　　　［朱鷺の墓］
- 「だけど結局は形だけの専務だった。できることといえば、接待ぐらいだったらしい。何しろ、社長は下戸だからな」
  「接待というと銀座とか？」
  「ああ、銀座あたりにも繰り出していただろうな」　［片想い］
- 「あの樹、どのくらい生きてきたのかしら」
  「二百年ぐらいじゃないか。とに角、このあたりで一番、古い樹だろう」　　　　　　　　　　　　　　　　　　［深い河］

　以上のように、推量形は〈間接確認〉であること自体を表すので、〈話し手の確信度〉の違いは、「きっと」「たぶん」のような副詞によって表される。「間違いなく」と共起している次の場合では、話し手の確信度は非常に高い。従って、推量形が、不確かな判断を表すとは言えないであろう。

- 「あの少年はすでに2回も地区の未成年問題委員会の処分を受けています。今度摘発されたら間違いなくトルーダヴァヤ・カローニアへ送られるでしょう。（後略）」
  　　　　　　　　　　　　　　　　　　　　　　［さらばモスクワ愚連隊］
- 「この雪なんだぞ。天候が回復するという保証はどこにもない。いや、それどころか、雲行きから見て、悪くなる一方のはずだ。嘘だと思うなら、気象協会にアクセスしてみろ」
  「その必要はありませんよ。間違いなく、天候は悪くなる一方でしょう」　　　　　　　　　　　　　　　　　　［ホワイトアウト］

次のように、「確実に」「絶対に」「明らかに」と共起している場合も同様である。

- 「そんなことをしたら、やる気をなくしてしまうでしょう。赤字経営ならいざしらず、ちゃんと利益をあげているのになぜそんなことをするのだろう」
  「決算期の特別賞与は、確実になくなるでしょうね。ベースアップも難しくなると思います」　　　　　　　［社長の器］
- 「ありがとう。伊勢部長の気持ちは嬉しいけど、みんなに反対されるに決まってますよ」
  「みんなって、誰と誰ですか」
  「まず、家内は絶対にノーでしょうね」　　　　　　　［社長の器］
- 「これは明らかに、前回の書面の発送人と同一人物でしょうね。文体が同じなのは一目瞭然だ」　　　　　　　［慟哭］

「間違いなく」「絶対に」等のような副詞と共起しない場合でも、推量形における確信度が低くなるわけではないだろう。次の場合、話し手における確信度は高く、判断を保留してもいない。推量形自体はあくまでも〈間接確認〉であることを表すと言えよう。

- 「あれは、迷いこんだんじゃないですね。密航でしょう」
  「どうしてわかるんですか」
  「外国航路に三十年も乗り組んで、その間いったい何百人の密航者を見てきたことか……」　　　　　　　［シェエラザード］

「絶対に」「きっと」「おそらく」のような副詞と共起している推量形は断定形に言い換えることができるが、次の２つの場合には、言い換えることができない。

1) 〈未来〉を表す場合に、推量形の使用が義務的になる場合がある。次の場合、推量形を使用することによって、話し手の意志に関わらない〈話し手自身の未来に対する推量（間接確認）〉

を明示することになる（断定形を使用すると〈意志表明〉ととられる恐れが出てくる）。

- 「今でも時々考えることがあります。外交官試験、それが何だったろうって。私は、きっといつか<u>大使になるでしょう</u>。だけど……」　　　　　　　　　　　　　　　　［さらばモスクワ愚連隊］

2)「さぞ」のような副詞と共起するのは推量形である。次の場合、断定形に言い換えることはできない。

- 「洪作、お前は、受験生のくせに、勉強もしないで、柔道ばかりやってこの夏を過ごしてしまっている。<u>さぞ</u>親は<u>嘆いているだろう</u>。不幸な親を慰めるために、せめて土産ぐらいは持って行け」　　　　　　　　　　　　　　　　　　　　［北の海］
- 「専門家のあなたから見れば、こんなものは<u>さぞ</u>ひどい<u>演奏でしょうね</u>」
「そんなことはないですよ」　　　　　　　　［さらばモスクワ愚連隊］

### 3.1.2　反事実仮想（反レアル）

推量形は、次のように、〈反事実仮想〉も表す。

- 「シーラは成績がよかった。このバシリというつまらない友達がいなかったら、奨学金を貰って大学に<u>入っていただろうよ</u>」　　　　　　　　　　　　　　　　　　　　　　［海辺の扉］
- 「おばあちゃんが生きていたら、<u>喜んでいたでしょうに</u>」　　　　　　　　　　　　　　　　　　　　　　　　　　　　　　　［空夜］

断定形のところで述べたように、反事実仮想の場合は、推量形でも断定形でもよい。ただし、「どんなに」のような程度に関わる副詞を伴う場合は、断定形は使用しにくいかもしれない（ただし「どんなに楽しかったか」のような言い方は可能である）。

- 「課長、この頃の若い人っていいですよねえ」
 「そうかね」
 「そうですよ。屈託ってものがまるっきり無くって、ああいう風に若い時を生きられたら、どんなに楽しかったでしょうねえ」
 　　　　　　　　　　　　　　　　　　　　　［さくら、さくら］

### 3.1.3　推量した帰結の聞き手への念押し的確認

　聞き手が当事者である場合が典型的タイプであるが、聞き手の方が事実を知っていると判断される場合、話し手は、聞き手に対して、自らの〈推量の帰結〉が事実であることを念押し的に確認することになる。この場合、波線部分の「よく知ってるなァ」「あらやだ」のような聞き手の反応から分かるように、念押しという側面が前面化されるであろう。

- 「奥さんはギリシャ人でしょう？」
 満典は苦笑し、デッキチェアに坐って、
 「よく知ってるなァ。どうして見ただけでわかるんだ？」
 　　　　　　　　　　　　　　　　　　　　　　　　　［海辺の扉］
- 「かあさん、おやじが出征するとき、千人針をつくってやったろう」
 「あらやだ」と母は目をしばたたいた。
 「つまり、惚れてたってわけだ」　　　　　　　［地下鉄に乗って］

　次のように、聞き手の意志が関わる事象を念押し的に確認する場合もある。

- 「コーヒーぐらいは飲んでくでしょう」
 「飲む、飲む。コーヒーの他にもなんか食わせてくれよ。オレ、なんか今朝は腹が空いているんだ」
 「はいはい、目玉焼きでもつくるわ」　　　　　　　　　［別ればなし］

　次の波線で示したような、話し手の推量（判断）をまず示し、そ

第2章　認識的ムード（叙述法）

のあとで聞き手に対して念押し的確認を行う場合もある。

- 「誰も勘繰ってなどいやしない。泊まったのは事実だ。そうだろ？」
  私はうなずくしかなかった。　　　　　　　　　　［博士の愛した数式］
- 「彼は私の昔の恋人なの」
  「恋人？　恋人なんて、いたことがあったの？　いや、まさか……嘘でしょ？　私をかつぐつもりなんだ。でしょう？」
  　　　　　　　　　　　　　　　　　　　　　　　　［この世の果て］

　また、話し手の確信度の高くない推量の帰結自体を問いただす場合もある。「かもしれない」と「だろう」の共起が可能になるのは、このような〈聞き手への念押し的確認〉が前面化する場合である。

- 「しかし、小学校のことを聞いても始まらないでしょう」
  「そうかしら。おばさんが、仕事場のお仲間に、娘さんのことで愚痴をこぼしてたかもしれないでしょ？」　　　　　［火車］

　次のようになると、次節で述べる〈共有情報〉に極めて近い。波線で示したように、話し手は〈事実確認〉をしているので、断定形でもよいのだが、推量形を使うことによって、話し手が確認した、相手にとって都合の悪い〈事実〉を、皮肉（怒り）をこめて問いただしている。

- 「あんた、いま、屋根からごみを棄てたでしょう」
  「ごみなんか棄てるものか」
  「嘘おっしゃい。わたしがお玄関へはいろうとしたら、上からインキ壺のふたがおっこちて来て、私の頭にぶつかったわ。驚いて上を見たら、あんたがごみを棄てていた」　　　［夏草冬濤］
- 「話は違うけど、父さん、この間、田久保君の店に行ったでしょう」
  誠吉は、また酒瓶に手を伸ばした。その手を百合子が押さえた。

「嘘を言ってもだめよ。田久保君に父さんの写真を見せて確認したんだから」
　「気になって見に行ったさ」　　　　　　　　　　［樹下の想い］
・「どうしてさ」
　浜田がなじると、美佐子ははじめて顔をふり向けて、射るようなまなざしで浜田を見た。
　「あなた昨日の夕方、銀座を歩いていたでしょう」
　「見たのか」　　　　　　　　　　　　　　［振りむいたあなた］

　次の場合になると、「あんた、香取さんだ」と断定形を使用してもよい。聞き手に対する〈念押し〉を前面化させている。

・「思い出した。あんた、香取さんでしょう」　　　　［OUT］

　次にこのような推量形の用法を見ていくことにする。

## 3.2　事実確認

　推量形は、事実確認済みの事象も表す。この用法は、まずは、①話し手と聞き手の共有情報であることを伝える点で、聞き手にとっての新情報を伝える断定形とは対立する。さらには、②聞き手にとっての新情報の場合もある。ただし、断定形とは違って、理由づけの側面が前面化する。以下、次の順序で述べる。

①事実確認＝共有情報（聞き手にとっての既知情報）
②事実確認＝聞き手にとっての新情報

### 3.2.1　共有情報

　話し手も聞き手も既に確認している事実（共有情報）は推量形で提示することができる。次の場合、話し手自身の談話のなかに推量形が2つあるが、その情報構造は全く異なる。最初の推量形は、〈話し手と聞き手の共有情報〉を提示している。その上で、それを〈前提＝根拠（理由）〉にして「さぞ怖いでしょう」という〈話し手

の推量〉を提示している。

・「台湾に行ったら、話もしてもらえないわね。お父さん、軍人さんでしょう。さぞ、怖いでしょうね。でもお母さんは優しいと思うわ。洪作さんのお母さんですもの」　　　［北の海］

　以上のように、〈共有情報＝前提となる事実〉をまず述べて、その上で、それを根拠にした推量の帰結を述べるのは、最も基本的な談話構造である。

【共有情報（話し手も聞き手も確認済み）＝根拠】
　　　　　　　　　　　　　→【推量の帰結（新情報）】

　次の場合でも、最初の推量形「言ったことがあるだろう」は、話し手と聞き手の間の〈共有情報＝確認された事実＝前提〉を提示している。その上で、点線部分と波線部分の、直接確認と間接確認による新情報を相手に伝えているのである。点線部分では「あの時」という指示詞が使用されており、「お前が去年、俺が有香の墓を探しているんだと言ったことがある」という事象が話し手と聞き手の共有情報であることを示している。

・「わかるよ。お前が去年、俺が有香の墓を探しているんだと言ったことがあるだろう。あの時、もうここに来るのはやめにしようと思ったんだ。俺はきっとまた有香の墓を探してしまうだろう。有香が死んだと考えたいわけじゃない。生きていてほしいと願っている。だけど、気が付くと無意識にそうしているんだ。（後略）」　　　　　　　　［柔らかな頬］

　このような共有情報の場合は、基本的に「よ」「ね」等の終助詞が付かない。そして「だろ／でしょ」のような音声的縮約が起こりやすくなる（なお、「だろ／でしょ」のような縮約形式は、明治期の文学作品には出てこない）。

下記の場合もすべて、実線部分の〈共有情報としての事実〉を〈前提〉にして、波線部分で示した新情報の伝達、提案、質問がなされている。

- 「昨日、外来で男と話をしていたドクターがいたでしょう、あれは産婦人科の久能先生です」　　　　　　　　　　　［臓器農場］
- 「私たちが彼らと争ってどうするんです。争うのは検察と弁護側でしょう。裁判官は常に冷静かつ中立であらねばなりません」　　　　　　　　　　　　　　　　　　　　　　　　［慟哭］
- 「不動産屋でなく、どこで買うのよ」
  「裁判所に行けばいいじゃないですか」
  「裁判所？」
  「競売があるでしょ。バブルの後始末で捨て値で出ているのがありますよ。今日、支店に書類届けに行くでしょ。その帰りに地裁に寄ったらどうですか」　　　　［女たちのジハード］
- 「替えのズボン持ってきてるでしょ、すぐに穿き替えなきゃ風邪ひいちゃうわよ」　　　　　　　　　　　　　　　［ビタミンＦ］
- 「繁君、芝居もいいけど、来年入試だろう。大丈夫なのか」
  「ええ、内申がメチャメチャですから、都立は遠慮します」
  　　　　　　　　　　　　　　　　　　　　　　　　　　［若葉学習塾］

　上記の最初の例の場合、聞き手にとっての新情報ではなく、既知情報であるので、「昨日、外来で男と話をしていたドクターは産婦人科の久能先生です」と言ってもよい。しかし、「昨日、外来で男と話をしていたドクターがいたでしょう」と言うことによって、「聞き手の既知情報（共有情報）の提示」という機能が生じている。次の例も全く同じ構造である。

- 「平賀さんといるとね、何だろう……」絹子は顎に手を当て、しばし考え込んだ。「月並みな言い方だけど、気分が安らぐのよ。この間の夜、歩いて帰ったでしょう。あの時、久しぶりに、ほっとしたんです」　　　　　　　　　　　　　　　［樹下の想い］

次のように、談話構造上、あとから共有情報を提示して、〈理由づけ〉を行う場合もある。

- 「いろいろ困らせてごめん」
  「そういうことはもういわなくていい。友達だろ」　　［片想い］

　次のように、〈発話現場での共有知覚〉を提示する場合もある。話し手の主張点は、後続の文（波線部）が表す新情報（あるいは命令）である。

- 「葉が三つにわかれているように見えるだろう。だけど、よくみると一枚の葉なんだよ」　　［愛蘭土紀行］
- 「ひゅーっ……て音がするでしょう。岩燕が飛んでいるんだね」　　［旅路］
- 「今日はこんなきれいな日でしょう。だから嬉しくなっちゃった」　　［太郎物語］
- 「もう一人いるんだ。ほら、アタッシュケースの二枚目が歩いてくるだろ？　あれだ。捕まえろ、ほら」　　［黄金を抱いて翔べ］

　次の場合は、「あれはほととぎすだ」という判断の根拠となる共有知覚を、談話構造上、あとから提示している。

- 「あれは、ほととぎすですよ。てっぺんかけたか、って鳴いているでしょう」　　［振りむいたあなた］

　次の推量形を断定形に変えると、共有情報ならぬ新情報（聞き手の知らない情報）になるので、「あそこ」ではなく「そこ」を使用しなければならない。

- 「渋谷に《マウイ》って喫茶店があるでしょう。ハワイ・チェーンの。あそこに勤めることにしたの」　　［太郎物語］

ただし、次のように、〈はなしあい〉の構造上、共有情報であることが分かっている場合は、推量形を断定形「相手が権藤さんです」「言った」に言い換えてもよい。

・「権藤によしなに頼むよ。ちゃんと言われたものはあげたことにしておいてくれよ、な」
「困りますよ」
「困ることはないだろう」
「相手が権藤さんでしょう。嘘は言えませんよ」　　　［北の海］
・「そうだ。さきほど貴様は、この弥勒丸が謎だらけだと言ったろう。たしかにその通りだ。運航指揮官たる俺にも、わからんことだらけでな」　　　　　　　　　　　［シェエラザード］

　従って、次のように、聞き手自身（話し手も含んで）のことについては、断定形で言う場合もある。しかしこの場合でも、上述の例のように、推量形「大人だろう」を使用する方が、共有情報であることを明示できるだろう。

・「おれたちは大人だ。隠しておきたいことのひとつやふたつくらいはあるさ」　　　　　　　　　　　　　　　　　［慟哭］

　推量形は、〈共有情報〉に対する話し手の評価感情を前面化させる場合もある。
　まず、既に言ったこと（既に聞き手が知っているはずのこと）を聞き手が無視した場合、話し手の非難が前面化する。

・「今すぐ私の寝室に来てもらいたいの」
「すみません。もう少しで終わりますので」
「今すぐと言ってるでしょう」　　　　　　　［われら冷たき闇に］
・「私、ちょっと騒がしいところに行きたくない気分なのよ。悪いけど、ここに下りてきてくれる？」
「下りていくって、いったいどこに」

「このビルの一階に『フランドル』というバーがあるわ。そんなに時間はとらせないわ」
　「おかしな奴だな。そんなに近くにいるなら、ここに来ればいいじゃないか」
　「だから言ったでしょ。人ががやがやしているところに行きたくないって」　　　　　　　　　　　　　　［不機嫌な果実］
・「どこに行っていたの」
　「吉祥寺の喫茶店」
　「こんなに遅くまで、開いている喫茶店がどこにありますか」
　「岡崎さんのマンション」
　「あれほど、男のアパートにだけは行くなと教えてあるでしょう」　　　　　　　　　　　　　　　　　［女たちのジハード］

　話し手の評価感情が前面化される場合は、「〜だろうが」というかたちになりうる。

・「あんたもいい加減しつこいな。そんなことは知らないし、仮に知っていたとしても教えられないといっただろうが」
　　　　　　　　　　　　　　　　　　　　　　　　［片想い］
・「使ってくれよ。百万近くはあるぜ」
　「ち、ちょっと待ってくれよ。これは、おまえ、ガキのころからの郵便積み立て貯金だろうが」　　［101回目のプロポーズ］
・「来週ならいいんですか」
　「来週も再来週もだめだ。下校時間は校則で決まっているだろうが」　　　　　　　　　　　　　　　　　　　［同級生］

　次の場合は、〈当然性（当然知っているべきことである）〉という主張が前面化され、相手への非難や皮肉が出てくるだろう。

・「あ！　引きずらないで！　キズになるでしょ！」
　　　　　　　　　　　　　　　　　　　　　　　［阿修羅のごとく］
・「お父さんでもつきあいがあるのかな」

「そりゃあるでしょ。男はつきあいしなくなったらおしまいよ。学校の友達だって、まだ、ピンピンしているだろうしさ」　　　　　　　　　　　　　　　　　　　　　［阿修羅のごとく］
・「結婚して何年です？」
　「早いよなあ。もう5年か」
　「6年でしょ。忘れないでよね」　　　　　　　　　　　［奇跡の人］

### 3.2.2　聞き手にとっての新情報

　次の場合になると、もはや聞き手の既知情報ではない。話し手だけが確認した事実であって、聞き手にとっては〈新情報〉である。

・「7時前にはきちんと起こして、朝ご飯を食べさせてやらなきゃいけない。そう思うと、緊張して明け方に目が覚めちゃうんだよ。夜は夜で、チビたちがテレビを見てて、なかなか寝ないだろう。これじゃ、睡眠不足で倒れちまうよ」［OUT］
・「じつはね、あたしがパパの書斎に入った時、もうボウガンはなかったのよ。いくら探してもないの。どうしたんだろうって焦っているうちに、警察から電話でしょ。あたし、ヒロ兄さんがやったのかなって思ってたのよ」
　「僕じゃないよ。先に誰かが盗みだしたんだ」　　　　　［宿命］

　上記のような場合、話し手の主張は、波線で示した後続の文にある。そして、実線部分は、後続文の推量（判断）の〈根拠〉となる事実を提示している。

〈根拠となる事実〉　　　　　　　〈話し手の推量（判断）〉
チビたちがなかなか寝ないだろう　→　睡眠不足で倒れるよ
警察から電話でしょ　　　　　　　→　兄さんがやったのかと
　　　　　　　　　　　　　　　　　　思っていた

　この構造は、前節の冒頭で示した共有情報の場合と同じである。

第2章　認識的ムード（叙述法）

・「台湾に行ったら、話もしてもらえないわね。お父さん、軍人さんでしょう。さぞ、怖いでしょうね。でもお母さんは優しいと思うわ。洪作さんのお母さんですもの」　　　［北の海］

〈根拠となる事実（共有情報）〉　　〈話し手の推量〉
軍人さんでしょう　　　　　→　さぞ怖いでしょうね

　共有情報か新情報かの違いはあるが、後続文で述べることの〈根拠〉となる事実を提示するという点で、〈根拠（前提）―主張〉という談話構造は共通していると言えよう。*5

### 3.3　まとめ
　以上をまとめると、次のようになる。
　推量形においても、〈事実未確認〉を表す場合と〈事実確認〉を表す場合がある。しかし、〈事実確認〉の場合には、推量形は、〈聞き手にとっての新情報〉を伝達する断定形と対立して、〈聞き手の既知情報＝話し手と聞き手の共有情報〉であることを明示するために使用される。そして、この場合は、談話構造上、話し手の主張は後続文にあり、共有情報は、〈はなしあい〉の前提として機能するのである。次の例（a）では、どちらも新情報であって、後続文に話し手の主張の比重があるわけではない。しかし、例（b）では、「みんな来たよ」に伝達の重点があり、「はじめての同窓会だっただろう」はその理由づけとなっている。

　　（a）昨日は、高校を出てはじめての同窓会だった。みんな来たよ。
　　（b）昨日は、高校を出てはじめての同窓会だっただろう。みんな来たよ。

　こうして、断定形と推量形は、話し手の確認のし方と、聞き手との情報共有のあり方の2つの側面から対立していることになる。後者は、②のように、話し手の観点から言えば、事実の assertion か non-assertion（presupposition）かの対立になると言ってもよいだ

ろう。

①推量形：事実未確認（間接確認）
　断定形：事実確認（直接確認）
②推量形：事実確認＝聞き手にとっての既知情報（共有情報）
　　　　　　　　　＝前提（non-assertion）
　断定形：事実確認＝聞き手にとっての新情報
　　　　　　　　　＝聞き手への事実の伝達（assertion）

　事実確認を表す断定形ではなく、事実未確認を表す推量形の方に、〈はなしあい〉の前提（背景的情報）を担う談話的機能が生じてきても不思議ではないだろう。事実確認＝聞き手にとっての新情報は、基本的に、認識・伝達活動において背景的情報になることはないからである。断定形と推量形は、話し手の現実世界の事象の確認のし方の違いと同時に、〈新情報＝事実の伝達〉か〈共有情報＝前提（presupposition）〉かの違いをも表し分けると思われる。そして、さらには、話し手の主張の根拠となる聞き手にとっての新情報を伝える用法も出てくると思われる。*6

　認識的ムード対立は、〈話し手の現実世界の事象の確認のし方＝事実確認の有無〉であるとともに、聞き手との関係のなかでの〈新情報の伝達〉か、確認済みの事実である〈共有情報の提示〉かという違いを持つ。

　奥田論文で明確に述べられているように、断定形によるものであれ推量形によるものであれ、言語活動の基本的単位である〈叙述文〉は、言語外的な事象を確認して、聞き手に伝えることを使命にしている。話し手と聞き手にとって何の意味も持たない事象を、話し手が確認して聞き手に伝えるということがないのであれば、その事象は話し手と聞き手の立場から意義づけられる。断定形と推量形の対立は、このような〈叙述文〉の本質的特徴を形態論化していると思われる。断定形に〈事実確認〉と〈新情報の伝達〉という２つの側面が複合化されているのは当然のことであろう。推量形は、〈事実確認の有無〉の面でも〈新情報の伝達の有無〉の面でも、断

定形と対立しているのである。

## 4. おわりに

この章全体をまとめると次のようになる。

断定形と推量形は、1)〈話し手による現実世界の事象の確認のし方〉と、2)〈聞き手への情報伝達のあり方〉という2つの側面から対立している。

1) 〈話し手による現実世界の事象の確認のし方〉
   1・1) 断定形は、〈現在〉〈過去〉テンスと相関して〈事実確認（直接確認）〉を基本的に表す。〈未来〉テンスの場合、及び一定の構文的条件、コンテクスト上の支えがある場合は〈事実未確認（間接確認）〉を表す。
   1・2) 推量形は、テンス、構文的条件に関係なく、〈事実未確認（間接確認）〉を表す。
   1・3)〈事実未確認（間接確認）〉の場合、断定形は〈話し手の確信的断定〉を前面化させることになる。
2) 〈聞き手への情報伝達のあり方〉
   2・1) 断定形のみならず、推量形も〈確認済みの事実〉であることを表す。
   2・2) 確認済みの事実が、〈聞き手にとっての新情報〉である場合は、断定形の使用が義務的である。
   2・3) 推量形は〈確認済みの事実＝話し手・聞き手の共有情報〉を表す。従って、談話構造上、話し手の主張の〈前提〉や〈根拠〉として機能する。聞き手にとっての新情報の伝達という断定形の基本的な機能と、〈聞き手の既知情報＝情報伝達上の前提（背景的情報）〉という機能とは矛盾する。従って、推量形の方に、この機能が発生してくると思われる。
   2・4) 推量形はさらに〈確認済みの事実＝聞き手にとっての新情報〉を表す場合もある。この場合でも、断定形とは違って、話し手の主張の根拠（背景的情報）として機能する。

以上の点は、次の第3章で考察するテンス対立のあり様に連動している。

①下記の例の場合は、事実確認済みの〈共有情報（聞き手にとっての既知情報）〉である。この場合は、過去形「持ってきてたでしょ」に言い換えてよい。過去形は〈事実の再確認（想起）〉というモーダルな意味を明示する。

　　・「替えのズボン持ってきてるでしょ。すぐに穿き替えなきゃ風邪ひいちゃうわよ」　　　　　　　　　　　　［ビタミンF］

②一方、下記の例の場合は、確認済みの事実ではあるが、〈聞き手にとっての新情報〉であるため過去形には言い換えられない。聞き手にとっての新情報を伝達する場合には、テンス対立が義務的である。過去形に言い換えると時間的意味が違ってくる。

　　・「高倉は今夜も仕事かい？」
　　　「うん、京都に行っている」　　　　　　　　　　　［同級生］

③〈事実未確認〉の場合は、推量であれ確信的断定であれ、テンス対立が義務的である。過去形に言い換えると事象の時間的意味が違ってしまう。

　　・「今日は競馬がにぎわっているでしょうね」　　　［朱鷺の墓］
　　・「ねえ、パパ、ママの部屋に行かない？」
　　　「もうちょっと、休憩してからな。ママと麻美だって、疲れてるから休んでるよ」　　　　　　　　　　　　［ビタミンF］

　また、方言では、断定形の〈話し手の直接確認（知覚体験）〉という意味を明示する専用形式がある場合がある。この点については、第Ⅳ部第5章で述べる。

- 昨日　ココデ　交通事故　アッタッタ。〈知覚体験性を明示〉
- 昨日　ココデ　交通事故　アッタ。
〈事実確認＝知覚体験性には中立〉

---

＊1　ただし、「スル」と「スルダロウ」(「～ダ」と「～ダロウ」)の対立が形態論的ムードとしてどの程度確立しているかについては、今後さらに検討していく必要がある。第7章も参照されたい。

＊2　次のような場合は、発話現場の（発話現場に近い）〈話し手の知覚体験〉ではあるが、最も確実な認識のし方である〈視覚（目撃）〉による確認ではなく、歩いている主体やつまっている物の〈特定化〉ができていない。この場合は、「歩いているでしょう」「つまっているでしょう」ではなく、「歩いているようです」「つまっているようです」に言い換えられる。

- 「先生……」とまもるは地面に耳をつけたまま、ささやいた。「だれか……歩いています」ざッ…ざッ…ざッ…ざッ…と、砂をふむような音が聞こえる。　　　　　　　　　　　　　　　　　　　　　　　［青い宇宙の冒険］
- 「このドラム缶は空ではない。液体か何かがつまっていますよ」
ドラム缶を叩いて高松刑事が言う。　　　　　　　　　　　　　　　［臓器農場］

次のように、指示対象が特定化できない場合における推量形の使用もある。指示性との関係については、今後さらに分析する必要がある。

- 「何か轢いたのかな？」
「まさか。木の枝か何かだろう」　　　　　　　　　　　　　　　　　［龍は眠る］

なお、次の場合では、過去の話し手の具体的体験ではあっても記憶の不確かさが伴う。

- 「同乗者がいたよ」
「同乗者？」
「機中が岡野真澄の車と接触したとき、たしか同乗者がいた」
［棟居刑事の「人間の海」］

＊3　主語が〈1人称〉に限定されて、実行に関わる〈意志表明〉や話し手の〈態度表明〉〈感情・感覚表出〉の場合は、推量形は使用できない。ここには〈確認〉というモーダルな意味はない。

〈意志表明〉
・「なあ西脇、中尾に何かあったのか」
　「すまん。いつか、全部話すよ」　　　　　　　　　　　　　［片想い］

〈態度表明〉
・「彼女はいい妻になるだろうね。特に達朗くんにはお似合いだ。わたしは賛成するよ」　　　　　　　　　　　　　　　　　［われら冷たき闇に］
・「わかりました。自分で調べますから、劇団員の方をどなたか紹介していただけますか」
　「断る」嵯峨は即座にかぶりを振った。　　　　　　　　　　［片想い］
・高橋は、太鼓腹をポンと勢いよく叩いて、約束をした。
　「よろしい、増俸の件は、引き受けた」　　　　　　　　　［小説・吉田茂］

〈感情・感覚表出〉
・「イサノ、水をくれ。喉がやたらに渇く」　　　　　　［輝ける碧き空の下で］
　「ああ、日曜日なのに損しちゃったな。もっと早く起こしてくれればいいのに」
・「まあ、呆れた！　よくそんな勝手なことがいえるわね」　　　［夏草冬濤］

\*4　次の場合は、「医者である」ことは確認済みの事実であるが、「どこか地方から来た」ということは推量である。従って、「おそらく」との共起も可能であるし、推量形「どこか地方から来た医者だろう」に言い換えることもできる。

・「あれは変な医者だよ」
　「患者を選ぶんでしょう」
　「そうかもしれんな。それに言葉に妙な訛りがある。レントゲンがなかとなら……か。東京に長くいた人じゃないね。どこか地方から来た医者だ」　　　　　　　　　　　　　　　　　　　　　　　　［海と毒薬］

\*5　次のような、いわゆる例示用法の場合も、聞き手にとっての新情報を伝達しているが、談話構造は異なる。このような用法をどう位置づけるかは今後の課題である。

・「気をつけたほうがいいわよ。あなたを狙っている人がいるから」
　「まさか」
　「あら、知らないの、まず上西くんでしょう」　　　　　　　　［メトレス］

\*6　スペイン語における次のような事実は、現代日本語における推量形の機能と比較して、興味深いものがある。

　　Patricia Lunn's paper is representative of recent work on the subjunctive in its appeal to pragmatic considerations—contextual and interactional factors—to account for the use of subjunctive vs indicative forms in several varieties of discourse. Lunn shows that subjunctive coding is not limited to unreal and non-assertive propositions, as suggested in traditional account of the Spanish subjunctive; this mood can also be used to signal background information in literary texts, and in journalistic discourse to mark particular information as 'common knowledge'.

[Bybee and Fleischman (eds.) 1995: 11]

# 第3章
## テンス

　この章では、過去形と非過去形のテンス対立が〈時間的限定性〉のある事象において分化することを確認した上で、テンス対立が義務的な場合と二次的なムード用法になる場合があることを述べる。テンスは、一方では〈時間〉に関わる点でアスペクトと相関するが、他方では〈話し手の立場からの文の対象的内容と現実との関係づけ〉に関わるがゆえにムードと相関する。

## 1. はじめに

　現代日本語には、過去形と非過去形のテンス対立がある。「明日は図書館に行く」「昨日は図書館に行った」とは言えても、「明日は図書館に行った」「昨日は図書館に行く」とは言えないのである。しかし、同時に、現在の事象に過去形を使用する場合があること、逆に、過去の事象に非過去形を使用する場合があることも指摘されている。
　従って、本章の目的は、次の1）2）3）の点について分析することである。

1）　どのような場合に、基本的なテンス形式の使用が義務的であるのか。
2）　どのような場合に、現在（あるいは未来）の事象に過去形を使用することができるようになるのか。
3）　どのような場合に、過去の事象に非過去形を使用できるようになるのか。

　以上の点を考察するにあたっては、第Ⅰ部第3章で述べた〈時間

的限定性の有無〉との関係、及び第Ⅱ部第2章で述べた〈認識的ムード（叙述法）〉との関係が重要になる。

### 1.1　過去形と非過去形の基本的な対立

　現実世界の事象を確認して相手に伝える叙述文の述語（終止形）には、認識的ムード（叙述法）とともに、テンスが分化する。テンスとは、基本的に、〈発話行為時〉を基準とする〈事象〉の時間的位置づけである。話し手によるその都度その都度の発話行為がなければ、事象の時間的位置づけはできないという意味において、テンスは話し手の立場からの主体的な時間である。

　事象成立時が発話時以前の場合は過去形が、そうではない場合には非過去形が使用される。

〈過去形〉　　　　　　　　　　　〈非過去形〉
行った／行っただろう　　　　　　行く／行くだろう
行っていた／行っていただろう　　行っている／行っているだろう
降った／降っただろう　　　　　　降る／降るだろう
痛かった／痛かっただろう　　　　痛い／痛いだろう

　従って、「去年中国に行ったよ」「北海道では昨日は雪が降っただろう」とは言えても「去年中国に行くよ」「北海道では昨日は雪が降るだろう」とは言えない。また、「来年中国に行くよ」「北海道では明日は雪が降るだろう」とは言えても「来年中国に行ったよ」「北海道では明日は雪が降っただろう」とは言えない。直接確認したことであれ、間接的に確認（推量）したことであれ、発話時以前の事象は過去形で表すのが基本である。

　そして、運動動詞の非過去形「スル」は、個別具体的な運動を表す場合、〈完成〉というアスペクト的意味と相関して、〈発話時と同時＝現在〉を表さず〈発話時以後＝未来〉になる（「太郎は毎日釣りに行く」のような〈反復〉の場合は、〈完成〉というアスペクト的意味ではないので、〈現在〉を表す）。一方、継続相のシテイル形式や、〈一時的状態〉を表す形容詞述語等では〈現在〉を表せる。

- （明日は）釣りに<u>行く</u>よ。　　　　　　　　　　〈未来〉
- 今（明日は）釣りに<u>行っています</u>。　　　〈現在（未来）〉
- 今足が<u>痛い</u>。　　　　　　　　　　　　　　〈現在〉

　このように、発話時を基準にして、以前に事象を位置づけるかそうではないかを、〈義務的に〉表し分けるのがテンスである。テンスとは、基本的に〈発話時と事象成立時との時間関係〉を表し分ける形態論的カテゴリーである（なお、〈非終止〉の場合には、発話行為時が基準にならない場合が起こる）。

## 1.2　事実確認の有無とテンス

　ところが、次のような場合が出てくる。

　まず、次の場合、どちらも事象成立時は〈現在〉である。最初の例では過去形「あった」が使用されているが、事象成立時は現在であるため、非過去形「ある」に言い換えることができる。後の例では、非過去形「持ってきてる」が使用されているが、過去形「持ってきてた」に言い換えてもよい。この場合の推量形は、第2章で述べたように、〈推量＝事実未確認〉ではなく、〈確認済みの事実＝共有情報〉であることに注意されたい。

- 「軽自動車が<u>あったでしょう</u>。あれをしばらく貸してくれませんか」
  「キーは、その戸棚の中です」　　　　　　　［オレンジの壺］
- 「替えのズボン<u>持ってきてるでしょ</u>、すぐに穿き替えなきゃ風邪ひいちゃうわよ」　　　　　　　　　　　［ビタミンF］

　下記の2例も、それぞれ、現在の事象、過去の事象を表している。しかし、「咲いているでしょう」を「咲いていたでしょう」に言い換えることはできず、「探し物をしていたでしょう」を「探し物をしているでしょう」に言い換えることもできない。この場合は、〈推量＝事実未確認〉を表していることに注意されたい。

- 「さっきの仲居が来たら、コスモス園へはどう行くか訊きましょう。いくら全滅だといっても何本かは咲いているでしょう」　　　　　　　　　　　　　　　　　　　　　　［空夜］
- 「ぼくらがこのケルンへついた頃、あなたはすぐそこの岩のところでなにか探し物をしていたでしょう」
　　　　　　　　　　　　　　　　　　　　　　［蒼氷・神々の岩壁］

　断定形の場合も同様である。次の場合は、〈推量＝事実未確認〉であるため、「いる」「遊んでいる」「残っている」を過去形に言い換えることはできない。

- 「梶井さんは、日本に帰って来て10日ほど実家にいたらしいの。だけど、矢巻さんが尋ねていったときは、もういなかったんだって。梶井さんのお母さんにも、お姉さんにも、何にも言わないで出て行ったらしいわ。でも、梶井さんは、たぶん、東京にいるわ」　　　　　　　　　　　　　［朝の歓び］
- 「泣かないで、カスミさん。有香ちゃん、きっとどこかで遊んでいるのよ。大丈夫よ」
　「だって、もう5時間もいないのよ」　　　　　　　［柔らかな頬］
- 「君のお爺さんは新聞何紙とっている？」
　「全紙とってるわよ。なぜ？」
　「じゃあ、ここ2、3日の新聞はまだ残っているな」
　「残っているでしょうけど、どうするのよ」
　　　　　　　　　　　　　　　　　　　　［テロリストのパラソル］

　一方、次の最初の例では、現在のことに過去形が使用されているが、非過去形に言い換えることができる。後の例では、非過去形「生きている」が使用されているが、過去形「生きていた」に言い換えてもよい。どちらも〈確認済みの事実〉であることに注意されたい。

- 千穂はルックザックから1本の羊羹を取り出した。

「おや、まだ持っていたんですか、これは有難い」　　［縦走路］
・手前のふたりが死体を水槽の上に押し上げようとしたときだった。不意に「死体」が声を出した。呻いたのだ。
　　「ゲ！　こいつ、まだ生きている」　　　　　　　［クロスファイア］

　以上のことから、第2章で述べた〈推量＝事実未確認〉か〈確認済みの事実〉かという認識的ムードの違いが、テンス形式の使用のし方に関わっていることが分かる。

　　〈推量＝事実未確認〉：基本的なテンス対立が義務的である（過去の事象に非過去形を使用したり、現在の事象に非過去形を使用することはできない）。
　　〈確認済みの事実〉：基本的なテンス形式の使用でもよいが、現在のことに過去形を使用することができる。

## 1.3　情報構造とテンス

　では、話し手が〈確認済みの事実〉の場合には、いつでも、現在の事象に過去形を使用することができるのであろうか。
　次の場合には、〈話し手の確認済みの事実〉ではあるが、過去形の使用は不可能である。〈聞き手の知らない事実〉を客観的に伝えている。これは、第2章で述べたように、〈話し手の事実確認＝聞き手にとっての新情報の伝達〉という断定形の基本的なモーダルな意味である。

・「兄さんは、今は？」
　　「病院へ入っている。あの後ずっと、死ぬ死ぬの言い詰めなんだ。それで、公判にはなっているんだけど、病院にいる」
　　　　　　　　　　　　　　　　　　　　　　　　　　　　［太郎物語］

　一方、次の場合（実線部分）は、〈話し手の確認済みの事実＝聞き手にも既知の事実〉つまり〈共有情報〉である。この場合には、現在のことであっても過去形の使用が可能になる。波線部分の方は、

聞き手にとっての〈新情報〉のため、過去形を使用することはできない。

- 「軽自動車が<u>あったでしょう</u>。あれをしばらく貸してくれませんか」
「キーは、<u>その戸棚の中です</u>」　　　　　　　　　　［オレンジの壺］

　また、次のような談話の流れでは、過去形「入っていた」が可能になる。この場合は、驚きの感情を伴った〈話し手にとっての新事実の確認（発見）〉というモーダルな意味が前面化するだろう。この場合の新事実は、聞き手ならぬ〈話し手にとっての新情報〉である。話し手は、発話現場で、予想外の新しい事実を聞き手から確認したのであり、波線部分の「入っている」とは違って、聞き手の知らない事実を伝えるという機能は全くない。もちろん、この場合、事象成立時自体は〈現在〉なので、「入っている」でもよい。

- 「兄さんは、今は？」
「<u>病院に入っている</u>」
「え、病院に<u>入っていた</u>の。知らなかったわ」

　以上から、次のことが分かる。①は〈聞き手にとっての新情報〉の伝達であり、②③はそうではない。②は共有情報（聞き手の既知情報）であり、③は〈話し手にとっての新情報〉である。①は、基本的なテンス形式の使用が義務的であるが、②③では過去形の使用が可能になる。

①その事実を知らない聞き手に客観的に伝達する場合は、基本的なテンス形式の使用が義務的である。
②その事実が聞き手の既知情報の場合は、現在の事象に過去形の使用が可能になる。
③その事実が、聞き手ならぬ話し手にとっての新情報の場合にも、現在の事象に過去形の使用が可能になる。

1.2 と 1.3 で述べたことを総合化すると、次のようになる。

1) 次の場合は、発話時と事象成立時との時間関係によるテンス形式の使用が義務的である。
   1・1) 事実未確認（推量）
   1・2) 事実確認＝聞き手にとっての新情報の伝達
2) 次の場合は、現在の事象に対して過去形の使用が可能になる。どちらも、確認した事実が聞き手にとっての新情報ではない点で共通している。
   2・1) 事実確認＝聞き手の既知情報（共有情報）
   2・2) 事実確認＝話し手にとっての新情報

## 1.4　話し手の評価感情とテンス

さて、今度は、次の2つの例（a）（b）を比較されたい。どちらも〈過去〉の〈確認された事実〉である。例（a）は非過去形に言い換えることはできない。〈聞き手の知らない事実〉を〈客観的に〉伝えているからである。一方、例（b）は、過去の事象であるにもかかわらず、非過去形が使用されている。この場合は、事象成立時は過去であるので「咬んだ」に言い換えることができるのだが、非過去形の使用によって「当然だ」という話し手の評価感情が前面化している。

(a)「行助くん、君は、本当に修一郎を刺したのか？」
　　「刺しました」　　　　　　　　　　　　　　　　［冬の旅］
(b)「きょう富野さんとやった時、本当に咬んだんですか」
　　「そりゃ、咬むさ。この2、3日、むしゃくしゃして、歯ぐきがかゆいんだ」　　　　　　　　　　　　［北の海］

次の場合も、〈過去〉の〈確認された事実〉であるので「行った」に言い換えることができるのだが、非過去形を使用することによって、発話時における話し手の評価感情「呆れた」（波線部）を前面化させている。

・「お姉ちゃん、何か顔色が悪いね」
探るような久美子の問いかけに、るり子は水口のアパートを訪ねたことをついしゃべってしまった。
「<u>呆れた</u>……。結婚を1か月後に控えた女が、知らない男の部屋までよく<u>行く</u>ね。問題が起きなくても言い訳できないよ」　　　　　　　　　　　　　　　　［想い出にかわるまで］

　以上のように、過去の事象に対して非過去形が使用される場合も、〈確認済みの事実〉に限定される。そして、やはり、聞き手にとっての新情報を客観的に伝えなければならない場合には、非過去形の使用は不可能である。

①聞き手にとっての新情報の客観的伝達の場合は、基本的なテンス形式の使用が〈義務的〉であり、非過去形は使用できない。
②確認済みの過去の事実に対する、発話時における話し手の評価感情を前面化させる場合には、非過去形の使用が可能になる。

## 1.5　義務的なテンス対立と二次的なムード用法
　以上のことから、次のことが分かる。

1) 〈発話時と事象成立時との時間関係〉を表すテンス形式の使用が、義務的な場合と、義務的ではない場合がある。
2) テンス形式の使用のあり方には、まず、〈事実確認の有無〉が相関している。〈推量＝事実未確認〉の場合は、基本的なテンス形式の使用が義務的である。そして、〈確認済みの事実〉の場合において、基本的なテンス形式の使用をしなければならない場合とそうではない場合が出てくる。
3) 〈確認済みの事実〉に対するテンス形式の使用には、〈情報のあり方〉が相関する。〈聞き手の知らない事実＝新情報〉を客観的に伝える場合には、つまり、〈事実確認＝聞き手の知らない事実の伝達〉という叙述文の最も基本的な機能を果たす場合には、基本的なテンス形式の使用が義務的である。

4) 一方、共有情報のように、確認済みの事実が聞き手の既知情報の場合には、〈事実の再確認（想起）〉というモーダルな意味が前面化し、現在の事象に過去形が使用できるようになる。また、〈話し手にとっての新情報の確認（発見）〉というムード的側面が前面化する場合も、現在の事象に過去形が使用できるようになる。どちらの場合も、聞き手に対する新情報の伝達という側面はない。
5) また、〈確認済みの過去の事実に対する話し手の評価感情〉というムード的側面が前面化する場合には、過去の事象に対して非過去形の使用が可能になる。
6) このように、〈確認済みの事実〉である場合にのみ、過去のことに非過去形を使用したり、現在のことに過去形を使用したりすることが起こるのだが、これは、基本的なテンス対立とは違って、義務的ではない。そして、義務的ではない用法では、モーダルな意味が前面化する。これを、テンス形式の〈二次的なムード用法〉と呼ぶことにする。

義務的テンス対立（発話時と事象成立時との時間関係）
　　①事実未確認（推量）の場合
　　②事実確認＝聞き手に対する新情報の伝達の場合
テンス形式の二次的なムード用法（非義務的）
　　①話し手と聞き手が確認済みの事実（共有情報）の前面化
　　②話し手自身の事実確認のし方の前面化
　　③確認済みの過去の事実に対する評価感情の前面化

　以上、〈事実確認＝聞き手の知らない事実の伝達〉と〈事実未確認（推量）〉という基本的な認識的ムード（叙述法）と相関して、テンス対立が義務的であることを述べた。
　以下では、この点を踏まえた上で、テンス形式の二次的なムード用法について述べる（過去形の重要な二次的ムード用法である〈反事実仮想〉については第6章で述べる）。
　なお、第I部第2章で述べたように、小説の地の文のような〈か

たり〉のテクストでは、このようなテンス形式の二次的ムード用法はない。〈かたり〉では、話し手の主体性が隠されていき、あたかも出来事自体が物語るかのように表現されるからである。しかしながら、話し手と聞き手の相互行為である〈はなしあい〉における叙述文では、話し手の〈確認〉というモーダルな意味が隠されるということはない。第2章で述べたように、叙述文の述語には〈認識的ムード〉が分化するが、これと相関して〈テンス対立〉が分化するのである。そして、テンス形式が、時間的意味ならぬ〈事実確認のし方〉と〈評価感情〉に関わる二次的なモーダルな意味を表すようにもなる。

## 2. 時間的限定性とテンス

　テンスとムードとの相関性を考察する前提として、第Ⅰ部第3章で述べた、〈時間的限定性〉から見た述語の意味的タイプとテンスとの関係を述べておく必要がある。
　時間的限定性のある一時的現象を表す〈運動〉〈状態〉にこそ、発話時と事象成立時との時間関係を表し分けるテンス対立が必要になる。一方、時間的限定性のない〈質〉〈関係〉〈特性〉では、テンス対立は不要である。「人は嘘をつく」「鯨は哺乳動物だ」のような恒常的事象では、事象成立時が〈発話時以前＝過去〉ということはありえない。このような時間的限定性のない事象に対して、過去形が使用される場合には、次のどちらかになる。

①述語が表す事象成立時自体ではなく、〈質や特性の持ち主の存在時〉や、話し手の〈事実確認時〉が発話時以前であるがゆえに、過去形が使用される。
②過去形が、発話時における話し手の〈事実確認のし方〉を表す二次的ムード用法になる。

　以下、時間的限定性のある場合とない場合に分けて述べる。

## 2.1 時間的限定性のある事象とテンス対立

〈時間的限定性〉のある〈運動〉〈状態〉においてこそ、〈発話時と事象成立時〉との時間関係を表し分けるテンス対立が成立する必然性がある。

運動動詞述語では、アスペクトと相関して、次のようなテンス対立になる。スル形式が〈現在〉を表せないのは、後述するように〈完成〉というアスペクト的意味と〈発話時と同時＝現在〉というテンス的意味とが矛盾するからである。

| T＼A | 完成 | 継続 |
|---|---|---|
| 未来 | スル | シテイル |
| 現在 | ― | |
| 過去 | シタ | シテイタ |

〈状態〉は、動詞でも形容詞でも名詞述語でも表されるが、テンス対立は次のようになる。「痛む」「痛い」「渋滞だ」で代表させる。

| | 動詞述語 | 形容詞述語 | 名詞述語 |
|---|---|---|---|
| 現在・未来 | 痛ム・痛ンデイル | 痛イ | 渋滞ダ |
| 過去 | 痛ンダ・痛ンデイタ | 痛カッタ | 渋滞ダッタ |

〈状態動詞〉では、スル形式は「足が痛む」「部屋が臭うよ」「今日は冷えますね」のように〈現在〉を表すことができる。「〜のだ」形式を伴う場合でも、運動動詞では、現在を表すためには「太郎は、今、大阪に行っているのです」のようにシテイル形式を使用しなければならないが、状態動詞では「太郎は、今、足が痛むのです」のようにスル形式の使用が可能である。なお、1人称主語の場合に、「感謝します」「信じるわ」のような〈発話時における態度表明〉、「困ったなあ」「ああ、疲れた」のようにシタ形式が〈発話時における感情感覚表出〉を表すことも起こるが、ここには〈確認〉というモーダルな意味はない。

## 2.2　時間的限定性のない事象と過去形

　一方、時間的限定性のない、つまり恒常的な〈質〉〈特性〉〈関係〉では、そもそも、事象成立時と発話時との時間関係は問題にならない。従って、脱時間化された「人は死ぬ」のような場合、過去形は不要であると言えよう。

　時間的限定性のない名詞述語では、非過去形でも過去形でもよい場合が出てくる。次の場合、過去形と非過去形が共存しているが、相互に入れ替えても意味は変わらない。

- 「弥勒丸の司厨長は、若いころニューグランドで修業をした人だった。私にとっては厨房の大先輩ですよ。その人から誘われたのです。こんど太平洋航路に就航する船に乗らないかって」（中略）
「それは、いつごろのことでしょうか」
「昭和16年の夏の初めだったと思います」　　［シェラザード］

　このようなことは、時間的限定性のある運動動詞述語（波線部分）では不可能である。次の「来た」「出て行った」を非過去形に言い換えることはできない。一方、名詞述語（実線部分）の場合は、非過去形が使用されているが、過去形に言い換えてもよい。

- 「あれからだれも来ないのか」
「一人来た。君の知人らしい女性だ。君が外出していると言ったら、またあとで顔を出すからと行って、会場だけ覗いて出て行った」　　［憂愁平野］

次の場合も、非過去形を過去形に言い換えることができる。

- 「大変な事件ですよ、あれは。いかに戦争中とはいえ、国際赤十字の船が二千人の民間人もろとも撃沈されたんですからね。おそらく海難史上最大の事件ではないでしょうか」

　　　　　　　　　　　　　　　　　　　　　　　　　［シェラザード］

- 「その時、耀子はどうしたのですか？」
  「私の家でですか？　ええ、くつろいでらして、成瀬にもにこやかに挨拶して、今思えば、<u>すごい役者</u>ですよね。驚きます。で、愛人とばれてからは、嫌がらせが始まって」
  〔顔に降りかかる雨〕

　名詞述語では、次のように「当時」という過去を明示する時間副詞と非過去形の共起が可能である。過去形「16歳でした」に言い換えても、時間的意味は変わらない（年齢は恒常的ではないが、特定時の一時的現象とは言えないであろう）。

- 「これは、私の推測ですが、たぶん、その時届けられた人は、戸主英蔵さんの出生地も、妻キミさんの出生地も、戸籍上の詳細な地名を忘れていたんじゃないですか」
  「忘れた？」
  「と思いますね。なにしろ、この届けられた人は、<u>当時16歳</u>です。両親が戦災死して、急に亡くなったのですから、そのために両親の出生地について正確な知識をもってなかったのかもしれません」
  〔砂の器〕

　以上のように、時間的限定性が（相対的に）ない事象では、過去形でも非過去形でもいい場合が多いが、時間的限定性のある事象とは違ったかたちで、過去形と非過去形が使い分けられることがある。以下、2つのタイプ（〈主体の非現存〉と〈過去の直接確認時の焦点化〉）に分けて述べるが、どちらも、基本的なテンス対立の場合とは違って、発話時と述語が表す事象成立時との時間関係ではない。

## 2.2.1　主体の非現存
　時間的限定性のない質、特性、関係を表すので、過去形を使用すると、主体の死亡（非現存）の意味になる。

- 「口うるさくて、いつのまにか支配してきやがるけど、女房

が死んじまって、寂しいよ。あいつ、<u>いいやつだった</u>」

［朝の歓び］

　従って、話し手が、次のように過去形を使用した場合には、死（あるいは、別れ）を覚悟していることを表すことになる。

・「ありがとう」と、イワーノフは言った。
「私は<u>幸せだったよ</u>」
「何を言っているんです。いやなことをいわないでください」

［朱鷺の墓］

・「あなたすごく<u>良い人だったわ</u>」と彼女は言った。どうして過去形で話すんだ、と僕は思った。「あなたみたいな人に会ったのは初めて」
「僕も君みたいな女の子に会ったのは初めてだ」
「さようなら」とユキは言った。　［ダンス・ダンス・ダンス］

　次の場合も、対象者（先生）がもはや存在しないがゆえに、過去形が選択されていると言えよう。

・彼岸花が咲き揃う頃、ひとりでお墓参りしよう。お墓の前で、「<u>先生好きでした</u>。そしてありがとう。先生を知ったことで、わたしはこれからも一生懸命生きていけます」と言おう。

［臓器農場］

　主体、対象者の死亡だけでなく、主体の移動による過ぎ去りであってもよい。

・掃除はゆきとどいている。昨日の午後、引っ越したというのだが、後の始末はキチンとしてあった。
「おとなしい、<u>いい娘でしたがね</u>」　　　　　　［砂の器］
・「さあ、行こう」
「<u>いい村だったわ</u>」　　　　　　　　　　　　　［朱鷺の墓］

154　　II　標準語のムード・テンス・アスペクト

死亡した人について、非過去形を使用した場合には、〈発話時における話し手の評価的判断〉が前面化される。この場合、過去形に言い換えてもよいが、過去形を使用しようと非過去形を使用しようと、主体の恒常的特性を表していることには変わりない。このように、時間的意味の違いではなく、非過去形では、発話時における評価的判断、過去形では、回想性というモーダルな意味の違いが出てくるだろう。

　　・「しかし、村谷阿沙子は誇り高い女だ」
　　　竜夫は続けた。
　　　「悪く言うと虚栄心の強い女だ。死者には礼を失するがね。だから、彼女は女流作家として没落するのがもっとも耐えられなかった……」　　　　　　　　　　　　　　　　［蒼い描点］

### 2.2.2　過去の直接確認時の焦点化

　次の場合、過去形と非過去形が共存している。過去形では〈話し手の直接確認（判断）時〉が焦点化されている。それに対して、非過去形は、現在も成立している恒常的特性の評価的判断である。「可愛い赤ちゃんでしたね。浅井さんに似ていますね」のように、相互に言い換えてもかまわない。

　　・「しかし可愛い赤ちゃんですね。浅井さんに似ていましたね」
　　　「そうですか。いや、病院でもそう言われました」
　　　「嬉しかったでしょう」　　　　　　　　　　　　　　［不信のとき］

　次の過去形もすべて〈話し手の確認（判断）時〉の焦点化である。事象自体は現在も成立しているので非過去形でもよいのだが、過去形の使用においては、話し手が〈過去の特定時〉に〈体験的に事実確認〉したというテンス的意味とモーダルな意味が複合化されていると言えよう。

　　・「金沢八景にはいらっしゃいましたか」

「おととい行ったんです」
　　「いかがでした」
　　「年はとっていたけど、やっぱり綺麗でしたよ」
　　「そうでしょう」　　　　　　　　　　　　［金沢八景］
・「危なっかしくて、見ててはらはらしたわ」
　典子は、竜夫をじろじろ見て、言った。彼は濡れた足を、例のきたないハンカチで拭いていた。（中略）
　「思ったより浅かった。底に大きな石がごろごろしているんでね。それに乗っかって行きさえすれば、足が深く沈むことはない」　　　　　　　　　　　　　　　　　　［蒼い描点］

　逆に、次の場合は、非過去形の使用によって、現在も成立している特性の評価的判断を表している。話し手が過去時に直接確認（判断）していることであるので、この点を前面化させて過去形に言い換えてもよい。

・「城崎の細君に会って来た」
　「ほう」
　「若いねえ。実に美しい。もっとも、人妻というやつは、未亡人になって、喪服を着た時が一番美しいそうだ」［影の告発］
・「例の警官、連絡がついた。会ってきたよ。なかなかおもしろい人物だ」　　　　　　　　　　　　　　　　　［龍は眠る］

　次のような真偽判断に関わる場合も以上に準じると考えてよいだろう。〈直接確認時〉が過去であるがゆえに過去形が使用されている。この場合も、非過去形「僕の読み筋通りです」に言い換えてもよい。

・「昼間は失礼しました。川瀬会長の話は、やっぱり僕の読み筋通りでした。あれから2時間も話し込んじゃいましたよ。いろいろ言ってましたけど、"横川副社長"間違いありません。朗報ですから、今夜中にお伝えしておいたほうがいいと

思いまして」　　　　　　　　　　　　　　　　　　［社長の器］

　しかし、次の過去形は、非過去形「でたらめだ」にすると、〈発話時における話し手の判断（事実未確認）〉なのか、〈事実確認済み〉のことか分からなくなる。過去形を使用することで〈話し手の確認済みの事実〉であることが明示されるのである。

　・きっちりとした文面だった。読んだ限りでは、ある程度の年齢の女という印象だが、鵜呑みにはできない。
　「で、当然差出人の名前はなかったわけですね」
　コピー用紙を返しながら勇作は言った。
　「山田花子となっているが、偽名だろう。住所も<u>でたらめだった</u>」
　　　　　　　　　　　　　　　　　　　　　　　［花の寺殺人事件］

　逆に、次の例の「事実です」を「事実でした」にすると事実確認済みであることになるので、後続の波線部分と矛盾してしまう。このことは、過去形か非過去形かの違いが、事実確認済みであることを明示するか否かというモーダルな意味の違いになることを示している。

　・「自信を持って言えます。記事はすべて<u>事実です</u>。いずれ証明してみせます」　　　　　　　　　　　　　　　　　　［半落ち］

　以上のように、時間的限定性のない事象では、過去形と非過去形は、発話時と事象成立時との時間関係で義務的に使い分けられるのではなくなる。
　ただし、次のような場合には、基本的なテンス対立がある。相対的に見て、時間的限定性のない事象を表すとは言え、長い時間の間には、特性、関係、質がなくなる（変化する）ことがあるので、この場合は、義務的に過去形と非過去形が使い分けられなければならない。

- 「職場恋愛かな」
  「いいえ。彼女は僕の得意先の社員です。いえ、<u>でした</u>。失踪して会社も辞めちまっているから」　　　　　　　　　　［火車］
- 「きみもよく承知とは思うが、彼は頭の切れる男だ。学生時代に許婚者を決めるほど、なかなか多感な青年でもある。あれは、われわれ、<u>同期のホープだった</u>」
  〈だった〉という過去形を使ったのは、明らかに意識的である。
  「ホープだったとはなんです」
  「いや、このごろのことはわからないものだから……」
  　　　　　　　　　　　　　　　　　　　　　　　［小説日本銀行］
- 「美津子とは、どういう関係なんだ？　君とは親しいと言ってたぜ」
  「<u>お友達でした</u>」
  「過去形かね？」
  「あたしのことを、多分恨んでいるわ。でも誤解なんです」
  　　　　　　　　　　　　　　　　　　　　　　　［さらば、荒野］
- 「台湾はむかし日本の領土で、私も十歳までは<u>日本人でした</u>」
  　　　　　　　　　　　　　　　　　　　　　　　［シェエラザード］

　なお、〈存在〉は時間的限定性がある場合もない場合もあるので、〈状態〉と同じように振る舞う場合も、〈特性〉〈関係〉〈質〉と同じように振る舞う場合もある。次の例（a）は〈一時的存在（滞在）〉を表していて〈状態〉と同じように使用されている。後の3例（b）（c）は〈主体の非現存〉〈話し手の直接確認時の焦点化〉を表していて、〈特性〉〈関係〉〈質〉と共通する。

　　(a)〈一時的存在（滞在）の過去〉
- 「昨日の会場には、先生も<u>いたよ</u>」　　　［ぼくらのC計画］
　　(b)〈主体の非現存〉
- 「私は私ですよ。ほかの誰になる気もないし、この街を動く気もありません」
  「なぜ、この街なんだ？」

「友達がいました。それだけのことですよ」
　　「死んだんだね。その友達ってのは」　　　　［さらば、荒野］
（c）〈話し手の直接確認時の焦点化〉
・「ケーブルカーの駅の中には、大きな船の模型があったぞ。病院の食堂にあったのよりもっと大きい」　　　［臓器農場］
・「このあたりは、高級住宅地なのね。駅からここまでの道に、すごいマンションが何軒もあったわ」［ここに地終わり海始まる］

　次の場合は、複合的であろう。事象自体は現在も成立していることである。時間副詞「さっき」と共起しているために、「あったでしょう」を非過去形「あるでしょう」に言い換えることはできない。同時に「さっき」が示しているのは〈主体の直接確認時〉であって、事象自体の存在時ではない（当然「あったでしょう」は推量ではない）。

・「さっき私の似顔絵があったでしょう。あれを描いた子供は、おととし亡くなりました。脳腫瘍の再発だったからどうしようもなかったの。あの絵もはずそうかと思ったけど、決心がつかなくてまだそのままにしてあるのよ」　　　［臓器農場］

　以上、時間的限定性のない事象では、非過去形と過去形とが、発話時と事象成立時との時間関係を義務的に表し分けるという基本的なテンス対立を形成しない（しにくい）ことを見てきた。後述するように、過去形が二次的ムード用法になる場合には、もはや時間的意味を表さなくなるため、時間的限定性の有無から解放される。
　そして、次の2つの例を比べると、〈過去における話し手の直接確認時の焦点化〉と〈事実の再確認（想起）〉用法とは連続的であることが理解できよう。この問題については後述する。

〈過去における話し手の直接確認時の焦点化〉
・「昨日訪問したけど、彼女の家にはプールがあったわ」

〈事実の再確認（想起）〉
・「そういえば彼女の家にはプールが<u>あったわ</u>」

以下、最初に、非過去形の二次的なムード用法を、次に、過去形の二次的なムード用法を述べる。この2つのムード用法は、〈話し手の確認済みの事実〉の場合にのみ成立する点で共通する。

## 3. 非過去形のムード用法

過去の事象に対して非過去形を使用する場合としては、既によく知られているように、いわゆる歴史的現在用法がある。

・私のこの報告を、原さんは目を据えた表情で聞いていたが、<u>昨夜半の中野の状態がまだ目の前に残っているように云い出した</u>。
「熱が高くなって、中野がとっても慄えてね。<u>舌を噛みそうになる</u>のよ。舌を噛んじゃ大変だと思うから、中野の口の中に私、手を入れて、中野の入歯を外さなきゃならないでしょ。そんなときの病人の力って、とっても強いのよ。それと格闘よ」　　　　　　　　　　　　　　　　　　　　　［夏の栞］
・「だんだん蕾がふくらんで、<u>孔雀が首をもちあげるように上を向いてくる</u>の。そして見ている間に、蕾がどんどん大きくなって、<u>ひらき始める</u>のよ。12時ごろから咲き始めたの。まっ白で大きなきれいな花でねえ。1時ごろが盛りだった。3時少し前には、もうしおれてきたの。<u>それをずっと見ていた</u>の。一人だからこんなこと出来るんだわと思いながら」
　　　　　　　　　　　　　　　　　　　　　　　　［ウホッホ探検隊］

上記の例では、話し手が〈知覚体験（目撃）〉した、過去の〈個別具体的な事象〉が、非過去形を使用することで、今目の前で起こっているかのようにありありと表現されている。このような現象は、Jespersen（1924）が指摘するように、歴史的現在（historic present）というより、〈劇的現在（dramatic present）〉と呼んだ方が適切だろう。

　世界の様々な言語に見られ、また書き言葉における文体的技巧としても使用される、以上のような劇的現在用法とは別に、過去（発話時以前）の〈個別具体的な事象〉を、非過去形のスル形式で表す、もう１つの場合がある。


・「ところで、真鶴まで身の上相談にきたのかな」
　「<u>ひどい事をおっしゃる</u>のね！　それはあんまりなお言葉です」　　　　　　　　　　　　　　　　　　　　　　［情炎］
・「ぼくはここに泊まりたいんだが」
　「しかし、<u>何だって靴でガラスをたたくんだ</u>」
　「ごめんなさい。呼鈴がみつからなかった」　　　　　　［湿原］


　形式的には、上記の最初の例は叙述文、後の例は質問文であるが、どちらにおいても、話し手が確認した過去の事象の客観的描写ではなく、発話時における話し手の〈評価感情〉が前面化されていることが特徴的である。後の例において、応答としてまず「ごめんなさい」が発話されているのは、「何だって靴でガラスをたたくんだ」が単純な理由を求める質問文ではなく、不適切な行為に対する叱責、怒りといった話し手の評価感情が前面化されているからである。「ひどい事をおっしゃる（のね）」の場合は「ひどい（わ）」だけでもよい。
　話し手と聞き手の相互行為としての〈はなしあい〉では、客観的な情報の伝達という主要な機能だけにとどまらず、〈確認した事実〉に対する話し手の評価や感情を前面化させたり、目撃（直接確認）したことを目の前で起こっているかのように表現して聞き手に印象づけるようにするのも当然のことであろう。このような場合に、テンス形式の使用のし方が変わってくるのである。
　以上の例はすべて、事象成立時が過去なので、過去形に言い換えることができる。しかし、例えば、次のような違いが出てくる（イントネーションも違ってくるだろう）。

- 昨日の研究会、どうして休んだの。　〈理由を尋ねる質問文〉
- 昨日の研究会、どうして休むの。　　　　〈叱責、非難〉

　以下、〈過去の個別具体的な事象〉に対して非過去形を使用する、〈劇的現在〉用法と〈評価感情の現在〉用法のそれぞれの特徴と、両者の共通性を記述していくことにする。
　この2つの用法は、個別具体的な事象を表す運動動詞のスル形式の場合が典型的であるので、これを中心に述べる（なお、「〜のだ」形式になりやすいのも特徴である）。

### 3.1　〈劇的現在〉
#### 3.1.1　スル形式が現在を表す場合

　まず確認しておくべきは、次のように、〈個別具体的運動（動作・変化）〉を、話し手が発話現場で〈知覚体験〉している場合は、スル形式が使用できることである。これはいわゆる「眼前描写用法」と言われるものであるが、話し手が〈知覚体験〉していなければ、スル形式は〈現在〉を表せないことに注意しておく必要がある。

- 「ああ、あの貨物列車が通るよ。毎晩今頃1度眼がさめて、きっとこの音を聞いたものだった」　　　　　　　　　　［青梅雨］

　上記の例でもなんらかの話し手の評価感情が伴っているのだが、さらに、次のようになると、知覚体験している運動（動作・変化）に対する評価感情が前面化されている。

- 「よく降るな、まったく」　　　　　　　　　　　　　　　［変奏曲］
- 「燃える、燃える」と彼は言った。「早い、実に早く沈むなあ。地球が廻っているんだよ。だから太陽が沈むんだよ」　［野火］
- 荘吉がけげんな表情をしていると、彼女はしゃがんで、小石で砂浜に、陽の字を書いた。
「難しい字を上手に書くなあ」　　　　　　　　　　　　　［海の図］
- 「無神経ね！　煙がこっちにくるじゃないの」　　　［不機嫌な果実］

・「何だってこんなに吹くんだろう」塩町が叫び声をあげた。

［蒼氷・神々の岩壁］

〈現在〉の運動（動作・変化）に対して、シテイル形式ならぬスル形式が使用されやすいのは、〈知覚体験〉と〈感情評価〉がともに前面化された場合であろう。なお、上記の「沈む」は変化進行であり、このような場合はシテイル形式は使用できない。

### 3.1.2 スル形式が過去を表す場合

以上のような用法から出発して、過去の事象に非過去形を使用する〈劇的現在〉用法が出てきたのではないかと思われる。

〈劇的現在〉用法は、〈はなしあい〉のみならず、文体的なものとして書き言葉でも盛んに使用される。しかしながら、〈はなしあい〉という言語活動では、下記の波線部のように、話し手の評価感情が前面化されやすい。まず、次の非過去形（文全体に実線を引いて示す）は、波線で示したような〈話し手の評価感情〉を伴う〈知覚体験した事象〉を表している。話し手に強い印象を残した現象だからこそ、目の前で起こっているかのように表現されるのであろう。

・「（前略）僕の隣の海軍の水兵が２、３人いて、時々大きな声で『やっつけろ』『奴らを殺せ』なんてやり出すんだ。刑事にでも捕まりゃしないかと思ってはらはらしたよ」

［朱を奪うもの］

・「（前略）ねえ、私は八重垣光子の気のない動きに、あんまり驚いて、傍に行って挨拶したのよ。そしたらあの人、なんと言ったと思う。私、お稽古、嫌いなの。例の調子で言うんですもの。ぞっとしたわ」

［開幕ベルは華やかに］

・「私が『新世界』の中のお店で働いている時この人が来てねえ、君、こないだ白地に桃色の刺繍のついたブラウスとってもよかった、なんて急に言い出すじゃない。私感激しちゃった」

［生命ある限り］

・「一曲終わるごとに、花束や贈り物を持った少女たちが、

ワーッと歓声を上げて舞台に駆け上がって行く。握手する。抱きつく。中には噛みつく女の子がいるそうですよ。とにかく、目をギラギラさせ、髪をふりみだして、ケリイのまわりに押しかける。そいつをまた、客席の女たちがキャーッとはやしたてる。あの声を聞いていると、メスがオスに躍りかかって行くような、すさまじい迫力に溢れていて、こっちまで気が変になりました」　　　　　　　　　　〔影の告発〕

　次の場合には、過去の知覚体験時における話し手の評価感情（「驚いた」「ぞっとした」）のみならず、発話時における感情評価を表す文（「あんな引っ越しってない」「やりきれない」）も後続している。

・「引っ越した、いつだい」
　「昨日の午後です」
　「昨日の午後？　もういないのか？」
　「ええ、私も驚いたわ。昨日の午後になって急に言い出すんですもの。あんな引越しってないわ」　　　　　　〔砂の器〕
・「でも私は、どっちかと言うと、べたべたされるの嫌だわ。見ててぞっとしたの。食後にコーヒーが出るでしょ。そうすると、その旦那さん、奥さんの分まで、コーヒーもミルクも入れてしまうの。そして『とてもうまくできたから、お上り』ですもの。やりきれないわ」　　　　　　　〔木枯らしの庭〕

　さらに、次の場合になると、過去の体験した事象に対する〈発話時の評価感情〉の方が前面化されてきている。

・「京子のやつ、何べんも念を押すんだ、本当に死んだのかって。それじゃなかったら行かないなんて言うんだ。馬鹿な奴だ」　　　　　　　　　　　　　　　　　〔恍惚の人〕

　以上のように、〈はなしあい〉における〈劇的現在〉用法は、過

去の事象を今目の前で起こっているかのように表現するのみならず、明示的であれ暗示的であれ、話し手の知覚体験時の評価感情や、発話時の評価感情を伴っている。次の3.2で述べる〈評価感情の現在〉に連続するものであると言えよう。

　以上のような〈劇的現在〉（いわゆる歴史的現在用法）における非過去形の使用については、次のような指摘が重要であろう。スル形式はテンス的に無標であるがゆえに、過去の事象を表せるといっただけでは、〈劇的現在〉用法の表現効果（vividness）やモーダルな意味を説明できないと思われる。

> The historical present is commonly explained in terms of markedness (as the unmarked tense, the present can supposedly substitute for other, more marked tenses), but this interpretation does not account for the specialized narrative value of the historical present. It is reasonable to view it as specialized strategy for selecting the tense locus.
> 〔Chung and Timberlake 1985: 213〕

以上の用法の特徴をまとめると次のようになる。

①話し手が〈知覚体験〉している〈現在〉と〈過去〉の個別具体的な事象である。
②常識的には考えにくい事象であるがゆえに、その事象に対する話し手の評価感情を伴っている。

　従って、次のように、話し手が体験した第3者に関わる事象と、そうではない事象（波線で示した話し手自身の事象と話し手が体験していない事象）とが談話を構成している場合、前者の方が非過去形で表現されることになる。

・「彼の末路は哀れだった。戦争が終わると、アメリカ兵に追われて逃げ廻り、私たちに助けを求めてきた。私も、彼の密

告で十日間、憲兵隊に調べられたよ。そんな私に、かくまってくれって、泣きながら頼むんだ。でも結局、捕まって、船でドイツへ強制送還された。そして殺されたそうだよ」

[白い家]

　次の非過去形も、話し手が体験した異常な事象を述べている。「泣くでしょう」「撒くでしょう」が〈推量〉ではないことに注意しなければならない。

・「死んだんですか」
「どうでしょうかね、何しろ血が大変……いいえ、はねられただけならいいんですけど、飛ばされた拍子に停留場の石で頭をぶっきったらしいんです。お巡りさんがその子を横抱えにして、これも夢中で駈けるんで往来へ血がだらだら……見てる人はわあわあいうし、おっ母さんが狂気みたいになって逐ってゆく……子供は泣くでしょう。警察は警察で、怪我人よりもお成りの前に道が汚れたってわけで、これが大騒ぎなんです。ホースを持ってきて、ジャージャー水を撒くでしょう。その水沫がかかるから見物人はたまりませんわね」

[朱を奪うもの]

　既に述べたように、次の場合は、非過去形に言い換えることができない（言い換えれば、〈未来〉になる）。発話時における〈推量〉であって、話し手の知覚体験がない（事実確認はできていない）からである。

・「（前略）琴美さんとぼくはキッチンで取材しています。傷害事件です。たぶん男は死んだでしょう」　　　　　[渇く]
・「きっとお正月の古い肉を冷蔵庫から出して、そのまま使ったのよ」
　看病してくれた下宿のおばさんは言ったものである。

[今夜も思い出し笑い]

なお、以上はすべて運動動詞のスル形式の場合であったが、次のように、シテイル形式やシテアル形式の場合もある。いずれにしても、話し手が〈知覚体験（目撃）〉した個別具体的な事象である。

・「心配したわ、さっきは……」
　琴美がため息まじりの声で言う。
　「家の灯が消えているんだもの。ぎょっとしたわ……子供たちが二人ともいなくなったのかと思って」　　　　　　［渇く］
・「本当にびっくりした。駅で私の車に乗られたお客さんが、石河原さんだったとはね」
　「驚いたのは私のほうだよ」と、石河原は言った。
　「なにしろ、汽車からおりて車に乗ろうとしたら、ぬっと、背の高い異人さんが裃纏を着て立ってるじゃないか。車引きってものは昔からどっちかっていうと小柄な男が多いんでね。毛唐の車引きなんてものは生まれてお目にかかったことがない。びっくりしてよくよく見ると、なんとイワーノフくんじゃないか。しばらくは口も利けんほど驚いてしまってのう」　　　　　　　　　　　　　　　　　　　　［朱鷺の墓］
・「次の日の朝、新聞を読んでいたら、小さな記事が眼にとびこんできた。信じられなかったわ。でも何回読んでも、岩崎達士という名が書いてあるの。立ち上がろうにも身体が動かなかったわ」　　　　　　　　　　　　　　　　　　　　　　　　　　　　　　　　　　　　　　［空夜］

## 3.2　評価感情の現在

　〈劇的現在〉用法は〈叙述文〉に限定されているが、〈評価感情の現在〉用法は、〈叙述文〉のみならず、形式上〈質問文〉の場合もある。形式上は質問文であっても、情報を聞き手に求めるという本来の機能はなく、話し手の評価的態度の表明になっている。

### 3.2.1　様々な評価感情の前面化

　次の場合、〈確認済みの事実に対する話し手の評価感情〉が前面化されている。過去の事象であるので、過去形に言い換えることが

できる。

- 「明日、宮園町の『クレバワカル』で会おうよ。いい部屋が見つかったんだ。イサオがね、見つけたの」
「しかし『クレバワカル』なんて、すごい名前をつけるねえ」
　　　　　　　　　　　　　　　　　　　　　　　［哀愁の町に霧が降るのだ］

このような用法では、次のように、〈はなしあい〉の場における相手の先行発話に対する評価感情を表している場合もあれば、

- 「そうだな。おれたちは長いこと島国に住んでいるから、外人を見るとつい抵抗を感じちゃうんだ。登校拒否を笑えねえよ」
「菊池、いいことを言う」　　　　　　　　　　［ぼくらの恐怖ゾーン］
- 「だから真家さんに、ぜひともお金を用立てて欲しいんです」
「これはおかしなことをおっしゃいますね」　　　［不機嫌な果実］
- 「最近か、だいぶ先のことなの」
「そんな事どちらだっていいじゃないの、つまんないことお聞きになるのね」　　　　　　　　　　　　　　　　　　［杏っ子］
- 「それじゃ、こちらで日を特定してみたらいかがですかね。1989年の11月25日。何か記憶に残るようなことはなかったですか？」
「ずいぶんはっきり特定なさるんですね」
怪しむように、須藤薫は目を細めた。　　　　　　　　　［火車］

次の例のように、〈はなしあい〉の場ではない過去の事象に対する評価感情を表している場合もある。

- 「すると、犯人が書いたってことか？」
「ああ」
「汚いことをしやがる」　　　　　　　　　［テロリストのパラソル］

どちらであっても、「すごい、いい、おかしな、つまんない、すいぶんはっきり、汚い」等の評価感情を表す形式が使用されている。過去形に言い換えることができるが、評価感情は前面化しなくなるだろう。
　次の2つの場合は、〈マイナス評価〉の非難や皮肉を表す表現形式として、慣用化していると言ってよいだろう。1つは「言う」の場合である（上記にあげた例も含めて、終助詞「ね」の接続が多い。次の最初の例の「ぜ」も「ね」に言い換えることができる）。

- 「生きてるが、骨を折ったらしい。救急車を呼んでくれと言っている」
「人殺しが救急車なんてよく言うぜ。這って病院へ行けってんだ」　　　　　　　　　　　　　　［ぼくらの恐怖ゾーン］
- 「持ち場に戻るんだ。ここで俺が言うまでもないだろうが、組織を乱す者は万死に値する、それがおまえの教えてくれた鉄の規律だ」
「言ってくれるね」
戸塚が鼻で笑い飛ばして、横を向いた。　　［ホワイトアウト］

もう1つは「なんてこと／なんということ」のような形式の慣用化である。

- 「お父さんの家に帰らず、そこへ行くつもりだね」
「わかりません。たとえコールガールをしてでも、人形になるよりましだわ」
「なんてことを言うんだね。きみは身体を売るということがどういうことか分かっているのか」　　［棟居刑事の「人間の海」］
- 「今、生まれては子供が不幸になるだけだ。おろしたほうがいい」
「あなたは、何てことを仰有るの！　私達の初めての子なのよ」　　　　　　　　　　　　　　　　　　　　　［分水嶺］
- 「ぎん、あなたはあちらで本を読んでいたのですか」

第3章　テンス　　169

「………」
「何ということをするのです。本を読む農家の嫁がどこにいます」　　　　　　　　　　　　　　　　　　　　　　　　　［花埋み］

### 3.2.2　当然性

次は、話し手の立場からの〈当然性の評価〉用法である（男性の話し手の場合は終助詞「さ」が多い。他の終助詞が使用されていても「さ」に言い換えることができる）。

- 「きょう富野さんとやった時、本当に咬んだんですか？」
  「そりゃ、咬むさ。この2、3日、むしゃくしゃして歯ぐきがかゆいんだ」　　　　　　　　　　　　　　　　　　　　［北の海］
- 「ひどく憤らせちゃったもんだな」
  「お前が変なことを言うからだ。あれでは憤るよ。大体、遠山が起きなくてもいいのに起きたりするからだ」　　［北の海］
- 「遊びだよ、遊び。大人のちっとした気まぐれだよ。もちろん僕が強引に誘った。酒を飲んでたからね」
  「お酒のせいにするなんて卑怯ね」
  「これさえ忘れてこなかったら、誰にも分からなかったことなんだ」
  「いいえ、わかるわ」
  圭の目は遠くを見ていた。けれども口調は視線を裏切るように、鋭く明瞭だった。
  「私がきっとわかったと思う。あなたたち、共通の秘密を持つことで、私を裏切ったのよ。そんなことに気づかない私だと思う？」　　　　　　　　　　　　　　　　　　　　　　［満ちたりぬ月］
- 「随分大人になったな」満典は大声でそう言った。
  「こいつのためなら命もいらないって思ってた女にふられたんだ。自分の見込み違いで、仕入れたチーズが全部売れ残った。そのうえ、バイクのブレーキがきかなくなって、トラックに体当たりしかけた。親友に金を預けたら持ち逃げされた。それが全部、たった3日のあいだに起こったんだぜ。少しは

大人になるさ」　　　　　　　　　　　　　　　［海辺の扉］

　次の例は、〈現在〉のことだとすれば、「怒っている」ではなく「怒る」が使用されることによって当然性が前面化されているということになろう。重要なのは、発話時において話し手の立場から〈当然だという評価的判断〉を下しているということである。

・「どうして砂時計なんか送って来たんだ？　いま、そんなものを、わざわざ送りつけるなんて、ただ俺をおちょくってるとしか思えないよ」
「どうして、そんなに怒るの」
「怒るさ。なぜ、怒るのかって訊くほうがおかしい。日出子が、そんな馬鹿だとは思えないね」　　　　　　　　　［朝の歓び］

### 3.2.3　意外性と非難

　以上はすべて叙述文の場合であったが、形式上質問文の場合には、話し手の意外性（驚き）や非難（否定的評価）が前面化する。肯否質問文の場合もあれば、疑問詞質問文の場合もある。

　まず、肯否質問文の場合、最初の例は〈意外性（驚き）〉を伴っての問い返し質問文であり、2番目、3番目の例は先行発話内容に対する話し手の〈非難〉が前面化されている。どちらも情報を求める質問文ではなく、〈はなしあい〉の場における相手の先行発話に対する評価感情が前面化されている。

・「こうなったら、一層のこと外国の医学校にでも入ろうかと思っているのです」
「外国へ行くと言われるのか」
大きな眼を一層大きくして吟子を見詰めた。
「はい、医師免許規則の第4条には、外国の医学校を卒えた者には、願い出れば免状を渡すと明記してございます」
　　　　　　　　　　　　　　　　　　　　　　　　　　　　［花埋み］
・「発注転換を口にするのは簡単ですが、それで問題が解決す

るんでしょうか。新たに発注した部品工場が態勢を整えるまでに、20日や1か月はかかりますよ。それでよろしいんですか」
「きみ、<u>ひらき直るのかね</u>」
「いいえ。事実を申し上げているにすぎません」［外食産業の王］
・「ご相談がなかった以上支店長が、どんな懲罰をなさろうと、管理課長兼務の私は、いっさい関知しませんよ。チャタジイの減俸処分について、私は管理課長としていっさい事務手続きはとりません。チャタジイの給与は、これまで通り全額支給します」
「きみ、<u>上司に対して逆らうのか</u>。これは上官抗命罪だぞ。貿易戦争最前線での反抗罪だぞ」
「大袈裟なことをおっしゃっちゃいけません。貿易戦争最前線といっても、ここは負けいくさ続きの最前線でしょう」
［男たちの前線］

　疑問詞質問文の場合、疑問詞は「何」「どうして／何で／なぜ」に限定されている。
　まず、下記の場合は、〈はなしあい〉の場での相手の先行発話内容に対する、話し手の意外性（驚き）、非難、呆れ等の否定的な評価感情が前面化されている。

・「お姉ちゃん、ホントは水口さんのことが好きなんじゃないの？」
「<u>何言い出すのよ</u>、いきなり」　　　　　　［想い出にかわるまで］
・「私、帰りたくない。ここにいたい」
「かおり、<u>なにを言うんだ</u>。これ以上、乾坤堂さんにご迷惑をかけてはいけない。さあ、一緒に帰ろう」
［棟居刑事の「人間の海」］
・「どうなんだ、関係があるのか？」
「<u>どうしてそんなことを訊くんです</u>」
「話したくないのか」　　　　　　　　　　　　［ホワイトアウト］

次の場合は、〈はなしあい〉の場での相手の変化に対する、話し手の意外性（驚き）の感情が前面化されているであろう。

・「誰か犠牲者が出ているのですか！」
　思いがけず、中西の顔が血の気を失ったようになった。後ろで見守る署員たちの顔までが、痛ましげにゆがんだ。
　「どうした。どうして君までが血相を変える」［ホワイトアウト］

　次の場合は、〈はなしあい〉の場以外の、2人称、3人称、1人称主体の過去の事象（行為）に対する、発話時における話し手の非難、怒り、呆れ、無念等の否定的な評価感情が前面化されている。形式上は肯定の質問文であるが、意味的には反語である。従って、最初の例では、「なんだってもらうの、こんなもの」への応答として「もらっちゃいけなかったのかい」がまず発話されているのである。

・「なんだってもらうの、こんなもの」
　「もらっちゃいけなかったのかい。そりゃ、ことわるにはことわったんだけど、無理において行ってしまったんだよ」
　　　　　　　　　　　　　　　　　　　　　　［女の一生］
・「水口さんがね、殴ったのよ」
　「殴った?!　あの人、殴ったの？」
　「写真の色が違うとかってお父さんと口論になって」
　「そんなのある？　何で殴るのよ」　　　　［想い出にかわるまで］
・「ちょっと、由美子。つっかかるわねえ、今日は」
　「あったり前でしょ。私、今日、2万円も包んだのよ。何でりさの幸せな顔見るためにお金包むのよ。やってランないわ」
　　　　　　　　　　　　　　　　　　　［想い出にかわるまで］

　次の場合は、慣用的な表現になっており、過去形には言い換えられない。

・「素晴らしいスピーチでしたね。社員の士気が上がるんじゃ

ないですか」
「ありがとうございます。こんな立派な工場を建設できたのは、草部さんが発注転換を見合わせてくださったからですよ」
「なにをおっしゃいます」　　　　　　　　　　　　　［社長の器］

　以上に示したすべてのスル形式は、本来ならシタ形式が使用される発話時以前の事象に対する話し手の評価感情や当然性の評価を表している場合であった。従って、「どうしてそんなところに行ったの」は、特別なイントネーションを伴わない場合は、理由を問う質問文であるが、「どうしてそんなところに行くの」では、行くべきではなかったという否定的な評価が前面化された反語的な文となって、情報を求めるという機能はなくなってくる。*1

### 3.3　テンス・事実確認・評価感情

　以上、スル形式を中心に、発話時以前に成立した個別具体的な事象に対して非過去形を使用する場合を述べた。
　〈劇的現在〉用法は、話し言葉、書き言葉を問わず、今目の前で起こっているかのように表現するストラテジー（vividness）と言ってよいが、〈はなしあい〉では、話し手が〈知覚体験〉した事象（事実確認された事象）に対する〈評価感情〉を伴いやすい。従って、〈評価感情の現在〉用法とは、この点で共通していると言えよう。
　人間のコミュニケーション活動では、情報のやり取りを正確に行わなければならない一方、伝達する事象に対する話し手の評価感情が伴ってくることもまた当然のことであろう。話し手は自らの主体的立場から、事象を捉えて聞き手に伝えようとするのであるから、このような場合に、テンス形式の使用方法が変わってくるのである。
　そして、重要なことは、話し手が評価感情を前面化できるのは、既に時間のなかに成立しており、話し手自身が〈事実確認〉した事象に対してであるということである。この意味で、ムードとテンスは相関している。

## 4. 過去形のムード用法

　非過去形の二次的なムード用法を中心的に担うのは運動動詞のスル形式であるが、ここで述べる、話し手の事実確認のし方に関わる過去形の二次的なムード用法は、運動動詞のシタ形式では表せず、シテイタ形式の方が表す。シタ形式は、「さあ、買った、買った」のように〈差し迫った要求〉を表す場合があるが、これは、実行に関わるムード用法である。この用法は、すべてのシタ形式が表すわけではなく、日常会話では、「さあ、開けた」「さあ、塗った」のような言い方はほとんどしないであろう。

　二人の〈はなしあい〉のなかで、非過去形と過去形が併存している次の場合を見られたい。

・「おどろきましたわ。さかえちゃんがこのホテルに、泊まっているんですよ」
　「あの娘が、ここに泊まっていたの？」と目がさめたような声を出して（後略）。　　　　　　　　　　　　［女であること］

　最初の発話では、事象成立時は〈現在〉であり、〈聞き手の知らない事実〉を伝えているので、波線部分のように非過去形の使用が義務的である。この「泊まっている」を「泊まっていた」にすると、普通は、過去のことになってしまう。しかし、実線部分では、現在の事象に対して過去形が使用されている。事象成立時自体は現在であるので、非過去形「泊まっている」に言い換えることができるのだが、過去形を使用することによって、驚きを伴った〈話し手にとっての新情報の確認〉というモーダルな意味が前面化されている。この過去形「泊まっていた」の方には、聞き手の知らない事実を伝えるという機能は全くない。

　次の場合のシテイル形式は、シテイタ形式に言い換えることができる。聞き手への新情報の伝達という側面はないからである。

・慎一は言いさし、池につけていた竿を上げた。

「あ、やっぱり、餌が<u>落ちている</u>」　　　　　　　　　　［空夜］

　他方、次のように、聞き手の知らない情報（事実）を伝達する場合には、過去形にすることはできない。

　　・「高倉は今夜も仕事かい？」
　　　「うん、京都に<u>行っている</u>」　　　　　　　　　　　［同級生］

　既に述べたように、次のような〈事実未確認（推量）〉の場合は、基本的テンス対立が義務的であり、過去形の使用は不可能である。

　　・「露天風呂に行きましょうか。今なら<u>空いています</u>よ、絶対」
　　　　　　　　　　　　　　　　　　　　　　　　　　　　　　［空夜］
　　・「いいから、俺の言うとおりにしろよ。ホテルに電話するんだ。今１時ちょうどか……」松野は、サイドボードの置き時計に眼をやりながらつづけた。
　　　「ロスは夜の９時だな。社長は、酒はやらんからホテルの部屋に<u>戻っている</u>よ」　　　　　　　　　　　　　　　　　［社長の器］
　　・「今日は競馬が<u>にぎわっているでしょう</u>ね」
　　　染乃は微笑していった。
　　　「一度行ってみたいわ。そのうちに連れて行ってくださいね」
　　　　　　　　　　　　　　　　　　　　　　　　　　　　　［朱鷺の墓］

　従って、〈話し手の確認済みの事実〉という認識的（epistemic）ムードであり、〈聞き手の知らない情報の伝達〉という機能（communicative function）がない場合に、現在の事象に対して過去形の使用が可能になる。
　では、具体的にどのような場合であろうか？
　結論を先取りして言うと、次の３つの場合があると思われる。この場合の過去形は〈話し手の事実確認のし方〉というモーダルな意味を表すようになるため、時間的限定性から解放されて恒常的事象でもよくなる。そして、2.2.2で述べたように、①〈事実の再確認

〈想起〉〉というモーダルな意味は、〈過去における話し手の直接確認時の焦点化〉と連続しているであろう。

① 「地獄耳という言葉があったわね」のように、発話時までに確認済みの事実を記憶から引き出して、発話時において再確認（想起）する場合。これを〈事実の再確認（想起）〉用法と呼ぶことにする。
② 「やっぱりここにあった」のように、予想していたこと、あるいは疑問に思っていたことを、発話現場において事実であると確認する場合。これを〈新事実の確認（発見）〉用法と呼ぶことにする。
③ 「こんなところにあったんだ」のように、確認した新事実に対する話し手の予想外であるという驚きを前面化させる場合。これを〈意外な新事実の確認〉用法と呼ぶことにする。

上述したように、聞き手が知らないこと（聞き手にとっての新情報）を客観的事実として伝達しなければならない場合には、過去形の使用は不可能あるいは不適切である。次の場合も同様であり、過去形に言い換えることはできない。

・士郎が、これ、と封筒を差し出した。
「とりあえず百万ある。もちろん、ななちゃんの角膜手術はもっとだろうけれど、まあ要するにとりあえずってことさ」
　　　　　　　　　　　　　　　　　　　　　［この世の果て］
・「でも、この事件の話を聴いては頂けませんでしょうか？」
柳田霧子は、はじめて目に乞うような表情を見せた。（中略）
「僕のところは、弁護料が高い。規定は、事務員から聴いたでしょう？」
　　　　　　　　　　　　　　　　　　　　　　　　［霧の旗］
・「どうですか、これはシャトー・ジスクールの75年ものです」
「飲みやすいわ」　　　　　　　　　　　　　　　［雲の階段］

また、冒頭に述べたように、運動動詞のシタ形式には①〜③のよ

うなムード用法はない。〈習慣〉や〈恒常的特性〉を表す場合であっても、基本的に、シタ形式は不可能であるという制限がある。①の〈事実の再確認（想起）〉というムード的意味を表すためには「〜のだった」という形式を伴わなければならない。

・やがてタクシーは中央線の電車の踏切を越えた。
　「たしか、この辺を右に曲がるんだったな」　　　　　　［冬の旅］
・「あの病気は脳室の脈絡叢とかで、異常に脳脊髄液がつくられてなるんだったな」　　　　　　　　　　　　　　　　［無影燈］

この「〜のだった」という形式自体は、次のように、どのような形式ともむすびついて、発話時における〈事実の再確認（想起）〉というモーダルな意味を表すことができる。本章ではこのような「〜のだった」形式については扱わず、今後の課題とする。

・「おや、ぼくの話ばかりしているね。あんたの話を聞くんだった。そう、なぜ家に帰りたくないのか。家庭の事情（後略）」　　　　　　　　　　　　　　　　　　　　　　［湿原］
・「そうだ。この豚のバラ肉の料理、俊夫が来たときに作ったんじゃなかったか？」
　ようやく思い出したというように、篤が言った。　［銀河の雫］
・「津本氏は元気ですか」
　「それが……」
　「ああ、別居しておられるんでしたね。うっかり忘れてました。すいません」　　　　　　　　　　　　　　　　　　［蔦燃］
・「君は右の耳が悪いんだったな」　　　　　　　　［新西洋事情］

なお、次の例の「おっしゃった」は、本動詞ではなく、「平賀さんでした（わね）」に相当する意味になっていることに注意しなくてはいけない。従って「〜のだった」がなくてもよい。

・「平賀さんとおっしゃいましたわね。あなたには感謝してい

ます。ですが、どうしてあんなに息子に親切にして下さるか、母親として知っておきたいのです」 ［樹下の想い］

## 4.1　事実の再確認（想起）

次の過去形は、発話時以前に既に確認した事実を記憶から引き出して再確認するというモーダルな意味を表している（波線部分の聞き手の反応から分かるように聞き手にとっても既知情報である）。事象自体は現在も成立していることであるので非過去形に言い換えてもよい。

(a)「確か子供がいたんじゃないか、その女には」
　　「さすがに、記憶力がいいわね」　　　　［サザンスコール］

このようなモーダルな意味は、次のような〈過去の特定時〉における〈直接確認時の焦点化〉と連続的であろう（この場合は聞き手にとっては新情報である）。

(b)「（前略）康順は来年42歳だ。私は働き者のいい息子に恵まれたと感謝しているが、いい加減に結婚して、早く孫を見せてくれたらどうかって、このあいだ言ったんだ」
　　黄健明は、ちらっと娘の芳梅を見やった。笑顔を絶やさない芳梅がふっとかしこまった。
　　「なんと、びっくりしたよ。康順には好きな女性がいた。日本人で、37歳の美しい未亡人だ」　　　　［花の降る午後］

(b)の直接確認時の焦点化の場合は〈過去の特定時〉であるが、(a)の再確認（想起）用法の場合は、発話時以前のどの時点での確認であるかは問題にならなくなっている。次の場合も同様である。

・「おれは昔から好き嫌いがなくて、何を食べてもうまいと思う性分だから」
　「そういえば、私と同じだったわね」　　　　［やさしい関係］

・「あら、いけない。4時に約束の会合があったのよ」
　　　　　　　　　　　　　　　　　　　　　　　　　　［積木の箱］

　話し手の記憶が不確かなため、事実を知っている聞き手に念押ししたり再確認を求める場合もある。

・「安、おまえの女も、たしか、おまえより年上だったな」
　「2つ上だ」　　　　　　　　　　　　　　　　　　　［冬の旅］
・「ねえ、レイコさん、この前停電のときつかったロウソクまだ残っていたかしら？」
　「台所の引き出しよ、たぶん」　　　　　　　　［ノルウェイの森］
・「和賀英良の出発はいつだったかね？」
　「明後日の午後10時、羽田空港発のパン・アメリカン機です」
　「そうだったね」　　　　　　　　　　　　　　　　　［砂の器］

　事象成立時は現在であるため、次のように非過去形でもよいが、モーダルな意味の方を前面化して、過去形に言い換えることができる。

・「そういえば、ひとみはポケベルを持っている。なんで、そのことに気づかなかったのだろう」
　英次は、ひとみからポケベルを見せてもらったことがあるが、関心がないのですっかり忘れていた。　　　　［ぼくらのC計画］
・「下におりて、軽い夕めしでも食べよう。ああそうだ、今夜、チェロの独奏会があるんだ。Fというソリスト、知ってるか」　　　　　　　　　　　　　　　　　　　　　　［霧の子午線］

　推量形の場合は、〈共有情報（既知情報）〉の提示になる。次の過去形は非過去形に、非過去形は過去形に言い換えることができる。

・「もう少し眠る」
　「駄目よ、少し休んだら帰る約束だったでしょう」［メトレス］

・「明日、土曜日で会社休みだろ。朝の5時に木場に来てくれ」

[四季・布由子]

　ただし、次の場合では、非過去形「もっているだろう」「24時間営業でしょう」を使用すると、推量（事実未確認）なのか、共有情報（確認済みの事実）なのか分からなくなる。過去形を使用することで、共有情報としての事実の再確認であること（推量ではないこと）が明示される。

・「おれはあと十フランしかないよ」
「しけてるな。お前はまだ百フランの札をもっていたろう。みんな有金を出せよ」

[高見の見物]

・「温泉は24時間営業だったでしょう。もったいないから行きましょうか」

[空夜]

## 4.2　新事実の確認（発見）

　以上の〈事実の再確認（想起）〉の場合は、〈過去における直接確認時の焦点化〉と連続しつつ、話し手が事実確認をしたのは発話時以前（過去）であるというテンス的意味がある。重要なのは、このテンス的意味は、事象成立時ではなく〈確認時〉が過去であるということである。

　次のように、身体的・感性的活動であれ言語活動によるものであれ、話し手が、〈はなしあい〉の現場で確認した事実であることを明示する場合には、事実かどうかの確認に向けての意識的活動が先行していたという点で、発話時以前というテンス的意味が保持されているとは言え、過去時における事実確認ではない。〈事実の再確認（想起）〉の場合とは違って、話し手の記憶（既有の知識）のなかにはなかった〈新事実の発見〉である。そして、聞き手に対する新情報の伝達という側面はない。

・「あ、ここにいらっしゃったんですか、ずいぶん探しちゃった」

[渇く]

・「ヒトシぃ！ 入るよ！ まだ寝てんじゃないの、起きなさい、新入会員だよ！」
　ドアの内側は、およそ10畳ぐらいの広さのワンルームの部屋になっていた。（中略）だが、室内の散らかりようといったらひどいもので、まるで震災にでもあったかのようだった。
「やっぱり<u>寝てた</u>！ 今何時だと思ってんの？」
　　　　　　　　　　　　　　　　　　　　　　　　　［クロスファイア］

　次の場合、実線部分の過去形は〈話し手にとっての新事実の確認〉であるが、波線部分の非過去形は〈聞き手にとっての新情報の伝達〉である。この非過去形は過去形「佐藤正子でした」に言い換えることはできない。

・「失礼ですが、高原さんじゃありません？」
「ええ。高原ですが……」
「やっぱり<u>タカモッちゃんでした</u>のね。わたくし<u>佐藤正子です</u>」
　　　　　　　　　　　　　　　　　　　　　　　　　［社長の器］

　〈話し手にとっての新事実の確認〉では、事象自体は現在成立していることであるので、次のように非過去形でもよい。すべて、過去形に言い換えることができる（最後の例は〈（動作）パーフェクト・現在〉である）。

・「成田さんはまさか、結婚が初めてじゃないでしょう」
「当たり前よ」
　自分の声が少し荒くなったのがわかった。
「20代の頃に結婚していたわ。私、あの人の奥さんともよく遊んだもの」
「やっぱり<u>バツイチかァ</u>」　　　　　　　　　　　［やさしい関係］

・「読んだ？」
「読むわけないだろう。うそっぱちの苦労話さ。終戦のどさくさに一旗あげて、梁山泊みたいに手下が集まってくる。そ

んなはずはないさ、あいつは人を蹴落としてのし上がってきたんだ。手下はみんな、金についてきたイエスマンばかりで……」
「やっぱり読んでるんじゃないの」　　　　　　　［地下鉄に乗って］

　次の場合も、過去形に言い換えることができるが、過去形では〈話し手にとっての新事実の確認〉の方が前面化されてしまう。この場合、非過去形が使用されているのは、相手の質問（波線部分）の回答として、聞き手に新情報を伝達するという機能があるからであろう。

・「どこに置いてある？」
　と、子供に訊いた。子供は眼を大きくして、流れの中に転がっている夥しい数の石を見廻していたが、
「あ、あそこにある！」
　と、叫んだ。　　　　　　　　　　　　　　　　［夏草冬濤］

　次の場合だけは、発話現場における、話し手ならぬ〈聞き手にとっての新事実の伝達〉である。クイズの正解という特別な用法であろう。

・徹夫はでこぴんで赤く腫れた眉間を押さえながら、「4時50分20秒！」と半べそに近い声を張り上げた。
「ブーッ、残念でしたあ」
「惜しいですねえ、正解は4時50分21秒でした」　　　［疾走］

　次の場合、予想していたこと（疑いを持っていたこと）の発話時における事実確認であるが、2番目の例では〈驚き〉の感情が入っている。次の〈意外な新事実の確認〉に連続しているであろう。

・「香澄さんが妊娠しているのを知っていますか？」
「そう、やっぱり本当だったのね。亜也ちゃんがいつだった

かそんなことを言っていたけれど」　　　　　　　　［夜のかけら］
・「生まれるのよ」
「生まれる？」巻子は目を丸くした。「じゃあ、あんた、食べないっていってたの、やっぱりつわりだったの」
　　　　　　　　　　　　　　　　　　　　　　　　　［阿修羅のごとく］

## 4.3　意外な新事実の確認

　次の場合は、〈話し手の予想（常識）〉に反する〈新事実の確認（発見）〉である。意識的確認活動はなく、発話現場で偶然のきっかけによって気づいたことを表す。従って、新事実の確認（発見）というモーダルな意味だけでなく、〈意外性（驚き）〉という評価感情も複合化されている。*2　この場合、「〜のだ」形式を伴うのが普通である。3番目の例「いたかね」も「いたのか」に言い換えることができる。なお、前述したように、「〜のだった」の場合は〈事実の再確認（想起）〉になる。


・「アラ、二人とも来てたの。困ったなあ。そうだ、近くで買い足そうか。ブタの水炊きなんだけど」　　　　［若葉学習塾］
・「お姉ちゃん」
ななが暗闇から声を出した。
「まだ起きてたの」
まりあが驚きの声を上げると、（後略）　　　　　［この世の果て］
・「ほう、あんたはまたなんて素直な先生なんだ。あんたのような人が、まだ先生の中にもいたかね。おれはまた……教師なんてろくなものはいないと思っていたんだが」　　［積木の箱］
・入ってすぐ意表をつかれたのは、奥のワンルームが和室だということだった。
「このマンションに和室があったの」　　　　　　［異人たちとの夏］
・局長になった風越は、早速、記者たちにとり巻かれ、第一課長候補者の腹案をきかれた。「これが、一番のタマだな」牧順三のカードを引き出して、デスクの上に置いた。
通産省歴の浅い記者たちは、口々に声をあげた。

「牧さんて人間が居たんですか」
「いったい、どういう男です」　　　　　　　　［官僚たちの夏］

　次のような場合、予想外のことを知った話し手の驚きの感情がなければ、本人である聞き手から聞いた疑いようのない事実を繰り返す必然性はないであろう。

・「僕は医者ですよ。患者に格好などありません」
　「まあ、お医者さんでしたの」　　　　　　　　［分水嶺］
・「今日は車で来ているから、乗っていらっしゃい」
　「あら、車だったの、あなたはいつも飲むときは歩いてくるから……」　　　　　　　　　　　　　　　［食卓のない家］

　次の例では、事象自体は現在成立していることであるので、「いるの」「古風なんだ」という非過去形が使用されているが、過去形の「いたの」「古風だったんだ」に言い換えてもよい。一方、波線部分の「あたしの孫なんだよ」の方は、聞き手にとっての新情報の伝達という機能があるため、「あたしの孫だったんだよ」のように、過去形に変えることは不可能、不適切である。

・「この子は？」
　「あたしの孫なんだよ」
　「孫がいるの？　初耳だよ」
　雅子は驚き、子供の頭に触った。　　　　　　　［OUT］
・「やけくそ言うなよ。どんな親でも、親は親だ」
　「相原君って、意外に古風なんだ」
　「いまごろわかったのか」　　　　　　　　［ぼくらのＣ計画］

　なお、次の場合だけは、現在のことであるにもかかわらず、非過去形に言い換えることができない（上述の例と違って「〜のだ」ではない）。

第3章　テンス　185

・「<u>よく生きていましたね</u>。一人も生きている者はいないと思っていました」　　　　　　　　　　　　　　　［大本営が震えた日］

　以上、現在（場合によっては確定未来）の事象に対して過去形を使用するムード用法を見てきた。*3
　以上の、①〈事実の再確認（想起）〉、②〈新事実の確認（発見）〉、③〈意外な新事実の確認（発見）〉は、〈話し手にとっての新情報〉であるかどうかによって、大きく2分類することができよう。

A）　話し手の記憶のなかにある事実（既知情報）：①
B）　話し手にとっての新事実（新情報）：②③

　方言によっては、この2つのタイプに対して異なる形式を使用する場合が出てくる。また、間接的エヴィデンシャリティー形式が③〈意外な新事実の確認（発見）〉の意味を表すことが起こる。これらの点については、第IV部で述べる。


## 5．おわりに

　この章全体をまとめると、次のようになる。

1) テンスとは、〈発話行為時〉を基準として、〈事象成立時〉の時間的位置づけを表し分ける形態論的カテゴリーである。テンス対立のあり様は、〈時間的限定性〉及び〈話し手の現実世界の事象の確認のし方〉というムードと相関している。
2) 時間的限定性のある〈運動〉〈状態〉では、〈過去—非過去〉のテンス対立が分化し、発話時以前の事象には過去形を、発話時と同時か以後の事象には非過去形を〈義務的〉に使用しなければならない。一方、「鯨は哺乳動物だ」のように、〈一般主体〉の〈恒常的特徴〉を表す場合には、テンス対立はない。〈特定主体〉であっても、時間的限定性のない〈質〉〈特性〉〈関係〉を表す場合は、〈発話時と事象成立時の時間関係〉を表すとい

うテンス対立は基本的にない（過去形は、時間的限定性のある〈運動〉〈状態〉とは異なるかたちで使用される）。
3) 〈認識的ムード〉と関わっては、〈確認済みの事実〉か〈事実未確認（推量）〉であるかによって、テンス形式の使用のあり方は異なる。

　　〈事実未確認〉：テンス対立が義務的
　　〈確認済みの事実〉：テンス対立が義務的な場合と、過去のことに非過去形を、現在のことに過去形を使用できる場合とがある。

〈確認済みの事実〉である場合には、次のようになる。

　　聞き手の知らない事実の客観的伝達：テンス対立が義務的である。
　　過去の事実に対する話し手の評価感情の前面化：過去の事象に対して非過去形が使用できる。
　　現在も成立している事象に対する話し手の事実確認のし方の前面化：現在の事象に対して過去形が使用できる。

　以上の 2) 3) の点から、次の場合に、〈発話時と事象成立時の時間関係〉というテンス対立が義務的であるということになる。

2′) 時間的限定性のある〈運動〉〈状態〉を表す場合において、
3′) 話し手が確認した事実を、聞き手にとっての新情報として客観的に伝達するという叙述文の基本的な機能を果たす場合と事実未確認の場合

　人間のコミュニケーション活動の重要な機能が情報のやり取りであるとすれば、話し手が確認した事象が、過去のことなのか、現在、あるいは未来のことであるのかを伝えなければならない。これを表し分けるのがテンスである。従って、〈発話時と事象成立時との時

間関係の違い〉が、基本的なテンス対立になる。時間的限定性のある事象における、〈事実未確認＝推量〉の場合と〈事実確認＝聞き手の知らない事実の伝達〉の場合は、テンス対立が義務的である。

同時に、〈確認済みの事実〉に対しては、話し手の事実確認のし方や、確認した事実に対する評価感情の方が前面化されるようにもなる。これは、人間の認識・伝達活動において、現実世界の事象の客観的な確認や情報のやり取りのみならず、それに対する評価感情も重要であることを示しているだろう。形態素主義的な「タ」としてではなく、「スル―シタ」の対立全体を捉えることの重要性は、この対立関係が、ムードとの相関性のなかにあるからである。

叙述文の述語（終止形）におけるテンスは〈発話行為時〉が基準となる。テンスは、〈時間〉に関わる点ではアスペクトと相関するが、同時に〈話し手の立場からの文の対象的内容と現実との関係づけ〉に関わる点で共通するがゆえにムードと相関する。

本章で考察したテンス対立が義務的な場合とそうではない場合については、第５章の否定述語の場合や、第７章で述べる「～らしい」「～ようだ」の場合においても同様である。

否定述語の場合では、(a)のように聞き手の知らない事実を客観的に伝える場合はテンス対立が義務的であり、非過去形に言い換えることはできない。一方(b)の場合には、過去の事象に非過去形が使用されモーダルな意味を表すようになる。

  (a)「ごめんなさい。寝すごしてしまって」
   「あんまりよく寝ているので起こさなかった」  ［恋歌］
  (b)「どうしたの、高原さんとケンカでもした？」
   「しませんよ。ただ、罪もない人に怒っちゃったから、気が滅入っているだけ」
   「またァ。ホントはケンカしたでしょ。ね、どうだったのよ、デートは」
   「何もないわよ」  ［想い出にかわるまで］

「～らしい」「～ようだ（みたいだ）」が〈推定〉や〈伝聞〉とい

う話し手の〈間接確認〉を表す場合では、本章で述べた〈推量（間接確認）〉と同様にテンス対立が義務的であり、過去のことに非過去形を使用したり現在のことに過去形を使用することは起こらない。次の場合の過去形「やった」や非過去形「来る」を非過去形や過去形に言い換えることはできない。

・「なにがわかったって？」
　「女の実家がさ」
　「内田が思い出してくれた。正月に帰省するときに餞別をやったらしい。そのとき実家が標津だと聞いたそうだ」
　　　　　　　　　　　　　　　　　　　　　　［さらば、荒野］
・「相馬光子さん、お元気ですか？」（中略）
　「うん、今度また、こっちに来るみたいだ」
　「そう、羨ましいわ。日本と行ったり来たりできて」
　　　　　　　　　　　　　　　　　　　　　　［百年の預言］

　また、〈反事実仮想〉は、本章で述べた過去形のムード用法と同様に〈事実確認〉を前提としている。事実確認ができていなければ、事実に反することを想像できないのである。この点に関わるテンス形式のモーダルな意味については、第6章で述べる。
　なお、「〜のだ（〜のだろう）」形式については、本書では扱えていないのだが、本章で述べたことに関わっては、「〜のだった」が〈再確認（想起）〉を表すのに対して、「〜のだ」の方は〈新事実の発見＝意外性〉を表す傾向がある。この点の精密な記述は、今後の課題である。

---

＊1　このような「するべきではなかった」といった〈否定的評価〉は否定命令文でも起こる。命令は、発話時以後のことに関わる要求であるが、既に実現してしまった事象に対して、否定命令文が使用された場合には、話し手の発話時における、非難、叱責等の〈否定的評価〉を表すことになる。下記の最初の例

は、婉曲に言うとすれば、「何でそんなおっかない声を出すんだ」と言い換えてもよいだろう。

- 「はい、岡崎です」
  「オレだよ。おっかない声出すなよ」　　　　　　　　　　［コスメティック］
- 「汐留から築地じゃ、すいぶん遠いわ。どうして歩いて行くの?」
  「やばなことを訊くなよ、おばさん」　　　　　　　　　　［地下鉄に乗って］
- 立て付けの悪いドアを開けると、事務机を挟んで岡村と話し合っているのは、みち子だった。まったく思いがけないやつが来た、というふうに二人は愕き、呆然とした。
  「うわあ、急に現れるなよ。話が佳境に入っているんだから。ああ、びっくりした」　　　　　　　　　　　　　　　　　　　［地下鉄に乗って］

上記の場合、話し手はすべて男性であるが、女性の場合もある。

- 「お前、いくつだ」
  「分りきった質問しないでよ」　　　　　　　　　　　　　［阿修羅のごとく］
- 「やっぱり、お姉ちゃんは、両親や私のことを考えて、女としての自分の幸せを二の次にしたんだと思う」
  「女としての幸せ?」
  ふいに与志子の語調がきつくなった。
  「安易に、そんな安っぽい言葉を使わないでよ、千奈ちゃん」
  　　　　　　　　　　　　　　　　　　　　　　　　　　　［別ればなし］

　動的事象を表す運動動詞のスル形式は、反復習慣ならぬ1回的な特定の事象を表す場合には、「約束します」「お断りする」のような特別な場合を除き、基本的に〈発話時以後（未来）〉というテンス的意味を表す。また否定命令文も、〈禁止〉であれ〈制止〉であれ、実行できるのは〈発話時以後〉である。このような命令形式が、既に実現した事象に対して使用される場合には、「あってはならない」という発話時における話し手の否定的評価が前面化すると言えよう。

*2　確認した事実に対する、話し手の評価感情に関わる〈意外性〉というモーダルな意味は、第Ⅳ部第5章で述べる間接的エヴィデンシャリティーにおいても重要になる。沖縄県首里方言や鹿児島県与論方言の「シテアル」相当形式は、〈間接的証拠に基づく過去の事象の確認〉を表すが、同時に、〈直接確認した現在の事象〉に対する〈意外性〉を明示する場合にも使用できるのである。

*3　過去の事象に対する、発話時における〈事実の再確認（想起）〉〈新事実の確認（発見）〉〈新事実に対する意外性〉を表す場合もある。この場合は、事象自体が過去のことであるので、当然、非過去形に言い換えることはできないのだが、このような用法から〈再確認（想起）〉〈新事実の確認（発見）〉〈意外性〉という（主体的な）ムード的側面が前面化してきて、事象の成立時間に関係なく、現在の事象に対しても過去形が使用されるようになってきた可能性があるのではないかとも思われる。

〈過去の事象に対する、発話時における話し手の再確認（想起）〉
・「きみはたしか大学で野球の選手だったな」
　「はい。東部大学戦にも出て、キャッチャーをしていました」
　「そうか。それで辛抱強いところがあるんだな」　　　　　［外食産業の王］

〈過去の事象に対する、発話時における話し手の新事実の確認（発見）〉
・「ユキちゃんのことは？」
　「ユキちゃん？　そうか、前にマスターから写真を見せられたことがあってね。その女の人の肢が、まるで子供みたいに細くて、だれなんだろうと思っていたけど、そうか、あれはユキちゃんだったんだ」
　　　　　　　　　　　　　　　　　　　　　　　　　　　　　［夜のかけら］

〈過去の事象に対する、発話時における話し手の意外性〉
・「（前略）この政府関係者というのがクセ者だったようだ。どこからか上原レポートを持ってきて、祖父に相談を持ちかけた。仮に脳の中に微小部品を埋め込むことができるなら、外部から電波を送ることで感情操作も可能ではないか、と。そしてそれが可能になったなら、どんな相手でもスパイ化できる（後略）」
　勇作は、あっと口を開いた。その手があったのか。
　「戦争に負けた直後に、そんなことを考える人間がいたのか」　　［宿命］

# 第4章
# アスペクト

　工藤（1995）で述べたように、アスペクトは、テンスとともに〈時間〉に関わる形態論的カテゴリーである。その後、東北から沖縄に至る諸方言の調査研究が進行し、標準語のアスペクト体系を1つのバリエーションとして位置づけることが可能になってきた。方言における多様なアスペクト体系との共通性と違いを捉えうる枠組みが求められるであろう。

## 1. はじめに

　標準語のアスペクトに関しては、様々な見解が提示されているところだが、第Ⅳ部で述べる点を先取りして、諸方言におけるアスペクトのバリエーションを視野に入れた上で、その特徴を述べると、次の点が浮かび上がる。

①スル形式とシテイル形式による2項対立型のアスペクトである。
②シテイル形式は、運動（動的現象）の時間的展開段階としては全く異なる〈動作継続〉と〈結果継続〉を表す。
③シテイル形式がどちらのアスペクト的意味を表すかの一次的な要因は、動詞の語彙的意味のタイプである。この点から言えば、アスペクト対立のある運動動詞は2分類されることになる。

　　　動作動詞：開ける、飲む、歩く
　　　変化動詞：開く、枯れる、死ぬ

④ただし、構文的条件による相互移行が起こる。「開ける」のような主体動作客体変化動詞では、再帰構造になると〈結果継続〉を

表すようになる。

- ・太郎が窓を開けている。　　〈他動構造＝動作継続〉
- ・太郎が口を開けている。　　〈再帰構造＝結果継続〉

　以上の①〜④の点は、第Ⅲ部、第Ⅳ部で述べる諸方言のアスペクト体系と異なる点である。

①′諸方言には3項対立型アスペクトや複合型アスペクトがある。沖縄県首里方言のような複合型アスペクトでは、スル形式がなくなり、「シオル」相当形式が〈完成（未来）〉の意味も表す。
②′3項対立型アスペクトでは、〈動作継続〉と〈結果継続〉は異なる形式で表現される。
③′標準語と同じ2項対立型アスペクトであっても、運動動詞を3分類することが必要になる諸方言がある。具体的には、「開ける」のような主体動作と客体変化の両方を捉えている動詞グループの「シテイル」相当形式が、標準語とは違って、他動構造であっても、〈（主体の）動作継続〉と〈（客体の）結果継続〉を表す。

- ・太郎　窓　開ゲデダ。　　〈動作継続〉〈結果継続〉
- ・太郎　歩イテダ。　　〈動作継続〉

④′〈動作継続〉と〈結果継続〉が異なる形式で表現される方言においては、構文的条件による相互移行は起こらない。

- ・太郎ガ　窓　開ケヨル。　　〈動作継続（進行）〉
- ・太郎ガ　口　開ケヨル。　　〈動作継続（進行）〉
- ・太郎ガ　窓　開ケトル。　　〈（客体の）結果継続〉
- ・太郎ガ　口　開ケトル。　　〈（主体の）結果継続〉

　本章では、1)〈完成〉と〈継続〉という基本的なアスペクト対立が、時間的限定性のある〈動的事象（運動）〉に対する〈話し手

の捉え方（パースペクティブ）の違い〉として成立していることを確認することから出発し、2）動詞の語彙的意味のタイプと相関しつつアスペクト的意味のバリエーションが出てくることを述べる。その上で、3）動詞の語彙的意味から解放されつつ、テンスやムードに関わる側面との複合化によって、派生的意味が生じていることを考察する。

## 1.1　完成と継続の基本的なアスペクト対立

　次の2つの例を比較されたい。既に、第Ⅰ部第1章で述べた通り、どちらもテンス的には〈発話時以前＝過去〉であるが、「来た」と「来ていた」とでは、動的事象（運動）に対する〈時間的展開の捉え方〉が異なっている。「来ていた」が表しているのは〈結果継続〉であり、改札口を出るという事象との時間関係は〈同時〉である。これに対して「来た」が表しているのは、非継続的な〈完成（限界達成）〉であって、改札口を出るという事象との時間関係は〈継起〉である。従って、「改札口を出た。すぐに友人が来た」とは言えても、「改札口を出た。すぐに友人が来ていた」とは言うことができない（〈継起〉〈同時〉のような複数の事象間の時間関係は〈タクシス〉である）。

　　・改札口を出た。すると友人が来た。　　　〈完成＝継起〉
　　・改札口を出た。すると友人が来ていた。　〈結果継続＝同時〉

　次の場合の「手を振っていた」が表すのは〈動作継続〉であるが、やはり、改札口を出るという事象との関係は〈同時〉である。

　　・改札口を出た。すると友人が手を振った。　〈完成＝継起〉
　　・改札口を出た。すると友人が手を振っていた。
　　　　　　　　　　　　　　　　　　　　〈動作継続＝同時〉

　このように、動作や変化という動的事象（運動）を、〈継起的時間関係〉のなかで〈完成的〉に捉えるか、〈同時的時間関係〉のな

かで〈継続的〉に捉えるかの違いを表し分ける形態論的カテゴリーを〈アスペクト〉という。

　以上は、過去形のシタとシテイタとが、〈完成〉か〈継続〉かでアスペクト的に対立している場合であるが、非過去形のスルとシテイルも、次のように〈完成〉か〈継続〉で対立している。シテイル形式がテンス的に〈発話時と同時＝現在〉を表せるのに対して、スル形式は現在を表せず〈未来〉を表す。「先生は現在（目下）日本に来る」とは言えない。これは、〈完成〉というアスペクト的意味と〈発話時と同時＝現在〉という外的時間関係が排除しあうからである。

　　・先生は現在（目下）日本に来ている。〈発話時と同時＝現在〉
　　・先生は明日日本に来る。　　　　　　〈発話時以後＝未来〉

　先にも述べたように、テンスとは、基本的に〈発話時を基準軸とする事象の時間的位置づけ〉であるが、アスペクトの方は、基本的に、継起か同時かという、他の事象（発話行為時も含まれる）との時間関係のなかでの〈運動の動的展開の捉え方の違い〉である。そして、テンスが、「痛い、忙しい、心配だ」のような状態形容詞等も含んで時間的限定性のあるすべての述語に成立するのに対して、アスペクトの方は、動的事象を表す動詞らしい動詞である〈運動動詞〉に限定される。

## 1.2　話し手のパースペクティブと継起性・同時性

　〈完成〉か〈継続〉かというアスペクト的意味の違いは、現実の動的事象（運動）の時間的展開の違いが鏡に映し出されるように捉えられたものではない。

　次の例を見れば、シタ形式を使用しようとシテイタ形式を使用しようと、現実世界での事象の時間的長さには違いがないことが分かる。話し手は、「ごみを棄てる」という現実世界の同じ事象を、最初はシタ形式で、次にはシテイタ形式で表現している。

- 「そんな意地悪を言うんなら、伯母さんに言いつけるわよ。あんた、いま、屋根にごみを棄てたでしょう」
「ごみなんか棄てるものか」
「嘘おっしゃい。わたしがお玄関にはいろうとしたら、上からインキ壜のふたがおっこちて来て、私の頭にぶつかったわ。驚いて上を見たら、あんたがごみを棄てていた」　　　［夏草冬濤］

「棄てていた」を「棄てた」に変えることができないのは、「見る」という動作との〈同時性〉を表すためである。「驚いて上を見たら、あんたがごみを棄てた」にすると〈継起性〉になってしまう。〈完成〉か〈継続〉かのアスペクト対立には、カメラで現実世界のものごとを撮影するのと同様に、話し手の立場からのパースペクティブの違いがある。〈完成〉とは、終了や開始という運動の時間限界を視野に入れたパースペクティブであり、〈継続〉とは、終了や開始の時間限界を視野に入れないパースペクティブである。

次の例を見てみよう。

- 「上水沿いの木立ちの中で話した。彼女はほとんど物を言わずに聞いていた。ぼくは話がわかってくれたと思った。心を決めて来てくれたと思ったんだ。ところが、上水沿いの道に出たら、いきなり上水に飛びこんだ。とめるひまもなかった。流れが渦を巻いているし、深い。ぼくは泳ぎができないしね」　　　［小説日本銀行］

話した　　思った　　出たら　　飛びこんだ
■　　→　　■　　→　　(■)　　→　　■
・・・・・・
聞いていた

上記の例において「聞いた」ならぬ「聞いていた」が適切であるのは、「話した」との〈同時性〉を表すためである。一方、「話した」を「話していた」に言い換えられないのは、「思った」との

〈継起性〉を表すためである（小説の地の文の場合については工藤(1995)参照）。
　このことから〈完成〉と〈継続〉のアスペクト対立は、次のように考えることができよう。

　　〈完成〉と〈継続〉のアスペクト対立は、複数の事象間の時間関係の違いと相関する、話し手のパースペクティブの違いである。
　　〈完成〉＝〈継起〉＝終了あるいは開始の時間的限界づけ有（bounded）
　　〈継続〉＝〈同時〉＝時間的限界づけ無（unbounded）

〈完成〉というアスペクト的意味が〈継起性〉を表しうるのは、終了の時間限界、開始の時間限界、あるいはその両方を捉えるというパースペクティブを有しているからである。一方、〈継続〉というアスペクト的意味が〈同時性〉を表しうるのは、終了あるいは開始の時間限界を視野に入れないというパースペクティブを有しているからである。

## 1.3　継続相における話し手のパースペクティブ

　以上のように、〈完成〉か〈継続〉かというアスペクト対立は、複数の事象間の時間関係の違いと相関する話し手のパースペクティブの違いとしてある。従って、次の例が示すように、アリバイの主張のためには、〈同時性〉の機能を持つシテイタ形式の選択が適切である。

　　・「もちろん一緒に箱根になんか行きゃしませんよ。第一、僕にはアリバイが有るじゃないですか。その日は新宿で映画を見ていたんですよ」　　　　　　　　　　　　　　　［青春の蹉跌］

次の場合も、〈同時性〉を示すために、「行った」「見る」に言い換えることができない。

- 「どこに行っていたのよ。3度も電話したのよ」［ただいま浪人］
- 「12時になったら、きちんと寝るの。それまではお話するのよ。時計、私、見てますわ」　　　　　　　　　　　　　　　［旅路］

　〈同時性〉の機能を有する過去形のシテイタ形式は、〈話し手の目撃〉あるいは広く〈話し手の知覚体験〉を示すことにもなりやすい。次の例ではすべて、話し手は動的事象全体を知覚体験している。従って、シタ形式が使用できるのだが、話し手の〈知覚体験との同時性〉を明示するためにシテイタ形式が選択されている。

- 「お嬢さまがお待ちになっていたのは、秋葉のわか先生なんです。それはもうたしかですわ。あたし、ちゃんと聞いていたんですから。きのう先生がいらしった時、お嬢さまは銀座で会おう、3時に三越で待ち合わせて、それからどこかへ行こうって、お話していらっしゃいましたわ」　　　　　［風］
- 「それで父さんは或る日、心にもなく女の着物が好きだというようなことを言ったのさ。そうしたら大真面目で聞いていた」　　　　　　　　　　　　　　　　　　　　　［太郎物語］
- 「なんだとオ。おまえはなあ、酒を飲むなら吐くな、と言っているだろ。この前も吐いていたじゃないか。もったいないことをするんじゃないよ」
  木村がちょっと激しい調子で沢野に言った。
  「あれは酒を吐いたんじゃねえや。めしのほうを吐いたんだい！」　　　　　　　　　　　　　　　　　　　　　［哀愁の町に霧が降るのだ］

　第Ⅳ部で述べるように、首里方言や鹿児島県与論方言では、「シオッタ」相当形式が、〈動作継続（進行）〉というアスペクト的意味から解放され、人称制限を伴って〈話し手の目撃〉を表すエヴィデンシャルな意味になっている。標準語では、エヴィデンシャリティー形式にまでは至っていないが、方言によっては、エヴィデンシャリティーへの進展が起こってきても不思議ではないであろう。この点については第Ⅳ部で述べる。

以上のことは、〈完成〉と〈継続〉のアスペクト対立が、現実世界における時間的展開の違いの客観的な反映ではなく、話し手のパースペクティブによる時間的展開の捉え方の違いであることを示すものである。従って、発話行為がなければ事象成立時の時間的位置づけのできない主体的な時間であるテンスと同様に、アスペクトもまた主体的な時間である。

## 2. 時間的限定性とアスペクト

　第I部第4章で述べたように、他の事象との時間関係の違いと相関する〈完成〉と〈継続〉のアスペクト対立は、(A)時間的限定性がない場合、及び(B)時間的限定性があっても動的展開のない場合には成立しえない。次のように、シテイル形式の方がない場合、スル形式の方がない場合、両方あってもアスペクト的意味の違いがない場合がある。

(A) 時間的限定性のない場合
　　(A・1)
　　　〈特性〉：この論文は *優れる／優れている。
　　　〈関係〉：二人の意見は違う／違っている。
　　(A・2)
　　　〈反復〉：祖母は5時に起きる／起きている。
　　　〈特性〉：人は死ぬ／*死んでいる。
　　　　　　　この道は *曲がる／曲がっている。
(B) 時間的限定性はあるが動的展開のない場合
　　　〈状態〉：梅の花が匂う／匂っている。
　　　　　　　テーブルがぬるぬるする／ぬるぬるしている。

　(A・1) の場合は、動詞自体において時間的限定性のない〈特性〉〈関係〉を表している。(A・2) の場合は、特定時の個別具体的な場合ではアスペクト対立があるが、時間が抽象化された〈反復〉〈特性〉を表すようになると、〈完成〉か〈継続〉かのアスペク

ト対立がなくなることを示している。(B) の場合は、(A) とは違って、時間的限定性はあるが、動的展開のない〈状態〉を表すがゆえに、アスペクト対立が成立しえない（成立しにくい）ものである。

　従って、〈完成〉か〈継続〉かのアスペクト対立は、特定時の〈個別具体的〉な〈動的事象＝運動〉を表す動詞において成立する形態論的カテゴリーである。

　「心配だ」「淋しい」「うんざりだ」のような〈状態形容詞〉とは違って、「心配する」「淋しがる」「うんざりする」「困る」「呆れる」のような〈状態動詞〉には、シテイル形式があるが、次のように主語の人称と相関するモーダルな意味の違いが出てくる。「困る」と「困った」も、時間的意味ではなく〈態度表明〉か〈感情表出〉かというムード対立になるだろう。このようなムード的違いが出てくるのは〈状態動詞〉が、運動動詞のような動的展開性を表していないためである。

・うんざりするわ。　　　　　　　　　　〈感情表出〉
・みんな、うんざりしているわ。　　　〈状態描写（記述）〉

・困りますねえ。　　　　　　　〈1人称主語＝態度表明〉
・困りましたねえ。　　　　　　〈1人称主語＝感情表出〉
・みんな、困っています。　　　　　　〈状態描写（記述）〉

　「見える」「聞こえる」といった状態動詞でも、次のように、スル形式が〈現在〉を表すことができ、アスペクト対立がなくなってくる（ただし、「もうすぐ見えるよ」のような〈状態の発生〉を表す場合には、スル形式であり、アスペクト対立は部分的にある）。

・ほら、富士山が見える／見えている。　　　　〈現在〉
・歌声が聞こえる／聞こえている。　　　　　　〈現在〉

　以上のことから、〈完成〉か〈継続〉かのアスペクト対立は、〈時

間的限定性のある動的事象〉を表す、動詞らしい動詞（運動動詞）に成立するということが分かる。次に、この運動動詞の下位分類について考察する。

## 3. アスペクトと運動動詞の意味的タイプ

　第Ⅲ部、第Ⅳ部で述べるように、日本語には多様なアスペクト体系が成立しており、第Ⅰ部第4章で述べたように、運動動詞の下位分類にあたっても、標準語と諸方言の双方を捉えうる枠組みが求められる。その上で、標準語の特徴を分析していかなければならないであろう。本節では、次の観点から記述を行う。

1) 〈完成〉〈継続〉というアスペクト的意味には、運動動詞の語彙的意味のタイプと相関しつつ、バリエーションが生じる。
    1・1) 時間限界を視野に入れるがゆえに〈継起性〉の機能（タクシス）を持つ〈完成相〉には、3つのバリエーションがある。開始から終了までを一括化して捉える〈完成性＝ひとまとまり性〉の場合、終了限界か開始限界のどちらかを焦点化して捉える〈完成性＝終了限界達成性〉、〈完成性＝開始限界達成性〉の場合である。
    1・2) 時間限界を視野に入れないがゆえに〈同時性〉の機能（タクシス）を持つ〈継続相〉には、〈動作継続〉の場合と〈結果継続〉の場合がある。そして、西日本諸方言とは異なり、標準語のシテイル形式は、時間的展開段階としては全く異なる〈動作継続〉と〈結果継続〉の両方を表しうるがゆえに、構文的条件次第では、2つのアスペクト的意味の相互移行が起こる。従って、標準語では、この構文的条件の法則化も重要になる。ただし、構文的条件は二次的要因であり、ごくわずかな二側面動詞を除くと、運動動詞の下位分類を否定するものではない。
2) アスペクト的意味のバリエーションを生み出す一次的要因は動詞の語彙的意味のタイプである。

2・1) 運動動詞の下位分類にあたっては、〈必然的終了限界〉の有無だけでは十分ではなく、〈開始限界〉も重要になる。

2・2) アスペクトが運動の時間的展開の捉え方の違いを表し分けるものであるとすれば、このように終了、開始という時間限界が重要になるのだが、この時間限界のあり様には、①客体における変化の有無、②主体における意志性の有無という側面が絡みあっている。

2・3) 運動動詞の語彙的意味のタイプ化にあたっては、中間的なもの、複合的なものも考慮しなければならない。典型的なものと中間的、複合的なもの双方の位置づけが重要になる。

## 3.1 運動動詞分類と時間限界

上述のように、アスペクトという形態論的カテゴリーが、運動の時間的展開の捉え方の違いであるとすれば、アスペクトの観点から見た運動動詞の下位分類にあたっては、①終了、開始の〈時間限界〉のあり様が重要になるであろう。そして、この〈時間限界〉のあり様には、②客体における変化の有無、③主体の意志性の有無も絡みあっている。以下述べるように、限界動詞と無限界動詞の2分類では、標準語のアスペクト的意味を十分に捉えきれない（方言の場合も同様であり、この点については第IV部で述べる）。以下、①の観点とともに②③の観点を入れて運動動詞の下位分類について述べる。

まず、「開ける、壊す、飾る、建てる、着せる」のような〈客体に変化をもたらす主体の意志的な動作〉を表す動詞グループが最も動詞らしい動詞と位置づけられる。このような動詞グループを〈主体動作客体変化動詞〉と名づけることにする。主体動作客体変化動詞では、客体の変化が達成されて主体の動作が必然的に終わる〈必然的終了限界〉があるとともに、主体の意志的動作が起動する〈開始の時間限界〉もある（必然的終了限界＝変化達成時であることは、時間の認識が変化の認識によることを示しているであろう）。

```
        開始限界              必然的終了限界
     （主体動作起動）         （客体の変化達成）
           ■～～～～～～～～■・・・・・・・
```

　他の動詞グループは、主体動作客体変化動詞における上記の特徴のいくつかが欠けているものである。以下で述べる概略を図式化すると次のようになる。

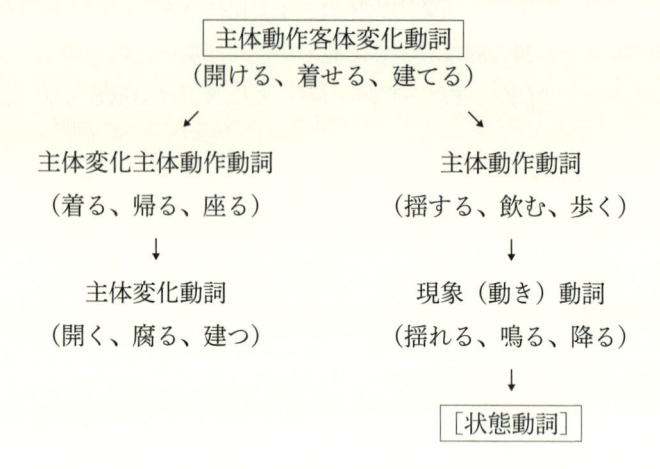

```
              ┌主体動作客体変化動詞┐
               （開ける、着せる、建てる）
              ↙                    ↘
    主体変化主体動作動詞         主体動作動詞
    （着る、帰る、座る）        （揺する、飲む、歩く）
         ↓                          ↓
       主体変化動詞              現象（動き）動詞
    （開く、腐る、建つ）        （揺れる、鳴る、降る）
                                     ↓
                                 ［状態動詞］
```

　主体動作客体変化動詞と主体変化動詞の中間に位置づく〈主体変化主体動作動詞〉、主体動作動詞と状態動詞の中間に位置づく〈現象（動き）動詞〉については、後述することとして、主体動作客体変化動詞に対する〈主体変化動詞〉と〈主体動作動詞〉における〈時間限界〉のあり様を示すと次のようになる。

```
〈主体変化動詞〉       必然的終了限界
                       （変化達成）
        ～～～～～～～■・・・・・・


〈主体動作動詞〉 開始限界
              （主体動作起動）
                ■～～～～～～
```

「開く、腐る、建つ」のような〈主体変化動詞〉には、意志的動作の側面はなく、従って、変化達成の〈必然的終了限界〉が焦点化される。一方、〈主体動作動詞〉には、変化の側面がないため、そこに至れば必然的に終了する時間限界はない。意志的な動作が起動される〈開始限界〉の方が焦点化される。

以下、中間的な場合も含めて動詞グループ間の連続性にも留意しつつ、主体動作客体変化動詞、主体変化動詞、主体変化主体動作動詞、主体動作動詞、現象（動き）動詞の順に述べる。

## 3.2 主体動作客体変化動詞

主体動作客体変化動詞は、主体における〈動作〉の側面と客体における〈変化〉の側面の両方を捉えている。次のような基本的な〈他動構造〉において、シテイル形式は〈主語＝主体〉の観点から動作の側面を焦点化し〈動作継続〉を表す（過去形で示しているが、非過去形でも同様である）。

| 〈動作主体〉 | 〈動作客体〉 | 〈動作継続〉 |
|---|---|---|
| ・先生が | 窓を | 開けていた。 |
| ・大工さんが | 家を | 建てていた。 |
| ・太郎が | 荷物を　棚に | 上げていた。 |
| ・花子が　教室に | 花を | 飾っていた。 |

この動詞グループは、〈変化〉の側面を捉えているがゆえに、上記のような他動構造ではなくなると〈結果継続〉を表すようになる。

第1に、〈再帰構造〉になると、後述する「着る、脱ぐ」のような〈主体変化主体動作動詞〉と同じく〈結果継続〉になる。

・太郎が手を上げていた。　　　　　　　　　〈結果継続〉
・花子は髪に花を飾っていた。　　　　　　　〈結果継続〉

第2に、意志的な動作主体ではない場合も〈結果継続〉になる。

- 夕日が空を赤く染めていた。　　　　　　　〈結果継続〉
- 隣の家はチューリップを植えていた。　　　〈結果継続〉

　主体動作客体変化動詞は、動作の側面も変化の側面も捉えているがゆえに、シテイル形式は、〈動作継続〉も〈結果継続〉も表しうるのだが、基本的な〈他動構造〉においては〈動作継続〉を表すというのが標準語の特徴である。

　第Ⅳ部で述べるように、標準語と同じく２項対立型アスペクトの東北諸方言では、基本的な他動構造であっても〈動作継続〉と〈客体の結果継続〉を表す。主体の観点からは動作を、客体の観点からは変化を表しているとすれば、この方が整合性があるとも言えよう。標準語と東北諸方言とのこのような違いが出てくる大きな要因は、シテアル形式の有無にあると思われる。標準語では、主体動作客体変化動詞において、シテアル形式が〈結果継続〉を表し、シテイル形式の方は〈動作継続〉を表すというかたちでの分担がなされている。一方、東北諸方言には、アスペクトを表すシテアル形式はない。

　標準語であっても、次のように、〈客体の結果継続〉を表す場合もある。

- 〈そろそろいいかな、順ちゃん〉
  「どこにいるんだ」
  〈すぐ近くだと思う。ニューグランドの前に車を止めている〉
  「了解。いま行く」　　　　　　　　　　　［シェラザード］
- 木陰に立ち止まって汗を拭いながら、律子は携帯電話のボタンを押した。軽部が出た。
  〈ああ。ずっと電話していたんだ。どこにいるの？〉
  声が異変を感じさせた。
  「ちょっと人と会っていたから、スイッチを切っていたわ。ごめんなさい。どうかしたの？」　　　　［シェラザード］
- 「昨日行ったけれど、雨戸を閉めていましたよ」　　［海と毒薬］

主体動作客体変化動詞が〈動作〉の側面だけでなく〈変化〉の側面も捉えているとすれば、このように〈客体の結果継続〉を表しても不思議ではない。現在、若い世代を中心に、主体動作客体変化動詞において〈客体の結果継続〉を表すことが多くなっているのではないかと思われる。「帰ってみたら、お母さんがケーキを作ってた」の場合、主体動作継続だけでなく、テーブルの上にケーキが置いてあるという〈客体の結果継続〉も表す、という回答が見られるのである。
　一方、スル形式は、意志的動作が起動する開始の時間限界と客体の変化が達成される必然的な終了限界の両方を視野に入れて〈完成性＝ひとまとまり性〉を表す。後述する主体動作動詞とは違って〈ひとまとまり性＝客体変化達成〉である。未来の場合に、動作起動の開始限界の方が焦点化されることもある。後述の主体動作動詞では、「あ、赤ちゃんが歩いた」のように、過去形で〈開始限界達成〉を表すことが起こるが、主体動作客体変化動詞では「あ、窓を開けた」の場合、開始限界達成は表さないのが普通であろう。主体動作動詞と違って、客体変化が達成される必然的終了限界があるからである。

〈完成性＝ひとまとまり性〉
・昨日は、珍しく太郎がご飯を炊いた。
・明日、桜の木を切ります。
〈完成性＝開始限界達成性〉
・そろそろご飯を炊くよ。

## 3.3　主体変化動詞

　主体変化動詞は、主語＝主体の観点から〈変化〉だけを捉えている動詞であり、主体動作客体変化動詞（他動詞）に対応する自動詞は、すべて主体変化動詞になる。

| 主体動作客体変化動詞 | 開ける | 壊す | 炊く | 上げる | 外す | 建てる |
| --- | --- | --- | --- | --- | --- | --- |
| 主体変化動詞 | 開く | 壊れる | 炊ける | 上がる | 外れる | 建つ |

無意志的であり、変化が達成される必然的終了限界の方が焦点化され、「建つ」のように長い時間のかかる変化であっても、シテイル形式は〈結果継続〉を表す。

　　・新校舎が建っていた。
　　・ゴキブリが死んでいた。

　スル形式では、過去であろうと未来であろうと、「建つ」のような長い時間かかる変化であっても、開始から終了までのひとまとまり性よりも〈変化達成＝終了限界達成〉というアスペクト的意味が前面化されやすい。次の場合、変化プロセスは開始されているわけであるが、変化達成時が問題になっているのである。

　　・「高炉はいつ建ちますの」
　　　「突貫工事に入っているから、今年の暮には建つでしょう」
　　　　　　　　　　　　　　　　　　　　　　　　　　　　［華麗なる一族］

　〈変化〉が瞬間的に起こる場合は少なく、普通一定の時間がかかる。従って、「どんどん、徐々に、次第に」のような進展プロセスの様子を表す副詞と共起した場合には、〈結果継続〉ではなく、〈変化進行の継続〉を表しうることになる（ただし、このような「死ぬ」の実例は、1例のみであった）。

　　・「ほんとうに死んで了うまでには実は気がつかないで少しずつ
　　　死んでいるわけなんだね」　　　　　　　　　　　　［宗方姉妹］

　主体変化動詞において主語の位置にある主体は、無意志的主体である。「あたたまる」のような動詞では、意志的主体の場合には〈動作継続〉を表すことも起こる（場所を表すデ格名詞も共起しうる）が、このような例は特殊である。

　　・部屋があたたまっている。　　　　　　　　　　　　　〈結果継続〉

・太郎が（部屋で）ストーブにあたたまっている。〈動作継続〉

　このようなことから、後述する二側面動詞のように、語彙的意味自体では〈結果継続〉と〈動作継続〉のどちらになるかが決まらないタイプの動詞とは区別して、主体変化動詞のグループを設定しておく必要があると思われる。
　また、第III部、第IV部で述べるように、愛媛県宇和島方言を含む西日本諸方言のショル形式は、〈動作継続＝動作進行〉のみならず、次のように〈変化進行〉を表す。

・新校舎ガ　建チヨル。　　　　　　　　　　〈変化進行〉
・松ノ木ガ　枯レヨル。　　　　　　　　　　〈変化進行〉

　従って、全国的な視野から、このようなタイプの動詞を「瞬間動詞」として規定するのではなく、時間の長さに関係なく、変化が達成される必然的終了限界のある〈変化動詞〉として規定しておく必要があると思われる。
　さて、「着る、帰る、座る」のような動詞グループは、自らに変化をもたらす主体の意志的動作を表している。主体動作客体変化動詞との違いは、主体の動作が、客体に変化をもたらすか、主体自身に変化をもたらすかであり、どちらも、変化が達成される必然的終了限界があるとともに、主体の意志的動作が起動する開始の時間限界がある。
　必然的終了限界と開始限界がある点では、主体動作客体変化動詞も主体変化主体動作動詞も同じなのだが、標準語のシテイル形式では、基本的に、〈動作継続〉を表すか〈結果継続〉を表すかで違ってくる。

〈主体動作客体変化動詞：動作継続〉
・お母さんが花子に浴衣を着せていた。

〈主体変化主体動作動詞:結果継続〉
・花子は浴衣を着ていた。
・太郎は一番前の席に座っていた。
・帰ってみたらお客さんが来ていた。

　この点は、既に述べたように、「開ける」「上げる」のような主体動作客体変化動詞であっても、「太郎が口を開けている」「太郎が手を上げている」のような再帰構造になれば〈結果継続〉を表すようになることと共通している(なお、ステダ(ステラ)形式が、主体動作客体変化動詞において〈動作継続〉と〈客体結果継続〉を表す東北諸方言でも、主体変化主体動作動詞では基本的に〈結果継続〉になる)。
　ただし、主体変化主体動作動詞は、主体変化動詞とは違って、〈主体の意志的動作〉の側面も捉えているため、次のように、動作場所や移動経路を表す「デ格」「ヲ格」の名詞と共起した場合、動作の様子を表す副詞が共起した場合には、〈動作継続〉を表すようになる。

・お母さんが鏡の前で浴衣を着ていた。　　〈動作継続〉
・先生が大通りを車で帰っていた。　　　　〈動作継続〉
・おばあさんがよろよろと立ち上がっていた。〈動作継続〉

　次のように、主体の意志的動作がない場合には、主体変化動詞と同じく、動作継続は表せず〈結果継続〉になる。意志的動作がありえない「案山子」や「優勝旗」が主語の場合には、＊で示したように、デ格やヲ格名詞と共起して〈動作継続〉を表すことは起こらない。この点は、主体動作客体変化動詞でも、「夕日が山々を赤く染めていた」のように、意志的主体ではない場合には〈結果継続〉になることと共通する。

・案山子が浴衣を着ていた。　　　　　　　〈結果継続〉
　＊案山子が鏡の前で浴衣を着ていた。
・校長室に優勝旗が帰っていた。　　　　　〈結果継続〉
　＊優勝旗が大通りを車で帰っていた。

以上のように、主体変化主体動作動詞のシテイル形式のアスペクト的意味は〈結果継続〉が普通ではあるが、〈主体の意志的動作〉の側面があるため、変化動詞に比べて相対的に〈動作継続〉を表しやすいと言えよう。
　一方、スル形式は、主体動作客体変化動詞と同様に、意志的動作が起動する開始の時間限界と主体の変化が達成される必然的な終了限界の両方を視野に入れて〈完成性＝ひとまとまり性〉を表す。ひとまとまり性ではなく、変化が達成される必然的終了限界の方が焦点化される場合もあれば、動詞によっては、動作起動の開始限界の方が焦点化される場合もある。「8時に学校に行く」と言った場合、学校への到着時が8時の場合もあれば、家を出る時間が8時の場合もある（このようなことが起こるのは「行く」「帰る」に限られており、「来る」のような動詞では、「8時に学校に来る」の場合、学校への到着時だけである。「戻る」も同様である）。

　・昨日は車で家に帰った。　　　　　〈完成性＝ひとまとまり性〉
　・昨日は9時に家に帰った。　　　　〈完成性＝変化達成性〉

　主体動作客体変化動詞との違いは、客体ならぬ主体の結果継続自体も、意志的でありうるため、スル形式が〈結果維持〉の開始から終了までをひとまとまり的に捉えることが起こりやすいことである。

〈結果維持のひとまとまり性〉
　・しばらく実家に帰ります。
　・謝恩会では振り袖を着た。

　さて、主体変化主体動作動詞に近いタイプの動詞グループとして、次のような動詞群がある。これらは、動詞自体では、シテイル形式が〈結果継続〉を表すか〈動作継続〉を表すかが決まらず、言わば〈二側面動詞〉とでも言うべき動詞である。

　（a1）　おじいさんが山道を登っている。　　　　〈動作継続〉

(a2)　おじいさんが木の上に登っている。　　　〈結果継続〉
(b1)　子供が橋を渡っている。　　　　　　　　〈動作継続〉
(b2)　子供が向こう岸に渡っている。　　　　　〈結果継続〉

　主体変化主体動作動詞では、〈結果継続〉を表すのが基本であり、特別な条件づけがある場合に〈動作継続〉を表すようになるのであるが、「登る、降りる、渡る、進む」のようなタイプの動詞は、単独ではどちらの意味かが決まらないものである。
　二側面動詞のなかには、上記のように〈意志的動作〉と〈変化〉の2側面を捉えている場合もあれば、次のように〈非意志的な現象（動き）〉と〈変化〉の2側面を捉えている場合もある。

(c1)　花びらがはらはらと散っている。
(c2)　地面に花びらが散っている。

　このような事実を強調しすぎると、アスペクト的意味は、動詞の語彙的意味では決まらず、すべては、動詞句あるいは文レベルで決まるということになってしまい、動詞分類は意味のないことになってしまう。だが、〈進行〉を明示する専用形式（ショル形式）のある西日本諸方言とは違って、標準語では、「開く、建つ」のような変化動詞は〈進行過程〉は表せないのである。この点が複合型アスペクトや方言接触においてどのような結果をもたらすかについては第Ⅳ部で述べる。
　後述の動詞リストを見れば分かるように、二側面動詞は限定されている。二側面動詞の特殊性を一般化しすぎることなく位置づけることが重要であろう。

## 3.4　主体動作動詞

　主体動作動詞は〈動作〉だけを捉えている動詞である。次のような3つのタイプがあるが、すべて、客体や主体の変化を捉えていないがゆえに、変化が達成されて必然的に終了する時間限界のない動詞である。

①客体に現象（動き）をひきおこす主体の動作（他動詞）
　動かす、飛ばす、流す、揺する、揺らす、鳴らす、燃やす
②客体に働きかけるだけの動作（他動詞）
　触る、引っ張る、押す、叩く、振る、掻く、飲む、見る、探す
③主体自身の動作（自動詞）
　遊ぶ、踊る、暴れる、歩く、走る、泳ぐ、うろつく、通る

　①のタイプは、客体に一定の現象（動き）を引き起こす動詞である。主体動作客体変化動詞とは違って、再帰構造であっても、シテイル形式は〈動作継続〉である。

　・太郎が栗の木を揺すっている。
　・太郎が足を揺すっている。

　①の他動詞「流す、揺らす、鳴らす」に対応する自動詞「流れる、揺れる、鳴る」等は、〈もの〉が主体となり、〈状態動詞〉に近づく。客体に働きかけるだけの動作を捉えている②に対応する自動詞は、特別な場合以外ない。③は自動詞であるが、「魚が泳ぐ」のように、主体が意志的動作主体ではない場合には、やはり〈状態動詞〉に近づくだろう。
　これらの主体動作動詞に共通する特徴は、動作が尽きるべき必然的終了限界はなく、意志的動作であるがゆえに開始の時間限界の方が焦点化され、シテイル形式が〈動作継続〉を表すことである。スル形式の方は、始まってから終わるまでをひとまとまり的に捉えるか、開始限界達成を捉える。

　〈完成性＝ひとまとまり性〉
　・昨日は久しぶりに公園を歩いた。
　・明日は友達と映画を見る。
　〈完成性＝開始限界達成性〉
　・あ、赤ちゃんが歩いた。
　・見て御覧。そろそろ飛行機が飛ぶよ。

主体動作動詞には、変化を捉えていないがゆえに〈必然的終了限界＝内的限界〉はないが、「30頁読む」「全部食べる」「駅まで歩く」のように、外的に終了限界を設定することはできる。この場合、シテイル形式は〈動作継続〉を表さなくなるが、〈結果継続〉になるわけではない。後述するパーフェクトの意味になる。
　「(雨が) 降る」「(風が) 吹く」「(日が) 照る」のような自然現象を表す動詞において典型的であるが、これらは、無意志的であり、〈主体動作動詞〉には所属させにくい。主体動作動詞と〈状態動詞〉の中間に位置づくと思われる。
　典型的な状態動詞との違いは、テンス的に、スル形式が〈現在〉を表さず、アスペクト対立もぼやけていないという、相対的な違いにある。次の場合、スル形式は現象発生の〈開始限界達成〉を表しており、継続性を表すシテイル形式とのアスペクト対立がある。

・玄関を出た。すると雷が鳴った。　　　　〈完成性＝継起〉
・玄関を出た。すると雷が鳴っていた。　　〈継続性＝同時〉

　ただし、次のような単独使用の場合には、状態動詞と同様にアスペクト対立がぼやけてくる。〈継起〉か〈同時〉かという他の事象との時間関係が問題にならない場合には、どちらの形式を使ってもよい。

・さっき、雷が鳴ったね／鳴っていたね。

　「歩く、走る、泳ぐ」のような動詞であっても、意志的な〈人〉が主体の場合であれば主体動作動詞になるが、そうではない場合には、状態動詞に近づく。「揺れる、流れる、鳴る、降る」のような現象（無意志的動き）を表す動詞はそれほど多くはないことから、主体動作動詞の周辺に位置づけておく。重要なことは、客体への働きかけ性も意志性もない自動詞であり、〈状態動詞〉に近いということである。

## 3.5　所属動詞一覧

動詞リストを示すと216頁〜217頁のようになる（204頁も参照）。この動詞リストから、まず、次のようなことが言えよう。*1

① 所属語彙が多いのは、A 主体動作客体変化動詞、B 主体変化（主体動作）動詞、C 主体動作動詞である。なお、最後に示した状態動詞は、運動動詞のなかの主体動作動詞との連続性を示すために掲載したものである点に注意されたい。
② 主体変化主体動作動詞は、シテイル形式で基本的に〈結果継続〉になる点を考慮して、B 主体変化動詞のなかに入れておく。また、C′現象（動き）動詞は、動作動詞と状態動詞の中間に位置づく。「泣く、鳴く」のようなものは主体動作動詞のなかに含めてよいかもしれないし、逆に「照る、光る」のような現象動詞は状態動詞に含めてよいかもしれない。
③ 他動詞である主体動作客体変化動詞に対応する自動詞は、主体変化動詞になる。
④ 主体動作動詞には、他動詞も自動詞も所属する。「歩く、泳ぐ」のような自動詞の場合、主体が〈人〉ではなくなると、意志性が薄れ、現象（動き）動詞に近づく。

より詳細に述べれば次のようになる。

① A「主体動作客体変化動詞」は、1）〜6）に下位分類している。
② B「主体変化動詞」のなかに「B・1）主体変化主体動作動詞」を入れているが、前述のように、Aとの中間に位置するものである。無意志主体の「B・2）主体変化動詞」は、1′）〜5′）のように、Aに対応する自動詞が多いが、「熟れる、晴れる」のように対応する他動詞がないものもある。
③ C「主体動作動詞」には、1）客体に現象（動き）をもたらす他動詞、2）客体への接触動作を表す他動詞が所属する。3）「見る、言う、歌う」のような認識活動、言語活動、表現活動を表す動詞も入れておく。4）「歩く」のような自動詞とC′は連続的であり、ま

A【主体動作客体変化動詞】
1) もようがえ：暖める、開ける、炒める、折る、変える、飾る、片づける、固める、乾かす、刻む、切る、崩す、砕く、削る、殺す、壊す、裂く、冷ます、縛る、絞る、閉める、染める、揃える、倒す、炊く、畳む、立てる、束ねる、散らかす、潰す、解く、溶く、閉じる、止める、直す、煮る、縫う、濡らす、冷やす、開く、広げる、塞ぐ、掘る、ほどく、巻く、捲る、曲げる、まとめる、磨く、蒸す、結ぶ、焼く、破る、茹でる、沸かす、分ける、割る、汚す、弛める
2) とりつけ：当てる、活ける、入れる、植える、埋める、置く、隠す、掛ける、重ねる、被せる、汲む、着せる、下げる、敷く、立てる、注ぐ、付ける、繋ぐ、積む、吊る、のせる、塗る、挟む、はめる、張る、混ぜる、盛る
3) とりはずし：落とす、摘む、ちぎる、取る、抜く、除ける、(とり)除く、外す、剥ぐ、離す、毟る
4) うつしかえ：上げる、集める、移す、下ろす、出す、届ける、運ぶ、戻す、寄せる
5) 生産：編む、築く、こしらえる、建てる、作る
6) 所有関係：あげる、預ける、売る、買う、貸す、借りる、払う、貰う

B【主体変化動詞】
B・1【主体変化主体動作動詞】
1) 再帰：かぶる、着替える、着る、脱ぐ、穿く、羽織る、まとう／抱える、担ぐ、咥える、抱く、掴む、握る
2) 位置変化・姿勢変化：上がる、集まる、行く、移る、帰る、隠れる、来る、去る、近づく、出かける、出る、入る、離れる、引き返す、戻る、寄る／屈む、腰掛ける、しがみつく、しゃがむ、すがりつく、座る、立ち止まる、立つ、つかまる、並ぶ、乗る、寝ころぶ、もたれる、寄りかかる

B・2【主体変化動詞】
1') 暖まる、開く、折れる、片づく、固まる、乾く、切れる、崩れる、砕ける、壊れる、裂ける、冷める、死ぬ、閉まる、染まる、揃う、倒れる、散らかる、潰れる、解ける、溶ける、止まる、煮える、濡れる、剥げる、冷える、広がる、塞がる、ほどける、曲がる、焼ける、破れる、沸く、分かれる、割れる、汚れる／熟れる、枯れる、腐る、曇る、凍る、咲く、萎む、澄む、爛れる、治る、濁る、禿げる、晴れる、老ける、太る、浮腫む、痩せる、やつれる、酔う
2') 植わる、埋まる、隠れる、掛かる、重なる、被さる、下がる、立つ、付く、繋がる、のる、挟まる、混ざる

3′) 落ちる、ちぎれる、取れる、抜ける、外れる、剥げる、離れる
4′) 上がる、集まる、移る、下りる、出る、届く、寄る
5′) (出現・消滅) 現れる、生まれる、建つ、出来る、生える／消える

C【主体動作動詞】
1) 動かす、飛ばす、流す、回す、揺する、揺らす、鳴らす、燃やす
2) いじる、打つ、押す、掻く、かじる、咬む、蹴る、こづく、擦る、刺す、さする、触る、叩く、(つっ)突く、つねる、殴る、撫でる、拭う、引く、引っ張る、拭く、ぶつ、ぶつける、踏む、振る、揉む／かじる、吸う、すする、食べる、舐める、飲む
3) 嗅ぐ、聞く(聴く)、眺める、睨む、覗く、見る／漁る、数える、探す、探る、調べる、試す、計る／言う、書く、訊く(尋ねる)、答える、叫ぶ、ささやく、叱る、知らせる、しゃべる、説明する、伝える、話す、呼ぶ、読む
4) 遊ぶ、暴れる、歩く、急ぐ、頷く、踊る、泳ぐ、駆ける、喧嘩する、滑る、這う、走る、働く、うろつく、辿る、通る、ぶらつく、向かう／涼む、休む

C′【現象(動き)動詞】
　動く、囀る、飛ぶ、泣く、鳴く、吠える、もがく、笑う／輝く、きらめく、くすぶる、ごったがえす、ざわめく、そよぐ、照る、轟く、流れる、鳴る、光る、響く、降る、吹く、回る、燃える、揺れる

　(二側面動詞) 登る、くだる、渡る、転がる、進む、滴る、たれる、散る、増える、減る

D【状態動詞】
1) 自然現象：冷える、吹雪く、流行る
2) 思考：思う、考える、疑う／分かる、察する／祈る、期待する、願う
3) 感情：いらいらする、うんざりする、感心する、感動する、苦しむ、心配する、同情する、悩む、はらはらする、迷う、滅入る、喜ぶ／あきあきする、あきれる、安心する、驚く、がっかりする、困る、せいせいする、退屈する、助かる、びっくりする、ほっとする、まいる、弱る
4) 知覚・感覚：感じる、聞こえる、ざらざらする、つるつるする、匂う、ぬるぬるする、見える／痛む、疼く、くらくらする、(目が)眩む、疲れる、頭痛がする、どきどきする、震える、火照る、むかむかする、(胃が)もたれる／しびれる、(のどが)乾く、(腹が)へる

た、C'のなかの「光る」のような動詞は状態動詞に連続的である。
④二側面動詞は所属語彙が少ないことから、（ ）で括って示す。

## 4. パーフェクトの複合性

時間的限定性のある個別具体的な運動における〈完成〉と〈継続〉の基本的なアスペクト対立を、テンスと相関させて示したのが、次の表である。完成というアスペクト的意味は〈発話時と同時〉である現在テンスにはない。

| T \ A | 完成 | 継続 |
|---|---|---|
| 未来 | スル | シテイル |
| 現在 | ― | |
| 過去 | シタ | シテイタ |

そして、前節で述べたように、動詞の語彙的意味のタイプと相関しつつ、〈完成〉及び〈継続〉のバリエーションが生じる。

このような動詞の語彙的意味との相関性から解放されると、〈パーフェクト〉〈反復習慣〉という派生的意味を表すようになる。ここでは、まず、パーフェクトについて述べる（シテイタ形式が反事実仮想を表す場合については第6章で述べる）。

### 4.1 パーフェクトと設定時

次の例を見られたい。すべてに共通するのは、「設定時において、それ以前に完成した運動の結果や効力が継続している」という複合的な時間的意味である。

〈パーフェクト・未来〉
・その頃には、私はとっくに死んでいるわ。
・あの人のことだから、懇親会が始まる前にワインを飲んでいるよ。赤い顔で会場にあらわれなければいいけど。

〈パーフェクト・現在〉
- 彼の父は1年前に死んでいます。今は一人暮らしでしょう。
- 昨日もお酒を飲んでいる。今日はやめなさい。

〈パーフェクト・過去〉
- 病院に駆けつけた時には、父はもう3時間前に死んでいました。
- 昨日、山田さんから電話があって、病気のことを告白されたわ。でも私は別の人から聞いていた。だから驚かなかったわ。

　パーフェクトの特徴は次の点にある（小説の地の文や論述文における詳しい用例は工藤（1995）を見られたい）。

①運動の時間的展開のあり様としては、〈先行時点における運動の完成性〉と〈後続時点における結果や効力の継続〉という複合的な捉え方になっている。直接的な変化の〈結果〉だけでなく〈効力〉の持続であってもよいので、語彙的意味からは解放され、変化を捉えていない主体動作動詞であってもパーフェクト的意味を表すようになる。
②〈未来〉〈現在〉〈過去〉というテンス的意味は、発話時と事象成立時との時間関係ではなく、〈発話時と設定時との時間関係〉による。*2 従って、〈パーフェクト・現在〉の場合には、事象成立時（運動の完成時点）自体は〈発話時以前＝過去〉であるため、「私の父は1年前に死にました」「昨日もお酒を飲んだ」と言ってもよい。ただし、この場合には、設定時＝発話時における効力の継続という意味は明示できない。

　既に述べたように、時間限界を視野に入れる〈完成〉は継起性を、時間限界を視野に入れない〈継続〉は同時性を表すという機能（タクシス）を有する。〈パーフェクト〉は、「先行時点における完成＋後続時点における結果・効力の継続」という複合的意味になるがゆえに、他の事象との時間関係は〈継起〉でも〈同時〉でもなくなる。

次のような例は、〈はなしあい〉ではほとんど見られず、書き言葉に特徴的ではあるが、パーフェクトでは、現実世界における事象の成立順序を変え、フラッシュバックさせて表現することになる。

> ・政治レベルでも日韓は揺れた。94年10月、河野洋平（68）＝現衆議院議長＝は日韓外相会議の夕食会で「どちらが勝っても、しこりが残って大変になる」と韓国の外相に<u>話しかけた</u>。その半年前、アジア連盟が共催検討を<u>提案していた</u>。「新聞記事を読んで、共催の手もあると頭にあったのかもしれない」と河野は振り返る。　　　　　　　　［朝日新聞2005年7月6日朝刊］

「話しかけた」が表しているのは〈完成・過去〉である。一方、〈パーフェクト・過去〉を表している「提案していた」は、「話しかけた」という時点よりも前に時間を引きもどしている。と同時に、「話しかけた」時点における、以前の「提案した」という運動の〈効力の継続〉をも表している。

　　話しかけた：〈完成・過去〉
　　提案していた：〈パーフェクト・過去〉

〈完成・過去〉が〈継起性〉を表すとすれば、〈パーフェクト・過去〉は、〈時間的後退性〉を表す。単純に、運動が起こった順番に表現するなら、シタ形式が表す〈完成・過去〉のみで十分である。だが、以上のように、現実世界における運動の成立順序を変えて表現する場合に〈パーフェクト・過去〉が必要になってくる。パーフェクトもまた、複数の運動をどう表現するかという〈話し手の主体的な観点〉に関わっていると言えよう。

　なお、パーフェクトという用語を広い意味で使う立場の論考がある。この場合は、上記のような場合はすべて〈動作パーフェクト〉になり、結果継続は〈状態パーフェクト〉になる。確かにどちらも〈終了後の段階〉を表す点では共通するのだが、両者には次のような違いがある。

① 変化の必然的な直接的結果である状態パーフェクトは、主体変化動詞のみであり、語彙的意味からの解放はない。
② すべての運動動詞に可能な動作パーフェクトは、語彙的意味から解放されるとともに、複合的なパースペクティブになっている。動作パーフェクトでは視野の外にある完成性も複合的に把握するとともに、直接的な結果のみならず、効力の継続であってもよい。
③ 状態パーフェクトの機能（タクシス）は〈同時性〉であるが、動作パーフェクトの機能は〈フラッシュバック〉である。

| 状態パーフェクト | 動作パーフェクト |
| --- | --- |
| 主体変化動詞のみ | 運動動詞（語彙的意味から解放） |
| 結果継続 | 完成性＋結果・効力の継続（複合性） |
| 他の事象との同時性 | フラッシュバック（時間的後退性） |

　本書では、パーフェクトという用語を、以上の動作パーフェクトの意味で使用するが、混乱を招く恐れがある場合には〈（動作）パーフェクト〉として示すことにする。

## 4.2　現在パーフェクトの複合性

　パーフェクトには、発話時と設定時との時間関係による〈未来〉〈現在〉〈過去〉があるのだが、〈はなしあい〉において重要なのは、〈パーフェクト・現在〉である。
　〈パーフェクト・現在〉においては、次の2つの複合性のバリエーションがあると思われる。
　第1は、次のような場合である。過去の特定時を明示する形式（波線部分）があることから、「聞きました」「死亡しました」に極めて近い意味になっている。認識的ムードの側面から言えば、〈確認済みの事実の記憶からの引き出し〉である。

・「わかっています。そのお話は、大統領にはたらきかけようとしたときに、すでに聞いています。覚悟はできています」
　　　　　　　　　　　　　　　　　　　　　　　　［マリコ］

- 「足利の叔父は昨年死亡しております。暁子が足利に行く理由はありません」　　　　　　　　　　　　　　　　　［爪］
- 「千穂さん、なぜ飯を食べないんです」
  「私はにごった水で炊いたごはんは嫌いなのよ」
  「貴女は、同じ水で炊いた飯を、ゆうべも今朝も食べている」
  「でも、今夜は嫌です」　　　　　　　　　　　［縦走路］

第2は、次のような、記録という間接的証拠に基づく過去の事実の確認の場合である。この場合は、記憶の引き出しではない。「着きました」にも言い換えにくい。

- 係員は、帳簿の一点を指で押さえた。（中略）
  「着いていますよ」係員はあっさり答えた。
  「到着していますが、もう受け取り人がありましたよ」
  　　　　　　　　　　　　　　　　　　　　　［影の地帯］

〈間接的証拠〉が、上記のような〈記録〉ではない場合もある。次のシテイル形式には、〈(現在の)痕跡という証拠の目撃に基づく過去の運動の推定〉というエヴィデンシャルな意味が複合化されている。〈記録〉に基づく確認の場合と同様に、記憶の引き出しではなく、間接的証拠に基づく発話時における確認である。ただし、記録の場合よりも、推定という側面が前面化してくる。このような場合は基本的に1人称主語であることはない。

- 「男も女も、青酸カリを飲んでますな」医者は言った。
  「この、きれいなバラ色の顔色がそうです。このジュースといっしょに飲んだんでしょう」　　　　　　　　　［点と線］

このように、〈パーフェクト・現在〉には、時間面での複合性だけでなく、2つの異なる認識的ムードの側面が複合化されている。まとめると、次のようになる。

①〈発話時以前における運動の完成〉と〈発話時における結果、効力、記録、痕跡の継続〉という複合的な時間となっている。
②話し手の記憶のなかにある過去の確認済みの事実を現在に関係づける場合と、現在の間接的証拠に基づいて過去の事実を確認する場合があり、2つの異なる認識的ムードの側面も複合化されている（後者の場合には人称制限を伴う）。

従って、〈結果〉というアスペクト的意味から派生してきた（動作）パーフェクトには、過去テンスへの方向性と、間接的エヴィデンシャリティーへの方向性が見られるということになる。

次のような進展プロセスが世界の様々な諸言語にあることが明らかになってきている。Bybee, Perkins and Pagliuca（1994）では次の2つの発展経路が示されており、Dahl（1999b）でも、モーダルな（エヴィデンシャルな）意味へと発展する場合があることが指摘されている。

resultative → anterior → perfective／simple past
　　　　　　　→ inference from results → indirect evidence
[Bybee, Perkins and Pagliuca 1994: 105]

（前略）the perfect is also the starting point or sometimes an intermediate point in different 'grammaticalization paths'. Most well-known is probably the development by which an original perfect develops into a general past tense, or sometimes rather a past perfective.（中略）By another path, a perfect may develop into a recent or hodiernal past. Last but not least, perfects often acquire inferential uses, which may lead to the development of categories with a basic modal or evidential meaning.

[Dahl 1999b: 291]

（動作）パーフェクトは、「彼は去年中国に行っている」「その話なら昨日もう聞いている」のように過去を示す時間副詞と共起し

〈発話時以前の運動の完成〉を捉えている点では〈完成・過去〉のシタ形式と共通する。同時に、〈現在における効力の継続〉をも捉えている点では〈結果継続・現在〉との共通性がある（*は、シテイル形式が〈完成・過去〉は表さないことを示す）。

【過去の運動の完成＋
現在の結果・効力継続】

〈結果継続・現在〉・・・〈（動作）パーフェクト〉・・・〈完成・過去〉
　　シテイル　　　　　　　　シテイル　　　　　　　＊シテイル
　　主体変化動詞　　　　　　全運動動詞

　一方、脱アスペクト化しつつ、間接的エヴィデンシャリティーへと発展していくのは、首里方言や与論方言であり、この点については第Ⅳ部で述べる。また、第Ⅲ部で述べるように、宇和島方言のシトル形式は、〈結果継続〉というアスペクト的意味だけでなく、〈痕跡（形跡）〉というアスペクト・エヴィデンシャルな派生的意味がある。相対的に見て、標準語のシテイル形式においては、痕跡（形跡）に基づく推定というエヴィデンシャルな意味への発展ではなく、過去への方向性が強いように思われる。

　標準語のシテアル形式は、主体動作客体変化動詞（意志動詞）において〈結果継続〉を表すだけでなく、意志動詞において〈（動作）パーフェクト〉も表すが、やはり、確認済みの事実の記憶からの引き出しによる〈効力の継続〉であり、過去への方向性である。2番目の例の「話してある」は「話した」に言い換えることができる。

　　〈結果継続〉
　　　・煙草の箱がはさんであるでしょう。そこが開いてあったんです。　　　　　　　　　　　　　　　　　　　　　　　［氷壁］
　　〈効力の継続（パーフェクト）〉
　　　・あのときの事件の原因がはっきりしないかぎり、私は、修一郎をここにはいれない、と行助が少年院から出てきたときに、四谷に行って話してあるはずです。　　　　　　　　［冬の旅］

シタ形式も、〈完成・過去〉だけでなく、現在における結果や効力の継続も表しうる。

【以前の運動の完成＋
現在の結果・効力継続】

| 〈結果継続・現在〉 | 〈(動作)パーフェクト〉 | 〈完成・過去〉 |
| --- | --- | --- |
| シテイル | シテイル | ＊シテイル |
| 主体変化動詞 | 全運動動詞 | 全運動動詞 |
| ＊シタ | シタ | シタ |

次のように、「今」「最近」といった発話時を含む時間副詞との共起が可能である。

・「友人は、妻と子供のもとで暮らしていますよ。そう簡単に自分の家には入れなかったでしょうが、今友人は元の生活に戻りました」　　　　　　　　　　　　　　　［ドナウの旅人］

次の場合も、〈完成・過去〉と〈結果継続・現在〉とが複合的に捉えられているだろう。

・「どうでした？」
　「レンズが割れています。つるも片方が折れました」
　　　　　　　　　　　　　　　　　　　　　　　　［私は忘れない］

〈結果継続〉は、以前の変化の完成を前提としてはいるのだが、焦点は〈結果〉段階にある。この前提となっている〈以前の変化の完成〉をも複合的に捉えるのが〈(動作)パーフェクト〉である。そして、変化のみならず動作の効力でもよいというかたちで語彙的意味からの解放が進む。

　シタ形式が、かつて「シタリ」というかたちでアスペクト的意味を表していたとすれば、複合的なパーフェクトは、アスペクト的にもテンス的にも、その中間的段階として位置づけられることになろ

第4章　アスペクト　　225

う。この点についても、第III部、第IV部で考察する。

　終止形では、特別な場合を除き、もはや運動動詞のシタ形式が〈結果継続・現在〉を表すことはないのだが、非終止（連体）では「開いた窓」「壊れた机」のように〈結果継続〉を表すことができる。標準語のみならず、東北から九州に至るまで、終止形のシタ形式が〈結果継続・現在〉を表している方言は、現在のところ出てきていない。標準語と同様に、〈完成・過去〉〈(動作)パーフェクト・現在〉を表し、全くと言っていいほどバリエーションが出てこない。これが何を意味するのか、今後さらに考えていく必要があるだろう。

　なお、2つの過去形がある（東京都）八丈方言や東北諸方言では、一方の過去形は〈完成・過去〉だけを表す（第IV部参照）。

## 5. 反復習慣の複合性

　動詞の語彙的意味からの解放が進むもう1つの経路が〈反復習慣〉である。時間の抽象化が進み、時間的限定性がなくなっていってポテンシャル化されると、次のように、スル形式とシテイル形式とのアスペクト対立がなくなり、スル形式はテンス的に〈現在〉を表すようになる。反復習慣についての詳細は工藤（1995）を参照されたい。

　　・毎日5時に<u>起きる</u>／<u>起きている</u>。
　　・この頃交通事故でよく人が<u>死ぬ</u>／<u>死んでいる</u>。

　上記の例からも分かるように、運動の複数性という点ではアスペクト的側面があるのだが、レアルな個別具体的な運動ではなくなり、思考活動による一般化であるというムード的側面も複合化されている。従って、次のような同じ時空間におけるレアルな運動である〈多回性〉とは異なる。このような場合には、スル形式は現在を表せない。

　　・大勢の人が次々に会場に *<u>入る</u>／<u>入っている</u>。

- 神主さんが境内に集まった子供たちに餅を*まく／まいている。

　〈反復〉から〈習慣〉へと時間の抽象化（ポテンシャル化）が進むと、特に非過去形では、シテイル形式は使用されにくくなる。シテイル形式の方が相対的にレアルであると言えよう。

　〈反復〉
- 母親が入院しているので、毎日父親がお弁当を作っている。

　〈習慣〉
- 太郎の家では父親がお弁当を作る。

　さらに時間の一般化が進むと、スル形式は〈特性〉を表すようになる。ここにはもはやアスペクト的側面は全くなくなっている。

- あの人は飲む。
- 人は死ぬ。

## 6．おわりに

以上をまとめると次のようになる。

1) 〈時間的限定性〉のある運動動詞述語において、〈完成〉か〈継続〉かの基本的なアスペクト対立が分化する。時間的限定性がなくなってポテンシャルな（レアルではない）運動になれば、このようなアスペクト対立はなくなってくる。
2) 〈完成〉か〈継続〉かのアスペクト対立は、複数の事象間における〈継起性〉か〈同時性〉かの違いと相関している。テンスは、発話主体の発話行為時という主体的側面なしには事象の時間的位置づけができないという意味で、主体・客体的なカテゴリーである。アスペクトは、テンスと違って、非ダイクティッ

クなカテゴリーではあるが、現実世界の運動が鏡に映るように反映されたものではなく、常に、話し手のパースペクティブがある。この話し手のパースペクティブとは、他の事象との時間関係のなかで、運動の時間的展開をどう捉えるかの問題である。話し手のパースペクティブ次第で、同じ事象が〈完成〉的にも〈継続〉的にも評価される。その意味でやはり主体・客体的なカテゴリーである。そして、方言によっては、話し手の目撃時との同時性という点を前面化させつつ、直接的エヴィデンシャリティー形式になっていくことが起こる（第Ⅳ部参照）。

3) シテイル形式において〈動作継続〉を表すか〈結果継続〉を表すかは、一次的には〈動詞の語彙的意味のタイプ〉が決めるが、構文的条件も二次的に関わる。標準語では、基本的に〈動作動詞〉か〈変化動詞〉かという2分類が重要になるが、広く諸方言を見渡すと、第Ⅳ部で述べるように、このようなあり様は限定されている。そして、標準語でも、主体動作客体変化動詞は、再帰構造になったり、意志的動作主体ではなくなったりした場合には、〈結果継続〉を表すようになる。

4) 通言語的にも指摘されているように、〈（動作）パーフェクト〉には、アスペクト的側面、テンス的側面、ムード的側面（エヴィデンシャルな側面）が複合化されている。標準語だけでなく諸方言をも見渡すと、どの側面に焦点をあてていくかによって、複数の発展経路があるように思われる。標準語では、〈過去〉への方向性があるが、第Ⅳ部で述べるように、首里方言には、間接的エヴィデンシャリティーへの発展経路が認められる。

アスペクトについては、既に諸方言の多様性が明らかになってきており、しかも、標準語型の体系の方が限定されていると思われる。第Ⅳ部のアスペクトならびにエヴィデンシャリティーの章を参照されたい。

なお、シテイタ形式は反事実仮想というモーダルな意味も表すが、この点については、第6章で考察する。

＊1 この動詞リストでは、具体性のある動詞に限定している（「売る、買う」のような動詞も具体的な動作を伴う場合である）。工藤（1995）において主体動作動詞に入れた「営む、通う、経営する、つきあう、勤める、仕える」のような社会的活動を表す動詞は、第Ⅰ部第4章で述べたように時間が抽象化しているため外してある。「結婚する、就職する、卒業する、入隊する」のような〈人の社会的変化〉を表す動詞グループは、意志性はあるが具体的な動作性はない。このような社会的活動や社会的変化を表す動詞については、今後さらに検討が必要である。また、「信じる、憧れる、軽蔑する」のような動詞では必ずしも特定時の一時的感情を表さない。このような人の特性に近づいている場合はリストから外しておくが、今後の検討が必要である。

＊2 〈未来〉〈現在〉〈過去〉というテンス的意味は、基本的には、発話時と〈事象時〉との時間関係である。しかし、複合的な時間的意味を表すパーフェクトの場合には発話時と〈設定時〉との時間関係になる。また、第3章で述べたように、事象時は〈現在〉であるが、話し手の〈直接確認時〉が発話時以前であるがゆえに過去形が使用される場合もある。ここではモーダルな意味との複合化がある。

・「まだ検査できる段階ではありませんがね。触診しただけでも右腹部に塊りがありました。肝硬変からくる食道癌かもしれませんな」と医師は廊下の隅で声を低くして言った。　　　　　　　　　　　［無影燈］

第5章
# 否定述語のムード・テンス・アスペクト

　第2章から第4章では、〈はなしあい〉における叙述文の〈肯定述語〉のムード・テンス・アスペクトについて述べた。本章では、〈否定述語〉のムード・テンス・アスペクトについて考察し、肯定述語には見られない特徴があることを述べる。

## 1. はじめに

　話し手と聞き手の相互行為である〈はなしあい〉における叙述文のモーダルな意味は、直接的であれ間接的であれ、話し手が確認した現実世界の事象を聞き手に伝えることである。最も典型的なのは、聞き手の知らない情報の伝達であろう。では、現実世界における事象の不成立を確認して伝える〈否定述語〉の場合では、どうなるのであろうか。*1
　標準語では、運動動詞述語の〈叙述法（認識的ムード）・断定〉において、次のような、肯定形式に対応する否定形式がある（Pはみとめ方（極性）の略）。形容詞述語や名詞述語にもあるが、本章では、ムード・テンス・アスペクトが全面開花する運動動詞述語に限定して考察する。*2

| P \ A・T | 完成相 非過去 | 完成相 過去 | 継続相 非過去 | 継続相 過去 |
|---|---|---|---|---|
| 肯定 | スル | シタ | シテイル | シテイタ |
| 否定 | シナイ | シナカッタ | シテイナイ | シテイナカッタ |

　形式上は、肯定と否定は、上記のようにきれいな対応関係にあるが、意味・機能上は必ずしもそうではない。*3

まず、アスペクト面に注目すると、第4章で述べたように、完成相では、運動を時間的に限界づけて捉え、継続相では、運動を時間的に限界づけないで継続的に捉える。それゆえに、完成相は複数の運動間の〈継起性〉を表し、継続相は〈同時性〉を表す。

　・停留所に着いた。するとバスが来た。　　〈完成＝継起〉
　・停留所に着いた。するとバスが来ていた。　〈継続＝同時〉

　アスペクト対立が以上のようなものであるとすれば、運動の不成立を表す否定述語では、〈完成―継続〉のアスペクト対立は成立しえないということになろう。しかし、次のような場合、「来なかった」と「来ていなかった」を入れ替えることができない。この問題はどう考えるべきであろうか。これが第1の課題である。

　・3時に停留所に着いた。（だが、）バスは来なかった。
　・3時に停留所に着いた。（だが、）バスは来ていなかった。

　次に、第3章で述べたように、肯定述語では、スル形式とシタ形式を、発話時を基準として、以前かそうではないかによって義務的に使い分けなければならない。

　・昨日、学校に行った　／*行く。
　・明日、学校に行く　／*行った。

　しかし、否定述語では、〈過去〉のことに、非過去形の「シナイ」が使用できる。次のような場合、(b)の肯定述語では非過去形「言う」は使用できないが、(a)の否定述語では可能である。

　　「昨日、私の悪口言ったでしょ」
　(a)「悪口なんか言わない（よ）」
　(b)「ああ、言った／*言う（よ）」

しかし、常にこうなるわけではない。次のような場合には、肯定の場合と同様に、過去のことに「来ない」を使用することができない。

・昨日駅でずっと待っていたけど、彼は来なかった／*来ない。

どのような場合に〈過去〉のことに対して非過去形「シナイ」の使用が可能になるのであろうか。これが第2の課題である。

## 2. 否定とアスペクト

肯定述語とは異なり、否定述語は、運動の不成立を表すため、次のようなアスペクチュアルな副詞とは共起しえない。

| A） | やっと、ようやく |
| B） | 突然、たちまち、ただちに、にわかに |
| C） | 急に、すぐに、いきなり、そくざに、とっさに |
| D） | だんだん、しだいに、じょじょに、ますます |

A）やっと赤ちゃんが生まれた。
　　*やっと赤ちゃんが生まれなかった。
B）突然お客が来た。
　　*突然お客が来なかった。
C）すぐに出かけます。
　　*すぐに出かけません。
D）だんだん慣れますよ。
　　*だんだん慣れませんよ。

なお、C）のタイプの副詞では、基本的に、助詞「ハ」を伴って、否定の焦点になる（「車は急に止まれない」という言い方をめぐっての議論がかつてあったが、基本的には「車は急には止まれない」であろう）。

・すぐにはでかけません。
　*すぐにでかけません。
・人間の性格は急には変わらない。
　*人間の性格は急に変わらない。
・何が起こったのかとっさには分からなかった。
　*何が起こったのかとっさに分からなかった。

　上記の副詞とは逆に、肯定述語とは共起せず、否定述語とは共起する副詞として「なかなか」「どうにも」「とても」「とうてい」がある。すべて、運動の成立の〈困難性〉や〈不可能性〉を表している（なお、「なかなか、どうにも、とても」は形容詞述語では逆になる。「なかなかいい／*なかなかよくない」「どうにも痛い／*どうにも痛くない」「とても寒かった／*とても寒くなかった」これらの問題については、工藤（2000c）を参照）。

・なかなか来なかった。
　*なかなか来た。
・どうにも傷が治らなかった。
　*どうにも傷が治った。
・私にはとても言えない。
　*私にはとても言える。
・とうてい間に合わない。
　*とうてい間に合う。

　以上のことから、否定述語は、運動の不成立を表しているがゆえに、アスペクチュアルな副詞との共起のし方が、肯定述語と違ってくることが分かる。
　このように、否定述語は運動の不成立を表すのだが、肯定の「スル（シタ）―シテイル（シテイタ）」に対応する「シナイ（シナカッタ）―シテイナイ（シテイナカッタ）」という形式がある。
　「スル―シテイル」という〈完成―継続〉のアスペクト対立とは既に述べたように、次のような文法的カテゴリーである。

他の事象との時間的関係のなかにおける、運動の動的展開の捉え方の違いであり、完成相では、時間的に限界づけて把握し、継続相では、時間的に限界づけないで継続的に把握する。それゆえに、完成相は複数の運動間の〈継起性〉を表し、継続相は〈同時性〉を表す。

　アスペクト対立がこのようなものであるとすれば、運動の不成立を表す否定述語では、〈完成―継続〉のアスペクト対立は不可能であるということになろう。実際、次の場合では、シナイでもシテイナイでもよい。

・どうしたのか、子供がまだ帰りません／帰っていません。
・犯人は、まだ捕まらない／捕まっていない。

　しかしながら、次の場合では、シナカッタとシテイナカッタを言い換えることができない。最初の例は「起きていなかった」に言い換えることができず、2番目の例では、「起きなかった」に言い換えると、時間的意味が違ってくる。

・ずいぶん揺すったけど、お母さんは起きなかった。
・私がでかける時、お母さんは起きていなかった。

　シナイ（シナカッタ）形式の意味を、「状態」や「継続」と考える論考もあるが、次のような例を見れば、シナカッタ形式は、「状態（継続）＝同時性」を表しているのではなく、先行の動作に継起する（引き続いて起こる）と想定された完成的運動の不成立を表していることが分かる。従って、「見つからなかった」「答えなかった」を、シテイナカッタに言い換えることはできない。

・「奴は出鱈目を言った。くたびれるほど山のなかを捜しまわったが、隠れ家は見つからなかった」　　　［絶望の挑戦者］
・「ピストル持ってる？って聞いてみたの。笑うような目で私

を見て答えなかったわ」　　　　　　　［飛ぶ夢をしばらく見ない］

　現実世界における不成立の状況（場面）そのものの完成的把握は不可能であろう。だとすれば、否定述語のアスペクト対立は、「（探せば）見つかる」「（聞けば）答える」という〈肯定的想定〉の面で成立しているということになる。
　こうして、運動動詞の否定述語には、次の2つの側面があることになる。

①運動の不成立を表すので、「やっと、突然、だんだん」のような運動の時間的展開のあり様を具体化する副詞とは共起しえない。
②にもかかわらず、否定述語にも「シナイ（シナカッタ）―シテイナイ（シテイナカッタ）」のアスペクト対立があるのは、〈肯定的想定〉におけるアスペクト的把握があるからである。

　否定述語では、文の対象的内容と現実との関係づけにおいて〈肯定的想定〉が媒介しているという②の点は、次のテンスの場合にも重要になる。*4

## 3. 否定とテンス

　否定述語では、次のように、過去のことに対して、非過去形「シナイ」が使用される。次の例において、肯定述語の「シタ」の方（波線部）は、スル形式には言い換えられないことに注意されたい。*5

　　　・「稽古で動けなくなった時、お前泣いたろう」
　　　　「泣かん」
　　　　「いや、泣いた。（後略）」　　　　　　　　　　［北の海］
　　　・「どうしたの、高原さんとケンカでもした？」
　　　　「しませんよ。ただ、罪もない人に怒っちゃったから、気が滅入っているだけ」

「またァ。ホントはケンカしたでしょ。ね、どうだったのよ、
デートは」
「何もないわよ」　　　　　　　　　　　　　　［想い出にかわるまで］

　ただし、過去のことに対して非過去形がいつでも使用できるわけではない。次の例では、過去形「気づかなかった」を非過去形に言い換えることはできない。ここでは〈聞き手の知らない事実〉を客観的に伝達している。

・「テーブルの下に置いて、すっかりわすれていた」
「結婚式の引出物？」
「早く君のところにいこうとして、同席の人に挨拶したが、
テーブルの下に気がつかなかった」　　　　　　　　　［樹海］

　違いは、コンテクスト上、聞き手の肯定的想定（判断）が言語化されているかどうかに関わっている。聞き手の肯定的想定（判断）に対して、それは事実ではないと話し手が打ち消すモーダルな意味が前面化するときに、非過去形が使用される。これを〈否認〉と言っておくとすれば、否認とは、聞き手の肯定的判断が間違いであるという話し手の主張である。一方、聞き手に対して事象の不成立を新情報として伝達する場合には、肯定形式の場合と同様に、過去形の使用が義務的である。

　次の場合は、すべて、相手（聞き手）の先行発話において、波線で示した過去の運動に対する肯定的想定（判断）が言語化されている。最初の例では、聞き手は「奥さんに会った」ことを事実として前提とした上でその結果についての質問をしている。2番目の例では、伝聞に基づいて聞き手は「追いかけてきた」という事実確認をしている。3番目の例では、事実未確認ではあるが、聞き手は事実である可能性が高いと考えている。これらに対して、話し手は事実ではないと〈否認〉している。

・「それはそうと、奥さんとお会いになった結果はどうでした？」

第5章　否定述語のムード・テンス・アスペクト　　237

・「会いませんよ。（後略）」　　　　　　　　　　　［あした来る人］
　　・「きのう、東京の家に電話したんですって。そしたら私たちがこちらに来ているというので、<u>すぐ追いかけて来たんですって</u>」
　　　「追いかけてなんか来ませんよ」　　　　　　　　　　　［花壇］
　　・「おとといの夜、先生は当直だったんだがね。君は学校に<u>来なかったかい</u>」
　　　「学校になんか……来ません」　　　　　　　　　　　［積木の箱］

　一方、次のような場合は、肯定的想定が言語化されていないため、非過去形に言い換えることはできない。ここには、話し手の否認というモーダルな意味はなく、過去時における運動の不成立を回想し、それを知らない聞き手に伝達している。

　　・「ママはね、パーティなんか嫌いで、あまり出たことないのよ……1週間前にTホテルで前田さんの古稀の祝賀パーティがあったけど」
　　　波子は財界の有力者の名を挙げて云った。
　　　「ママ、誘われても<u>行かなかったわ</u>」　　　　　　　　　　　［迷走地図］
　　・「意識はなかったの？」
　　　「ないわけじゃないと思うんだけど、眼を閉じて名前を呼んでも<u>答えなかったわ</u>。血圧が随分低かったから」　　　　　　　　　　　［無影燈］
　　・「ごめんなさい。寝すごしてしまって」
　　　「あんまりよく寝ているので<u>起こさなかった</u>」　　　　　　　　　　　［恋歌］

　以上のように、聞き手の肯定的想定（判断）が言語化されている場合には、過去のことに非過去形の使用が可能になるのだが、このような場合の否定文においては、「なんか」「など」を伴って、「事実ではありえない」といった〈話し手の評価感情〉が前面化する場合が多い。次の場合でも、「言いふらした」ことが過去の事実だと判断してその理由を尋ねている聞き手に対し、「けっして」を伴いつつ、事実ではないという話し手の強い否認を前面化させている。

過去時における事象の不成立を新情報として客観的に聞き手に伝えているのではない。

・「それだけ解っていらっしゃるのに、なぜあなたはあの事を世間に言いふらしたりなさったの……」
「いえ、僕は決して、言いふらしたりなんか致しません」

〔金環蝕〕

　従来、否定では過去のことに非過去形が使用できると指摘されてきたが、以上のようにいつでもそうなるわけではない。また、第3章で述べたように、肯定形でも〈当然性〉という評価感情を前面化させつつ、過去のことに非過去形を使用する場合がある（注5も参照）。ただし、使用頻度の違いがあり、その使用頻度の違いは、〈はなしあい〉における肯定述語と否定述語が担う情報構造の違いと相関していると思われる。

　肯定述語の断定形の主要な機能は〈聞き手の知らない情報の伝達〉であるが、この場合は第3章で述べたように義務的なテンス対立がある。否定述語でも、聞き手の知らない情報として運動の不成立を伝える場合には過去形の使用が義務的である。そして、聞き手の間違った認識を正すというモーダルな意味が前面化される場合に、過去の運動に対して非過去形の使用が可能になるのである。

## 4. 否定述語と肯定的想定

以上の点については、次のような指摘がある。

> NEG-assertions, it seems, are a distinct speech-act, used with different communicative goals in mind than affirmative assertions, thus also with different assumptions about the hearer's current epistemic state. Affirmative assertions are used to communicate new information in contexts of the hearer's presumed *ignorance*. NEG-assertions are used in con-

texts of the hearer's presumed *error or misguided belief.*

［Givón 2005: 168］

　　実際、次のような名詞述語の場合でも、否定述語は、聞き手の肯定的想定が間違っていることを伝え、肯定述語の方は、聞き手の知らない事実（新情報）を伝達していることが分かる。

　　・ジュヌイヴィエーブは私を燿子と勘違いしているようだ。
　　　「もしもし、あたし燿子じゃありません。友人の村野です」
　　　「あらあ、そうだったの」　　　　　　　　　　　　［顔に降りかかる雨］

　次の場合も、「和賀英良が今度の飛行機に乗る」という聞き手の肯定的想定を否定している。

　　・「22時発、サンフランシスコ行のパン・アメリカン機にご搭乗なさいます和賀英良さまのお見送りの方に申し上げます。和賀英良さまは急用が起こりまして、今度の飛行機にはお乗りになりません、和賀英良さまは今度の飛行機にはお乗りになりません。（後略）」　　　　　　　　　　　　　　　　　［砂の器］

　　下記の肯定述語文と否定述語文とを比較対照されたい。第2章で述べたように、述語が〈肯定〉の〈叙述法・断定〉の場合は、基本的に、聞き手の知らない情報を伝える。従って「映画を見に行かないことになっていたの？」「そんな予報がでていたの？」といった反応は普通ない。一方〈否定〉の〈叙述法・断定〉の場合では、いきなり否定述語を使用すると、聞き手（相手）は肯定的想定の確認を行うことになりやすいのである。

　　〈肯定文＝聞き手にとっての新情報〉
　　・「昨日、映画を見に行ったよ」
　　　「何を見たの」
　　・「地震があったよ」

「え、いつ」

〈否定文＝肯定的想定の否定〉
・「昨日、映画を見に行かなかったよ」
　「映画を見に行くことになっていたの？」
・「地震、なかったよ」
　「そんな予報が出ていたの？」

　以上のことから、肯定述語では、文の対象的内容と現実との関係が直接的であるとすれば、否定述語では、現実との関係が〈間接的〉であって、プラグマティックな前提としてある肯定的想定に媒介されていると言えよう。
　以下、上記の点を押さえて、シナイ、シナカッタ、シテイナイ、シテイナカッタという４つの否定形式のムード・テンス・アスペクト的意味を記述していく。

## 5. 否定述語におけるムード・テンス・アスペクト

　アスペクト対立のある個別具体的な運動を表す場合に限定して、シナイ、シナカッタ、シテイナイ、シテイナカッタ形式におけるムード・テンス・アスペクト的意味のあり様を、肯定のスル、シタ、シテイル、シテイタ形式の意味に対応している場合と、否定形式に特有な場合とに分けて記述する。*6

### 5.1　シナイ形式
　シナイ形式は、次のように〈完成・未来〉を表す。これはスル形式と共通する意味である。

・「旦那さまからお電話でございます」
　「こちらに回してちょうだい」
　霧子は受話器を取りあげて耳に当てた。
　「はい。私です」

- 「おれだ。今夜は帰らない。何か連絡はないかね」　［内灘夫人］
- 「手錠は掛けません。表に署の車が待たせてありますから、おいでを願います」　　　　　　　　　　　　　　　　［砂の器］
- 「よくなったわ。睡いの。いい気持だわ。でも眠らない」
　　　　　　　　　　　　　　　　　　　　［砂糖菓子が壊れるとき］

　以上のように、シナイ形式は基本的に〈完成・未来〉を表し、〈現在〉を表すのはシテイナイ形式である。しかし、次のように、運動の成立への〈話し手の期待〉がある（強い）場合には、シナイ形式が使用される。このようなモーダルな意味が前面化する場合は、シテイナイ形式に言い換えることができない。これは、シナイ形式に特徴的な意味である。

- 「昭子さん、何を探しているの」
  「お父さんの胃腸薬。どこかに大量にある筈なんだけど見付からないのよ」　　　　　　　　　　　　　　　　　　［恍惚の人］
- 「もう1杯いただくわ」
  「強いんだなあ」
  「酔わないのよ、ちっとも」
  「本当に酔いたいのかい」
  「本当よ。今夜はめちゃめちゃに酔っぱらってみたいの」
　　　　　　　　　　　　　　　　　　　　　　　　　　［内灘夫人］

　この場合、「なかなか、どうしても」のような副詞との共起が特徴的である。シナイ形式をシテイナイ形式に言い換えることはできない。

- 「雑誌の売れ行きがよくないわけですか？」
  「はあ。その、正直に申しまして、なかなか部数がふえないのです」　　　　　　　　　　　　　　　　　　　　［Dの複合］
- 「少し寒いな」
  「天井が高いからなかなか温まらんのです」　　［リラ冷えの街］
- 家にかけこんだ美代子は、お母さんに大息しながら説明した。

「どうしても動かないの。河童見るって、がんばってるの、
　　母さん行って。行ってちょうだい」　　　　　［風の中の子供］
　・「あの山に日本兵がたてこもっていて、どうしても降伏しな
　　い。それで、3日前からイギリス軍がこれを攻撃していて、
　　いままだ戦闘がつづいている」　　　　　　　［ビルマの竪琴］

　「まだ」と共起する場合も、成立への期待が高い場合や、予定
されていることが成立しないことへの評価感情を前面化させる場合に
は、シテイナイ形式ではなく、シナイ形式の方が使用されやすい。

　・「実は、お電話でも申し上げたとおり、私の方の木南さんが、
　　信州に行ったまま帰ってこないのです。4、5日という予定
　　でしたが、2週間にもなる現在、まだ帰社しません。連絡も
　　何もないのですよ」　　　　　　　　　　　　　［影の地帯］
　・「もう10時だ。まだカペーの妻は出てこないぜ。なにをし
　　てやがるんだ」　　　　　　　　　［王妃マリー・アントワネット］

　一方、次のように、話し手の評価感情を伴わずに、客観的に述べ
る場合は、シテイナイ形式であって、シナイ形式に言い換えること
はできない。2番目の例では「まだ食べない」にすると〈未来〉に
なってしまう。

　・「それで警察に届けたの？」
　　「そこなのよ。現在までのところ、美津子はまだ届けてない。
　　旦那も届けることには反対みたい」　　　　　　［天上の青］
　・「あなた、昼ごはんは？」
　　「まだ食べていない」　　　　　　　　　　　　［天上の青］

　また、「しばらく、ずっと、4日間」のような持続期間を示す形
式と共起する場合も、シテイナイ形式の代わりにシナイ形式の使用
が可能である。次の場合は、どちらの形式でもいいだろう。

第5章　否定述語のムード・テンス・アスペクト

- 「赴任して 1 年目に、10 日間日本にかえっていましたが、再びアメリカに渡るとアメリカの方が性にあうのか、そのまま<u>ずうっと帰国しません</u>」　　　　　　　　　　　　　　　［樹海］
- 「有川君ですか」
  鍋屋は眉を寄せた。
  「<u>彼ともずいぶん会いませんなあ</u>」　　　　　　　　　［迷走地図］

　しかしながら、コンテクストの支えがない場合には、シテイナイ形式とシナイ形式は、〈現在〉か〈未来〉かで対立する。最初の例をシナイ形式に言い換えると未来のことになり、後の例をシテイナイ形式に言い換えると現在のことになる。

- 「ねえ離れはどうするの、昭子さん。<u>ずっと使ってないんでしょう</u>」　　　　　　　　　　　　　　　　　　　　［恍惚の人］
- 「お父さまは、出張なの。<u>しばらく帰らないわ</u>」
  　　　　　　　　　　　　　　　　　　　　［そっとさよなら］

　〈完成・過去〉を表すのはシナカッタ形式である。しかし、聞き手の肯定的想定（判断）が先行発話において言語的に明示されている場合には、〈完成・過去〉であってもシナイ形式が使用され、聞き手の間違いをただすというモーダルな意味〈否認〉が前面化する。〈当然性〉という話し手の評価感情が複合化されやすい。

- 「また何かやったのね、あんたのことだから……」
  「何も<u>しないわよ</u>。向うが悪いんだわ」　　　　［独りきりの世界］
- 「大きな寝言！　お陰で眼を覚ましちゃったわ」
  「うそを言え」
  賢行はここで初めて眼を開けた。
  「俺は寝言なんか<u>言わん</u>」
  「だって、いま言ったわ」　　　　　　　　　　　　［憂愁平野］
- 「大変だよ、伊布地さんが……！」
  「<u>死んだ</u>?!」

244　Ⅱ　標準語のムード・テンス・アスペクト

「死にはしないさ！」　　　　　　　　　　　　［石の眼］

　事象の不成立自体は過去のことであるので、シナカッタ形式に言い換えられるが、その場合は、回想というモーダルな意味が前面化するだろう。

・「また何かやったのね、あんたのことだから……」
　「何もしない／しなかったわよ。向こうが悪いんだわ」
　　　　　　　　　　　　　　　　　　　　［独りきりの世界（改変）］

　次のようにシテイナイ形式も可能であるが、2つの形式を比べると、シナイ形式では当然性というモーダルな意味が前面化する。

・「大変だよ、伊布地さんが……！」
　「死んだ?!」
　「死にはしない／死んではいないさ！」　　　　［石の眼（改変）］

　肯定的想定が先行発話の前提となっている場合もある。この場合、事実であるという聞き手の前提を否認するので、「なんか」「など」と共起することが多い。

・「あんた国立署へ何の用事で行った？」
　「おれは国立署なんかに行かないよ」　　　　　　　　［影の地帯］
・「いま、医者からきいてきたが、3週間くらいで退院できるそうだ。（中略）なぜ喧嘩をしたんだね？」
　「俺は喧嘩などしないよ」　　　　　　　　　　　　　　［冬の旅］
・「それだけ解っていらっしゃるのに、なぜあなたはあの事を世間に言いふらしたりなさったの……」
　「いえ、僕は決して、言いふらしたりなんか致しません」
　　　　　　　　　　　　　　　　　　　　　　　　　　［金環蝕］

　一方、先行発話として言語化されていない場合には、シナイ形式

は使用しえず、シナカッタ形式を使用しなければならない。聞き手の知らない情報を伝えるので、否認というモーダルな意味はない。

・「君は、善い人だね」
　と不意に言い出して、前島を狼狽させた。
　「私の周囲に、かつて、君のような男は出て来なかった」
　「そんな……わしなんて、けれど……」　　　　　　　［宗方姉妹］

なお、次のように、否認というモーダルな意味は〈完成・未来〉の場合でもある。*7

・「死んじまうわよ、そんなことしてると」
　「おれは死なない」　　　　　　　　　　　　　［こがね虫たちの夜］
・「幾ら払う約束ですか？」
　「金は払いません。その代わり、きのう、彼に浴びるほど酒をご馳走しました」　　　　　　　　　　　　　　　　［ドナウの旅人］
・「死ぬ人間に、荷物なんて必要ないわ」
　「ミチオは死にませんよ」　　　　　　　　　　　［ドナウの旅人］

## 5.2　シナカッタ形式

　シナカッタ形式は〈完成・過去〉を表す。これはシタ形式と共通する意味である。次の場合には、シナイ形式に言い換えることはできない。話し手は過去の運動の不成立を確認し、それを知らない聞き手に伝達している。

・「何時？」
　「昼近いんだ。モーニング・コールが鳴らなかった」
　　　　　　　　　　　　　　　　　　　　　　　［丘の上の向日葵］
・「お袋はその翌日から昏睡状態に入り、12月28日に死にました。僕は歌子に電報を打ちましたが、通夜にも葬式にも来ませんでした」　　　　　　　　　　　　　［開幕ベルは華やかに］

アスペクト的には、波線で示した動作に継起すると想定された完成的運動の不成立を表す。従って、シテイナカッタ形式に変えることはできない。*8

- 「(前略) 葬式の後で、奥さんがそのジャムを食べようとしたけど、蓋が開かなかった。出入りの大工にやっと道具を使って開けてもらった。(後略)」　　　　　　　　　　　　　　　　　[天上の青]
- 「5時に電話しても誰も出なかったぞ」
「大ちゃんは塾でしょ。わたしは美加を迎えに行って、ついでにスーパーに寄って買いものをして帰ったのよ。(後略)」
　　　　　　　　　　　　　　　　　　　　　　　　　　　　[海と風と]

　以上のように、シナカッタ形式は〈完成・過去〉を表すが、〈(動作)パーフェクト・現在〉は表さない。その代わりに、次のような意味機能がある。
　肯定のシタ形式は、「とうとう、ついに、結局」のような副詞と共起して運動の〈完成〉を表すが、シナカッタ形式の場合は〈期待された運動成立の可能性の消滅〉を表す。現在も肯定的想定は現実化していないのだが、シナイ形式に言い換えることはできない。

- 「とうとう大臣は来られませんでしたね」
「大臣?」
　わたしは訊き返してから、はじめて津上の質問の意味に思い当たった。親任式はとっくに終わったはずなのに、新任の大蔵大臣がまだ挨拶に来ていないことを言っているのだ。
　　　　　　　　　　　　　　　　　　　　　　　　　　[小説日本銀行]
- 「若い頃には正ちゃんも私も八重九重に赤い花を咲かせたけれど、到頭子どもは授からなかった。もうこの齢じゃ今から励んでも無理な相談よ。つくづくお腹の大きい人が羨ましいわ」　　　　　　　　　　　　　　　　　　　　　　　　[木瓜の花]

　シナイ形式とシナカッタ形式は、現実には、現在において運動が

成立していない点では同じなのだが、現実化の可能性があると判断するか否かで使い分けられる。このような使い分けは、肯定形式スルとシタの場合にはない。*9

・「もう2時だよ。彼、来ないねえ」〈来る可能性があると判断〉
・「もう2時だよ。彼、来なかったねえ」
〈来る可能性がないと判断〉

　以上をまとめると、シナイ形式、シナカッタ形式では、聞き手の知らない情報を伝える肯定述語のスル形式、シタ形式にはない（あるいは頻度が低い）、次のようなモーダルな意味が前面化すると言えよう。これらはすべて、現実と直接的に関係づけられる肯定述語とは違って、否定述語では〈肯定的想定〉が媒介していることから帰結すると思われる。

①聞き手の間違った肯定的想定（事実認識）の否認
　（「あの時なぜ嘘をついた？」）「嘘なんかつかないよ」
②話し手の期待の不成立
　「なかなか来ないね」
③期待された運動の成立（現実化）の可能性の消滅という話し手の判断
　「とうとう来なかったね」

## 5.3　シテイナイ形式

　シテイナイ形式は〈継続・現在〉を表す。これはシテイル形式と共通する意味である。

・豚汁が食べたいというので豚汁を作る。人参がなかった。
　「人参が入ってないよ。それに肉もこんな切り方じゃないよ」
　「給食と同じというわけにはいかないわ」　　［ウホッホ探検隊］
・「昨夜は晴れていた。だのに露は降りていない」　［銀嶺の人］
・「あれ、しゃれたことを言う奴だな。お前、シャツを着てい

ないのか」
「着ていませんよ。そんなもの」　　　　　　　　　　［北の海］

　次に、シテイナイ形式は〈(動作) パーフェクト・現在〉も表す。これもシテイル形式と共通する意味である。次の例は、シナイ形式、シナカッタ形式に言い換えることはできない。例えば、次の最初の例の「言っていない」を、「言わない」に変えれば〈完成・未来〉の意味になり、「言わなかった」に変えれば〈完成・過去〉の意味になってしまう。

・「病人にはガンだってこと分からせねえように、お前だけに言うんだがね」
　「ねえさんに言ってないの」
　「言っていない。看病してるうちに、ちらとでも言えば大事だ」　　　　　　　　　　　　　　　　　［開幕ベルは華やかに］
・「陽子、ドライブに行こう」
　「あなたの名前は聞いていないわよ」
　「渉っていうんだ」　　　　　　　　　　　　　　　［天上の青］
・「朝食を食っていない。飯を食べよう」　　　　　　［眼の壁］
・――どんな本？
　――インディアンの民話の本。
　――持っていたかもしれないな。でも、実は1冊も読んでないんだ。ワシ、どうも馬鹿になったみたいで、活字に飢えてるのに、活字が頭に入んない。　　　　　　　［ウホッホ探検隊］
・「あれをどうするおつもりですか」
　「べつにきめていませんよ」　　　　　　　　　　　［金環蝕］
・「(前略) さらに昭和41年3月3日には、運航部長名でFAAにそった技術通告をしている。これによって727型機の事故は、日本で起こっていない。こうしたことから、当時の措置が適当であったと言えるんじゃないかと思うのです。」
　　　　　　　　　　　　　　　　　　　　　　　［マッハの恐怖］
・「多分京子さんをつれて来られるんでしょうね」

「私の子供、京子には1度も会っていませんの。いとこたちが、初めて顔を合わせるんですわ」　　　　　　　　［美しき嘘］

　次の場合、過去の特定時点を明示する形式と共起しており、シナカッタ形式に言い換えてもよい。ただし、そうすると現在との関わりが前面化されなくなるであろう。

- 「とにかく、今朝早いんで、二人とも昨夜は殆ど寝ていないんだ。夜まで休ませて下さい」　　　　［砂糖菓子が壊れるとき］
- 「寺島のことがだね」
と彼は事務長に劣らず不愉快な顔をして云った。
「昨夜も帰っていないのだ。君、警察に一応保護願いを出してくれないか。保護願いでも、捜索願いでも、どっちでもいいがね」　　　　　　　　　　　　　　　　　［わるいやつら］

　次の場合は、先行発話において聞き手の肯定的想定が言語化されている。このような場合は、シナイ形式の使用も可能である。シナイ形式を使用すると、話し手の〈否認〉が前面化されるだろう。

- 「あんたが一昨年、昭和42年11月16日から19日の間において、爆破実験をおこなったかどうか、ただこの1点だけを答えてみなさい」
「そんなことはしていません」　　　　　　　　　　［湿原］
- 「水口さんの家に行ったって、本当なのか？」
「水口さんの家になんか行ってないわよ」［想い出にかわるまで］

　また、シナイ形式の意味用法として述べたように、「まだ」と共起している場合は、シナイ形式でもシテイナイ形式でもいい場合がある。

- 「ちょっとお目にかかりたいと思いまして──」
「まだここに参っておりませんのよ。もう見えると思いますが」

[憂愁平野]

- 「書いたか」
「まだ書きません。これから書きます」　　　　　　　[夏草冬濤]

　ただし、シナイ形式の場合には、コンテクストに支えられないと〈未来〉の意味になってしまう。例えば、上記の例の「まだ書きません」は先行の質問文「書いたか」や後続文「これから書きます」がないとすれば、〈未来〉の意味になるだろう。次の場合も、シナイ形式に言い換えると〈未来〉になってしまう。従って〈(動作)パーフェクト・現在〉の意味を基本的に表すのはシテイナイ形式である。

- 「行こうや」
洪作が言うと、
「まだ、木部さんも、金枝さんも来ていないわ。向うへ歩いてみましょうよ」　　　　　　　　　　　　　　　　　　[北の海]
- 「ボスに伝えとけ」
武田は冷ややかに言った。
「俺はまだ死んでいないとな。奴の息の根をじわじわとめてやるとな」　　　　　　　　　　　　　　　　　　　[絶望の挑戦者]

　「しばらく、ずっと、長い間、2年間」等の副詞と共起する場合も、コンテクストの支えがなければ、シナイ形式は〈未来〉のことか〈現在〉かが分からなくなってしまう。次の例のシテイナイ形式をシナイ形式には言い換えにくい。

- 「あの辺りは酪農も盛んですからね、じゃずっとその方とはお逢いになっていないのですか」　　　　　　　　　[リラ冷えの街]

　しかし、次のようにコンテクスト上〈現在〉であることが明確である場合には、シナイ形式に言い換えることが可能である。

- 「では、明日一緒にお伺いいたします」
  「いや、儂の方から伺おう。しばらく母上にも会っていない。父上の1周忌からもう半年だ」　　　　　　　　　［花埋み］

　シテイナイ形式は基本的には〈継続・現在〉を表すが、次のように、過去のことに対する聞き手の肯定的想定（判断）が言語化されている場合には、シテイナカッタ形式の代わりにシテイナイ形式が使用できる。過去形のシテイナカッタ形式よりも非過去形のシテイナイ形式の方が、聞き手の間違いをただすというモーダルな意味が複合化されてくるが、否認というモーダルな意味がはっきり出てくるのは、シナイ形式「だまさない（だましたりなんかしない）」「かきません」「考えない」を使用する場合であろう。

- 「昔ははるか年上の、手の届かない大人という印象でした。たった5つしかちがってなかったのね。だまされてたみたい」
  「だましてなんかいないよ」　　　　　　　　　　　　　　［樹海］
- 「ねえ、目が赤いわよ。どうしたの？」と直子が珈琲を入れながら僕に言った。
  「夜中に目が覚めちゃってね、それからうまく寝られなかったんだ」
  「私たちいびきをかいてなかった？」とレイコさんが訊いた。
  「かいてませんよ」　　　　　　　　　　　　　　　［ノルウェイの森］
- 「私はどれくらいウトウトしたのかな」
  「20分ぐらい」
  「20分か。2分かと思ったがなァ。君は何を考えていたね」
  「何も考えていない」
  「何か考えたろう」　　　　　　　　　　　　　　　　　　［白痴］

　この否認というモーダルな意味は〈継続・現在〉にもある。「なんか」「など」と共起しやすい。この場合でも「酔ったりなんかしない」等の方が否認というモーダルな意味は前面化されるだろう。

- 「酔ってるな、亜紀」
  「酔ってなんかいないわ」　　　　　　　　　　　　［ソフィアの秋］
- 「じゃあ、お腹の子は、誰の子なんだ」
  「何を混同しているの？　これは嘘なのよ。私、妊娠なんかしてないわ」　　　　　　　　　　　　　　　　　　　　　　［ドナウの旅人］
- 「母さん、泣いてはだめよ」
  「泣いてはいませんよ。ちょっとも泣いてはいないでしょう」
  　　　　　　　　　　　　　　　　　　　　　　　　　　　［氷壁］

## 5.4　シテイナカッタ形式

　シテイナカッタ形式の意味はすべてシテイタ形式に対応するものである。

　まず、〈継続・過去〉を表す。

- 「（前略）ほんとうに辛かった。心だけじゃなくて、体も裂けそうだった。みじめ、なんて通り越して、どん底に落ちて、上から泥をかけられて、その上から氷雨が降ってる、って感じだったわ。でもその時は、私、全然泣いてなかったのよ」
  　　　　　　　　　　　　　　　　　　　　　　　　　［天上の青］

　次の例のように肯定的想定（判断）が言語化されている場合には、シテイナイ形式に言い換え可能である。しかし、上記の例のように、聞き手の知らない情報を伝える場合には、過去形の使用が義務的である。

- 「昨夜、街に立っていたというのは、どういう事情のかな」
  「立ってませんでした」　　　　　　　　　　　　［街角の法廷］
- 「今の長電話は、じゃあ君だったのか」
  ——長電話？
  「ずっと1時間もお話し中だったよ」
  ——嘘だよォ。あたいは誰とも電話してなかったよ。
  　　　　　　　　　　　　　　　　　　　　　　　　［不信のとき］

第5章　否定述語のムード・テンス・アスペクト

次に〈(動作)パーフェクト・過去〉も表す。

- 「そこで——誰か来客があるようなことは、奥さんは聞いておられなかったのですね」
  「私は聞いておりませんでしたし、全然そんな気配は……」
  「誰か来るような電話などは……？」　　　　　　　［第三の女］
- 「だが聖ザビエル師が教えられたデウスという言葉も日本人たちは勝手に大日とよぶ信仰に変えていたのだ。陽を拝む日本人にはデウスと大日とはほとんど似た発音だった。あの錯誤にザビエルが気づいた手紙をお前は読んでいなかったのか」　　　　　　　　　　　　　　　　　　　　　　　［沈黙］
- 「木部や金枝は？」
  「私が出て来る時はまだ来ていませんでした」　　　［夏草冬濤］
- 「そうだ、たしかに、あの時はまだ抜いていなかった。ナイフを出したのは、少し経ってからです。(後略)」　　　［事件］

さらに、〈新事実の確認(発見)〉というモーダルな意味も表す。次の例はすべて〈(動作)パーフェクト・現在〉である(シテイタ形式とは違って、〈新事実の確認(発見)〉というモーダルな意味を持つ〈継続・現在〉の実例は見つかっていない)。

- 「そうそう、君の名前を聞いていなかったね、本当の名前は？」　　　　　　　　　　　　　　　　　　　　　　［人間の鎖］
- 「おじいちゃん、病気悪いの？」
  「ああ、そうだったわね。ママ、肝心の報告をしてなかったわ」
  　　　　　　　　　　　　　　　　　　　　　　　　　　［樹海］
- 「あ、そうだ、まだ、見積り書、渡してなかったな」
  　　　　　　　　　　　　　　　　　　　　　［お隣さんお静かに］
- 「さあ、よくは覚えませんけれど、最近のことです。(中略)ああそれより、まだお茶もくんでませんでしたのね」
  　　　　　　　　　　　　　　　　　　　　　　　　　［悲の器］

## 6. おわりに

以上をまとめると次のようになる。

1) 運動の不成立を表す否定述語においても、アスペクト対立が成立するのは、①コンテクスト上〈肯定的想定〉がプラグマティックな前提としてあり、②その〈肯定的想定〉において運動のアスペクト的把握が成立するからである。
2) 話し手が現実世界における運動の不成立を確認し、それを知らない聞き手に伝える場合には、肯定述語と同様に、義務的なアスペクト・テンス対立が成立する。
3) 否定述語（断定形）においては、過去のことに対して非過去形シナイ形式が使用されやすいという特徴がある。これは、話し手と聞き手の相互行為としての〈はなしあい〉では、肯定述語が、聞き手の知らない情報を伝える機能を担うのに対して、否定述語では、聞き手の間違った肯定的想定（事実認識）を〈否認〉するというモーダルな意味を表すためであると考えられる。

このように、肯定述語とは違って、否定述語では、文の対象的内容と現実との関係づけにおいて〈肯定的想定〉が媒介しているため、両者のムード・テンス・アスペクトのあり様は必ずしも対称的ではない。

第III部では、方言によっては、否認を明示する形態論的形式が存在する場合があることを述べる。話し手と聞き手の相互行為としての〈はなしあい〉では、聞き手の間違った肯定的想定（事実認識）を打ち消すことは重要である。従って、否認専用形式が形態論化されても不思議ではない。また、第IV部では、肯定と否定では、アスペクト対立のあり様が違ってくる場合があることを述べる。事象の成立を表す場合と事象の不成立を表す場合ではアスペクト対立のあり様が異なってきても不思議ではない。

＊1 次のような指摘からも明らかなように否定文のない言語は考えられない。肯定文とともに否定文の研究は重要である。

　　　All human systems of communication contain a representation of negation. No animal communication system includes negative utterances, and consequently none possesses a means for assigning truth value, for lying, for irony, or for coping with tales or contradictory statements.（中略）If we are by difinition the animals that talk, we are ipso facto the animals that deny, for as Spinoza and Hegel argue, any linguistic determination directly or indirectly involves a negation.　　　　　　　　［Horn 1989］

＊2　否定文の意味・機能は、様々な面で、肯定文よりはるかに複雑である。例えば、三上（1963）が指摘しているように、「木を見て森を見ないから困る」「人を見て法を説かないから困る」というのは、何を否定するのかが異なっている。後者が否定しているのは「人を見て」の部分であって「法を説く」の部分ではない。

　　・木を見て森を見ないから困る＝森を見ないで木を見るから困る。
　　・人を見て法を説かないから困る＝人を見ないで法を説くから困る。

　このような問題は、否定のスコープあるいは焦点の問題として、様々な諸言語を対象に様々な考察が行われているが、この問題に関しては、工藤（2000c）を参照されたい。また、文法的否定形式と語彙的否定形式、否定形式の派生形容詞化の問題等についても工藤（2000c）を参照されたい。

＊3　Matti（2005）の Symmetric and Asymmetric Standard Negation（pp. 458–459）において、次のような2つの典型例が提示されている（簡略化して示す）。German では、肯定と否定が対称的であるのに対し、Burmese では、肯定と否定の関係が非対称的であり、肯定形における a、b、c の区別が、否定ではなくなってしまう（PRES 等の意味は次の通りである。PRES: present、PST: past、PERF: perfect、PLUPERF: pluperfect、ACT: actual、POT: potential、NEG: negation/negative）。

【German】

|  | AFFIRMATIVE | NEGATIVE |
|---|---|---|
| PRES | *ich singe* | *ich singe nicht* |
| PST | *ich sang* | *ich sang nicht* |
| PERF | *ich habe gesungen* | *ich habe nicht gesungen* |
| PLUPERF | *ich hatte gesungen* | *ich hatte nicht gesungen* |

【Burmese】

a. *θwâ-dé*　　　　　　b. *θwâ-mé*　　　　　　c. *θwâ-bí*
　 go-ACT　　　　　　　 go-POT　　　　　　　　go-PERF
　 '((S)he) goes, went.'　　'((S)he) will go.'　　　'((S)he) has gone.'

d. *ma-θwâ-bú*
   NEG-go-NEG
   '((S)he) does/did/will not go, has not gone.'

この肯定形式と否定形式の対称性の有無の問題については、第III部、第IV部で考察する。
＊4 「去年、さっき」「目下、今日」「明日、来月」のようなテンポラルな副詞は、肯定述語とも否定述語とも共起する。しかし、肯定述語と違って否定述語では、「いつ」「いつか」「やがて」「そのうち」のような形式との共起は不可能である（「俺がいつ言わなかった」と言えば〈反語〉になる）。

- <u>いつ</u>地震が起こるのかしら？
- ＊<u>いつ</u>地震が起こらないのかしら？
- <u>いつか</u>お会いしましたね。
- ＊<u>いつか</u>お会いしませんでしたね。

次の場合も肯定述語と共起しており、「いつか」を伴う否定述語は不可能である。

- 「閑間さん、私は気になりますから急ぎます。あの火事の勢いなら、<u>いつか焼けますよ</u>」　　　　　　　　　　　　　　　［黒い雨］
- 「僕はね、何もかも考えてるよ。<u>いつか話した</u>じゃないか。東大以外は、大学じゃないと思ってる連中から、一生出身校のことで差別されるかも知れないってこと、そんなことも何もかも万事考えた上で僕は一人で、そういう常識に反抗するんだ」　　　　　　　　　　　　　［太郎物語］

このような時間指示（temporal reference）の問題は、Givón (1984) が指摘しているように、下記のような、対象指示の問題と連動し、否定述語は、(b)のような new discourse referent の導入を阻む。本章ではこの問題は扱わず、本格的追求は今後の課題とする。

(a) 〈referential・definite〉
    <u>山田さん</u>、来たよ／来なかったよ。
(b) 〈referential〉
    <u>一人の男</u>が来た／＊来なかった。それは警官だった。
(c) 〈non-referential〉
    <u>誰も</u>来なかったよ。

＊5 肯定の場合でも、第3章で述べたように〈話し手の評価感情〉を前面化させる場合には、過去のことに非過去形が使用される。次の場合、話し手の〈当然性〉という評価感情が前面化されている。

- 「きょう富野さんとやった時、<u>本当に咬んだんですか</u>？」

第5章　否定述語のムード・テンス・アスペクト　257

「そりゃ、咬むさ。この2、3日、むしゃくしゃして歯ぐきがかゆいんだ」
　　　　　　　　　　　　　　　　　　　　　　　　　　　　　　　　　［北の海］
・「遊びだよ、遊び。大人のちっとした気まぐれだよ。もちろん僕が強引
　に誘った。酒を飲んでたからね」
　「お酒のせいにするなんて卑怯ね」
　「これさえ忘れてこなかったら、誰にも分からなかったことなんだ」
　「いいえ、わかるわ」
　圭の目は遠くを見ていた。けれども口調は視線を裏切るように、鋭く明
　瞭だった。
　「私がきっとわかったと思う。あなたたち、共通の秘密を持つことで、
　私を裏切ったのよ。そんなことに気づかない私だと思う？」
　　　　　　　　　　　　　　　　　　　　　　　　　　　　　　［満ちたりぬ月］

＊6　4つの形式すべてにある〈反復の否定〉について述べておくと次のようである。〈反復〉の場合は、時間的限定性がなくなってくるので、〈完成—継続〉という「シナイ（シナカッタ）—シテイナイ（シテイナカッタ）」のアスペクト対立はなくなる。この点は、肯定の場合と同じであるが、反復を表す副詞との共起関係が、肯定と違ってくる場合がある。
　まず、「滅多に」という副詞は〈否定〉と呼応し、〈反復の不完全否定〉を表す。

　　・「活動写真のご覧になります？」
　　　「ぼくは滅多に見ないなあ。（後略）」　　　　　　　　［楡家の人びと］

　次に、「いつも」「毎日」「たびたび」「しょっちゅう」「頻繁に」「しばしば」「たえず」は、基本的に、「ハ」あるいは「ソウ」を伴って〈不完全否定〉を表す場合と、不成立事態そのものを限定する場合とが出てくる。次の最初の例では「いつも見ているわけではない」の意味であり、後の例では「入らないのはいつもだ」の意味である。

　　・「テレビつけてないじゃない」
　　　「そうそういつも見てないわ」　　　　　　　　　　　［岸辺のアルバム］
　　・「お風呂におはいんなさいよ」
　　　「はいりますよ」
　　　「はいるはいると言って、いつもちっともはいらないじゃあありません
　　　か」　　　　　　　　　　　　　　　　　　　　　　　［あした来る人］

　なお、スルに対応して、シナイは〈恒常的特性〉も表す。

　　・「子供は正直ですね。子供は嘘をつきませんよ」　　　　　　　［樹海］

＊7　次の①②③の場合、シナイ形式は〈完成・未来〉を表していないが、このような用法はスル形式と共通するものである。

①発話現場における〈眼前描写（知覚）〉の場合。

・「風ひとつ入って来ないわ。今日も暑くなるでしょう」　　［午後の曳航］
・「何してるのかしら、あのカモメは。全然動かないわね」
　　　　　　　　　　　　　　　　　　　　　　　　　　　［これは懺悔ではなく］

②１人称主語に限定された〈態度表明〉〈感覚表出〉の場合。この用法も、肯定のスル形式にある。ただし、最後の例では、対応する肯定形式はシタである。

・「そんな暴言、絶対に許さないわ」　　　　　　　　　　　　　［砂の家］
・「我々日本人の間でも読まれております」
　「信じない。フランスであの本は、二百部しか売れなかった」　［留学］
・「全く、何も感じませんか」
　「感じません。どうしたのでしょう」　　　　　　　　　　　［大変ダァ］
・「あら、お若いのに、あまりお召しあがりになりませんね？」
　「ああ、なんだか腹がすかない」　　　　　　　　　　　　　［影の地帯］

③いわゆる〈劇的現在〉用法。評価感情を表す「驚きました」「怖かった」と共存していることに注意されたい。

・「俺はこの間何年ふりかで穂高へ行きましたよ。驚きましたね。全然体が動かん」　　　　　　　　　　　　　　　　　　　　　　　　［氷壁］
・「不思議な夢でした。いくら口紅を引いても色がつかないんです。恐かったわ」
　「あせりみたいなものがあるんでしょうね、常の生活のなかに」
　　　　　　　　　　　　　　　　　　　　　　　　　　　　　［女ざかり］

＊８「長い間、しばらく、随分」のような持続期間を明示する時間副詞（時間の従属文）と共起した場合には、シナカッタ形式は、発話時における運動の成立（現実化）を表す。従って、次の例において、シナイ形式の場合には、発話時において、「会う」「顔を見せる」という運動は成立（現実化）していないが、シナカッタ形式では、成立（現実化）している。

・「しばらく、お見えになりませんでしたね」
　マダムが西本に笑いながらいった。　　　　　　　　　　　　［霧の旗］
・「長いあいだ会わなかったね」　　　　　　　　　　　　　　［内灘夫人］
・「彼ともずいぶん会いませんなあ」　　　　　　　　　　　　［迷走地図］
・「しばらく顔を見せないね」　　　　　　　　　　　　　　　［脳は語らず］

＊９　複数の事象が時間的に配列される小説の〈地の文〉でも、〈完成〉と〈継続〉のアスペクト対立は厳密である。シナカッタ形式とシテイナカッタ形式の対立は、テキストのタイプを問わず、確立されている。

〈完成性＝継起性の否定：シナカッタ〉
- きぬ子は壇の上に立ったが、懐から弔辞を<u>出さなかった</u>。　　　［波］
- 階段の奥の扉はさびついていて、押しても<u>開きませんでした</u>。
［ビルマの竪琴］
- 「(前略)ぼくをここに残して、家に帰ったらどう？」
と言い、きびすを返すと駅へと歩きはじめた。志穂子は<u>追ってこなかっ</u>
<u>た</u>。梶井は、1度立ち止まり、夜道にたたずんでいる志穂子を見やった。
［ここに地終わり海始まる］

〈継続性＝同時性の否定：シテイナカッタ〉
- 急に姉は痙攣するように首を振って鼻をすすった。泣いているのかと顔
をのぞいたが、<u>泣いてはいなかった</u>。　　　［岸辺のアルバム］
- 麻沙子は隣室に走った。部屋には鍵が<u>かかっていなかった</u>。
［ドナウの旅人］

　なお、頻繁に使用されるわけではないが、「シナイデイル」あるいは「セズ
ニイル」という形式が存在する。〈不成立状態の継続性〉を明示するのは、こ
の形式であろう。ただし、この形式は、シテイナイ形式とは違って、主体が基
本的に〈人〉でなければならないという制限がある。

- 新橋に着くと、彼は辻待ちの人力車に乗った。明日の収入を考えると、
こんな無駄づかいはできない気持ちだが、学校では中島の戻りを待って
職員が<u>帰らずにいる</u>。　　　［小説東京帝国大学］
- 院長はさっきから椅子もすすめ<u>ないでいた</u>。すすめることを忘れている
ようであった。熱のためにうるんだその目は、疲れて、老いて、絶望し
きっていた。　　　［夜と霧の隅で］
- 「体裁のいいことをいわないで！　リノだってどうしたらいいかわから<u>な</u>
<u>いでいる</u>じゃないの。(後略)」　　　［愚者の夜］
- しかしいまは少し違う。僕はいま、生まれて初めて、自分が作りあげ、
あと少しで完成しかかっていたログハウスを、解体しなければならない
のだ。
　作ることばかりに熱中し、こわし方を知らない僕は、僕の心の中に
しっかりとそのかたちが出来上がった建物を、どう扱えばいいのか<u>見当</u>
<u>がつかないでいる</u>。　　　［彩雲の峰］
- フランクはイエスともノーとも<u>言わずにいた</u>。彼がその問題に触れたが
らないのを見て、カーターは強いてその回答を求めようとしなかった。
［アラスカ物語］

　以上のシナイデイル（セズニイル）を、シテイナイ形式に言い換えることは
できない。以上のことから、シナイ、シテイナイ、シナイデイルは、アスペク
ト的に、次のように対立していることが分かる。

| シナイ（シナカッタ） | 肯定的想定〈完成〉の否定 |
|---|---|
| シテイナイ（シテイナカッタ） | 肯定的想定〈継続〉の否定 |
| シナイデイル（イタ）<br>セズニイル（イタ） | 不成立状態の継続<br>［主体制限有］ |

　従って、シナイ形式は「状態」や「継続」を表すわけではない。次のように、肯定的想定としてある〈完成的運動〉の不成立を表すのである。この場合、シナイデイル（イタ）は使用できない。

・「先生は赤ちゃんを産むために半年も学校を休んでしまいましたが、赤ちゃんは生まれませんでした。でも、先生は（後略）」
　　　　　　　　　　　　　　　　　　　　　　　　　［ゆっくり東京マラソン］

#  第 6 章
# 反事実仮想

　多くの言語で指摘されているように、日本語でも、過去形は〈反事実仮想（反レアル）〉というモーダルな意味を表す。第 2 章から第 5 章までの考察を踏まえて、この章ではこの問題を検討する。

## 1. はじめに

　第 2 章で述べたように、叙述文は、(a) のような〈確認済みのレアルな事象（事実）〉、(b) のような〈事実未確認の事象（推量）〉を伝えるだけでなく、(c)(d) のような、現実化の可能性がない〈反レアルな事象〉も想像し伝達することができる。

(a)「薬を飲んだら元気になりました」
(b)「薬を飲んだら元気になるでしょう」
(c)「すぐに薬を飲んでいたら、元気になっていただろう」
(d)「太郎が来ていたら、今頃はさぞにぎやかだっただろう」

　この章では、〈反レアルな事象の想像＝反事実仮想〉について述べる。〈反事実仮想〉とは、(c)(d) のように、既に確認された事実に反することを条件にして、その帰結を想像（推量）するものである。(d) の例が示しているように、〈反事実仮想〉では、現在の事象に対して過去形を使用し、「今頃」と過去形の共起が可能である*1（事実未確認の〈推量〉の場合は「今頃」と過去形は共起しえない）。
　現在の事象に対して過去形を使用する場合については、第 3 章で述べた。第 3 章で考察したことは、〈事実の再確認（想起）〉であれ〈新事実の確認（発見）〉であれ、すべて〈事実確認のし方〉の違い

に関わるモーダルな意味であった。過去形は〈反レアル〉というモーダルな意味も表すが、このモーダルな意味においては〈事実確認済み〉であることが前提になる。この点で、第3章で述べた過去形のモーダルな意味と共通している。以下、具体的に述べる。

### 1.1　現在の事象に対する反事実仮想と過去形

　次の例を比較されたい。どちらも〈現在〉のことであるが、(e) では「19歳になってる」と非過去形が使用されており、(f) では「可能だった」と過去形が使用されている。

(e)「その崖の上に一軒ぽつんと離れてる家に、6歳になる男の子がいたの。もし生きていたら、19歳になってるわ。（中略）私、その子に会いたいの」　　　　　　　［海辺の扉］
(f)「どこが悪いんです？　やっぱり、肺そのものですか？」
　「しかたがない。本当のことを教えてやる。転移していない状態だったら、摘出手術も可能だったんだが……」
　「手の施しようがないということですね」　　　　［樹下の想い］

　(e) では、男の子が生きているかどうかについて、話し手は〈事実未確認〉であり、生きているとしたら19歳になっているという話し手の〈推量〉を述べている。事象の成立時は〈現在〉のことであるので、「19歳になってる」という非過去形が使用されている。第3章で述べたように、このような〈事実未確認〉の場合は、過去形を使用することはできない。発話時を基準として、事象成立時が〈発話時以前かそうではないか〉によって、過去形と非過去形が義務的に使い分けられる。

　一方、(f) では、話し手は「転移している状態である」ことを確認済みである。その確認済みの事実に反する事象（転移していない状態であること）を仮定し、主文に、その帰結を述べている。従って、主文の事象も反レアルであり、「手の施しようがないということですね」という相手の反応になる。このような〈反事実仮想〉の場合では、過去形が使用されるが、この場合の過去形は〈発話時以

前＝過去〉というテンス的意味ではなく、〈反レアル〉というモーダルな意味を表す。

## 1.2　過去の事象に対する反事実仮想とシテイタ形式

次の場合はどちらも〈過去〉のことである。2つの例を比較されたい。

(g)「遺跡は何を人間に教えていると思う？」
「人間の文明。過去の凄さ。<u>俺がこう答えたら、中学生のシーラはこう言った</u>よ。『それだけじゃない。遺跡はいつも語り続けるんだ。権力は、何を求めたかって』。俺は同感したよ」　　　　　　　　　　　　　　　［海辺の扉］

(h)「おばあちゃん、いくつでした？」
「83です。9月で84になります」
「柿どろぼうをして追いかけられたことあったな。そうするとあの頃が60歳代か。確かに元気で、ぼくはやっとの思いで<u>逃げました</u>よ。<u>転んでいたら捕まっていた</u>」［空夜］

(g)は、過去の〈レアルな事象（運動）〉の〈継起性〉を表している。この場合の「答えたら」のアスペクトは〈完成〉であり、「言った」は〈完成・過去〉という基本的なアスペクト・テンス的意味を表している。

一方、(h)でも、過去の事象に過去形が使用されているので、一見普通のテンス形式の使用のように見える。しかし、「転んだら捕まった」にすると、コンテクストがない限り、〈反事実仮想〉が明示できなくなって、(g)と同じく、過去のレアルな事象の継起性「逃げた。転んで、捕まった」を表すようになる。逆に、(g)において、「俺がこう答えていたら、中学生のシーラはこう言っていたよ」に言い換えると〈反事実仮想〉になるだろう。

シテイタ形式は、〈継続・過去〉というアスペクト・テンス的意味だけではなく、〈反レアル・過去〉というムード・テンス的意味をも表す。そして、〈反レアル〉の意味を表す場合、シテイタ形式

には〈継続〉という基本的なアスペクト的意味はなくなる（後述）。

まとめると、次のようになる。

聞き手にとっての新情報となる〈確認済みの事実〉を伝える場合と〈事実未確認（推量）〉の場合は、第3、4章で述べたように、基本的なテンス・アスペクト形式が使用される。しかし、現在のことに過去形が使用されたり、また、継続というアスペクト的意味がない場合でも過去のことにシテイタ形式が使用されることが起こる。この場合の過去形やシテイタ形式は、〈反レアルな事象の想像〉というモーダルな意味を表す。

世界の様々な言語で、〈反事実仮想〉の場合に、過去形や過去パーフェクト形式が使用されることが知られている（Dahl（1997）、Palmer（2001）、Плунгян（2004）等を参照されたい）。

以下、条件を表す事象の場合と帰結を表す事象の場合に分けて述べていく。

## 2. 条件を表す事象におけるムードとテンスの相関性

条件文とは、基本的に、仮定条件に基づいて帰結としての事象を導き出すものである。第2章で述べたように、〈未来の事象〉は、発話時以後であるがゆえに事実確認ができないポテンシャルな事象である。それゆえに、仮定条件となる事象が〈未来（ポテンシャルな事象）〉の場合は、〈反事実仮想〉を表すことができない。従って、主文の事象も、未来のポテンシャルな事象に条件づけられた、ポテンシャルな事象を表す。

・「でも、そのことを本人や友達が知ったら怒るでしょう」
　「怒るかもしれません」　　　　　　　　　　　　　［無影燈］
・「日本が、もし戦争に入れば、2年で食糧はなくなるであろう」
　　　　　　　　　　　　　　　　　　　　　　　　［小説・吉田茂］
・「機一郎さん、あなたが何と言っても私はあなたを連れて行く。ペトログラードへ行って革命の実体を見ればあなたの考えもきっと変わる。そうしよう」　　　　　　　　　［朱鷺の墓］

次のように、仮定条件に依存する話し手の意志を表す場合も同様である。

・「明日、あの人と会って、もし彼があたしよりマルグリットを好きだと言ったら、その時はあたしはイワーノフと別れます。そしたら、あたし、本当に素直にあなたのものになるわ」
［朱鷺の墓］
・「もう五百フラン出せば、教えるよ」　　［時の止まった赤ん坊］

　〈反事実仮想〉が可能なのは、仮定条件が〈過去〉〈現在〉の事実確認済みの事象に限定される。〈確定未来（予定）〉の場合には、「明日はあいにく会議だわ。会議がなかったら出席できたのに」のように、〈反事実仮想〉が考えられなくはないが実例は現時点では見つかっていない。世界の諸言語でも、未来の反事実仮想は特殊であること、逆に〈反事実仮想〉は〈過去〉と相関するのが普通であることが指摘されている。
　従って、反事実仮想は、〈現在の事実〉や〈過去の事実〉を確認した上で、それに反する事象を条件として仮定する場合に成り立つと言えよう。
　以上、〈条件となる事象〉におけるムードとテンスの相関性を確認した。

1) 〈未来〉の場合は、ポテンシャルな事象を表すので、反事実仮想はありえない。
2) 〈過去〉〈現在〉の場合は、事実確認できるので、その事実に反する事象を条件として仮定できる。

　次に、帰結となる主文の事象におけるムードとテンスとの相関性について述べる。

## 3. 帰結を表す事象におけるムードとテンス・アスペクトの相関性

〈反事実仮想〉というムードと、主文の述語のテンス、あるいはテンス・アスペクトがどのように相関しているかを、〈現在・未来〉と〈過去〉に分けて述べる。

### 3.1 現在・未来の反レアルな事象と過去形

条件となる反レアルな事象の帰結としての事象は、〈過去〉〈現在〉〈未来〉の場合がある。〈過去〉の場合については、次の3.2で述べることとし、ここでは①〈現在〉と②〈未来〉の場合を考察する。どちらであっても、主文の事象に過去形が使用できる。

次の例の①②は、条件となる反レアルな事象が〈過去〉の場合である。

①主文の事象は〈現在〉
　・「ああいうことがなかったら、お母さん、まだ生きてたかな」
　　　　　　　　　　　　　　　　　　　　　　［阿修羅のごとく］
　・「僕は君のことがとても好きだよ。会ったその日から好きになったし、今でも同じように好きだ。もし君に会わなかったら、僕の人生はもっと惨めで、もっとひどいものになっていたと思う」
　　　　　　　　　　　　　　　　　　　　　　［国境の南、太陽の西］
　・「あのときやめてりゃ、こんなにゃ、ならなかった」
　　　　　　　　　　　　　　　　　　　　　　［阿修羅のごとく］

②主文の事象は〈未来〉
　・「あんたが教えて下さらんかったらこの先何日もあの子は音なしで暮らさねばならんところだった」
　　　　　　　　　　　　　　　　　［世界の終わりとハードボイルド・ワンダーランド］

次の例は、条件となる反レアルな事象が〈現在〉の場合である。主文の反レアルな事象は〈現在〉と〈未来〉の場合があるが、過去形が使用されている。

③主文の事象は〈現在〉

- 「あなたと私は同じような境遇ね。自分ひとりだったら、もっと自由だったろうと思うわ」
「子供の心配やら、不安はいつも私の胸のどこかにあるわ。それが私を支えている一本の柱になっていることは事実ね」
　　　　　　　　　　　　　　　　　　　　　　　［樹海］
- 「子供なんてそんな。圭ちゃん、子供がいたら、今みたいに仕事をバリバリできなかったと思うわ」　　　［やさしい関係］
- やがて、晩かった月がこうこうと暗い森を照らしだした。
「やはり森というものは凄いですな。もし一人だったら私は震えたでしょうよ」　　　　　　　　　　　［輝ける碧き空の下で］
- 「直子や光子がいなくてよかったわ。もし二人が此処にいたら、ころげ廻って笑ったことでしょう」　　　　［銀嶺の人］
- 「雨がやんでよかった。雨だったら荷物を運ぶのが大変でした」　　　　　　　　　　　　　　　　　　　［臓器農場］

④主文の事象は〈未来〉

- 「私は、今度だって、あなたが本気で女を愛していたのなら、私はどんなに苦しんでも、いつかはあなたを許したり我慢してしまったりできたのじゃないかと思うんですよ。（後略）」
　　　　　　　　　　　　　　　　　　　　　　　［不信のとき］
- 「ご兄弟のことじゃありませんか」
「大して仲のいい兄弟じゃなかったよ。生きていれば、これからほんとうの兄弟になれたかもしれんがね。とにかく、この話はもうよしてくれ」　　　　　　　　　　　［さらば、荒野］

　主文の反レアルな事象が〈現在〉の場合、次のように「今頃」と過去形の共起が可能である。

- 「つる子さんは、後悔してない？」
「後悔？」
「おとなしく主人について田舎にかえってたら、今頃は五代もつづいた薬種問屋の奥様でいらしったんじゃないの」

・「戦争がなかったら、いまごろヨーロッパに留学して、各国の美術館や博物館を観て廻ってたでしょう」　　　　　　　　　　［流転の海］

　このように〈反事実仮想〉では、〈現在・未来〉の事象に過去形が使用されるが、これは必ずしも義務的ではない。次の例では、反レアルな事象に、過去形と非過去形の両方が使用されている。

・「親父の征太郎が生きていたら、さぞかし嘆くだろうな。おまえの足にしがみついてでも、選挙に出ることに反対しただろうな」　　　　　　　　　　　　　　　　　　　　　　［社長の器］

　次の場合、非過去形が使用されている。過去形（「死んでいた」「幾つだった」「20歳でした」）に言い換えることができる。

・「さっきは死ぬかと思ったよ、オレって体力がないんだな」
「いや、お前は案外強いよ。生への執着があるよ、みんな知らないけど、こういうところじゃ、人間なんてあっという間に死んじゃうからな、本当に弱いやつだったら、今頃死んでるよ」　　　　　　　　　　　　　　　　　　　［愛と幻想のファシズム］
・「古賀。確か警部は病気で子供を亡くしたんだったな？」
「はい、そうです」
「生きていたら幾つだ？」
「ちょうど20歳です」　　　　　　　　　　　　　　　　［半落ち］

　ただし、主文の反レアルな事象が〈未来〉の場合には、非過去形に言い換えにくい傾向があるかもしれない。過去形を使用することで、〈反レアル＝実現の可能性がないこと〉を明示する。次の最初の例では、話し手は、半年後には死んでいることを確信しているが、非過去形に言い換えると、生きている可能性も否定していないことになるであろう。2番目の例も、過去形を使用することで、許したり我慢したりする可能性がないことを明示していると言えよう。

・「あなたと会えてよかったわ」
「半年後だったら、すれ違いになっていたかもしれないな。私が逝ってしまったあとでは仕方ない」　　　［サザンスコール］
・「今度だって、あなたが本気で女を愛していたのなら、私はどんなに苦しんでも、いつかはあなたを許したり我慢してしまったりできたのじゃないかと思うんですよ。（後略）」
　　　　　　　　　　　　　　　　　　　　［不信のとき］

　以上をまとめると、次のようになる。

1) 〈過去・現在〉の反レアルな事象に条件づけられた主文の事象が〈現在・未来〉の場合に、過去形が使用される。この過去形は、発話時以前というテンス的意味ではなく、反レアルというモーダルな意味を表す。
2) 事象の成立時自体は〈現在〉あるいは〈未来〉のことであるので、コンテクストが反レアルであることを明示する限り、非過去形を使用することもできる。ただし、主文の事象が〈未来〉の場合は、過去形を使用した方が、実現の不可能性を明示することになる傾向がある。

### 3.2　過去の反レアルな事象とシテイタ形式

　条件となる反レアルな事象が〈過去〉であり、帰結としての主文の反レアルな事象も〈過去〉の場合には、時間限界のある運動動詞では、シテイタ形式とシタ形式のアスペクト対立がなくなる。
　次のシテイタ形式はすべてシタ形式に言い換えることができる。

・「あの事故がなかったら、去年の秋に結婚してたと思う。披露宴の会場も決まってたの」　　　　　　［海辺の扉］
・「でも、もし波多野さんが借金を申し込んできたら、貸していたんじゃありませんか？」
「そんなことは誰にもわからん。結局は彼は借金のことなどなにひとついわずに帰っていった」　　［波のうえの魔術師］

- 「もし、それが事実なら、公判廷での彼の態度で分かるでしょう。行助がいなかったら、私はあの夜殺されていた」
[冬の旅]
- 「幸いにエスコートしていた易者が気づいて、かおりを突き飛ばしてくれたから助かったものの、易者が居合わせなければ、かおりに命中していたはずだ」　[棟居刑事の「人間の海」]
- 「なにねえ、勝つのはもともと当たり前だよ。田辺がもっとはきはきやってくれたら、こんなものは半年で解決していたよ」
[楡家の人びと]

　逆に、次のシタ形式は、シテイタ形式に言い換えることができる。アスペクト的意味は全く変わらないのである。

- 「昨夜は怖かったわ」
「なんだか、あのまま死んでもいいような気持ちになった」
「わたしも、あなたが死のうといったら死んだかもしれません」
[うつせみ]
- 「少なくともあの事故がなければ、彼女は順調に芸能界にデビューしたはずです」　[棟居刑事の「人間の海」]
- 「骨髄移植といったような有効な治療は受けられなかったんですか」
「適合するドナーがあらわれませんでした」
「適合者がいれば助かった？」
「確実に助かったと思います」　[半落ち]
- 「さっきは惜しかったな。きみがまつばの行員を守ったのは正しいことだけど、あれで女性のスーツでも引き裂かれていたらもっといい絵が撮れた」　[波のうえの魔術師]

　このように、〈過去の反事実仮想〉では、シテイタ形式とシタ形式の言い換えがアスペクト的意味の変更を伴わずに可能である。
　第4章で述べたように、〈過去のレアルな事象（確認済みの事実）〉を表している場合には、このようなことは起こらない。次の

シテイタ形式をシタ形式に変えれば、アスペクト的意味が変わって、出来事間の時間関係が〈同時性〉ではなく〈継起性〉になる。

- 「なあに、帰ったら家に、あいつの女房から長い手紙が来てた。とても読みきれねえ」 ［湿原］
- 「(前略)驚いて上を見たら、あんたがごみを棄てていた」 ［夏草冬濤］

次のシタ形式は、〈過去の継起的事実〉を表しており、シテイタ形式は不可能である。

- 「お客が危篤と聞いたときは、おもい詰めたね。真夜中に河村さんのところへ辞表だしに行ったら、おれを差し置いて、出過ぎたことするなって、なぐられた」 ［男たちの前線］
- 「参謀本部の梅津美治郎大尉は、私の大隊の中隊長だった人だ。去年、陸大を首席で卒業している。君の受験のことを話し、戦術の指導を頼んだら、こころよく引き受けてくれた」 ［責任］

以上のことから、過去の反事実仮想の場合、①シテイタ形式とシタ形式のアスペクト対立がなくなり、②シタ形式の代わりにシテイタ形式を使用することによって、反事実仮想を明示するようになると言えよう。

これは、次のような〈過去の反レアルな事象〉を提示する従属文の述語の場合にも起こる。「決めていれば」を「決めれば」に言い換えてもアスペクト的意味の違いはない。

- 「ポイントはやっぱり第3クォーターのフィールドゴールだ。あいつを決めていれば、その後の展開もがらっと変わってた。ところがあのキックを外すんだもんなあ。がっくりきたよ」 ［片想い］

なお、第3章で述べたように、〈過去の反事実仮想〉であっても、発話時における〈当然性〉という〈話し手の評価感情〉を前面化させる場合には、非過去形を使用する場合が出てくる（次の非過去形はすべて、「止めてました／止めました」「敗けていた／敗けた」「言っていた／言った」に言い換えることができる）。

- 「この女性が展望台の手すりによじのぼるのを見ましたか？」
「いいえ、見ていたら止めますよ」　　　　　　　　［百年の預言］
- 「でも、きのう鳶さんに勝ったじゃないですか」
「試合だったら敗けているよ。最初の1本で決まるんだから」
　　　　　　　　　　　　　　　　　　　　　　　［北の海］
- 「ご主人は何か見たとはおっしゃらなかったのですね」
「何か見たら、あなた、警察でも言いますよ。嘘なんか吐くもんですか」　　　　　　　　　　　　　　　　［柔らかな頬］

## 4．おわりに　レアル・ポテンシャル・反レアル

以上をまとめると次のようになる。

① 〈反事実仮想〉は、〈事実〉を確認した上で、〈反レアルな事象〉を条件として仮定し、帰結となる事象を想像するものである。
② 従って、仮定条件となる事象は、事実確認ができる〈過去〉〈現在〉の事象であり、発話時以後のポテンシャルな〈未来〉の事象は基本的に不可能である。
③ 反レアルな仮定条件に依存する主文の事象も、当然〈反レアル〉であるが、この場合は〈未来〉のことでも〈現在〉〈過去〉のことでもありうる。この主文の反レアルな事象は、〈過去〉のことであろうと〈未来〉〈現在〉のことであろうと過去形で明示する。従って、過去形は、発話時以前というテンス的意味ではなく、反レアルというモーダルな意味を担うようになる。*2
④ 反レアルな事象が〈過去〉の場合、時間限界のある運動動詞では、アスペクト対立がなくなる。そして、シタ形式ならぬシテイタ形

式によって、反レアルであることを明示する。

　第3章で述べた、過去形の二次的なムード用法を含めて総合化すると、次のようになる。

1)　発話時を基準として、〈事象の成立時〉が〈発話時以前〉であることを表すのが過去形の基本的なテンス的意味である。
2)　〈事象の成立時〉が〈発話時以前〉ではないにもかかわらず、過去形が使用されるのは、次の2つの場合である。どちらも、過去形はモーダルな意味を表すようになる。両者に共通するのは〈事実確認〉というモーダルな意味である。
　　2・1)〈事実の再確認（想起）〉〈新事実の確認（発見）〉といった話し手の〈事実確認のし方〉を表す場合。事象成立時自体は現在のことであるので、非過去形の使用も可能である（このムード用法は、運動動詞のシタ形式にはない）。
　　2・2) 確認済みの事実に反する想像である〈反事実仮想〉を表す場合にも過去形が使用される（〈過去の反レアルな事象〉を明示する場合には、シテイタ形式が使用され、シタ形式とのアスペクト対立はなくなる）。

　第2章で述べたように、事象成立時が発話時以後である〈未来〉の事象は、ポテンシャルであり、〈現在〉〈過去〉とは違って、直接確認は不可能である。従って、反事実仮想の条件としてなりたたない。
　事象の〈レアリティー（現実性）〉に関わる客体的モダリティーとして〈レアル〉〈ポテンシャル〉〈反レアル〉を設定することができるであろうか？　時間のなかに現実化している具体的現象が〈レアル〉だとすれば、〈ポテンシャル〉とは条件さえあれば現実化しうる事象であり、〈反レアル〉とは条件がなかったがゆえに現実化しなかった事象である。レアリティーは時間的限定性と関係が深いが、〈未来〉の問題を考える際にも考慮しておく必要があるように思われる。今後の課題としたい。*3

なお、方言における反事実仮想については、第III部で述べる。*4

---

*1 本章での分析対象は複文になるが、主文の述語を中心に、従属文の述語も視野に入れて考察する。
*2 標準語において、小説の地の文ならぬ会話文において、「～かもしれなかった」が使用されている実例は、次のような〈反事実仮想〉〈未遂〉に限定されている(〈未遂〉については第III部で考察する。また、小説の地の文の場合については、工藤(1995)参照)。ただし、このような使用は極めて稀である。そして、最初の例の場合、「出してくださったかもしれないのに」と言い換えても、時間的意味は変わらない。2番目の例では「火事になった(なっていた)かもしれない」の方が普通であろう。

・「今来た姉のお友達に、この子の入院費をお願いすれば、<u>出してくださったかもしれなかったのに</u>」　　　　　　　　　　［時の止まった赤ん坊］
・「あなたのせいね」
　恵子は、タイ人の女に近づき、鍋の中を覗き込んで野口に言った。
　「<u>もうちょっとで、火事になるかもしれなかったわ</u>」　　　［愉楽の園］

また、〈反事実仮想〉における過去形の使用は、実現の可能性がない事象を表す点で、次のような〈現在の実現不可能な希望〉を表す過去形の使用と共通しているだろう。今後、このような諸問題の総合的考察が必要である。

・登美子は従業員の村井と吉野に退職金を払って、謝罪した。
　「今まで長いこと働いてくれてありがとう。できることなら一生、<u>一緒にいてほしかった</u>。だけど、もう沢村製版はつぶれたのよ…（中略）。ごめんね」　　　　　　　　　　　　　　　　　［想い出にかわるまで］
・「それよりどう？　式前夜の花嫁の心境としては」
　「別にどうってことないよ」
　「ウェディング、お母さんに<u>見せたかったね</u>」
　「笑っちゃうんじゃないの」　　　　　　　　　　　　　　［この世の果て］
・姉の高橋嘉寿子は、山本が海軍大臣の名代として、軍楽隊の奏楽に迎えられて、その城址へ入っていくのを、
　「五十さのあの姿を、お父さんやお母さんや、せめて季八さんに、<u>一と目見せたかった</u>」
　と、涙を浮かべて眺めていた。　　　　　　　　　　　　　［山本五十六］

*3 東北諸方言の「イダ」と「イル」は次のように対立する。だとすれば、「イダ」と「イル」の対立は〈レアル―ポテンシャル〉の対立であるとも言えよう。このような事実も含めた総合的な考察が必要であろう。

イダ：〈過去〉〈一時性・現在〉
　　イル：〈未来〉〈習慣・現在〉

＊4　愛媛県宇和島方言では、本章で述べた反事実仮想はすべてシトッタ形式が表す。このシトッタ形式は〈結果〉〈パーフェクト〉を表す形式である。一方、〈進行〉〈直前〉を表すショッタ形式は、標準語の「あやうく〜するところだった」に相当する〈未遂〉を表す。この点については第III部参照。

　また、宮城県（登米市）中田方言には2つの過去形があり、その一方は〈話し手の体験性〉を明示する。そして、この過去形は〈反事実仮想〉としても使用される。一見矛盾しているように思われるが、反事実仮想においては〈事実確認済み〉であることが前提になることを考えると、1つの形式が〈体験性〉と〈反レアル〉という2つの意味を有しても不思議ではないであろう。

　様々な方言における反事実仮想のあり様を視野に入れて、テンス・アスペクト形式における反事実仮想というモーダルな意味の派生プロセスを検討する必要があるだろう。

第7章
# 「らしい」「ようだ」とテンス

　第2章、第3章で述べたように、ムードとテンスは相関する。本章では、〈はなしあい〉の場合に、「らしい」「ようだ（みたいだ）」がテンスとどのように相関しているかを中心に考察する。〈はなしあい〉においては、「らしい」自体には、過去形「らしかった」は基本的にない。一方「ようだ（みたいだ）」には過去形があり、「ようだ（みたいだ）」と「ようだった（みたいだった）」が、テンス的に対立する場合がある。そしてこの違いは、モーダルな意味と相関している。

## 1. はじめに

　本章では、認識的モダリティー形式である「らしい」及び「ようだ（みたいだ）」が、時間的側面、特にテンスとどのように相関しているかを考察する。これは同時に、「らしい」「ようだ（みたいだ）」における文法化（助動詞化）のプロセスを考察することでもある（以下では、「ようだ」のなかに「みたいだ」も含めることとし、必要な場合にのみ両者の違いに触れることにする。基本的に、くだけた会話では「みたいだ」が使用されやすい）。
　奥田（1985a）において、「〜だろう」を伴うおしはかりの文との関係のなかで「らしい」が取り上げられ、次のことが指摘されている（簡略化して示す）。

①この助動詞はもともと「男らしい」の「らしい」と同じ単語であって、それが一方では助動詞へ、他方では接尾辞へと移行していった。
②「らしい」をともなうおしはかりの文では《おしはかりの構造》

は《らしさ》の存在を前提にしている。つまり、おしはかりの文に描き出されている出来事の《らしさ》、つまり、前ぶれ、しるし、きざし、気配、痕跡などが話し手の感性的な経験にとらえられていなければならない。

③「だろう」をともなうおしはかりの文は〈らしさ〉の存在を前提にしない。たぶん、このことは、一般的な法則を通して具体的な現象の出現をよみとる能力を人間がもっているという事実に基づくのだろう。しかし、「らしい」をともなうおしはかりの文は、前ぶれ、しるし、きざし、気配、痕跡などが話し手の経験にとらえられていなければならない。従って、「らしい」をともなう文では、そこに描かれている出来事が話し手の経験にしばられていて、自由に想像の世界に飛び立つことはできない。

推量形(「～だろう」)については第2章で述べたところだが、次のような「らしい」は推量形に言い換えることはできない。

・「ねえ、明日のタカちゃんのバレエ、見に行ってもいいね」と念を押すのだった。
「駄目。だってパパは明日夕方帰っちゃうんだよ」
「だって、タカちゃんと約束したんだもん」
と、泣き出しそうな絵留仁の様子から、自分の帰宅がどうやら娘の予定を邪魔しているらしいと悟った。　　　〔百年の預言〕

推量形と違って、「らしい」は、言語活動あるいは知覚活動によって確認した〈らしさの存在〉つまりは〈証拠となる事象〉(波線部分)に基づく話し手の〈間接確認〉であることを表す。話し手は、相手の〈発言内容〉と〈知覚した事象〉に基づいて、「自分の帰宅が娘の予定を邪魔している」ことを〈間接確認〉している。「～だろう」が表す〈間接確認＝推量〉に対して、「らしい」が表す間接確認を〈推定〉と呼ぶことにする(現実化の可能性のない〈反事実仮想〉(第6章参照)や、主体の立場からの確かさを表す「きっと、たぶん、おそらく」のような副詞が共起する場合(第2

章参照）には、「らしい」は使用できない）。

　「らしい」と「ようだ」については、様々な論考があり、相互に言い換えられる場合とそうではない場合があることが指摘されている。

　次の場合は、「らしい」でも「ようだ」でもよい。「らしい」も「ようだ」も〈間接的証拠に基づく推定〉を表す。

　　(a) 玄関前に車がある。誰か来ているらしい／ようだ。
　　　　　　　　　〈現在の証拠に基づく現在の事象の推定〉
　　(b) 書類にミスがある。太郎はあわてていたらしい／ようだ。
　　　　　　　　　〈現在の証拠に基づく過去の事象の推定〉
　　(c) 留守電にベスの伝言があった。日本に来ているらしい／ようだ。　　〈過去の証拠に基づく現在の事象の推定〉
　　(d) 先月書類上のミスが見つかった。太郎はあわてていたらしい／ようだ。　〈過去の証拠に基づく過去の事象の推定〉

　しかし、次の（e）(f) の場合は、「ようだ」のみであり、「らしい」は使用できない。そして、過去形「ようだった」（例（e1)(e2)）と非過去形「ようだ」（例（f)）がテンス的に対立している。また、(e1)「あわてているようだった」と（e2)「あわてていたようだった」は、非過去形「あわてている」か過去形「あわてていた」かにかかわらず、〈過去時の話し手の知覚印象＝対象の様子〉を表す。

　　〈過去の知覚印象＝様子の存在〉
　　(e1)　昨日駅前に太郎がいたよ。
　　　　　なんだかあわてているようだった／*らしかった。
　　(e2)　昨日駅前に太郎がいたよ。
　　　　　なんだかあわてていたようだった／*らしかった。

　　〈現在の知覚印象＝様子の存在〉
　　(f) 駅前に太郎がいるよ。
　　　　なんだかあわてているようだ／*らしい。

上述の例 (b) と例 (e2) を比較されたい。

(b) 太郎はあわてていたようだ／らしい。（書類にミスがある）
　　　　　　　〈発話時における過去の事象の推定〉
(e2) 太郎はあわてていたようだった／*らしかった。
　　　　　　　〈過去時の知覚印象＝対象の様子〉

　〈推定〉か〈過去時の知覚印象＝対象の様子〉かの違いがある。(e2) では話し手はその場に居合わせて〈知覚＝直接確認〉している。その場に居合わせなかった場合には「ようだった」は使用できない。そして「あわてていた」を、上記の例 (e1) のように「あわてている」に言い換えることができる。一方、(b) では、話し手は、その場に居合わせていない。〈過去の事象〉を発話時において〈推定＝間接確認〉している。「あわてていた」を「あわてている」に言い換えると、過去の事象の推定ではなく、現在の事象の推定になり、時間的意味が違ってくる。

　以上をまとめると、次のようになる。

① 「ようだ」自体にはテンス対立があるが、「らしい」自体にはテンス対立がない（「らしかった」は基本的に小説の地の文のような書き言葉で使用される）。
② 「らしい」に言い換えられない「ようだ」は、〈話し手の知覚印象＝対象の様子〉を表している。話し手の知覚と知覚対象（知覚内容）とは〈同時的・一体的〉でなければならない。〈過去の事象〉を〈発話時において知覚〉するのは不可能である。そして、話し手の知覚体験が〈過去〉なのか〈現在〉なのかの違いは、「ようだ」「ようだった」というテンス対立で表す。〈未来〉はありえない。
③ 「らしい」でも「ようだ」でもいい場合は、〈間接的証拠に基づく話し手の推定〉を表す。「来ているらしい／ようだ」「来ていたらしい／ようだ」のように〈推定の帰結である事象〉については、〈現在〉〈過去〉のどの時間でもよいが、〈主体の推定〉自体は

〈発話時〉のものである。従って、推定の場合は「らしかった」「ようだった」という過去形はない。〈推定〉とは、間接的証拠から新しい認識を導き出す主体の思考活動であろう。従って、〈間接的証拠〉があれば、発話時において過去の事象を推定することは可能である。

さらに、〈推定＝間接確認〉と〈知覚印象＝直接確認〉では、次のような違いもある。「あわてている」といった具体的な〈一時的事象〉と違って、「あわて者だ」といった主体の〈恒常的特性〉は、思考活動によって〈推定〉することは可能だが、知覚活動によって確認（認識）することは不可能である。〈知覚〉による確認が可能なのは基本的に〈一時的具体的事象〉である（第Ⅰ部第3章、第Ⅱ部第2章を参照）。

・太郎はどうやらあわて者らしい／あわて者のようだ。〈推定〉
・\*太郎はなんだかあわて者のようだ。

このように〈時間的限定性〉の面についても、「らしい」と「ようだ」の両方が表す〈推定〉と、「ようだ」だけが表す〈知覚印象〉とは違っている。そして、後者の「ようだ」には「ようだった」という過去形があることから、助動詞化（文法化）は相対的に進んでいないと考えられよう。

【助動詞化の進展段階】
　　　　〈推定〉　　　　　　〈知覚印象（時間的限定性有）〉
「ようだ／\*ようだった」←――　「ようだ／ようだった」
「らしい／\*らしかった」

「らしい」が形容詞の接尾辞である場合には、肯定と否定の対立がある。

・期日通りに仕上げるとは、あの人らしい。

・期日に遅れるなんて、<u>あの人らしくない</u>。

しかし、〈推定〉の「らしい」には否定もない。また〈知覚印象〉を表す「ようだ／ようだった」でも「なんだかあわてているようじゃなかった」とは言えない（「なんだかあわてていないようだった」は可能である）。このことから、上記の〈知覚印象〉を表す「ようだ／ようだった」でも、相対的には文法化が進行していると思われる。

　以下では、〈テンス〉との相関性を中心に、〈時間的限定性〉〈アスペクト〉との関係も視野に入れて、助動詞化（文法化）のプロセスを記述していくことにする。分析対象は、他の章と同様に、1950年代以降の小説の会話文における述語の終止用法に限定する。

## 2.「らしい」とテンス

「らしい」には、形容詞の接尾辞である場合と、推定の助動詞化している場合とがある。両者の違いと連続性を見ていくことが必要であろう。形容詞の接尾辞の場合から述べる。

### 2.1　形容詞の接尾辞

　形容詞の接尾辞である「らしい」は、〈述語（終止形）〉としての構文的機能を果たす場合には、次の3つの特徴が見られる。

①名詞、代名詞だけに接続するが、実際の用例を見ると、〈特定の人〉を表す場合がほとんどである。従って、人称代名詞の場合が多い。最初の例では、〈特定の個人〉であり、後者の場合は、〈一般的クラス〉であるが、前者の場合が多い。〈もの名詞〉である場合は、会話文の終止用法の場合は見つかっていない。述語（終止形）の場合には、「エントランスが一流ホテルらしい」のようなタイプが出てこず、波線で示した〈こと（事象）〉に対する〈発話時における話し手の評価的判断〉が前面化している。

- 「わざわざ、お別れに来てくれたの」琴美は笑顔で言い、「あなたらしいわね」そうつけくわえて微笑んだ。［海辺の扉］
- 「ほんとうは、本人をぶん殴ってやるのが男らしいんだけどな」「知らん顔をしてあげるのが、父親らしいのよ。無関心と知らん顔ってのは、絶対に違うんだから」　　　　　［ビタミンF］

② 「らしくない」という否定形式の場合も肯定形式の場合と同程度ある（しかし、「らしかった」の用例はなく、後述のように「らしくなかった」という過去形が１例あっただけである）。次の最初の例は〈特定の人〉であり、後者は〈一般的クラス〉である。

- 「どうしたんですか、課長。急にシュンとしちゃって。課長らしくもない」　　　　　　　　　　　　　［てのひらの闇］
- 「ほう、珍しいこともありますね。いいじゃないですか、少しは不眠の味も知らなければ小説家らしくないでしょう」
　　　　　　　　　　　　　　　　　　　　　　［今夜も思い出し笑い］

③ 派生形容詞であるので、肯定の「らしい」では、副詞「いかにも」「実に」「はるかに」「よっぽど」と共起する。また「～らしくなる」とも言える。なお、次の最初の例では「君のやり方らしい」となっているが、これは「君らしい」にしてもよいであろう。

- 「理子にまだ話してないのか、如何にも君のやり方らしい、二人がよければ勿論僕には文句がないが、親としての希望は、理子と結婚したら、君の仕事はやめて僕の事業を手伝ってもらえないか、（後略）」　　　　　［蒼氷・神々の岩壁］
- 「たとえ、あきらめるにしたって、津上さんの仰るように、仕事が好きになるように努めてみないことにはね。その方が、はるかに男らしいですわ」　　　　　　　［小説日本銀行］

以上の例から分かるように、重要なことは次の４点である。

1) 発話主体が〈らしさの存在〉を〈評価〉しているのは、人(もの)そのものではなく、〈事象(こと)〉である。これは、多くの場合、話し手が直接体験している。次の最初の例の場合、〈過去の具体的事象〉における〈らしさの存在(非存在)〉を、〈発話時〉において〈評価〉していると言えよう。後者の例では、相手の発言内容に対する〈らしさの存在〉の〈評価〉である。

・「なぜあの人は、あんな赤い顔をしたのか。普段の寺西敬子らしくない」
[積木の箱]
・「いいのよ。花なんか食べられないし、もったいない」
「そういう言い方って、お姉さんらしいわよ。あんな献立やってるから、花だって食べることに結びつけちゃうんじゃない」
[阿修羅のごとく]

2) 上記のことは、発話主体が具体的事象を確認し、そこに「らしさがある(ない)」と〈発話時〉において〈評価〉を下していることを示している。

〈らしさの存在〉の構造
発話主体:一般化して評価(発話時)
評価対象:過去あるいは発話現場における具体的現象
　　　　　(知覚活動、言語活動によって確認された事象)

ここには、〈具体的現象〉に対して〈一般的な特徴づけ〉を与え、評価を下す、発話主体の認識活動が見られるわけだが、これは、次に述べる〈推定〉との連続性を物語っているであろう。〈らしさの構造〉では〈評価対象〉となる具体的事象が、〈推定の構造〉では、新たな事実を引き出す〈証拠〉となってくるわけである。具体的事象そのものに一般的な評価を下すのか、そこから新たな事実を引き出してくるのか、両者は方向性が異なるとともに、連続的でもある。

3) 形容詞の接尾辞としての「らしい」においても過去形がほとんど見られない。これは、〈主体の評価＝発話時〉であるためであろう。この点は、〈主体の推定＝発話時〉であることと共通するが、両者の大きな違いは、〈否定〉の有無である。〈推定〉は、具体的現象から新たな事実を引き出してくる認識活動であるので、この認識活動自体を否定することは不可能である（推定の帰結としての事象自体は、「シナイらしい」のように否定が可能である）。

4) 形容詞の接尾辞である場合は、当然、名詞、代名詞自体に陳述性はない。「教師らしい」全体で〈形容詞述語〉である。そして、「彼は昔教師だったらしい」のように、テンスを備えてきて〈名詞述語〉となると〈伝聞〉あるいは〈推定〉になる。この場合は、〈間接確認した事象〉自体の存在時が問題となって、テンスを備え、発話時を基準軸とする時間的位置づけを受けることになる。従って、この場合の「らしい」は助動詞である。

## 2.2 推定の助動詞「らしい」

推量（間接確認）を表す「～だろう」と同様に、〈推定〉の「らしい」自体には過去形や否定形がない。一方、推定（間接確認）の帰結である事象の方は時間性（テンス、アスペクト）を備えている（〈推量〉と〈推定〉はともに〈間接確認〉である点で共通する。違いは、推定が〈証拠に基づく間接確認〉である点にある）。

以下では、次の点に留意して、〈動詞述語〉〈名詞述語〉の順序で述べることにする。

①推定の帰結となる事象の時間的限定性とテンス、アスペクト
②推定の証拠となる事象のタイプと存在時

①推定の帰結となる事象のタイプについては、動詞述語、名詞述語の順に述べるが、これは次のことを意味する。運動動詞述語（典型的な動詞述語）の場合と名詞述語の場合とでは、時間的限定性の

観点（第Ⅰ部第3章参照）から見て対極にある。運動動詞述語における事象は特定時の具体的な〈一時的な動的事象〉であるが、典型的名詞述語の場合には、時間的限定性のない〈恒常的特徴（質）〉である。

　〈時間的限定性の有無による事象のタイプ〉
　　動詞述語：具体的な一時的現象　「ポチが走っている」
　　名詞述語：抽象的な恒常的特徴　「ポチは秋田犬だ」

　本章では、この2つの場合を取り上げることにする。形容詞述語の場合は、「足が痛い」のような一時的状態の場合は動詞述語と共通し、「臆病だ」のような恒常的特性の場合は名詞述語と共通する（なお、「太郎は酒を飲む」のような場合は、動詞述語であっても、「太郎は酒飲みだ」という名詞述語相当である。逆に「先生はお疲れだ」のような場合では、名詞述語であっても具体的な〈一時的事象〉である）。

　②の問題については後述するが、推定の証拠となる事象のタイプには〈知覚内容〉と〈他者の発言内容〉がある。〈他者の発言内容〉から別の事象を導き出す場合は〈推定〉であるが、他者の発言内容自体を記憶から引き出す場合は〈伝聞〉になる。どちらも〈証拠に基づく間接確認〉である点では共通する。

### 2.2.1　運動動詞述語におけるテンス・アスペクト

　運動動詞述語の場合の形式的側面をまず確認しておくと、次のようなパラダイムが認められる。推量形「～だろう」と同じであって、「らしい」における助動詞化の進行を示すものである（ただし、「らしいのだ（らしいのです）」とは言えても、「*だろうのだ」は不可能である）。テンス対立も、推量の「～だろう」と同様に義務的であって、過去の事象に対して非過去形を使用したり、現在の事象に過去形を使用するムード用法はない。

| T \ A | 完成 | 継続 |
|---|---|---|
| 非過去 | スル（シナイ）らしい | シテイル（シテイナイ）らしい |
| 過去 | シタ（シナカッタ）らしい | シテイタ（シテイナカッタ）らしい |

　「シナイらしい」のような〈否定〉の場合は、特に、次の最初の例のように、「らしさ＝証拠がある」ということは示していても、その証拠は、単純な具体的現象ではない場合や、後の例のように、主体の推定がない〈伝聞〉である場合が多い。

・「クビにされたって？　またどうして」
「それがよくわからないの。でもどうやら、この間のことが先生の気にいらなかったらしいの」　　　　　　　［人間の証明］
・「いや、曾根は光子よりずっと年上だったから生きていても90歳以上になっているよ。数年前に死んだんだが、老人ホームでね、光子は見舞いにも行かなかったらしい」
「何かあったのかな」　　　　　　　　　　［開幕ベルは華やかに］

　〈事象の不成立〉を推定するためには、複数の証拠を総合的に判断する必要があることを示していると思われるが、本章では、基本的に〈肯定〉に限定する。
　また、後述するところであるが、発言内容から別の事象を引き出す〈推定〉である場合と、発言内容そのものを記憶から引き出す〈伝聞〉は、連続的である。従って、〈推定〉と〈伝聞〉の違いに留意しつつ、〈伝聞〉を含めて分析していく。
　以下、推定の帰結である事象が、過去形で示されている場合から述べる。

### 2.2.1.1　シタらしいとシテイタらしい

　まず、「シタらしい」の場合、「シタ」は〈過去・完成〉を表す。推定という認識活動においては、〈推定の証拠となる具体的事象〉と〈推定の帰結である事象〉との時間的一致はなくてよい。この事

実は、証拠となる事象の存在時には縛られないという意味において、〈推定〉という認識活動の積極性、能動性を示していると思われる。

次の最初の例（a）の場合、主体が〈知覚〉によって確認した〈現在の具体的事象〉から〈過去の事象〉を推定している。2番目の例（b）の場合は、〈過去の発言内容〉から〈過去の事象〉を推定している。そして、どちらも〈主体の推定〉自体は〈発話時〉になされている。この事実は、「らしい」が表す〈推定〉が、その証拠となる事象の存在時には縛られていないことを示している。そして、〈推定〉自体は発話時になされるという点では「〜だろう」と共通し、助動詞化が進んでいる（なお、下記の例もそうだが、単一の具体的現象からの推定ではなく、複数の証拠からの推定である場合が多い。〈推定＝間接確認〉であるとすれば、複数の証拠に基づく場合の方が多くても不思議ではない）。

 （a）「デスクはどうだろう」柿島は黙ったまま、私の言うとおり引き出しを開いた。ただ書類以外何も入っていない。ロッカーも同様だった。書類関係はいつか柿島が丹念に目をとおすだろうが、いまはそれ以上、調べる必要もなさそうだった。
  「テープはどうやら、会長が持ちかえったらしいな」
  「そうらしいね」     [てのひらの闇]
 （b）「（前略）ケンジは知っているか、カルシウムは人をリラックスさせるんだ、安定させる、あんたには必要だろうと女は言ったよ、ぼくのことがわかったらしい、本当に優しい女だった、これをもらって舐めていると、心が穏やかになるよ」     [イン ザ・ミソスープ]

次の場合の「シタ」は〈現在・（動作）パーフェクト〉である。推定の証拠は、波線で示した〈現在の具体的現象〉と〈過去の具体的現象〉の総合化である。どちらも〈知覚体験〉によって確認された事象である。ただし、このような具体的現象の知覚から具体的現象を推定するパターンは、「らしい」の場合少ない。多いのは、上

記の例（b）のような〈発言内容〉から推定するパターンである。相対的に見て、〈具体的現象の知覚に基づく具体的現象の推定〉は、「ようだ（みたいだ）」の方が担う傾向がある。

・「どうしたんです」
　「少し、熱があるんでね。風邪、引いたらしいんだよ。昨夜は咳で眠れなかったんです」　　　　　　　　　　［留学］

　上記の例（b）の証拠は、相手の〈発言内容〉である。〈発言内容〉から引き出された別の事象を推定している。いわゆる〈伝聞〉の場合は、〈発言内容〉そのものの記憶からの引き出しになる。従って、例（b）の「ぼくのことがわかったらしい」を「わかったそうだ」には言い換えられない。
　次の２つの例（c）（d）を比べてみると、最初の例（c）の「見抜いたらしい」は「そうだ」に言い換えられず、２番目の例（d）の「やったらしい」は「そうだ」に言い換えることができる。この事実は、〈推定〉と〈伝聞〉との違いと連続性を示しているであろう。相手の発言内容から別の事象を引き出せば〈推定〉であり、相手の発言内容自体を示せば〈伝聞〉である。〈伝聞〉には別の事象を導き出す推定活動はないが、どちらも〈証拠に基づく間接確認〉であることは共通している。そして、これは、知覚活動と言語活動（情報交換）とがともに、人間の認識活動に重要な役割を果たしていることを示している。

〈推定〉
(c)「でもねえ検事さん、あの子は裁判の途中から、どうも真実を見抜いたらしいのです。弁護士さんのお力で、執行猶予の判決が下ったあと、あの子がしみじみいったんですよ。『これで何もかもよかったんだね、父さん』と。その顔を見たとき、ああ正一は私の心の奥底まで読んでいるんだなと、悟ったのです」　　　　　　　　　［弁護士矢吹朝子］

〈伝聞〉
(d)「なにがわかったって?」
「女の実家がさ」
「内田が思い出してくれた。正月に帰省するときに餞別をやったらしい。そのとき実家が標津だと聞いたそうだ」
[さらば、荒野]

　次に、「シテイタらしい」の場合は、最初の例「つけっぱなしになっていたらしい」のように〈伝聞〉である場合が多いが、2番目の例「見過ごしていたらしい」のように〈推定〉の場合もある。

〈伝聞〉
・「この数字はなんでしょう」
「それはラジオだ。担当の刑事が言っていた。部屋にはラジオがつけっぱなしになっていたらしい」　　[てのひらの闇]

〈推定〉
・「事件の日も月曜日でしたものね」
「ええ、だから彼女は先週の月曜日もあそこを通ったというんですが、ぼくは見過していたらしい」　　[弁護士矢吹朝子]

### 2.2.1.2　スルらしいとシテイルらしい

　「スルらしい」には、〈未来〉の場合と〈(恒常的)特性〉の場合があるが、多くは〈発言内容を証拠とする推定〉か〈伝聞〉である。これは、〈知覚した具体的現象〉を証拠とするだけでは、〈未来の具体的現象〉や〈恒常的特徴〉を推定しにくいことを示していると思われる。さらに、3番目の例のように、主体が不特定多数(「誰でも」)であって〈一般化〉されている場合には、〈具体的現象という証拠に基づく推定〉は困難になって、〈伝聞〉となるだろう(最初の例の〈推定〉は〈特定主体〉である)。

〈推定：特定主体の恒常的特徴〉
・「感想ですか。……いい勉強をしました」
　「おまえは、なにごとよらず、自分のなかにとりいれて自分のものにしてしまうらしいな」　　　　　　　　　　　　［冬の旅］

〈伝聞：未来の具体的事象〉
・「米軍が、いよいよ相模湾に上陸するらしいぞ」執事の安斎将助が、そのような風聞を伝えてきた。　　　　　［小説・吉田茂］

〈伝聞：一般化された恒常的特徴〉
・「コードレス電話は、盗聴が簡単なんだよ。秋葉原に行けば、誰でも受信機はすぐ手に入るらしい。私の店の客が話すのを聞いたことがある」　　　　　　　　　　　　［テロリストのパラソル］

　次のような〈現在の具体的事象の知覚を証拠とする推定〉は極めて少ない。しかも、この場合、推定の帰結である事象「三本勝負をする」のテンス・アスペクトは〈近未来・直前〉である。

・「やっぱの勝ちか」
　「いや、三本勝負をするらしい」
　見ると、メリケンとやっぱはもう1度向き合ってかまえていた。　　　　　　　　　　　　　　　　　　　　　　　［冬の旅］

　第2章で述べたように「〜だろう」の場合は〈未来〉も多い。しかし「らしい」では、「シタらしい」のように〈過去（完成）〉あるいは〈現在（パーフェクト）〉の方が圧倒的に多い。この事実は、〈証拠に基づく推定〉と、そうではない〈推量〉の違いが、間接的確認の帰結としての事象の時間と相関することを示していると思われる。奥田（1985a）でも、次のような指摘がある。「〜だろう」は典型的な〈未来〉を表しているが、「らしい」はそうではない。

　つぎのふたつの例をくらべると、このことがよくみえる。ま

えの例では、はなし手はすでに目の方へきているという徴候を感じとっている。しかし、あとの例では、一般的な法則をとおして自分の指のまがるのを確認する。

　　「顔面だけだとまだいいが、目をやられると、もうお終いです。しかし、どうやら目の方へもくるらしい。覚悟はしています」　　　　　　　　　　　　　　　　　　［いのちの初夜］

　　おれはこんな風に定められてしまった。この神経痛のやむころには、指が曲がってしまうだろう。　　［いのちの初夜］

「シテイルらしい」の場合も、〈具体的現象の知覚に基づく具体的現象の推定〉を表す例は少なく、手紙等を含んで〈発言内容に基づく推定〉か〈伝聞〉である。従って、2番目の例のように、推定の帰結である事象自体が、「たいへんな経験をしている」のように抽象的な場合が多い。下記の最初の例のようなパターンは、「ようだ」の方に多いのである。

〈具体的現象の知覚に基づく具体的現象の推定〉
・柿島はそう云いながら目をこすった。
　「小さいのがどこかにまだ入っているらしい。根本君に取ってくれといったら、おれにはこれ以上どうにもならないから、基地にいるドクターに取ってもらえといいやがってね」
　　　　　　　　　　　　　　　　　　　　　　　　　　［銀嶺の人］
〈発言内容（手紙の内容）に基づく抽象的事象の推定〉
・佐倉はここでいったん手紙を読むのをやめ、コップの水を飲んだ。
　「それでおしまいか」と泣き虫が聞いた。
　「まだある。そういそぐな。宇野は、たいへんな経験をしているらしい」
　　　　　　　　　　　　　　　　　　　　　　　　　　　　［冬の旅］

〈伝聞〉
・「列車は何時に出る？」
「まだわからん。だが、<u>朝には必ず１列車出発しているらしい</u>。何としてでもそれに乗り込むんだ」　　　　　　　［朱鷺の墓］

### 2.2.2　名詞述語

動詞述語では「シタらしい」が多く見られるのに対して、名詞述語では「Ｎダッタらしい」は少ない。そして、第３章で述べたように、時間的限定性のない事象を表す名詞述語では「Ｎダッタらしい」は、〈主体の非現存〉を表す。しかも、次の例のように、多くは〈伝聞〉である。

〈伝聞〉
・「それで、<u>死んだ人物が、たまたま警官だった</u>というわけ？」
「そのとおりだ。25歳の巡査だった。<u>あとで新聞で読んだ。柔道４段だったらしい</u>」　　　　　　［テロリストのパラソル］

典型的名詞述語は、動詞述語と違って、〈一時的現象〉ではなく〈恒常的特徴（質）〉を表す。主語＝主体に〈恒常的特徴〉をむすびつける判断がなされるのは、基本的に〈発話時〉であろう。従って、「Ｎらしい」は下記のように多い。ここでは、発話主体の〈推定的判断〉が前面化する。そして、その推定の証拠は、発言内容でも知覚内容でもよいのだが、推定の帰結が〈恒常的特徴（質）〉であるので、複雑な〈思考〉の過程を経ての帰結である。もちろん、他者の発言内容を記憶から引き出す〈伝聞〉も可能である。

〈知覚を伴う思考活動による推定的判断〉
・「<u>どうやら本物らしい</u>」<u>30分以上も図面とにらめっこした末に、田口はそう言った。</u>　　　　　　　　　　　　　　　［さらば、荒野］
・「どうやらこの妙な楽譜は、謎解きのキーワードみたいなものらしい。僕もまだ信じられないんだが、いまミッコの鼻歌を聞いていると、ここに書かれている音符の種類が、バラー

　　　　ダと同じ順に並んでいる気がするんだ」　　　［百年の預言］

〈発言内容に基づく発話時における推定的判断〉
・「あんたの店のまわりはデカの溜まり場になっている。みえた範囲だけで、クルマが一台。スポーツ紙を持ってうろうろしているのが、4、5人いたそうだよ。どうやら、あんたはいまスターらしいな」　　　　　　　　　　　　［テロリストのパラソル］

〈伝聞〉
・「驚きました。これはみなヨーロッパの家具でございますね」
「そう。白系のロシア貴族の貨物を没収したものでね。どれも大した値打ち物らしい」　　　　　　　　　　　　　　　［朱鷺の墓］

　名詞述語であっても、動詞述語と共通する〈具体的現象〉の場合には、推定の証拠も単純である。動詞述語において〈具体的現象〉を表す「シテイルらしい」が少ないのと同様に、このような場合は「ようだ」の方が多い。

・「風邪らしいな」
「風邪……?」
「頭はガンガンするし、寒けはする――もう」［阿修羅のごとく］

### 2.2.3　過去形「らしかった」の特殊性

　〈わたし・いま・ここ〉がダイクティックセンターとなる〈はなしあい〉では、「らしかった」という過去形はほとんど使用されない。わずかだが、次のようなものがあった。
　まず、「形容詞の接尾辞」の場合は、次の1例のみであった。

・「刺された原因は?　刺される前になにか言い争ったのか?」
「原因は判りません。僕は、女中と女中の子に憎まれていたのです」（中略）
「女中と女中の子に憎まれていたとはどういうことかね?」

「奴等は女中らしくなかったのです」　　　　　　　　［冬の旅］

　次の場合は、〈伝聞〉の「らしかった」であるが、やはり1例のみだった。そして、この「らしかった」は「らしい」に言い換えることができる（宮部みゆきのような作家は、〈伝聞〉の「そうだ」の場合でも、確認したのが過去であることから、「そうだった」を使用しているが、特殊なものと考えてよいだろう）。

・「どういうんだか、詳しくは分らん。ただ、前から不眠症になっていたらしかったんだけどね。状態がひどくなったもんで、奥さんが入院させて、今、睡眠療法をさせているらしい」
　　　　　　　　　　　　　　　　　　　　　　　　［太郎物語］

　次のような例は少数あったが、〈推定〉しているのは〈発話時〉であって、発話主体の過去時における〈証拠となる事象の体験性〉を示すために「らしかった」が使用されていると考えられる。

・当時、黒潮会に属する同盟通信の政治部記者だった松元堅太郎は、
　「山本さんにとっては、よほどの事以外、軍の機密などというものは存在しないらしかった。ざっくばらんというか、デモクラチックと言うならデモクラチック過ぎるくらい、デモクラチックで、私たちの方でこんな事しゃべっていいのかと思うような事まで、平気でパッと話してくれた」と語っている。
　　　　　　　　　　　　　　　　　　　　　　　　［山本五十六］

　上の例の場合、普通は「存在シナカッタらしい」であろう。しかし、「存在シナイらしかった」というかたちで過去形「らしかった」を使用することによって、主体の推定時（現在）ではなく〈発話主体の直接確認時（過去）〉の方を前面化させている。あるいは、推定という主体的側面を背後に退かせて、〈客観状況（体験した事象の存在時）〉に比重を移していると考えられる。小説の地の文にお

ける「らしかった」の使用には、(推定主体＝発話主体に直接顔をださせない、あるいは推定主体である発話主体を〈語り手〉へと変容させると言う意味で) このような〈対象化〉が働いていると考えられるが、この点の厳密な考察は今後の課題である。

## 2.3 まとめ

以上をまとめると次のような構造になる。どの場合も、過去形「らしかった」はほとんど使用されない。これはすべて、〈発話時〉における、発話主体の①評価であり、②推定（間接確認）であり、③伝聞（他者の発言内容の記憶からの引き出し）であるからであろう。

① 〈らしさの存在〉：形容詞の接尾辞
　　発話主体の評価：発話時（〈肯否〉の対立がある）
　　評価対象：具体的事象
② 〈推定（間接確認）〉の助動詞
　　発話主体の間接確認：発話時
　　推定の帰結である事象：具体的事象（過去・現在）
　　　　　　　　　　　　　恒常的事象
　　推定の証拠となる事象：知覚によって確認された事象
　　　　　　　　　　　　　他者の発言内容によって確認された事象
③ 〈伝聞（間接確認）〉の助動詞
　　発話主体の間接確認：発話時
　　　　　　　　　　　　他者の発言内容の記憶からの引き出し

②〈推定〉との比較のために、第2章で述べた〈推量〉の構造を示すと次のようになる。〈推定〉も〈推量〉も〈間接確認〉である点では共通するが、冒頭に引用した奥田（1985a）が明言しているように、推量は、証拠となる〈らしさの存在〉から解放されている。そして、話し手の経験にしばられている〈推定〉とは異なり、テンス的に〈未来〉も可能である。

「〜だろう」〈推量〉
　　発話主体の間接確認：発話時
　　推量の帰結である事象：具体的事象（過去・現在・未来）
　　　　　　　　　　　　　恒常的事象

　「らしい」は③〈伝聞〉も表す。伝聞は、〈間接確認〉である点で〈推定〉と共通する。発言内容（言語情報）から別の事象を引き出す認識活動が〈推定〉であり、発言内容（他者からの言語情報）を記憶から引き出すのが〈伝聞〉である。従って、〈未来〉も可能である。この意味で〈推定〉よりもさらに文法化の進行があると言えよう。

## 3.「ようだ」とテンス

　〈推定〉を表す「らしい」は基本的に「ようだ（みたいだ）」に言い換えることができる。また「ようだ」は、「らしい」と共通して〈伝聞〉をも表す。次の場合、発言内容そのままとは言えず、主体の推定が混じっている可能性もあるが、これは〈発言内容に基づく推定〉と〈伝聞〉との連続性を示しているであろう（発言内容そのままでないことは「そうだ」においても同様であろう）。

　　・「退院したんだって」（中略）
　　　巻子は首をかしげ、「——よくなったのかしらね」
　　　「そうでもないみたいよ。今、看護婦さんに聞いたんだけど、どうしてもうちへ帰りたいって、なんか無理言って退院したみたい」
　　　　　　　　　　　　　　　　　　　　　　［阿修羅のごとく］

　以上のように、「ようだ」は、〈推定〉のみならず〈伝聞〉をも表すようになっているわけだが、一方で、「らしい」に言い換えられない場合がある。そしてこの場合に、「ようだ」自体がテンスを持つのである。〈知覚〉〈比況〉の２つの場合がある。以下、具体的に述べるが、先に図式化して示せば、次のようになる。

〈推定〉(「らしい」に言い換えられる)
①「ようだ」自体にテンスはない。
②推定の対象は、恒常的事象（名詞述語）でも一時的具体的現象（動詞述語）でもよい。
③推定の帰結である具体的現象自体にはテンス、アスペクトがある。

〈知覚印象〉(「らしい」に言い換えることはできない)
①「ようだ」「ようだった」のテンス対立がある。
②主体の知覚印象と対象の様子とは共在的である。
　知覚対象は、具体的現象（動詞述語）に限定される。
③知覚対象は、主体の知覚活動と同時的であるので、アスペクトはあるがテンスはない。

〈比況〉(「らしい」に言い換えることはできない)
①「ようだ」「ようだった」のテンス対立がある。
②〈たとえ〉として、対象の様子の特徴づけが前面化される。
③動詞、名詞は、連体形であって、テンスはなく、アスペクトの分化も希薄である。

　「ようだ」におけるこの3つの意味は、対立しつつも連続している。〈主体の知覚印象〉は〈事象の直接確認〉であるが、ここから別の事象を引き出せば〈推定（間接確認）〉になるだろう。「見る、感じる」から「見てとる、感じとる」への移行は自然である。また〈主体の知覚印象（直接確認）〉そのものではなく、〈たとえ（イメージ化）〉として〈事象の様子の特徴づけ〉の方が前面化すれば〈比況〉になるだろう。
　そして、この連続性と対立には、〈時間的限定性〉とテンス、あるいはテンス・アスペクトが相関している。以下、〈知覚印象〉〈比況〉〈推定〉の順に述べる。

## 3.1 知覚印象

〈動詞述語(具体的現象)〉〈名詞述語(恒常的特徴)〉を対比的に取り上げる。次の(b)(c1)(c2)のように〈推定〉〈比況〉の場合は、名詞(述語)の場合も多くあるが、〈知覚印象〉の場合は、(a1)(a2)のように動詞述語が普通であり、典型的名詞述語は特殊である。

〈動詞述語(具体的一時的現象)〉
　(a1)　なんだかあわてているようだ。　　　　〈知覚・現在〉
　(a2)　なんだかあわてている(あわてていた)ようだった。
　　　　　　　　　　　　　　　　　　　　　　〈知覚・過去〉
〈名詞述語(恒常的特徴)〉
　(b)　あわて者のようだ／*ようだった。　　　〈推定〉
　(c1)　(まるで)母親のようだ　　　　　　　〈比況(現在)〉
　(c2)　(まるで)母親のようだった　　　　　〈比況(過去)〉

〈知覚〉という認識活動と〈恒常的特徴(質)〉という事象のタイプとは矛盾する。従って、後述するように〈名詞述語〉である場合は一定の条件を伴うのである。

### 3.1.1　運動動詞述語のアスペクト

〈主体の知覚〉と〈知覚対象としての事象の存在〉とは〈同時的・一体的〉であって、「主体側の知覚印象(見え・感じ)＝対象側の様子(見え・感じ)」であると考えられる。従って、シテイルあるいはシテイタという継続相形式が圧倒的に多い。そして、「シテイルようだった」と「シテイタようだった」はどちらであっても意味は変わらない。この場合の「シテイル」は相対的テンス用法である。

「シテイルようだ」
　　主体の知覚＝現在
　　知覚対象＝現在(具体的現象)

「シテイル／シテイタようだった」
 主体の知覚＝過去
 知覚対象＝過去（具体的現象）

「シテイタようだ」の場合は〈推定〉になる。主体の確認時と事象の存在時とが同時的でないとすれば、〈知覚〉による認識は不可能である。次の場合、最初の例は「シテイルようだった」に言い換えることはできない。その場で知覚（直接確認）しておらず、（主体が後の時間に確認した）証拠に基づく、発話時の〈推定〉だからである。逆に後者の例は「悔しがっていたよう（ですか）？」には言い換えにくいであろう。〈知覚〉の場合は、〈対象の様子〉を前面化させつつ、質問もなりたつが、〈推定〉を質問することはできない（もちろん「悔しがっていたようだった？」は可能である）。

〈シテイタようだ：推定〉
・「激突時にエンジンは回っていたようだ。一番前のブレード（羽根）が全部折れているのは、激突によってエンジンに中に異物がとびこんだ際に、ブレードが高速回転していたことを示すものだ」
[マッハの恐怖]

〈シテイルようだった：知覚〉
・「関根さんが言っていました」みっちゃんが口をはさんだ。「栗坂さんのおうちの人に反対されてるって。学歴がないから駄目だって言われたって」
「そう」本間はみっちゃんに目を向けた。「悔しがってるようだった？」
「はい。一時は本当に、痩せちゃうくらい悩んでました」
[火車]

以下、まず過去形「ようだった」の場合から記述することにする。

### 3.1.2 過去形「ようだった」の場合

　継続相形式の場合、「シテイルようだった」でも「シテイタようだった」でもよい。下記のそれぞれ2つの例において、相互に言い換えることができる。どちらも過去時の現場で発話主体が知覚したことを明示するのだが、「シテイルようだった」の場合のシテイル形式は、連体形としての相対的テンス用法である。これは、「ようだ」が形式名詞性を保持していることを示している。そして、どちらにおいても〈主体の知覚印象＝知覚対象の様子〉であって、「見え」あるいは「感じ」であり、事象の存在（実在）そのものではない。従って、「なんだか」「なんか」という副詞と共起する（〈推定〉の場合は「どうやら」「どうも」である）。

「シテイルようだった」
・「彼の様子はどうだった？」
　「少々寒さがこたえておるようだったね。でもまだ大丈夫だ。心配することはない」
　　　　　　　　　　　　　　　［世界の終わりとハードボイルド・ワンダーランド］
・「あんたが出かけたあと、林道の入り口で張ってたんだよ。市長の甥っ子の車が出てきた。昨日の朝の10時ごろさ。あと二人いたが、怪我してるみたいだった」　　［さらば、荒野］

「シテイタようだった」
・「あのひと、いつか、自分の部屋で吐いていたようだったわ。わたしは、そのときは、なにか食べ物に中毒したのかと思っていたのだけれど、その後も、少し様子がおかしいのよ」
　　　　　　　　　　　　　　　　　　　　　　　　　　［砂の器］
・「そんなことなかったわ。でも、こっち側の手に、なんか包帯してたみたいだった」　　　　　　　　　　　　　［砂の殺意］

　次のように、「シタようだった」の場合もある。この場合のシタ形式は〈過去・完成〉であって、発話主体がその場で運動全体を知覚（目撃）したことを明示する。

- 「その女が、友梨さんに話しかけたの、『笹井さんですか、北里ですけど』(中略)友梨さんが挨拶すると、ディスコの中よりここのほうが静かだからって、女は彼女を噴水のそばのベンチに掛けさせみたいでした。私は仕方なく、柱の陰に隠れて、様子を窺うことにしたんだけど」　　　［紅い陽炎］
- 「そのとき、二人はどんな様子だった？」
  「どんなって……ちょっと喋って、すぐ別れたみたいでしたけど」　　　［影の告発］

上記の例のように、「シタようだった」の場合のシタ形式は、〈過去・完成〉でしかありえない。そして、後述するように「シタようだ」の場合のシタ形式は、〈現在・(動作)パーフェクト〉でしかありえないのである。

- 「ベンチに坐ったようだった」　　　〈過去・完成〉
- 「ベンチに坐ったようだ」　〈現在・(動作)パーフェクト〉

「スルようだった」の例は次の1例のみであった。しかも〈直前〉というアスペクト的意味が前面化している（この場合のスル形式はテンス的意味が希薄である）。未来のポテンシャルな事象は知覚できないためである。

- 「家に帰ったみたいですか？」
  「いやあ、仕事行くみたいでしたよ。ほら、いつものこういうバッグ持って」　　　［顔に降りかかる雨］

なお、〈知覚対象〉は、次のように、否定（非存在）であってもよい。

- 「お帰りになったときは、別段、変わっていないようでしたよ。ただ、次の朝のご飯の時間を少し延ばしたいとおっしゃっただけです」　　　［砂の器］

・「阿部がさっき会社に来てね。ネオジュウムの元素記号をチラつかせて、思わせぶりを言った。現物のネオジュウムを見せてやると、驚いて<u>声も出ないようだった</u>」　［さらば、荒野］

　「ようだ／ようだった」が〈知覚印象〉を表す場合、「様子だ」と意味的に近い。上記の例を「変わっていない様子でした」「声も出ない様子だった」と言い換えてもいいだろう。しかし、全く同じではなく、「変わった様子はなかった」のような否定は可能であるが、「ようだ」自体には否定形式はない。この事実は、「様子だ」の方は形式名詞性を備えており、「ようだ」の方が相対的に助動詞化が進んでいることを示しているであろう。ここから、さらに助動詞化（文法化）が進めば、〈推定〉になると思われる。

　稀に、次のように〈抽象的事象〉の場合がある。このような場合は〈推定〉の側面が前面化してくるので、「警察ではほとんど問題にしていなかったみたいです」「警察では彼女の犯行だと睨んでいたみたいです」の方が普通である。ここで「みたいだった」と過去形が使用されているのは、「らしかった」の場合と共通して、主体の直接体験時（過去）を前面化させる、あるいは体験した事象の存在時（客観状況）の方を前面化させるためであると考えられる。

・「意外な事実？」
　「つまり被害者は、今度の事件の約半月前にも、あるいは死を招いていたかもしれない傷を負わされていたわけなんです。勿論土田さんが自殺を図った可能性もなくはないんでしょうが、<u>警察ではほとんど問題にしていないみたいでしたね</u>。というのが、解剖の結果を奈緒美さんに突きつけて、半月前の傷の原因を追及した途端、にわかに顔色を変えて……今度の事件の犯意について自供したのは、その直後だったそうですから。半月前の傷は、今のところまだ自分がやったとは認めてないんですけど、<u>警察ではいずれも彼女の犯行だと睨んでいるみたいでしたわ</u>」　　　　　［紅い陽炎］

〈推定〉は基本的に発話時のものであるが、〈過去時の知覚体験（直接確認）〉の方を前面化させて、「ようだった（みたいだった）」が使用されることも起こりうると言えよう。

### 3.1.3　非過去形「ようだ」の場合

「ようだ」の場合は、〈推定〉の場合と〈知覚印象〉の場合とがある。両者は連続的ではあるが、基本的に、〈同時的な具体的現象〉の場合は〈知覚印象〉であって、「らしい」に言い換えられない。従って、シテイル形式であるのが基本である。

・陽一が黙っていると、未央は視線でウエイターを追いかけながら言った。
「ほら、見て、女の客の目を気にして、なんとなく<u>カッコつけてるみたい</u>じゃない」　　　　　　　　　　［スパイスのミステリー］
・「光夫、あんたまだ背が伸びているのね」
「そうかな」
「<u>伸びているみたい</u>よ」希代子は、自分と並んで歩く光夫の肩のあたりを見て言った。　　　　　　　　　［霧の子午線］

「シタようだ」の場合もある。この場合のシタ形式は〈現在・(動作)パーフェクト〉である。シタ形式が〈過去・完成〉の場合は、当然、〈推定〉になってしまう。また、スル形式の例はなかった。〈知覚〉活動で未来の事象は確認できないということである。

・「あなたのことを考えて、こんなに痩せてしまったのに……」
「去年より<u>若くなったようです</u>よ。ま、そう怒らんでください」　　　　　　　　　　　　　　　　　　　　　　　［冬の旅］
・「今の車掌さんの笑顔で、なんだか楽しくなってきたわ。気分のふさいでいたのが<u>晴れたみたい</u>」　　　　　　［ドナウの旅人］

次の例のシテイル形式は〈現在・(動作)パーフェクト〉である。このような場合は、上記の場合と違って〈直接の結果〉ではなく

〈痕跡（間接的結果）〉であるために、単なる〈知覚〉ではなく〈推定〉が複合化されている。上記の例が「らしい」に言い換えられないのに対して、下記の例は、相対的には「らしい」に言い換えやすいであろう。

・「会長のカメラを拝借してよろしいですか？」
　彼はうなずいた。私は立ち上がり、石崎のカメラを手にとった。ボディに刻まれたいくつもの傷が、使用頻度を物語っている。
　「このアイバの８ミリビデオカメラは、ずいぶんよくお使いになっているようですね。いつお買いになったんですか？」
　　　　　　　　　　　　　　　　　　　　　　［てのひらの闇］

「ようだ」は〈主体の知覚印象＝対象の様子（感じ）〉であって、この意味では〈事実確認〉ではない。従って、対人的配慮の〈婉曲〉と連続していくであろう。次の場合、波線部分が示すように、発話主体は〈事実〉であることを確認しており、〈新事実の確認（発見）〉というモーダルな意味を表す過去形「当たっていた」が使用されている。従って、この場合の「ようだ」は、心理的ショックをやわらげるために、事実であることを意図的にぼかす〈婉曲〉用法であろう。

・「ぼくたちの想像は、不幸にして当たっていたようですね」
　「このまま警察に通報すべきなのかもしれませんが……身内のぼくが、兄殺しの疑いで嫂を告発するなんて、金竜の暖簾に末代まで泥を塗るようなものですからねえ」
　　　　　　　　　　　　　　　　　　　　　　［花の寺殺人事件］

逆に、次のような、逆接の複文の場合には、〈事実とは異なる見え〉ということが前面化される。上記の〈婉曲〉の場合は、〈事実の意図的ぼかし〉であるが、こちらは〈事実とは異なる印象〉である。〈知覚〉が〈錯覚〉に移行しても不思議ではない。対人的配慮

の〈婉曲〉であれ、〈錯覚〉であれ、どちらも「らしい」には言い換えられない。

・「学校で学ぶことになんの意味もないという思いと、自分がどう生きるかということの中に独りよがりがあったと、今、おれは思っています（後略）」
教室は静まりかえっている。その静けさが壮吉にはちょっと気になったのか
「そんなふうに言い出すと、おれ、何かひどく神妙に反省しているみたいだけど、そういうのとはちょっと違うということもいっとかないと（後略）」　　　　　　　　　　　［海の図］

### 3.1.4　名詞述語の特殊性

以上の動詞述語の場合の記述から分かるように、〈知覚印象〉の「ようだ」は、名詞述語の場合は限定されている。典型的な名詞述語は〈具体的現象〉を表さないため、基本的には〈比況〉になるか〈推定〉になる。

① 「Nダッタようだ」の場合は〈推定〉になる。
② 「Nノようだった（Nみたいだった）」の場合は〈比況〉になる。
③ 「Nノようだ（Nみたいだ）」の場合は〈比況〉か〈推定〉になる。

次の場合、〈過去の知覚体験〉を表していると考えられるが、単純な知覚ではありえず〈推定〉の側面も複合化されている。「飛んでいた飛行機がプロペラ機である」と推定したのは、〈目撃時〉ではなく、過去の出来事を回想している〈発話時〉の可能性も高い。従って「飛んでいた飛行機はプロペラ機のようです」と言ってもよいのだが、「ようだった」と過去形が使用されているのは、「プロペラ機のように見えた」と、主体の知覚（目撃）体験を前面化させるためであると考えられよう。そして「飛んでいた飛行機はプロペラ機のようです」の場合は、当然〈推定〉を前面化させることになる。

- 「そのとき音が聞こえたので空を見たら、北の方へ飛んでいく飛行機が見えました。形ははっきり分りませんでしたが、曇っていたので黒っぽく見えました。中学2年の息子がプラモデルの飛行機を30機ほど持っていますが、飛んでいた飛行機はプロペラ機のようでした」　　　　　　　　〔続・マッハの恐怖〕

　一方、次のように、動詞述語と同じく〈一時的現象〉を表す、非典型的な名詞述語の場合においては、〈知覚印象〉の側面が強い「ようだった」「ようだ」が可能である。下記の例の最初の2例は、過去ならぬ現在であれば「お留守のようだ」「病気みたいだ」を「お留守らしい」「病気らしい」と言い換えられよう。この事実は、名詞述語の場合は、動詞述語に比べて相対的に、非具体的事象であるので、「らしい」に言い換えやすくなることを示していると思われる。

- 「で、きょう、こちらにうかがったんですが、お留守のようでした」　　　　　　　　　　　　　　　　　〔てのひらの闇〕
- 「なんか病気みたいだったのよね」　　　　　〔女たちのジハード〕
- 「あなた、お疲れのようね」　　　　　　　　　〔朱鷺の墓〕

## 3.2　比況

　〈知覚印象〉の場合と違って、〈比況〉では「動詞（V）ようだ」「名詞（N）ようだ」が可能である。そして、〈知覚印象〉と共通して、「ようだ」自体にテンス分化がある。

- まるで生きているようだ〈現在〉／生きているようだった〈過去〉
  ＊まるで生きていたようだ　　／＊生きていたようだった
- まるで母親のようだ〈現在〉　／母親のようだった〈過去〉
  ＊まるで母親だったようだ　　／＊母親だったようだった

　上記に示したように、「シテイタようだ／ようだった」「Nダッタようだ／ようだった」は不可能であって、「シテイルようだ／よ

うだった」「Ｎノようだ／ようだった」に限定されている。〈知覚印象〉の場合には、「シテイタようだった」と「シテイルようだった」がともに可能であったが、〈比況〉では、「シテイルようだった」は可能でも「シテイタようだった」は不可能である。これは、〈比況〉の「ようだ」が形式名詞性を保持していて、「生きている」が終止形ならぬ〈連体形〉であることを示している。

　この事実は、〈比況〉が、〈たとえ〉として〈対象の様子の特徴づけ〉を行うものであることを示していると思われる。〈比況〉は、〈知覚〉に基づく主体の〈想像〉であり、言語の創造的使用ではあるが、その焦点は〈対象の様子〉の方にあると言える。後述の例からも分かるように、「夢のようだ」「泥棒猫みたいだ」「息がつまるようだ」のようにもはや慣用句的になっている場合もあれば、「土を食べ尽くし、地球のなかへなかへと沈み込んでいくカタツムリのようだ」のようにその場限りの独創的な使用の場合もある。

### 3.2.1　動詞の場合

　まず、重要なことは、〈比況〉の場合、「スルようだ／ようだった」におけるスル形式は、連体形であって、時間性を分化させていないことである。時間的位置づけは、「スルようだ」全体でなされる。〈現在〉なら「スルようだ」、〈過去〉なら「スルようだった」である。「目に浮かぶようだ」「目がくらむようだ」「息がつまるようだ」の場合は慣用句になっていると言ってもいいだろう（このように慣用句的になっている場合には「みたいだ」は使用されにくい。「みたいだ」の歴史の浅さが関係していると思われる）。

- 「私はあの夜、江口組の連中に襲われた。私と浅井の乗るクルマがバイクの襲撃を受けた。脅かすようでもあったし、からかうようでもあった。そのような方法で私を混乱させもした」　　　　　　　　　　　　　　　　　［テロリストのパラソル］
- 「私はあなたが損な立場にいながら、愛を守り、自分に忠実に生きようとしている姿が可哀想で、いつも気にかかっていました。まるで私の昔の姿をそこに見るようだったからで

す」　　　　　　　　　　　　　　　　　　　［愛を生ききる］
・「選挙で負けてから、何となく肩身が狭い気がして。息がつまるようだわ」　　　　　　　　　　　　　　　　［マリコ］

　次に、「シタようだ／ようだった」の場合は、シタ形式は〈(動作)パーフェクト〉であって、テンス的意味はない。つまり、この場合のシタ形式は、発話時との時間関係はないのである。「学生時代に戻ったみたいだ／学生時代に戻ったみたいだった」の場合、発話時との時間関係は「みたいだ／みたいだった」が表しており、「戻った」は〈(動作)パーフェクト〉の意味だけを表している。

・「ひどくうなされて、トイレに行ったかと思うと、浴室の壁にガンガン頭をぶつけたりして……まるで気が変になったみたいでした」　　　　　　　　　　　　　　　　　［火車］
・「楽しかったな。まるで学生時代に戻ったみたいだった」
　　　　　　　　　　　　　　　　　　　　　　［空夜］
・「暑いわねえ、まるで夏が来たみたい」　［女たちのジハード］
・「文字はまずいですね」
　「うむ、まずい。まるで中学生が書いたようだ」　［砂の器］

　「シテイルようだ／ようだった」の場合は、シテイル形式は〈継続〉である。最初の２つの例において、〈知覚印象〉の場合とは違って、シテイタ形式は使用できないことに注意しなければならない。発話時との時間関係はないのである。

「シテイルようだった」
・「でも死に顔は、とてもきれいで、笑いながら寝ているみたいだったよ」　　　　　　　［ここに地終わり海始まる］
・「ベトナム上空でパチパチ光るものを見たとき、はじめは稲妻かと思った。ところがベトナムは快晴だったのだ。それで戦火だとわかった。夜はまるで花火を見ているようだった」
　　　　　　　　　　　　　　　　　　　［宇宙からの帰還］

「シテイルようだ」
- 「離れてみると、<u>生きているみたい</u>」　　　　　　［柔らかな頬］
- 「面白い。こんなの初めて。<u>雲の中から、誰かに覗きこまれているみたい</u>」　　　　　　　　　　　　　　　［銀河の雫］

　以上のことから、〈比況〉の場合には、スル、シタ、シテイルにおいて、テンス分化がないこと、つまりは発話時との時間関係がないことが分かる。この場合の3つの形式は、「述語＝終止形」ではなく〈連体形〉であって、陳述性は持たない。テンポラリティーの中核をなすテンスは、陳述性（発話主体の観点からの文の対象的内容と現実との関係づけ）の重要な要素である（主体の発話行為がなければ、事象の時間的位置づけはできないのである）。
　そしてスル形式に見られるように、アスペクト分化も希薄である。ここでは語彙的意味だけが提示されている。しかし、シタやシテイルには〈（動作）パーフェクト〉〈継続〉というアスペクト的意味が認められる。テンスはないが、アスペクトは部分的に分化していると言えよう。
　〈知覚印象〉と〈比況〉は極めて近い。次の場合、〈知覚印象〉か〈比況〉かはコンテクストなしには判断しがたいであろう（「シテイタみたいだった」であれば、〈知覚印象〉であることが明示される。「包帯をしているみたいだった」では〈知覚印象〉と〈比況〉の可能性があるが、「包帯をしていたみたいだった」では〈知覚印象〉である）。

- 「あの夜、2025号室のなかに入って、リビングまで行って、最初に目に入ったのは、砂川さんの足の裏でね。靴下をはいた足の裏が、ごろんとそこに見えていたんです。ぱっとそこだけ見てると、なんか<u>昼寝してるみたいだった</u>」　　　［理由］

　上記の例では、〈具体的現象〉であるため、〈知覚印象〉か〈比況〉かが問題になるのだが、次のような〈抽象的事象〉の場合は、「まるで」がないと、〈推定〉になるであろう。

- 「さあ、首を絞めるほうが確実だと思ったんじゃないですか」
  「見事な推理じゃないか。まるで真相を知っているみたいだ」
                                                    ［同級生］

### 3.2.2　名詞の場合

〈知覚印象〉とは違って、〈比況〉では名詞の場合も多いが、これも連体形として機能しているがゆえである。陳述性を持たない点では、派生形容詞の「Nらしい」と共通し、「Nノようだ（Nみたいだ）」全体で〈合成述語〉となっていると考えてよいだろう（「馬鹿らしい」と「馬鹿みたいだ」のような場合は、もはや一語化しており、両者は類義的である）。

「Nノようだった」
- 「まるで、映画みたいでしたよ。エフィーは毎日、昼の2時に、港にやってきて、あなたを待っていました」　［海辺の扉］
- 「台風の目は見えた？」
  「すごかったわ。まんまるい目。そこだけ星がキラキラ光っているの。あんなの初めてよ。宇宙にあいた穴みたいだったわ」　　　　　　　　　　　　　　　　　　　［蔦燃］

「Nノようだ」
- 「面白い家ですね」
  「土を食べ尽くし、地球のなかへなかへと沈み込んでいくカタツムリのようでしょ？」　　　　　［イスタンブールの闇］
- 「さよならを、して来たのね」
  「まるで母親みたいだな」　　　　　　　　［異人たちとの夏］
- 「そういうかっこうしてるとさ、別の人みたい」
                                                ［阿修羅のごとく］

「Nらしい」と「Nノようだ（Nみたいだ）」の違いは、前者には否定形式の「母親らしくない」があり、後者には「母親のようだった（Nみたいだった）」と過去形があることである。

なお、1例のみ次のような例があったが、この場合は「らしくない」に近づいている。

- 「でもね、あたしがあの先生に、見物料を取りますよ、なんて追いたてると、それはそれは悲しい目をして、黙ってすごすごと帰っていくのよ。いつもの掛居先生みたいではないの。何だか憐れになっちゃって」　　　　　　　　　　　［積木の箱］

「Nノようだ」の場合は、〈恒常的特徴〉であるので、共起する副詞やコンテクストを考えないと、〈比況〉か〈推定〉かの区別がつきにくい場合が起こる。

- 「日本人というのは基本的に中国の人と顔のつくりが似ていますからね」
レポーターの岸ユキさんが言った。
「そうですね。あなたは上海の女性のようです」
劉さんがうれしそうな顔をして言った。
　　　　　　　　　　　　　　　　　　　　［哀愁の町に霧が降るのだ］

以上、〈比況〉の場合には、「ようだ」は助動詞ではなく、全体として合成述語であることを述べた。

### 3.3　推定の助動詞「ようだ」
〈知覚印象〉〈比況〉の場合には、「ようだ」「ようだった」自体が発話時との時間関係を表す。しかし、〈推定〉の場合には、「らしい」と同様に、非過去形の「ようだ」に限定され、〈動詞述語〉や〈名詞述語〉の方が発話時との時間関係を表すようになる。推定の「ようだ」では、〈知覚〉と違って、名詞述語でもよい。〈推定（間接確認）〉は具体的現象に限定されないからである。

　動詞述語の場合と名詞述語の場合とを述べるが、基本的に「らしい」と同じであるので、簡略化して述べることにする。

### 3.3.1 運動動詞述語のテンス・アスペクト

〈推定〉の場合にはテンス・アスペクトが分化する。「らしい」の場合と同じ順序で述べる。

#### 3.3.1.1 シタようだとシテイタようだ

まず、「シタようだ」の場合、シタ形式は〈過去・完成〉あるいは〈現在・(動作)パーフェクト〉である。〈知覚印象〉の場合と違って、〈過去・完成〉がある。もちろん〈伝聞〉も可能であって、発言内容（言語情報）に基づく推定（間接確認）なのか、発言内容（言語情報）に即した間接確認（伝聞）なのかは、連続的である。

〈発話時の具体的現象を証拠とする推定〉：シタ形式は〈現在・(動作)パーフェクト〉

・チェスをやっていた老人に片方が、両手を突き上げ、天井をあおいでわめきちらした。もう片方の、背の曲がった老人は、居酒屋の主人と顔を見合わせ、涙を流しながら笑っていた。「勝負がついたみたいね」　　　　　　　　　　[ドナウの旅人]

〈具体的現象を証拠とする推定〉：シタ形式は〈現在・(動作)パーフェクト〉

・「銃声が聞こえました。不良少年のグループが事件を起こしたみたいです」
「もしもし？　あなたは今どこから通報しているのですか？」
　　　　　　　　　　　　　　　　　　　　　　[クロスファイア]

〈過去時の痕跡に基づく推定〉：シタ形式は〈過去・完成〉

・「首を吊って2分から3分すると、仮死状態になった自殺者は大便や小便を洩らす。すべての筋肉が弛緩するためだ。古谷めい子の死体の周りにはそういう痕跡はなかった。見苦しい有様にしたくなかったんだろう。首を吊る前に排便をすませたようだな」　　　　　　　　　　　　　[同級生]

〈発話現場の発言内容に基づく推定〉：シタ形式は〈過去・完成〉
・「(前略)ナホトカの〈東園〉という名の中華料理店で、あんたがどれだけ見事に女主人の役割を果たしたかも知っている。それからヨーロッパへ渡って、どういうふうに生きたかも知っている」
「いろいろ詳しくお調べになったようですね」　　　［朱鷺の墓］

〈目撃証言に基づく推定〉：シタ形式は〈完成・過去〉
・「ところで、早速だがな、11月17日に君は箱根に行ったようだね。箱根で君を見たという人が居るんだがね」
［青春の蹉跌］

〈伝聞〉
・「息子さん、だいぶ腕をあげたようですね。時々、噂を聞きますよ」　　　［樹下の想い］

　上述の3番目の例では、証拠を知覚（直接確認）したのは過去時だが、その事実を記憶から引き出して「首を吊る前に排便をすませたようだ」と推定しているのは発話時である。発話時における推定であるため、「排便をすませたようだった」に言い換えることはできない。
　次の最初の例のような場合は、〈知覚〉の方を前面化させて、「買ったみたいでしたね」にすることも不可能ではない。2番目の例になると〈具体的現象〉そのものであって、推定性が弱いので、「びっくりしたようだった」に言い換えてよいだろう。

・「さっき六本木の交差点で、森嶋さんとすれちがったんですよね」
「へえ。気がつかなかった」
「あの人、あたらしいメルセデスを買ったみたいですね。濃紺のTDを運転してましたよ」　　　［四季・由布子］
・「お母さんにいらっしゃってたところへ、ぼくが来た。すぐその後へ、彼女が訪ねて来たんだ」

「……」
「彼女は、われわれ二人を見てびっくりしたようだ。われわれもびっくりしたよ、ねえお母さん」　　　　　　［小説日本銀行］

「シタようだ」のシタ形式が、具体的現象の〈現在・(動作)パーフェクト〉を表している場合には、〈知覚印象（直接確認）〉なのか〈推定（間接確認）〉なのかは区別をつけにくくなる。

・「刑事たち、帰ったみたいだね」と晴美はいった。
「晴美、あなた部屋にいたんじゃなかったの」　　　　　［同級生］

「見る、見える」から「見てとる」への移行は連続的であるということであろう。〈知覚〉が、単なる現実世界の受容（反映）ではなく、主体の能動的活動であるとすれば、そこには思考活動が完全に排除されているわけではない。〈知覚活動〉の能動性・積極性が〈推定〉への移行をもたらすと思われる。

　次に、「シテイタようだ」の場合は、〈知覚印象〉であることはなく、常に〈発話時における推定〉である。次の場合、「シテイタようだった」に言い換えることはできない。〈伝聞〉の場合も当然、「ようだった」は不可能である。

〈発話時の推定〉
・「私宛の遺書はご披露できないが、内容から察するに、人一倍責任感の強い石崎会長は、バブル末期の多角化路線が現在の経営危機を招いたと過剰に意識されていたようだ」
　　　　　　　　　　　　　　　　　　　　［テロリストのパラソル］
・「怪文書を投げ込んだのは……彼だった？」
「間違いありません。彼は慌ててやったんでしょうね。証拠を残しています。コピー機には使った紙の枚数と使用時間が記録されるんです。彼は前の晩、残業と称して、私を陥れる怪文書を営業部のコピー機でせっせと作っていたようです」
　　　　　　　　　　　　　　　　　　　　　　　　　［プワゾン］

第7章　「らしい」「ようだ」とテンス　　317

〈伝聞〉
・「でも、生活は充分に保障されてたみたいよ。だって、藩のエリートですもの。有田の他の窯の優秀な陶工たちを、この山に集めたらしいよ。逃げ出して打ち首になった者もいたみたいだけど」　　　　　　　　　　　　　　　［イスタンブールの闇］

　ただし、次のような場合には、〈過去の知覚印象〉を前面化させて「しょぼんとしていたようだった」に言い換えることが可能である。このように〈具体的現象の知覚印象（直接確認）〉の方が前面化すると、「しょぼんとしていたらしい」には言い換えにくい。〈過去時における知覚体験〉がない場合には「シテイタようだった」は使用できないが、〈過去時における知覚体験〉がある場合には、それを明示して「シテイタようだった」を使用してもよいし、場合によっては「シテイタようだ」を使用してもよいということが言えよう。

・「うちに来てたときは、しょぼんとしてたようですよ」
「あれも気分が不安定なのでしょう。例の警察の方とは、来週お目にかかることになったそうですね」　　　　　　　［龍は眠る］

### 3.3.1.2　スルようだとシテイルようだ

　まず、留意すべきは、「らしい」の場合と同様に、典型的な〈未来の事象の推定〉の例はないということである。〈未来の事象〉の場合は〈伝聞〉になる。次の〈推定〉の場合は、〈直前（近未来）〉であって、アスペクト的側面が強い。

〈推定：直前（近未来）〉
・やがてマイクの声が聞こえた。
「長話がようやく終わるみたいだよ」　　　　　　　　［てのひらの闇］
・「この話の先はもう、いきづまるしかないようですね」
　　　　　　　　　　　　　　　　　　　　　　　　［てのひらの闇］

〈伝聞：未来〉
- 「相馬光子さん、お元気ですか？」（中略）
「うん、<u>今度また、こっちに来るみたいだ</u>」
「そう、羨ましいわ。日本と行ったり来たりできて」
［百年の預言］

次のように〈習慣の推定〉である場合はある。

- 「白鷺ならよく見かけます。<u>耕耘機で畑をひっくり返していると、必ずやってくるようです</u>。耕された土の中のミミズやサナギをねらうんでしょうけど」
［空夜］

次に、「シテイルようだ」の場合は、〈知覚印象〉とは違って、〈具体的な一時的現象〉も〈抽象的な恒常的事象〉も可能である。

〈具体的現象に基づく具体的現象の推定〉
- 「何かあったのか、え？」
「青銅社の山岸という男が電話をかけてきた。<u>どうやら、モモを探しているようだ</u>」
［黄金を抱いて翔べ］

〈具体的現象に基づく抽象的事象の推定〉
- 「<u>これだけのものを彼は無償で提供してくれたのかね</u>」
「ええ」
「中国人というやつの気持ちはわからんな」機一郎が言った。「<u>小さな利害にこだわるかと思えば、こんな思い切った好意も見せる。日本人には見られん大きなものを持っているようだ</u>、連中は」
［朱鷺の墓］

### 3.3.2　名詞述語の場合

〈知覚印象〉の場合と違って、〈名詞述語〉が可能となる。また〈比況〉と違って、「Nダッタようだ」が可能となる。ただし、「Nダッタようだ」の場合、〈主体（電子手帳）〉の〈非現存〉を明示す

るために過去形が使用されている。

「Nダッタようだ」
・「しかし事件直後に、彼らはお母さんの住所録とか手帳を見せてほしいとはいわなかった？」
「いいました。ずいぶん母の部屋を探したんだけど、なにも見つからなかった。実は母は電子手帳を愛用して持ち歩いていたんですが、それが住所録だったようなんです。実際、警察も電子手帳の破片は見つかったといってました。だけどもちろん中身は残っていない」　　　　［テロリストのパラソル］

「Nノようだ（Nみたいだ）」
・太賀吉は、吉田のえらく不機嫌そうな顔を観察しながら、心の中でにやにやしていた。
〈なるほど、聞きしにまさるわがまま者のようだ。しかし、露骨に顔に出すところは、なんともかわいい〉［小説・吉田茂］


## 4．おわりに

以上述べてきたことの主要な点を示すと次の通りである。

「らしい」
1)〈事象に対する話し手の評価〉
　①名詞・代名詞に接続する派生形容詞（形容詞の接尾辞）である。
　②話し手の評価時は発話時である。従って〈はなしあい〉では過去形が使用されにくい。
　③「Nらしくない」という否定形がある。
2)〈証拠に基づく話し手の推定（間接確認）〉
　①動詞述語、名詞述語に接続し、助動詞化が進行している。
　②話し手の推定時は発話時である。従って〈はなしあい〉では「らしい」自体の過去形は基本的にない。

③知覚した事象や他者の発言内容という〈証拠〉から引き出される〈推定（間接確認）〉である（発言内容を間接的証拠にする場合は〈伝聞〉との連続性がある）。
④〈推定の帰結としての事象〉は、〈抽象的な恒常的事象〉でも〈具体的な一時的事象〉でもよい（述語の意味的タイプにおける時間的限定性の制限はない）。
⑤〈具体的な一時的事象〉には、テンスとアスペクトが分化する。ただし、〈未来の事象〉は〈伝聞〉になる。

3) 〈伝聞（間接確認）〉
①他者の発言内容の記憶からの引き出しであり、〈間接的確認〉である点で推定と共通する。
②テンス的に未来の事象であってもよい。

「ようだ（みたいだ）」
A) 〈推定〉〈伝聞〉の場合は、「らしい」との相互の言い換えが可能である。助動詞化が進行している。
B) 「らしい」と言い換えられない〈知覚印象〉〈比況〉の場合は、〈推定〉〈伝聞〉と違って、次のようになる。
　B・1) 〈主体の知覚印象＝対象の様子〉
　　　①主体の知覚と対象の様子（見え、感じ）は共在的である。
　　　②主体の知覚時は、発話時であっても、過去時であってもよい。従って過去形「ようだった（みたいだった）」も使用される。〈未来〉はない。
　　　③知覚事象は〈同時的な〉〈具体的一時的現象〉である。従って、名詞述語は基本的に不可能である。
　　　④知覚事象のアスペクト分化は部分的であり、テンスはない。
　　　⑤〈推定〉に比べて助動詞化は進行していない。
　B・2) 〈比況（たとえによる対象の様子の特徴づけ）〉
　　　①形式名詞性があり、〈動詞〉〈名詞〉は連体形である（全体として〈合成述語〉である）。
　　　②動詞においても時間性が希薄である（テンスはなく、

アスペクトも希薄である)。
③対象の様子の存在時自体は、現在でも過去でもよい。

以上から、「らしい」「ようだ」ともに、次のような助動詞化の進行があることが分かる。

「らしい」
〈証拠に基づく推定＝間接確認〉：
　　　　　　　「らしい」自体にテンス対立無
　　　　　　　推定の帰結にはテンス対立有
　　　　　　　推定の帰結は時間的限定性から解放
↓
〈伝聞＝間接確認〉

「ようだ」
〈知覚印象＝様子の存在〉：
　　　　　　　「ようだ」自体にテンス対立有
　　　　　　　主体の知覚と知覚対象は同時的
　　　　　　　知覚事象には時間的限定性有
↓
〈証拠に基づく推定＝間接確認〉：
　　　　　　　「ようだ」自体にテンス対立無
　　　　　　　推定の帰結にはテンス対立有
　　　　　　　推定の帰結は時間的限定性から解放
↓
〈伝聞＝間接確認〉

「ようだ」に典型的に見られるように、助動詞化＝文法化の進行には次のような、時間性（テンス）とモーダルな意味という２つの側面の照応関係があると言えよう。*1

①「ようだ」自体にはテンス対立がなくなる。話し手の推定（間接確認）時は発話時である。
②推定の帰結たる事象はテンス対立を持つ。過去のことも現在のことも推定（間接確認）できる。

ただし、〈間接的証拠〉に縛られており、また〈未来の事象の推定〉が基本的に不可能であるという点で、〈推定〉における助動詞化は完全ではない。〈伝聞〉になると〈未来の事象〉でも可能となり、さらに助動詞化が進む。
　〈知覚活動〉が〈推定活動〉の発生源であるとすれば、〈事象のタイプ〉が〈具体的な一時的現象〉に限定されなくなり、空間的にも時間的にも〈その場（現場）〉のことに限定されなくなって、発話時における主体の媒介された認識に基づく思考的側面が前面化していくことになると思われる。
　テンポラリティーの中核をなすテンスは、モダリティーとともに陳述性を担っている。従って、話し手の確認のし方と事象のテンス的位置づけは相関する。また、話し手の確認のし方と時間的限定性も相関している。抽象的な恒常的事象を知覚で確認することは不可能であるが、〈推定＝間接確認〉は可能である。
　「〜だろう」は、発話時における話し手の〈推量＝間接確認〉であり、確認対象である事象は時間的限定性の制約がなく、また〈未来〉も可能である点で、最も助動詞化＝文法化が進んでいる。従って、相対的に見て、形態論的カテゴリーとしての叙述法（認識的ムード）は、第2章で述べた「スル−スルダロウ」の対立において成立していると思われる。

---

*1　①の点については、第Ⅳ部の第5章で述べる首里方言や与論方言の間接的エヴィデンシャリティーと基本的には共通していると思われる。「シテアル」相当形式で表される〈間接的証拠に基づく推定〉では、発話時における〈推定〉が前面化される場合には、明確なテンス対立は認められなかった。一方、主体動作客体変化動詞に限定される〈客体結果の知覚に基づく推定〉の場合には、〈客体結果〉というアスペクト的側面があることから、過去形の「シテアッタ」相当形式も使用される。首里方言において、〈痕跡の知覚に基づく推定〉の場合に、痕跡の存在時（あるいは痕跡の知覚時）が〈過去〉であることを示すために、「シテアッタ」相当形式が使用される場合もないわけではないが、基本的には、アスペクト的側面から、発話時における認識活動である〈推定〉というモーダルな側面が前面化していくにつれて、過去形が使用されなくなるということであると思われる。

III　愛媛県宇和島方言のムード・テンス・アスペクト

第1章
# はじめに

　第III部と第IV部においては、諸方言及び接触言語（接触方言）を対象とするが、ここでは、まず、標準語とは異なる形態論的体系を有する愛媛県宇和島方言の述語におけるムード・テンス・アスペクト体系を中心に記述する。

## 1. 第III部の目的

　現在調査した限り、どのような方言でも、述語構造に関しては、形態論的形式が標準語よりも豊かである。宇和島方言にも、標準語に比べて多くの形態論的形式がある。この豊かな形態論的形式がどのような体系をなしているかを考察することは、次の点で重要であると思われる。

1) 第II部で述べた標準語のムード・テンス・アスペクト体系の相対化につながること
2) 第IV部で述べる奄美沖縄地域の沖縄県首里方言や鹿児島県与論方言における複合的様相の記述のために必要であること
3) 第IV部で述べる通方言的考察や言語接触による文法的変化の記述のための1つの重要な前提となること

　例えば、標準語とは異なるアスペクト体系が西日本諸方言にあることはよく知られており、宇和島方言もその西日本方言型のアスペクト体系を有している。アスペクト体系については、工藤（1995）において述べたところだが、次のように、3項対立型のアスペクト体系となっている。

〈主体変化動詞〉
・去年ノ9月ニ　新校舎　建ッタゼ。　　　　　　〈完成・過去〉
・去年ノ9月ニワ　新校舎　建チヨッタゼ。　　　〈進行・過去〉
・去年ノ9月ニワ　新校舎　建ットッタゼ。　　　〈結果・過去〉

　「建ッタ」の場合は、変化の〈完成〉が9月である。一方「建チヨッタ」の場合は、〈(変化) 進行〉を表すため、変化の完成は9月以降であり、「建ットッタ」の場合は、〈結果〉を表すため、変化完成は9月以前である。ここでショル形式が〈変化進行〉を表せることは、標準語との違いであるとともに、第IV部で述べる西日本諸方言の動態、首里方言や与論方言の複合性と文法化の進展、そして言語接触による文法的変化を考察する際に極めて重要になる。
　次の場合でも、「完成—進行—結果」というアスペクト対立になっているが、シトル形式が〈客体結果〉を表すことは、標準語との違いであるとともに、第IV部で述べる首里方言や与論方言、及びウチナーヤマトゥグチの特徴であるアスペクトとエヴィデンシャリティーの関係を捉えるための前提となる。

〈主体動作客体変化動詞〉
・明日ワ　9時ニ　旗　揚ゲルゼ。　　　　　　　〈完成・未来〉
・明日ワ　9時ニワ　旗　揚ゲヨルゼ。　　　　　〈進行・未来〉
・明日ワ　9時ニワ　旗　揚ゲトルゼ。　　　　　〈結果・未来〉

　そして、ショル形式、シトル形式の過去形は、(a)〈進行〉、(c)〈結果〉を表すだけでなく、次のような (b)〈未遂〉、(d)〈反事実仮想〉というモーダルな意味を表すようにもなっている。*1 どちらも「学校に行く」という事象が成立しなかった点では共通している。〈未遂〉も〈反事実仮想〉も、標準語の「～するところだった」に相当するが、〈未遂〉はショッタ形式、〈反事実仮想〉はシトッタ形式というかたちで、2つの形式が使い分けられる（第II部第6章参照）。

(a) 太郎　学校ニ　行キヨッタ。　　　　　　〈進行・過去〉
(b) ［出かける準備中に気づいて取りやめた場合］
　　日曜日ナノニ　学校ニ　行キヨッタ。　　〈未遂〉
(c) 太郎　学校ニ　行ットタ。　　　　　　　〈結果・過去〉
(d) ［電話があったので、学校に行かなかった場合］
　　電話　ナカッタラ　学校ニ　行ットタ。〈反事実仮想〉

　また、ムードの面でも標準語とは異なる体系を有している。大きな特徴は、叙述法（認識的ムード）において、(x) のような〈断定〉を明示する専用形式「スライ（シタイ）」があることである。(w) のような〈疑問詞質問〉の専用形式「スラ（シタラ）」もあり、次のように断定専用形式との対立を形成している。〈質問〉の場合に「来タイ」や「元気ナイ」は使用できず、逆に〈断定〉の場合に「来タラ」「元気ナラ」は使用できない（下記の (z)「元気ナイ」という形式は、〈肯定の断定形〉である）。

(w)「誰ガ　来タラ」　　　　　　　　　〈質問〉
(x)「太郎ガ　来タイ」　　　　　　　　〈叙述法・断定〉
(y)「誰ガ　一番　元気ナラ」　　　　　〈質問〉
(z)「太郎ガ　一番　元気ナイ」　　　　〈叙述法・断定（肯定）〉

　さらに、形容詞述語を中心に〈表出〉の専用形式があり、形容詞述語の特徴である〈話し手の評価〉に関わる問題を提起している。「元気ヤ」というのは、話し手の評価を表す〈表出〉の専用形式である。

・今日ワ　隣ノオジーチャン　元気ナイ。
　　　　　　　　　　　　　　〈叙述法・断定（肯定）〉
・今日ワ　隣ノオジーチャン　元気ヤ。　　　〈表出〉

表出形は、典型的な名詞述語にはない（＊は非文法的であることを示す）。「元気ナ学生ヤ」のように、形容詞を伴った場合には可能と

なる。

- \*オット　学生ヤ。
- オット　元気ナ学生ヤ。　　　　　　　　　　　〈表出〉

　このようなことから、第Ⅲ部では、認識的ムード（叙述法）を中心としつつも、質問法や表出法も含めたムード体系全体を記述する。標準語のムード体系との違いが浮かび上がってくるだろう。そして、ムードに関しては、通方言的調査研究がまだ十分にできていないことから、標準語とは異なるムード体系の方言を記述しておくことは今後のために重要であると言えよう。

## 2. 第Ⅲ部の構成

　第Ⅲ部の中心部分は、次のような順序で構成されている（第2章、第3章では、1）〜6）の記述を行うための前提を提示している）。

1）　存在動詞　　→　第4章
2）　運動動詞　　→　第5章
3）　形容詞述語　→　第6章
4）　名詞述語　　→　第7章
5）　否定形式　　→　第8章
6）　実現可能形式　→　第9章

　述語になることを主要な任務とするのは動詞である。従って、動詞述語、形容詞述語、名詞述語の順に記述する。
　2）の運動動詞が動詞らしい動詞であるのだが、1）の存在動詞からはじめるのは、存在動詞がアスペクトの文法化の語彙的資源になるからである。第Ⅳ部で述べるように、他の諸方言の考察においても、存在動詞がどのようになっているかについての考察は、ムード・テンス・アスペクトといった形態論的カテゴリーの記述に

とって重要である。従って、まず、存在動詞におけるムード・テンス・時間的限定性の体系について記述する。宇和島方言の存在動詞には、アスペクトはないが〈一時性〉を明示する形式がある。この点も、第Ⅳ部第4章の考察につながる。

　次に、2）運動動詞にはアスペクトがあることから、ムード・テンス・アスペクト体系について記述する。宇和島方言は、〈完成〉〈進行〉〈結果〉を別の形式で表し分ける3項対立型のアスペクト体系である。標準語とは異なるアスペクト体系を形成しているわけであるが、これは標準語のアスペクトの相対化と同時に、第Ⅳ部で述べる奄美沖縄諸方言におけるアスペクトの複合性を捉えるためにも、言語接触による文法的変化を捉えるためにも重要になる。

　続いて、3）〈表出法〉の専用形式がある形容詞述語の記述を行う。〈一時的状態〉と〈恒常的特性〉を表す形容詞があり、前者ではテンスが分化し、後者ではテンスが分化しない点では標準語と同様である。

　次の4）では、時間的限定性のない〈質〉を表す名詞述語を考察する。非過去形（肯定）ではコピュラを伴わないことが特徴である。そして、標準語と同様にテンス対立は基本的になく、過去形はモーダルな意味を表すようになる。

　第8章では、否定形式について述べる。宇和島方言には、2つの否定形式「セン」と「スラヘン」があり、〈肯定的想定の不成立〉と〈聞き手の肯定的想定に対する話し手の否認〉を表し分ける。前者には、「セン」「セナンダ」というテンス対立があるが、話し手の否認を表す後者の「スラヘン」にはテンス対立が基本的にない。

　第9章における実現可能形式の記述は、今後の展開のために補足したものである。宇和島方言には、否定を中心に、「食ベレン」「食ベレレン」「ヨー食ベン」「食ベラレン」という4種類の実現可能形式がある。このような諸形式においても、特定時における個別具体的な動作の実現・非実現であるか、ポテンシャルな動作の可能・不可能であるかという〈時間的限定性〉の違いが重要になる。

　最後の第10章では、標準語との共通点と相違点について述べることにより、第Ⅳ部への橋渡しとする。

＊1 工藤(1995)では〈非実現〉という用語を使用したが、本書では〈未遂〉とする。そして〈非実現〉という用語は〈実現〉とセットにして「食ベレン／食ベレル」「食ベレレナンダ／食ベレレタ」といった意志動詞に成立する実現可能形式に対して使用する(第9章参照)。

# 第2章
# 方言の動態と世代差

　方言は日常的な話し言葉であり、また、標準語（場合によっては地域共通語）の影響のもとにある。従って、どのような方言でも、世代差が大きく、また個人的揺れも多々ある。第Ⅲ部では、筆者の内省も含んで、同世代（1945年〜1955年生）のムード・テンス・アスペクト体系の記述を行う。

　筆者の世代では使用頻度が低くなっている、上の世代の形式を提示しておくと次のようになる。下線を引いた形式は、筆者の世代でも使用されている形式である。変化が見られるのは、大きくは〈丁寧体〉と〈推量形〉に関わる形式である。

　まず、〈丁寧体〉の場合、筆者の世代で使用するのは、下線を引いた形式に限定されてきている。他の形式は、1974年の段階（工藤（1974）『愛媛県宇和島方言の述語部の研究』東京大学大学院修士論文）において、当時の50代以上を中心に使用されていたものである。このような事実は、〈丁寧体〉の方から、標準語化が進んでいることを示している。ただし、筆者と同世代であっても、職業等によっては、「タベマスライ」「タベマシタイ」を頻用する人もある（工藤（1976）参照）。

【動詞述語】

| M \ T \ P | | | 肯定 | 否定 |
|---|---|---|---|---|
| 叙述 | 断定 | 非過去 | 食ベマス<br>食ベマスライ | 食ベマセン<br>食ベマセナイ |
| | | 過去 | 食ベマシタ<br>食ベマシタイ | 食ベマセナンダ<br>食ベマセナンダイ |
| | 推量 | 非過去 | 食ベルデショー<br>食ベマショー<br>食ベマスロー | 食ベンデショー<br>食ベマスマイ<br>食ベマセンロー |
| | | 過去 | 食ベタデショー<br>食ベマシツロー<br>食ベマシタロー | 食ベナンダデショー<br>食ベマセナンヅロー<br>食ベマセナンダロー |
| 質問 | 肯否質問 | 非過去 | 食ベマス | 食ベマセン |
| | | 過去 | 食ベマシタ | 食ベマセナンダ |
| | 疑問詞質問 | 非過去 | 食ベマスラ | 食ベマセナ |
| | | 過去 | 食ベマシタラ | 食ベマセナンダラ |

【第1形容詞述語】

| M \ T \ P | | | 肯定 | 否定 |
|---|---|---|---|---|
| 叙述 | 断定 | 非過去 | アカイデス<br>アカイデスライ<br>アコーゴザイマスライ | アコーアリマセン<br>アコーアリマセナイ<br>アコーゴザイマセナイ |
| | | 過去 | アカカッタデス<br>アカカッタデスライ<br>アコーゴザイマシタイ | アコーアリマセナンダ<br>アコーアリマセナンダイ<br>アコーゴザイマセナンダイ |
| | 推量 | 非過去 | アカイデスロー<br>アコーゴザイマショー | アコーアリマスマイ<br>アコーナイデスロー |
| | | 過去 | アカカッタデスロー | アコーアリマセナンヅロー<br>アコーナカッタデスロー |
| 質問 | 肯否質問 | 非過去 | アカイデス | アコーアリマセン |
| | | 過去 | アカカッタデス | アコーアリマセナンダ |
| | 疑問詞質問 | 非過去 | アカイデスラ | アコーアリマセナ |
| | | 過去 | アカカッタデスラ | アコーナカッタデスラ |

〈普通体〉では、〈非過去〉の〈推量〉形式において世代差が見られる。筆者の世代で使用するのは下線を引いた形式である。若い世代では、より分析的な形式の方が使用されるようになってきている。

【動詞述語】

| M\T\P | | 肯定 | 否定 |
|---|---|---|---|
| 推量 | 非過去 | 食ベロー<br><u>食ベルロー</u>／<u>食ベルヤロー</u> | 食ベマイ<br><u>食ベンロー</u>／<u>食ベルヤロー</u> |

【第1形容詞述語】

| M\T\P | | 肯定 | 否定 |
|---|---|---|---|
| 推量 | 非過去 | アカカロー<br><u>アカイロー</u>／<u>アカイヤロー</u> | アコーナカロー<br>アコーアルマイ<br><u>アコーナイロー</u>／<u>アカイヤロー</u> |

【第2形容詞述語】

| M\T\P | | 肯定 | 否定 |
|---|---|---|---|
| 推量 | 非過去 | 元気ナカロー<br><u>元気ナロー</u>／<u>元気ヤロー</u><br>元気ヤロー | 元気ニ（ヤ）ナカロー<br>元気ニ（ヤ）アルマイ<br><u>元気ヤナイロー</u>／<u>元気ヤロー</u> |

　動詞述語の場合は、下記の形式は〈意志〉のみを表すようになっている。

　　食ベロー：〈推量・意志〉　→　〈意志〉
　　食ベマイ：〈推量・意志〉　→　〈意志〉

第 3 章
# 述語の意味的タイプと品詞

　第4章から、動詞述語、形容詞述語、名詞述語の順に形態論的カテゴリーを記述していくが、その前提として、時間的限定性の観点から見た述語の意味的タイプと品詞との関係をまず一覧しておく。
　次頁の表に示すように、運動、状態、存在、特性、関係、質という述語の意味的タイプがあること、そしてそれらと品詞との関係は標準語と共通している（愛媛県宇和島方言では、後述するように、名詞述語は、非過去の場合、コピュラを伴わない）。
　第Ⅰ部第3章で述べたように、動詞述語の典型は〈運動〉であり、名詞述語の典型は〈質〉である。形容詞述語は、〈状態〉や〈特性〉を表す。標準語でも宇和島方言でも全く変わらないのだが、この点について奥田（1988a）は次のように述べている（下線は著者による）。

　　述語の意味的なタイプを一般化して、カテゴリーをもとめる作業は、論理学ではアリストテレスからの、長い歴史をもっているが、言語学的な立場からの、本格的な研究は、むしろ50年代以後の現代のことであるといって、おおきくはまちがわない。31年のエル・ヴェ・シチェルバの先駆的な研究を除けば。Z. ヴェンドラーの論文がたかく評価されているのが、そういう時代を思わせる。とりわけ、ここ10年のあいだの、述語をめぐる研究には、めまぐるしい発展がみられる。とくに、81年の、記号論の立場からのユ・エス・ステパノフのもの、82年の、ロシア言語学の立場からのテ・ア・ゾロトーヴァのものはみのがせない。そして、おなじ82年に、もっぱらこのテーマにささげられている『述語の意味的なタイプ』という論文集が、モスクヴァで出版されている。

| 時間的限定性 | 品詞 | 動詞述語 | 形容詞述語 | 名詞述語 |
|---|---|---|---|---|
| 有 | 運動 | 〈主体動作客体変化〉開ケル、殺ス、切ル、破ル、焼ク、曲ゲル、干ス、炊ク、植エル、刺ス、入レル、並べル、飾ル、外ス、建テル、作ル　〈主体変化〉開ク、死ヌ、切レル、破レル、焼ケル、乾ク、建ツ、晴レル、腐ル　〈主体動作〉叩ク、押ス、触ル、飲ム、見ル、シャベクル、歩ク、遊ブ、暴レル | | |
| | 状態 | 喜ブ、安心スル、痛ム、タマゲル（ビックリスル）、イライラスル、困ル、ウンザリスル、見エル、聞コエル、臭ウ | 嬉シイ、安心ナ、辛イ、痛イ、臭イ、眠イ、ダラシイ（ダルイ）、タンギナ、セワシイ（忙シイ）、暇ナ、ヒモジイ、マバイイ（眩シイ） | 病気、風邪、重体、大流行、大喜ビ、吹雪、ズブ濡レ、水浸シ、渋滞、ハラペコ、大騒ギ、曇リ、大雨、満開 |
| 無 | (滞在)存在 | アル、オル | ナイ、多イ、タクサンナ、少ナイ、ガラガラナ | 留守、欠席、カラッポ、イッパイ、チョッピリ |
| | 特性 | アリフレトル、シッカリシトル、シャレトル、コミイットル、尖ットル、イリクンドル、ヤセトル、コマシャクレトル | ロベタナ、オシャレナ、赤イ、コンマイ（小サイ）、高イ、大キイ、固イ、重イ、酸ッパイ、ベッピンナ、無口ナ、器用ナ、正直ナ、欲ナ、ギットナ（几帳面ナ） | 緑色、優等生、好物、シッカリ者、オ調子者、正直者、寂シガリ屋、大酒飲ミ、下戸、泣キ虫、汗カキ、嘘ツキ |
| | 関係 | 違ウ、関係シトル、兼ネトル、似トル | ツイナ（オンナシ）、ソックリナ、親シイ、仲良シナ | 反対、逆、先輩、イトコ、夫婦、敵、親類 |
| | 質 | | | 女、日本人、大工、害虫、犬、ペット、雑草、桜、自転車、田舎、石、幽霊、祭日、山、海 |

この論文集にのせてある論文のひとつひとつは、述語の意味的なタイプをめぐる、もっともたかいレベルの、すぐれたものであって、このテーマにかかわる今日の研究は、すききらいをこえて、そこから出発しなければならない。述語のような、文の構成要素は、意味的なカテゴリーとしてみれば、もっとも普遍性のつよいものであって、たとえロシア語の資料のうえにもとづくものであれ、そこにさしだされている、述語の意味を記述するための分類のシェーマは、日本語における述語の意味的なタイプの研究にもじゅうぶんにたえることができる。

　時間的限定性のある動的事象を表すのは〈運動動詞〉である。後述するように、運動動詞では、ムード・テンス・アスペクトが全面開花する。運動動詞の下位分類については後述するが、アスペクト的意味のあり様が異なってくるため、〈主体動作客体変化動詞〉〈主体変化動詞〉〈主体動作動詞〉の３つのグループに分ける必要がある。

　時間的限定性のある静的現象である〈状態〉は、動詞、形容詞、名詞が表す。〈状態〉にはテンス対立はあるが、運動動詞とは違って、アスペクト対立がなくなる。次の場合、ショル形式とシトル形式の対立は中和している。

　　・子供ガ　合格シテ　隣ノ人　喜ビヨッタゼ／喜ンドッタゼ。
　　・明日　病院ニ　行コー　思イヨルンヨ／思ートルンヨ。
　　・子供ガ　入院シテ　オ母サン　心配ショルゼ／心配シトルゼ。
　　・今日ワ　鬼ヶ城ガ　見エヨルゼ／見エトルゼ。

　このような状態動詞の特徴は〈主体動作動詞〉にもある。主体動作動詞では、〈進行〉を表すのは、ショル形式が基本であるが、シトル形式でも可能である（主体動作客体変化動詞や主体変化動詞ではこのようなことは起こらない）。

　　・オ父サンナラ　サッキ　テレビ　見ヨッタゼ／見トッタゼ。

- 太郎ワ　今　ゴ飯　食ベヨライ／食ベトライ。
- 飛行機ガ　飛ビヨルゼ／飛ンドルゼ。

　従って、主体動作動詞と状態動詞は連続的であり、「照ル、(風が)吹ク、光ル、鳴ル」のような自然現象を表す動詞は、主体動作動詞と状態動詞の中間に位置すると言えよう。
　アスペクト対立がなくなってくる状態動詞では、標準語と同様に、非過去のスル形式は、1人称主語の場合、発話時における話し手の〈態度表明〉や〈感情表出〉になり、ショル形式またはシトル形式では、人称制限のない〈状態描写（記述）〉になるというモーダルな意味の違いが出てくる。

- 明日ノ寄合ワ　休モー　思ワイ。　　　　　　　〈態度表明〉
- 私　明日ノ寄合ワ　休モー　思イヨライ／思ートライ。
　　　　　　　　　　　　　　　　　　　　　　〈状態描写（記述）〉

- 今日ワ　ゴミトリガ　来ンケン　困ライ。　　〈態度表明〉
- 今日ワ　ゴミトリガ　来ンケン　困ッタイ。　〈感情表出〉
- 今日ワ　ゴミトリガ　来ンケン　困リヨライ／困ットライ。
　　　　　　　　　　　　　　　　　　　　　　〈状態描写（記述）〉

　「見エル」「見エヨル」「見エトル」のように、アスペクト的意味の違いもモーダルな意味の違いもなくなる状態動詞もある。ただし、「モースグ　見エライ」のように〈状態発生〉を表すのは「見エル」形式である。

- サッキ　汽車カラ　学校ガ　見エタゼ／見エヨッタゼ／見エトッタゼ。
- 太鼓ノ音ガ　聞コエライ／聞コエヨライ／聞コエトライ。
- ナンカ　匂ウゼ／匂イヨルゼ／匂ートルゼ。

　以上のように〈状態〉には動的展開性がないがゆえに、アスペク

ト対立がぼやけてくるか、あるいはなくなってくる。

　なお、「住ム」「暮ラス」「通ウ」「ツキアウ」「勤メル」のような〈長期持続性（非一時性）〉を表す動詞も、状態動詞と同様に、ショル形式とシトル形式との違いはなくなるが、スル形式はテンス的に〈現在〉を表すことができない（スル形式は〈未来〉になる）。また、ショル形式の方が、シトル形式に比べて〈一時性〉というニュアンスが出てきやすい傾向がある。

・今　息子ノ家ニ　<u>住ミヨルンヨ／住ンドルンヨ／*住ムンヨ</u>。
・隣ノ人ワ　市役所ニ　<u>勤メヨライ／勤メトライ</u>。

　〈存在〉は、時間的限定性がある場合もない場合もある。時間的限定性があることを明示するために、存在動詞では「オリヨル」「アリヨル」という形式が使用されるが、宇和島方言では、このような形式は、形容詞や名詞述語にはない（第Ⅳ部第4章を参照）。なお、存在動詞にはシトル形式はない。

　〈特性〉〈関係〉を表す動詞、形容詞、名詞述語、〈質〉を表す名詞述語では、テンス対立が基本的になくなり、標準語と同様に、過去形はモーダルな意味で使用される。

・確カ　アノ人　<u>下戸ヤッタゼ</u>。　　〈事実の再確認（想起）〉
・オット　アノ人　<u>一人息子ヤッタンヨ</u>。
　　　　　　　　　　　　　　　　〈新事実の確認（発見）〉

なお、動詞の場合では「尖ッットル」「似トル」のように、〈特性〉はシトル形式に限定される。ショル形式の方が、脱時間化されて〈特性〉を表すようになることはない。

第4章
# 存在動詞のムード・テンス・時間的限定性

## 1. はじめに　愛媛県宇和島方言の特徴

　文法化の語彙的資源になるという点から言って重要な存在動詞からはじめることにする。宇和島方言では、人の存在は「オル」、ものの存在は「アル」である。「イル」は使用されない（全国的視野からの位置づけについては、第IV部を参照）。宇和島方言では、存在動詞にだけ、時間的限定性を明示する形式がある。テンスは標準語と同じだが、ムードは多様な形態論的形式が分化している。

## 1.1　ムード・テンス体系

　存在動詞「オル」の終止形におけるムード・テンス体系は次のようである。存在動詞「アル」もこれに準じるが、標準語と同様に、

| 叙述 | 断定 | 非過去 | オライ／オル（ゼ） |
| --- | --- | --- | --- |
| | | 過去 | オッタイ／オッタ（ゼ） |
| | 推量 | 非過去 | オルロー／オルヤロー |
| | | 過去 | オッツロー<br>オッタロー／オッタヤロー |
| 質問 | 肯否質問 | 非過去 | オル |
| | | 過去 | オッタ |
| | 疑問詞質問 | 非過去 | オラ |
| | | 過去 | オッタラ |
| 表出 | | | オラヤ |
| 実行 | 意志 | | オロー |
| | 勧誘 | | オロヤ |
| | 命令 | | オレ |

343

〈意志〉〈勧誘〉〈命令〉という実行法はない（否定形式については、第8章で述べる）。

　〈ムード〉体系は、大きくは次のようになる（代表的な形態論的形式を示しておく）。それぞれに異なる形態論的形式があり、標準語と違って、〈叙述法・断定〉の専用形式「オライ」や〈疑問詞質問〉の専用形式「オラ」がある。無標の「オル」は、終助詞「ゼ」「ヨ」等を伴わない場合には、基本的に〈肯否質問〉になり、上昇イントネーションは義務的ではなく、むしろ下降イントネーションの方が普通である。

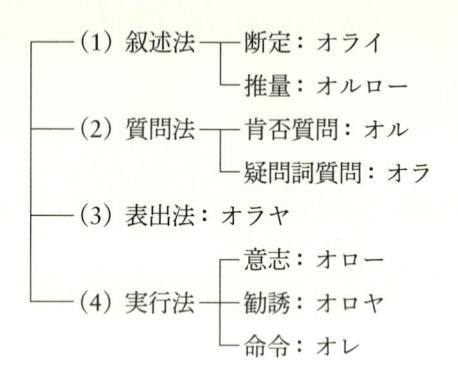

```
──(1) 叙述法──断定：オライ
         └─推量：オルロー
──(2) 質問法──肯否質問：オル
         └─疑問詞質問：オラ
──(3) 表出法：オラヤ
──(4) 実行法──意志：オロー
         ├─勧誘：オロヤ
         └─命令：オレ
```

　〈テンス〉体系は、標準語と同じく、発話時を基準とする〈過去─非過去〉の対立である。後述する運動動詞とは違って、存在動詞の非過去形は〈現在〉も〈未来〉も表す。そして、テンスの分化があるのは、(1)〈叙述〉(2)〈質問〉のムードであり、(3)〈表出〉(4)〈実行〉のムードにはない（例(3)の「ガイニ」は「たくさん」の意味である）。

　　〈叙述法〉〈質問法〉：テンス有
　　〈表出法〉〈実行法〉：テンス無

(1)　蚊ガ　オライ。　　　　　　　　　〈断定・現在（未来）〉
　　 蚊ガ　オッタイ。　　　　　　　　〈断定・過去〉
　　 蚊ガ　オルロー。　　　　　　　　〈推量・現在（未来）〉

　　　　蚊ガ　オッツロー。　　　　　　　　〈推量・過去〉
(2)　蚊　オル。　　　　　　　　　　　　〈肯否質問・現在（未来）〉
　　　蚊　オッタ。　　　　　　　　　　　〈肯否質問・過去〉
　　　何ガ　オラ。　　　　　　　　　　　〈疑問詞質問・現在（未来）〉
　　　何ガ　オッタラ。　　　　　　　　　〈疑問詞質問・過去〉
(3)　蚊ガ　ガイニ　オラヤ。　　　　　　〈表出〉
(4)　ココニ　オロー。　　　　　　　　　〈意志〉
　　　ココニ　オロヤ。　　　　　　　　　〈勧誘〉
　　　ココニ　オレ。　　　　　　　　　　〈命令〉

　なお、標準語と同様に、過去形は、〈事実の再確認（想起）〉〈新事実の確認（発見）〉というモーダルな意味も表す。

〈事実の再確認（想起）〉
・喫茶店ナラ　確カ　駅前ニ　アッタイ／アッタゼ。
〈新事実の確認（発見）〉
・マダ　オッタンカナ。ハヨ　学校ニ　行ケ。

## 1.2　時間的限定性

　存在動詞は、語彙的意味において、動的な時間的展開性がないので、アスペクトはない。しかし、次のような〈時間的限定性〉の対立がある。「オリヨル／アリヨル」は、「オル／アル」に存在動詞「オル」が接続した形式である。「オリヨル／アリヨル」は〈一時的存在〉を明示する形式で、〈恒常的存在〉の場合には使用することができない。

　〈一時的存在〉の場合は、現在のことでも過去のことでもよい。未来の場合は使用頻度が低い。また、「誰ガ　オリヨラ」「ココニ　オリヨレ」のような質問や命令も不可能ではない。

〈恒常的存在〉
・アノ山ニワ　蝮ガ
　　オライ（オルゼ）／*オリヨライ（オリヨルゼ）。

・オ宮ニワ　鳥居ガ
　　アライ（アルゼ）／*アリヨライ（アリヨルゼ）。

〈一時的存在〉
・庭ニ　蝮ガ　オリヨライ（オリヨルゼ）／オライ（オルゼ）。
・オ宮ノ前ニ　ゴミガ
　　アリヨライ（アリヨルゼ）／アライ（アルゼ）。
・サッキ　蝮ガ
　　オリヨッタイ（オリヨッタゼ）／オッタイ（オッタゼ）。
・昨日　オ宮ノ前ニ　ゴミガ
　　アリヨッタイ（アリヨッタゼ）／アッタイ（アッタゼ）。

　なお、次のような〈反復〉の場合も可能であるが、〈習慣〉のような時間の抽象化が進んだポテンシャルな存在では使用されない（この点については、第Ⅳ部参照）。

・コノ頃　時々　蝮ガ　オリヨルゼ。
・前ワ　タマニ　蝮ガ　オリヨッタイ。怖カッタゼ。

　〈存在〉を表す「オル」「アル」には、「オリヨル」「アリヨル」という形式はあっても、「オットル」「アットル」という形式はない。ただし、「運動会ガ　アル」のように、〈動的な事象（運動）〉を表す場合には、「アル」がテンス的に〈現在〉を表せず、「運動会ガ　アリヨル」「運動会ガ　アットル」と言える。前者は〈進行〉であり、後者は、旗が散らばっているなど運動会が行われた形跡を見た場合のような〈痕跡〉の意味を表す。これは後述の主体動作動詞のアスペクト的意味に準じる。
　宇和島方言では、「オリヨル」のような〈一時性〉を明示する形式は形容詞述語や名詞述語にはない。しかしながら、このような時間的限定性の有無の違いは〈実現可能〉形式において重要になる。この点については、第9章で述べる。

## 2. ムード

以下、ムードについて、(1)〈叙述〉、(2)〈質問〉、(3)〈表出〉、(4)〈実行〉の順に述べる。〈叙述〉〈質問〉にはテンスが分化し、〈表出〉〈実行〉のムードにはテンスは分化しない。

### 2.1 叙述法（認識的ムード）

叙述法には、標準語と同様に、断定形と推量形の対立がある。違いは、断定を明示する専用形式があることである。

#### 2.1.1 断定形

宇和島方言では、「オライ（オッタイ）」「アライ（アッタイ）」は〈叙述法・断定〉を明示し、「オル（オッタ）」「アル（アッタ）」は、終助詞「ゼ」「ヨ」等を伴わない場合には、基本的に〈肯否質問〉である。従って、〈肯否質問〉は上昇イントネーションが義務的ではなく、下降イントネーションが普通である。

- 「アノ山ニ　蝮　オル」
  「ソラ　オライ」
- 「ソコニ　鋏　アル（アリヨル）」
  「ウン　アライ（アリヨライ）」
- 「コノ小屋　前カラ　ココニ　アッタ」
  「ウン　アッタイ」

〈叙述法・断定〉の専用形式であるので、〈非終止〉では使用できない（「〜ケン」は、原因や理由を表す標準語の「〜ので／から」に相当する意味を表し、「〜ケンド」は逆接の接続助詞である）。

- アノ山ワ　蝮ガ　オル／*オライケン　アブナイワイ。
- アノ山ワ　蝮ガ　オル／*オライケンド　今ワ　大丈夫ナイ。
- アノ山ニ　蝮ガ　オル／*オライノ　知ラナンダイ。
- ソコニ　アル／*アライ鋏　取ッテヤ。

第4章　存在動詞のムード・テンス・時間的限定性

断定専用形式には、終助詞は「ナー」「デ」以外接続しない（当然ながら、推量の「ヤロー」も接続しない）。「ナー」を付加した場合は、話し手の確認済みの事実を聞き手に対して〈念押し〉することになる（この場合、「オルナー」「オッタナー」は使用できない）。

- アノ山ニワ　蝮　オライナー／*オルナー。
  （あの山には蝮がいるよね）
- アノ時　アンタモ　オッタイナー／*オッタナー。
  （あの時あんたもいたよね）
- オ父サン　今　畑ニ　オッタイナー／*オッタナー。呼ンデ来テヤ。（お父さん今畑にいたよね。呼んできて）

　非過去形に終助詞「デ」を付加した場合は、相手の断定を間違いだとして強く〈否認〉することになる。過去形に終助詞「デ」が接続することはない。この点は第8章で述べる〈否認〉を明示する第2否定形式「スラヘン」と共通する（420頁参照）。

- 「アノ山ニワ　蝮　オランゼ」（あの山には蝮はいないよ）
  「オライデ」（いるよ）
- 「オ米ガ　モー　ナカッタゼ」（お米がもうなかったよ）
  「マダ　アライデ／*アッタイデ」（まだあるよ）

　また、〈当然性〉の主張というモーダルな意味が前面化する場合もある。

- 「アノ山ニワ　蝮　オライナー」（あの山には蝮がいるよね）
  「オライデ」（いるよ）

　疑問詞と共起すると〈反語〉になる。過去のことであっても非過去形が使用され、過去形「オッタイ」「アッタイ」にはこのような用法はない。

- 「昔ワ　オ金　沢山　アッタイナー」
（昔はお金が沢山あったよね）
「ソンナモノ　ドコニ　アライ」
（そんなものはどこにもなかった）
- 「日曜日ニ　行コヤ」
（日曜日に行こうね）
「日曜日ニ　行ッタッテ　誰ガ　オライ」
（日曜日に行っても誰もいない）

　断定形は、事実未確認の事象に対する〈確信〉も表す。また、「タイテー」や、「今頃」のような副詞と共起すると〈推量〉の意味を表しうる（このような副詞と共起しない「心配センデモ　実家ニ　オライ」「オジーチャンナラ　畑ニ　オライ」の場合には〈確認済みの事実〉を表す）。

　〈未来の事象の確信〉
- 明日ワ　天気　エーケン　オジーチャンワ　畑ニ　オライ。

　〈推量〉
- 心配センデモ　今頃　実家ニ　オライ。
- オジーチャンナラ　タイテー　畑ニ　オライ。行ッテミサイ。

「留守番ガ　ホシインナラ　私ガ　ココニ　オライ」のように〈意志表明〉の場合も使用できる（なお、若い世代では、断定専用形式が使用されなくなってきているように思われる）。

### 2.1.2　推量形
〈叙述法・推量〉には複数の形式があるが、文法的意味の違いはない。「〜ヤロー」の方が新しい形式である。

　非過去形：オルヤロー、オルロー
　過去形　：オッタヤロー、オッタロー、オッツロー

文法的意味については、標準語と同じく、話し手の〈推量（事実未確認）〉も、話し手と聞き手の〈共有情報（確認済みの事実）〉も表す。2つの意味を区別するために、〈推量〉の場合には、「オルローガ」のように言う方が多い。

〈推量（事実未確認）〉
・オジーチャンナラ　畑ニ　オルロー（ガ）。

〈共有情報（確認済みの事実）〉
・隣ニワ　オジーチャンガ　オルロー。ソンデ　旅行ニ　行ケンノヨ。

　以上のように〈叙述法〉には〈断定〉と〈推量〉の対立が分化している。標準語との違いは、どちらも有標形式であることである（次の2.2で述べるように、宇和島方言の「スル」形式は〈肯否質問〉を表す）。次のような記述があることから、このように、〈断定〉が有標である方言があっても不思議ではないように思われる。*1

> There is one final point. The declarative may not be the unmarked form. Thus in Huichol (Mexico—Grimes 1964), an unmarked form is usually taken as a question, while the declarative has the 'assertive marker'.　　[Palmer 2001: 68]

## 2.2　質問法

　〈質問〉のムードでは、〈肯否質問〉と〈疑問詞質問〉とで異なる形式になる。まず〈疑問詞質問〉には、「オラ（オッタラ）」「アラ（アッタラ）」という専用形式がある。下降イントネーションが普通である（1974年時点で、高年齢層では「アリャ」「オリャ」の形式が使用されていたことから考えると、「アルヤ」「オルヤ」が融合化されてできた形式ではないかと思われる。また、このような形式は、若い世代では、ぞんざいな言い方として使用されにくくなってきており、「アルン」「オルン」の方が使用される）。

- 「ソコニ　何ガ　アラ」
  「鋏ヨ」
- 「昨日ワ　ドコニ　オッタラ」
  「畑ヨ」

〈肯否質問〉は「オル（オッタ）」「アル（アッタ）」である。終助詞「カナ」を付加してもよいが、義務的ではない。下降イントネーションが普通である。

- 「鋏　アル」
  「アライ」
- 「オジーチャン　畑ニ　オッタ」
  「オッタイ」

ただし、終助詞「ゼ」「デ」「ヨ」「ゾ」「ガナ」「テヤ」を伴うと〈叙述法・断定〉を表すことができる。このうち、「ゼ」が最もよく使用される終助詞である。「ゾ」「デ」はぞんざいな（くだけた）言い方であり、「ヨ」はやや丁寧さのある言い方である。「テヤ」「ガナ」は、相手に反駁したり、〈当然性〉を前面化させた言い方になる。

- 「鋏　アル」
  「アルゼ」
- アノ子　部屋ニ　オッタヨ／ゾ／デ。
- 「鋏　ナイゼ」
  「アルテヤ。　ヨーニ　探シサイ」
- 「鋏　ナイゼ」
  「ココニ　アルガナ。ヨー　見サイ」

## 2.3　表出法

〈表出〉のムードの「オラヤ」「アラヤ」は、基本的に〈存在量〉に対する〈話し手の評価〉を表す。「ガイニ」のような多量であることを表す副詞と共起し、少量を表す副詞とは共起できない（後述

第4章　存在動詞のムード・テンス・時間的限定性　351

するように、形容詞述語では、程度副詞との共起はなくてもよい）。

・オット　蚊ガ　ガイニ　オラヤ。
・*蚊ガ　チート　オラヤ。
・オット　今日ワ　ゴミガ　イッパイ　アラヤ。
・*今日ワ　ゴミガ　チョッピリ　アラヤ。

表出法の特徴は、次の３点である。

①話し手の予想外（あるいは常識外）の存在量であること
②断定形と違って、客観叙述ではなく、話し手の評価感情の表出であること
③発話時における話し手の評価感情なので、過去形はないこと

まだ寒いので蚊がいない、あるいはゴミはないと思っていたにもかかわらず、蚊がいる、ゴミがあるのを見た場面では、〈存在自体に対する話し手の意外性〉を表すこともある。これは、後述する過去形のモーダルな意味に近く、「オラヤ」「アラヤ」を「オッタ（ゼ）」「アッタ（ゼ）」に言い換えてもよい（第７章参照）。

・蚊ガ　オラヤ／オッタゼ。今頃　ドシテヤロ。
・今頃　ゴミガ　アラヤ／アッタゼ。ドシテヤロ。

なお、〈表出〉のムードが典型的に使用されるのは、形容詞述語であるため、第５章で詳述する。

## 2.4　実行法

〈実行〉のムードの場合、「オロー」「オロヤ」「オレ」のように、〈意志〉〈勧誘〉〈命令〉でそれぞれ異なる形式が使用される（存在動詞「アル」には実行法はない）。

・モー　チョット　ココニ　オロー。　　　　〈意志（１人称）〉

- ココニ　オロヤ。　　　　　　　　〈勧誘（1・2人称）〉
- ココニ　オレ。　　　　　　　　　〈命令（2人称）〉

　宇和島方言では、上述のように、〈意志〉の場合には「オロー」であり、〈勧誘〉の場合には、「オロヤ」であって、別の形式になる。従って、「一緒に」のような副詞が共起しなくても、〈勧誘〉であることが明示できる。これは、後述する運動動詞でも同様である。

## 3．まとめ

　標準語との比較を念頭において、宇和島方言のムードの特徴をまとめると次のようになる。

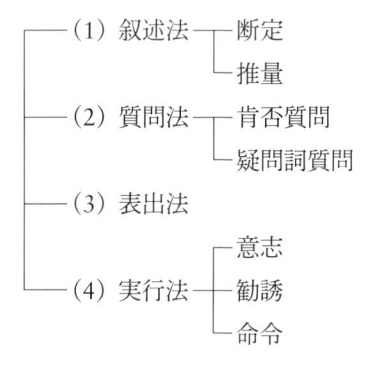

```
├─(1) 叙述法 ┬ 断定
│           └ 推量
├─(2) 質問法 ┬ 肯否質問
│           └ 疑問詞質問
├─(3) 表出法
└─(4) 実行法 ┬ 意志
             ├ 勧誘
             └ 命令
```

① 〈叙述法・断定〉と〈疑問詞質問〉を明示する形態論的形式がある。
② 無標形式は基本的に〈肯否質問〉を表す。ただし、終助詞「ゼ」等を伴った場合には〈叙述法・断定〉である。
③ 以上のように〈叙述・断定〉と〈質問〉を明示する形態論的形式があるため、〈質問〉の場合に上昇イントネーションは義務的ではなく、むしろ、下降イントネーションであるのが普通である。
④ 〈表出法〉を明示する専用形式がある。発話時における話し手の感情評価であるため、〈叙述法〉とは異なり、テンス対立はない。
⑤ 〈実行法〉では、意志、勧誘、命令で異なる形式が使用される。

この場合もテンス対立はない。

　以上のうち、〈叙述法〉については、運動動詞の場合でも、形容詞述語、名詞述語の場合でも基本的に同じである。〈表出法〉は、後述するように、形容詞述語に特徴的である。なお〈実行法〉は意志動詞のみである。

|     | 存在動詞 | 運動動詞 | 形容詞述語 | 名詞述語 |
| --- | --- | --- | --- | --- |
| 叙述法 | ○ | ○ | ○ | ○ |
| 質問法 | ○ | ○ | ○ | ○ |
| 表出法 | △ | △ | ○ | × |
| 実行法 | △ | △ | × | × |

---

＊1　(東京都)八丈方言でも、次のようになり、宇和島方言との共通性がある。八丈方言では、有情物でも無情物でも「アル」であり、推量形は、「アルダロー」「飲ムダロー」である(金田 2001、工藤 2000d 参照)。

| 叙述法・断定 | 非過去 | アロワ | 飲モワ |
| --- | --- | --- | --- |
|  | 過去 | アララ | 飲マラ・飲マララ |
| 肯否質問 | 非過去 | アル | 飲ム |
|  | 過去 | アッタ | 飲ンダ・飲ンダッタ |
| 疑問詞質問 | 非過去 | アモ | 飲モ |
|  | 過去 | アモー | 飲モー |

　・「酒イ　飲ム」(酒を飲むか?)
　　「オイ　飲モワ」(うん、飲む)
　・「ハー　酒イ　飲ンダ」(もう酒を飲んだ?)
　　「ハー　飲マラ」(もう飲んだ)
　・「ウノトキ　酒イ　飲ンダッタ／飲ンダ」(あの時酒を飲んだ?)
　　「オイ、飲マララ／飲マラ」(うん、飲んだ)
　・「アニョ　飲モ」(何を飲む?)
　　「酒イ　飲モワ」(酒を飲む)
　・「アニョ　飲モー」(何を飲んだ?)

「酒イ　飲マララ／飲マラ」（酒を飲んだ）

　肯否質問の場合に「飲モワ」「飲マラ／飲マララ」は使用できず、返答する場合に「飲ム」「飲ンダ／飲ンダッタ」は使用できない。また、疑問詞質問の場合は、「飲モ」「飲モー」である。
　沖縄県首里方言については、鈴木（1960）において次のような、動詞「読ム」におけるムード体系が指摘されている。この場合の「たずね法」は、肯否質問のことであり、疑問詞質問の場合は、現在形では'junuga、過去形では「'judaga」になる。断定専用形式がある点では、宇和島方言、八丈方言と共通しているが、肯否質問法も有標形式である点では異なる。

| M<br>T | 断定法 | たずね法 |
|---|---|---|
| 現在形 | 'junun | 'junumi |
| 過去形 | 'judan | 'judii |

3つの方言を一覧化すると、次のようになる。

| | | 宇和島 | 八丈 | 首里 |
|---|---|---|---|---|
| 叙述法・断定 | 非過去 | 飲マイ | 飲モワ | ヌムン |
| | 過去 | 飲ンダイ | 飲マラ・飲マララ | ヌダン |
| 肯否質問 | 非過去 | 飲ム | 飲ム | ヌムミ |
| | 過去 | 飲ンダ | 飲ンダ・飲ンダッタ | ヌディー |
| 疑問詞質問 | 非過去 | 飲マ | 飲モ | ヌムガ |
| | 過去 | 飲ンダラ | 飲モー | ヌダガ |

　〈推量〉を明示する諸形式にもバリエーションがあり、ムード体系そのものの全国調査は、すべて今後の課題である。

# 第5章
# 運動動詞のムード・テンス・アスペクト

## 1. はじめに　愛媛県宇和島方言の特徴

　存在動詞の場合とは異なり、その語彙的意味において〈動的な時間的展開性〉のある運動動詞には〈アスペクト〉がある。従って、存在動詞述語ではムード・テンス・時間的限定性の体系であるのに対して、運動動詞述語では、ムード・テンス・アスペクト体系となる。標準語との大きな違いは、ムード体系とアスペクト体系である。

### 1.1　ムード・テンス・アスペクト体系
　運動動詞（肯定）のムード・テンス・アスペクト体系を示すと次頁のようになる。存在動詞と同様に、断定専用形式「スライ／ショライ／シトライ」があり、無標の「スル／ショル／シトル」は〈肯否質問〉になるのが普通であるため、断定専用形式を先に提示している。[　]内の形式については、2.5で述べる。

| M \ A \ T | | | 完成 | 進行 | 結果 |
|---|---|---|---|---|---|
| 叙述 | 断定 | 非過去 | スライ<br>スル（ゼ） | シヨライ<br>シヨル（ゼ） | シトライ<br>シトル（ゼ） |
| | | 過去 | シタイ<br>シタ（ゼ） | シヨッタイ<br>シヨッタ（ゼ） | シトッタイ<br>シトッタ（ゼ） |
| | 推量 | 非過去 | スルロー<br>スルヤロー | シヨルロー<br>シヨルヤロー | シトルロー<br>シトルヤロー |
| | | 過去 | シツロー<br>シタロー<br>シタヤロー | シヨッツロー<br>シヨッタロー<br>シヨッタヤロー | シトッツロー<br>シトッタロー<br>シトッタヤロー |
| 質問 | 肯否質問 | 非過去 | スル | シヨル | シトル |
| | | 過去 | シタ | シヨッタ | シトッタ |
| | 疑問詞質問 | 非過去 | スラ | シヨラ | シトラ |
| | | 過去 | シタラ | シヨッタラ | シトッタラ |
| 表出 | | | スラヤ | シヨラヤ | シトラヤ |
| 実行 | 意志 | | ショー | シヨロー<br>［シヨコー］ | シトロー<br>［シトコー］ |
| | 勧誘 | | ショーヤ | シヨローヤ<br>［シヨコーヤ］ | シトローヤ<br>［シトコーヤ］ |
| | 命令 | | セー | シヨレ<br>［シヨケ］ | シトレ<br>［シトケ］ |

## 1.2　ムードとテンス

ムード体系は、次のように、存在動詞「オル」と同じであるため、簡略化して説明する。

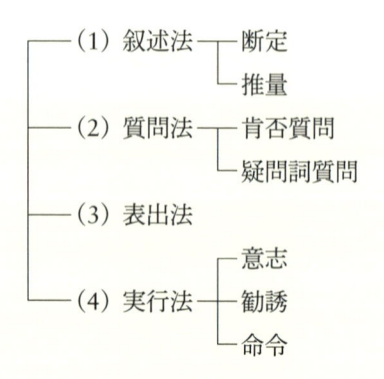

```
├─ (1) 叙述法 ┬─ 断定
│            └─ 推量
├─ (2) 質問法 ┬─ 肯否質問
│            └─ 疑問詞質問
├─ (3) 表出法
└─ (4) 実行法 ┬─ 意志
             ├─ 勧誘
             └─ 命令
```

- 「今日　映画　行ク」　　　　　　　　　　〈肯否質問〉
  「ウン　行カイ」　　　　　　　　　　　　〈断定〉
- 「誰ガ　行カ」　　　　　　　　　　　　　〈疑問詞質問〉
  「太郎ガ　行カイ」　　　　　　　　　　　〈断定〉
- 「太郎モ　映画ニ　行ッタ」　　　　　　　〈肯否質問〉
  「私ワ　見ナンダケンド　行ッツロー／行ッタロー」〈推量〉
- 大勢　行カヤ。
  　〈表出（主体の量が予想外に多いことに対する評価）〉
- ガイニ　食ベラヤ。
  　〈表出（対象の量が予想外に多いことに対する評価）〉
- モー　行コ。　　　　　　　　　　　　　　〈意志（1人称）〉
- モー　行コヤ。　　　　　　　　　　　　　〈勧誘（1・2人称）〉
- モー　行ケ。　　　　　　　　　　　　　　〈命令（2人称）〉

　運動動詞においても断定専用形式「行カイ」があり、「行ク」は肯否質問になり、疑問詞質問では「行カ」である。過去形は、それぞれ「行ッタイ」「行ッタ」「行ッタラ」になり、これはショル形式、シトル形式でも同様である。

- 「誰ガ　行ットッタラ」
  「太郎ヨ」
- 「太郎　行ットッタ」
  「ウン　行ットッタイ」

　そして、話し手の知りたい情報を聞き手に求める質問文では、上昇イントネーションは義務的ではなく、下降イントネーションの方が普通である。
　断定専用形式に「ナー」が接続した場合には、話し手の確認済みの事実についての〈念押し〉になる。終助詞「デ」を伴った場合には、〈当然性〉の主張や、〈否認〉になる。このようにモーダルな意味が前面化してくるため、過去のことであっても非過去形が使用され、過去形「行ッタイデ」は使用されない。*1

- 「アンタ　昨日　映画ニ　行ッタイナー」
 （あんたは昨日映画に行ったよね）
 「行カイデ／*行ッタイデ」（行ったよ）
- 「アンタ　昨日　映画ニ　行カナンダイナー」
 （あんたは昨日映画に行かなかったよね）
 「行カイデ／*行ッタイデ」（行ったよ）

　なお、実行法において、「シヨレ／シヨケ」「シトレ／シトケ」のような2つの形式が使用される点については、後述する。
　テンスも、形式的には、存在動詞と同様に、基本的に〈過去―非過去〉の対立である。標準語と同様に、時間的限定性のある個別具体的な運動における非過去形の完成相「スル」は、基本的に〈現在〉を表せない（〈反復習慣〉の場合は〈現在〉を表す）。テンス的に〈現在〉を表すのは、シヨル形式、シトル形式である。

- オ父サン　畑ニ　行クゼ。　　　　　　〈未来（完成）〉
- オ父サン　畑ニ　行キヨルゼ。　　　　〈現在（進行）〉
- オ父サン　畑ニ　行ットルゼ。　　　　〈現在（結果）〉

　シタ形式は、〈完成・過去〉と〈（動作）パーフェクト・現在〉を表す。

- 昨日ノ雨ワ　スグ　ヤンダゼ。傘　買ワズニスンダイ。
- 見サイ。雨　ヤンダゼ。

　この点も標準語と同じである。なお、東北から沖縄に至る諸方言において、シタ形式あるいは「シタ」相当形式は〈完成・過去〉と〈（動作）パーフェクト・現在〉を表している。そして、（東京都）八丈方言や山形県南陽方言のように2つの過去形がある場合には、その一方の形式は〈完成・過去〉のみを表す（第Ⅳ部参照）。

## 2. アスペクト

　宇和島方言のアスペクトについては、標準語と比較対照しつつ、工藤（1995）で述べたところだが、ここでは、第Ⅳ部における諸方言のバリエーションとの関係を念頭において述べておくことにする。特に、沖縄県首里方言や鹿児島県与論方言のような複合的な様相を呈している場合の記述にあたっては、宇和島方言のような3項対立型のアスペクトを精密に記述しておくことが必要不可欠であると思われる。

　存在動詞と運動動詞の大きな違いは、アスペクトの有無であるが、〈進行〉〈結果〉という基本的なアスペクト的意味は運動動詞のタイプと相関している。また、過去形のショッタ形式とシトッタ形式は、派生的意味では、脱アスペクト化を進めて、〈未遂〉〈反事実仮想〉といったモーダルな意味を表すようにもなる。以下では、以上の点に留意して記述する。

### 2.1　3項対立型アスペクト

　有標のアスペクト形式の語彙的資源になるのは、存在動詞「オル」である。そして、標準語とは異なって、2つの有標のアスペクト形式があり、次の（a）（b）のように、第2中止形（シテ形式）に存在動詞「オル」が接続した場合と、第1中止形（シ形式）に存在動詞「オル」が接続した場合とでは、異なるアスペクト的意味を表す（なお、標準語の話し言葉と同様に、第1中止形は単独では使用されにくい）。

　　（a）〈結果〉：「シトル　←　シテ＋オル」
　　・［雨がやんでいるのを見て］雨　ヤンドルゼ。
　　・［障子が破れているのを見て］誰カガ　障子　破ットルゼ。
　　（b）〈進行〉：「シヨル　←　シ＋オル」
　　・［雨がだんだん小降りになってきているのを見て］
　　　雨　ヤミヨルゼ。
　　・［猫が障子を引っかいているところを見て］

　　　　猫ガ　障子　破リヨルゼ。

標準語との違いは次の点にある。

①標準語では、「桜の花が散っている」「山に登っている」「浴衣を着ている」といった場合〈進行〉なのか〈結果〉なのかは区別できないのだが、宇和島方言では、「桜ノ花ガ　散リヨル／山ニ登リヨル／浴衣　着ヨル」と、「桜ノ花ガ　散ットル／山ニ登ットル／浴衣　着トル」のように異なるアスペクト形式で区別する。
②「雨　ヤミヨル」「松ノ木　枯レヨル」のように、主体変化動詞における〈変化進行〉をショル形式で表すことができる。*2
③標準語の「している」形式は基本的に〈客体結果〉は表せない。しかし、宇和島方言のシトル形式では、「オ母サンガ　大根切ットル」のように〈客体結果〉を表す。従って、標準語の「大根が切ってある」のようなシテアル形式を使用する必要はない（使用するとしたら、標準語的なスピーチスタイルになる）。「アル」のような「ものの存在動詞」がアスペクト形式化するかどうかは、「人の存在動詞」によるアスペクト形式のあり様に相関していると思われる（第Ⅳ部参照）。
④以上は、動詞の語彙的意味と相関する基本的なアスペクト的意味であるが、動詞の語彙的意味から解放された派生的意味もある。派生的意味においては、標準語と共通する〈反復〉〈（動作）パーフェクト〉のみならず、〈直前〉〈未遂〉といった標準語にはない用法がある。また、〈（動作）パーフェクト〉のバリエーションの1つと考えることができる〈痕跡（形跡）〉の意味で、シトル形式が使用されることが多い。

　ショル形式とシトル形式は、スル形式と対立して、次に示すような3項対立型のアスペクトを形成している。この対立は否定述語にも丁寧体にもある（否定については第8章で述べる）。

| T \ A | 完成 | 進行 | 結果 |
|---|---|---|---|
| 未来 | スル | シヨル | シトル |
| 現在 | ― | | |
| 過去 | シタ | シヨッタ | シトッタ |

| T \ A | 完成 | 進行 | 結果 |
|---|---|---|---|
| 未来 | セン | シヨラン | シトラン |
| 現在 | (セン) | | |
| 過去 | セナンダ | シヨラナンダ | シトラナンダ |

〈完成〉は、変化過程が終わって結果が生じる達成そのものを表す。〈完成前〉というのは、「雨が小降りになってやみつつある」「雪が積もりつつある」「船が岸壁に近づいてきつつある」「教室に入りつつある」という進行過程にあることを表す。〈完成後〉というのは、「雨がやんでいる状態」「雪が積もっている状態」「船が到着している状態」「教室に入っている状態」である。

| 完成 | 進行（＝完成前） | 結果（＝完成後） |
|---|---|---|
| 雨ガ ヤム | 雨ガ ヤミヨル | 雨ガ ヤンドル |
| 雪ガ 積モル | 雪ガ 積モリヨル | 雪ガ 積モットル |
| 船ガ 着ク | 船ガ 着キヨル | 船ガ 着イトル |
| 教室ニ 入ル | 教室ニ 入リヨル | 教室ニ 入ットル |

肯定の場合について言えば、次のようになる。

① スル形式は、標準語と同様に、〈完成〉を表すがゆえに、テンス的に〈現在〉は表さない。
② ショル形式は〈動作進行〉〈変化進行〉の場合があるが、どちらも〈完成（終了）前の過程段階〉を捉えている点で共通する。
③ シトル形式は変化達成後（完成後）の〈結果〉を表すが、変化を捉えていない主体動作動詞にはこの意味はない。その代わりに、

主体動作動詞は〈開始後の過程段階（動作進行）〉を表して、ショル形式と競合することが起こる（主体動作客体変化動詞ではこのようなことは起こらない）。

　以上のような〈完成―進行―結果〉のアスペクト対立が基本的なものであるが、語彙的意味から解放され、モーダルな意味と複合化された派生的意味も生じる。
　まず、時間的限定性のある場合には、次の④⑤のような派生的意味がある。〈直前〉と〈痕跡（形跡）〉は鏡像関係にあるとも言え、一方は未来向きであり、他方は過去向きである。この点は、第Ⅳ部で述べる首里方言や与論方言の記述において重要になる。

④ショル形式には、開始限界達成前の〈直前〉という派生的意味がある。これは、単純なアスペクト的意味ではなく、〈兆候に基づく直後の運動の完成の推定〉といったモーダルな意味も複合化されている。過去形のショッタ形式には、直前までいったが実現しなかった〈未遂〉というモーダルな意味も生じている。
⑤シトル形式には、標準語と同様に〈（動作）パーフェクト〉の意味がある。「私　子供ノ頃　アメリカ　行ットルンヨ。ソンデ英語　チョット　分カライ」のような記憶の引き出しによる〈効力の現存〉を表す場合もあるが、〈痕跡の知覚に基づく以前の運動の推定〉というエヴィデンシャルな意味で使用されることも多い（第Ⅱ部で述べたように、標準語でも不可能ではないが、「している」形式がこのような意味で使用されることは少ないであろう）。〈結果〉と〈痕跡〉は、終了後の段階を捉える点では共通しているが、必然的に生じる変化の結果であるか、偶然的な終了後の状況であるかという点で異なる。従って、〈痕跡〉という派生的意味はすべての運動動詞にある。

　以上は、時間的限定性のある派生的意味であるが、語彙的意味から解放されるとともに時間的限定性もなくなってくると、〈反復習慣〉という派生的意味が生じる。〈反復習慣〉にはポテンシャル化

（レアルではない）というモーダルな側面も複合化されているだろう。ショル形式にはポテンシャル化が進んだ〈習慣〉の意味はない。

⑥標準語と同様に、スル形式が〈反復習慣〉を表す場合には、テンス的に〈現在〉を表す。ショル形式も〈反復〉を表す。従って、「スル」と「ショル」のアスペクト対立はなくなる。

以下、基本的意味と派生的意味に分けて述べる。

## 2.2 基本的なアスペクト的意味と運動動詞の3分類

「スル」「シトル」「ショル」の3つの形式が、異なるアスペクト的な意味を表し分ける運動動詞には、変化や動作の終了や開始の〈時間限界〉がある。

この時間限界のあり様の違いによって、運動動詞は3つに下位分類される。第3章で述べたように、最も動詞らしい動詞はA・2）の動詞グループであるが、ここでは説明の都合上、次のようにしておく。

A・1）　建ツ、焼ケル、炊ケル、閉マル、死ヌ、乾ク、晴レル
A・2）　建テル、焼ク、炊ク、閉メル、畳ム、飾ル、抜ク、作ル
A・3）　触ル、食ベル、読ム、見ル、オラブ（叫ブ）、歩ク

A・1）の動詞グループでは、例えば「家ガ　建ッタ」「ゴ飯ガ炊ケタ」と言うためには、建築中（工事中）や炊飯中の進行過程が終わって変化が完成していなければならない。従って、進行過程が必然的に終了し、変化結果が生じる〈終了の時間限界〉が重要である。

これに対して、A・3）の動詞グループでは、1歩でも1キロでも「歩イタ」と言えるし、一口でも3杯でも「食ベタ」と言える。動作が終わるべき必然的な終了限界はなく、進行過程が終わったことによって必然的に生じる結果も捉えていない。この動詞グループが表す動作は、どこで終わってもよく、重要なのはむしろ動作が起動

される〈開始の時間限界〉であるということになる。

この違いによって、次のような「スル―シトル―シヨル」の違いが出てくる（派生的意味については後述する）。

- ゴ飯ガ　炊ケタ。　　　　　　　　　　　　　〈完成（終了）〉
- ゴ飯ガ　炊ケトッタ。　　〈完成後（終了後）の結果段階〉
- ゴ飯ガ　炊ケヨッタ。　　〈完成前（終了前）の進行段階〉

- 赤チャンガ　歩イタ。　　〈開始から終了まで全体〉〈開始〉
- 赤チャンガ　歩イトッタ。　　　　　　　〈開始後＝進行段階〉
- 赤チャンガ　歩キヨッタ。　　　　　　　〈終了前＝進行段階〉

【A・1）炊ケル】

炊ケタ〈完成〉

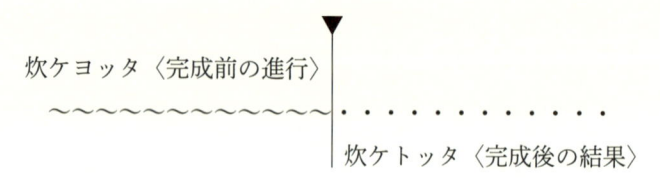

炊ケヨッタ〈完成前の進行〉

炊ケトッタ〈完成後の結果〉

【A・3）歩ク】

歩イタ〈開始〉／〈開始・終了全体〉

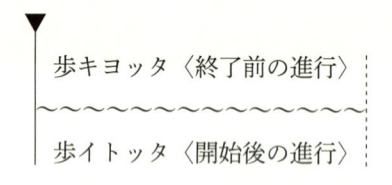

歩キヨッタ〈終了前の進行〉

歩イトッタ〈開始後の進行〉

変化過程が終了した時に必然的な結果が生じるA・1）の動詞グループに対して、A・3）の動詞グループでは、次のようになる。

①必然的に生じる結果がなく、〈開始限界〉が重要であるために、シトル形式は〈開始後の段階＝進行段階〉を表すことができる。従って、同じ場面を見て、「歩キヨル」と「歩イトル」の両方が

使える。このようなことはA・1）の動詞グループでは起こらない。
② スル形式は、〈開始から終了まで全体（ひとまとまり性）〉を表すが、「ア！　赤チャンガ歩イタ」のように〈開始限界達成〉を表すこともできる。この場合、赤ちゃんの歩く動作は終了していなくてもよい。A・1）の動詞グループでは、過去形が〈開始〉自体を表すことはない。
③ 必然的な結果が生じないために、シトル形式が〈終了後の結果〉を表すことはなく、後述するように、〈終了後の痕跡〉を表すことになる。廊下に足跡がついている、赤ちゃんの足に泥がついている等、どのような〈痕跡〉が生じるかは偶然にまかされており、様々な現象形態がある（痕跡が生じない場合もある）。この〈痕跡〉はすべての運動動詞にある派生的意味である。

　単純化すれば、A・1）に比べて、A・3）の動詞グループではシトル形式とショル形式の競合が起こりやすいという違いがあるわけである。その意味で、〈必然的な終了限界〉のないA・3）の動詞グループは〈状態動詞〉に近づいていると言えよう。第3章で述べたように、〈状態動詞〉では、シトル形式とショル形式のアスペクト対立はなくなる（ぼやける）。
　ただし、同じくシトル形式とショル形式の競合が起こると言っても、やはりA・3）グループの動詞は動的展開のある運動を捉えているので、「駅マデ」「1キロ」のような〈外的な終了限界〉をつければ、A・1）の動詞グループに近づき、シトル形式とショル形式の競合はなくなる。次の例を見られたい。駅に到着しなければ「駅マデ　歩イタ」とは言えないのである。

・駅マデ　歩イタ。　　　　　　　　　　　　〈完成（終了）〉
・駅マデ　歩イトッタ。　　　　〈完成（終了）後の段階〉
・駅マデ　歩キヨッタ。　　〈完成（終了）前の進行段階〉

「食ベル」の場合も同様である。「全部」「3杯」のような〈外的な終了限界〉をつければ、A・1）の動詞グループに近づき、シト

ル形式とショル形式の競合はなくなる。

- 全部　食ベタ。　　　　　　　　　　　　　〈完成（終了）〉
- 全部　食ベトッタ。　　　　　〈完成（終了）後の段階〉
- 全部　食ベヨッタ。　　　〈完成（終了）前の進行段階〉

こうして、A・1)とA・3)とは次のように違っていることになる。

A・1)　内的な必然的終了限界があり、必然的な結果が生じる動詞
A・3)　内的な必然的終了限界がない代わりに、開始限界が焦点化される動詞

この2つの動詞グループの特徴を併せ持っているのがA・2)の動詞グループである。ここには、「炊ク、着セル」のような他動詞が所属する。次の他動詞「炊ク」の例から分かるように、複合的な運動であることに注意されたい。お父さんは動作主体であり、変化するのはご飯である。従って、A・1)の「炊ケル」と同様に変化結果が生じる〈必然的終了限界〉を捉えている一方、A・3)の「歩ク」と同様に動作の〈開始限界〉も捉えている。

- オ父サンガ　ゴ飯　炊イタ。
　　　　　　　　　　　　　　〈開始から終了まで全体＝変化完成〉
- オ父サンガ　ゴ飯　炊イトッタ。　　〈完成後の結果段階〉
- オ父サンガ　ゴ飯　炊キヨッタ。　　〈完成前の進行段階〉

【A・2) 炊ク】
炊イタ〈開始・終了全体＝完成〉

炊キヨッタ〈完成前の進行〉

炊イトッタ〈完成後の結果〉

「ゴ飯　炊イトッタ」は〈完成後の結果段階〉を表す。〈完成前の進行段階〉を表すのは、「ゴ飯　炊キヨッタ」である。Ａ・３）の動詞グループとは違って、必然的終了限界があるので、「ゴ飯　炊イトッタ」が〈開始後の段階〉を表すことはなく、この点はＡ・１）の動詞グループと共通する。

　「ゴ飯　炊イタ」は、開始から終了までの動作全体を表すが、必然的終了限界があるので、それは同時に、変化の完成を意味することになる（標準語と同様に、「ソロソロ　ゴ飯　炊クゼ」のような場合は〈開始限界達成〉が前面化されるが、過去形「炊イタ」の場合は、主体動作動詞とは違って〈開始限界達成〉を表さない）。

　こうして、宇和島方言における〈完成〉〈完成後〉〈完成前〉というアスペクト対立のあり様が、語彙的意味における動的展開の性質の違いを鮮やかに浮かび上がらせることになる。

　なお、前頁のＡ・２）の図を見ると、標準語とは違って、Ａ・１）のタイプの動詞との共通性が大きいことに気づく。Ａ・１）とＡ・２）の違いは、〈主体の結果〉か〈客体の結果〉にある。この違いを無視するとすれば、基本的意味においては、宇和島方言は、必然的終了限界の有無、つまりは変化の有無によって、大きく２分類されることになろう。

　　限界動詞（内的限界動詞）　　：Ａ・１）、Ａ・２）
　　無限界動詞（非内的限界動詞）：Ａ・３）


　運動動詞を３分類したリストを掲載すると次のようになる（以上で取り上げた「炊ケル」は主体変化動詞、「炊ク」は主体動作客体変化動詞、「歩ク」は主体動作動詞に所属する）。第Ⅱ部第４章で示した動詞分類と同じであるが、それを簡略化した上で、宇和島方言では使用されない動詞を除き、標準語では使用されない動詞を加えて示す。＊３

第５章　運動動詞のムード・テンス・アスペクト　　369

A【主体動作客体変化動詞】

開ケル、炒メル、折ル、変エル、飾ル、片ヅケル、固メル、乾カス、刻ム、切ル、崩ス、砕ク、クビル、削ル、殺ス、裂ク、冷マス、縛ル、絞ル、閉メル、染メル、揃エル、倒ス、炊ク、畳ム、立テル、束ネル、散ラカス、潰ス、解ク、溶ク、閉ジル、止メル、直ス、縫ウ、ヌクメル、濡ラス、冷ヤス、開ク、広ゲル、塞グ、掘ル、ホドク、巻ク、マクル、曲ゲル、マトメル、磨ク、蒸ス、結ブ、焼ク、破ル、茹デル、沸カス、分ケル、割ル、汚ス、弛メル、ユワク／当テル、活ケル、入レル、植エル、埋メル、置ク、隠ス、掛ケル、重ネル、被セル、汲ム、着セル、下ゲル、敷ク、立テル、注グ、付ケル、繋グ、積ム、吊ス、ノセル、塗ル、挟ム、ハメル、張ル、混ゼル、盛ル／落トス、摘ム、チギル、取ル、抜ク、除ケル、（トリ）除ク、外ス、剥グ、離ス、毟ル／上ゲル、集メル、移ス、下ロス、出ス、届ケル、運ブ、戻ス、寄セル／編ム、コシラエル、建テル、作ル／アゲル、預ケル、売ル、買ウ、貸ス、借リル、払ウ、貰ウ、ヤル、渡ス

B【主体変化動詞】
B・1【主体変化主体動作動詞】

カブル、着替エル、着ル、脱グ、穿ク、羽織ル、ハメル／オブウ、抱エル、カク（担グ）、カルウ、咥エル、抱ク、掴ム、握ル／上ガル、集マル、行ク、移ル、帰ル、隠レル、来ル、近ヅク、出カケル、出ル、入ル、離レル、引キ返ス、戻ル、寄ル／下ル、進ム、登ル、渡ル／屈ム、腰掛ケル、シガミツク、シャガム、スガリツク、座ル、立チ止マル、立ツ、ツカマル、並ブ、乗ル、寝コロブ、モタレル、寄ッカカル

B・2【主体変化動詞】

開ク、折レル、片ヅク、固マル、乾ク、切レル、崩レル、砕ケル、壊ル、裂ケル、冷メル、死ヌ、閉マル、染マル、揃ウ、倒レル、散ラカル、潰レル、解ケル、溶ケル、止マル、煮エル、ヌクモル、濡レル、眠ル、寝ル、剥ゲル、冷エル、広ガル、塞ガル、ホドケル、曲ガル、焼ケル、破レル、沸ク、分カレル、割レル、汚レル／熟レル、枯レル、腐ル、曇ル、凍ル、咲ク、萎ム、澄ム、爛レル、治ル、濁ル、禿ゲル、晴レル、老ケル、太ル、浮腫ム、痩セル、ヤツレル、酔ッパラウ／植ワル、埋マル、隠レル、掛カル、重ナル、被サル、下ガル、立ツ、付ク、繋ガル、ノル、挟マル、混ザル／落チル、チギレル、取レル、抜ケル、ノク、外レル、剥ゲル、離レル／上ガル、集マル、移ル、下リル、出ル、届ク、寄ル／建ツ、出来ル、生エル／消エル／増エル、減ル

C【主体動作動詞】

動カス、振ル、飛バス、流ス、回ス、揺ラス、鳴ラス、燃ヤス／イジル、イラウ、押ス、掻ク、カジル、咬ム、蹴ル、擦ル、刺ス、サスル、触ル、シワク、叩ク、（ツッ）突ク、ツネル、殴ル、撫デル、拭ウ、ハタク、引ク、引ッ張ル、拭ク、ブツケル、踏ム、揉ム／カジル、吸ウ、ススル、食ベル、舐メル、ネブル、飲ム／嗅グ、聞ク（聴ク）、睨ム、覗ク、見ル／漁ル、数エル、探ス、探ル、調ベル、試ス、計ル／オラブ、書ク、訊ク（尋ネル）、答エル、知ラス、シャベクル、問ウ、話ス、呼ブ、読ム／遊ブ、暴レル、歩ク、急グ、頷ク、踊ル、泳グ、喧嘩スル、滑ル、這ウ、走ル、働ク、ウロツク、辿ル、通ル、向カウ／涼ム、休ム

C′【現象（動キ）動詞】

動ク、囀ル、飛ブ、泣ク、鳴ク、吠エル、モガク、笑ウ／流レル、鳴ル、光ル、響ク、降ル、吹ク、回ル、燃エル、揺レル

## 2.3　3項対立型アスペクトの提起するもの

　かつて方言は撲滅の対象であったが、現在はそうではなくなっている。とは言っても、方言に期待されているのは、標準語を補完する役割であり、標準語を相対化する役割ではない。

　しかし、世界の諸言語のなかに日本語を位置づけて、アスペクトという文法現象を考える際には、標準語よりもむしろ方言の方から出発して、標準語のアスペクト体系を相対化するという逆転の発想が必要であると思われる。以上で述べてきたように、アスペクトに関しては、方言の方がはるかに整合性があるように思われる。

　第1に、標準語では、「ご飯を炊いている」は〈完成前の進行〉を表す一方、「ご飯が炊けている」は〈完成後の結果〉を表すことになる。このように1つの「している」という形式が、時間的展開段階が全く異なる〈完成前の段階〉も〈完成後の段階〉も表してしまうアスペクトは普通ではないと思われる。

　第2に、標準語では、「炊ける」の場合には、〈完成前の進行段階〉を表すために「炊けつつある」「炊けてきている」といった複合的な形式を使用しなければならない一方、「炊く」の場合には、〈完成後の結果段階〉を表すために「ご飯が炊いてある」という受動態と絡みあった「してある」形式を使用しなければならない。こ

の点もまた、「炊ケヨル」「炊イトル」という形式で表し分けてしまう方言のアスペクトから見ると整合的ではないように思われる。

　古代日本語から現代日本語に至る中央語の歴史において、「スル―シトル―シヨル」という3項対立の整合的なアスペクトシステムは見いだされないことが指摘されている。だとすれば、方言研究の重要性は、中央語では実現されなかった日本語のもう1つの顔、しかも極めて整ったもう1つの顔を発見することにあると言うべきであろう。

　これはアスペクト現象のみにとどまらない可能性が高い。この点については、第9章も参照されたい。また第Ⅳ部でも述べる。

### 2.4　派生的意味とその複合性

　標準語のアスペクトの場合には、基本的に次のような相関性があることを述べた。

1)　主体動作動詞：開ける、切る、叩く、飲む、歩く
　　「している」形式のアスペクト的意味は〈進行（動作継続）〉
2)　主体変化動詞：開く、切れる、帰る、座る、枯れる
　　「している」形式のアスペクト的意味は〈結果（結果継続）〉

　〈反復習慣〉〈（動作）パーフェクト〉の場合には、このような動詞分類は無関係になり、すべての運動動詞において可能になる。従って、次のようになる。

3)　時間的限定性のある〈特定時の運動〉の場合に、上記の1)2)のようになる。〈進行（動作継続）〉〈結果（結果継続）〉は基本的なアスペクト的意味である。
4)　これに対して〈反復習慣〉〈（動作）パーフェクト〉は派生的意味であり、すべての運動動詞において可能である。第Ⅱ部で述べたように、〈反復習慣〉〈（動作）パーフェクト〉は、純粋なアスペクト的意味ではない。

　宇和島方言における派生的意味は、大きくは、次のようになる。

| スル形式 | 反復習慣 |
|---|---|
| ショル形式 | 直前、未遂、反復 |
| シトル形式 | （動作）パーフェクト、反事実仮想 |

以下、スル形式、ショル形式、シトル形式の順に述べていくことにする。

### 2.4.1　スル形式の派生的意味

標準語と同様に、時間の抽象化が進むと、スル形式は〈反復習慣〉を表すようになる。後述するショル形式では〈反復〉にとどまっているが、スル形式は、〈反復〉よりもさらに時間が抽象化された〈習慣〉〈特性（恒常性）〉をも表す。〈特性〉の場合は、非過去形が基本である。

・〈反復〉　コノゴロワ　時々　酒　飲ムゼ／飲ミヨルゼ。
・〈習慣〉　アノ人ワ　ヨー　酒　飲ムゼ。
・〈特性〉　大人ワ　酒　飲ムンヨ。

ただし、〈過去の習慣〉の場合は、現在はそうではないという意味で時間が限定されているため、ショル形式が使用できる（非過去形の場合は、ポテンシャルな可能性が前面化されるため、ショル形式は使用できない）。

・アノ人ワ　若イ頃　ヨー　酒　飲ンダゼ／飲ミヨッタゼ。

【時間的限定性（レアリティー）】

有 ——————————————————— 無
（レアル）　　　　　　　　　　　　　　　　（ポテンシャル）
〈完成〉　　　〈反復〉　　　　〈習慣〉　　　　〈特性〉
　　　「ショル」とのアス　アスペクト対立無　テンス対立無
　　　ペクト対立中和

第IV部で述べるところだが、本土諸方言におけるスル形式の意味はすべてこのようであった（第IV部で述べるように、首里方言、与論方言では大きく異なる）。

2.4.2　ショル形式の派生的意味

　ショル形式には、次のような（下線を引いた）派生的意味1）2）3）がある。以下、1）2）3）の順に述べる。

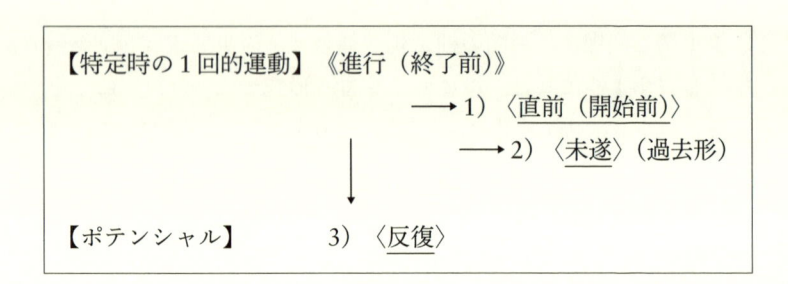

---

【特定時の1回的運動】　《進行（終了前）》
　　　　　　　　　　　　　　　⟶　1）〈直前（開始前）〉
　　　　　　　　　　　　　　　⟶　2）〈未遂〉（過去形）
　　↓
【ポテンシャル】　　　　3）〈反復〉

---

1) まず、〈進行〉という基本的意味が〈終了前の段階〉であるとすれば、派生的意味〈直前〉は〈開始前の段階〉である。〈開始の時間的限界〉が知覚できにくい場合もあるが、基本的にどのタイプの動詞にもある。非過去形にも過去形にもある。

〈主体動作動詞〉
・［父親が栓抜きを持っているのを見たのを思い出して］
　オ父サン　ビール　飲ミヨッタゼ。
・［魚に近づいていっているのを見て］
　ア　猫ガ　魚　食ベヨル！

〈主体動作客体変化動詞〉
・［父親が大工道具を取り出しているのを見たのを思い出して］
　オ父サン　犬小屋　作リヨッタゼ。
・［戸に近づいていっているのを見て］
　オ父サンガ　戸　開ケヨライ。

〈主体変化動詞〉
・［風で戸がたがたしているのを見たのを思い出して］
　戸ガ　開キヨッタゼ。
・［屋上から乗り出した人を見て］
　ア　人ガ　死ニヨル！

　以上から分かるように、〈直前〉は、単純なアスペクト的意味ではなく、〈兆候の知覚に基づく近未来の動作・変化の推定〉というテンス的側面、ムード的側面（エヴィデンシャルな側面）が複合化されている。

アスペクト的側面：開始直前の段階
テンス的側面　　：近未来
ムード的側面　　：兆候の知覚に基づく推定

　〈兆候の知覚〉を根拠としての判断であるので、1人称主語は不可である。テンス的に見て、現在から未来へと比重を移してはいるが、未来を表すスル形式の存在によって、〈未来に関係づけられた現在〉にとどまっていると言えよう。なお、スル形式も〈直前〉を表しうるのではあるが、次のような場合、スル形式では「直後の実現（完成）」の方に、ショル形式では「現在の兆候の存在」の方に重点が置かれている。

・子供ガ　池　落チル！／電気ガ　切レル！
　　　　　　　　　　　　〈直後の実現（完成）に重点〉
・子供ガ　池　落チョル！／電気ガ　切レヨル！
　　　　　　　　　　　　〈現在の兆候に重点〉

　上記の例のうち、ニュアンスを考慮に入れないとすれば、非過去形のショル形式はスル形式でもよい。しかし、過去形の場合は、シタ形式には言い換えられない。

・電気ガ　切レヨッタゼ／*切レタゼ。　　　　〈直前・過去〉

　　なお、第Ⅳ部で述べる首里方言の「シオル」相当形式では、〈直前・近未来〉からさらに進んで〈完成・未来〉の意味も表すようになっている。
2) 過去形のショッタ形式には、実現の直前までいったが、実現しなかったことを表す〈未遂〉というモーダルな意味も生じている。〈直前〉の場合は、動作・変化が実現したかどうかは分からないのだが、〈未遂〉の場合は、実現しなかったという事実を話し手が確認している。従って、テンス的に過去に限定されるし、否定もありえない。〈直前〉と違って、人称制限はなくなり 1 人称主語でもよい。〈反レアル〉というモーダルな意味が前面化しているため、最初の例のように、発話現場であってもよい。

・［他人のビールであるのに気づいて］
　オット　モーチョットデ　人ノビール　飲ミヨッタ！
・酔ッパローテ　隣ノ家ノ戸　開ケヨッタンヨ。
・夕ベ　風デ　戸ガ　開キヨッタゼ。危ナヤ。
・私　昨日　車ニ　ブツカッテ　死ニヨッタンゼ。

3) 〈進行〉が 1 回的な〈具体的な動作・変化〉を捉えているとすれば、〈反復〉は、繰り返し起こる動作・変化を捉えている。〈反復〉を表すショル形式は、スル形式、あるいはシタ形式に置き換えることができる。

・オ父サンワ　コノ頃　ヨー　ビール　飲ミヨルゼ。
・毎朝（時々）　オ父サンガ　戸　開ケヨルンヨ。
・前ワ　コノ戸　ショッチュー　風デ　開キヨッタンヨ。

　　以上のような例では、スル形式、シタ形式に言い換えてもよいが、「アノ人ワ　酒　飲ム（＝酒飲ミゼ）」のような〈習慣〉あるいは〈恒常的特性〉に近づくとショル形式は使用できない。

〈反復〉では、次の2つの側面が複合化されている。

アスペクト的側面：動作・変化の複数性（繰り返し）
時間的限定性・レアリティーの側面：不特定の時間帯への抽象化（ポテンシャル化）

なお、〈反復〉と〈多回〉とは区別しておく必要がある。〈多回〉とは、〈特定の時空間における運動の繰り返し（レアル）〉であり、この場合は、スル形式、シタ形式には言い換えられないか、言い換えると意味が違ってくる。

・今　太郎ガ　次郎　叩キヨルゼ。　　　　　〈多回・現在〉
・サッキ　オ父サンガ　薪　割リヨッタイ。　〈多回・過去〉

〈反復〉は単なる〈運動の複数性（多回性）〉ではなく、時間の抽象化の進んできている〈ポテンシャルな運動〉を捉えるようになっているのである。

ショル形式の基本的なアスペクト的意味〈進行〉から派生的意味への発展経路は以上のようになるだろう。
なお、若干の主体変化動詞（主体変化主体動作動詞）において、ショル形式が、「マダ」のような副詞を伴って、〈進行〉ならぬ〈結果の継続性〉を明示（強調）するために使用されることがある。

〈進行〉
・オジーチャンガ　椅子ニ　座リヨルゼ。手伝ーテアゲサイ。

〈結果継続〉
・オジーチャン　マダ　椅子ニ　座リヨルゼ。気分　悪インヤロカ。

〈進行〉
・太郎ガ　シャツ　着ヨルゼ。

〈結果継続〉
・アンタ　マダ　ソノシャツ　着ヨルンカナ。汚ノーナッタケン　ハヨ　脱ギサイ。

〈進行〉
・列車ガ　駅ニ　止マリヨルゼ。

〈結果継続〉
・列車ガ　マダ　駅ニ　止マリヨルゼ。事故　アッタンヤロカ。

　上記の〈結果継続〉はシトル形式に言い換えることができるが、ショル形式を使用することによって、〈継続性〉が強調される。ただし、すべての動詞で可能なわけではなく、「起キル」「脱グ」等の場合には、不可能である。

・アンタ　マダ　起キトル／*起キヨルンカナ。ハヨ　寝サイ。
・アンタ　マダ　脱イドル／*脱ギヨルンカナ。風邪　引クケン　ハヨ　着サイ。

　〈進行〉と〈結果継続〉が可能な主体変化動詞（主体変化主体動作動詞）は、次のものに限定されており、大部分の主体変化動詞ではこのようなことは起こらない。個人的な揺れも見られ、法則的なタイプ化はできないように思われる。

座ル、着ル、被ル、穿ク、寝ル、咲ク、止マル

　ただし、〈話し手の予想（常識）に反する結果継続〉の場合に、このようなことが起こりやすいという点は重要である。シトル形式が〈結果〉の客観描写であるとすれば、ショル形式は、話し手の予

想や常識との関係のなかで〈結果継続性〉が捉えられている。後述するところだが、話し手が現実世界を認識していく場合、全くの白紙状態で認識するということはありえず、様々な予想や常識を持って認識していく。この〈予想や常識とのずれ〉という評価感情的側面が前面化される場合に、アスペクト形式の使用が変わってきても不思議ではない。アスペクトとムードは相関するのである。

　また、次のように言うことがある。〈結果の反復〉を明示することになるが使用は稀である。

　　・隣ノ娘サン　ショッチュウ　実家ニ　来トリヨルゼ。

### 2.4.3　シトル形式の派生的意味

　シトル形式には、次のような（下線を引いた）派生的意味1）2）3）がある。以下、1）2）3）の順に述べる。

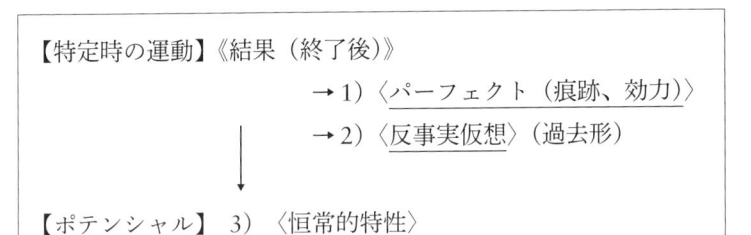

```
【特定時の運動】《結果（終了後)》
              → 1)〈パーフェクト（痕跡、効力)〉
              → 2)〈反事実仮想〉（過去形）
 ↓
【ポテンシャル】  3)〈恒常的特性〉
```

1) 主体動作客体変化動詞のシトル形式は、次のように〈客体結果〉を表す。この場合、主語＝動作主体は、その場に存在しなくてよく、従って、動作主体の特定化には、発話主体の〈推定〉が働いている。動作主体が分からない場合には「誰カ」のように言う。

| オ母サンガ | 窓 | 開ケトル。 |
| 子供ガ | 玩具 | 壊シトル。 |
| 誰カ | 窓 | 開ケトル。 |
| 〈動作主体〉 | 〈動作客体〉 | |
| | 〈変化主体〉 | 〈変化結果〉 |

　現在の結果そのものに焦点をあてる「窓ガ　開イトル」（主体結果）に比べて、「オ母サンガ　窓　開ケトル」（客体結果）では、〈先行時の動作〉をも視野に入れた〈複合的な時間の把握〉がなされるようになり、エヴィデンシャルな意味も入ってくるのだが、まだ、動詞の語彙的意味からの解放は起こらず、基本的に〈必然的な客体結果〉を捉えている。なお、第Ⅳ部で述べるところだが、ウチナーヤマトゥグチでは、〈主体結果〉の場合と〈客体結果〉の場合では、「窓ガ　開イテ（ー）ル」と「オ母サンガ　窓　開ケテアル」のように異なる形式が使用される。首里方言や与論方言でも同様である。
　必然的結果をもたらさない主体動作動詞ともむすびつくようになり、語彙的意味から解放されると、〈痕跡（形跡）〉というパーフェクト的意味となる。〈痕跡〉は、〈主体結果〉〈客体結果〉と違って、偶然的な間接的結果にすぎない。従って、主体や客体だけでなく、様々なところに痕跡は残る。

・［足跡や靴の汚れを見て］
　子供ガ　畑ノナカ　歩イトル。
・［弟の泣き顔や赤くなった箇所を見て］
　オ兄チャンガ　弟　叩イトル。
・［教室が酒臭いのを感じて］
　教室デ　生徒ラガ　酒　飲ンドル。

　話し手は、先行時の動作の偶然的結果である〈痕跡〉という〈間接的証拠〉を知覚して、〈先行時の動作の推定〉を行う。〈痕跡〉は、動作・変化が終わった後の段階を捉えるという点

では〈結果〉と共通しているが、〈結果〉が動詞の語彙的意味のなかにある変化後の必然的状態であるのに対して、〈痕跡〉は偶然的な状態である。そして、偶然的な痕跡に基づいて以前の動作・変化を捉えるとすれば、話し手の〈推定〉が伴う。1人称主体であることは基本的にない。人称制限を伴いつつ、エヴィデンシャルな意味が複合化されてくるのである。ただし、過去形があることから言って、エヴィデンシャルな側面そのものが前面化しているわけではない（この点については、第Ⅳ部参照。なお、この場合、宇和島方言では断定形が使用されやすい）。

アスペクト的側面：終了後の段階（偶然的な痕跡）
テンス的側面　　：以前の動作・変化の完成への焦点化
広義ムード的（エヴィデンシャルな）側面
　　　　　　　　：痕跡という間接的証拠の知覚に基づく推定

　〈痕跡〉は、主体変化動詞や主体動作客体変化動詞であってもよく、語彙的意味から解放される。

〈主体動作動詞〉
・［ビールがなくなっているのを見て］
　　マタ　オ父サン　オ酒　飲ンドライ。

〈主体動作客体変化動詞〉
・［窓の汚れを見て］
　　子供ガ　マタ　汚イ手デ　窓　開ケトライ。
・［戸は閉まっているが、部屋のなかに虫が入っているのを見て］
　　マタ　戸　開ケトライ。戸　閉メ　ユ（言）ータノニ。

〈主体変化動詞〉
・［荷物があるのを見て］
　　留守ノ間ニ　誰カ　来トライ。

- ［ランドセルがあるのを見たのを思い出して］
  留守ノ間ニ　子ドモラ　学校カラ　帰ットッタゼ。

　シトル形式は、〈効力〉というパーフェクト的意味も表す。この場合は、記憶から引き出された〈先行時の動作・変化の完成〉と、後続時におけるそのなんらかの〈効力〉の現存を話し手は〈主体的〉に関係づける。痕跡の場合は、間接的証拠に基づく発話時における話し手の推定であるが、効力の場合は〈確認済みの事実の記憶からの引き出し〉である。人称制限はない。

- 私　昨日モ　ビール　飲ンドルンヨ。ソンデ　今日ワ　飲メナイ。
- アノ子　小サイ頃　外国ニ　行ットルンヨ。ソンデ　英語ガ　シャベレルンヨ。
- アワテテ　駆ケツケタンヤケンド　1時間ホド前ニ　死ンドッタント。死ニ目ニ　会エズニ　気ノ毒ヤ。

2) 過去形のシトッタ形式は〈反事実仮想〉というモーダルな意味をも表すようになっている。標準語と同様に「今頃」との共起が可能である。

- アンタガ　止メンカッタラ　オ父サン　今頃　オ酒　飲ンドッタゼ。

　ショッタ形式が表す〈未遂〉とは、どちらも〈反レアル〉であることを表す点で共通しているが、条件づけを伴う場合には、シトッタ形式が使用されるのが普通である。次の3例の場合、シトッタ形式が表すのは「6時に開ける」「9月に建つ」「時間通りに着く」という完成的なアスペクト的意味である。この場合のシトッタ形式には、〈終了後の段階〉を表すというアスペクト的意味はなくなっている（第II部第6章参照）。

- ユ（言）ーテクレタラ　私　チャント　6時ニ　窓　<u>開ケトッタ</u>／<u>開ケタゼ</u>。
- アノ事故ガ　ナカッタラ　9月ニ　家ガ　<u>建ットッタ</u>／<u>建ッタノニナー</u>。
- スグ　出発シトッタラ　時間通リニ　<u>着イトッタイ</u>／<u>着イタイ</u>。

シトッタ形式が〈反事実仮想〉を表す場合には、現在、未来のことであっても、過去形が義務的である。従って、シトッタ形式はもはや〈過去〉を表すというテンス的意味からも解放されている。

- アンタガ　止メンカッタラ　オ父サンワ　今頃　オ酒　<u>飲ンドッタ</u>／＊<u>飲ンドルゼ</u>。
- 事故ガ　ナカッタラ　今頃ワ　海外ニ　<u>行ットッタイ</u>／＊<u>行ッタイ</u>。
- 台風ガ　来ナンダラ　明日ワ　運動会　<u>ヤットッタイ</u>／＊<u>ヤッタイ</u>。

〈反事実仮想〉は1回的な事象に限定される。標準語と同様に、反復習慣的になると、もはや反事実仮想は表しえない。この点は〈未遂〉も同様であり、1回的な事象に限定される。

- アノ川　大雨ガ　降ットッタラ　<u>溢レトッタゼ</u>。
　　　　　　　　　　　　〈1回的＝反事実仮想〉
- アノ川　大雨ガ　降ッタラ　<u>溢レタンヨ</u>。　　〈反復習慣〉

3)〈主体結果〉は、先行時の変化を前提とする点で〈二次的状態〉であるが、先行時の変化が考えられない場合は〈人・ものの一時的状態〉を表すようになり、さらには〈恒常的特性〉〈恒常的存在〉をも表すようになる。

- イツノマニカ　曇ットル。　　　　　　　　　　　　〈結果〉
- 今日モ　曇ットル（＝曇リゼ）。　　　　　　　　〈一時的状態〉
- トートー　太ットル。　　　　　　　　　　　　　〈結果〉
- 担任ノ先生ワ　太ットル。　　　　　　　　　　　〈恒常的特性〉
- 服ニ　ゴミガ　ツイトル。　　　　　　　　　　　〈結果〉
- コノ服ニワ　ポケットガ　ツイトル。　　　　　　〈恒常的存在〉

　〈恒常的特性〉は、もはやアスペクト的意味とは言えず、形容詞化しているものである。従って、このような場合は、もはや〈完成（スル）〉と〈進行（シヨル）〉のアスペクト対立はない。そして、動詞のタイプを問わず、形容詞化が進みうる。

- 主体動作動詞から：大キナ道路ガ　走ットルゼ。
- 主体変化動詞から：コノ道ワ　ヨイヨ　曲ガットルゼ。

　ただし、主体動作客体変化動詞では、次のような〈再帰構造〉になる。

- コノ狛犬　大キナロ　開ケトライ。

　シトル形式における派生的意味の発展経路は以上のようであると考えられる。ただし、シトッタ形式における〈反事実仮想〉への進展プロセスについては今後の課題である。*4

2.4.4　まとめ
以上をまとめると次のようになる。

1) 空間的意味を表す人の存在動詞「オル」は、アスペクトとしてまず文法化される。基本的アスペクト的意味は、動詞の語彙的意味のタイプと相関している。
2) 動詞の語彙的意味のタイプから解放された派生的意味では、アスペクト、テンス、ムード的意味が様々なかたちで複合化され

ている。
3) シトル形式には「結果→過去」という方向性があり、ショル形式には「進行→未来」という方向性があるが、宇和島方言では、〈過去〉や〈未来〉というテンス的意味にはなりきっていない（これが起こるのは、第Ⅳ部で述べる首里方言や与論方言である）。
4) 〈結果〉から〈間接的エヴィデンシャリティー〉への文法化の方向があることも類型論的研究で指摘されている。宇和島方言の〈痕跡（形跡）〉には、この方向性が認められるが、運動動詞から解放されて、これが完全なかたちで起こるのは、首里方言や与論方言である。

## 2.5　シトク形式とショク形式

　宇和島方言の「スル―ショル―シトル」には、1.1 で示したように、意志動詞において、意志、勧誘、命令という実行法がある。

- スグ　行ケ。　　　　　　　　　　　　　　　〈命令・完成〉
- 先ニ　行キヨレ。　　　　　　　　　　　　　〈命令・進行〉
- 9時ニワ　会場ニ　行ットレ。　　　　　　　　〈命令・結果〉

- 一緒ニ　行コヤ。　　　　　　　　　　　　　〈勧誘・完成〉
- 一緒ニ　行キヨロヤ。　　　　　　　　　　　〈勧誘・進行〉
- 一緒ニ　行ットロヤ。　　　　　　　　　　　〈勧誘・結果〉

　同時に、意志動詞の〈実行法〉においては、「ショク―シトク」のアスペクト対立も生じている。3人称主語は不可である（意志的存在動詞である「オル」には、「オットク」はなく、「オリヨク」もあまり使用されない）。

　　ショル〈進行〉　　ショク〈意図的進行〉
　　シトル〈結果〉　　シトク〈意図的結果作り〉

〈意志〉〈勧誘〉〈命令〉という〈実行法〉では、若い世代において、こちらの形式がよく使用されるようになってきている傾向がある（1970年代当時の高年齢層では、シトク形式は使用されていたが、ショク形式はほとんど使用されていなかった）。

下記の場合、すべて、話し手または聞き手の〈意図的進行〉か〈意図的結果〉かで対立している。

・先ニ　行キヨクゼ。　　　　　　　　　　　　　〈意志・進行〉
　先ニ　行ットクゼ。　　　　　　　　　　　　　〈意志・結果〉
・時間　ナイケン　料理　作リヨコヤ。　　　　　〈勧誘・進行〉
　時間　ナイケン　料理　作ットコヤ。　　　　　〈勧誘・結果〉
・今　手　ハナセンケン　先ニ　戸　開ケヨケ。〈命令・進行〉
　モースグ　帰ッテクルケン　戸　開ケトケ。　〈命令・結果〉

主体動作動詞では、ショク形式は〈進行〉を表すが、シトク形式は〈結果〉を表さない。標準語と同様に、後のことを考えた動作の終了＝効力作りの意味になる。この場合の「シトク」は「シトル」に言い換えにくい。「ショク」は「ショル」に言い換えることができる。*5

・先ニ　読ミヨク／読ミヨルゼ。
・先ニ　読ンドク／*読ンドルゼ。
・私ガ　オラン間　コノ本デモ　見ヨケ／見ヨレ。
・試験ノ前ニ　コノ本　見トケ／*見トレ。

シトク形式、ショク形式は、〈1回的・具体的〉な場合に限定され、〈反復〉を表すことはない。また、宇和島方言では、主体動作動詞であっても、シトク形式が〈開始後の段階〉を表すこともない。基本的に、〈終了前の段階〉か〈終了後の段階〉かで対立している。

以上をまとめると、宇和島方言では、次のように、実行法を明示するアスペクト対立が生じてきていることになる。

ショル・シトル：〈叙述法〉〈実行法〉
ショク・シトク：〈実行法〉

　第Ⅳ部で述べるところだが、叙述法か実行法かというムードの違いとアスペクトが絡みあっている方言が複数ある。例えば、和歌山県田辺方言等のシヤル形式、シタール形式には実行法はなく、実行法では別の形式が使用される。ウチナーヤマトゥグチでも、シテ（ー）ル形式の命令形「シテロ」は使用されず、意志や命令形は「シト（ー）コー」「シト（ー）ケ（ー）」になるのである。

---

＊1　標準語と同様に、非過去形は〈話し手の評価感情〉を伴って、過去の事象を表すこともできる。この場合は、断定専用形式の非過去形は使用されない。

・夜中ニ　電話　カケテ来ルンゼ／＊カケテ来ライ。ビックリシタイ。

＊2　Leech (1971) *Meaning and the English Verb* は、『意味と英語動詞』(1976) というタイトルで刊行された。その翻訳においては、次のような日本語訳がつけられている。

The train *was arriving*. 《列車はまさに到着しようとしていた》
The helicopter *was landing*.
　　　　　　　　　《ヘリコプターはまさに着陸しようとしていた》
The old man *was dying*. 《老人は死にかけていた》

　英語の進行形に対応する標準語訳では、「していた」というかたちを使うと〈完成後〉の意味になってしまう。そのため、「まさに〜しようとしていた」といった表現形式にしなくてはならない。宇和島方言なら「到着ショッタ」「着陸ショッタ」「死ニヨッタ」と実に簡単に対応させられる。
　上記の例に続いて、次のような指摘もされている。

He *was dying*. の中の *die* は死に至って終わりとなる過程を指すが、He died. の中の *die* は実際の移行の瞬間、つまり過程の完了を正確に指し示す。

英語の He *was dying* はまさに宇和島方言の「死ニヨッタ」に対応する。He died. の方は「死ンダ」である。このように考えると、標準語よりも宇和島方言の方が、英語と対応させやすいことが分かる。

\*3 主体変化動詞は、2つに下位分類しているが、「座ル」や「来ル」のような主体の意志的動作の側面がある〈主体変化主体動作動詞〉のアスペクト的意味は、「炊ケル」のような意志的動作のない主体変化動詞と基本的に同じである（ただし、標準語と同様に、「行ク、帰ル」のような若干の動詞において開始限界が焦点化される場合がある）。第Ⅳ部の第3章において、全国的な視野から運動動詞分類の問題について述べるが、東北諸方言でも他の西日本諸方言でも、意志的動作の有無にかかわらず、大きくは〈主体変化動詞〉として一括化できると思われる。496頁で述べるように、東北諸方言のステダ形式あるいはステラ形式は、「開ゲル」のような主体動作客体変化動詞の場合とは違って、「開ク」と同様に、「座ル」や「来ル」のような主体変化主体動作動詞は〈主体結果継続〉を表す。また、497頁で述べる福岡県福岡方言のシトー形式は、主体動作主体変化動詞の「開ケトー」では〈進行（動作継続）〉を表すようになっているが、「開イトー」と同じく「座ットー」「来トー」が〈進行（動作継続）〉を表すことはない。

\*4 次のような対立は、〈反レアル〉な事象の2つの下位タイプであると考えることができる。どちらも過去形にのみあるモーダルな意味である。

　　①〈未遂＝反レアル〉
　　・昨日　私　モウ　チョットデ　死ニヨッタ。
　　　（もう少しで死ぬところだった）
　　②〈反事実仮想＝反レアル〉
　　・昨日　人ガ　助ケテクレナンダラ　私　死ンドッタゼ。
　　　（昨日人が助けてくれなかったら、私は、死んでいた）

　標準語の場合には、「していた」形式はアスペクト的に〈動作継続＝進行〉も〈結果継続〉も表すことから、「していた」形式における〈反事実仮想〉とアスペクト的意味との関係が見えにくい。後述するところだが、宇和島方言では、ショッタ形式とシトッタ形式とが、上記のように使い分けられる。
　上記の①は、〈直前・過去〉を表す「死ニヨッタ」が〈未遂〉というモーダルな意味に発展したものと考えられる。この場合の「死ニヨッタ」を「死ンダ」「死ンドッタ」に言い換えることはできない。
　一方、②〈反事実仮想〉の場合は、「昨日　人ガ　助ケテクレナンダラ　私　死ンダゼ」とも言える。しかし、「死ニヨッタ」は使用できない。このような〈反事実仮想〉の「死ンドッタ」は〈（動作）パーフェクト・過去〉からの発展ではないかと思われる。
　次の場合も同様である。どちらも現実には、川の水はあふれなかったのだが、〈未遂〉か〈反事実仮想〉かで、ショッタ形式とシトッタ形式を使い分ける。ショッタ形式の場合は〈直前・過去〉からの発展であり、シトッタ形式の場合は〈（動作）パーフェクト・過去〉からの発展であると考えられる。

　　・アノ時ワ　モウ　チョットデ　川ノ水ガ　アフレヨッタ。
　　・アノ時　雨ガ　降リ続イトッタラ　川ノ水ガ　アフレトッタ。

「ショッタ」:
　　〈進行・過去〉→〈直前・過去〉→〈未遂〉
　　　　　　　　　　　　　　　　（モーダルな意味）
「シトッタ」:
　　〈結果・過去〉→〈(動作)パーフェクト・過去〉→〈反事実仮想〉
　　　　　　　　　　　　　　　　　　　　　　　（モーダルな意味）

　以上のような事実は、ムードとテンス・アスペクトとの相関性や連続性を示しているだろう。他方言の実態も視野に入れながら、ムード・テンス・アスペクト間の様々な相関性を分析していく必要がある。世界の諸言語でも指摘されているように、〈(動作)パーフェクト・過去〉から〈反事実仮想〉への発展経路は十分考えられる。
　なお、ショッタ形式の場合、「電話ガ　アッタラ　先ニ　行キヨッタノニ」のように、〈進行〉の意味を保持したまま反事実仮想を表すことは可能であるが、この場合には「ノニ」の接続が必要である。
＊5　シヨク形式は過去形ではほとんど使用されない。シトク形式は「シトイタ」という過去形も使用されるが、1人称主語に限定される。「シトッタ」との意味の違いはない。

　　・ゴ飯　作ットイタ／作ットッタゼ。

　また、「シバラク　コノ本　見トケ」のように言える方言があるが、宇和島方言では、「見ヨケ」を使用しなければならない。

# 第6章
# 形容詞述語のムード・テンス

## 1. はじめに　愛媛県宇和島方言の特徴

　述語という構文的機能を一次的に担うのは動詞であるが、形容詞や名詞も〈述語〉となる。時間的限定性の観点からは、標準語と同様に、形容詞述語は、一時的状態や恒常的特性を表す。名詞述語の典型が〈質〉であることも同様である。

　宇和島方言にも、「赤イ」のような第1形容詞と「元気ナ」のような第2形容詞があるが、その語形変化のあり様は、標準語とは異なっている。標準語の第2形容詞は、「元気だ」「元気な人」のように〈終止〉と〈連体〉ではかたちが異なるが、宇和島方言の第2形容詞は、第1形容詞と同様に、「元気ナ（ゼ）」「元気ナ人」である。

　そして、「元気ヤ」は〈表出〉を表す。形容詞述語の特徴はこの表出法にあるだろう。表出法も含めて、標準語よりも多くの形態論的形式がある。形容詞の一次的な構文的機能は〈規定語（連体修飾語）〉であると言われることが多いが、述語として機能する場合の語形変化の多様さから見ると、話し言葉では〈述語〉として振る舞うことの方が一次的機能である可能性も高いと思われる（八亀(2008)参照）。

## 2. 第1形容詞と第2形容詞

宇和島方言にも、第1形容詞と第2形容詞がある。

　　第1形容詞：赤イ、ヒヤイ（寒イ）、辛イ、痛イ、セワシイ（忙シイ）、ダラシイ（疲れた状態である）、ヒモジイ（腹が減った状態である）、コソバイ（くすぐったい）

第2形容詞：元気ナ、静カナ、正直ナ、暇ナ、気ノ毒ナ、親切ナ、タンギナ（疲れた状態である）、ベッピンナ（綺麗ナ）、ツイナ（オンナシ）

第2形容詞は、次の下線部分で示したように、第1形容詞と名詞の両方と共通する側面を持っている。

〈第1形容詞〉
・オジーサンノ顔ガ　<u>赤イ</u>ゼ。
・オジーサンノ顔ガ　<u>赤カッタ</u>ゼ。
・<u>赤イ</u>洋服

〈第2形容詞〉
・オジーサンワ　<u>元気ナ</u>ゼ。
・オジーサンワ　<u>元気ナカッタ</u>／<u>元気ヤッタ</u>ゼ。
・<u>元気ナ</u>オジーサン

〈名詞（述語）〉
・オジーサンワ　<u>村長</u>ゼ。
・オジーサンワ　<u>村長ヤッタ</u>ゼ。
・<u>村長</u>ノオジーサン

　第2形容詞は、〈終止〉〈連体〉が同じ形式「元気ナ」である点では、第1形容詞と共通する。一方、過去形「元気ヤッタ」は名詞述語の過去形と共通する。
　名詞述語の〈非過去〉は、標準語とは違って、「*村長ヤ（ゼ）」とは言えない（なお、後述するように、第2形容詞の「元気ヤ」は〈表出〉形になる）。

〈質を表す典型的名詞述語〉
・隣ノオジーサンワ　村長ゼ／*村長ナゼ。
　村長ノオジーサン／*村長ナオジーサン

- 太郎ユーノワ　隣ノ子供ゼ／*子供ナゼ。
  隣ノ子供ノ太郎／*隣ノ子供ナ太郎
- 隣ノ息子ワ　大学生ゼ／*大学生ナゼ。
  大学生ノ息子／*大学生ナ息子

　以上のような典型的名詞述語とは違って、語彙的意味が〈特性〉を表して、第2形容詞的である場合には、次の2つの言い方が可能である。例文中の「ヨイヨ」「ガイニ」は程度・量を表す副詞である。

〈特性を表す述語〉
- 隣ノ娘サンワ　ヨイヨ　美人ゼ／美人ナゼ。
  美人ノ娘サン／美人ナ娘サン
- 隣ノ奥サンワ　ヨイヨ　子供ゼ／子供ナゼ。
  ヨイヨ　子供ノ奥サン／子供ナ奥サン
- コノバス　ガイニ　ガラガラゼ／ガラガラナゼ。
  ガイニ　ガラガラノバス／ガラガラナバス

　標準語では、村木（2000, 2002）によって第3形容詞といった提案がなされているが、このような〈連続性〉を認めておくということが重要であろう。また、コピュラ文という言い方は、標準語の場合に有効であって、諸方言では〈非過去〉の場合にコピュラを伴わない場合も多い。従って、〈名詞述語〉とした方が全国的視野からは有効であろう（詳細は工藤編（2007）を参照されたい）。
　存在動詞と同様に、非動的な事象を捉えている形容詞述語、名詞述語には、アスペクトはない。また、存在動詞とは違って、「オリヨル」「アリヨル」のような〈一時的状態〉を明示する形式も、宇和島方言の形容詞述語や名詞述語にはない（この点については第IV部を参照）。

## 3. ムード・テンス体系

　第1形容詞述語、第2形容詞述語の語形変化表（パラダイム）を

次頁に一括して示す。なお、時間的限定性のない場合に、テンス対立が成立しない点は標準語と同じである。

　第2形容詞の断定専用形式「元気ナイ」「元気ナカッタイ」は、一見、否定形式のように見えるが〈肯定〉である。また「元気ヤ」は、「赤ヤ」と同様に、〈表出〉形であることに注意されたい。動詞述語でも、量を表す副詞を伴って「魚ガ　ガイニ　オラヤ（魚がたくさんいるなあ！）」「今日ワ　ヨイヨ　食ベラヤ（今日はすごく食べるなあ！）」のように使用されるが、形容詞ほど頻繁ではない（表出形は名詞述語にはない）。

|  |  |  |  | 第1形容詞述語 | 第2形容詞述語 |
|---|---|---|---|---|---|
| 終止 | 叙述 | 断定 | 非過去 | 赤イワイ<br>赤イ（ゼ） | 元気ナイ<br>元気ナ（ゼ） |
|  |  |  | 過去 | 赤カッタイ<br>赤カッタ（ゼ） | 元気ナカッタイ<br>元気ナカッタ（ゼ）<br>元気ヤッタイ<br>元気ヤッタ（ゼ） |
|  |  | 推量 | 非過去 | 赤イロー<br>赤イヤロー | 元気ナロー<br>元気ナヤロー<br>元気ヤロー |
|  |  |  | 過去 | 赤カッツロー<br>赤カッタロー<br>赤カッタヤロー | 元気ナカッツロー<br>元気ナカッタロー<br>元気ナカッタヤロー<br>元気ヤッツロー<br>元気ヤッタロー<br>元気ヤッタヤロー |
|  | 質問 | 肯否質問 | 非過去 | 赤イ | 元気ナ |
|  |  |  | 過去 | 赤カッタ | 元気ナカッタ<br>元気ヤッタ |
|  |  | 疑問詞質問 | 非過去 | 赤イ | 元気ナラ |
|  |  |  | 過去 | 赤カッタラ | 元気ナカッタラ<br>元気ヤッタラ |
|  | 表出 |  |  | 赤ヤ | 元気ヤ |
| (連体) |  |  |  | (赤イ) | (元気ナ) |

## 3.1 テンス

　第3章で述べたように、時間的限定性のある〈状態〉を表す形容詞にはテンス対立がある。下記の例における「セワシイ」「タンギナ」は、それぞれ「忙しい」「疲れた状態である」の意味である。第2形容詞の過去形には「タンギナカッタ」だけでなく「タンギヤッタ」という形式もあるが、意味の違いはない。

- 今日（明日）ワ　セワシイゼ。　　　　〈非過去（現在・未来）〉
- 昨日ワ　セワシカッタゼ。　　　　　　〈過去〉
- 今日ワ　タンギナゼ。　　　　　　　　〈非過去〉
- 昨日ワ　タンギナカッタ／タンギヤッタゼ。　〈過去〉

　時間的限定性のない〈特性〉〈関係〉を表す形容詞には、テンス対立はない。このような形容詞の過去形は、標準語と同様に、次のような意味になる（第7章参照）。

(a) 〈主体の非現存〉：オバーチャンワ　優シカッタゼ。
(b) 〈体験的な事実確認〉：
　　［旅行から帰ってきて］北海道ワ　広カッタゼ。
(c) 〈事実の再確認（想起）〉：
　　確カ　山田先生ワ　背ガ　高カッタゼ。
(d) 〈新事実の確認（発見）〉：山田先生　気短ナカッタンヨ。

## 3.2 ムード

### 3.2.1 叙述法と質問法

　ムード体系は、実行法がない点では、ものの存在動詞「アル」と同じである。形容詞述語にも〈叙述法・断定〉を明示する形式がある。動詞の場合と同様に、〈終止〉でのみ使用される。推量形は、動詞述語と同様である。

- アノ人ワ　元気ナイ。
　元気ナ／*元気ナイ人ヤナー。

・昨日ワ　寒カッタイ。
　昨日ワ　寒カッタ／*寒カッタイケン　出カケナンダンヨ。

　標準語において〈人称制限〉があるとされる〈感情・感覚形容詞〉は、断定専用形式においては、人称制限がなくなる。1人称主語の場合のみならず、下記の例のように3人称主語であってもよい。下記の例では、話し手は、因果関係に基づいて第3者あるいは聞き手の内的状態を断定している。だとすれば、他者の内的状態について話し手が判定することは不可能であると一般化することはできないであろう。

「第1形容詞の場合」
・「ワタシ　昨日　木カラ　落チテ　怪我シタンヨ」
　「ソリャー　痛カッタイ」
・昨日ノ結婚式ワ　オ母サンガ　一番　嬉シカッタイ。
・息子ガ　帰ッテ来ンケン　隣ノ人　寂シーワイ。
「第2形容詞の場合」
・オ嫁サンガ　デキタケン　隣ノ人モ　安心ナイ。
・「隣ノ人　入院シタント」
　「ソリャー　奥サン　気ガカリナイ」
・「ウチノオジーチャン　入院シトッタンヨ」
　「ソリャー　心配ナカッタイ／心配ヤッタイ」

　〈疑問詞質問〉の専用形式があることも動詞と同様である。「赤イ」「元気ナ」は「ゼ」「ヨ」のような終助詞を伴わない場合には、〈肯否質問〉である。下降イントネーションが普通である。

〈肯否質問〉
・「アノ服　ウチニワ　赤カッタ」
　「ウン　チート　赤カッタイ／赤カッタゼ」
・「ジーチャン　元気ナ」
　「ウン　元気ナイ／元気ナゼ」

〈疑問詞質問〉
・「ドコガ　痛カッタラ」
　「足ガ　ヨイヨ　痛カッタイ／痛カッタンヨ」
・「誰ガ　一番　元気ナラ」
　「オジーチャンヨ」

### 3.2.2　表出法

「赤ヤ」「元気ヤ」のような程度評価の〈表出〉を表す専用形式がある。この形式には、次のような特徴がある。

第1に、話し手の評価対象となる事象は、〈現在〉のことでも〈過去〉のことでもよい。話し手の評価自体は発話時になされるため、過去形はない。

〈現在の事象に対する評価〉
・オット　コノ部屋　寒ヤ。窓　閉メサイ。
・アノ子　感心ヤ。畑仕事　手伝イヨルゼ。

〈過去の事象に対する発話時における評価〉
・オット　昨日ノオ葬式　寒ヤ。風邪　ヒーテシモタゼ。
・アノ子　感心ヤ。畑仕事　手伝イヨッタゼ。
・昨日ワ　アノ子　静カヤ。病気カ　思タゼ。

第2に、〈感情・感覚形容詞〉においては、断定専用形式と同様に人称制限はなくなる傾向がある。

・「隣ノオジーチャン　入院スルント」
　「ソリャー　奥サン　ナンボカ　ツラヤ」
　「ソリャー　奥サン　心配ヤ」

第3に、繰り返しての使用もある。現在の事象に対してでも過去の事象に対してでもよい。この場合は、1人称主語に制限される傾向がある。

・ツラヤ　ツラヤ。手術セナイケンノヨ。
・昨日ノオ葬式　寒ヤ　寒ヤ。風邪　ヒーテシモタゼ。

　なお、標準語と共通する「サム！」「イタ！」のような形式も使用されるが、これは、〈発話時〉のみの話し手の感覚に限定されている。「コノ部屋」「足ガ」のような形式とは共起せず、一語文的である。

・オット　コノ部屋　サムヤ。
・オー　サム。

・オット　ユーベワ　足ガ　イタヤ。寝レナンダゼ。
・オー　イタ。

・コノ部屋　セマヤ。荷物　捨テサイ。
・オー　セマ。

　〈表出〉を表す形式があることは、形容詞述語の本質を示しているだろう。工藤編（2007）における第2章の八亀裕美論文でも、第3章の佐藤里美論文でも述べられているように、形容詞述語には〈広義ものの特徴づけ〉と〈話し手の評価性〉という2つの側面が常にある。

　　形容詞にとって、話し手の評価的な関わりは、その本質的な性質である。換言すると、形容詞——特に形容詞述語文で顕著になる——は、客観的に「ある特徴のもちぬしの特徴」をさしだすと同時に、話し手がどのように評価しているかという主体的な評価もさしだしている。
　　西尾（1972）もこの点についてはくり返し述べているのだが、形容詞の意味には、主観性と客観性の絡み合いがあり、むしろそれが形容詞らしさを特徴づけている。
　　この主観性、すなわち話し手の主体性を、「評価」と呼ぶ。

一般に形容詞における「評価」というと、狭く「正しい、よい、悪い」などの形容詞の語彙的な意味素性を指すことが多いが、ここでいう評価とは、形容詞における話し手の主体的な関わり方のことである。
[67頁]

　形容詞は物の特徴づけのために使命づけられた単語の典型である。物を特徴づけることはきわめて主体的な行為であって、物のなにをどう認識し、どう特徴づけるか、ということのなかに、認識する主体の質があらわになる。物のもつ特徴をとらえること自体が、認識する主体の自己暴露なのである。あるたべものをたべて「おいしい」と感じたとすれば、それは、その物が人の味覚にふれることで発揮した客観的な特性であるとともに、その物との関係のなかでの、認識主体の主体的なものの発現でもある。こうして、物を特徴づける単語の典型としての形容詞は、その意味のなかに、特徴のさししめしと評価とのふたつの側面をあわせもつことになる。「おいしい」という発話は、はじめから客体的なものと主体的なものとの統合なのである。物の特徴づけという使命をはたすために、形容詞は必然的にその意味のなかに主体的なもの＝評価性をもつことになる。
[88-89頁]

　宇和島方言においては、形容詞述語の〈叙述法・断定〉では、次のようになる。形容詞述語は、〈広義ものの特徴づけ〉という客体的側面と〈評価〉という主体的側面の複合体であるが、相対的に〈広義ものの特徴づけ〉が前面化するので、発話時と事象成立時の時間関係を表すテンスが分化する。

　〈叙述：広義ものの特徴づけ（話し手の評価）〉
　・今日ノゴ飯　　オイシーワイ／オイシーゼ。
　・昨日ノゴ飯　　オイシカッタイ／オイシカッタゼ。
　・隣ノオジーチャン　元気ナイ／元気ナゼ。
　・隣ノオジーチャン　元気ナカッタイ／元気ナカッタゼ。

これに対して、〈広義ものの特徴づけ〉よりも〈話し手の評価性〉の方が前面化するのが〈表出法〉であろう。叙述法と違って、表出法にはテンスの分化はない。過去のことであっても、発話時における話し手の評価性が前面化される。

　　〈表出：話し手の評価性（広義ものの特徴づけ）〉
　　・今日ノゴ飯　オイシヤ。
　　・昨日ノゴ飯　オイシヤ。5杯モ　食ベタゼ。
　　・隣ノオジーチャン　元気ヤ。一人デ　歩キヨルゼ。
　　・隣ノオジーチャン　元気ヤ。昨日ワ　一人デ　歩キヨッタゼ。

　従って、すべての形容詞述語に〈評価〉という主体的側面を認めておくことは、〈叙述〉と〈表出〉のムードの違いを捉えるためにも重要であろう。客体的な〈ものの特徴づけ〉よりも、発話時における〈話し手の評価〉という主体的な側面を前面化するのが表出法である。
　この場合の〈話し手の評価〉というキーワードは、「いい」「悪い」のような評価だけを捉えている形容詞の語彙的意味とは異なるものである。宇和島方言の「エー」「ワルイ」のような形容詞では表出形は使用されにくい。ものの特徴づけの側面を切り捨てているので、表出形による話し手の評価の側面の前面化をする必要がないからであろう。
　標準語にはこのような2つの形式的分化がないために、〈広義ものの特徴づけ〉と〈話し手の評価〉という、客体的側面と主体的側面の統合性（複合性）が見えにくいが、諸方言における形態論的形式の豊かさは、形容詞述語における客体的側面と主体的側面の関係を露わにしてくれると思われる。

　以上のように、〈叙述法〉〈質問法〉には、テンスの分化があるが、〈表出法〉にはテンスの分化はない。叙述法及び質問法における形容詞述語のテンスは、存在動詞と同じである。標準語と同様に、時間的限定性のない場合には、主体の非現存の意味になるか、次の第7章で述べるモーダルな意味になる。

# 第7章
# 名詞述語のムード

## 1. はじめに　愛媛県宇和島方言の特徴

　宇和島方言の名詞述語には、標準語と異なり、「土佐犬だ」に対応する「土佐犬ヤ」はなく、「土佐犬ヨ」「土佐犬ゼ」のように言う。このような名詞述語は、時間的限定性のない〈質〉を表すため、テンス対立はない。そして、「土佐犬ヤッタ」のような過去形では、標準語と同様にモーダルな意味になる。この点については、4.において過去形のモーダルな意味として、まとめて述べることにする。

　名詞述語であっても、長い時間の間には変化しうる場合には、「アノ子　当時ワ　小学生ヤッタ（ゼ）」と言う。しかし、第Ⅱ部第3章で述べたように、この場合でも、名詞述語では、「アノ子　当時ワ　小学生ゼ」と言ってもよい。〈質〉を表す名詞述語において、テンスの分化が不必要だとすれば、名詞述語にコピュラが接続しないかたちで述語が形成されても不思議ではない。

　世界の諸言語では、名詞が述語になる場合に、次の3つのタイプがあると指摘されている。

①コピュラが義務的なタイプの言語（英語等）
②コピュラがないタイプの言語（シンハラ語等）
③非過去ではゼロコピュラ、過去ではコピュラ使用の言語（ロシア語等）

宇和島方言は③のタイプに近いと言えよう。過去形の「〜ヤッタ」形式はある。ただし、非過去では常にコピュラ「〜ヤ」が接続しないわけではなく、終助詞「ナー」が接続する場合にのみ「来年ワ　小学生ヤナー」のように言える。ただ、これは感嘆文的であり、念

401

押し的に尋ねる場合は「来年ワ　小学生ヨナー」というのが普通である。

　　・早イモンゼ。コノ子　来年ワ　小学生ヤナー。

また、従属文の場合は、非過去であっても、「隣ノ子ワ　マダ　小学生ヤケン、奥サンモ　忙シイワイ」のように使用される（この場合、「マダ　小学生ナケン」とも言う）。

## 2. ムード体系

　名詞述語のパラダイムを示すと次のようになる。時間的に変化しうる「小学生」という名詞述語で提示しているが、上述したように、「土佐犬」のような典型的に〈質〉を表す場合には、過去形が基本的にムード用法で使用されるため、「(過去)」としている。「小学生」のような場合でも「当時ワ　アノ子ワ　マダ　小学生ゼ」のように過去形の使用が義務的ではない。

| 叙述 | 断定 | 非過去 | 小学生（ゼ） |
| | | （過去） | （小学生ヤッタイ）<br>（小学生ヤッタ（ゼ）） |
| | 推量 | 非過去 | 小学生ヤロー |
| | | （過去） | （小学生ヤッツロー）<br>（小学生ヤッタロー／ヤロー） |
| 質問 | 肯否質問 | 非過去 | 小学生 |
| | | （過去） | （小学生ヤッタ） |
| | 疑問詞質問 | 非過去 | 小学生（ゾ） |
| | | （過去） | （小学生ヤッタラ） |

　名詞述語には、表出形はない。ただし、形式名詞述語の場合は、「元気ナ」に焦点があるので、可能になる。

- *アノ子　小学生ヤ。
- オット　アノ子　元気ナ子ヤ。

## 3. 第1形容詞、第2形容詞、名詞の連続性

　第1形容詞、第2形容詞、名詞の連続性をまとめて提示すると、次頁のようになる（（　）内は標準語訳である）。なお、連続的であるため、個人差が生じても不思議ではない。

　赤イ〈終止・非過去〉／赤カッタ〈終止・過去〉／赤イ｛洋服｝〈連体〉の順に、代表例で示す。次頁の一覧における「大キナ」は、宇和島方言では「コノ箱　ガイニ　大キナゼ」のように〈終止〉でも使用しうる。ただし、「小サナ」の方は、標準語と同様に〈終止〉では使用されない。名詞（述語）としているものは、「美人ガ（ヲ、ニ）」「息子ガ（ヲ、ニ）」のように格関係があり、また〈連体〉で「美人ノ」「息子ノ」のようになるものである。

　所属単語が多いのは、第1形容詞、第2形容詞B、名詞である。

　なお、後述する否定形式も、上記の連続性に連動している。

　　第1形容詞　　：アコーナイ／アカイコトナイ
　　第2形容詞A：タンギナコトナイ（タンギニナイ）
　　第2形容詞B：元気ヤナイ／元気ナコトナイ
　　第2形容詞C：男前ヤナイ／男前ナコトナイ
　　名詞述語　　　：犬ヤナイ

　第1形容詞の基本的な否定形式は「アコーナイ」であるが、「〜コトナイ」という分析的形式は、第1、2形容詞において使用され、名詞（述語）では不可である。「〜ヤナイ」は、第2形容詞と名詞（述語）で使用される。

【第1形容詞、第2形容詞、名詞の連続性】

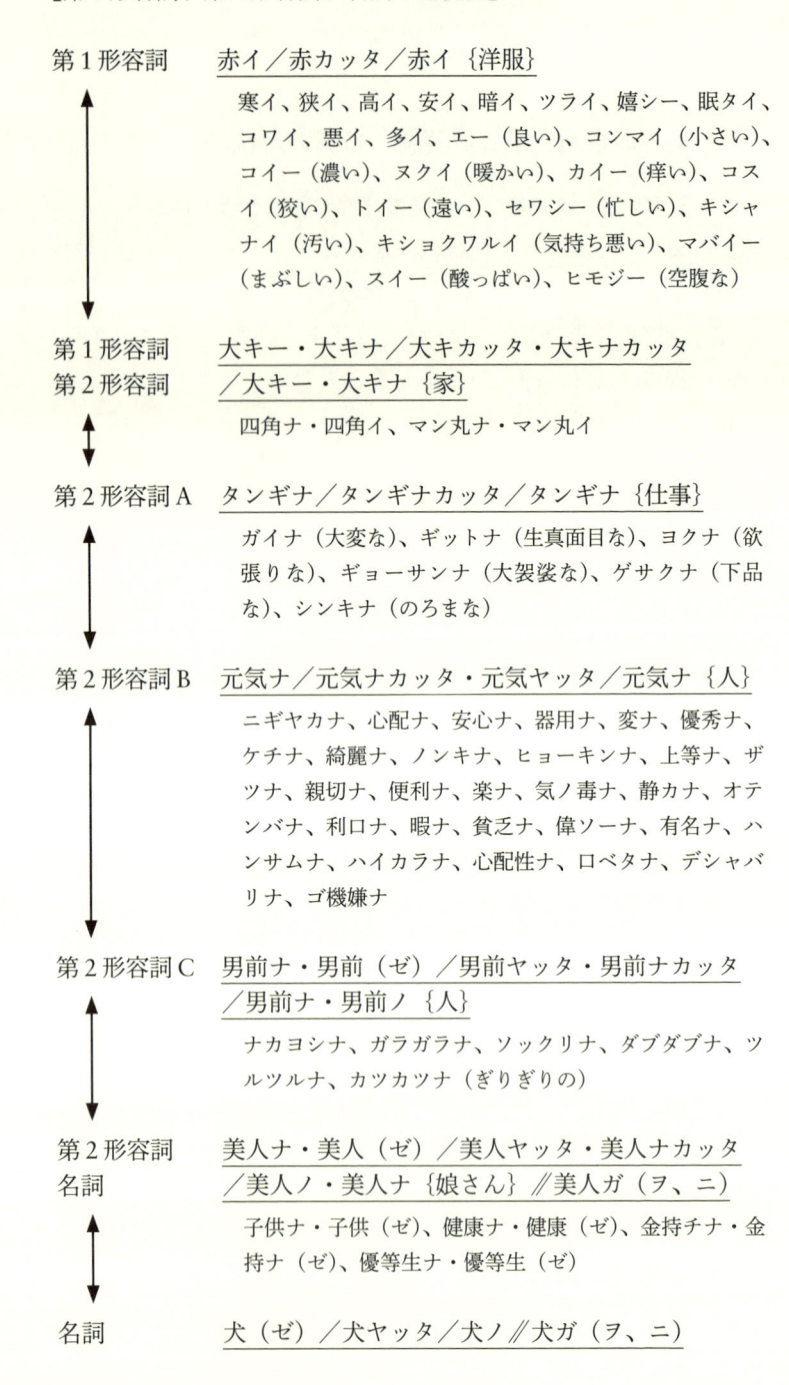

第1形容詞　　赤イ／赤カッタ／赤イ｛洋服｝
　　　　　　　寒イ、狭イ、高イ、安イ、暗イ、ツライ、嬉シー、眠タイ、コワイ、悪イ、多イ、エー（良い）、コンマイ（小さい）、コイー（濃い）、ヌクイ（暖かい）、カイー（痒い）、コスイ（狡い）、トイー（遠い）、セワシー（忙しい）、キシャナイ（汚い）、キショクワルイ（気持ち悪い）、マバイー（まぶしい）、スイー（酸っぱい）、ヒモジー（空腹な）

第1形容詞　　大キー・大キナ／大キカッタ・大キナカッタ
第2形容詞　　／大キー・大キナ｛家｝
　　　　　　　四角ナ・四角イ、マン丸ナ・マン丸イ

第2形容詞A　　タンギナ／タンギナカッタ／タンギナ｛仕事｝
　　　　　　　ガイナ（大変な）、ギットナ（生真面目な）、ヨクナ（欲張りな）、ギョーサンナ（大袈裟な）、ゲサクナ（下品な）、シンキナ（のろまな）

第2形容詞B　　元気ナ／元気ナカッタ・元気ヤッタ／元気ナ｛人｝
　　　　　　　ニギヤカナ、心配ナ、安心ナ、器用ナ、変ナ、優秀ナ、ケチナ、綺麗ナ、ノンキナ、ヒョーキンナ、上等ナ、ザツナ、親切ナ、便利ナ、楽ナ、気ノ毒ナ、静カナ、オテンバナ、利口ナ、暇ナ、貧乏ナ、偉ソーナ、有名ナ、ハンサムナ、ハイカラナ、心配性ナ、ロベタナ、デシャバリナ、ゴ機嫌ナ

第2形容詞C　　男前ナ・男前（ゼ）／男前ヤッタ・男前ナカッタ
　　　　　　　／男前ナ・男前ノ｛人｝
　　　　　　　ナカヨシナ、ガラガラナ、ソックリナ、ダブダブナ、ツルツルナ、カツカツナ（ぎりぎりの）

第2形容詞　　美人ナ・美人（ゼ）／美人ヤッタ・美人ナカッタ
名詞　　　　　／美人ノ・美人ナ｛娘さん｝∥美人ガ（ヲ、ニ）
　　　　　　　子供ナ・子供（ゼ）、健康ナ・健康（ゼ）、金持チナ・金持ナ（ゼ）、優等生ナ・優等生（ゼ）

名詞　　　　　犬（ゼ）／犬ヤッタ／犬ノ∥犬ガ（ヲ、ニ）

## 4. 過去形のムード用法

「ポチワ　土佐犬ヤッタゼ」のような、時間的限定性のない〈質〉を表す名詞述語の過去形は、標準語の場合と同様に、〈事実の再確認（想起）〉や〈新事実の確認（発見）〉といった〈事実確認のし方〉に関わるモーダルな意味を表す（第Ⅱ部第3章参照）。

以下では、名詞述語を含めて、過去形が〈事実確認のし方〉に関わるモーダルな意味を表す場合について述べる。

〈叙述法・断定〉の専用形式としての「オッタイ／行キヨッタイ／行トッタイ／暑カッタイ／元気ナカッタイ／孫ヤッタイ」や、終助詞「ゼ」を伴った「オッタ／行キヨッタ／行トッタ／暑カッタ／元気ナカッタ／孫ヤッタ」という過去形は、次のように、二次的なモーダルな意味を表す（下記の例は、当然、すべて非過去形でも言える）。意味用法は、基本的に標準語と同じである。なお、宇和島方言には、「買った、買った」のような差し迫った要求を表す用法はない。

1) 〈体験的な事実確認〉

次のように、話し手自身の〈直接体験〉を明示する場合には、断定専用形式もそうではない形式も、どちらも使用できる。

・［旅行から帰って来て］
　スカイツリーワ　高カッタイ／高カッタゼ。
・昨日　行ッテキタケンド　アノ人ノ家ワ　立派ナオ屋敷ヤッタイ／オ屋敷ヤッタゼ。

2) 〈事実の再確認（想起）〉

既に確認したことを記憶から引き出して再確認する場合も、両方の形式が使用できる。

・ソーイヤー　隣ノオジーチャンワ　マダ　元気ナカッタイ／元気ナカッタゼ。

- 「太郎モ　明日ノオ祭リニ　呼ンデアゲナイケン」
  「ソーヨ　明日ワ　オ祭リヤッタイ／オ祭リヤッタゼ」

3)〈新事実の確認（発見）〉
話し手の予想が発話現場で確認できた場合にも、どちらの形式も使用できる。

- ヤッパリ　コノ部屋ワ　寒カッタイ／寒カッタゼ。
  コート　着テ来テ　ヨカッタ。
- ヤッパリ　山田サンヤッタイ／山田サンヤッタゼ。久シブリヤナー。

4)〈意外な新事実の確認（発見）〉
次のように、話し手が予想していなかった事実を発話現場で確認した場合には、断定専用形式は使用できない（使用しにくい）。表出形は可能になる。

- 「見テミサイ。　隣ノオジーチャンガ　歩キヨンナハルゼ」
  「元気ナカッタンヨ／*元気ナカッタイ」
- 「アノ子　ドコノ子ヤロ」
  「私ノ孫ヨ」
  「オット　孫ヤッタンヨ／*孫ヤッタイ」
- 眼鏡　コンナトコニ　アッタンヨ／アラヤ。誰ガ　イジッタンヤロー。

　断定専用形式は〈判断〉であるため、話し手の「事実とは信じがたい」という〈意外性（驚き）〉の感情が前面化される場合には、使用しにくくなるのである（この点に関しては第IV部参照）。

# 第8章
# 否定述語のムード・テンス・アスペクト

　第7章までは、肯定述語のムード・テンス・アスペクトについて、存在動詞、運動動詞、形容詞述語、名詞述語の順に述べた。この章では、否定述語のムード・テンス・アスペクトについて考察する。

## 1. はじめに　愛媛県宇和島方言の特徴

　第II部第5章において、次の点を述べた。

①否定述語には、話し手の肯定的想定というプラグマティックな前提があり、この肯定的想定の不成立を表す。
②聞き手の肯定的な判断が言語的に明示されている場合には、それが事実ではないとして打ち消す、話し手の〈否認〉というモーダルな意味が前面化する。この場合には、過去のことであっても、「しない」形式が使用されやすい。

　宇和島方言の特徴は、①の〈肯定的想定の不成立〉を表すセン形式と、②の聞き手に対する話し手の〈否認〉を明示するスラヘン形式があることである。前者には後述するように、ムード・テンス・アスペクト体系があるが、後者にはない（あるいは不完全である）。また、前者には「シマセン」のような丁寧体もあるが、後者では、聞き手の肯定的判断に対して、それは間違いであると否認することになるため、「スラシマセン」のような丁寧体は使用しにくい。

## 2. 存在動詞と2つの否定形式

第4章から第7章では〈肯定〉の場合について、存在動詞、運動動詞、形容詞述語、名詞述語の順に述べた。この順序に沿って、否定形式のパラダイムを示す。

まず、人の存在を表す「オル」の否定形式におけるムードとテンスは次のようになる（「—」は形式がないこと、「△」は使用されにくいことを示す）。第2否定形式の使用は、叙述法（認識的ムード）では、基本的に、非過去形に限定される。肯否質問法では、後述するように、モーダルな意味が異なってくるため、過去形も使用される（疑問詞質問法では使用されない）。

| M | T | 否定形式 | 第1否定形式 | 第2否定形式 |
|---|---|---|---|---|
| 叙述 | 断定 | 非過去 | オラナイ<br>オラン（ゼ） | オラヘナイ<br>オラヘン（ゼ） |
| | | 過去 | オラナンダイ<br>オランカッタイ<br>オラナンダ（ゼ）<br>オランカッタ（ゼ） | △オラヘナンダイ<br>△オラヘンカッタイ<br>△オラヘナンダ（ゼ）<br>△オラヘンカッタ（ゼ） |
| | 推量 | 非過去 | オランロー／ヤロー | △オラヘンロー／ヤロー |
| | | 過去 | オラナンヅロー<br>オランカッツロー<br>オラナンダロー／ヤロー<br>オランカッタロー／ヤロー | △オラヘナンヅロー<br>△オラヘンカッツロー<br>△オラヘンカッタロー／ヤロー<br>△オラヘンカッタロー／ヤロー |
| 質問 | 肯否質問 | 非過去 | オラン | オラヘン |
| | | 過去 | オラナンダ<br>オランカッタ | オラヘナンダ<br>オラヘンカッタ |
| | 疑問詞質問 | 非過去 | オラナ | — |
| | | 過去 | オラナンダラ<br>オランカッタラ | — |
| 表出 | | | オラナヤ | — |
| 実行 | 意志 | | オルマイ | — |
| | 勧誘 | | オルマイヤ | — |
| | 命令 | | オルナ | — |

ものの存在を表す「アル」の第1否定形式は、標準語と同様に「ナイ」であるが、第2否定形式は「アラヘン」である。

　前頁の表から、第1否定形式には全面的なムード・テンス体系があり、第2否定形式は〈叙述法・断定・非過去〉と〈肯否質問法〉に限定されていることが分かる。

　まず、第2否定形式の〈叙述法・断定・非過去〉は、聞き手の肯定的判断に対する〈否認〉を表す。この場合、第1否定形式の「オラン」でもよいが、第2否定形式の「オラヘン」を使用する方が聞き手の肯定的判断に対する否認の意味が明示される。

- アンタ　先生　職員室ニ　オル　ユータケンド　オラヘンデ。
  （あなたは先生が職員室にいると言ったが、いないよ）

　次の場合も、聞き手は、「オライ」、「オッタイ」という断定専用形式を使用することによって「蝮がいる」「部屋にいた」という確信を念押し的に尋ねており、話し手は、それが事実ではないと打ち消している。過去のことであっても、発話時における話し手の反駁的な〈否認〉が前面に出るため、非過去形が使用される。

- 「アノ山ニワ　蝮ガ　オライナー」
  （あの山には蝮がいるよね）
  「ソンナモノ　オラヘナイ」（そんなものはいないよ）
- 「アノ子　昨日　部屋ニ　オッタイナー」
  （あの子は昨日部屋にいたよね）
  「昨日ワ　オラヘンゼ」（昨日はいないよ）

　従って、次のように、話し手が肯定的想定の不成立を確認して、それを知らない聞き手に客観的に伝える場合には、第2否定形式は使用されない。

- 「今晩ワ　蚊ガ　オラナイ／*オラヘナイ。安心シナサイ」
  （今晩は蚊がいないよ。安心しなさい）

・「オ父サンワ?」(お父さんは?)
「ココニワ　オランゼ／*オラヘンゼ」(ここにはいないよ)

　また、話し手の〈意志〉表明の場合にも、第1否定形式しか使用できない。

・私　明日ワ　家ニ　オランゼ／*オラヘンゼ。

　推量形の場合も、第1否定形式とは違って、単純な推量の意味にはならない。聞き手の肯定的判断に対する〈否認〉を、聞き手に対して念押し的に伝えることになる。この場合には、上昇イントネーションが普通であり、「タイテー」のような副詞とは共起しない。

・「アノ山ニワ　蝮ガ　オライナー」
　(あの山には蝮がいるよね)
　「ソンナモノ　オラヘンロー（↑）」
　(そんなものはいないでしょ)
・「アノ子　昨日　部屋ニ　オッタイナー」
　(あの子は昨日部屋にいたよね)
　「昨日ワ　オラヘンロー（↑）」(昨日はいないでしょ)

　次に、〈肯否質問〉の場合、第1否定形式とは違って、第2否定形式を使うと、話し手は肯定的判断を持っており、それに対する〈念押し〉となる。従って、過去形「オラヘナンダ」も使用される（「オラヘン」を使用してもよい）。

・「サッキ　誰カ　オラヘナンダ／オラヘン↑」
　(さっき誰かいたんじゃない?)
　「ウン　太郎ガ　オッタイ」(うん、太郎がいた)
・「今　庭ニ　誰カ　オラヘン↑」
　(今庭に誰かいるんじゃない?)
　「ウン　庭師サンガ　オライ」(うん、庭師さんがいるよ)

- 「鋏ナラ　棚ニ　アラヘン↑」（鋏なら棚にあるんじゃない？）
  「ウン　棚ニ　アライ」（うん、棚にあるよ）

　上記の場合、「オラナンダ」「オラン」「ナイ」も使用できなくはないが、第2否定形式の使用が普通である。「誰かいたはずだ」「誰かいるはずだ」「あるはずだ」という話し手の肯定的判断の〈念押し〉であるからである。この場合も上昇イントネーションが普通である。

　従って、第1否定形式と第2否定形式では、「ウン」「ウウン」の対応関係が違ってくる。次の（a）と（b）を比較されたい（なお、第1否定形式の場合は下降イントネーションが普通である）。

(a)「アノ山ニワ　蝮　オラヘン↑」
　　（あの山には蝮がいるんじゃない？）
　　「ウン　オライ（オルゼ）」
　　「ウウン　オラナイ（オランゼ）」
(b)「アノ山ニワ　蝮　オラン」
　　（あの山には蝮はいない？）
　　「ウン　オラナイ（オランゼ）」
　　「ウウン　オライ（オルゼ）」

　また、質問文において、「アンマリ」「誰ッチャ（誰も）」「ドコッチャ（どこにも）」のような形式との共起は、第2否定形式にはない。

- 「アノ山ニワ　アンマリ　蝮　オラン／*オラヘン」
  （あの山にはあんまり蝮はいない？）
  「ウン　オラナイ（オランゼ）」
- 「アノ部屋　誰ッチャ　オラン／*オラヘン」
  （あの部屋には誰もいない？）
  「ウン　オラナイ（オランゼ）」

第2否定形式には〈疑問詞質問〉の形態論的形式はない。話し手の知らない情報を求める質問であるため、第1否定形式を使用しなければならない。この場合は、上昇イントネーションは義務的ではなく、下降イントネーションが普通である。

・「アノ時　誰ガ　オラナンダラ／*オラヘナンダラ」
　（あの時誰がいなかったの？）
　「太郎ヨ」

　また、第2否定形式には表出形もない。話し手の予想（あるいは常識）に反して量が少ない場合には、第1否定形式が使用される。第2否定形式は、聞き手の肯定的想定に対する否認であるため、使用できないのである。

・今日ワ　ヨイヨ　蚊ガ　オラナヤ／*オラヘナヤ。助カライ。
　（今日はほとんど蚊がいない！　助かった）

　第1否定形式と第2否定形式のこのようなムード対立は、運動動詞述語、形容詞述語、名詞述語でも同様である。
　Givón（2005）が指摘するように、話し手と聞き手の相互行為としての〈はなしあい〉においては、聞き手（相手）の間違った肯定的判断（あるいは事実認識）に対する〈否認〉は重要であろう。これを明示するのが第2否定形式である。
　宇和島方言では、さらに、「オルカイ」「アルカイ」ような形式がよく使用される。形式的には肯定だが、意味的には否定である。従って、「誰ッチャ（誰も）」「ナンチャ（何も）」のような形式と共起する。「オルカイ」「アルカイ」は「オラヘン」、「アラヘン」に言い換えることができる。

・「昨日ノ寄合　大勢ナカッタロー」
　（昨日の寄合は大勢だっただろう？）
　「誰ッチャ　オルカイ」（誰もいるものか）

- 「冷蔵庫ニ　何カ　アルロー」（冷蔵庫に何かあるだろう？）
  「ナンチャ　アルカイ」（何もあるものか）

　「オッタカイ」「アッタカイ」のような過去形はない。過去のことであっても、「オルカイ」「アルカイ」を使用し、発話時における〈否認〉を表すのである。
　この形式は、「食ベルカイ」「寒イコトアルカイ」「元気ナコトアルカイ」「年寄リナコトアルカイ」のように、運動動詞、第1形容詞、第2形容詞、名詞述語のすべてにあり、よく使用される形式である。

- 「昨日　何カ　食ベタ」（昨日何か食べた？）
  「ナンチャ　食ベルカイ」（何にも食べるものか）
- 「隣ノ人　元気ナカッタロー」（隣の人は元気だったでしょ？）
  「元気ナコトアルカイ」（元気なものか）

　なお、第1否定形式の過去形には「オランカッタ」と「オラナンダ」の2つの形式があるが、この2つの形式の間には意味用法上の違いはない。「オランカッタ」の方が新しい形式である。推量形と同様に、分析的形式への移行が見られる。すべての動詞において同様である。

　　オラナンダ　→　オランカッタ
　　セナンダ　　→　センカッタ


## 3. 運動動詞と2つの否定形式

　運動動詞の場合は、アスペクト対立があることから次のようになる。第1否定形式と第2否定形式を分けて示すが、存在動詞の場合と同様に、叙述法では、第2否定形式の過去形は使用されにくい。肯否質問法の場合の意味も、存在動詞の場合と同様である。

## 【第1否定形式】

| M | | A / T | 完成 | 進行 | 結果 |
|---|---|---|---|---|---|
| 叙述 | 断定 | 非過去 | セナイ<br>セン（ゼ） | ショラナイ<br>ショラン（ゼ） | シトラナイ<br>シトラン（ゼ） |
| | | 過去 | セナンダイ<br>センカッタイ<br>セナンダ（ゼ）<br>センカッタ（ゼ） | ショラナンダイ<br>ショランカッタイ<br>ショラナンダ（ゼ）<br>ショランカッタ（ゼ） | シトラナンダイ<br>シトランカッタイ<br>シトラナンダ（ゼ）<br>シトランカッタ（ゼ） |
| | 推量 | 非過去 | センロー<br>センヤロー | ショランロー<br>ショランヤロー | シトランロー<br>シトランヤロー |
| | | 過去 | セナンヅロー<br>センカッツロー<br>セナンダロー<br>センカッタロー<br>セナンダヤロー<br>センカッタヤロー | ショラナンヅロー<br>ショランカッツロー<br>ショラナンダロー<br>ショランカッタロー<br>ショラナンダヤロー<br>ショランカッタヤロー | シトラナンヅロー<br>シトランカッツロー<br>シトラナンダロー<br>シトランカッタロー<br>シトラナンダヤロー<br>シトランカッタヤロー |
| 質問 | 肯否質問 | 非過去 | セン | ショラン | シトラン |
| | | 過去 | セナンダ<br>センカッタ | ショラナンダ<br>ショランカッタ | シトラナンダ<br>シトランカッタ |
| | 疑問詞質問 | 非過去 | セナ | ショラナ | シトラナ |
| | | 過去 | セナンダラ<br>センカッタラ | ショラナンダラ<br>ショランカッタラ | シトラナンダラ<br>シトランカッタラ |
| 表出 | | | セナヤ | ショラナヤ | シトラナヤ |
| 実行 | 意志 | | スマイ<br>スルマイ | ショルマイ<br>（ショクマイ） | シトルマイ<br>（シトクマイ） |
| | 勧誘 | | スマイヤ<br>スルマイヤ | ショルマイヤ<br>（ショクマイヤ） | シトルマイヤ<br>（シトクマイヤ） |
| | 命令 | | スナ<br>スルナ | ショルナ<br>（ショクナ） | シトルナ<br>（シトクナ） |

## 【第2否定形式】

| M \ A \ T | | | 完成 | 進行 | 結果 |
|---|---|---|---|---|---|
| 叙述 | 断定 | 非過去 | スラヘナイ<br>スラヘン（ゼ） | ショラヘナイ<br>ショラヘン（ゼ） | シトラヘナイ<br>シトラヘン（ゼ） |
| | | 過去 | △スラヘナンダイ<br>△スラヘンカッタイ<br>△スラヘナンダ（ゼ）<br>△スラヘンカッタ（ゼ） | △ショラヘナンダイ<br>△ショラヘンカッタイ<br>△ショラヘナンダ（ゼ）<br>△ショラヘンカッタ（ゼ） | △シトラヘナンダイ<br>△シトラヘンカッタイ<br>△シトラヘナンダ（ゼ）<br>△シトラヘンカッタ（ゼ） |
| | 推量 | 非過去 | △スラヘンロー<br>△スラヘンヤロー | △ショラヘンロー<br>△ショラヘンヤロー | △シトラヘンロー<br>△シトラヘンヤロー |
| | | 過去 | △スラヘナンヅロー<br>△スラヘンカッツロー<br>△スラヘナンダロー<br>△スラヘンカッタロー<br>△スラヘナンダヤロー<br>△スラヘンカッタヤロー | △ショラヘナンヅロー<br>△ショラヘンカッツロー<br>△ショラヘナンダロー<br>△ショラヘンカッタロー<br>△ショラヘナンダヤロー<br>△ショラヘンカッタヤロー | △シトラヘナンヅロー<br>△シトラヘンカッツロー<br>△シトラヘナンダロー<br>△シトラヘンカッタロー<br>△シトラヘナンダヤロー<br>△シトラヘンカッタヤロー |
| 質問 | 肯否質問 | 非過去 | スラヘン | ショラヘン | シトラヘン |
| | | 過去 | スラヘナンダ<br>スラヘンカッタ | ショラヘナンダ<br>ショラヘンカッタ | シトラヘナンダ<br>シトラヘンカッタ |
| | 疑問詞質問 | 非過去 | ― | ― | ― |
| | | 過去 | ― | ― | ― |
| 表出 | | | ― | ― | ― |
| 実行 | 意志 | | ― | ― | ― |
| | 勧誘 | | ― | ― | ― |
| | 命令 | | ― | ― | ― |

第1否定形式は〈肯定的想定の不成立〉を表すため、〈完成〉〈進行〉〈結果〉のアスペクト対立に対応する否定形式がある。
　子供が台所に行ったところ、床に西瓜が転がっているとする。その場合、次のどちらの発話もありうる。

　　（a）オ母サン　西瓜　切リヨラン。手伝オー　思ータノニナア。
　　　　　　　　　　　　　　　　　　　　　　　　〈進行の否定〉
　　（b）オ母サン　西瓜　切ットラン。スグ　食ベロー　思ータノ
　　　　ニナア。　　　　　　　　　　　〈（客体の）結果の否定〉

　肯定の場合とは違って、同じ場面（現実）である。従って、話し手の想定の違いによって「シヨラン」「シトラン」が使い分けられる。(a)の場合、子供は「お母さんが西瓜を切りつつある」と想定していたのである。一方、(b)の場合は、子供は「西瓜が切ってある」と想定していたのである。そして、その肯定的想定の不成立を確認しているわけである。次の場合も同様である。

　　（a）［通学路を見て］子供ラ　学校　行キヨランゼ。
　　　　　　　　　　　　　〈肯定的想定としての進行の不成立〉
　　（b）［校庭を見て］子供ラ　学校　行ットランゼ。
　　　　　　　　　　　　　〈肯定的想定としての結果の不成立〉

　　（a）［更地のままだったことを思い出して］
　　　　アノ時ワ　マダ　新校舎　建チヨランナンダゼ。
　　　　　　　　　　　　　〈肯定的想定としての進行の不成立〉
　　（b）［建築中だったことを思い出して］
　　　　アノ時ワ　マダ　新校舎　建ットラナンダゼ。
　　　　　　　　　　　　　〈肯定的想定としての結果の不成立〉

　これに対して、「セン（セナンダ）」は、〈肯定的想定としての完成の不成立〉を表す。

- 待チヨルカモシレンケド　モウ　遅イケン　西瓜　切ランゼ。
- 2時間　待ッタケンド　バス　来ナンダゼ。

　第2否定形式では、次のように、聞き手の肯定的判断に対して、事実ではないと否認することになる。過去のことであっても、非過去形が使用されやすい。

- 「子供ラ　学校　行キヨライナー↑」
  （子供達は学校に行きつつあるよね）
  「マダ　行キヨラヘンゼ」
  （まだ行きつつあるところではないよ）
- 「子供ラ　学校　行ットライナー↑」
  （子供達は学校に行っているよね）
  「行ットラヘンゼ」（行っていないよ）
- 「昨日　市役所ニ　行ッタイナー↑」
  （昨日市役所に行ったよね）
  「市役所ナンカ　行カヘンゼ」（市役所になんか行かないよ）

　肯否質問法では、話し手の肯定的判断に対する〈念押し〉となる。従って、それを否認する場合も、第2否定形式が使用されやすい。

- 「留守中　誰カ　来ラヘナンダ↑」
  （留守中誰か来たんじゃない？）
  「誰ッチャ　来ラヘンゼ」（誰も来ないよ）

## 4. 形容詞述語・名詞述語と2つの否定形式

　第1形容詞では、次頁のようになる。「アカイコトナイ」は分析的形式ではあるが、使用頻度が高いため入れておく。
　第2形容詞については、第2否定形式は、第1形容詞と基本的に同じであるため略し、対比のために肯定形式の方を提示しておく。「元気ナイ／元気ナカッタイ」は肯定の断定専用形式であり、それ

【第1形容詞・否定形式】

| M \ 否定形式 \ T | | | 第1否定形式 | 第2否定形式 |
|---|---|---|---|---|
| 叙述 | 断定 | 非過去 | アコーナイワイ<br>アコーナイ（ゼ）<br>アカイコトナイワイ | アコーアラヘナイ<br>アコーアラヘン（ゼ）<br>アカイコトアラヘナイ |
| | | 過去 | アコーナカッタイ<br>アコーナカッタ（ゼ）<br>アカイコトナカッタイ | △アコーアラヘナンダイ<br>△アコーアラヘナンダ（ゼ）<br>△アカイコトアラヘナンダイ |
| | 推量 | 非過去 | アコーナイロー | △アコーアラヘンロー |
| | | 過去 | アコーナカッツロー<br>アコーナカッタロー | △アコーアラヘナンヅロー<br>△アコーアラヘンロー |
| 質問 | 肯否質問 | 非過去 | アコーナイ | アコーアラヘン |
| | | 過去 | アコーナカッタ | アコーアラヘナンダ |
| | 疑問詞質問 | 非過去 | アコーナイ | — |
| | | 過去 | アコーナカッタラ | — |
| 表出 | | | アコーナヤ | — |

【第2形容詞・肯定形式と第1否定形式】

| M \ P \ T | | | 肯定形式 | 第1否定形式 |
|---|---|---|---|---|
| 叙述 | 断定 | 非過去 | 元気ナイ<br>元気ナ（ゼ） | 元気ヤナイワイ<br>元気ヤナイ（ゼ）<br>元気ナコトナイワイ |
| | | 過去 | 元気ナカッタイ<br>元気ナカッタ（ゼ）<br>元気ヤッタイ<br>元気ヤッタ（ゼ） | 元気ヤナカッタイ<br>元気ヤナカッタ（ゼ）<br>元気ナコトナカッタイ<br>元気ナコトナカッタ（ゼ） |
| | 推量 | 非過去 | 元気ナロー／ヤロー<br>元気ヤロー | 元気ヤナイロー／ヤロー<br>元気ナコトナイロー／ヤロー |
| | | 過去 | 元気ナカッツロー<br>元気ナカッタロー／ヤロー<br>元気ヤッツロー<br>元気ヤッタロー／ヤロー | 元気ヤナカッツロー<br>元気ヤナカッタロー／ヤロー<br>元気ナコトナカッツロー<br>元気ナコトナカッタロー |
| 質問 | 肯否質問 | 非過去 | 元気ナ | 元気ヤナイ<br>元気ナコトナイ |
| | | 過去 | 元気ナカッタ<br>元気ヤッタ | 元気ヤナカッタ<br>元気ナコトナカッタ |
| | 疑問詞質問 | 非過去 | 元気ナ（元気ナラ） | 元気ヤナイ |
| | | 過去 | 元気ナカッタラ<br>元気ヤッタラ | 元気ヤナカッタラ |
| 表出 | | | 元気ヤ | 元気ナヤ |

に対応する第1否定形式は「元気ヤナイワイ／元気ヤナカッタイ」であることに注意されたい。第2否定形式は「元気ヤアラヘナイ」等である。

　第1形容詞にも第2形容詞にも、「アコーナヤ」「元気ナヤ」のような第1否定形式の〈表出法〉がある。

　標準語の程度副詞は、基本的に否定とは共起しない。

・とてもおいしい／*とてもおいしくない。
・非常に元気だ／*非常に元気ではない。

　宇和島方言には、使用頻度の高い2つの程度副詞がある。「ガイニ」の方は、肯定形式とだけ呼応するが、「ヨイヨ」の方は否定形式でもよい（「蚊ガ　ヨイヨ　オライ／オラナイ」「蚊ガ　ヨイヨ　オラヤ／オラナヤ」のように〈存在量〉の場合でもよい）。

〈叙述法・断定〉
・今日ノゴ飯　ヨイヨ　オイシイゼ。
・昨日ノゴ飯　ヨイヨ　オイシカッタイ。
・今日ノゴ飯　ヨイヨ　オイシナイゼ。
・昨日ノゴ飯　ヨイヨ　オイシナカッタイ。

〈表出法〉
・今日ノゴ飯　ヨイヨ　オイシナヤ。ドガイシテヤロ。
・コノ犬　ヨイヨ　元気ナヤ。病気ヤロカ。

　名詞述語の否定形式は、第2形容詞に準じる。ただし、「秋田犬ナコトナイ」のような形式は使用されず「秋田犬ヤナイ」であり、第2否定形式は「秋田犬ヤアラヘナイ」「秋田犬ヤアラヘン（ゼ）」である。

|  | 肯定形式 | 第1否定形式 |
|---|---|---|
| 非過去 | 秋田犬（ゼ） | 秋田犬ヤナイ（ゼ） |
| （過去） | （秋田犬ヤッタイ） | （秋田犬ヤナカッタイ） |

　以上、宇和島方言には、〈肯定的想定の不成立〉を表す第1否定形式と、聞き手の肯定的想定（判断、事実認識）に対する話し手の〈否認〉を表す第2否定形式が、すべての述語に一貫してあることを述べた。

　348頁で述べたように、肯定の断定専用形式に終助詞「デ」が接続した場合、(a)のように〈否認〉を表すが、否定形式には、第2否定形式があることから、第1否定形式の断定専用形式「オラナイ」に終助詞「デ」が接続することはない。

　　(a)「アノ山ニワ　蝮　オランゼ」（あの山には蝮はいないよ）
　　　「オライデ」（いるよ）　　　　　　　　　　　　〈否認〉
　　(b)「アノ山ニワ　蝮　オルゼ」（あの山には蝮がいるよ）
　　　「オラヘンゼ／*オラナイデ」（いないよ）　　　　〈否認〉

　宇和島方言では、肯定のアスペクト形式に対応する否定形式があるが、第Ⅳ部で述べるように、この対応関係がなくなってきている方言もある。現実世界における運動の成立（時間的展開そのもの）を表す肯定の場合と、現実世界における運動の不成立（欠如）を表す否定形式では、アスペクト対立のあり様が異なってきても不思議ではない。

# 第9章
# 実現可能形式と時間的限定性

　愛媛県宇和島方言には、4つの実現可能形式がある。従来、複数の可能形式を有する方言の分析では、能力や状況などの要因の観点が重視されてきたが、〈時間的限定性〉の観点を入れた分析を行う必要があると思われる。

## 1. はじめに　愛媛県宇和島方言の特徴

　宇和島方言には、次のような4つの形式がある。否定形式の方が使用頻度が高いため、否定形式で示す。Z形式には過去形はない。

　　W）休業日ヤッタケン　チケット　買エナンダ。
　　X）高カッタケン　チケット　ヨー買ワナンダ。
　　Y）朝　5時カラ　並ンダケンド　チケット　買エレナンダ。
　　Z）アンタワ　未成年ヤケン　オ酒　買ワレン。

　これら4つの形式は、主体の期待や意図の実現の有無、あるいは実現の可能性の有無を表すものである。ここでは〈実現可能形式〉と呼んでおくことにする。
　実現可能形式は、意志動詞に成立する（従って、存在動詞の肯定形式において、「オレル」等とは言えても「アレル」等とは言えない）。次頁の表において、△を付けているのは、使用されにくい形式である。「—」は過去形が実現可能の意味では使用されないことを示す。

|   | W | X | Y | Z |
|---|---|---|---|---|
| 非過去形<br>過去形 | 買エン／買エル<br>買エナンダ／買エタ | ヨー買ワン／ヨー買ウ<br>ヨー買ワナンダ／ヨー買ータ | 買エレン／△買エレル<br>買エレナンダ／買エレタ | 買ワレン<br>― |
| 非過去形<br>過去形 | 泳ゲン／泳ゲル<br>泳ゲナンダ／泳ゲタ | ヨー泳ガン／ヨー泳グ<br>ヨー泳ガナンダ／ヨー泳イダ | 泳ゲレン／△泳ゲレル<br>泳ゲレナンダ／泳ゲレタ | 泳ガレン<br>― |
| 非過去形<br>過去形 | 見レン／見レル<br>見レナンダ／見レタ | ヨー見ン／ヨー見ル<br>ヨー見ナンダ／ヨー見タ | 見レレン／△見レレル<br>見レレナンダ／見レレタ | 見ラレン<br>― |

　4つの形式のうち、Wのタイプが基本的なものであって、次のように、時間的限定性のある個別具体的な場合でも時間的限定性のない場合でも、内的要因による場合でも外的要因による場合でも、主体が人の場合でも人以外の場合でも使用できる。*1

1)　時間的限定性のある場合
　　1・1)〈非実現〉〈外的要因〉
　　　　台風ヤッタケン　昨日ワ　泳ゲナンダ。
　　1・2)〈非実現〉〈内的要因〉
　　　　クラゲガ　怖ーテ　昨日ワ　ミンナ　泳ゲナンダ。
　　1・3)〈実現の不可能性〉〈外的要因〉
　　　　明日ワ　台風ヤケン　泳ゲン。
　　1・4)〈実現の不可能性〉〈内的要因〉
　　　　熱ガ　アルケン　明日ワ　泳ゲン。
2)　時間的限定性のない場合
　　2・1)〈特定主体の能力の欠如（能力不可能）〉
　　　　アノ子ワ　泳ゲン。
　　2・2)〈条件不可能〉
　　　　鮫ノ　オル時ワ　泳ゲン。
　　2・3)〈特定の物や場所における特性の欠如〉
　　　　コノ川ワ　泳ゲン。
　　2・4)〈一般主体の能力の欠如（能力不可能）〉
　　　　人間ワ　空　飛ベン。

　　これに対して、XとYのタイプは、次のような場合に限定され

ている。X形式とY形式の特徴がはっきりするのは、〈時間的限定性〉のある特定時の個別具体的な場合である。

　次の（a）と（b）を比較されたい。W形式「買エン」「買エナンダ」はどちらの場合にも使用できる。しかし、（a）ではX形式「ヨー買ワン」が使用され「買エレン」は使用されない（使用しにくい）。一方（b）では、Y形式「買エレナンダ」は使用できるが「ヨー買ワナンダ」は使用できない。

　　（a）［チケットの値段を見て］
　　　　コンナ　高イ　チケット　買エン／ヨー買ワン／*買エレン。
　　（b）朝　5時カラ　並ンダケンド　チケット　買エナンダ／*ヨー買ワナンダ／買エレナンダ。

　X形式とY形式に共通するのは、次の①の点である。

①主体はチケットを買いたいという希望・意図を持っている。しかし、「チケットが高い」「希望者が多い」という不都合な状況（悪条件）がある。ただし、この悪条件は、主体の希望の実現や意図の実行を完全に阻むものではない。

　従って、次のように、完全に実行・実現を阻む状況がある場合は、X形式、Y形式は使用できず、W形式が使用される。

　　・財布　忘レタケン　チケット　買エナンダ／*ヨー買ワナンダ／*買エレナンダ。

　そして、Xのタイプは、次の②の場合に使用される。

②主体には、悪条件にもかかわらず「あえて実行するかどうか」について選択の余地がある。

　X形式は、肯定では、悪条件にもかかわらず〈あえて実行する〉

こと、否定では、悪条件があるがゆえに〈あえて実行しない〉という意味を明示する。Ｗ形式も使用できるが、その場合には、このような意味は明示されない。「トテモ」という副詞と共起する。

- オ腹一杯ヤケン　沢山ワ　食ベレン／ヨー食ベン／*食ベレレン。
- 波ガ　アッテ　怖カッタケンド　泳ゲタ／ヨー泳イダ／*泳ゲレタ。
- 明日ワ　忙シューテ　トテモ　行ケン／ヨー行カン／*行ケレン。

１人称主語の場合は意志表明的になる。３人称主語も可能だが、その場合は話し手の確信になる。

- コンナニワ　ヨー食ベンゼ。　　　　　　〈意志表明〉
- アノ子　コンナニワ　ヨー食ベンゼ。　〈話し手の確信〉

一方、Ｙ形式は、次の③の場合に使用される。

③期待・意図することの実現に向けて努力する余地がある。

Ｙ形式は、悪条件のなかでの、波線部分（「必死デ走ッタ」「徹夜シタ」）で示したような〈努力の結果としての実現の有無〉を明示する。Ｗ形式も使用できるが、この意味は明示できない。Ｙ形式は「ドガイシテモ」という副詞と共起しやすい。

- 必死デ　走ッタケン　バスニ　乗レタ／*ヨー乗ッタ／乗レタ。
- 徹夜シタケンド　ドガイシテモ　書ケナンダ／*ヨー書カカナンダ／書ケレナンダ。

偶然の幸運に恵まれて、努力することなく期待が実現した場合は、

W形式が使用され、Y形式は使用できない。

・空港　行ッタラ　俳優サンニ　会エタ／＊ヨー会ータ／＊会エレタ。

　以上のような3つの実現可能形式の特徴について考察するためには、次の奥田（1986b）による指摘を踏まえる必要があると思われる（下線は著者による）。

1) 人間の動作・状態は、意識的であれば、のぞましいこととして、もくろむこととして、めざすこととして、あらかじめ頭のなかにえがきだされる。この期待し、意図する動作・状態が、実行にうつされて、レアルな存在に移行するのだが、このような<u>人間的な出来事</u>が《実現》という用語でよばれるのだろう。　［193頁］
2) 人は、その人をとりまく状況、その人の内部の状況が原因として、条件としてはたらくことで、期待する、意図する動作・状態を実現にもちこむことができるのである。　［195頁］
3) 動作・状態は、実現する時間が具体的に指定されていなければ、特性としてポテンシャルに存在していることになるだろう。これこそ能力である。そうであれば、期待とか意図という意味あいもかけてくる。そしてその可能にも《能力可能》と《条件可能》の2とおりがある。　［197頁］

　以上の引用から分かるように、時間的限定性のある場合とない場合（時間が抽象化した場合）を<u>分けた</u>上で、時間的限定性のある個別具体的な場合から出発していることに注意しなければならない。そして、悪条件（不都合な状況）があるにもかかわらず「あえて実行する」、あるいは悪条件（不都合な状況）のなかで「実現に向けて努力する」こととこそ〈人間的な出来事〉であるだろう。これを明示するのが、X形式とY形式であると思われる。
　以下では、まず、a）とb）の点を確認した上で、時間的限定性の観点を視野に入れて3つの実現可能形式（W、X、Y）を考察す

る。そして最後に、Ｚ「スラレン」という否定の非過去形にだけある〈話し手による不許可〉〈規範不可能〉を明示する形式について考察する。

a) 標準語の「見られる」「来られる」等は、〈受動〉と〈実現可能〉の両方を表すが、宇和島方言では別の形式になる。「見ラレル」「来ラレル」は〈受動〉、「見レル」「来レル」は〈実現可能〉である。

b) 標準語の「切れる」「折れる」「焼ける」等は〈自然発生的な変化〉と〈実現可能〉の両方を表すが、宇和島方言には、〈実現可能〉を明示するための「切レレル」「折レレル」「焼ケレル」という形式がある。さらに、否定形式を中心に、「見レン」だけでなく「見レレン」のような形式も使用される。

## 2. 受動形式及び変化動詞との関係

宇和島方言では、〈受動〉と〈実現可能〉とは形式的に異なる。「食ベラレル」は受動専用形式である。過去形においても「ケーキ　食ベラレタ」は〈受動〉、「ケーキ　食ベレタ」は〈実現可能〉である。

〈受動〉
・コンナトコニ　ケーキ　置イトイタラ　誰カニ　食ベラレルゼ。

〈実現可能〉
・オ腹　治ッタケン　ケーキ　食ベレル。

| 〈受動〉 | 見ラレル | 来ラレル | 着ラレル | 開ケラレル | 教エラレル |
|---|---|---|---|---|---|
| 〈実現可能〉 | 見レル | 来レル | 着レル | 開ケレル | 教エレル |

〈否定・非過去〉の「食ベラレン」だけには、次に示すように、〈受動〉の場合と〈不許可〉を表す場合がある。ただし、文構造は全く異なる。

〈受動〉
・オ菓子　隠シトッタケン　誰ッチャニ　食ベラレンゼ。
（お菓子を隠しておいたから、誰にも食べられない）

〈不許可〉
・図書館デワ　誰ッチャ　食ベラレンヨ。
（図書館では、誰も食べることは許されない）

ただし、動詞「スル」の場合には、〈受動〉と〈不許可〉は次のように形式が異なる。

〈受動〉
・張リ紙　シタケン　落書キ　サレン。

〈不許可〉
・落書キ　スラレン。

〈否定・過去〉の「食ベラレナンダ」の場合は〈受動〉であって、〈不許可〉を表すことはほとんどない。

〈受動〉
・ケーキ　隠シトッタケン　誰ッチャニ　食ベラレナンダゼ。
（ケーキを隠しておいたから、誰にも食べられなかった）

以上の点については、4.で考察する。
　次に、標準語では、「切れる／切れない」「抜ける／抜けない」は、自然発生的な変化をも実現可能をも表すが、宇和島方言では、〈実現〉あるいは〈非実現〉を表す専用形式「切レレル／切レレン」「抜ケレル／抜ケレン」がある。

〈自然発生的な変化達成〉
・急ニ　ロープガ　切レタ／*切レレタ。

〈期待・意図の実現〉
・ヤット　ロープ　切レタ／切レレタ。

〈自然発生的な変化達成の不成立〉
・杭　抜ケナンダ／*抜ケレナンダ。助カッタナー。

〈期待・意図の非実現〉
・ドガイシテモ　杭　抜ケナンダ／抜ケレナンダ。

「切レレル」「抜ケレル」だけでなく、次のような動詞でも〈期待・意図の実現／非実現〉であることが明示できる。

　　割レレル、焼ケレル、取レレル、炊ケレル、解ケレル、
　　溶ケレル、破レレル、釣レレル、売レレル、脱ゲレル

以上だけであるなら、一部の動詞における区別にすぎないということになるが、この形式は次のような拡張を見せている。

　A）飲メレタ、歩ケレタ、言エレタ、会エレタ、行ケレタ、干セレタ
　B）食ベレレタ、走レレタ、見レレタ、着レレタ、開ケレレタ

　A）のタイプでは、「飲メル、歩ケル、言エル、会エル、行ケル、干セル」のような実現可能形式（W形式）、B）のタイプでは、「食ベレル、走レル、見レル、着レル、開ケレル」のような実現可能形式（W形式）があるのだが、さらに、「飲メレタ」「食ベレレタ」のようなY形式も使用される。
　そして、上記のようなY形式は、時間的限定性の観点から見て、個別具体的な場合に限られている。しかも、肯定では過去形しか使用されないという制限もある。これがなぜかについては後述する。

・昔ワ　ドッカラデモ　花火ガ　見レタ／*見レレタ。

〈可能（時間的限定性無）〉
・人混ミ　カキ分ケテ　ヤット　花火ガ　見レタ／見レレタ。
〈実現（時間的限定性有）〉

・アノ人ワ　納豆ガ　食ベレン／*食ベレレン。
〈不可能（時間的限定性無）〉
・ドガイシテモ　コノ納豆　食ベレン／食ベレレン。
〈非実現（時間的限定性有）〉

## 3. 3つの実現可能形式

　以下、W、X、Yという3つの実現可能形式について述べるが、動詞「スル」は次のような対応関係になって、代表形にしにくいため、「食ベレン」で代表させることにする。「ヨー結婚セン」「結婚スラレン」とは言えるのだが、「結婚デキン」とは言えても「結婚スレン」のような形式はない。

|   | 「食ベル」 | 「スル」 |
|---|---|---|
| W | 食ベレン／食ベレル | デキン／デキル |
| X | 食ベレレン／食ベレレル | ― |
| Y | ヨー食ベン／ヨー食ベル | ヨーセン／ヨースル |
| Z | 食ベラレン | スラレン |

## 3.1 「食ベレン」形式

　「食ベレン／食ベレル」等のW形式は、次のように、時間的限定性の有無に関係なく、また、内的要因によるか外的要因によるかにも関係なく、主体が人か人以外かにも関係なく使用することができる。

(1) 時間的限定性のある場合

　　〈特定時の実現（過去・現在）〉
　　　・オ腹　空イトッタケン　全部　食ベレタ。　　　　〈過去〉

- 今日ワ　チャント　食べレヨル。　　　　　　　〈現在〉*2
- 今日ワ　怖ガラズニ　一人デ　泳ゲタ。　　　〈内的要因〉
- 雨　止ンダケン　今日ワ　泳ゲタ。　　　　　〈外的要因〉

〈実現の可能性（未来）〉
- オ腹　治ッタケン　明日ワ　何デモ　食べレル。〈内的要因〉
- 台風　過ギタケン　明日ワ　泳ゲル。　　　　〈外的要因〉

(2) 時間的限定性のない場合

〈外的な要因による可能（条件可能）〉
- オ金ガ　アッタラ　何デモ　食べレル。
- 昔ワ　工場ガ　ナカッタケン　コノ川デ　泳ゲタ。

〈特定主体の能力〉
- 花子ワ　何デモ　食べレル。
- オジーチャン　昔ワ　上手ニ　泳ゲタ。

〈一般主体の恒常的能力〉
- 人間ワ　何デモ　食べレル。

〈人以外（物）の恒常的特性〉
- 松ノ実ワ　食べレル。

　実際には、多くの場合、内的要因と外的要因とがあわさって実現が可能になったり不可能になったりする。だからこそ、内的要因か外的要因かにこだわらないこのような形式は必要であると思われる（下記の「行ケナイ」は断定専用形式である）。

- 風邪ヒーテ　車モナイケン　映画見ニ　行ケナイ。
- 雨モ　止ンデ　体調モヨカッタケン　泳ゲタゼ。

## 3.2 「ヨー食ベン」形式

　この形式の意味分析にあたっては、〈時間的限定性〉のある場合から出発しなければならない。

　このＸ形式は、内的要因であれ外的要因であれ、悪条件があるにもかかわらず、主体があえて実行する（敢行する）、あるいは、悪条件があって、あえて実行しないことを明示する。1人称主語の場合は〈意志表明〉的になる。*3

- 「波ガ　アルケンド　アンタ　ヨー泳グ」
  「ヨー泳ガンゼ」
- 「アノ人　コノ頃　忙シソーニ　シトルンヤケンド　アンタ　ヨー頼ム」
  「トテモ　ヨー頼マンゼ」
- 「波ガ　アルケンド　アノ子　ヨー泳グヤロカ」
  「ヨー泳ガンゼ」

　上記のような聞き手への質問の場合以外は、否定形式の方が使用頻度が高い。そして、下記の最初の例のような「怖い」といった心理的要因による場合も多いが、これに限定されるわけではない。悪条件は「お腹が一杯である」「疲れている」のような内的要因の場合も、「値段が高い」のような外的要因の場合もある。

- 昨日ノ　ドラマ　怖ーテ　ヨー見ナンダ。
- オ腹一杯ヤケン　沢山ワ　ヨー食ベン。
- 途中デ　疲レテシモーテ　頂上マデ　ヨー登ラナンダ。
- 明日ワ　忙シイケン　寄合ニ　ヨー行カン。
- コンナ　高イ　着物　ヨー買ワン。

次のように、内的要因と外的要因が複合化されていてもよい。内的にも外的にも悪条件があるがゆえに、主体があえて実行しないことを表す。

・道ガ　悪イシ　体調モ　悪イケン　駅マデ　ヨー歩カン。

　以上の場合と違って、状況が「主体があえて実行すること」を完全に拒み、主体に選択の余地がない場合には、W形式である「見レナンダ」「食べレン」「行ケン」「買エン」を使用しなければならない。

・停電デ　昨日ノ　ドラマ　見レナンダ。
・腐ットルケン　食べレン。
・ストライキヤケン　寄合ニ　行ケン。
・今　オ金ガ　ナイケン　高イ　着物ワ　買エン。

　時間の抽象化が進むと、主体が「あえて実行する（実行しない）」という意味はなくなり、特定主体の（ポテンシャルな）能力を表すようになる。1人称主語であっても意志表明性はない。否定形式の使用頻度が高く〈能力不可能（能力の欠如）〉を表す。肯定の場合には、「乗レル」「登レル」「喋レル」の方が使用されやすい。

・アノ人ワ／私ワ　自転車　ヨー乗ラン／乗レン。
・アノ人ワ／私ワ　自転車　?ヨー乗ル／乗レル。

・昔ワ　体力ガナカッタケン　高イ山ニハ　ヨー登ラナンダ／登レナンダ。
・昔ワ　体力ガアッタケン　高イ山ニ　?ヨー登ッタ／登レタ。

・オバーチャンワ　東京ノ言葉ナンカ　ヨー喋ラン／喋レン。
　オバーチャンワ　東京ノ言葉　?ヨー喋ル／喋レル。

　〈人〉であっても〈一般主体〉の場合は使用されない。また〈人以外〉の場合も使用できない。

・昔ノ　若者ワ　誰デモ　泳ゲタ／?ヨー泳イダ。

- 女ノ人ダケガ　子供　産メル／*ヨー産ム。
- 人間ダケガ　言葉　喋レル／*ヨー喋ル。
- コノ草ワ　食ベレル／*ヨー食ベル。

　肯定・否定を問わず、時間的限定性のない〈能力可能〉や〈条件可能〉を表すのは、「食ベレル／食ベレン」形式（W形式）である。下記の2番目の例に示すように、X形式は、肯定でも使用されなくはないが、〈能力不可能〉に限定されている。

- 花子ワ　何デモ　食ベレル／?ヨー食ベル。
- 花子ワ　納豆　食ベレン／ヨー食ベン。
- オ金ガ　アッタラ　何デモ　食ベレル／*ヨー食ベル。
- 時化ノ時ワ　魚　食ベレン／*ヨー食ベン。

## 3.3 「食ベレレン」形式

　このY形式は、時間的限定性のある特定時における〈努力の結果としての実現の有無〉を明示する。この形式もまた、否定形式での使用の方が多い。肯定では、過去形「食ベレレタ」「泳ゲレタ」は使用されるが、非過去形は使用されない。

- コノ　ゴ飯　マズーテ　ドガイシテモ　全部ワ　食ベレレン。
- ガンバッタケン　今日ワ　嫌イナ給食　全部　食ベレレタ。
- ガイニ　走ッタケンド　バスニ　乗レレナンダ。
- 必死デ　練習シタケン　今日ワ　上手に　泳ゲレタ。

従って、まだ実行していない未来のことは言えない。

- ［目の前のたくさんの食事を見て］
  コガイニ　タクサンワ　食ベレン／ヨー食ベン／*食ベレレン。

また、努力の必要がない場合、努力する余地がない場合にも使用できない。

・オイシカッタケン　ゴ飯　全部　食ベレタ／*食ベレレタ。
・満員ヤッタケン　乗レナンダ／*乗レレナンダ。

　「食ベレレタ」「食ベレレン」のような形式は〈努力の結果としての実現の有無〉を明示する。努力の有無に関係なく〈実現の有無〉を表すのはＷ形式である「食ベレタ」「食ベレン」である。従って、生徒が言い訳をする場合には、「作文　書ケナンダ」よりも、「作文　書ケレナンダ」の方が効果的であるということになる。
　このように、〈努力の結果としての実現の有無〉を表すので、個別具体的な場合であっても〈未来〉のことには使用できず、また、時間の抽象化も起こらない。時間的限定性のある〈過去〉または〈現在〉に限って、努力しても実現できなかった（できない）という意味を表す。

### 3.4　動詞の種類と実現可能形式

　2.で述べたように、一部の動詞には、自然発生的変化を表す「切レン／切レル」に対して、実現可能を明示する「切レレン／切レレル」の形式がある。

| 切レン／切レル | 割レン／割レル | 取レン／取レル | 焼ケン／焼ケル |
|---|---|---|---|
| 切レレン／切レレル | 割レレン／割レレル | 取レレン／取レレル | 焼ケレン／焼ケレル |

　このようなタイプの動詞では、次のように、「切レレタ」「割レレル」「焼ケレン」形式を使うことで、〈主体の意図性〉が明示できる。形式上はＹ形式だが、〈努力による実現〉を明示するわけではない。

・イジリヨッタラ　糸ガ　切レタ。　〈自然発生／意図的実現〉
・イジリヨッタラ　糸ガ　切レレタ。　　　　〈意図的実現〉

・コノ　ガラスワ　スグ　割レル。　〈自然発生（特性）〉
・コノ　ガラスナラ　スグ　割レレル。〈意図的実現の可能性〉

・ゴミガ　焼ケン。　　　〈自然発生／意図的実現の不可能性〉
・ゴミガ　<u>焼ケレン</u>。　　　　　　〈意図的実現の不可能性〉

　このようなタイプの動詞において〈自然発生〉の意味と区別するために、「切レレン／切レレル」のような実現可能を明示する形式が成立し、他のタイプの動詞に波及したのではないかと思われる。

| 食ベレン／食ベレル | 開ケレン／開ケレル | 着レン／着レル | 見レン／見レル |
| 食ベレレン／食ベレレタ | 開ケレレン／開ケレレタ | 着レレン／着レレタ | 見レレン／見レレタ |

| 飲メン／飲メル | 言エン／言エル | 干セン／干セル | 歩ケン／歩ケル |
| 飲メレン／飲メレル | 言エレン／言エレル | 干セレン／干セレル | 歩ケレン／歩ケレル |
| △飲メレレン | △言エレレン | △干セレレン | △歩ケレレン |

　そして、上記のタイプの動詞の「食ベレン／食ベレル」「飲メン／飲メル」には〈自然発生〉の用法はないため、既に述べたように「食ベレレン」「飲メレン」のようなY形式は、時間的限定性のある場合に限って〈努力の結果としての実現の有無〉を明示するようになっている。

〈自然発生〉〈実現可能〉　⟷　〈実現可能〉
切レン／切レル　　　　　　切レレン／切レレル

〈実現可能〉　　　　　　⟷　〈努力による実現〉
食ベレン／食ベレル　　　　食ベレレン／食ベレレタ

## 4.「食ベラレン」形式

　以上のような3つの実現可能形式「食ベレン」「ヨー食ベン」「食ベレレン」の他に、「食ベラレン」というZ形式も使用される。この形式は、非過去形の否定形式に限定されているが、時間的限定性の有無と相関する点では、「ヨー食ベン」形式と共通する。
　時間的限定性のある個別具体的な場合は、話し手の意志表示によ

る実現の不可能性、つまりは〈話し手による不許可〉を表す。発話時における話し手の〈不許可〉というモーダルな意味が前面化するため、過去形は使用されない(この点では、過去形で使用されやすい「食べレレン」形式と対称的である)。*4

- [母親が子供に向かって]
  マダ　オ腹　治ットランケン　アイスクリーム　食ベラレンゼ。
  (まだお腹が治ってないからアイスクリームを食べてはいけないよ)
- [教師が生徒に向かって]
  波ガ　アルケン　今日ワ　泳ガレンヨ。
  (波があるから今日は泳いではいけないよ)

時間的限定性のない場合は、社会的なルールによる〈不許可〉を表す。

- [掲示] 図書館デ　オ菓子ワ　食ベラレマセン。
  (図書館でお菓子を食べてはいけません)
- ココニ　ゴミワ　捨テラレマセン。
  (ここにゴミを捨ててはいけません)
- 許可証ノ　ナイ人ワ　コノ部屋ニ　入ラレマセン。
  (許可証のない人はこの部屋に入ってはいけません)

医者、教師、親等の権威者が一般化されたのが社会的なルール(規範)であると考えれば、この形式は〈外的要因〉による実現可能の有無を表す点で、「食ベレン」と共通する。従って次のようにも言えるが、〈不許可〉というモーダルな意味は前面化しなくなる。

- [母親が子供に向かって]
  マダ　オ腹　治ットランケン　アイスクリーム　食ベレンゼ。
- [教師が生徒に向かって]
  波ガ　アルケン　今日ワ　泳ゲンヨ。

なお、この形式は、心理状態を表す動詞にも成立する。〈注意喚起〉の場合に使用されやすい（「風邪ヲヒク」「落チル」のような無意志動詞であっても〈注意喚起〉の場合に使用される）。

- ナニ　言ワレテモ　イライラスラレンデ。
（何を言われてもいらいらしてはいけないよ）
- 受験生ワ　風邪ヒカレンヨ。
（受験生は風邪をひいてはいけないよ）

## 5．まとめ

　まとめると次のようになる。
　以下の2）と4）から分かるように、特定時における悪条件（不都合な状況）のなかでの〈主体の選択的実行（敢行）の有無〉、〈実現に向けた主体の努力の有無〉という極めて人間的な側面を明示する形式があることが特徴的である。まさに、この形式は〈人間的な出来事〉を描き出していると言えよう。

1) 「食ベレン／食ベレル」形式（W形式）は、時間的限定性の制限もなく、要因の制限もなく、主体の制限もない、実現可能の有無を表す最も基本的な形式である。
2) これに対して、「ヨー食ベン／ヨー食ベル」形式（X形式）は、内的要因であれ外的要因であれ、悪条件のなかで主体が「あえて実行しない（実行する）」という意味を明示する。否定形式の使用頻度が高く、主体は〈人〉に限定される。時間的限定性がなくなった場合は、敢行性は問題にならなくなり、〈特定主体（人）の能力不可能（可能）〉を表すようになる。ただし、〈一般主体〉にまでは抽象化できない。〈特定主体（人）〉の場合であっても、肯定形式では使用しにくく、〈能力の欠如〉を表す場合が多い。
3) 以上の1）2）から、宇和島方言では、1）のW形式が状況可能、2）のX形式が能力可能を表すとすることはできない。W

形式は状況可能も能力可能も表す。X形式の特徴は〈主体の不実行・不敢行（実行・敢行）〉にある。

・鮫ガ　オラン時ワ　泳ゲル。　　　　　　〈状況（条件）可能〉
・太郎ワ／犬ワ　泳ゲル。　　　　　　　　〈能力可能〉

4) 「食ベレレン／食ベレレタ」形式（Y形式）は、時間的限定性のある場合にのみ使用される形式であり、〈努力の結果としての実現の有無〉を明示する。従って、テンス的に〈過去〉〈現在〉に限定され、やはり否定形式での使用が多い。「切レン／切レル」のように〈自然発生的変化〉をも表す動詞では、「切レレン／切レレル」が〈意図的実現〉を明示する。
5) 「食ベラレン」形式も、時間的限定性の違いによって意味用法が異なる。時間的限定性のある場合は〈話し手の意志表示〉による〈不許可〉を表し、時間的限定性のない場合は、〈社会的ルール〉による不許可（規範不可能）を表す。この形式は否定形式に限定され、過去形も使用されない。

　この4つの形式は、すべて、主体の期待・意図する動作の実現の有無、実現の可能性の有無を表す。従って、モーダルな側面が強い。実現可能形式がモダリティーのなかに、あるいはその周辺にどのように位置づくかの検討は今後の課題である。

---

\*1　〈実現（非実現）〉〈実現の可能性（不可能性）〉〈可能（不可能）〉という用語は次のように区別している。

　　実現（非実現）：［時間的限定性有］［過去・現在］
　　実現の可能性（不可能性）：［時間的限定性有］［未来］
　　可能（不可能）：［時間的限定性無］

\*2　実現可能形式でも、時間的限定性のある場合には、次のようなアスペクト

対立がある

- ヤット　作文　書ケタ。　　　　　　　　　　　　　　　　　　　〈完成〉
- 作文　書ケヨッタ。　　　　　　　　　　　　　　　　　　　　　〈進行〉
- 作文　書ケトッタ。　　　　　　　　　　　　　　　　　　　　　〈結果〉

＊3　Y形式では、次のような場合、第2否定形式が使用できない。Y形式には、主体（話し手）の〈不実行（不敢行）〉という意志的側面があるため、〈否認〉を表す第2否定形式は使用できなくなるのである。

- 「波ガ　アルケンド　アンタ　ヨー泳ガイナー」
  （波があるけれどあんたは泳げるよね）
  「ヨー泳ガンゼ／＊ヨー泳ガヘンゼ」（泳げないよ）

＊4　W形式、X形式、Y形式では、次のように、〈否認〉を表す第2否定形式も使用される。

- 「昨日　チケット　買レタイナー」（昨日チケット買えたよね）
  「買エラヘンゼ」（買えないよ）
- 「アノ子　一人デ　チケット　ヨー買ワイナー」
  （あの子は一人でチケット買えるよね）
  「ヨー買ワヘンゼ」（買えないよ）
- 「走ッタケン　バスニ　乗レレタイナー」
  （走ったのでバスの乗れたよね）
  「乗レレラヘンゼ」（乗れないよ）

しかし、話し手や規範による〈不許可〉を表すZ形式には、〈否認〉を明示する第2否定形式はない（上記の注3も参照）。

- ココニ　ゴミワ　捨テラレン／＊捨テラレラヘン。

# 第10章
# おわりに

　以上、次の第IV部において日本語のバリエーションを考察するための前提として、標準語の文法を相対化しつつ、筆者の母語である愛媛県宇和島方言のムード・テンス・アスペクト体系を総合的に記述した。主要なポイントは次の通りである。

1) 標準語と同様に、運動動詞において、ムード・テンス・アスペクトが全面開花する。存在動詞や形容詞述語、名詞述語にはアスペクトが分化しない。宇和島方言の特徴は、存在動詞に、時間的限定性のある〈一時的存在〉を明示する形式があることである。この点については第IV部で全国的視野から考察する。
2) ムード（叙述法と質問法）は、すべての述語のタイプにあるが、標準語と違って、〈叙述法・断定〉〈疑問詞質問法〉を明示する有標の形式がある。無標形式（基本形）は終助詞を伴わない場合には〈肯否質問法〉になる。〈表出〉は、形容詞述語に特徴的なモーダルな意味である。この形式は形容詞述語に特徴的な〈話し手の評価性〉という主体的側面を前面化する。従って、〈実行法〉と同様に、テンスの分化はない。

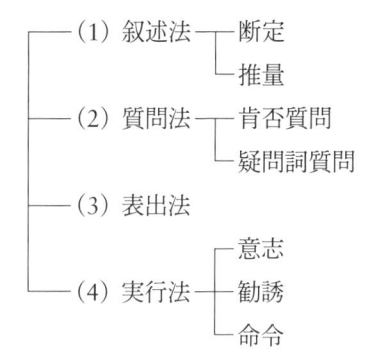

```
├─(1) 叙述法 ─┬─ 断定
│            └─ 推量
├─(2) 質問法 ─┬─ 肯否質問
│            └─ 疑問詞質問
├─(3) 表出法
└─(4) 実行法 ─┬─ 意志
              ├─ 勧誘
              └─ 命令
```

3) テンスは、時間的限定性のある事象の〈叙述法（認識的ムード）〉と〈質問法〉において分化し、標準語と同じ〈過去―非過去〉の対立である。過去形がモーダルな意味を表すようになることも標準語と基本的に同じであるが、〈話し手が確認した意外な新事実〉を明示するときには、「オッタイ」のような〈叙述法・断定〉の過去形が使用できない。この〈意外性〉というモーダルな意味は、第IV部で述べる間接的エヴィデンシャリティー形式にも関わる興味深い問題である。

4) アスペクトは標準語と違って〈完成―進行―結果〉の3項対立型である。そして、具体的にどのようなアスペクト的意味になるかは、動詞のタイプが関係し、運動動詞を〈主体動作客体変化動詞〉〈主体変化動詞〉〈主体動作動詞〉に3分類することが必要になる。運動動詞と存在動詞の中間にある〈状態動詞〉ではショルとシトルのアスペクト対立が中和する。必然的終了限界がない点で共通する主体動作動詞と状態動詞は連続的である。

　　第IV部で述べるところだが、宇和島方言でも、アスペクト形式は、有情物の存在動詞を語彙的資源にしている。本動詞としての「オル」には、主体制限（主体は有情物）と空間性という語彙的意味があるが、この語彙的意味から解放されつつ、アスペクトへの文法化が進展していくと言えよう。過去形のショッタ形式では〈未遂〉、シトッタ形式では〈反事実仮想〉といったモーダルな意味をも表すようになる。

5) 否定には〈肯定的想定の不成立〉を表す第1否定形式のみならず、〈聞き手の肯定的想定（判断）に対する話し手の否認〉を明示する第2否定形式もある。第II部第5章で述べたように、Givón (2005) において、肯定の叙述文が、聞き手に新情報を伝えるという機能を有するのに対し、否定の叙述文は、聞き手の認識の間違いを伝える（正す）という機能があると指摘されているが、宇和島方言には、この機能を担う専用形式があると言えよう。従って、第1否定形式にはテンス対立があるが、第2否定形式にはテンス対立はない。〈否認〉は発話時における行為だからである。

6) 宇和島方言には、特定時における悪条件（不都合な状況）のなかでの主体の選択的実行（敢行）の有無、期待・意図の実現に向けた主体の努力の有無という極めて〈人間的な側面〉を明示する形式がある。まさに、この形式は〈人間的な出来事〉を描き出していると言えよう。実現可能形式の分析においても、〈時間的限定性〉の観点が重要である。

　以上、宇和島方言のムード・テンス・アスペクト体系を、可能な限り総合的に述べた。第Ⅳ部では、存在動詞の文法化を出発点として、アスペクト、時間的限定性、エヴィデンシャリティーのバリエーションについて述べるが、基本的には、個別方言の総合的な体系的記述があってこそ、通方言的観点及び言語接触論的観点からバリエーションを正確に分析することができると言えよう。

IV 諸方言における多様性

# 第1章
# はじめに

　第Ⅳ部では、東北から沖縄に至る地域、及び海外の日系移民社会において、豊かなバリエーションが生まれているアスペクト、時間的限定性、エヴィデンシャリティーに焦点をあてて考察する。中央語の歴史では実現されなかった日本語の様々な顔が見えてくるであろう。

## 1. 方言文法が提起するもの

　〈空間的存在〉を表す本動詞「いる」「ある」は、次のように、アスペクト形式やコピュラへと文法化される。

　　あそこに子供が<u>いる</u>　→　あそこに（で）子供が泳いでいる
　　日本はアジア地域に<u>ある</u>　→　日本は島国である

　以上は標準語の例であるが、このような、本動詞における〈空間的存在〉という語彙的意味の漂白と、文法的形式としての意味・機能の獲得の方向性には様々なものがある。第Ⅳ部では、存在動詞の文法化という観点を軸足にして、そのバリエーションの共通性と相違性について考察する。「イル」「オル」「アル」という3つの存在動詞があることは、以下述べるように、その文法化において、僥倖とも言うべき多様性を生み出しているのである。
　第Ⅱ部では標準語、第Ⅲ部では西日本の愛媛県宇和島方言について考察した。両者の形態論的体系を比較すると次のようになる。

|  | 標準語 | 宇和島方言 |
|---|---|---|
| 人の存在動詞 | いる | オル |
| アスペクト | する―している | スル―シヨル―シトル |
| テンス | する―した | スル―シタ |
| 時間的限定性 | 無 | 有（一部） |

上記の表は次の点を示している。

①テンス面での違いはなく、基本的に〈過去―非過去〉の対立である。

②アスペクトについては、〈人の存在動詞〉（標準語では「いる」、宇和島方言では「オル」）の文法化によって、「している」あるいは「シヨル」「シトル」といったアスペクト形式が生成されている（なお、正確には「有情物の存在動詞」と言うべきであるが、「人」がその代表であることから、以下〈人の存在動詞〉と言うことにする）。そして、宇和島方言では、第1中止形（～シ）に接続したシヨル形式と第2中止形（～シテ）に接続したシトル形式とが異なるアスペクト的意味を持つ、3項対立型のアスペクトになっている。

③時間的限定性の面では、宇和島方言では存在動詞「アル」「オル」に、〈一時的存在〉を明示する「アリヨル」「オリヨル」がある。この形式もまた〈人の存在動詞〉である「オル」の文法化によるものである。

以上のような標準語や西日本の宇和島方言とは全く様相を異にする形態論的体系を有する方言も多い。調査研究が進んでいる東北地域の宮城県（登米市）中田方言と沖縄県首里方言を取り上げてみると次のようになる（なお、以下では既出の場合は県名を省く）。

|  | 標準語 | 宇和島方言 | 中田方言 | 首里方言 |
|---|---|---|---|---|
| 人の存在動詞 | いる | オル | イダ／イル | ヲゥン |
| アスペクト | 2項対立 | 3項対立 | 2項対立 | 複合的 |
| テンス | 過去―非過去 | 過去―非過去 | 複合的 | 複合的 |
| 時間的限定性 | 無 | 有（一部） | 有 | 無 |
| エヴィデンシャリティー<br>　直接的証拠性<br>　間接的証拠性 | <br>無<br>無 | <br>無<br>無 | <br>有<br>無 | <br>有（一部）<br>有 |

　第Ⅰ部の第1章「はじめに」において紹介したところだが、東北地域の中田方言には次のような特徴がある。

① 〈人の存在動詞〉において2つの形式（「イダ」と「イル」）が使い分けられる。「イダ」は〈レアルな一時的存在〉を明示する。「イル」の方は、今家にいてもいなくてもよく、習慣でも恒常的存在であってもよい。

- 今　家サ　**イダ**／（イル）。　　　〈レアルな一時性・現在〉
- コノ頃　家サ　*イダ／**イル**。　　　〈習慣・現在〉
- 海サ　魚　*イダ／**イル**。　　　〈恒常性〉

人の存在動詞のあり様に連動して、「ステダ」「ステル」というアスペクト形式がある。ステダ形式は、レアルな〈動作継続〉や〈結果継続〉を明示し、ポテンシャルな〈習慣〉を表すことはない。この場合はステル形式が使用される。

② 中田方言には2つの過去形がある。このような現象は、標準語にも西日本の宇和島方言にもない。イダッタ形式は、話し手自身の体験あるいは他者の存在の知覚（目撃）を明示する直接的エヴィデンシャリティー形式である。

- 昨日　家サ　**イダッタ**。　　　〈知覚体験明示〉
- 昨日　家サ　**イダ**。　　　〈知覚体験に中立〉

沖縄地域の首里方言は、さらに様相が複雑であって、次の①〜④に示すような特徴がある。これは過去の言語接触やそれに伴う変化の激しさを物語っていると思われる。

①「シテオル」相当のアスペクト形式は、標準語と同様に、〈動作継続〉も〈結果継続〉も表す。あわせて、西日本諸方言と同様に、〈進行〉を明示する「シオル」相当形式もあり、複合的である（以下、標準語のように1つの有標形式が〈動作継続〉と〈結果継続〉を表す場合には〈動作継続〉という用語を使用することとし、宇和島方言のように2つの有標形式があって、その一方の形式が、動作進行だけでなく変化進行も表せる場合には〈進行〉という用語を使用することとする。動作継続と動作進行の共通性を示すために〈動作継続（進行）〉と表記する場合もある）。

　　(a)「シテオル」相当形式
　　　・太郎ガ　幕　アキトーン。　　　　〈動作継続・現在〉
　　　　（太郎が幕を開けている）
　　　・幕ヌ　アチョーン。　　　　　　　〈結果継続・現在〉
　　　　（幕が開いている）
　　(b)「シオル」相当形式
　　　・太郎ガ　幕　アキーン。　　　　　〈進行・現在〉
　　　　（太郎が幕を開けている）
　　　・幕ヌ　アチュン。　　　　　　　　〈進行・現在〉
　　　　（幕が開きつつある）

②「シオル」相当形式（非過去形）は、すべての運動動詞において、〈完成・未来〉の意味も表すようになっており、存在動詞が接続しない無標形式「スル」が〈叙述法〉では使用されない。このような現象は本土諸方言にはない。

　　　・太郎ガ　9時ニ　幕　アキーン。　　〈完成・未来〉
　　　　（太郎が9時に幕を開ける）

- 9時ニ　幕ヌ　アチュン。　　　　　　　　〈完成・未来〉
  （9時に幕が開く）

③「シオル」相当形式の過去形の方は、〈進行〉というアスペクト的意味から解放されて、〈話し手の目撃（直接的エヴィデンシャリティー）〉を表すようになっている。中田方言とは異なり、主体制限があり、1人称の場合は不可である。このような現象は、西日本諸方言のショッタ形式にはない（「アキータン」「アチュタン」は、形式上は上記①②の「アキーン」「アチュン」の過去形である）。

- 太郎ヤ　幕　アキータン。　　　　　　　〈過去・目撃〉
  （太郎が幕を開けるのを見た）
- 幕ヌ　アチュタン。　　　　　　　　　　〈過去・目撃〉
  （幕が開くのを見た）

④「シテアル」相当形式は、主体動作客体変化動詞では〈（客体の）結果〉を表す。ただし、標準語とは異なり、動作主体が主語になる。従って、動作主体の特定化には話し手の〈推定〉が働く。

- ［太郎の姿は見えないが、幕が開いているのを見て］
  太郎ガ　幕　アキテーン。　〈客体結果＋動作主体の推定〉
  （太郎が幕を開けてある）

さらに、この「シテアル」相当形式は、述語のタイプを問わず、痕跡（形跡）や記録といった〈間接的証拠〉に基づく過去の事象の確認（推定）を表すようになっている（次の「ヲッテーン」は「オッテアル」相当形式である）。

- ［煙草入れがあるのを見て］
  太郎ヤ　クマンカイ　ヲッテーン。〈間接的証拠に基づく推定〉
  （太郎はここにいたのだ）

・［履歴書を見て］
太郎ヤ　東京ンカイ　<u>ヲゥテーン</u>。〈間接的証拠に基づく推定〉
（太郎は東京にいたのだ）

以上のような事実は、次の点で重要であろう。

1) どの方言においても、標準語よりも形態論的形式が多い。形式との関係のなかで言語的意味の分析が行われるとすれば、標準語よりもはるかに多くの形態論的形式が文法化されている方言の丹念な記述が重要になってくると思われる。

2) 上述のように、すべて「オル」「イル（イダ）」「アル」といった存在動詞が関係している。日本語において「オル」「イル（イダ）」「アル」という3つの存在動詞があること、そしてその文法化の様々が、日本語の述語構造のバリエーションを形成していると考えられる。

3) アスペクト、テンスという文法的カテゴリーは、すべての方言にあるが、その体系化は同じではない（標準語には「している」形式はあっても、第1中止形に接続した「しいる」形式はなく、「した」という過去形はあっても「したった」という過去形はない）。

4) 標準語では形態論化されていない、〈話し手の体験性〉や〈話し手の目撃性〉、あるいは〈時間的限定性（一時性）〉を明示する形式がある。そして、テンスや人称と絡みあいながら、様々なバリエーションが生まれている。

5) 〈進行・現在〉というアスペクト・テンス的意味を表していた形式が〈完成・未来〉というアスペクト・テンス的意味に発展する場合（a）がある。中央語の「した」形式の歴史では〈結果・現在〉から〈完成・過去〉への発展経路（b）が指摘されているが、（a）と（b）は言わば、鏡像的発展経路である。また、〈結果・現在〉から〈間接的エヴィデンシャリティー〉（c）への発展経路もある。そして、〈進行・過去〉は（d）〈目撃（直接的エヴィデンシャリティー）〉へと進展する。

〈進行・現在〉 ⟶ a.〈完成・未来〉
〈結果・現在〉 ⟶ b.〈完成・過去〉
　　　　　　↘ c.〈間接的エヴィデンシャリティー〉
〈進行・過去〉 ⟶ d.〈目撃（直接的エヴィデンシャリティー）・過去〉

　以上、西日本、東北、沖縄の地域から調査が最も進んでいる伝統方言を取り上げたのだが、日本語の多様性はこれだけにとどまらない。次に述べる沖縄地域のウチナーヤマトゥグチをはじめとして、言語接触による変化も見られる。

## 2. 言語接触と文法的変化

　最もダイナミックな言語接触が起こっているのは、国内では那覇市を中心とする沖縄地域であり、国外では日系移民社会であろう。
　沖縄では、1880年の会話伝習所設置以来、日本語化政策が推し進められてきた。上層語としての日本語の影響によって伝統方言は消滅の危機にある。このような状況のなかで、那覇市を中心とする中南部地域の、伝統方言を話さない世代が使用しているのがウチナーヤマトゥグチである。ウチナーグチは沖縄の言葉という意味、ヤマトゥグチは本土の言葉という意味であり、「ウチナーヤマトゥグチ」という言葉は、沖縄の伝統的な言語（方言）と標準語を中心とする本土日本語との混交性を表している。一時は「不正語」として矯正の対象になったこともあったが、現在ではウチナーンチュのアイデンティティを示すものとして肯定的に使用されるようになってきている。*1
　一方、日本人によるブラジル移民が開始されたのは1908年である。1908年、移民790余名を乗せて神戸港を出発した笠戸丸がサントス港に到着して以来、戦前・戦後を通して約24万人がブラジルに渡航し、現在、日本移民とその子孫は150万とも言われる世界最大の日系移民社会を築いている。*2　戦前の国語イデオロギー、日本語禁止令等の紆余曲折の後、戦後、日系人のアイデンティティを示すものとして、「コロニア人」「コロニア語」といった言葉が使

用されるようになった。*3 ここで起こったのはポルトガル語との接触だけではない。日本各地からの移民によって構成されるため、方言接触が起こり、相互理解のためのリンガフランカが必要とされることにもなる。従来の方言研究は、「生え抜きのインフォーマント」という言葉に象徴されているように、高年齢層で移動のない、できるだけ純粋な伝統方言を母語とする人を対象とする傾向があった。しかしながら、人の移動によって異なる言語（方言）との接触と混交が生じる動態的現象への視点も重要である。日系移民においては、日本からの移動というだけではなく、移住後の移動の激しさも特徴であり、このことが言語接触（方言接触）のあり様に影響を及ぼしているのではないかと思われる。

　国内の沖縄地域でも国外の日系移民社会でも、規範的な標準日本語とも本土の諸方言とも異なる特徴が生成されている。重要なことは、このような言語接触現象を、特殊なものとして見たり、日本語の方言の残存と見たりするのではなく、「日本語の単一性」「日本語の純粋性」という考え方の相対化であろう。そして、那覇市を中心とする沖縄地域と日系移民社会とでは異なる接触の結果が見られるのだが、これには歴史社会的な背景の違いが関わっているであろう。

　第Ⅳ部では、国内のウチナーヤマトゥグチと、国外のブラジル日系移民社会及びボリビア沖縄系移民社会における言語接触と混交の問題を考察する。存在動詞について言えば、ウチナーヤマトゥグチでは、「オル」相当形式の「ヲゥン」から「イル」へと変化している一方、日系移民社会では「イル」「オル」の両方が使用されている。そして、この違いはアスペクト形式のあり様の違いに連動している。

　伝統方言の精密な記述に基づいてこそ、言語接触の結果としてのバリエーションの記述が可能になるであろう。従って、最後の章（第6章）で、この点について述べることになる。

## 3．調査の経緯と方法

　以下では、まず東北から奄美沖縄に至る伝統方言とウチナーヤマ

トゥグチの共同調査研究について述べ、その後、ブラジルとボリビアにおける共同調査研究を紹介する。

## 3.1 東北から奄美沖縄に至る方言調査
### 3.1.1 共同調査研究の経緯
諸方言の調査研究はすべて共同研究として実施されたものである。この詳細は、工藤編（2004）『日本語のアスペクト・テンス・ムード体系―標準語研究を超えて―』（ひつじ書房）、工藤編（2007）『日本語形容詞の文法―標準語研究を超えて―』（ひつじ書房）、ならびに参考文献にあげた諸論文を参照されたい。

調査研究の展開プロセスの概略は下記の通りである。

1) 西日本諸方言のアスペクト調査
2) 本土諸方言のアスペクト・テンス調査
3) 東北から奄美沖縄に至る、動詞述語のアスペクト・テンス・ムード調査
4) 東北から奄美沖縄に至る、形容詞や名詞を含む述語構造全体の調査

やりやすいところから小さく産んで、大きく育てていくように心がけたわけであるが、どの地点でどのように、〈時間的限定性〉や〈エヴィデンシャリティー〉に関わる諸現象が出てくるのかは予想されてはいなかった。

下記の方言については、7年〜10年にわたる母語話者ならびに研究者との共同調査研究を行い、最も精密な記述が進んでいるものである。*4

1) 西日本地域：熊本県松橋方言
2) 東北地域：中田方言と青森県五所川原方言
3) 奄美沖縄地域：首里方言と与論方言

文法現象は緊密な体系性にその本質がある。従って部分的記述し

かできていない場合には、一般化にあたっての判断に誤りが起こりやすい。第III部において宇和島方言を記述したのはそのためでもあったが、上記の方言でも対面調査や合同研究会の度に、それぞれの伝統方言や接触言語現象の持つ豊穣さに畏敬の念を抱いた。本書に記述できたことはそのほんの一部にすぎず、また思わぬ誤りがあろうかとも恐れるが、消滅の危機に瀕している現状を考え、今後の調査研究の土台になることを願って、これまでの成果を総合化し、全体的観点からの見直しも含めて、本書に収めることとした。個々の方言の記述自体については参考文献にあげた共著論文を参照されたい。

### 3.1.2　調査方法

　第IV部で述べる伝統方言の記述は、次の2つのやり方を組みあわせて調査した結果に基づくものである。

(I)　統一した調査票に基づく、できるだけ多くの地点での調査
(II)　地点を選定しての総合的な面接調査

　(I) の点についての詳細は、工藤編 (2004)、工藤編 (2007) を参照されたい。以下では、やや長くなるが、工藤編 (2004) から、調査方法に関する部分を多少修正して引用する（調査票作成の原理については、それぞれ工藤編 (2004, 2007) を参照されたい）。

　　　各地諸方言の文法の考察にあたっては、理想としては、「自然な談話を十分に観察・内省できる」「母語話者である研究者による」「相互の比較対照が可能なかたちでの」「各方言の精密な体系的な記述」が「漏れなく」あって、その上での類型化や総合化が望ましい姿であろうと思われる。「体系的な記述」とは、各方言の特異な文法現象だけを要素主義的に取り出すのではなく、他の方言あるいは標準語と共通する側面も含めて、全体的に記述していくことである。そのことによって、どこが共通し、どこが違っているかの比較対照が可能になる。

しかしながら、高年齢の方が多い調査協力者の方々の時間的問題等、現実の状況を考え、次のような調査方法から出発した。まず、

1）　標準語ならびに、諸方言相互の比較対照が可能なように、統一した調査票を作成する

ということである。動詞のタイプ（あるいは述語のタイプ）と絡みあうアスペクト、テンス、ムードなどの文法的現象を、相互の比較対照ができるかたちでの調査票を作成するにあたっては、体系的な考察が可能なように、相当数の調査項目を用意せざるを得ない。当然、方言によっては、その区別が無意味なものも出てくるし、逆に、より深刻には、調査項目が足りない場合も出てくる。従って、調査項目の設定自体が、調査の進行とともに、徐々により適切なものへと修正・補充されていくことになる。
　このような調査方法は、調査項目が必ずしも自然なかたちで提示できるとは限らないという欠点も持っている。これも調査の進行とともに、より適切な提示のし方へと修正されていくことになるが、場合によっては、調査時に、より適切なコンテクストを想定して回答したり、備考欄にコメントを添付するなどして、柔軟な対応が求められることになる。従って、

2）　文法現象に関わる考察は、普通のインフォーマントには回答しにくいことを考慮して、まずは、母語話者である研究者のいる地点から記述を行い、さらに、方言の記録や保持に使命感を持ってくださる調査協力者のいる地点の記述に進む

というかたちになる。
　しかし、この場合でも、調査項目によっては回答しにくいものが出てくる。「動的事象（運動）の展開過程の様々な姿」に関わるアスペクトの項目は相対的に回答しやすく、逆に、ムー

ド的側面に関わる項目は相対的に回答しにくい。アスペクトやテンスという時間的側面とムードとが緊密に絡みあっている場合も多い。従って、

3) 母語話者である研究者による回答であろうと面接調査による回答であろうと、回答結果の点検を複数回にわたって行いつつ、より正確な記述に向けての修正を繰り返す

という過程を経ることが必要である。特に文法現象の分析にあたっては、1回限りの回答で正確な結果が得られるわけではない。調査票作成にあたっては、必要最低限の項目に限定しないで、類似の項目も組織的に設定した。これは、回答結果の正確さをモニターしていくために、一見無駄なようでも必要なことであると思われたからである。同時に、最初の仮説として、同じような回答結果が得られるはずのところに、異なる回答結果が出てきたとすれば、それが、その方言における変化の兆しを示している場合もあるし、あるいは、意外な文法的意味の違いの発見につながることにもなろう。しかし、このようなことを個人的研究で行うことはなかなか難しい。従って、

4) 様々な方言を背景に持つ複数の研究者による共同プロジェクトとして実施する

というかたちが有効であると思われる。ただ1つの方言だけを見ていたのでは気づきにくいことも、類似している、あるいは逆に大きく異なっている他の諸方言と比較対照することで、全国規模でのその方言の位置づけが、マクロな観点からもミクロな観点からもできるようになるであろう。本書の研究成果も、このように、統一した調査票を作成することで、同じ枠組みでの調査を実施した複数の研究者による、複数回の討議を経て得られたものである。ただし、統一した調査票は、あくまでも調査の出発点であるので、

5) 作成した調査票では十分に記述しきれない文法現象が出てきた場合には、その方言における個別記述を行う

ことも適宜実施されなければならないであろう。統一した調査票を作成することで、どうしてもそれでは漏れてしまう文法現象に気づかされることになる場合が多い。従って、このような現象が出てきた場合には、まず個別方言ごとの記述を行い、その結果をもとに、調査票の修正や補充を行い、他の方言ではどうなっているかを再度調査するという手順が必要であろう。複数の方言を見渡してのマクロな研究と、1つ1つの方言をミクロに見ていく研究とは、同時並行的に進めていかなければならない。このことは、次の点とも関係する。

6) 伝統方言が消滅の危機に瀕している現状から、時間的問題を考慮して、調査票を使用した「内省」に基づく調査研究から出発したが、これは自然談話の観察による研究での検証が必要である

書き言葉を持つ標準語の文法研究を行ってみれば分かることであるが、大量の用例を収集することによって、内省では気づきにくい質的現象や量的分布の違いなどが精密に記述できるようになる。方言調査は一方では「現実を踏まえてできるところから」はじめるしかないのだが、一方では「理想的な調査研究」に向かって、少しずつ歩んでいかなければならないであろう。特に、標準語や地域方言との交渉・接触が激しい場合には、調査票を使用しての内省だけでは、正確な記述が難しいことを念頭においておかなければならないのである。

以上のような調査方法による成果を公刊したのが工藤編（2004）であった。

諸方言の記述では、標準語の場合のように、大量の実例の収集ができないため、周辺的現象の分析には不十分な点が出てくることは

否めない。次に述べるブラジルやボリビアの日系移民社会、沖縄系移民社会における言語接触現象の調査においては、できるだけ自然な談話録音を試みたが、その文字化作業には膨大な時間が必要であった。まだそのごく一部しか文字化と分析ができていないというのが現状である。

### 3.2　ブラジルとボリビアにおける日系・沖縄系移民社会

　ブラジルでは、現地の方々の全面的なご協力を得て、本土系日系コミュニティ2地点と沖縄系コミュニティ1地点、合計3地点で共同調査を実施した。従来、沖縄系移民については「日系」として一括されることが多かった。本調査は、言語接触の観点から沖縄系移民社会を取り立てて実施したはじめてのものである。

　ブラジルでの調査に引き続き、サンパウロ大学教授森幸一氏の全面的協力を得て、ボリビア沖縄系コミュニティの調査研究が行われた。相互の比較対照が可能なように、基本的に同じ調査方法を採用している。

　以下、4つの調査地について簡単に紹介する。

1）　本土系日系移民社会
　　1・1）サンパウロ州ミランドポリス市アリアンサ移住地
　　　アリアンサ移住地は1924年、サンパウロ市から600キロ離れた州最西端の奥地ミランドポリス市（Mirandópolis）に建設された永住型日系移住地である。アリアンサ移住地内には、4校の日本語学校がある。1世・2世層リーダーや父母たちの日本語教育への関心はいまだに高い。ここでの教育方針は第二言語学習のための日本語教育というよりも、日系子弟を対象とした日本文化の継承という点にその主眼が置かれている。しかしながら、近年、3世や4世の日本語離れ、家庭からの日本語消失、英語やコンピュータ学習への関心の高まりなど、ブラジル日系移民社会における日本語教育を巡る一般的な問題が出現してきている。

1・2）サンパウロ州スザノ市福博村

　スザノ市（Suzano）はサンパウロ市の東方34kmにある。日本人が最初にスザノ市に入植したのは1921年のことであるが、戦後、日系移民が最も集中する近郊農村の1つとなった。本調査の対象となった日系移住地は「福博村」と呼ばれている。ブラジルナショナリズムの高揚、第二次世界大戦などを契機に、日本人会は一旦解散され活動を停止したものの、戦後再び日本人会の活動や日本語学校が再開され、1960年には新会館と、ブラジルの正規の教育と日本語教育の場としての学校が建設された。しかし、1980年代から人口流出が始まり、世帯数、人口数とも減少傾向を示している。

2）　沖縄系移民社会

2・1）サンパウロ市ビラ・カロン地区

　サンパウロ市東部に位置するビラ・カロン（Vila Carrão）地区には、本土系の日系人と沖縄系の日系人が居住している。沖縄系移民及びその子弟の移動と定着は、1946年、旧小禄村からブラジルに移民した一家が嚆矢とされる。旧小禄村からのブラジル移民たちは当初、サンパウロ州内陸部のコーヒー農園にコロノ（農村賃金労働者）として導入されたが、戦後、本土日系移民と同様に、サンパウロ市を中心とする都市部へと移動し、定着を遂げることになった。その後、同郷、同門中、親族関係などの基礎的社会関係を利用したチェーンマイグレーションによって、現在では、約1000世帯の沖縄系家族が居住し、サンパウロ市最大の沖縄系人集住地域となっている。2006年度のAOVC会員世帯のうち、世帯主の出身地の判明した421世帯に関してみると、那覇市出身が142世帯（33.7%）を占め圧倒的に多いが、そのなかでも140世帯までが旧小禄村（小禄・田原）出身者である。この意味でビラ・カロン地区は「ブラジルの小禄村」と呼ぶことも可能である。

　調査の対象はこの「ウルクンチュ」の方々である。2世においては沖縄方言だけでなく日本語も話されなくなりつつあり、

ポルトガル語へのモノリンガル化が進んでいる。しかし、1980年代初頭に「ブラジルのウチナーンチュ」アイデンティティが生まれ、以後このアイデンティティが強化されてきている。特に、2003年から2世のリーダーたちを中心に「沖縄祭り（Festival do Okinawa）」が開催されようになったが、その規模は拡大の一途を辿り、いまや沖縄系コミュニティ最大のイベントになっている。

2・2）ボリビアのオキナワ移住地

　オキナワ移住地は、東部の中核都市サンタクルス（Santa Cruz de la Sierra）から北東約40km〜90kmの地点にある3つの集落（第一・第二・第三移住地）から成る。本調査の対象は、移住地全体の中心である第一移住地の方々である。

　オキナワ移住地建設の契機となったのは第二次大戦での沖縄戦による壊滅的被害、戦後引揚者の急増による人口増加及び米軍による軍事基地建設に伴う生産基盤の喪失等であり、1954年に第一次移民が入植した。その後、琉球政府による計画移民が1964年まで行われ、678世帯3229人が入植している。移住者の増加に伴い、オキナワ第二・第三移住地が設立され、現在の沖縄系移民コミュニティは、ほとんど彼らとその子孫によって形成されている。主たる産業は大規模農業である。移住地生まれの2世、3世であっても二重国籍で日本国民でもあるという点は、ブラジルなどの2世、3世とは違う特筆すべき生活戦術である。成人した彼らの半数以上は日本への出稼ぎ経験（日本人として入国）を持っており、数年から、長い場合は十数年を出稼ぎ先で過ごし、そこで日本国内の日本語と長期的に接触する。現在の第一移住地の小中学校（日ボ校）では、スペイン語（午前）と日本語（午後）による二元的教育体制に基づく教育が実施されている。日ボ校では、国語の教科書を使用してきたが、3年前から、生徒の日本語能力低下により、外国語教育としての日本語教育に切り替えている。

社会的心理的背景に関わる調査なしには言語接触のあり様の分析は不可能なため、まず言語生活調査を実施し、そのなかから相応しい方を選定して談話録音調査を行った。

第1段階：言語生活調査
　　個人的・社会的属性、ドメイン別言語使用意識、言語能力意識、日本語教育意識、訪日経験と言語意識などに関する約70項目*5
第2段階：談話録音調査
　　地域内の同世代・同性の友人・知人どうしの対話（特に話題を指定せず、自由なテーマで話してもらうようにした）

　ブラジルの場合、ポルトガル語へのモノリンガル化が進んでいることから、2世や3世については日本語を話す方を探した。日本語が中心になっている部分を取り出して分析対象としているが、実際の談話録音においてはポルトガル語が中心になっている部分も多い。詳細は、下記及び参考文献に掲載した論文を参照されたい。

　　工藤真由美・森幸一・山東功・李吉鎔・中東靖恵（2009）『ブラジル日系・沖縄系移民社会における言語接触』ひつじ書房.
　　工藤真由美編（2012）『ボリビア沖縄系移民社会における談話資料』大阪大学大学院文学研究科日本語学講座　工藤真由美研究室

## 4．第Ⅳ部の構成

　第Ⅳ部は次のような順序で構成されている。

1)　存在動詞の文法化　　　　　　　　　→　第2章
2)　アスペクト体系のバリエーション　　→　第3章
3)　時間的限定性のバリエーション　　　→　第4章
4)　エヴィデンシャリティーのバリエーション　→　第5章
5)　言語接触と文法的変化　　　　　　　→　第6章

まず、第2章では「存在動詞の文法化」について、マクロな視野からの類型化を試みる。日本語には「アル」「オル」「イル（イダ）」という3つの存在動詞があり、これは世界の諸言語のなかで日本語を考えるとき、極めて注目すべき現象である。そして、この存在動詞の文法化のあり様が、日本語の述語構造の様々なバリエーションを生成していると考えられる。

　第3章では「アスペクト体系のバリエーション」を俯瞰する。存在動詞の文法化によってアスペクト形式ができ上ってくるのだが、このアスペクト形式はさらに文法化を進めて、エヴィデンシャルな意味やテンス的意味を表すようになる。従って、まず、運動動詞に成立するアスペクト体系のバリエーションを考察する。

　第4章では、存在動詞や形容詞述語に成立する「時間的限定性のバリエーション」について考察する。宇和島方言については第III部で取り上げたが、ここでは、全国的視野から、時間的限定性の形態論化の位置づけを考える。

　第5章では「エヴィデンシャリティーのバリエーション」について述べる。調査研究の進展過程をふり返れば、中田方言におけるエヴィデンシャリティーの取り出しが、奄美沖縄諸方言の記述の原動力になった。これはひとえに、佐藤里美氏という母語話者であり優れた文法研究者の内省と調査研究によるところが大きい。既に佐藤氏、八亀氏との共著論文を公刊しているので、本書で提示するのは、全国的視野からの位置づけが中心となる。

　奄美沖縄諸方言については、首里方言と与論方言を取り上げている。極めて多くの語形があり、複雑な様相を呈しているが、基本的には、次の3つの観点を考慮した記述を行っている。

①述語の意味的タイプとの関係
②アスペクト・テンスとエヴィデンシャリティーとの関係
③話し手の意外性といったモーダルな意味に向かっていく文法化の
　方向性

　首里方言については、高江洲氏、八亀氏との共著論文、与論方言

については、仲間氏、八亀氏との共著論文を公刊しているため、ここでは、全国的視野からの位置づけが中心になる。

　第5章までの記述を踏まえて、第6章では、ウチナーヤマトゥグチ、ならびにブラジル日系移民社会とボリビア沖縄系移民社会における日本語のバリエーションを考察する。標準語文法の相対化がなされない場合、言語接触現象はしばしば、規範からの逸脱といった負の評価に陥りがちである。従って、本書ではこの点を考慮して、段階的に記述を進めていく。

　　第2章〜第5章　伝統方言の多様性の記述＝標準語文法の相対化
　　　　　　　　　　　　　　　↓
　　第6章　　　　　言語接触による文法的変化の創造性

　伝統方言は消滅の危機にあるが、ウチナーヤマトゥグチは若い世代でも使用されている。言語研究は過去のみならず、未来へのまなざしも持たなければならないだろう。

　なお、第2章〜第5章において述べる方言については、下記の報告書のデータ等も参考にしている。

九州方言研究会編（1997）『西日本諸方言アスペクトの地域差に関する報告書1』鹿児島大学法文学部木部研究室
九州方言研究会編（1998）『西日本諸方言アスペクトの地域差に関する報告書2』鹿児島大学法文学部木部研究室
工藤真由美編（2000）『方言のアスペクト・テンス・ムード体系変化の総合的研究1』科学研究費成果報告書　大阪大学大学院文学研究科
工藤真由美編（2001）『方言のアスペクト・テンス・ムード体系変化の総合的研究2』科学研究費成果報告書　大阪大学大学院文学研究科
工藤真由美編（2002）『方言における動詞の文法的カテゴリーの類型論的研究No.1』科学研究費成果報告書　大阪大学大学院文学研究科
工藤真由美編（2003a）『方言における動詞の文法的カテゴリーの類型論的研究No.2（東日本編）』科学研究費成果報告書　大阪大学大学院文学研究科
工藤真由美編（2003b）『方言における動詞の文法的カテゴリーの類型論的研究No.3（西日本編）』科学研究費成果報告書　大阪大学大学院文学研究科
工藤真由美編（2003c）『方言における動詞の文法的カテゴリーの類型論的

研究 No.4（奄美・沖縄編）』科学研究費成果報告書　大阪大学大学院文学研究科
工藤真由美編（2003d）『方言における動詞の文法的カテゴリーの類型論的研究 No.5（大阪（小説用例）編）科学研究費成果報告書　大阪大学大学院文学研究科
工藤真由美編（2003e）『方言における動詞の文法的カテゴリーの類型論的研究 No.6（アスペクトと敬語編）』科学研究費成果報告書　大阪大学大学院文学研究科
工藤真由美編（2005）『方言における述語構造の類型論的研究（CD-ROM付）』科学研究費成果報告書　大阪大学大学院文学研究科
工藤真由美編（2006）『方言における述語構造の類型論的研究II』科学研究費成果報告書　大阪大学大学院文学研究科

---

＊1　早い時期に、屋比久（1987）は、「ウチナーヤマトゥグチ」について次のように述べている。

> 「ウチナーヤマトゥグチ」は、日本語的に翻訳すれば、「沖縄日本語」となり、ウチナーグチでもなくヤマトゥグチでもない、第3の新しい言語（creole）或いは、クレオールの前段階のピジン（pidgin）を連想させる。しかし「ウチナーヤマトゥグチ」の指すものは、そのいずれでもなく、日本語が沖縄方言に取って替わる言語転移の過程において起こった様々な干渉又はその結果うまれてきた色々な言語作品等を含む多種多様な言語現象である。

＊2　ブラジル移民史を言語問題を中心に示せば次のようになる。

| | |
|---|---|
| 1908年 | ブラジル移民開始 |
| 1915年 | 最初の日本語学校（大正小学校）開設 |
| 1916年 | 邦字新聞発行 |
| 1938年 | 日本語学校閉鎖 |
| 1942年 | ブラジルと日本の国交断絶 |
| | 公的場での日本語禁止 |
| 1945年 | ブラジルが日本に宣戦布告 |
| | 8月終戦 |
| 1947年 | 日本語学校再開 |
| | 邦字新聞復刊 |
| 1953年 | 移民再開 |
| 1990年 | 入国管理法改正 |
| 1994年 | （国としての）ブラジル移民終了 |
| 2008年 | 日伯交流年 |

＊3　ブラジル日系移民社会では「コロニア語」という言葉が聞かれることがある。この「コロニア」という言葉については、次のような発言があり、「コロニア語」は、日本語とブラジル・ポルトガル語の混交性を表象している。

> 題名についた「コロニア」という言葉は、コロニアに関係のない読者には耳慣れない字句かもしれないが、実はこのコロニアという言葉そのものが、われわれ日系社会で生活するものの姿をあらわしている。「在伯日本人」という「在留人」といい、或は「在伯同胞」という使い古された言葉は既にブラジルの日系人の実態とは程遠いものになってしまった。戦後何かの機会に使われはじめた「コロニア」という言葉は、それこそコロニア特有のもろもろのニュアンスを含んで、今ではちょっと訳語のない言葉となってしまった。直訳すれば「日本人とその子孫が形成し営んでいる社会」と言えるのかもしれないが、コロニアという訳語は、その本来の語意からすら離れて、今では訳しようもないものである。
> ［パウリスタ新聞社編『コロニア五十年の歩み』1958年］

海外日系移民社会における言語接触については、ポルトガル語やスペイン語、あるいは英語といった現地語との接触による変化の考察も重要になるが、この点については今後の課題である。

＊4　具体的には次の方々との共同研究である。これらについては、参考文献に示したように共同研究としての成果を公刊している。中田方言については、本書の執筆にあたっても佐藤里美氏から貴重な教示を多くいただいた。

（1）西日本地域：熊本県松橋方言
　　村上智美氏、八亀裕美氏との共同研究
（2）東北地域：宮城県（登米市）中田方言と青森県五所川原方言
　　中田方言は、佐藤里美氏、八亀裕美氏との共同研究
　　五所川原方言は、前田理佳子氏、八亀裕美氏との共同研究
（3）奄美沖縄地域：沖縄県首里方言と鹿児島県与論方言
　　首里方言は、久手賢憲男氏のご協力に基づく高江洲頼子氏、八亀裕美氏との共同研究
　　与論方言は、菊千代氏のご協力に基づく仲間恵子氏、八亀裕美氏との共同研究

＊5 言語生活調査は、70数項目からなるほぼ同一の調査票を使用した。概略は次の通りである。ボリビアでは「スペイン語」となる。

|   | 項目名 |
|---|---|
| 1 | 個人的属性1：社会的属性（全世代共通） |
| 2 | 個人的属性2：言語生活史（1世用と2世以下用） |
| 3 | 家庭での言語使用 |
| 4 | メディア・娯楽と言語使用 |
| 5 | 職場・地域社会での言語使用 |
| 6 | 日本語能力・方言能力・ポルトガル語能力意識 |
| 7 | 日本語・方言教育意識 |
| 8 | 訪日経験（デカセギ経験）と言語意識 |
| 9 | コロニア語・方言をめぐる意識 |

# 第2章
# 存在動詞とその文法化

　日本語には「アル」「オル」「イル（イダ）」という3つの存在動詞がある。これは世界の諸言語のなかで考えると極めて稀な現象であろう。これらの存在動詞は、本動詞性を失って、音声的融合化を伴いつつ、様々なかたちで文法的な意味を表すようになり、日本語のバリエーションを形成している。本章では、この点を、マクロな観点から述べる。

## 1. 人の存在動詞とものの存在動詞
### 1.1　存在動詞の分布パターン
　標準語では、基本的に2つの存在動詞が次のように使い分けられる。正確には、有情物の存在、無情物の存在と言った方がよいが、典型的な場合を取り上げて〈人の存在動詞〉〈ものの存在動詞〉ということにする。

　　人の空間的存在　：いる
　　ものの空間的存在：ある

　これまで調査した限りでは、本動詞としての存在動詞の使い分けは、次のようになる。形式的には、東北諸方言の「イダ」、（東京都）八丈方言の「アロワ」、沖縄県首里方言の「ヲゥン（'uN）」「アン」などいくつかの形式的なバリエーションがあるが、まず、「アル」系、「オル」系、「イル」系の3つに分類して示す。

| 人の存在 | ものの存在 | |
|---|---|---|
| アル系 | アル系 | 八丈方言、和歌山県田辺、新宮方言 |
| オル系 | アル系 | 岐阜県高山方言から奄美沖縄諸方言まで |
| イル系 | アル系 | 標準語／青森県から長野県松本方言まで |

　以上は、次のことを示している。まず、重要なのは次の2点である。標準語でも、丁寧体では「おります」が使用できるため、普通体に限って示す。

A）ものの存在動詞は、すべてアル系形式である。
B）人の存在動詞には、「アル」系、「オル」系、「イル」系の3つのタイプがある。ただし、複数の存在動詞を使用する方言もある（なお海外の日系移民社会でも複数形式の使用が普通である）。

　具体的には次のようになる。

①八丈方言や和歌山県南部諸方言では「人の存在」「ものの存在」どちらも「アル」系である。人の存在に「アル」を使用する方言は地域的に限定されている。また、和歌山県南部の田辺方言や新宮方言では、「人の存在」を「オル」で言うのが普通になってきている。
②高山方言から奄美沖縄に至る諸方言では、「人の存在」は「オル」系、「ものの存在」は「アル」系である。ただし、京阪地域の諸方言では「イル（イテル）」と「オル」の両方が使用される。
③標準語及び青森県から長野県に至る諸方言では、「人の存在」は「イル」系、「ものの存在」は「アル」系である（これらの方言でも、標準語と同様に、丁寧体では「オリス」のような「オル」系も使用されることがある）。

　ただし、言語接触（方言接触）やそれに伴う変化も進行していることから、次の点にも留意しておく必要がある。これはアスペクト形式の動態にも影響する。

④ 上記②で述べたように、大阪方言では、普通体においても「オル」と「イテル（イル）」の2つの形式が使用される。後述するように、言語の接触と混交がダイナミックに起こる海外の日系移民社会でも同様に、「イル」と「オル」が使用され、その否定形式は、「イナイ」と「オラン」である。ただし、国内において言語の接触と混交が最もダイナミックに起こっている沖縄県那覇市を中心とするウチナーヤマトゥグチでは、「イル」が使用され、「オル」は使用されない。

⑤ 田辺（上富田）方言では、次のような様相を呈している（笠松(2013)による）。*1 70代では、動物の場合は「アル」（否定形式は「ナイ」）だが、「特定の人」の場合には、「アル」の使用が難しくなってきており「オル」（否定は「オラン（オラヘン）」）を使用する。ここには「人に対してアルを使用すべきではない」という規範意識も関わっているようである。また、「アル」は、叙述法（認識的ムード）に限定され、話し手の意志、命令や勧誘を表す場合は、次のように「イル」を使用する（このような現象は、大野(1991)によると和歌山県串本方言にも見られる）。

・今日ワ　家デ　イルワ。　　　　　　　　　　〈意志〉
・今日ワ　家デ　イヨシ。　　　　　　　　　　〈命令〉

## 1.2　存在動詞の文法化の方向性

以上が本動詞としての存在動詞の分布パターンであるが、ここで重要なのは、次の点である。

I)　〈人の存在動詞〉の方がより動詞らしい動詞である。
　標準語を例にして説明すると、「いろ」のような命令のムードがあり、「いられる」「いさせる」のようなヴォイスもある。否定形式も「いない」である。これらは、和歌山県南部諸方言やウチナーヤマトゥグチを除いてすべての方言で同様である。

II)　逆に〈ものの存在動詞〉は、より形容詞的である。
　命令のムードもヴォイスもない。否定形式は形容詞「ない」

（あるいは「ネー」）である。この点も、すべての方言で同様である。

運動動詞　←　【人の存在動詞】【ものの存在動詞】　→　形容詞

以上の点から、存在動詞の文法化は、次のようになる。本動詞の性格の違いが、文法化の方向性を決めていくということであろう。

I) アスペクトの中心的な表現形式になるのは、すべての方言において〈人の存在動詞〉である（〈ものの存在動詞〉の方は、二次的なアスペクト形式になるか、エヴィデンシャリティー形式になるか、あるいは待遇性を表す形式になる）。
II) 〈ものの存在動詞〉は、コピュラになる。「先生ダ」「先生ジャ」「先生ヤ」「先生ヤン」「先生ダール」のようなバリエーションがあるが、すべて「アル系」である。また、奄美沖縄諸方言の形容詞は、「赤サン（赤サ＋アン）」のように〈ものの存在動詞〉が接続・融合している。九州諸方言の「赤カ」「元気カ」も同様である。

以下、〈人の存在動詞〉の文法化、〈ものの存在動詞〉の文法化の順に述べていく。

## 2. 人の存在動詞の文法化

アスペクトのない方言はない。そして、すべて〈人の存在動詞〉が中心的なアスペクト形式になっている。と同時に、方言によっては、存在動詞、形容詞や名詞述語に〈人の存在動詞〉が接続して音声的融合化を伴いつつ、〈一時性〉を明示する形式になっている場合がある。

以下、〈アスペクト〉〈時間的限定性〉の順に説明する。

## 2.1　アスペクトへの文法化

　アスペクトとは、時間のなかで動的に展開していく事象を表す〈運動動詞〉に成立する〈時間的展開の捉え方の違い〉を表し分ける文法的カテゴリーである。

　有標の中心的なアスペクト形式のバリエーションは、〈文法化〉の観点から見て、次の2つの点から生み出されている。日本語の歴史において、次の2点の組み合わせが、様々なバリエーションを生成したと思われる（本書では、いわゆる連用形を第1中止形、シテ形式を第2中止形とする）。

I)　人の存在を表す3つの動詞があること
II)　「～シ」「～シテ」という2つの中止形があること

　具体的には次のようになる。

I)　存在動詞「アル」「オル」「イル（イダ）」のどれを、アスペクト形式の語彙的資源とするか。中心的なアスペクト形式とは、最も動詞のタイプの制限のないものであるとすれば、「人の存在」を表す本動詞との対応が認められる。
II)　「第2中止形（～シテ）＋存在動詞」という構文的組立形式のみを採用するか、「第1中止形（～シ）＋存在動詞」をもアスペクト形式化するか（特別な場合を除き、「第1中止形（～シ）＋存在動詞」のみがアスペクト形式になることはない）。

　以下がその一覧である（既出の場合は県名を省く）。西日本諸方言のアスペクト形式では、ショル、シトル以外に、ショー、シトー、シチョル、シチョン等、様々な音声的バリエーションも生まれている。以下ではショル系形式、シトル系形式として扱う。また、「イダ」が文法化される東北諸方言には、ステダ、ステラといった音声的バリエーションもある。

| 人の存在動詞＼アスペクト | 第2中止形接続【A型】 | 第1中止形接続／第2中止形接続【B型】 |
|---|---|---|
| アル | 開ケテアロワ（八丈方言） | 開ケヤル／開ケタール（田辺、新宮、串本方言等） |
| オル | 開ケトル（三重県津、島根県平田方言等） | 開ケヨル／開ケトル（北限の高山方言から南限の鹿児島県種子島（中種子）方言に至る西日本地域） |
| オル イル | 開ケトル・開ケテル（大阪、京都、奈良方言等） | △ |
| イル | 開ケテル（標準語、松本方言等) | |
| イダ | 開ゲデダ［開ゲデラ］（青森県五所川原、宮城県（登米市）中田、山形県南陽方言等） | △ |

以上の表で示したのは、次の①〜⑥の点である。

①アスペクト形式の語彙的資源は「人の存在」を表す動詞である。中心的アスペクト形式とは、ほとんどすべての動詞にあって、文法化が最も進んでいるものである。この意味では、標準語の「してある」は、「死んである」「腐ってある」「流れてある」とは言えないことから中心的アスペクト形式ではない。これに対して、人の存在を表す「いる」を文法化させた「している」は、若干の動詞を除くほとんどすべての動詞を捉えている。そして、八丈方言や和歌山県南部の諸方言では「人の存在」を「アル」ということから、中心的アスペクト形式になり、「死ンデアロワ」（八丈方言）、「死ンダール」（和歌県南部の諸方言）と言える。

②以上のように、アスペクト形式の語彙的資源は「人の存在」を表す動詞であるのだが、

　　A）「第2中止形＋人の存在動詞」という構文的組立形式だけ

を文法化するか
　Ｂ）「第１中止形＋人の存在動詞」もともに文法化するか

という点でもバリエーションが生じている（「第１中止形＋人の存在動詞」だけを有標のアスペクト形式としている方言はない）。それぞれを、「Ａ型」、「Ｂ型」と呼んでおくことにする。

③標準語、東日本諸方言、八丈方言、西日本の津方言や平田方言等では、有標の中心的形式は１つ（Ａ型）である。従って、標準語に見られるように、１つの形式が〈動作継続（進行）〉と〈結果継続〉の両方を表す。

　・先生が幕を開けている。　　　　　　〈動作継続（進行）〉
　・幕が開いている。　　　　　　　　　　　　〈結果継続〉

どちらの意味を表すかは、動詞のタイプによって基本的に決まるが、後述するように、動詞のタイプとの関係は、標準語型ではない場合が多い。違いが出てくるのは、「開ケル」のような主体動作客体変化動詞において、〈動作継続〉を表すか、〈動作継続〉〈結果継続〉の両方を表すかである。

　「標準語」：先生が幕を開けている。　　　　〈動作継続〉
　「中田方言」：先生　幕　開ゲデダ。
　　　　　　　　　　　　　　〈動作継続〉〈（客体）結果継続〉

このことが、シテアル形式の有無と相関し、中田方言のようなタイプでは、シテアル形式は使用されない。標準語において「してある」形式が使用されるのは、主体動作客体変化動詞の「している」形式が〈（客体の）結果継続〉を表せないことと相関している。だが、主体動作客体変化動詞のステダ形式が〈（客体の）結果継続〉を表せるタイプにおいてはシテアル形式は不要になる。*2

「標準語」
1) 主体動作動詞　→〈動作継続（進行）〉
2) 主体変化動詞　→〈結果継続〉

「中田方言、八丈方言等」
1) 主体動作動詞（叩ク、飲ム、歩ク）
　　→〈動作継続（進行）〉
2) 主体動作客体変化動詞（開ケル、炊ク、建テル）
　　→〈動作継続（進行）〉〈結果継続〉
3) 主体変化動詞（開ク、炊ケル、建ツ）
　　→〈結果継続〉

④ 2つの有標のアスペクト形式がある場合（B型）では、〈進行〉と〈結果〉は、次のように別の形式で表される。この場合も、後述するように、動詞のタイプとの関係には、バリエーションがある。主体動作客体変化動詞において、宇和島方言のシトル形式は〈客体結果〉だけを表すが、福岡県福岡方言のシトー形式では〈客体結果〉と〈進行〉の両方を表す。

「宇和島方言」（人の存在：オル）
　(a) 先生ガ　幕　開ケヨル。　　　　　　　　　〈進行〉
　　　先生ガ　幕　開ケトル。　　　　　　　　　〈結果〉
　(b) 幕ガ　開キヨル。　　　　　　　　　　　　〈進行〉
　　　幕ガ　開イトル。　　　　　　　　　　　　〈結果〉

「福岡方言」（人の存在：オル）
　(a) 先生ノ　幕バ　開ケヨー。　　　　　　　　〈進行〉
　　　先生ノ　幕バ　開ケトー。　　　　〈結果〉〈進行〉
　(b) 幕ガ　開キヨー。　　　　　　　　　　　　〈進行〉
　　　幕ガ　開イトー。　　　　　　　　　　　　〈結果〉

「田辺方言」(人の存在：アル)
(a) 先生ガ　幕　開ケヤル。　　　　　　　　　〈進行〉
　　 先生ガ　幕　開ケタール。　　　　　　　　〈結果〉
(b) 幕ガ　開キヤル。　　　　　　　　　　　　〈進行〉
　　 幕ガ　開イタール。　　　　　　　　　　　〈結果〉

⑤△印で示したように、存在動詞「イル（イダ）」が文法化された、第2中止形接続と第1中止形接続の2つのアスペクト形式がはっきり成立していると断言できる方言は今のところ確認できていない。おそらく、このようなアスペクト体系の方言は存在したとしても特殊である可能性が高いだろう（なお、井上（2002）によると、長野県開田方言には「～イタ（イタル）」と「～テイタ（イタル）」の2つの形式があり、〈進行〉か〈結果〉かのアスペクト的意味の違いがあったようである。しかし現在、若年層では「連用形＋～イル」の形式は消滅寸前であると述べられている）。

⑥京阪地域を中心とする方言では、人の存在を表すのに「イル（イテル）」「オル」という2つの存在動詞を使用することから、アスペクト形式も、「シテル」と「シトル」の2つが、文体差、待遇差、感情評価の違いを伴いつつ使用されている。「シテル」であろうと「シトル」であろうと〈動作継続（進行）〉〈結果継続〉の両方を表す点では、西日本諸方言型ではなく、標準語型（A型）である（このタイプのB型はない）。

　なお、後述するように、日系移民社会でも「イル」と「オル」が使用されるが、その場合は、A型とB型の混合状態となっており、「シテル」「ショル」「シトル」が使用される。一方、同じく言語接触が起こったウチナーヤマトゥグチでは、本動詞が「イル」になった結果、アスペクト形式も「シテ（ー）ル」になっている（ただし、第6章で述べるように、標準語とすべてが同じなのではない）。

また、表では明示できていないが、次の⑦～⑩の点も重要である。

⑦青森県から山形県に至る東北諸方言では、人の存在を表す本動詞自体において、次のような時間的限定性の違いがある(「イル」は〈一時的存在〉も表せなくはないが、「イダ」の方がよく使用される。「イダ」は、ポテンシャルな〈習慣的存在〉や〈恒常的存在〉は表せない)。

・太郎　家サ　イダ。　　　　　　　　　〈一時的存在・現在〉
・太郎　家サ　イル。　　　　　　　　　〈ポテンシャルな習慣・現在〉

このことに対応して、アスペクト形式として文法化された場合でも、次のような違いになる。このような現象は、東北諸方言以外にはない(第2中止形と存在動詞の音声的融合化には、「ステダ」や「ステラ」のようなバリエーションがある)。

・太郎　幕　開ゲデダ／開ゲデラ。
　　　　　　　　　　　〈動作継続・現在〉〈結果継続・現在〉
・太郎　幕　開ゲデル。　　〈ポテンシャルな習慣・現在〉

・幕　開イデダ／開イデラ。　　　　　〈結果継続・現在〉
・幕　開イデル。　　　　　　〈ポテンシャルな習慣・現在〉

⑧首里方言(鹿児島県与論方言も同様)は、形式上は、オル系の人の存在動詞である「ヲゥン('uN)」がアスペクトの中心的形式になっている。ただし、次のように、標準語的特徴、西日本諸方言的特徴、独自の特徴をあわせもった複合型アスペクト体系になっている。

「シテオル」相当形式と「シオル」相当形式がある点では西日本諸方言的だが、「シテオル」相当形式のアスペクト的意味は標準語と同じである。

　主体動作動詞(アキトーン)→　〈進行(動作継続)〉
　主体変化動詞(アチョーン)→　〈結果継続〉

・タルーガ　マーク　アキトーン。　　　　　〈進行・現在〉
　　（太郎が幕を開けている）
　・マークヌ　アチョーン。　　　　　　　　　〈結果・現在〉
　　（幕が開いている）

この「シテオル」相当形式が表すアスペクト的意味に連動して、「シオル」相当形式では、主体変化動詞でだけ〈進行・現在〉の意味がはっきり保持されている。標準語型の「シテオル」相当形式では、〈変化進行〉が表せないからである。この点は、西日本諸方言と共通している。

　　主体動作動詞（アキーン）→　（〈進行・現在〉）
　　主体変化動詞（アチュン）→　〈進行・現在〉

さらに、すべての運動動詞において、「シオル」相当形式は、西日本諸方言と違って、〈完成・未来〉の意味になっている。無標の「スル」相当形式が〈叙述法〉にない点は独自の特徴である（詳細は後述）。

　　主体動作動詞（アキーン）→　〈完成・未来〉（〈進行・現在〉）
　　主体変化動詞（アチュン）→　〈完成・未来〉〈進行・現在〉

　・タルーガ　マーク　アキーン。　　　　　　〈完成・未来〉
　　（太郎が幕を開ける）
　・マークヌ　アチュン。　〈完成・未来〉／〈進行・現在〉
　　（幕が開く／幕が開きつつある）

⑨兵庫県神戸方言のように「オル」から「イル（イテル）」に変化しつつある（あるいは「イル」も使用されるようになってきている）場合には、アスペクトのあり様も過渡的な姿になっている。この場合、一挙に起こるのではなく、肯定形式よりも否定形式（シテーヘン）の方から変化が始まる傾向が見られる。

⑩田辺方言では、人の存在を表す「アル」が、意志、命令、勧誘という実行法では使用されないことから「イル」が使用される。これに対応して、次のように、〈進行〉を表すために「シイル」が使用される（串本方言も同様である。どちらの方言においても「シテイル」という形式は使用されない）。

・洗濯物　干シイルワ。　　　　　　　　　　〈意志・進行〉
・洗濯物　干シイヨシ。　　　　　　　　　　〈命令・進行〉

ただし、このシイル形式は若い世代では使用されなくなっている。また、若い世代では、「人の存在」を「オル」で言うのが普通になってきていることから、「シヤル」「シタール」というアスペクト形式も使用されなくなってきている（ただし〈変化進行〉を表すシヤル形式の使用は保持されるという傾向がある）。

以上の①〜⑩の点はすべて、人の存在を表す本動詞とアスペクト形式との相関関係を示すものである。*3

否定形式についても、次のような対応用語がある。

「人の存在」　　　「アスペクト形式」
ナイ　　　　→　シーナイ／シテナイ　　　（田辺方言等）
オラン　　　→　ショラン／シトラン　　　（宇和島方言等）
イナイ（イネ）→　シテイナイ（ステネ）
　　　　　　　　　　　　　　　　　　（標準語、中田方言等）

## 2.2　時間的限定性への文法化

〈人の存在動詞〉が、時間的展開性のある動的事象を表す〈運動動詞〉に接続した場合には、アスペクトを表すようになるが、非動的事象を表す存在動詞、形容詞述語、名詞述語（コピュラ）に接続した場合には、〈一時性〉を明示する形式になる。そして、「辛イ」「嬉シイ」「痛イ」のような、感情・感覚というそもそも〈一時的状態〉を表す場合には、他者（3人称主体や2人称主体）の一時的状

態を表すようになる。

### 2.2.1 一時性の明示

第III部の宇和島方言のところで述べたように、動的な時間的展開のない〈存在〉を表す動詞では、「オリヨル／アリヨル」のように、存在動詞「オル／アル」に存在動詞「オル」が接続して、〈一時的存在〉を表すようになる。

アスペクトはすべての方言にあるが、このような現象は地域的に限定されている。一覧化すると次のようになる。

| 人の存在動詞 | 存在動詞 | 形容詞述語 | 名詞述語 | |
|---|---|---|---|---|
| オル | ○ | — | — | 宇和島、岡山県新見、熊本県（天草郡）龍ヶ岳 |
| | ○ | ○ | — | 熊本県松橋（兵庫県相生） |
| イダ | ○ | ○ | — | 青森県五戸 |
| | ○ | ○ | ○ | 五所川原、青森県青森 |

上記の表に示したのは、次の①②の点である。

①存在動詞「イダ」がある青森県の諸方言では、「アッテラ（アッテ＋イダ）」という形式は、ものの〈一時的な存在〉を明示する。

・コゴサ　ゴミ　<u>アッテラ</u>。　　　　　　　　　〈一時性〉

形容詞述語、名詞述語の場合にも一時性の有無を表し分けることができる（「ヌグイ」は「暖かい」の意味である）。

・今日　<u>ヌグクテラ</u>。　　　　　　　　　　　〈一時性〉
・春　<u>ヌグイ</u>。　　　　　　　　　　　　　〈恒常性〉

・太郎　<u>ハンサムデラ</u>。　　　　　　　　　　〈一時性〉
・太郎　<u>ハンサムダ</u>。　　　　　　　　　　　〈恒常性〉

- タロー　駅長デラ。（太郎は一日駅長をしている）　〈一時性〉
- タロー　駅長ダ。（太郎は駅長だ）　〈恒常性（職業）〉

②存在動詞「オル」を使用する西日本地域では、宇和島方言の場合は存在動詞「オル」「アル」に限定されている。松橋方言では、形容詞述語にもある（ただし、名詞述語の場合にはない）。

- 今日　ヌッカリヨル。　〈一時性〉
- 春ワ　ヌッカ。　〈恒常性〉

- 夕焼ケン　赤カリヨル。　〈一時性〉
- 夕焼ケワ　赤カ。　〈恒常性〉

アスペクトの場合と違って、一部の方言にとどまっているが、上記のような現象は、スペイン語やロシア語等との比較対照において興味深い問題を提起するであろう。英語の次のような対立との共通性もある。

- He is kind.　〈恒常性〉
- He is being kind.　〈一時性（振る舞い）〉
- He is a fool.　〈恒常性〉
- He is being a fool.　〈一時性（振る舞い）〉

### 2.2.2　他者の一時的な内的状態の客観描写

以上のような一時性を明示する形式がある方言では、感情・感覚形容詞の場合には、人称制限が変わってくる。

まず、松橋方言の「嬉シカリヨル」では3人称主体でもよくなる（松橋方言の詳細は、工藤編（2004）所収の村上智美「形容詞に接続するヨル形式について」を参照されたい）。

- 私　ネンカ。（私は眠い）　〈1人称主体〉
- アタワ　ネンカリヨル。（あなたは眠い様子だ）〈3人称主体〉

- 太郎　合格シテ　嬉シカ。　　　　　　　〈1人称主体〉
 （太郎が合格して私は嬉しい）
- 太郎　合格シテ　嬉シカリヨル。　　　　〈3人称主体〉
 （太郎は合格して嬉しい様子だ）

　五戸方言や中田方言でも、3人称主体になる（下記の「悲シクテラ」「嬉スクデラ」は、「悲しくている」「嬉しくている」相当形式である）。

「五戸方言」
- アソゴノ　ウジャ　今　悲シクテラ。
 （あそこのうちは不幸があって、今、悲しい状態にある）

「中田方言」
- 太郎　ゴウカグステ　嬉スクテダ。
 （太郎は合格して嬉しい状態だ）

　「好きだ、嫌いだ」のような場合を除いて、感情・感覚はそもそも〈一時的状態〉である。従って、一時性を明示する形式は不要であると言えるのだが、このような感情・感覚形容詞に、人の存在動詞「イダ」が接続・融合した場合には、〈他者の内的状態の描写（記述）〉になるのである。
　この対立は、標準語の〈状態動詞〉における次のような対立と共通する。「する」形式では1人称に限定され〈表出〉というモーダルな意味になる。一方、「している」形式は、3人称者（他）の〈状態描写（記述）〉になる。人称の違いと相関しつつ、〈表出〉か〈描写（記述）〉かのムード対立になるのである。このようなモーダルな意味の違いが、感情・感覚形容詞にあっても不思議ではない。

- いらいらする。　　　　　　　　　　　　〈表出〉
- 先生がいらいらしている。　　　　　　　〈状態描写（記述）〉

## 2.3　人の存在動詞の文法化が意味するもの

　人の存在動詞が、運動動詞に接続した場合には、〈動作継続〉（あるいは〈進行〉）や〈結果継続〉という運動の時間的展開に関わるアスペクト的意味を表すようになり、非動的事象を表す存在動詞、形容詞等に接続した場合は、〈一時性（レアルな現象）〉を明示するようになる。どちらも、〈特定時の一時的現象〉である点では共通している。

　以上の点を総合的に考えると、〈存在動詞〉と規定することが、「空間」から「時間」への文法化を捉えるためにも重要である。〈存在〉を表す本動詞は、主体が〈人（有情物）〉であるという制限から解放されつつ、〈空間性〉から〈時間性〉への文法化を進めていくと言えよう。

　金田一（1950）以来、「いる」「ある」を「状態動詞」と規定することが多いが、第Ⅰ部第3章で述べたように、〈状態動詞〉とは区別しておいた方がよいと思われる。


## 3.　ものの存在動詞の文法化

　以上、大局的には、次の3つの要因によって、アスペクトのバリエーションが生成されることを述べた。

1) 〈人の存在〉を表す3つの本動詞があること
2) 2つの中止形があること
3) さらに、動詞の語彙的意味のタイプとの相関のし方によって、アスペクト的意味のバリエーションが出てくること

　標準語では、「してある」形式もまたアスペクト的意味を表す。この場合、ヴォイス（受動）と絡みあっていることが大きな特徴である。「先生が窓を開けてある」とは言えず、「窓が開けてある」と言わなければならない。しかしながら、このような現象は、現在調査した限りでは、方言にはほとんど見られず、標準語独自の現象に近いと考えた方がよさそうである。

これまで調査したすべての方言を通して、〈ものの存在動詞〉の方が中心的なアスペクト形式になったり、一時性を明示する形式になったりしている場合はない。一方、〈ものの存在動詞〉が文法化される場合には、次の①～④との関係が見られた。

①コピュラ及び形容詞
②二次的なアスペクト形式
③待遇形式
④エヴィデンシャリティー形式

　以下、順に述べる。

### 3.1　コピュラ及び形容詞との関係
　標準語でも諸方言でも、〈ものの存在動詞〉が主体制限と空間性を漂白して、コピュラとして文法化されている。

　　先生ダ　　：標準語、東北諸方言
　　先生ジャ　：鹿児島県種子島（中種子）方言など
　　先生ヤ　　：京阪方言、高山方言など
　　先生エン　：与論方言
　　先生ダール：ウチナーヤマトゥグチ

　九州諸方言の「赤カ」「甘カ」「元気カ」「可哀想カ」のような形容詞は、ものの存在動詞との関係を示しているが、奄美沖縄諸方言でも、形容詞は、ものの存在動詞アン系形式が接続・融合している。下記は首里方言の例であるが、〈終止〉〈連体〉で異なる形式になる点も含めて、ものの存在動詞「アン」と同じである。

　　終止　　赤サン〈非過去〉／赤サタン〈過去〉
　　連体　　赤サル

　このような形容詞に、さらに、人の存在動詞「ヲゥン」が接続・

融合することはない。一方、「アン」がさらに接続・融合した「赤サテーン」という形式（「赤クテアル」相当形式）があるが、これは〈一時性〉を明示する形式ではなく、後述の間接的エヴィデンシャリティー形式になる。

　以上のように、標準語も含めて、コピュラや形容詞に関わっては、ものの存在動詞アル系形式が文法化されると思われる。

### 3.2　二次的なアスペクト形式との関係

　標準語の「してある」形式は、「死んである」「壊れてある」「鳴ってある」とは言えず、すべての動詞を捉えていないことから、文法化の進んだ中心的なアスペクト形式とは認めがたい。この形式の使用頻度が高い理由は、〈主体動作客体変化動詞〉において、「している」形式が、特別な場合以外、〈(客体の) 結果継続〉を表せないことと相関していると思われる。

・太郎が窓を開けている。　　　　〈動作継続（進行）〉
・窓が開けてある。　　　　　　　〈(客体の) 結果継続〉

　首里方言でも、主体動作客体変化動詞のアスペクト的意味は標準語と同じである。

・タルーガ　ハシル　アキトーン。　〈動作継続（進行）〉
　（太郎が戸を開けている）

　上記の例のように、「シテオル」相当形式のアスペクト的意味が、標準語と同じであることから、〈(客体の) 結果継続〉を表すために、主体動作客体変化動詞では、「シテアル」相当形式が使用される。ただし、標準語と違って、主体を主語として明示する。そのため、動作主体の特定化には話し手の〈推定〉が伴う。このことが後述する間接的エヴィデンシャリティーへ向かう文法化の進展につながっていると思われる。

・［太郎は現場にいないが、戸が開いているのを見て］
　タ<u>ルーガ</u>　ハシル　<u>アキテーン</u>。〈客体結果＋主体の推定〉
　（太郎が戸を開けてある）

　一方、〈人の存在動詞〉の文法化によるステダ形式やシトー形式が、下記のように〈客体結果〉を表せる中田方言や福岡方言では、シテアル形式を使用する必然性はない。後述するように、福岡方言の「シテアル」は敬語形式になっている。

「中田方言」
・トーチャン　窓　<u>開ゲデダ</u>。〈動作継続（進行）〉〈客体結果〉
・太郎　ポスター　<u>張ッテダ</u>。〈動作継続（進行）〉〈客体結果〉

「福岡方言」
・トーチャン　窓バ　<u>開ケトー</u>。〈客体結果〉〈進行（動作継続）〉
・太郎　ポスターバ　<u>張ットー</u>。
　　　　　　　　　〈客体結果〉〈進行（動作継続）〉

　以上のことから、標準語のような「してある」形式の使用は、次の点で極めて限定されていることが分かる。

1）　中心的アスペクト形式が〈客体結果〉を表せない場合に、〈ものの存在動詞〉による二次的アスペクト形式が必要になってくる。このようなタイプは、現在までの調査では、標準語、京阪方言、首里方言や与論方言である。
2）　ただし、標準語のように受動のヴォイスと絡みあったアスペクト形式になっているとは限らない。首里方言や与論方言では、動作主体が主語になる。

　「窓が開けてある」「洗濯物が干してある」といった言い方は、現在までの調査では、標準語（あるいは東京周辺地域）に限定されていると言えそうである。標準語の規範性抜きに考えれば、このよう

なアスペクトとヴォイスが絡みあった構文が普遍的になりにくいのは、当然であるとも言えよう(標準語の影響が強いウチナーヤマトゥグチにおいてもこのような言い方は使用されない)。

### 3.3　待遇性との関係

福岡方言では、「先生ノ　窓バ　開ケトー」は〈客体結果〉と〈進行〉を表す。そしてシテアル形式は敬語として使用される。

・先生ノ　窓バ　開ケトー。　　　　　　　　〈結果〉〈進行〉
・先生ノ　窓バ　開ケテアル。　〈結果・敬意〉〈進行・敬意〉

福岡方言に関しては、工藤編(2004)に所収した、木部暢子「福岡地域のアスペクト・待遇・ムード」を参照されたいが、シトー形式が〈客体結果〉を表すがゆえに、シテアル形式の方は、敬語としての文法化が起こりうると言えよう。従って、主体動作客体変化動詞に限定されず、すべての動詞(ただし主体が人間の場合)において可能である。

・先生ノ　来トー。　　　　　　　　　　　　　　　　　〈結果〉
・先生ノ　来テアル。　　　　　　　　　　　　〈結果・敬意〉

### 3.4　エヴィデンシャリティーとの関係

首里方言では、ものの存在動詞「アン」は、動詞、形容詞、名詞述語のすべてに接続する。従って、アスペクト形式ではない(×印は、「開ケル」に相当する無標のスル形式がないことを示す)。

　　　　　　　　　　　　　　　　【「アン」が接続した形式】
運動動詞　　(開ける)　　×　　　　→　　アキテーン
存在動詞　　(おる)　　ヲゥン　　→　　ヲゥテーン
　　　　　　(ある)　　アン　　　→　　アテーン
形容詞述語　(赤い)　　アカサン　→　　アカサテーン
名詞述語　　(先生だ)　シンシーヤン　→　シンシーヤテーン

首里方言の「シテアル」相当形式は、〈痕跡（形跡）という間接的証拠に基づく推定〉〈伝聞、記録等の言語情報による間接確認〉を表す。どちらも〈証拠に基づく間接確認〉という点で共通することから、エヴィデンシャリティー形式であると言えよう（なお、前述したように、首里方言の主体動作客体変化動詞では、「人の存在動詞」の文法化による「シテオル」相当形式が〈客体結果〉を表せないがゆえに、「シテアル」相当形式が〈客体結果〉をも表すが、主体の推定を伴う）。

- ［戸は閉まっているが虫が入っているのを見て］
　タルーガ　ハシル　アキテーン。
　（太郎が戸を開けてある）
- ［ゴミはないが汚れた跡を見て］
　クマンカイ　グミヌ　アテーン。
　（ここにゴミがあったのだ）
- ［切り株を見て過去の特徴を推定して］
　ウヌ　キーヤ　高サテーン。
　（この木は高かったのだ）
- ［履歴書を見て過去の職業を間接確認して］
　ウヌ　チューヤ　ワカセーヌ　ジブンヤ　シンシーヤテーン。
　（あの人は若い頃先生だったのだ）

　このようなことが起こるのは、「シテオル」相当形式が中心的アスペクト形式になっているからであろう。
　このような首里方言におけるエヴィデンシャリティー形式は、ウチナーヤマトゥグチではシテアル形式になる。エヴィデンシャリティー形式であるがゆえに、標準語の「してある」形式とは違って、動詞の制限はない。

- ［犬の死体を見た場合］
  隣ノ犬　死ンデール。　　　　　　　　　〈結果継続〉
- ［犬の死体はないが血痕を見た場合］
  隣ノ犬　死ンデアル。　　　　　　〈痕跡に基づく間接確認〉

　西日本諸方言におけるシトル系形式は、上記のどちらも表す。第III部で述べたように、宇和島方言では次のようになる。

- ［犬の死体を見た場合］
  隣ノ犬　死ンドル。　　　　　　　　　　〈結果継続〉
- ［犬の死体はないが血痕を見た場合］
  隣ノ犬　死ンドル。　　　　　　　〈痕跡に基づく間接確認〉

　これに対して、首里方言やウチナーヤマトゥグチでは、〈必然的な結果〉なのか〈偶然的な痕跡による過去の変化の間接確認（推定）〉なのかを別の形式で表し分けるのである。

## 4. おわりに

以上をまとめると次のようになる。

1) 海外の日系移民社会も含めて、〈ものの存在動詞〉は、すべての方言でアル系形式である。一方、〈人の存在動詞〉の方は、「イル（イダ）」系、「オル」系、「アル」系の3つのタイプがある。ただし、人の存在を表す複数の動詞が使用される場合もある。
2) 〈人の存在動詞〉は、〈運動動詞〉に接続して、中心的アスペクト形式になる。この点も、日系移民社会を含めすべての方言で同じである。人の存在動詞に3つの形式があることと、中止形に2つの形式があることが、日本語のアスペクト体系のバリエーションの様々を形成している。
3) 運動動詞以外の、動的事象を表さない存在動詞、形容詞述語、

名詞述語に、人の存在動詞が接続する場合もある。この場合は〈一時性〉を明示する形式になる。感情・感覚という〈内的な一時的状態〉を表す形容詞では、他者の内的一時的状態の客観描写になる。

4) 以上の事実は、〈人の存在動詞〉は、「いられる」（受動態）「いろ」（命令法）のようなヴォイス、ムード形式がある点で、〈ものの存在動詞〉よりも運動動詞寄りであり、このことが、〈アスペクト形式化〉〈一時性の明示化〉に相関していると思われる（標準語の〈ものの存在動詞〉の否定は形容詞「ない」である。本土諸方言も同様である）。

　　〈ものの存在動詞〉：ヴォイス、ムード等がない点で形容詞寄り
　　　　　　　　　　　〈否定〉は形容詞としての「ない」
　　〈人の存在動詞〉：ヴォイス、ムード等がある点で相対的に運動
　　　　　　　　　　動詞寄り
　　　　　　　　　　運動動詞では〈アスペクト〉として文法化
　　　　　　　　　　形容詞述語等では〈一時的状態〉の明示

5) 〈ものの存在動詞〉の方が、中心的アスペクト形式になったり、一時性を明示する形式になったりすることはない。ものの存在動詞では、〈コピュラ化〉〈二次的アスペクト形式化〉〈エヴィデンシャリティー形式化〉〈待遇形式化〉が起こっている。

　以上のように、存在動詞に注目することの意義は、文法化において多様な述語構造を生成していることにある。今後は、諸方言の実態、つまりは、中央語の歴史では実現されなかった多様な文法化の諸相を視野に入れた日本語全体の歴史的考察が重要になってくるだろう。
　そのための第一歩として、以下の章では、アスペクト、時間的限定性、エヴィデンシャリティーの順に、その多様性と動態を具体的に述べていくことにする。

＊1 上富田町は田辺市に隣接しているため、本書では田辺（上富田）方言としておく（田辺方言との違いはないように思われる）。
＊2 ただし、次のような点を考慮して、さらに検討していく必要があろう。他の方言で既に指摘されているところだが、佐藤里美氏の御教示によると、中田方言では、次のような対応がある。

・太郎　窓　開ゲデダ。　　　　　　　〈動作継続〉〈（客体の）結果継続〉
　窓　開ガッテダ。　　　　　　　　　　　　　　　　　　　〈結果継続〉
・太郎　壁サ　ペンキ　塗ッテダ。　　〈動作継続〉〈（客体の）結果継続〉
　壁サ　ペンキ　塗ラッテダ。　　　　　　　　　　　　　　〈結果継続〉
・太郎　穴　掘ッテダ。　　　　　　　〈動作継続〉〈（客体の）結果継続〉
　穴　掘ラッテダ。　　　　　　　　　　　　　　　　　　　〈結果継続〉
・カーチャン　洗濯物　干ステダ。　　〈動作継続〉〈（客体の）結果継続〉
　洗濯物　干サッテダ。　　　　　　　　　　　　　　　　　〈結果継続〉
・兄チャン　サッカゲサ　柿　吊ルステダ。
　　　　　　　　　　　　　　　　　　〈動作継続〉〈（客体の）結果継続〉
　サッカゲサ　柿　吊ルサッテダ。　　　　　　　　　　　　〈結果継続〉

「開ガッテダ」「塗ラッテダ」「掘ラッテダ」等のような形式があるとすれば、この点から言っても、シテアル形式を使用する必然性はないことになる。迫野（1996）では、東国方言においては「～ている」と「～てある」とを使い分ける時期が存在しなかったと指摘されている。
＊3 五所川原方言等では、過去形において「開ゲデアッタ」が〈継続〉を表す。なぜこのようになっているかについては、今のところ不明である。「ステダッタ→ステラッタ→ステアッタ」と変化してきた可能性も考えられるが、本動詞「イダ」の過去形は「イデアッタ」である。

　〈現在〉
　・太郎　窓　開ゲデラ。　　　　　　　　　　〈動作継続〉〈結果継続〉
　〈過去〉
　・太郎　窓　開ゲデアッタ。　　　　　　　　〈動作継続〉〈結果継続〉

# 第3章
# アスペクト体系のバリエーション

　動詞らしい動詞である〈運動動詞〉には、アスペクトが成立している。諸方言の調査から明らかになってきたのは、日本語のアスペクトは、一般言語学への貢献という点でも、僥倖とも言うべき豊かなバリエーションを有しているということである。本章では、アスペクトのバリエーションとその動態を述べる。

## 1. はじめに

　第2章で概略を示したように、日本語全体を見渡した場合、アスペクトには多様なバリエーションがある。しかも、これらを見ていくと、標準語型のアスペクト体系は限定されているように思われ、標準語が日本語の1つのバリエーションにすぎないことが見えてくるのである。
　第1に、標準語のような2項対立型ではない方言が、西日本を中心に広く分布している。
　第2に、2項対立型であっても、運動動詞の語彙的な意味との関係において、標準語型ではない場合があり、「開ケル」のような主体動作客体変化動詞は〈動作継続〉も〈(客体の) 結果継続〉も表す方言が多い。
　第3に、ムードとの関係において、〈叙述法（認識的ムード）〉と、命令のような〈実行法〉とでは異なる形式になる方言がある（標準語の「している」形式には命令形「していろ」があるが、そうではない方言がある）。
　第4に、テンスとの関係において、1つの形式が〈進行・現在〉と〈完成・未来〉を表す方言がある。
　また、アスペクトからテンスへの移行が起こることは、既に中央

語の歴史でも知られているが、通言語的には、アスペクトからエヴィデンシャリティーへの移行も起こりうることが指摘されている。下記は、Bybee, J., R. Perkins and W. Pagliuca（1994: 105）からの引用である。

resultative → anterior → perfective／simple past
　　　　　→ inference from results → indirect evidence

さらに近年では、次のように、間接的エヴィデンシャリティーから、〈話し手の意外性（驚き）〉というモーダルな意味への発展経路についても指摘されている。

resultative → anterior → perfective／simple past
　　　　　→ inference from results → indirect evidence
　　　　　　　　　　　　　　　　　　　　　　　→ mirativity

特に、沖縄県首里方言や鹿児島県与論方言では、アスペクト、テンス、ムード、エヴィデンシャリティーが緊密に絡みあっている。本土諸方言においても、アスペクトの絶対的な純粋性は仮構にすぎない。本章では、この点を前提にした上で、まず、アスペクトに焦点をおいて述べることにする。

## 2. 動詞分類とアスペクト的意味のバリエーション

　標準語のアスペクト論において、特に議論の対象になっているのは、奥田（1977）によって提起された次の点である。これはどちらもアスペクト研究の根幹に関わる問題であると言ってよい。

(I) 形態論的アスペクト対立を形成する無標の〈完成相〉を認めるか否か
(II) 動詞分類のあり方、つまり文法的アスペクトと相関する動詞の語彙的意味の範疇的側面をどう考えるか

（I）の問題については、首里方言や与論方言を述べるときに論じることにしたい。これらの方言では、「スル」に相当する無標形式がなくなっており、「シオル」相当の有標形式が、〈進行・現在〉だけでなく〈完成・未来〉というアスペクト・テンス的意味をも表す。だとすれば、〈完成〉というアスペクト的意味を認めておく必要に迫られる。

　（II）の問題は、アスペクト記述の前提になるため、まず、取り上げることにする。

## 2.1　運動動詞の分類

　文法的アスペクトと相関する動詞分類については、金田一（1950）による分類と奥田（1977）による分類とが重要なものとしてあるが、どちらも標準語を対象としたものである。筆者は、根底において奥田のアスペクト論に従うものであるが、重要なことは、標準語では、「している」形式が〈動作継続〉を表すか〈結果継続〉を表すかにより、次のようにアスペクト対立のある〈運動動詞〉が2分割されるということである。この場合、意味特徴の取り出し方は異なるが、所属動詞は、金田一の継続動詞、瞬間動詞と違わない。

1）　アスペクト対立のある動詞〈運動動詞〉
　　1・1）（主体）動作動詞：開ける、切る、作る、建てる、消す、壊す／歩く、見る、飲む、食べる、叩く
　　1・2）（主体）変化動詞：開く、切れる、建つ、壊れる、消える、来る、座る、晴れる、腐る、枯れる
2）　アスペクト対立のない動詞：ある、いる／優れている、聳えている

　しかしながら、このような運動動詞の2分類は、現在調査した限り、標準語及び一部の方言においてのみ有効であって、標準語と同じく2項対立のアスペクトを形成している宮城県（登米市）中田方言や青森県五所川原方言などでは、3分類しなくてはならない。ステダ形式あるいはステラ形式のアスペクト的意味が、3つの動詞の

タイプごとに次のように違うからである（388頁の注3も参照）。

 1・1）「主体動作客体変化動詞」（開ケル、切ル、作ル、建テル）
  ・太郎　窓　開ゲデダ。　　　　　〈動作継続〉〈客体結果継続〉
 1・2）「主体動作動詞」（歩ク、飲ム、見ル、叩ク）
  ・太郎　窓　見デダ。　　　　　　　　　　　〈動作継続〉
 1・3）「主体変化動詞」（開ク、切レル、枯レル、建ツ）
  ・窓　開イデダ。　　　　　　　　　　　〈主体結果継続〉

　標準語という規範性抜きに考えれば、むしろこの方が合理的であるとも言える。「開ける」のような、主体の動作と客体の変化の両方を捉えている動詞においては、〈動作継続〉〈（客体）結果継続〉の両方を表す方が整合的であろう。そして、標準語における「してある」形式の使用は、主体動作客体変化動詞において、「している」形式では〈（客体）結果継続〉が表せないことと相関している。中田方言では、シテアル形式は使用されない（使用する必然性がない）。
　なお、東京方言では若い世代を中心に、主体動作客体変化動詞における〈客体結果〉の表現が不自然ではなくなってきているようである。これに連動して、「してある」形式の使用がどうなっていくのか、今後の展開が注目される（第Ⅱ部第4章参照）。

 ・（オ母サンガ）ケーキ　作ッテル。
          〈動作進行〉〈客体結果継続〉
 ・（オ母サンガ）洗濯物　干シテル。
          〈動作進行〉〈客体結果継続〉

　西日本諸方言（京阪地域を除く）のなかにも、シトル系形式の表すアスペクト的意味の違いによって、2つのバリエーションができている。このようなシトル系形式における意味のバリエーションあるいは拡張プロセスを捉えるためにも、運動動詞の3分類が重要になる（388頁の注3も参照）。

①愛媛県宇和島方言型

　シトル形式が〈進行（動作継続）〉を表して、ショル形式と競合するのは〈主体動作動詞〉の場合である。「猫ガ　歩イトル」は〈進行（動作継続）〉を表しうるが、「猫ガ　障子　破ットル」は〈客体結果〉だけを表す（〈進行（動作継続）〉は表せない）。

②福岡県福岡方言型

　シトー形式が〈進行（動作継続）〉を表しうるのは、〈主体動作動詞〉と〈主体動作客体変化動詞〉である。「猫ガ　歩イトー」は〈進行（動作継続）〉を表すが、「猫ガ　障子バ　破ットー」もまた〈客体結果〉のみならず〈進行（動作継続）〉も表す（しかし、主体変化動詞では、〈進行〉を表すのはショー形式であり、シトー形式は使用できない）。

　奄美沖縄諸方言については後述するが、むしろ、発想を逆転させて、なぜ、標準語では、客体変化の有無にかかわらず主体動作動詞として一括化されているかという歴史的経緯を問うことが重要であろう。〈（必然的な）終了限界の有無〉という観点から言えば、「歩く」や「飲む」は〈無限界動詞〉であり、「開ける」や「切る」は〈限界動詞〉であるが、「している」形式のアスペクト的意味は同じになるのである。

## 2.2　全国諸方言における分布状況

　次頁の図表は、存在動詞の文法化によるアスペクト形式が、3つの運動動詞の下位タイプごとにどのようなアスペクト的意味を表すかを一覧化したものである（和歌山県南部諸方言における「―」は、〈痕跡（形跡）〉といった派生的な意味でしか使用されないことを示す。派生的な意味は、すべての運動動詞にある）。なお、奄美沖縄諸方言については、複合的な様相になっているため、この図表には入れていない。

　第Ⅱ部第4章で述べたように、Y〈主体動作客体変化動詞〉が最も動詞らしい動詞であり、X〈主体動作動詞〉は必然的終了限界のない点から言って、状態動詞に近づいているものであるが、ここで

は説明の都合上、このような順番で示すことにする。

　　X：主体動作動詞：歩ク、飲ム、見ル、叩ク
　　Y：主体動作客体変化動詞：開ケル、切ル、作ル、建テル
　　Z：主体変化動詞：開ク、切レル、枯レル、建ツ

| 人の存在 \ アスペクト形式 | 第2中止形接続【A型】 | 第1中止形接続／第2中止形接続【B型】 |
|---|---|---|
| アル | （東京都）八丈方言<br>【シテアロワ】<br>X：進行<br>Y：進行、結果<br>Z：結果、(進行) | 和歌山県田辺、新宮方言<br>【シヤル】／【シタール】<br>X：進行　　　―<br>Y：進行　　　結果<br>Z：進行　　　結果 |
| オル | ①島根県平田方言<br>【シトル系】<br>X：進行<br>Y：進行、結果<br>Z：結果<br><br>②三重県津方言<br>【シトル】<br>X：進行<br>Y：進行、結果<br>Z：結果、(進行) | ①宇和島方言、佐賀県佐賀方言<br>【ショル系】／【シトル系】<br>X：進行　　　進行(開始後)<br>Y：進行　　　結果<br>Z：進行　　　結果<br><br>②福岡方言、岐阜県高山方言<br>【ショル系】／【シトル系】<br>X：進行　　　進行<br>Y：進行　　　結果、進行<br>Z：進行　　　結果 |
| オル<br>イル | 大阪方言、奈良方言<br>【シトル・シテル】<br>X、Y：進行<br>Z：結果 | △ |
| イル | 長野県松本方言、群馬県高崎方言（ウチナーヤマトゥグチ）<br>【シテル】<br>X、Y：進行<br>Z：結果 | △ |
| イダ | 五所川原方言、中田方言、山形県南陽方言<br>【ステダ（ステラ）】<br>X：進行<br>Y：進行、結果<br>Z：結果 | |

この一覧から、次のことが分かる。

① 変化を捉えていないX〈主体動作動詞〉では、すべての方言において〈進行（動作継続）〉を表す。B型の宇和島方言、佐賀方言、福岡方言、高山方言のシトル系形式も、動作開始後の段階としての〈進行〉を表す。語彙的意味自身のなかに変化を捉えていないため、その変化結果の継続は表せないのである（〈痕跡（形跡）〉のような派生的意味は表すが、これは主体動作動詞に限定された意味ではなく、すべての運動動詞にある）。

② 主体の動作と客体の変化の両方を捉えているY〈主体動作客体変化動詞〉では、そのアスペクト的意味のあり様は、大きくは3つのタイプに分かれる。

　第1のタイプは、A型のなかの標準語型で、〈進行（動作継続）〉を表し〈（客体の）結果〉を表さないタイプである。このタイプは、松本方言、高崎方言、大阪方言、奈良方言、そしてウチナーヤマトゥグチである。

　第2のタイプは、〈進行（動作継続）〉も〈（客体の）結果〉も表すタイプで、このタイプには、A型に属する、八丈方言、平田方言、津方言、五所川原方言、中田方言、南陽方言がある。

　第3のタイプはB型の諸方言である。一方の形式が〈進行（動作継続）〉を表し、もう一方の形式が〈（客体の）結果〉を表す（福岡方言、高山方言のシトル系形式は〈進行〉も表すがこの点については後述する）。

③ 主体の変化を捉えているZ〈主体変化動詞〉では、そのアスペクト的意味のあり様は、大きくは2つ、あるいは3つに分かれる。

　第1のタイプは、A型のなかの標準語型で〈（主体の）結果継続〉を表す。なお、「座ル、来ル」のような動詞（主体変化主体動作動詞）では、「開ク、建ツ」のような場合と違って、主体の意志的な動作もあるのだが、それを捉えて〈動作継続（進行）〉を表すことは基本的にない。このタイプには、標準語以外に、平田方言、松本方言、高崎方言、大阪方言、奈良方言、五所川原方言、中田方言、南陽方言がある。

第2のタイプは、極めて少数ではあるが、〈(主体の)結果〉のみならず〈(変化の)進行〉も表すものである。典型的には津方言ということになる。このタイプの方言では「今学校カラ帰ッテル」が、結果のみならず進行過程も表すことができる。ただし、すべての主体変化動詞において進行過程を表せるかどうかについては、はっきり確認できてはいない。後述するように、一部の主体変化動詞において〈進行〉を表す方言は八丈方言等複数ある。
　第3のタイプは、一方の形式が〈進行〉、他方の形式が〈(主体の)結果〉を表すもので、B型の諸方言はすべてこのようになる。福岡方言、高山方言のシトル系形式は、主体動作客体変化動詞では〈進行〉を表すようになっているが、主体変化動詞において〈進行〉を表すことはない(ただし、後述するように、一部の主体変化動詞において、シトル系形式が〈進行〉を表すようになっている方言がないわけではない)。

　以上のように見てくると、主体動作動詞(X)と主体動作客体変化動詞(Y)が〈進行(動作継続)〉を表し、主体変化動詞(Z)が〈結果継続〉を表す標準語型の諸方言は、松本方言、高崎方言、大阪方言、奈良方言になり、東京周辺か京阪地域に限定されているようである(なお、後述するウチナーヤマトゥグチも同じである)。
　そして重要なことは、標準語と同じ2項対立型(A型)であっても、主体動作客体変化動詞(Y)においては、〈進行(動作継続)〉も〈結果継続〉も表す方言の方が広く分布しているように見えることである。八丈方言、平田方言、津方言、五所川原方言、中田方言、南陽方言等がある。
　客体の変化を捉えているがゆえに必然的終了限界がある主体動作客体変化動詞と、変化を捉えていないがゆえに必然的終了限界のない主体動作動詞とが一括化される標準語型の方がむしろ少数派であるのは不思議ではないように思われる。

## 2.3　動詞のタイプから見た西日本諸方言における動態

　京阪地域を除く西日本諸方言には広く、存在動詞「オル」を文法

化したショル系形式とシトル系形式のアスペクト対立が分布しているのだが、シトル系形式への一本化が進む傾向が見られる。ただし、一挙にそうなるのではなく、動詞のタイプとの関係のなかで法則的に進展していっている。ここではこの点について述べる（存在動詞、否定、敬語との関係については4.3で考察する）。

　ここで対象とするのは、次の西日本諸方言である。

　　兵庫県姫路、岡山県岡山、広島県広島、山口県小野田、山口県下関、福岡県福岡、福岡県久留米、福岡県北九州、佐賀県佐賀、熊本県（天草郡）龍ヶ岳、熊本県松橋、大分県大分、大分県竹田、長崎県福江、愛媛県松山

　まず、必然的終了限界のない〈主体動作動詞〉においては、上記のすべての方言で、ショル系形式とシトル系形式が使用される。宇和島方言も同様である（主体動作動詞においてショル系形式しか使用できない方言は、五十川（1984）で報告されている周防大島方言のみである。また、大分方言では、ショル系形式が普通であり、シトル系形式はあまり使用されないとの報告があった）。

　　・子供ガ　畑ノ中　歩キヨル／歩イトル。　　　　　〈進行〉
　　・オ父サン　ビール　飲ミヨル／飲ンドル。　　　　〈進行〉

　次に〈主体動作客体変化動詞〉では、ショル系形式とシトル系形式とがa)〈進行〉か〈結果〉で対立している方言と、b)シトル系形式が〈結果〉だけでなく〈進行〉も表す方言がある（下記のように複数の方言をあげる場合には、個々の方言における音声的バリエーションを割愛して、「ショル」、「シトル」で代表させることにする）。

　　a)のタイプ：兵庫県姫路、山口県小野田、福岡県久留米、佐賀県佐賀、大分県大分、大分県竹田、長崎県福江、愛媛県松山

・先生　窓　開ケヨル／*開ケトル。　　　　　　〈進行〉
・先生　窓　開ケトル。　　　　　　　　　　　　〈結果〉

　　b）のタイプ：福岡県福岡、熊本県（天草郡）龍ヶ岳

・先生　窓　開ケヨル／開ケトル。　　　　　　　〈進行〉
・先生　窓　開ケトル。　　　　　　　　　　　　〈結果〉

　なお、b）のタイプの福岡方言であっても、受動になるとシヨル系形式のみである。これは、変化主体が主語となって、次の主体変化動詞との共通性が出てくるからであろう。

・オ母サンノ　太郎バ　押入　入レヨー／入レトー。〈進行〉
・太郎ガ　オ母サンニ　押入　入レラレヨー／*入レラレトー。
　　　　　　　　　　　　　　　　　　　　　　　〈進行〉

　また、a）とb）の中間には、主体動作客体変化動詞の一部でのみ、シトル系形式が〈進行〉を表す方言がある。松橋方言、北九州方言、広島方言がそうであるが、これについては個人差が生じる可能性が高い。

・オ母サン　台所デ　ケーキ　作リヨル／作ットル。〈進行〉
・オ母サン　ケーキ　作ットル。　　　　　　　　〈結果〉

・先生　窓　開ケヨル／*開ケトル。　　　　　　〈進行〉
・先生　窓　開ケトル。　　　　　　　　　　　　〈結果〉

　さらに、主体変化動詞の一部で〈進行〉をシトル系形式で表せる方言も出てきている。ただし、すべての主体変化動詞において、シヨル系形式とシトル系形式の競合が起こっていると確実に言える方言はなかった。次に示すのは岡山方言の場合であるが、下関方言話者からも同じ回答があった。また広島方言については、このような

使用ができるか否かについて、二人の回答者による違いが見られた。

・今　コッチニ　来ヨル／来トル。　　　　　　　　〈進行〉
・今　来トル。　　　　　　　　　　　　　　　　　〈結果〉

・金魚　死ニヨル／*死ンドル。　　　　　　　　　〈進行〉
・金魚　死ンドル。　　　　　　　　　　　　　　　〈結果〉

　当然、回答者による違い（個人差）が出てくるのだが、大局的には、次のような方向性はあっても、×印で示したような方向性はない。

| 主体動作動詞　→　主体動作客体変化動詞　→　主体変化動詞 |
×主体変化動詞　→　主体動作客体変化動詞　→　主体動作動詞
×主体動作客体変化動詞　→　主体動作動詞　→　主体変化動詞
×主体動作動詞　→　主体変化動詞　→　主体動作客体変化動詞

　変化を捉えていないがゆえに必然的終了限界のない〈主体動作動詞〉において、シヨル系形式とシトル系形式の競合がまず起こる。そして、次に、主体動作という点では共通する〈主体動作客体変化動詞〉に広がり、さらに主体変化動詞の一部にまで拡大していくのである（ただし、すべての主体変化動詞にまで拡大している方言は、現在調査した限り、津方言以外にはないようである。津方言に関しても調査した語数が少ないため、主体変化動詞すべてにおいてシトル系形式が進行を表せるかどうかの精密な調査は今後の課題である）。
　このような西日本諸方言の動態を捉えるためにも、運動動詞の3分類は重要であると言えよう。
　なお、498頁で示した図表のうち、「オル」が文法化されてA型になっている西日本の津方言や平田方言は、まわりをB型に取り囲まれている。B型のタイプは岐阜県高山市から種子島まで広く分布しているのだが、ところどころでA型のシトル系形式のみの方言があるようである。本来B型であったものが、シヨル系形式が使用

されなくなってA型に移行したものなのかどうか、今後検討していく必要があるだろう。

　いずれにしても、これまでの調査の限り、ショル系形式において意味の拡張が起こることはなく、ショル系形式への一本化の方向性は見られない。

## 2.4　派生的意味のバリエーション

　以上は、運動動詞の語彙的意味のタイプと相関する基本的なアスペクト的意味のバリエーションであった。語彙的意味から解放された派生的意味の分布状況は、次のようになる。

| アスペクト形式<br>派生的意味 | A型 | B型 |
|---|---|---|
| 反復 | ○ | ○ |
| パーフェクト（効力） | ○ | ○ |
| パーフェクト（痕跡） | △ | ○ |
| 直前 | × | △ |
| 未遂 | × | △ |

　まず、A型（有標形式は第2中止形接続のみ）では、次のようである。

①存在動詞の接続したアスペクト形式は、すべての方言で、派生的意味〈反復〉を表す。ただし、東北地域の「イダ型」では、「イル型」「オル型」「アル型」とは違って、本動詞のあり様に連動して、ステダ形式は〈反復〉を表さず（表しにくく）、ステル形式の方が表す（この点については後述する）。
②すべての方言で〈パーフェクト（効力）〉をも表す。ただし、八丈方言では、次のような場合、存在動詞が接続した「マルンデアロワ」が使用できなくもないが、「マルバラ」「マルバララ」の方が自然に使われるとの回答があった。「マバッテアロワ」は不自然との回答であった。

- トトウワ　5年メーニ　マルンデアロワ。
  （お父さんは5年前に死んでいる）
- トトウワ　5年メーニ　マルバラ／マルバララ。
  （お父さんは5年前に死んだ）
- 太郎ワ　ハー　ソノテレビ　？マバッテアロワ。
  （太郎はそのテレビをもう見ている）

③〈パーフェクト（痕跡）〉の意味で使用されやすい方言とそうではない方言がある。

　　使用されやすい方言：八丈、平田、津
　　使用されにくい方言：五所川原、中田、松本、高崎、大阪、奈良等

　八丈方言には、後述するように、進行と結果を別の形式で表すB型の対立が部分的にある。また、平田方言や津方言がB型の方言に取り囲まれており、かつてはB型であった可能性があると考えると、〈痕跡〉の意味で使用されることが説明できるかもしれない。
④これらのA型の諸方言で〈未遂〉や〈直前〉という派生的意味が表されることはない。

　一方、B型（有標形式は第2中止形接続と第1中止形接続）では次のようになる。「アル型」と「オル型」では派生的意味の様相が異なるため、分けて示す。

　　「アル型」
　　　シヤル形式は〈反復〉を表し、シタール形式は〈パーフェクト（痕跡、効力）〉を表す。「アル型」の方言では、シヤル形式が〈直前〉〈未遂〉を表すことはない。
　　「オル型」
　　　a）〈反復〉を、ショル系形式だけで表す方言と、ショル系形式とシトル系形式の両方が使用できる方言とがある。こ

れは、主体動作客体変化動詞の〈進行〉において、シトル系形式を使用できるかどうかと基本的に連動している。
　　b）〈パーフェクト（痕跡、効力）〉は、どの方言でもシトル系形式で表現される。
　　c）ショル系形式は、〈直前〉〈未遂〉の意味を表す（ただし、ショル系形式単独で表せない方言が複数ある）。

　以上のことから、次のことが分かる。

1）〈進行〉と〈結果〉を別の形式で表し分けるB型の方が、派生的意味が多い。
2）〈反復〉〈パーフェクト（効力）〉という派生的意味は、A型の方言にもB型の方言にもある。
3）〈直前〉〈未遂〉という派生的意味があるのはB型の方言である。また〈パーフェクト（痕跡）〉もB型の方言に発達している。

　なお、以上のすべての本土諸方言において、スル形式は、〈完成〉の意味のみならず〈反復習慣〉を表す。このようなあり様が大きく異なるのは、首里方言や与論方言である。

## 3. アスペクト体系の3つのタイプ

　以上、まずは、存在動詞が文法化されたアスペクト形式の意味が、動詞の語彙的意味のタイプとどのように関係しているかを見てきた。存在動詞が文法化されたアスペクト形式は、〈継続〉ないしは〈進行〉〈結果〉というアスペクト的意味を表すが、このアスペクト的意味と対立して、本土諸方言では、「スル（シタ）」という無標形式は〈完成〉というアスペクト的意味を表す。

　本土諸方言では、どの方言においても、「スル（シタ）」のアスペクト的意味は標準語と同じであった。しかし、首里や与論のような方言では、「スル」相当形式がなく、「シオル」相当形式が、〈進行（現在）〉の意味を残しつつ、〈完成（未来）〉の意味を表すように

なっている。この点は、本土日本語と奄美沖縄諸方言の大きな違いであると言えよう。以下では、この点を視野に入れたアスペクト体系のあり様を、次の順序で見ていく。

 3.1【A型：2項対立型】
  アル型：八丈方言
  オル型：津方言、平田方言
  イル型：松本方言
  イダ型：南陽方言、中田方言、五所川原方言
 3.2【B型：3項対立型】
  アル型：田辺方言
  オル型：宇和島方言等
 3.3【複合型】
  オル型：首里方言、与論方言

【A型：2項対立型】は東日本を中心に分布しているが、西日本の一部にも分布している。【B型：3項対立型】は、西日本を中心に分布している。

そして、奄美沖縄地域の首里方言や与論方言の複合的様相を正確に記述し、その独自性を浮かび上がらせるためには、A型の方言とB型の方言の記述が前提になるとともに、アスペクトは、テンスやムード、エヴィデンシャリティーと絡みあっていることにも注意しなくてはならない。

また、アスペクトの動態を見ていくためには、否定との関係も重要である（第Ⅱ部第5章参照）。以下では、これらの点を視野に入れながら考察する。なお、【B型：3項対立型】の動態については、次の4.と5.で詳述する。

## 3.1　2項対立型アスペクト

「アル型」「オル型」「イル型」「イダ型」の順序で述べる。まず、この4つのタイプの特徴の概略を示しておけば次のようになる。なお、関西中心部に分布する大阪方言等のアスペクト体系は2項対立

型であるが、以下の「オル型」ではなく、「イル型」に近い。

「アル型」：八丈方言のみ。首里方言等と共通する複合的な特徴も見られる。
「オル型」：西日本地域の一部に分布。3項対立型と共通する特徴が見られる。
「イル型」：東京周辺地域に分布。
「イダ型」：東北地域に分布。バリエーションがあり、ここでは3つのタイプを提示する。

以下では、まず、人の存在動詞について否定形式を含めて示した上で、アスペクト体系を示すことにするが、テンスと密接に絡みあっているため、アスペクト・テンス体系として提示する。肯定形式のみならず否定形式のあり様にも注意しておくことは、変化の方向性を見ていく際に必要になる。

### 3.1.1 アル型

このタイプは八丈方言のみである。金田（2001）で記述されているように、複雑な様相を呈しているのだが、ここでは、全国的視野からの概略を述べる。まず基本的なパラダイムは次のようになる（第III部第4章の注1で示したように、「アル」「アッタ」「開ケテアル」「開ケテアッタ」のような形式は〈肯否質問法〉であり、〈叙述法・断定〉では使用されない）。

| T \ P | 肯定 | 否定 |
|---|---|---|
| 非過去 | アロワ | ナッキャ |
| 過去 | アララ | ナカララ |

| T \ P A | 肯定 | | 否定 | |
|---|---|---|---|---|
| | 完成 | 継続 | 完成 | 継続 |
| 非過去 | 開ケロワ | 開ケテアロワ | 開ケンナカ | 開ケンジャナッキャ |
| 過去 | 開ケタラ 開ケタララ | 開ケテアララ | 開ケンナカララ | 開ケンジャナカララ |

存在動詞は「アロワ」だけが使用される。「イロワ」は「座る」の意味の主体変化主体動作動詞である（首里方言でも同じ現象が見られる）。

　「シテアロワ」形式の基本的意味と派生的意味は次のようになる（〈（動作）パーフェクト〉の意味では使用されにくい）。

　「基本的意味」
　　　主体動作動詞：　　　　〈動作継続（進行）〉
　　　主体動作客体変化動詞：〈動作継続（進行）〉〈客体結果〉
　　　主体変化動詞：　　　　〈主体結果〉（〈進行〉）
　「派生的意味」
　　　〈反復〉（〈（動作）パーフェクト〉）

　主体動作客体変化動詞（開ケル）では、〈動作継続〉〈結果〉の両方を表す。主体変化動詞では、〈結果〉しか表せない動詞と〈結果〉〈変化進行〉の両方を表す動詞があるようである。

　・トトウガ　酒イ　飲ンデアロワ。　　　　　　　〈動作継続〉
　・太郎ガ　窓ウ　開ケテアララ。　　　〈動作継続〉〈結果〉

　・窓ガ　開ッテアララ。　　　　　　　〈結果〉〈変化進行〉
　　（窓が開いている、開きつつある）
　・金魚ガ　マルンデアロワ。　　　　　〈結果〉（*〈進行〉）
　　（金魚が死んでいる）

　八丈方言では、以上のような形式の他に、次のような〈結果〉と〈進行〉を異なる形式で表す現象もある。これらは古い形式のようであるが、この点を含めれば、八丈方言は複合型とした方がよいかもしれない（「開ケタロウ」「開カロウ」は「連用形＋アリ」、「開ケロウ」「開コウ」は「アリ」が接続していない形式と考えられる）。

「開ケル」
　開ケロウ：　〈進行〉（〈直前〉）
　開ケタロウ：〈客体結果〉（〈痕跡〉〈開始後（進行）〉）
「開ク」
　開コウ：　　〈進行〉
　開カロウ：　〈主体結果〉（〈痕跡〉）

　これらの形式は、テンス的に〈現在〉に限定され、〈話し手の目撃〉を明示するとともに、驚き、呆れといった話し手の〈感情評価〉とも絡みあっている。派生的意味の〈痕跡〉や〈直前〉も表す。

・太郎ガ　窓ウ　開ケロウ！（太郎が窓を開けている！）
・太郎ガ　窓ウ　開ケタロウ！（太郎が窓を開けてある！）

・バー　窓ガ　開コウ！（まあ、窓が開きつつある！）
・窓ガ　開カロウ！（窓が開いている！）

・太郎ガ　イロウ！（太郎が座りつつある！）
・太郎ガ　イタロウ！（太郎が座っている！）

　基本的に、1人称主語は不可であるが、1人称主語になった場合には、〈発見〉というモーダルな意味が前面化される。

・［はっと目が覚めて自分が寝ていたことに気づいて］
　バー　寝タロウ！（まあ、寝てたんだ！）

　〈話し手の目撃性〉とアスペクトの絡みあいは、後述の与論方言にも見られる。
　「開ケタロウ」「開カロウ」は非分析的な形式であり、「開ケテアロワ」は分析的な形式である。だとすれば、かつては〈進行〉と〈結果〉を別の形式で表し分けていたが、分析的なアスペクト形式ができて、〈進行〉と〈結果〉を同一の形式で表すようになった、

という歴史的プロセスがあったのかもしれない（工藤（2000d）参照）。

　なお、2つの過去形があるが、違いは、「開ケタララ」が〈完成・過去〉だけを表すのに対して、「開ケタラ」は〈完成・過去〉〈(動作)パーフェクト・現在〉をも表す点である。このような現象は、東北地域の南陽方言等にもある。

〈(動作)パーフェクト・現在〉
・酒イ　ハー　飲マラ／*飲マララ。（酒はもう飲んだ）
・マン　窓ウ　開ケタラ／*開ケタララ。（今窓を開けた）

〈完成・過去〉
・ハンズメ　酒イ　飲マラ／飲マララ。
　（さっき酒を飲んだ）
・キネイワ　窓ウ　開ケタラ／開ケタララ。
　（昨日は窓を開けた）

### 3.1.2　オル型

　西日本地域の一部には、シトル系形式だけの方言がある。下記は津方言の例である。平田方言では「シチョル」であり、また｛　｝で示した「オラヘン」のような否定形式は使用されない。

| T＼P | 肯定 | 否定 |
|---|---|---|
| 非過去 | オル | オラン｛オラヘン｝ |
| 過去 | オッタ | オランダ｛オラヘンダ｝ |

| T＼P／A | 肯定 | | 否定 | |
|---|---|---|---|---|
| | 完成 | 継続 | 完成 | 継続 |
| 非過去 | 開ケル | 開ケトル | 開ケン｛開ケヘン｝ | 開ケトラン｛開ケトラヘン｝ |
| 過去 | 開ケタ | 開ケトッタ | 開ケンダ｛開ケヘンダ｝ | 開ケトランダ｛開ケトラヘンダ｝ |

津方言におけるシトル形式の基本的なアスペクト的意味は次の通りである。ただし、平田方言では｛ ｝で示した意味は、シチョル形式単独では表せない。

主体動作動詞：　　　　　〈進行〉
主体動作客体変化動詞：〈進行〉〈客体結果〉
主体変化動詞：　　　　　〈主体結果〉｛〈進行〉｝

西日本地域にあるこのようなタイプの方言において、もともとシトル系形式だけであったのか、それともショル系形式を使用しなくなったことの結果であるのかは今後さらに調査を進める必要があるだろう。この点については、後述の高山方言のところでも触れる。

### 3.1.3 イル型

群馬県高崎市等の東京周辺地域、長野県松本市、上田市、新潟県南蒲原郡等にあり、基本的に、標準語と同じである。主体動作動詞、主体動作客体変化動詞では〈進行（動作継続）〉を表し、主体変化動詞では〈結果（継続）〉を表す。以下は高崎方言である。分析的形式の「シテイル」は使用されず、「シテル」である。

| T＼P | 肯定 | 否定 |
|---|---|---|
| 非過去 | イル | イネー |
| 過去 | イタ | イナカッタ |

| T＼P＼A | 肯定 | | 否定 | |
|---|---|---|---|---|
| | 完成 | 継続 | 完成 | 継続 |
| 非過去 | 開ケル | 開ケテル | 開ケネー | 開ケテネー |
| 過去 | 開ケタ | 開ケテタ | 開ケナカッタ | 開ケテナカッタ |

なお、西日本の中央部である京阪地域では、「人の存在」に対して、「イル（イテル）」が使用されるが、「オル」も使用される。両者の違いは文法的なものではない（「オル」は、相対的に女性より

男性が使用し、あるいは親愛さを出す時に使用し、目上には使用しにくく、否定的な評価感情を伴いやすい傾向があるようである）。アスペクト形式にも、「シテル」、「シトル」の両方があるが、文法的には、動詞のタイプとの関係において、標準語や上記の高崎方言等と同じであると考えられる（なお、京阪地域のショル形式はアスペクト形式ではない）。

### 3.1.4 イダ型

東北諸方言における「イダ」は、金水（1997）等で既に指摘されているように、次のような経路を辿ったものであろう。つまり、先行時における変化を前提とする〈結果＝二次的状態〉を表すというアスペクト的意味から、先行時における変化を前提としない〈レアルな一時的な存在（滞在）〉への変化である。

　　　イタリ〈主体結果・現在〉→イタ〈一時的存在・現在〉
　　　　　　　　　　　　　　　　　　　　　（→〈過去〉）

中央語では、この「いた」形式が〈現在の一時的存在（滞在）〉を表すのをやめ、すみやかに〈過去〉へと変化したものと思われる。従って、「ある」と「あった」、「いる」と「いた」とは同じテンス対立になっている。

しかし、東北諸方言では、「イダ」は〈一時的存在・現在〉を表す。一方、「アッタ」は〈一時的存在・現在〉を表さないため、「アッタ」と「アル」は、標準語と同じく〈過去―非過去〉のテンス対立をなしている。「イダ」と「イル」とは、「イダ」が〈一時的存在・現在〉を表すことから、「アル―アッタ」とは異なる対立となる（「イル」も〈一時的存在〉を表しうるが、「イダ」の方がよく使用される）。そして、人の存在動詞におけるこのような対立のあり様が、アスペクト体系のあり様に連動しているのである。

以下では、総合的調査ができた3つのバリエーションを提示する。

第1のタイプは南陽方言である。南陽方言では、人の存在動詞の体系とものの存在動詞の体系は次のように異なっている。本動詞に

おける「イル」「イダ」「イダッタ」とアスペクト形式である「開ゲデル」「開ゲデダ」「開ゲデダッタ」の照応に注意されたい。また、否定「イネ」では「イル」「イダ」のような違いはない。このような現象は、「イダ」が使用される東北諸方言に特徴的である。

【人の存在動詞】

| T \ P | 肯定 | 否定 |
|---|---|---|
| 未来 | イル | イネ |
| 現在 | イダ | |
| 過去 | イダッタ | イネガッタ |

【ものの存在動詞】

| T \ P | 肯定 | 否定 |
|---|---|---|
| 未来 | アル | ネ（ー） |
| 現在 | | |
| 過去 | アッタ / アッタッタ | ネガッタ |

| T \ A \ P | 肯定 | | 否定 | |
|---|---|---|---|---|
| | 完成 | 継続 | 完成 | 継続 |
| 未来 | 開ゲル | 開ゲデル | 開ゲネ | 開ゲデネ |
| 現在 | — | 開ゲデダ | （開ゲネ） | |
| 過去 | 開ゲダ / 開ゲダッタ | 開ゲデダッタ | 開ゲネガッタ | 開ゲデネガッタ |

　動詞のタイプとアスペクト的意味の関係は次のようになる。主体動作客体変化動詞が〈動作継続〉〈結果継続〉の両方を表す点は、現在調査した限り、すべての東北諸方言で同様である。

　　主体動作客体変化動詞：〈動作継続〉〈結果継続〉
　　主体動作動詞　　　　：〈動作継続〉
　　主体変化動詞　　　　：〈結果継続〉

　次に、〈継続〉を表す形式では、未来は「開ゲデル」、現在は「開ゲデダ」、過去は「開ゲデダッタ」であり、「イル」「イダ」「イダッタ」と照応している（南陽方言では「開ゲデル」は現在テンスでは〈反復（習慣）〉の場合に使用される。一時的な〈動作継続〉〈結果継続〉の意味で使用できなくはないが、「開ゲデダ」の方が普通で

ある)。

　また、「開ゲダ」と「開ゲダッタ」の違いは次のようになる（前述の八丈方言における2つの過去形と共通する）。

　　開ゲダ　　：〈(動作)パーフェクト・現在〉〈完成・過去〉
　　開ゲダッタ：〈完成・過去〉のみ

　2つ目のタイプは、中田方言である。南陽方言と違って、一貫して2つの過去形がある。この2つの過去形の違いは、後述するように、エヴィデンシャリティーの違いとなっている（この点については、第5章で述べる）。

| T＼P | 肯定 | 否定 |
|---|---|---|
| 未来 | イル | イネ |
| 現在 | イダ（イル） | |
| 過去 | イダ／イダッタ | イネガッタ／イネガッタッタ |

| T＼P,A | 肯定 | | 否定 | |
|---|---|---|---|---|
| | 完成 | 継続 | 完成 | 継続 |
| 未来 | 開ゲル | 開ゲデル | 開ゲネ | 開ゲデネ |
| 現在 | — | 開ゲデル／開ゲデダ | （開ゲネ） | |
| 過去 | 開ゲダ／開ゲダッタ | 開ゲデダ／開ゲデダッタ | 開ゲネガッタ／開ゲネガッタッタ | 開ゲデネガッタ／開ゲデネガッタッタ |

　アスペクト・テンス的側面に限定して見た場合、次の点は南陽方言と共通している。

1)　動詞のタイプとの関係
　　主体動作客体変化動詞：〈動作継続〉〈結果継続〉
　　主体動作動詞　　　　：〈動作継続〉
　　主体変化動詞　　　　：〈結果継続〉

2) 2つの過去形が表す時間的意味
　アゲダ　　：〈(動作)パーフェクト・現在〉〈完成・過去〉
　アゲダッタ：〈完成・過去〉のみ

　3つ目は、五所川原方言のような体系である。

| T＼P | 肯定 | 否定 |
|---|---|---|
| 未来 | イル | イネ |
| 現在 | イダ（イル） | イネ／イネクテラ |
| 過去 | イデアッタ／イダ | イネクテアッタ／イネガッタ |

| T＼P,A | 肯定 | | 否定 | |
|---|---|---|---|---|
| | 完成 | 継続 | 完成 | 継続 |
| 未来 | 開ゲル | 開ゲデル（開ゲデラ） | 開ゲネ | 開ゲデネ |
| 現在 | — | 開ゲデラ | （開ゲネ） | 開ゲデネ／開ゲネンデラ／開ゲネクテラ |
| 過去 | 開ゲダ | 開ゲデアッタ（開ゲデラ） | 開ゲネクテアッタ／開ゲネガッタ | 開ゲデネクテアッタ／開ゲネンデイデアッタ／開ゲデナガッタ |

　〈現在〉テンスでは、存在動詞「イダ」を文法化させた「開ゲデラ」という形式が使用され、〈過去〉テンスの場合には「開ゲデアッタ」形式が使用される。存在動詞との対応関係でいうと、過去形では「アッタ」の方が文法化されている。青森県弘前方言も同様であり、現時点では、なぜこのようになっているのかについては分からない（工藤編（2004）参照）。
　「開ゲデラ」であれ「開ゲデアッタ」であれ、〈進行〉と〈結果〉は同じ形式で表される。そして、やはり次のような動詞のタイプとの相関性がある。

　　　　主体動作客体変化動詞：〈動作継続〉〈結果継続〉

| 主体動作動詞 | ：〈動作継続〉 |
| 主体変化動詞 | ：〈結果継続〉 |

　以上を総合化すると、同じ2型対立型（A型）とは言っても、「イダ型」と「イル型」では、動詞のタイプとの相関性においても、アスペクト・テンス体系においても、大きく違っていることが分かる。「イル型」は東京を中心とする中央部に分布しているわけである（京阪方言もシトル形式を使用すること以外は同様である）が、動詞のタイプとの相関性においても、その体系化においても、全国的視野から鳥瞰すれば、1つのバリエーションにすぎないことが見えてくるであろう（ただし、共通語あるいは標準語としての影響力を発揮してきていることは間違いのないところである）。

## 3.2　3項対立型アスペクト

　このタイプが分布しているのは、高山方言を北限とする西日本諸方言である。そして、新しい存在動詞である「イル（イダ）」を文法化させている場合はなく、「アル型」か「オル型」である。

### 3.2.1　アル型

　このタイプは、和歌山県の一部にあるだけである。以下、田辺方言（高年齢層）のパラダイムを示す。細かな点では違いがあるが、新宮方言もほぼ同じである。

| P<br>T | 肯定 | 否定 |
|---|---|---|
| 非過去 | オル／アル | オラン／ナイ |
| 過去 | オッタ／アッタ | オランカッタ／ナカッタ |

| P<br>T　　A | 肯定 | | | 否定 | | |
|---|---|---|---|---|---|---|
| | 完成 | 進行 | 結果 | 完成 | 進行 | 結果 |
| 非過去 | 開ケル | 開ケヤル | 開ケタール | 開ケン | 開ケナイ | 開ケテナイ |
| 過去 | 開ケタ | 開ケヤッタ | 開ケタッタ | 開ケナンダ | 開ケナカッタ | 開ケテナカッタ |

まず、「人の存在動詞」では、「オル」と「アル」が使用される。両者の使い分けについては、地域や個人差による揺れがあるが、次のような傾向が見られる。また、人に対しては「アル」を使うべきではないという規範意識があるようである。

オル ←――――――――――――――→ アル
　　特定の人＞不特定の人＞動く動物＞動きにくい動物（田螺など）

なお、後述するように、世代差も大きく、若い世代では「アル」は使用されなくなってきている（この点については 4. で述べる）。
　高年齢層では、アスペクト形式は、「アル」の文法化によるシヤル形式とシタール形式が使用され、シトル形式は使用されない。アスペクト体系は、次に述べる、西日本に広く分布する「オル型」と基本的には同じであり、基本的意味と派生的意味は次のようになっている。シヤル形式は〈動作進行〉も〈変化進行〉も表す。シタール形式は〈主体結果〉も〈客体結果〉も表す。

　　シヤル形式　：〈進行〉／〈反復〉
　　シタール形式：〈結果〉／〈パーフェクト（痕跡、効力）〉

後述する「オル型」との違いは 3 点ある。

①1 点目は、「食ベル」「歩ク」のような主体動作動詞においてシタール形式が〈進行（開始後）〉を表さず、従って、シヤル形式とシタール形式の競合は起こらないことである。新宮方言も同じである（なお、「思ウ」のような状態動詞ではシヤル形式とシタール形式の両方が使用され、アスペクト的意味の違いはなくなる）。

　　・今　ゴ飯　食ベヤル／*食ベタール。　　　　　　　　〈進行〉

②シヤル形式が、派生的意味〈直前〉〈未遂〉を表すことはない

(ほとんどない)。
③シャル形式、シタール形式は、意志、命令、勧誘という〈実行法〉は表せない。これは、人の存在動詞である「アル」に実行法がないことと相関している。命令などの実行法を表すためには、人の存在動詞では「イル」、〈進行〉を表すアスペクト形式としてはシイル形式を使用する。

### 3.2.2 オル型

第III部で記述した宇和島方言も含めて、高山方言から鹿児島県種子島（熊毛郡中種子町）方言に至るまでの広い範囲に分布している関係上、様々な形式的（音声的）な面でのバリエーションが見られるため、「〜系」という用語を使用する（「オッタ」には音声的バリエーションは出てきていない）。

| T \ P | 肯定 | 否定 |
|---|---|---|
| 非過去 | オル系 | オラン系 |
| 過去 | オッタ | オラナンダ系 |

| T \ A | 完成 | 進行 | 結果 |
|---|---|---|---|
| 非過去 | 開ケル | 開ケヨル系<br>（開ケトル系） | 開ケトル系 |
| 過去 | 開ケタ | 開ケヨッタ系<br>（開ケトッタ系） | 開ケトッタ系 |

| T \ A | 完成 | 進行 | 結果 |
|---|---|---|---|
| 非過去 | 開ケン系 | 開ケヨラン系<br>（開ケトラン系） | 開ケトラン系 |
| 過去 | 開ケナンダ系 | 開ケヨラナンダ系<br>（開ケトラナンダ系） | 開ケトラナンダ系 |

「歩ク」のような主体動作動詞では、シヨル系形式とシトル系形式の競合がある。違いが出てくるのは、「開ケル」のような主体動

作客体変化動詞である。〈進行〉を表すのが、シヨル系形式のみの方言と、シヨル系形式、シトル系形式両方が使用される方言がある。「開ク」のような主体変化動詞では、シヨル系形式であって、シヨル系形式、シトル系形式両方が、すべての主体変化動詞において使用できると確認できた方言は現時点ではない（前述のように、津方言の精密な調査が必要である）。

　以上を総合化すると、シトル系形式はその意味用法が保持されるとともに、シヨル系の領域まで拡大されていっている方言がある。しかし、シヨル系形式は、その意味用法がシトル系の領域に拡大している方言はなく、意味用法が縮小してきている方言がある。この点については、次の4.で述べる。

### 3.3　複合型アスペクト

　首里方言や与論方言は、形式と意味との対応関係が極めて複雑であって、過去の変化の激しさを物語っているように思われる。後述するように、アスペクト、テンス、ムード、エヴィデンシャリティーが緊密に絡みあっているのだが、ここでは、まず、アスペクト・テンスに焦点を絞って述べる。ただし、どちらの方言においても、叙述法と実行法ではアスペクト形式が異なる点に留意しておく必要がある（この点は、3.2で述べた田辺方言等と同様である）。

　アスペクト・テンスに関わっては、首里方言と与論方言の間に大きな違いは見られない。首里方言を中心に述べ、与論方言については、首里方言との違いを指摘することにする。エヴィデンシャリティーを含めた記述は、第5章で行う。

　標準語と西日本諸方言（京阪地域を除く）との関係のなかで、首里方言の特徴の概略を示せば次の①〜⑥のようになる（例は、音韻表記とする。首里方言の音声・音韻的特徴については、『沖縄語辞典』、上村他（1992）を参照されたい。分かりにくい場合は、適宜カタカナ表記を併用することもある）。

① 〈人の存在動詞〉は、西日本諸方言と同様に、「オル」相当形式の「'uɴ」である。過去形は、「'utaɴ」（「オッタ」相当形式）である。

- ʔinagunuʔuja: simuɴkai 'uɴ.
  母は　　　　台所に　　いる
- 'waɴne: cinu: 'ja:ɴkai 'utaɴ.
  私は　　昨日　家に　　いた

② 服部四郎、鈴木重幸、上村幸雄諸氏によって早くから指摘されているように、運動動詞の〈叙述法〉には無標の「スル」相当形式がない（命令や勧誘を表す〈実行法〉にはある。また「シタ」相当形式の過去形はある）。このような現象は、本土日本語にはない。そして「シオル」相当形式が〈完成・未来〉の意味を担うようになっている。

- ［いつ戸を開けるかと聞かれて］
  ʔaca: rukuzini ʔaki:ɴ.
  明日　6時に　　開ける
- ʔaca:ja zu:zini ʔacuɴ.
  明日は　10時に　開く

西日本諸方言のシオル形式は、「戸ガ　開キヨル（強風で戸ががたがたしているのを見て）」のように〈直前・近未来〉を表しても、上記のような〈完成・未来〉の意味を表すことはない。さらに、この「シオル」相当形式は、〈叙述法〉では「スル」相当形式が使用されないことから、〈反復習慣〉や〈恒常的特性〉を表す場合でも使用される。

③ ただし、「シオル」相当形式は、西日本諸方言（「幕ガ開キヨル」）と同様に〈進行・現在〉をも表す。特に〈主体変化動詞〉ではこのアスペクト的意味がしっかり保持されている。これは、後述するように、「シテオル」相当形式が〈結果〉を表し、〈進行〉を表せないためである。主体動作客体変化動詞や主体動作動詞でも〈進行・現在〉の意味で使用できなくはないが、後述するように、「シオル」相当形式のʔaki:ɴではなく、「シテオル」相当形式ʔakito:ɴの方が使用されるようになっている。

- [幕がするすると開きつつあるのを見て]
  ma:kunu ʔacuɴ.
  幕が　　　開きつつある
- taru:ga hasiru ʔakito:ɴ／(ʔaki:ɴ).
  太郎が　戸を　　開けている

従って、「スル」相当形式の消滅と、「シオル」相当形式における〈進行・現在〉から(〈直前・近未来〉を経て)〈完成・未来〉への進展は、相関しているのではないかと思われる(首里方言の「シオル」相当形式は〈直前・近未来〉も表す)。これは、ムード面を考慮に入れないとすれば、〈結果・現在〉から(〈(動作)パーフェクト・現在〉を経て)〈完成・過去〉への進展と対称的である。

④一方、形式上その過去形に相当する「シオッタ」相当形式は、西日本諸方言と異なり、アスペクト的意味から解放され、〈目撃〉というエヴィデンシャルな意味を発達させている。従って、西日本諸方言と異なり、人称制限があって、1人称主語の場合には使用できない。過去テンスとこのようなエヴィデンシャルな意味との複合は世界の多くの言語に見られる現象である。首里方言には、「シタ」相当形式があることから、過去テンスの「シオッタ」相当形式は、非過去形の「シオル」相当形式とは違って、〈完成・過去〉の意味は表さない。

- [太郎が戸を開けるのを見たのを思い出して]
  'ju:bi 'junakani taru:ga hasiru ʔaki:taɴ. 〈目撃・過去〉
  ゆうべ 夜中に　　太郎が　戸を　開けた

- [店が開くのを見たのを思い出して]
  kunu macija: cinu: kuzini ʔacutaɴ. 〈目撃・過去〉
  この　店は　　昨日　9時に　開いた

目撃しなかったり、1人称主語の場合は、「シタ」相当形式の

「ʔakitaɴ（開けた）」「ʔacaɴ（開いた）」を使用しなければならない。ただし、過去形の「シオッタ」相当形式は、西日本諸方言と同じように、〈反復〉は表し、この場合は人称制限はない。また、〈未遂〉というモーダルな意味を表す点でも共通しており、この場合も人称制限はない。

⑤「シテオル」相当形式のアスペクト的意味は、（「オル」か「イル」かという）形式上の違いにかかわらず、標準語と同様である（動詞のタイプとの相関関係も含めて）。従って、「第2中止形＋オル」という点で形式上は同じであるにもかかわらず、西日本諸方言のシトル形式とはアスペクト的意味が異なる。

「首里方言」
- taru:ga  hasiru  ʔakito:ɴ.　　　　〈動作継続（進行）〉
  太郎が　戸を　開けている

「宇和島方言」
- 太郎ガ　戸　開ケトル　　　　　　　〈客体結果〉

⑥「シテオル」相当形式のアスペクト的意味が標準語と同じであることから、「シテアル」相当形式が〈客体結果〉の意味で使用される。しかし、標準語とは異なり、西日本諸方言のシトル形式（「太郎ガ　戸　アケトル」）と同様に、〈動作主体〉を〈主語〉にする。そして、この動作主体の特定化には話し手の〈推定〉がある。

- ［太郎の姿は見えないが、戸が大きく開いているのを見て］
  taru:nu  hasiru  ʔakite:ɴ.
  太郎が　戸を　開けてある（開けたのだ）

やや単純化して、首里方言における複合的な特徴をまとめると次のようになる。

1）　西日本諸方言（京阪地域を除く）との共通点

- 形式上、「シテオル」相当形式と「シオル」相当形式がある。
- 「シオル」相当形式は〈進行〉の意味を表し、主体変化動詞における〈変化進行〉も表す。派生的意味の〈直前〉〈未遂〉〈反復〉も表す。

2) 標準語との共通点
- 「シテオル」相当形式のアスペクト的意味と動詞のタイプとの関係は同じである。

3) 独自である点
- 〈叙述法〉では「スル」相当形式がなく、「シオル」相当形式が〈完成・未来〉を表す。
- 過去形の「シオッタ」相当形式は、アスペクトから解放され、人称制限を伴いつつ〈話し手の目撃（直接確認）〉というエヴィデンシャルな意味を表すようになっている。
- 主体動作客体変化動詞において「シテアル」相当形式が〈客体結果〉を表す。主語＝動作主体であることから、動作主体の特定には話し手の推定が絡みあっている（第5章で述べるように、この形式は間接的エヴィデンシャリティーに発展する）。

なお、「シタ」相当形式が〈完成・過去〉〈（動作）パーフェクト・現在〉を表す点は、標準語、西日本諸方言、首里方言すべてに共通している。また、否定形式では、「シオル」相当形式の否定形式ではなく、「シナイ」相当形式が使用される。この点も、標準語や西日本諸方言と共通している（以下の「kanuN」「kamaN」は「食べる」「食べない」の意味である）。

肯定「シオル」相当形式　　否定「シナイ」相当形式
　　　kanuN　　　　　　　　　　kamaN

与論方言は、第5章で述べるエヴィデンシャリティーを除けば、首里方言に類似している。
首里方言との違いは、次の2点である。

1) 〈叙述法〉の非過去形では、運動動詞だけでなく、存在動詞でも「スル」相当形式が（ほとんど）使用されず、「シオル」相当形式である。「アル」の場合も同様である。

| 非過去 | hujuɴ（フユン：「シオル」相当形式） | ajuɴ（アユン：「シオル」相当形式） |
|---|---|---|
| 過去 | hutaɴ（フタン：「シタ」相当形式） | ataɴ（アタン：「シタ」相当形式） |

2) 「シテアル」相当形式が〈客体結果〉の意味で使用される。主語＝動作主体であり、過去形は「シテアッタ」相当形式である。この点は首里方言と同じであるが、与論方言では、〈主体変化動詞〉における「シテアル」相当形式のaQ`cjaɴ（アッチャン）も〈主体結果〉を表す。首里方言では、下記のような場合、「シテアル」相当形式は使用されない。ただし、与論方言でも、「シテオル」相当形式であるaQcjuɴ（アッチュン）の方がよく使用されるようになっている。

・［会場に着いた時には幕が開いているのを想像して］
　makunu　　aQcjuɴ／aQ`cjaɴ.
　幕が　　　開いている

　以上を除けば、「シオル」相当形式と「シオッタ」相当形式のあり様は、首里方言と同じである。
　第1に、「シオル」相当形式は、〈完成・未来〉の意味・機能を担うようになっている（〈直前・近未来〉や〈反復習慣〉〈恒常性〉も表す）。

・aQcja:ja　wana:　rukuziɴ　madu　aijuɴ.
　明日は　　私は　　6時に　　窓を　　開ける
・［店は何時に開くかと聞かれて］
　aQcja:ja　zju:ziɴ　akjuɴ.
　明日は　　10時に　開く

第2に、「シオル」相当形式は〈進行・現在〉をも表す。特に〈主体変化動詞〉ではこのアスペクト的意味がしっかり保持されている。主体動作客体変化動詞や主体動作動詞でも〈進行・現在〉の意味で使用できなくはない（目撃している場合には、第5章で述べるエヴィデンシャリティー形式を使用することになる）。

- ［会場に行く途中で幕が開きつつあるのを想像して］
　na:　　makunu　　akjuɴ.
　もう　　幕が　　　開きつつある

　第3に、過去形の「シオッタ」相当形式は、〈目撃（過去）〉というエヴィデンシャルな意味を発達させている（人称制限があって、1人称主語の場合には使用できない）。

- ［幕が次第に開いていくのを見たのを思い出して］
　makunu　　akju:taɴ.
　幕が　　　　開きつつあった
- ［車にはねられて死ぬ現場を見たのを思い出して］
　kino:　ja:nu　　mjaɴkanu　　sinju:taɴ.
　昨日　うちの　　猫が　　　　死んだ

　「シテオル」相当形式のアスペクト的意味も、動詞のタイプとの相関関係も含めて首里方言と同様である。主体動作客体変化動詞、主体動作動詞では〈動作継続（進行）〉であり、主体変化動詞では〈結果継続〉である。〈動作継続（進行）〉の場合は、「シオル」相当形式との競合が起こる。

- nama　wana:　madu　aituɴ／aijuɴ.　〈動作継続（進行）〉
　今　　私は　　窓を　　開けている
- ［お父さんは何をしているかと聞かれて］
　acjo:　tunainu　hejanoɴti　sai　nuduɴ／numjuɴ.
　父は　　隣の　　　部屋で　　酒を　飲んでいる

〈動作継続（進行）〉
・［電話で、お前は今どこにいるのかと聞かれて］
agunu　ja:kati　kicjuɴ.　　　　　　　　　　〈結果〉
友達の　家に　　来ている

　以上のことから、首里方言でも与論方言でも、若干の違いはあるが、「シテオル」相当形式が標準語と同じ〈継続〉のアスペクト的意味を表し、「シオル」相当形式は、それとの関係のなかで、西日本諸方言とは大きく異なる意味を表すようになっている。非過去の「シオル」相当形式は〈完成・未来〉の意味を表し、過去の「シオッタ」相当形式はエヴィデンシャルな意味になっている。また、「シテアル」相当形式も、基本的には、後述するようにエヴィデンシャルな意味を表すようになっている。この場合は、証拠に基づく推定（間接確認）を表す。

　　　非過去の「シオル」相当形式　→〈完成・未来〉
　　　過去の「シオッタ」相当形式　→〈目撃（直接的エヴィデン
　　　　　　　　　　　　　　　　　　シャリティー）〉
　　　「シテアル」相当形式　　　　→〈間接的エヴィデンシャリ
　　　　　　　　　　　　　　　　　　ティー〉

　首里方言を例として、主体動作動詞、主体動作客体変化動詞、主体変化動詞の順に、そのアスペクト・テンス体系を示すと次のようになる。過去形の「シオッタ」相当形式は、｛　｝で示した〈変化進行〉の場合以外は、エヴィデンシャルな意味になっているため含めない。「シテアル」相当形式も、エヴィデンシャルな意味が基本になっており、すべての運動動詞のみならず、存在動詞等にもあることから、｛　｝で括っている。非過去形の「シオル」相当形式は、主体動作動詞と主体動作客体変化動詞においては〈進行〉の意味での使用がなくなりつつあるため（　）で括っている。

【主体動作動詞（食べる）】

| T \ A | 完成 | 進行（動作継続） |
|---|---|---|
| 非過去 | kanuN<br>【シオル相当形式】 | kado:N（kanuN）<br>【シテオル相当形式】 |
| 過去 | kadaN<br>【シタ相当形式】 | kado:taN<br>【シテオッタ相当形式】 |

【主体動作客体変化動詞（開ける）】

| T \ A | 完成 | 進行（動作継続） | {客体結果＋推定} |
|---|---|---|---|
| 非過去 | ʔaki:N<br>【シオル相当形式】 | ʔakito:N（ʔaki:N）<br>【シテオル相当形式】 | {ʔakite:N}<br>【シテアル相当形式】 |
| 過去 | ʔakitaN<br>【シタ相当形式】 | ʔakito:taN<br>【シテオッタ相当形式】 | {ʔakite:taN}<br>【シテアッタ相当形式】 |

【主体変化動詞（開く）】

| T \ A | 完成 | 進行 | 主体結果 |
|---|---|---|---|
| 非過去 | ʔacuN<br>【シオル相当形式】 | ʔacuN<br>【シオル相当形式】 | ʔaco:N<br>【シテオル相当形式】 |
| 過去 | ʔacaN<br>【シタ相当形式】 | {ʔacutaN}<br>【シオッタ相当形式】 | ʔaco:taN<br>【シテオッタ相当形式】 |

　以上の点は、第6章において、ウチナーヤマトゥグチにおいてどのような変化が起こったかを考察する前提となる。

## 4. 3項対立型アスペクト体系の動態

　ここでは、3項対立型アスペクト体系の様相が、若い世代では異なってきている点について考察する。3項対立型アスペクトの特徴は〈進行〉と〈結果〉を別の形式で表し分ける点にあるが、大きく2つの流れがありそうである。

　第1は、〈進行〉と〈結果〉を同じ形式で表す2項対立型への過渡的様相である。

　第2には、ムードと絡みあいながら、〈結果〉と〈進行〉を区別しようとする傾向である。具体的には、意志動詞において、シトク

形式に対応させてショク形式も使用されるようになってきている方言がある。そしてこの場合、第Ⅲ部の宇和島方言で述べたように、人称制限を伴いつつ、実行法と絡みあっている場合が多い。

　第1の場合では、存在動詞との関係、否定形式との関係、敬語との関係が見られる（動詞の語彙的意味の対応との関係については2.3で既に述べている）。この節では、この第1の場合について述べ、第2の場合については、次の5.で述べることにする。どちらにおいても、個人差があると思われるが、現在調査できていることから分かる傾向を述べる。

## 4.1　存在動詞との関係

　3.2.1で示したように、「アル型」の和歌山県南部諸方言では、既に高年齢層において、人の存在動詞として「アル」だけでなく「オル」が使用されている。主体変化動詞「開ク」を例として、その体系を示すと次のようになる。

| T＼A | 肯定 | 否定 |
|---|---|---|
| 非過去 | オル／アル | オラン／ナイ |
| 過去 | オッタ／アッタ | オランカッタ／ナカッタ |

| T＼A | 肯定 | | | 否定 | | |
|---|---|---|---|---|---|---|
| | 完成 | 進行 | 結果 | 完成 | 進行 | 結果 |
| 非過去 | 開ク | 開キヤル | 開イタール | 開カン | 開キナイ | 開イテナイ |
| 過去 | 開イタ | 開キヤッタ | 開イタータ | 開カナンダ | 開キナカッタ | 開イテナカッタ |

　若い世代では、「アル」が使用されなくなり、「オル」あるいは「イル」が使用されるようになっている。そして、それに連動して、アスペクト形式のあり様が変化してきている。ここでは、2つのタイプを紹介する。

　まず、笠松（2013）によると、田辺（上富田）方言では、20代は、人の存在動詞として「アル」（否定は「ナイ」）に代えて、「オル」（否定は「オラン」）を使用するようになっている。その結果、

「飲ム」のような〈主体動作動詞〉のアスペクトは次のように変化している。肯定ではシヤル形式はあまり使用されなくなり、シテル形式とシトル形式の使用が普通になっている。否定ではシーナイ形式があまり使用されなくなりシテナイ形式が使用されるようになっている。

【主体動作動詞】

| T \ P A | 肯定 | | 否定 | |
|---|---|---|---|---|
| | 完成 | 進行 | 完成 | 進行 |
| 非過去 | 飲ム | 飲ンデル<br>飲ンドル<br>(飲ミヤル) | 飲マン | 飲ンデナイ<br>(飲ミナイ) |
| 過去 | 飲ンダ | 飲ンデタ<br>飲ンドッタ<br>(飲ミヤッタ) | 飲マンカッタ | 飲ンデナカッタ<br>(飲ミナカッタ) |

ここで注目されるのは次の点である。

① シトル形式の使用は本動詞「オル」との対応によるものである。
② 田辺（上富田）方言では、本動詞「イル」が使用されないにもかかわらず、シテル形式が使用されるのは、否定形式「シテナイ」との対応によるものであると考えられる。

「開ク」のような〈主体変化動詞〉では、〈変化進行〉の場合はシヤル形式の使用が保持される（ただし個人差がある）。そして〈結果〉の場合に、シテル形式やシトル形式の使用が普通になっている（529頁に示したパラダイムと比較されたい）。

【主体変化動詞】

| T\A\P | 肯定 | | | 否定 | | |
|---|---|---|---|---|---|---|
| | 完成 | 進行 | 結果 | 完成 | 進行 | 結果 |
| 非過去 | 開ク | 開キヤル | 開イテル<br>開イトル<br>開イタール | 開カン | 開キナイ | 開イテナイ |
| 過去 | 開イタ | 開キヤッタ | 開イテタ<br>開イトッタ<br>開イタータッタ | 開カンカッタ | 開キナカッタ | 開イテナカッタ |

　次に、より京阪に近い和歌山県御坊方言の20代では、「人の存在」に「イル（イテル）」「イテヘン」を使用するようになっている。そして、次のように、否定では、〈進行〉〈結果〉に対して同じ形式「アケテーヘン」あるいは「アケテナイ」を使用するようになっている。

| T\A\P | 肯定 | | | 否定 | |
|---|---|---|---|---|---|
| | 完成 | 進行 | 結果 | 完成 | 継続 |
| 非過去 | 開ケル | 開ケヤル | 開ケタール | 開ケン | 開ケテーヘン<br>（開ケテナイ） |
| 過去 | 開ケタ | 開ケヤッタ | 開ケタッタ | 開ケナンダ | 開ケテーヘンカッタ<br>（開ケテナカッタ） |

　肯定の場合は、517頁に示した高年齢層と同じであるが、否定の場合には、「シヤル」の否定形式である「シーナイ」が使用されなくなり、〈進行（動作継続）〉の否定でも〈結果（継続）〉の否定でもシテーヘン形式が使用されるようになってきている。シテナイ形式は、高年齢層では、〈結果〉を表す「シタール」に対応する否定形式であったのだが、20代では結果か進行かを問わず使用できるようになっている。
　このように、御坊方言では、存在動詞の変化に伴って、否定形式の変化が先行している。この点は次に述べる姫路方言と共通する。

## 4.2 否定形式との関係

　人の存在動詞として、高年齢層と同じ「オル」が保持されていたとしても、京阪地域に近い姫路方言の若い世代では、次のように、上述した御坊方言と同じような傾向が見られる。〈肯定〉では3項対立型だが、〈否定〉では、「アケヨラヘン（アケヨラヘンカッタ）」「アケトラヘン（アケトラヘンカッタ）」がほとんど使用されなくなり、2項対立型に移行している（詳細は木岡（2003）を参照されたい）。

| T＼P／A | 肯定 | | | 否定 | |
|---|---|---|---|---|---|
| | 完成 | 進行 | 結果 | 完成 | 継続 |
| 非過去 | 開ケル | 開ケヨー | 開ケトー | 開ケヘン | 開ケテヘン |
| 過去 | 開ケタ | 開ケヨッタ | 開ケトッタ | 開ケンカッタ　開ケヘンカッタ | 開ケテヘンカッタ |

　京阪方言との方言接触という外的要因が関わっていることは間違いないが、同時に言語内的要因も複眼的に分析する必要があるだろう。外的要因（大阪方言の影響）だけなら、〈肯定〉の場合も〈否定〉の場合も同時に起こるはずである。文法的に見て、否定形式は〈動作・変化の不成立（欠如）〉を表すという点が関係していると思われる（第Ⅱ部第5章参照）。

　この否定形式からはじまる〈進行〉と〈結果〉を区別しなくなるという変化が、肯定形式にも及んで、体系全体を変えていく可能性も考えられる一方、このままのかたちで安定するとしても不思議ではない。この場合は、肯定と否定の違いが、アスペクトと相関するということになる（なお、2項対立型のなかの「オル型」においても、京阪地域に近い津方言では、「シトラン」とともに、新しい言い方として「シテーヘン」が使用されるようになっている）。

　後述の沖縄県中南部地域では極めてダイナミックな言語接触が起こっているのだが、京阪地域周辺では異なるタイプの方言接触による文法変化が起こっている。この regional dialect leveling には、内的要因として、存在動詞や否定との関係が見られるのである。

### 4.3　敬語との関係

3項対立型アスペクトを有する福岡方言と高山方言には、次のような変化が見られる。

どちらの方言にも「ゴザル」という敬語があり、この本動詞が文法化されて、敬語のアスペクト形式ができている。高山方言の例で示す（詳細は、工藤・清水（2003）を参照）。

| T＼A | 進行 | 結果 |
|---|---|---|
| 非過去 | 開キョゴザル | 開ケテゴザル |
| 過去 | 開キョゴザッタ | 開ケテゴザッタ |

このような形式は若い世代では使用されなくなり、福岡方言では「シテアル」、高山方言では「シテミエル」が使用されるようになっている。そしてこの新しい形式は、〈進行〉と〈結果〉の両方を表す。敬語形式においては、どちらの方言も、〈進行〉と〈結果〉を別の形式で表し分ける体系から、1つの形式で両方のアスペクト的意味を表す方向へと変化したことになるのである。

高山方言の若い世代では、非敬語では、ショル形式とシトル形式のアスペクト対立が保持される一方、標準語と意識されているシテミエル形式では、進行と結果の両方を表すようになっている。

| 敬意＼T＼A | 無 | | | 有 | |
|---|---|---|---|---|---|
|  | 完成 | 進行 | 結果 | 完成 | 継続 |
| 非過去 | 開ケル | 開ケヨル | 開ケトル | 開ケハル | 開ケテミエル |
| 過去 | 開ケタ | 開ケヨッタ | 開ケトッタ | 開ケハッタ | 開ケテミエタ |

今後、アスペクトと敬語、あるいは丁寧体との関係に関わる動態調査も重要になってくるであろう。

## 5．アスペクトとムード

標準語の「している」形式には、「していろ」「していよう」とい

う命令や意志・勧誘を表す〈実行法〉がある。諸方言にも、「シヨレ」「シトレ」のような〈命令法〉や「シヨロー」「シトロー」のような〈意志・勧誘法〉がある（第Ⅲ部で述べたように宇和島方言も同じである）。

　一方、叙述法と実行法（命令や意志・勧誘）では、異なるアスペクト形式になる方言がある。

　第1に、和歌山県南部の田辺、新宮、御坊方言では、シタール形式には、実行法（「シターレ」のような命令形）はなく、「シトケ」のような形式が使用される。また、高年齢層ではシヤル形式の実行法（「シヤレ」のような命令形）も使用されない（シイル形式やシトク形式が使用される）。

　第2に、首里方言や与論方言でも、叙述法と実行法では異なる形式が使用される。そして、第6章で述べるように、ウチナーヤマトゥグチはこの点を継承している。ウチナーヤマトゥグチの〈叙述法〉のアスペクト形式は標準語と同じであるが、〈実行法〉では異なる（「シト（ー）コー」や「シトーケ（ー）」が使用される）。

　第3に、下記のような方言では、若い世代において、「シトク」に対立する「ショク」という形式が使用されるようになってきている。

　　　「シトル―シヨル」とともに「シトク―ショク」のある方言
　　　　福岡県：北九州市、宮田町、福岡市、前原市、久留米市、小
　　　　　郡市
　　　　佐賀県佐賀市
　　　　熊本県（天草郡）龍ヶ岳町
　　　　大分県：大分市、竹田市
　　　　山口県小野田市
　　　　広島県広島市

　このシトク系形式とショク系形式は〈意志動詞〉にのみ可能である。次に示すような〈類推〉によるショク系形式の生成が新しいものだとすれば、前節で述べた〈進行〉と〈結果〉を形式的に区別し

ない方向と逆の流れもあるということになる。

【ショク形式の生成】
　シトル：シトク＝シヨル：X
　　　　　　　　　　　　　X ＝シヨク

「シトクーショク」の対立は、宇和島方言で見る限り、〈話し手の実行の意志（意図）〉に関係している。「先ニ　学校ニ　行ットクゼ」「先ニ　学校ニ　行キヨクゼ」というのは〈話し手の意志表明〉であり、3人称主語は不可能である（なお、1人称主語であっても〈叙述法・過去〉の「ショイタ」はあまり使用されない）。

・私　先ニ　行ットルゼ／行ットクゼ。
・私　先ニ　行キヨルゼ／行キヨクゼ。
・太郎ガ　先ニ　行ットルゼ／*行ットクゼ。
・太郎ガ　先ニ　行キヨルゼ／*行キヨクゼ。

相手に実行を求める命令法や勧誘法ではよく使用される。

・先ニ　行ットレ／行ットケ。
・先ニ　行キヨレ／行キヨケ。
・一緒ニ　行キヨロヤ／行キヨコヤ。
・一緒ニ　行ットロヤ／行ットコヤ。

なお、第Ⅲ部で述べたように、宇和島方言では、「座ル」のような一部の〈主体変化主体動作動詞〉ではショル形式が〈意志的結果維持〉を表す。これに連動してショク形式も、次のように〈意志的結果維持〉を表す。

・シバラク　ココニ　座リヨレ／座リヨケ。

宇和島方言では、上記のように2つの形式が使用できるのだが、

方言によっては、若い世代において、「行ットレ」「行キヨレ」のような命令形、「行キヨロ」「行ットロ」のような意志・勧誘形が使用されなくなるという傾向が出てきても不思議ではないであろう。人称制限のない〈叙述法〉と人称制限のある〈実行法〉において、同じアスペクト形式が使用されなければならない必然性はないと思われる。ここにはアスペクトとムードとの絡みあいがある。

## 6. おわりに

　以上、アスペクト体系のバリエーションの類型化を行った。次の1)〜4)で示す4つの観点からのまとめを行う。

1) 〈文法化の語彙的資源〉の観点から言えば、「アル型」は限定されている。「オル型」は西日本一帯から奄美沖縄にかけて広く分布している。「イダ型」は、東北に分布しており、「イル型」は中央部に分布している。「イダ型」と「イル型」は、時間的限定性や動詞の語彙的意味のタイプとの関係において、アスペクトのあり様が大きく異なっている。
2) 〈アスペクト体系〉の観点から言えば、「2項対立型」「3項対立型」「複合型」がある。
　　2・1)「2項対立型アスペクト」が分布するのは、東日本と中央部（東京周辺及び京阪地域）であり、すべて、第2中止形（〜シテ）に存在動詞が接続したタイプである。
　　2・2)「3項対立型アスペクト」が分布するのは、京阪地域を除く西日本一帯である。一部「2項対立型」の方言があり、これが「3項対立型」から変化してきたものであるか否かの追求は今後の課題である。変化が一挙に進むものでないとしたら、どこからどのように進んでいくかの考察が重要であろう。
　　2・3) 奄美沖縄地域の首里方言や与論方言は、2項対立型と3項対立型の特徴及び独自の特徴をあわせ持つ「複合型アスペクト」になっている。「複合型」の大きな特徴は、「スル」相

当形式がなく、「シオル」相当形式が〈進行〉のみならず〈完成（未来）〉を表すことである。この事実は奥田（1977）が指摘した〈完成〉というアスペクト的意味を無視することができないことを示す。

3) 〈動詞の語彙的意味のタイプとの関係〉の観点から言えば、〈主体変化動詞〉における〈変化進行〉は2項対立型では表せず、3項対立型では表せる。〈主体動作客体変化動詞〉における〈客体結果〉は、同じく2項対立型であっても、東北地域の「イダ」型と、標準語や東京周辺の「イル型」とは同じではない。「イダ型」及び3項対立型では〈客体結果〉を表せるが、「イル型」では普通表せない。

4) 〈動態的な観点〉から言えば、3項対立型から2項対立型への移行の方向性がある一方、ムードと絡みあいながら、3項対立型強化の方向性もある。このような変化の方向性の考察にあたっては、言語外的要因だけでなく、動詞のタイプ、否定等の内的要因も複眼的に分析する必要がある。

　中央部（東京及び東京周辺地域）の「イル型」のアスペクト・テンス体系は、形態論的には単純であり、「スル」「シタ」「シテル」「シテタ」の4形式で構成されている。これ以外のタイプでは、形態論的形式が多いのだが、これらの形態論的形式がすべて時間的意味だけを表しているわけではない。この点については、第5章で述べる。

　また、語彙的資源となる存在動詞とアスペクト体系において、以上のような豊かなバリエーションがあるとすれば、各地の方言を母語とする人々で構成される日系移民社会では、方言の混交が起こって異なる日本語のバリエーションが生成されることが予想される。この点については第6章で述べる。

第4章
# 時間的限定性のバリエーション

　第3章では、動的展開性のある運動動詞に「人の存在動詞」が接続してアスペクト形式が生成されることを述べた。本章では、動的展開性のない存在動詞や形容詞等に「人の存在動詞」が接続した場合には〈一時性〉を明示する形式になること、そしてそこには文法化の程度差によるバリエーションがあることを述べる。

## 1. はじめに

　人間のコミュニケーション活動において、文が表す事象が、一時的現象なのかそうでないのかは極めて重要である。
　この違いは、第I部第3章で述べたように、標準語では「先生は無口だ／無言だ」「彼女は病弱だ／病気だ」のような形容詞や名詞（述語）の語彙的意味自身の違いとして、あるいは「夕焼けが赤い／夕焼けは赤い」のように助詞（「が」と「は」）の違いとして現象する。
　第III部で述べた愛媛県宇和島方言では、存在動詞の場合に、次のような「オリヨル」「アリヨル」形式が、〈一時性〉を明示する。存在動詞「オル」「アル」は、一時的な存在も恒常的な存在も表すことから、一時性を明示する形式が生み出されたとしても不思議ではない。

・ゴミ　アリヨル。　　　　　　　　　　　　　　〈一時性〉
・蝮　オリヨル。　　　　　　　　　　　　　　　〈一時性〉

宇和島方言では存在動詞に限定されてはいるが、アスペクトの場合と同様に、本動詞「オル」が、〈人（有情物）の空間的存在〉を表

すという語彙的意味を漂白して、主体が有情物か否かにかかわらず〈一時性〉を表す形式として文法化されている。

　諸方言を見渡すと、現在調査した限りでは、次のような3つの要因によって、時間的限定性のバリエーションが生み出されている。

1）　主体制限があるかどうか（文法化の程度差）
2）　存在動詞、形容詞述語、名詞述語すべてにあるかどうか
3）　〈一時性〉〈習慣性（長期持続）〉〈恒常性〉をどう区分するか

　以下、次の順序で述べる。

1）　主体制限がある場合のバリエーション
2）　主体制限がない場合における述語の範囲のバリエーション
3）　〈一時性〉〈習慣性（長期持続）〉〈恒常性〉の区分のし方のバリエーション

## 2. 主体制限がある場合のバリエーション

　現在調査した限り、すべての諸方言で、「人の存在動詞」が、〈時間的限定性〉のある〈一時性〉を明示する形式として文法化される。具体的には、東日本では「イダ」（「イル」）、西日本では「オル」である。従って、まず、本動詞としての主体制限からの解放の有無によりバリエーションが生まれる。

　　A：主体制限（と語彙的制限）があって、文法化が進んでいないタイプ（本動詞と同様に有情物に限定）
　　　標準語、福島県福島方言
　　B：主体制限がなくなって文法化が進んでいるタイプ（無情物も可）
　　　青森県五所川原方言、青森県青森方言、熊本県松橋方言、宇和島方言等

中心的アスペクト形式では、人の存在動詞を文法化させた場合に、主体制限があるケースはないのだが、〈一時性〉を明示する場合には、標準語でも次に述べるように主体制限が残っている。

　金水（2006b）で指摘されているように、標準語では、「いる」を接続させた次のような言い方が可能である。これらは〈恒常性〉を表していない。


・お母さん、いつまでも綺麗でいてね（綺麗でいろ）。
・ずっと友達でいよう。
・もう少し独身でいたい。
・もう社長ではいられない。


　このように、命令（依頼）、意志、希望、可能など、意志性（意図性）を有した動詞的なモダリティー形式として使用されることが多く、「今日は綺麗でいるね」のような平叙文では使用されにくい。また、存在動詞、第1形容詞では「あっている」「忙しくている」とは言えず、第2形容詞と名詞述語の一部に限定されている。さらに、「明日は友達でいよう」とは言いにくいことから、一時的現象というよりも長期持続性がある場合に使用されやすい。
　一方、福島方言においては、白岩広行氏（2010年当時大阪大学文学研究科博士後期課程）によると、主体制限はあるものの、第1形容詞も可能になっており、また叙述文でも使用される（第1、第2形容詞、名詞述語に接続しうるが、必ずしもすべてにおいて可能ではない。また存在動詞には接続しにくい）。


・［いつも不親切な人が本を貸しているのを見て］
　アイツ　親切デイル。　　　　　　　　　　　〈一時性〉
・今（コノ頃）　忙シクテイル。〈一時性、習慣性（長期持続）〉
・［前は仲が悪かったが］
　今ワ（コノ頃）　友達デイル。〈一時性、習慣性（長期持続）〉


このような形式は、次のような〈恒常性〉の場合は使用できない。

・アイツワ　親切ダ。
・学校ノ先生ワ　忙シイ。
・ポチワ　秋田犬ダ。

　以上のような主体制限から解放されることによって文法化が進むと、次の3.で述べるような〈一時性〉を明示する形式が生まれることになる。

　なお、東北諸方言では広く、「イダ」という形式が〈現在〉を表すことが知られているが、この形式は、単純に〈現在〉を表すのではなく、〈人（有情物）の一時的存在〉を明示する形式であることに注意しておかなければならない。宮城県（登米市）中田方言や山形県南陽方言の場合では、次のようになる。イダ形式は〈反復習慣的な存在〉や〈恒常的な存在〉を表さず、この場合は「イル」を使用しなければならない*1（なお、〈一時性〉であっても〈未来〉の場合は使用できないという制限もある）。

・「カーチャン　ドコサ　イダ」「台所サ　イダ」　〈一時性〉
　（かあちゃんはどこにいる）　（台所にいる）
・コノゴロ　ヨグ　蚊　イル。　　　　　　　　　　〈反復習慣〉
　（この頃よく蚊がいる）

　中田方言や南陽方言では、このイダ形式が、「ものの存在動詞」や形容詞に接続して文法化されることは起こっていないのだが、次に述べる青森県諸方言では、主体制限からの解放による文法化が進んでいる。

## 3. 主体制限がない場合のバリエーション

　文法化が進んで主体制限がなくなっている場合では、現在までに調査した限り、接続しうる形式の観点から見て、次のようなバリエーションがある。主体制限からの解放だけでなく、どのような述語でも可能になっている点から見て、五所川原方言、青森方言が最

| 人の存在動詞 | 存在動詞 | 形容詞述語 | 名詞述語 | |
|---|---|---|---|---|
| オル | ○ | ― | ― | 宇和島、岡山県新見、熊本県（天草郡）龍ヶ岳 |
|  | ○ | ○ | ― | 松橋（兵庫県相生） |
| イダ | ○ | ○ | ― | 青森県五戸 |
|  | ○ | ○ | ○ | 五所川原、青森 |

も文法化が進んでいると言えよう。また、形容詞や名詞述語に時間的限定性を明示する形式がある場合には、存在動詞にも時間的限定性を明示する形式があり、逆はない。

　なお、上記の一覧には入れていないが、（東京都）八丈方言では、「アロワ」が人の存在動詞であるがゆえに、この本動詞「アロワ」を文法化させた〈一時性〉を明示する形式がある。そして、上記の方言の場合とは異なり、〈話し手の意外性〉が伴うようである（なお、このような現象は、和歌山県南部諸方言にはない）。

・バー　赤クテアロジャ。（まあ、赤いねえ！）
・バー　赤クテアロージャ。（まあ、赤かったねえ！）

　以下、「オル」と「イダ」が語彙的資源になっている場合について述べる。
　まず、宇和島方言等では、存在動詞「オル」「アル」のみに接続する。この場合、個別具体的な〈一時的存在〉だけでなく、〈反復的存在〉であってもよい。ただし、ポテンシャル化が進んだ〈習慣的存在〉は表さない。

・アソコニ　今　蛇ガ　オリヨル。
・コノ頃　時々　蛇ガ　オリヨル。

　第Ⅲ部で述べたように、宇和島方言では、次のような連続性を認めることができよう。

i)　運動動詞〈＋時間的限定性、＋時間限界〉
　　　　「シヨル」と「シトル」のアスペクト対立
　ii)　状態動詞〈＋時間的限定性、－時間限界〉
　　　　「シヨル」と「シトル」のアスペクト対立無（中和）
　iii)　存在動詞〈±時間的限定性、－時間限界〉
　　　　「シヨル」のみ

　状態動詞では、「シヨル」と「シトル」のアスペクト対立がなくなるだけでなく、1人称主語の場合には、スル形式が〈態度表明〉〈感情・感覚表出〉といったモーダルな意味で〈現在〉を表せる。この点は、後述する松橋方言や五所川原方言の感情・感覚形容詞における人称と相関するムード対立と共通すると言えよう。

　　・雨　降ランデ　オ百姓サン　弱リヨル／弱ットルゼ。
　　　　　　　　　　　　　　　　　　　〈状態描写（記述）〉
　　・雨　降ランデ　弱ルゼ。　　　　　　　　　〈表出〉

　　・ウマイコト　イカンデ　太郎　イライラシヨル／シトルゼ。
　　　　　　　　　　　　　　　　　　　〈状態描写（記述）〉
　　・イライラスルゼ。　　　　　　　　　　　　〈表出〉

　松橋方言では、存在動詞のみならず、形容詞も可能である。まず、存在動詞やその否定形式の場合は次のようになる。〈反復〉の場合も可能である。

　　・鳥居ノ前　ゴミン　アリヨル／ナカリヨル。〈一時性・現在〉
　　・鳥居ノ前　ゴミン　アリヨッタ／ナカリヨッタ。
　　　　　　　　　　　　　　　　　　　〈一時性・過去〉
　　・コノゴロ　鳥居ノ前　毎日　ゴミン　アリヨル。
　　　　　　　　　　　　　　　　　　　〈反復・現在〉
　　・先月マデワ　鳥居ノ前　毎日　ゴミン　アリヨッタ。
　　　　　　　　　　　　　　　　　　　〈反復・過去〉

〈恒常性〉〈習慣性（長期持続）〉の場合には使用できず、この場合は「アル」「ナカ」を使用する。

・鳥居ノ前　桜ノ木ン　アル／ナカ。　　　　〈恒常性〉
・鳥居ノ前　桜ノ木ン　アッタ／ナカッタ。　〈長期持続性〉

形容詞の場合は次のようになる。

・コノ部屋　寒カリヨル／寒カリヨラン。　〈一時性・現在〉
・コノ部屋　寒カリヨッタ／寒カリヨランダッタ。
　　　　　　　　　　　　　　　　　　　　〈一時性・過去〉
・花子ン顔　白カリヨル／白カリヨラン。　〈一時性・現在〉
・花子ン顔　白カリヨッタ／白カリヨランダッタ。
　　　　　　　　　　　　　　　　　　　　〈一時性・過去〉

　形容詞の場合に注目すべきは、次のような現象である。「悲シカ」「痛カ」「眠カ」等、一時的な感情・感覚を表す状態形容詞では、(a)(b)(c)のように、〈他者の感情感覚の描写（記述）〉を表すようになる。話し手自身の場合でも、「悲シカリヨル」は〈心理状態の描写（記述）〉、「ネンカリヨル」は〈生理状態の描写（記述）〉となり、「悲シカ」「眠ンカ」とは違って(a')(b')(c')のような〈表出性〉はない。〈状態形容詞〉の場合は、人称と相関する〈状態描写（記述）〉か〈表出〉かのムード対立になると言えよう。

　(a) アン子ワ／私ワ　悲シカリヨル。　　〈状態描写（記述）〉
　　　（あの子は／私は　悲しい状態だ）
　(a') 悲シカ。　　　　　　　　　　　　　　　　　　〈表出〉
　(b) アタワ／私ワ　ネンカリヨル。　　　〈状態描写（記述）〉
　　　（あなたは／私は　眠い状態だ）
　(b') ネンカ。　　　　　　　　　　　　　　　　　　〈表出〉
　(c) アン人ワ／私ワ　蚊ニ　クワレテ　痒カリヨル。
　　　　　　　　　　　　　　　　　　　　〈状態描写（記述）〉

第4章　時間的限定性のバリエーション

（あの人は／私は　蚊にくわれて痒い状態だ）
　(c′)　蚊ニ　クワレテ　痒カ。　　　　　　　　　　　　　〈表出〉

　このような現象は東北諸方言でも見られる。後述する五所川原方言でも、「眠グデラ」「痛グデラ」のような形式では、人称制限はない。

- オラ／オメエ／アレ　眠グデラ。
  （私／お前／あいつは眠い）
- オラ／オメエ／アレ　（足）痛グデラ。
  （私／お前／あいつは（足が）痛い）
- ワ／アンダ／アノヒト　ツラグデラ。
  （私／あなた／あの人はつらい）
- ワ／アンダ／アノヒト　ショックデラ。
  （私／あなた／あの人はショックだ）

　五所川原方言と青森方言では、存在動詞、形容詞、コピュラすべてに接続するが、「寒クテラ」形式だけであるか、「寒クテラ」「寒クテル」の２つの形式があるかで異なる（この点は後述）。
　五所川原方言では、次のようになる。まず、中田方言と同様に、「イダ」自体が〈一時性〉を明示するが、中田方言とは違って、〈ものの一時的存在〉の場合でも使用できる。この場合、「アッテラ」に言い換えてもよい（このようなことは「イル」は不可能である）。

- ホレ　ソコサ　蚊　イダ／*アッテラ。
  （ほらそこに蚊がいる）
- ホレ　ソコサ　ゴミ　イダ／アッテラ。
  （ほら、そこにゴミがある）

　否定の場合も含めて全体像を示すと、次のようになる。最後の「駅長デラ」は「一日駅長をしている」に相当する意味になる。

「存在動詞」
・太郎　家サ　<u>イダ</u>／<u>イネクテラ</u>（イネデラ）。　　〈一時性〉
・鳥居ノ前サ　ゴミ　<u>アッテラ</u>（イダ）／<u>ネクテラ</u>。〈一時性〉

「形容詞」
・コノ部屋　<u>寒クテラ</u>／<u>寒グネクテラ</u>。　　　　〈一時性〉
・太郎　<u>元気デラ</u>／<u>元気デネクテラ</u>。　　　　　〈一時性〉

「名詞述語」
・太郎　<u>インテリデラ</u>／<u>インテリデネクテラ</u>。　〈一時性〉
・太郎　<u>駅長デラ</u>。　　　　　　　　　　　　　　〈一時性〉

〈恒常性〉の場合は、次のように、存在動詞が接続していない無標形式を使用しなければならない。〈反復習慣〉の場合は、基本的に、存在動詞「イダ」が接続しない形式が使用されるが、場合によっては、「太郎ノ部屋サ　ムッタド　ゴミ　アル／アッテラ」のように「アッテラ」が使用される場合もないわけではない。恒常性が高まれば使用されなくなる。

・海サ　魚　<u>イル</u>／<u>イネ</u>。
・鳥居ノ前サ　桜ノ木　<u>アル</u>／<u>ネ</u>。
・コノ部屋　<u>寒イ</u>／<u>寒グネ</u>。
・太郎　<u>元気ダ</u>／<u>元気デネ</u>。
・太郎　<u>インテリダ</u>／<u>インテリデネ</u>。
・太郎　<u>駅長ダ</u>／<u>駅長デネ</u>。

工藤編（2004）所収の金田章宏「青森県五戸方言形容詞の〜クテル形式」でも指摘されているところだが、青森方言では、小野遼太郎氏（2010年当時大阪大学文学部生）によると、次のような使い分けがある（ただし、五戸方言では「友達デル」のような名詞述語はない。現在調査した限り、青森方言が最も文法化が進んでいると思われる）。

(i) 〈一時性・レアル〉
　・「忙シクテラ?」「忙シクテラヨー」
　　（目下まさに忙しい状態である）
　・［暖かい日が続いていたが］「今日　サミクテラ」
(ii) 〈習慣性（長期持続性）〉
　・「忙シクテル?」「忙シクテルヨー」
　　（今まさに忙しくなくてもよい）
　・［寒い毎日が続いていて］「ズット（今日モ）　サミクテル」
(iii) 〈恒常性・ポテンシャル〉
　・［一般主体の場合］学校ノ先生　忙シイ。
　・冬ワ　サミ。

| | | | | | |
|---|---|---|---|---|---|
| i) | 一時性 | アッテラ | イデ（痛）クテラ | 静カデラ | 友達デラ |
| ii) | 習慣性（長期持続） | アッテル | イデ（痛）クテル | 静カデル | 友達デル |
| iii) | 恒常性 | アル | イデ（痛） | 静カダ | 友達ダ |

　従って、次のような3つのタイプが存在する。バリエーションを生成しているのは、〈習慣性（長期持続）〉を〈一時性〉と同じ形式で表現するか（松橋型）、〈恒常性〉と同じ形式で表現するか（五所川原型）、特立するか（青森型）であるか、である。*2

| | 松橋 | 五所川原 | 青森 |
|---|---|---|---|
| 一時性 | A | A | A |
| 習慣性（長期持続） | A | B | B |
| 恒常性 | B | B | C |

## 4. おわりに

　以上、時間的限定性のスケールの観点から、日本語のバリエーションを見てきた。まとめると次のようになる。

① 〈人（有情物）の存在動詞〉が、時間的限定性のある〈一時性〉

を明示する形式として文法化される。
② 本動詞としての主体制限からの解放の有無により、文法化の程度差によるバリエーションが生まれている。
③ 存在動詞、形容詞述語、名詞述語すべてに、〈一時性〉を明示する形式があるかどうかでもバリエーションが生まれている。
④ 〈一時性〉〈習慣性（長期持続）〉〈恒常性〉をどう表現するかでも、バリエーションが生まれている。

| 一時性 | A | A | A |
|---|---|---|---|
| 習慣性（長期持続） | | B | B |
| 恒常性 | B | | C |

　時間のなかに生じ消えていくレアルな一時的現象は、知覚体験ができる。脱時間化したポテンシャルな恒常的事象は思考による一般化であり、判断である。そしてその中間には、レアルでもありポテンシャルでもある〈習慣性（長期持続）〉という領域がある。この領域は、まだ時間に縛られている点では〈一時性〉と共通するが、一方でポテンシャル化が進んでいる点では〈恒常性〉と共通する。

　これが時間的限定性によるスケールである。日本語諸方言には、このような時間的限定性の観点から見たバリエーションが生まれている。この豊かなバリエーションを記述できる枠組みが求められていると言えよう。

　アスペクトとの関係について言えば、次のようになる。運動動詞は、〈時間限界のある動的事象〉を表すがゆえに、〈進行（終了前の段階）〉か〈結果（終了後の段階）〉というかたちで、時間的限定性のある一時的な動的事象を表すことになる。一方、存在動詞、形容詞、名詞述語の場合には、開始限界、進展過程、終了限界、結果といった時間的展開性がない。従って、〈一時性〉という意味が直接的に顔を出すことになる。

　標準語の「いる」には「いている」といったような形式がないのだが、このことに普遍性はない。存在動詞や形容詞、名詞述語において〈一時性〉か〈恒常性〉かの時間的限定性の違いを形式的に表

し分ける言語は、ロシア語、スペイン語等複数ある。Timberlake（2004）でも、ロシア語の形容詞について次のような指摘がある（多少簡略化して示す）。

> With adjectives preferring predicative (short) form, the property is contingent and variable depending on the time-world.
> Adjectives preferring the general (long) form (nominative long form) is used when the concern is with characterizing the essential as opposed to the accidental properties of the subject.

第2章でも言及したように英語の次のような対立も同じであろう。

・He is kind. 〈恒常性〉
・He is being kind. 〈一時性（振る舞い）〉
・He is a fool. 〈恒常性〉
・He is being a fool. 〈一時性（振る舞い）〉

Comrie（1976）における、5.2.1.2 Contingent stateでは、次の指摘がある。

> One other area where there seems to be evidence of a link between locative and aspect concerning being in a state, rather than in the process of doing something, since here again a large number of languages use expressions that are, or derive from, locative constructions.

従って、諸方言において、空間表現である存在動詞が、時間面における一時的状態を明示する場合にも、動的過程であるアスペクトを明示するためにも文法化されるのは全く不思議ではない。
標準語の存在動詞、形容詞述語、名詞述語にはこのような形態論

的形式が文法化されていないがゆえに、時間的限定性というカテゴリーに気づきにくい。だが、人間のコミュニケーション活動において、文が表す事象が、一時的現象なのかそうでないのかは極めて重要である（第Ⅰ部第3章参照）。

〈時間的限定性〉というキーワードを用意することによって、表現手段の有無にかかわらず、方言の事実と標準語とを統合的に把握できるようになるであろう。そして、述語のかたちの変化として現れる場合に言語的意味の違いに気づきやすいとすれば、文法化が進んでいる方言の事実を丹念に記述することが、標準語の研究に示唆する点が多いと言えよう。標準語では「が」と「は」の使い分けが時間的限定性に関わっているのだが、方言ではどのようになっているかの調査研究も必要になろう。

---

\*1 中田方言では、標準語の「います」「おります」に相当する形式である「イスタ」「オリスタ」においても、〈一時性〉を明示する。〈恒常性〉〈反復習慣〉の場合には、「イス」「オリス」を使用しなければならない。

\*2 五所川原方言における〈一時性〉〈習慣性〉〈恒常性〉の対立は、アスペクト形式においては次のようになる。青森方言も同様である。〈恒常性〉の場合は、一般主体では「人ワ死ヌ」のようにスル形式だが、「コノ道　曲ガッテル」のようにステル形式の場合もある。この場合、ステラ形式である「曲ガッテラ」は使用できない（第3章参照）。

　　　一時性（動作継続・結果継続）：ステラ
　　　習慣性　　　　　　　　　　　：ステル
　　　恒常性　　　　　　　　　　　：スル・ステル

第3章で述べたように〈反復習慣性〉はアスペクト形式の派生的意味としてあるが、単純なアスペクト的意味ではない。

# 第5章
# エヴィデンシャリティーのバリエーション

　世界の様々な諸言語においてエヴィデンシャリティーに関わる諸形式があることが提示されている。本章では、話し手の体験的確認（直接確認）を明示する直接的エヴィデンシャリティーのバリエーションと、間接的証拠に基づく確認を明示する間接的エヴィデンシャリティーのバリエーションについて考察する。

## 1. はじめに

　まず、これまで調査した限り、最も典型的に直接的エヴィデンシャリティーと間接的エヴィデンシャリティーを表す形態論的形式が成立している鹿児島県与論方言の場合を取り上げる。
　与論方言における「人（有情物）の存在動詞」には、次のような5つの形式がある（後述するが、無標の「オル」相当形式は基本的に使用されない）。ここで注目するのは、②④⑤である。

① hujuN（フユン：「シオル」相当形式）
② hujui（フユイ：「シオル」相当形式）
③ hutaN（フタン：「シタ」相当形式）
④ huitaN（フイタン：「シオッタ」相当形式）
⑤ hutai（フタイ：「シテアル」相当形式）

　②hujui（フユイ）は〈話し手の目撃〉を明示する。目撃していなかったり、話し手自身のことや〈未来〉のことには、hujui（フユイ）は使用できず、①hujuN（フユン）を使用しなければならない。

・[蚊がいるのを見て]
　hore　humanaɴja　ga:zjaɴɴu　hujui.
　ほら　ここに　　　　蚊が　　　　いる
・acjo:　aǫcja:ja　ja:naɴ　hujuɴ／*hujui.
　父は　　明日は　　　家に　　　いる

〈過去の存在の目撃〉の場合には、④huitaɴ（フイタン）を使用する。話し手自身のことには使用できず、その場合は、③hutaɴ（フタン）を使用しなければならない。

・[蚊を見たのを思い出して]
　ga:zjaɴɴu　huitaɴ.
　蚊が　　　　いた

また、痕跡（蚊にさされた跡）や記録（履歴書）のような〈間接的証拠〉に基づいて、話し手が過去の存在を確認したことを明示する場合には、⑤hutai（フタイ）が使用される。

・[蚊にさされた跡を見て]
　ga:zjaɴɴu　hutai.
　蚊が　　　　いたのだ
・[履歴書を見て]
　hunu　huigaja　warabi　　sjuiɴ　to:kjo:naɴ　hutai.
　この　　男は　　子どもの　頃　　東京に　　　　いたのだ

　与論方言には、以上のように、人称制限を伴いつつ、直接的確認を明示するエヴィデンシャリティー形式（②④）と、間接的証拠に基づく確認を明示するエヴィデンシャリティー形式（⑤）がある。
　両者に共通する特徴は次の通りである。

1)　アスペクトとは異なり、運動動詞に限定されない。
2)　テンス的には、未来にはなく、過去あるいは現在に限定される。

さらに、次のような興味深い現象もある。上記のように、⑤ hutai（フタイ）は間接的エヴィデンシャリティーを表すのだが、発話現場において目撃した事象（存在）が、話し手にとって〈意外（驚き）〉である場合にも使用できる（第Ⅱ部第3章で述べた標準語の過去形における〈意外な新事実の確認（発見）〉と同じである）。

・［よちよち歩きの孫を探していたところ、畑にいるのを見て］
humanaɴ　hutai.
こんな所に　いた！

〈目撃・現在〉であるので、②hujui（フユイ）でもよいが、⑤hutai（フタイ）を使用することによって〈話し手の意外性〉を明示することになる。このような現象は沖縄県首里方言にもある。

　以下、直接的エヴィデンシャリティー、間接的エヴィデンシャリティーの順にそのバリエーションを考察する（以下では、エヴィデンシャリティーに焦点を絞って述べるため、アスペクト・テンスを含んだ総合的な考察については、佐藤氏、高江洲氏、仲間氏、八亀氏との共著論文である八亀他（2005）、工藤他（2005）、工藤・佐藤・八亀（2007）、工藤・仲間・八亀（2007）も参照されたい）。

## 2. 直接的エヴィデンシャリティー

　次の3つの方言には、話し手が直接的に（あるいは体験的に）事実確認したことを明示する形態論的形式がある。そして、人称、テンス、述語のタイプの面で、制限がある方言とない方言がある（すべての方言において、発話時以後の〈未来〉にはありえない）。

|  | 人称 | テンス | 述語のタイプ |
| --- | --- | --- | --- |
| 宮城県中田方言 | 制限無 | 過去 | 制限無 |
| 与論方言 | 制限有 | 現在・過去 | 制限無 |
| 首里方言 | 制限有 | 過去 | 制限有（運動動詞・肯定） |

現在調査した限り、上記のような3つのバリエーションがある。以下、中田方言、首里方言、与論方言の順に述べる。

## 2.1　中田方言

　第3章で示したように、中田方言には、存在動詞にも運動動詞にも2つの過去形がある。さらに、形容詞述語や名詞述語にも、2つの過去形がある。そして、その一方の過去形は、〈話し手の体験性〉を明示する。

　下記の例を見られたい。「座ッタッタ」（動詞述語）、「アゲガッタッタ」（形容詞述語）、「小学生ダッタッタ」（名詞述語）は、「座ッタ」「アゲガッタ」「小学生ダッタ」とは違って、話し手が直接体験していない事象には使用できないという制限を有している。この形式を〈体験的過去形〉と呼んでおくことにする。

- ［太郎の動作を目撃したのを思い出して］
  太郎　キノナ　コノ席サ　座ッタッタ。
  （太郎は昨日この席に座った）
- ［赤い壁を見たことを思い出して］
  壁ノ　ペンキ　アゲガッタッタ。
  （壁のペンキは赤かった）
- ［子どもの名札を見て確認したことを思い出して］
  アノ　ワラス　トナリマズノ　小学生ダッタッタ。
  （あの子は隣町の小学生だった）

　体験（目撃）していない場合には、「座ッタ」「アゲガッタ」「小学生ダッタ」を使用しなければならない。
　そして、体験的過去形は、動詞述語、形容詞述語、名詞述語のすべてにおいて、肯定形式か否定形式か、普通体か丁寧体かを問わずある（なお、運動動詞のスタッタ形式が〈（動作）パーフェクト・現在〉を表すことはない）。以下、存在動詞と運動動詞、形容詞述語と名詞述語の順に述べる。

### 2.1.1　存在動詞と運動動詞

人の存在動詞のパラダイムは次のようである。肯定・否定、普通体・丁寧体を問わず、一貫して２つの過去形がある（既に述べたように、「イダ」はレアルな一時性を明示する。丁寧体には複数の形式があるが、意味上の違いはない）。

|  |  | 肯定 | | 否定 | |
|---|---|---|---|---|---|
|  |  | 普通 | 丁寧 | 普通 | 丁寧 |
| 未来 | | | | | |
| 現在 | 一時性中立 | イル | イス | イネ | イネガス |
|  | 一時性明示 | イダ | イスタ / イダガス | | |
| 過去 | 体験性中立 | イダ | イスタ / イダガス | イネガッタ | イネガスタ / イネガッタガス |
|  | 体験性明示 | イダッタ | イスタッタ / イダッタガス | イネガッタッタ | イネガスタッタ / イネガッタッタガス |

２つの過去形は、次のように対立している。

① 「イダッタ」は体験性を明示するが、「イダ」は体験性に中立的である。
② 〈体験性〉には、(a) 話し手自身が存在の主体となる場合と、(b) 話し手以外の主体の存在を話し手が知覚（視覚が中心）によって捉える場合とがあり、人称制限はない。

　(a) オラ　キノナ　ウッツァ　<u>イダッタ</u>。
　　　（私は昨日家にいた）
　(b) 太郎　キノナ　ウッツァ　<u>イダッタ</u>。
　　　（太郎は昨日家にいた）

次に、「飲ム」を例にして、運動動詞のパラダイムを提示すると次のようになる（主体動作客体変化動詞、客体変化動詞でも同じである）。完成相・継続相、肯定・否定、普通体・丁寧体を問わず、

やはり一貫して2つの過去形がある（現在テンスの「飲ンデダ」の意味は、「イダ」に準じる）。

| | | 肯定 | | | |
|---|---|---|---|---|---|
| | | 普通 | | 丁寧 | |
| | | 完成 | 継続 | 完成 | 継続 |
| 未来 | | 飲ム | 飲ンデル | 飲ミス<br>飲ムガス | 飲ンデス<br>飲ンデッカス |
| 現在 | 一時性中立 | — | | — | |
| | 一時性明示 | | 飲ンデダ | | 飲ンデスタ<br>飲ンデダガス |
| 過去 | 体験性中立 | 飲ンダ | 飲ンデダ | 飲ミスタ<br>飲ンダガス | 飲ンデスタ<br>飲ンデダガス |
| | 体験性明示 | 飲ンダッタ | 飲ンデダッタ | 飲ミスタッタ<br>飲ンダッタガス | 飲ンデスタッタ<br>飲ンデダッタガス |

| | | 否定 | | | |
|---|---|---|---|---|---|
| | | 普通 | | 丁寧 | |
| | | 完成 | 継続 | 完成 | 継続 |
| 未来 | | 飲マネ | 飲ンデネ | 飲マネガス | 飲ンデネガス |
| 現在 | | — | | — | |
| 過去 | 体験性中立 | 飲マネガッタ | 飲ンデネガッタ | 飲マネガスタ<br>飲マネガッタガス | 飲ンデネガスタ<br>飲ンデネガッタガス |
| | 体験性明示 | 飲マネガッタッタ | 飲ンデネガッタッタ | 飲マネガスタッタ<br>飲マネガッタッタガス | 飲ンデネガスタッタ<br>飲ンデネガッタッタガス |

「飲ンデダ」と「飲ンデダッタ」の2つの過去形は次のように対立している（「飲ンダ」と「飲ンダッタ」の場合も同様である）。飲ンデダ形式は動作を話し手が知覚しているかどうかには関知しない。それに対して、飲ンデダッタ形式は、当該動作を知覚体験していない場合には使用できない。次の例でも、話し手は階下にいて母の動作を実際には見ていないし、父は隣の部屋にいるので父の動作は話し手には見えていない。このような場合には、第2過去形は使用できない。

- [話し手が階下にいた場合] アンドキ　カーチャン　ニゲーデ　タンスサ　フグ　スマッテダ／*スマッテダッダ。
  (あのときお母さんは2階でタンスに洋服をしまっていた)
- [話し手が別の部屋にいた場合] アンドギ　トーチャン　隣ノ　部屋デ　ビール　飲ンデダ／*飲ンデダッタ。
  (あのときお父さんは隣の部屋でビールを飲んでいた)

知覚体験は、〈動作継続〉であっても〈結果継続〉であってもよい。

〈動作継続〉
- [太郎が窓を開けているのを見たのを思い出して]
  太郎　窓　開ゲデダッタ。(太郎が窓を開けていた)
- [スイカを切っている最中を見たのを思い出して]
  カーチャン　ナガスデ　スイガ　切ッテダッタ。
  (お母さんは台所でスイカを切っていた)

〈結果継続〉
- [真っ暗だったのを思い出して]
  電気　消エデダッタ。(電気が消えていた)
- [おじいちゃんが畑にいたのを思い出して]
  ズーチャン　ハダゲサ　行ッテダッタ。
  (おじいちゃんが畑に行っていた)

　体験的過去形の「スタッタ」「ステダッタ」は、一回的な個別の運動だけでなく、反復的な運動をも描き出すことができる。時間の抽象化が進みアスペクト対立は中和するが、知覚が捉えうる〈反復〉に対しては、体験的過去形の使用が可能である(ただし、この場合は、単純な知覚にはとどまらない)。

- [戦時中の話をしながら]
  アノ頃　マイヌズ　人　スンデダッタ／スンダッタ。
  (あの頃は毎日人が死んでいた)

- カーチャン　ムガス　マイトス　今頃　フユフグ　<u>スマッテダッタ</u>／スマッタッタ。
（お母さんは昔、毎年この時期に冬物の洋服をしまっていた）
- ［お父さんの若い頃のことを話題にして］
トーチャン　ワゲコロ　毎晩　サゲ　<u>飲ンデダッタ</u>／<u>飲ンダッタ</u>。（お父さんは若い頃は毎晩酒を飲んでいた）

　時間の抽象化、主体や客体の一般化がさらに進むと恒常的な特性を表すようになる。〈恒常的特性〉の場合には、アスペクト・テンス対立の解体とともに、述語は「スル」のかたちに固定し、体験性明示の有無自体がここでは無意味になる。

- 人ワ　スヌ。（人は死ぬ）

### 2.1.2　形容詞述語と名詞述語

　形容詞述語でも、体験性に関わる2つの過去形の関係は、基本的に動詞の場合と同様であり、体験性に中立的な過去形「アゲガッタ」（赤かった）と、体験性を明示する過去形「アゲガッタッタ」がある。

|  | 肯定 | | 否定 | |
| --- | --- | --- | --- | --- |
|  | 普通 | 丁寧 | 普通 | 丁寧 |
| 未来現在 | アゲ | アゲガス | アゲグネ | アゲグネガス |
| 過去 | アゲガッタ | アゲガスタ<br>アゲガッタガス | アゲグネガッタ | アゲグネガスタ<br>アゲグネガッタガス |
|  | アゲガッタッタ | アゲガスタッタ<br>アゲガッタッタガス | アゲグネガッタッタ | アゲグネガスタッタ<br>アゲグネガッタッタガス |

　次の2例のように、特性判断や評価的判断が知覚に基づくものでない場合は、体験的過去形は使えない。

- ［見たことのない昔の太郎の髪を想像し］
  太郎ノ　髪　モドワ　<u>黒ガッタ</u>／*黒ガッタッタ。
  （太郎の髪はもとは黒かった）
- 家康ワ　アダマ　<u>イガッタ</u>／*イガッタッタ。
  （家康は頭が良かった）

　次の2例のように、知覚に基づく特性判断、評価的判断の場合は、2つの過去形が使える。体験的過去形「クロガッタッタ」を使えば、知覚性（直接確認）が明示される。

- ［昔見た太郎の髪を思い出して］
  太郎ノ　髪　モドワ　<u>黒ガッタ</u>／<u>黒ガッタッタ</u>。
  （太郎の髪はもとは黒かった）
- シダテナ　ミダ　スバイ　タマゲダ　<u>イガッタ</u>／<u>イガッタッタ</u>。
  （このあいだ見た芝居はとても良かった）

　次の例の場合では、①判断を行う現在時を前面化するか（「イ」「タゲ」）、それとも、②本を読んだり山に登ったりした過去時点を前面化するか（「イガッタ」「タゲガッタ」）、そして、後者の場合、③読書や登山の直接体験性を明示するか（「イガッタッタ」「タゲガッタッタ」）に従って、3つの形式が使い分けられることになる。

- コノ本ノ　ナガミ　<u>イ</u>／<u>イガッタ</u>／<u>イガッタッタ</u>。
  （この本の内容は良い／良かった）
- ［海外から帰って］
  マッターホルンワ　<u>タゲ</u>／<u>タゲガッタ</u>／<u>タゲガッタッタ</u>。
  （マッターホルンは高い／高かった）

　「カラスワ　黒イ」のような脱時間的な場合は、特性の確認や評価的判断は、直接体験によるのでもなければ、知覚によるのでもない。従って、体験的過去形は使用できない。
　第2形容詞の場合になると、第1形容詞と比べて、体験的過去形

「元気ダッタッタ」の使用はかなり限定され、話し手による特性や状態の確認が体験に基づいていても、それを提示する述語は、体験性に中立的な第1過去形「元気ダッタ」を使用する傾向がある。

|  |  | 肯定 | | 否定 | |
| --- | --- | --- | --- | --- | --- |
|  |  | 普通 | 丁寧 | 普通 | 丁寧 |
| 未来現在 | | 元気ダ | 元気デガス | 元気デネ | 元気デネガス |
| 過去 | | 元気ダッタ | 元気デガスタ<br>元気ダッタガス | 元気デネガッタ | 元気デネガスタ<br>元気デネガッタガス |
|  | | 元気ダッタッタ | 元気デガスタッタ<br>元気ダッタッタガス | 元気デネガッタッタ | 元気デネガスタッタ<br>元気デネガッタッタガス |

「小学生ダッタッタ」のような名詞述語にも体験的過去形が存在し、やはり体験性というエヴィデンシャルな意味と、過去というテンス的意味とを複合的に表現している。ただし、第2形容詞述語の体験的過去形以上に使用されることが稀なかたちであって、中田方言母語話者のなかには、このような過去形は聞かない、使わないと回答する人もいる。しかし、インフォーマントである佐藤里美氏の内省では、このかたちはあきらかに存在し、複数の住民から確認もとっているとのことである。「小学生デガスタッタ」のような、丁寧体の方が、普通体よりも自然に内省できるようである。

|  |  | 肯定 | | 否定 | |
| --- | --- | --- | --- | --- | --- |
|  |  | 普通 | 丁寧 | 普通 | 丁寧 |
| 未来現在 | | 小学生ダ | 小学生デガス | 小学生デネ | 小学生デネガス |
| 過去 | | 小学生ダッタ | 小学生デガスタ<br>小学生ダッタガス | 小学生デネガッタ | 小学生デネガスタ<br>小学生デネガッタガス |
|  | | 小学生ダッタッタ | 小学生デガスタッタ<br>小学生ダッタッタガス | 小学生デネガッタッタ | 小学生デネガスタッタ<br>小学生デネガッタッタガス |

動詞述語の場合のように、具体的な運動であれば、それを捉えるのは基本的に視覚（目撃）をはじめとする知覚である。前述の通り、

話し手の知覚によって捉えられるのでなければ、あるいは話し手が体験するのでなければ、その運動は体験的過去形でさしだされることはない。名詞述語の体験的過去形も、基本的には体験性の明示を使命とする。次の例のように、幼い頃の祖母を見ていない孫が体験的過去形を使うことはできないが、幼い頃の孫を見ている祖母は使うことができる。話し手自身の直接体験の場合も、体験的過去形が使える。

- ［孫が祖母のアルバム写真を見ながら］
  コノ頃　オバーサン　マダ　<u>小学生ダッタ</u>／*小学生ダッタッタ。
  （この頃、おばあさんはまだ小学生だった）
- ［祖母が孫のアルバム写真を見ながら］
  コノ頃　花子ワ　マダ　<u>小学生ダッタッタ</u>。
  （この頃、花子はまだ小学生だった）
- ［自分のアルバム写真を見て］
  コノ頃　オラ　マダ　<u>小学生ダッタッタ</u>。
  （この頃、ぼくはまだ小学生だった）

しかし、動詞述語の体験的過去形が担う〈体験性〉と、名詞述語の体験的過去形が担う〈体験性〉とでは、性格が違ってくるだろう。第Ⅰ部第3章で述べたように、典型的な名詞述語が表す〈質〉（あるいは特性や関係）は、話し手の思考の所産であって、経験や知覚のみによって捉えうるものではない。事象の抽象度の高まり（時間的限定性がなくなってくること）に応じて、思考や知識など、知覚外の手段に依存する度合いも高まる。

知覚と思考との間は連続的であり、だからこそ動詞述語や形容詞述語のみならず、名詞述語も体験的過去形を持ちうるのだが、このような抽象的な事象を表す名詞述語においては、体験的過去形が明示する体験性は、本来の具体性を相対的に失っている。「石巻はにぎやかな町だった」という判断は、数多くの具体的な体験の一般化の結果として生じるという点で、レアルな具体的現象を提示する動

詞述語の個別具体的な体験による確認とは当然異なるのだが、体験的過去形を使用することによって、(a)のように、過去の体験を回想する。このような体験を持つ可能性がなかった話し手は、体験的過去形を使用することはできず、(b)のように、事象を〈一般的な知識〉として提示する。

(a) ［戦前生まれの古老の体験談］
　　イスノマギワ　戦前カラ　ニギヤガナ　<u>マズダッタッタ</u>。
　　（石巻は戦前からにぎやかな町だった）
(b) ［知識の提示］
　　イスノマギワ　エドズダイカラ　ニギヤガナ　<u>マズダッタ</u>／＊マズダッタッタ。
　　（石巻は江戸時代からにぎやかな町だった）

　以上のように、相対的な抽象化にもかかわらず、体験性明示の有無という、2つの過去形の対立は名詞述語においても維持されている。次の例のような一般的な事象をさしだす文でさえ、あえて体験的過去形で述べれば、話し手の〈回想的な体験談〉になるし、体験性に中立的な過去形で述べれば、〈一般的知識〉を伝えることになる。

・イネガリワ　ムガスワ　<u>重労働ダッタ</u>／<u>重労働ダッタッタ</u>。
　（稲刈りは昔は重労働だった）
・ミズワ　ヒャクショーノ　<u>イノズダッタ</u>／<u>イノズダッタッタ</u>。
　（水は百姓の命だった）

　なお、名詞述語であっても、動詞述語でも表せるような具体的な事象は、相対的に、体験的過去形を使用しやすい。

・カーチャン　サッキナマデ　<u>ゴ飯ズメダッタッタ</u>。
　（お母さんはさっきまで食事の準備をしていた）
・トーチャン　ユーベカダ　オソグマデ　<u>縄ネーダッタッタ</u>。
　（お父さんは夕べは遅くまで縄ない仕事だった）

### 2.1.3 事実の再確認（想起）用法

　第II部第3章において、標準語の過去形には、次のようなムード用法があることを述べた。すべて〈現在〉あるいは現在を含む事象であり、時間的限定性がある場合でもない場合でもよい。中田方言では、このようなムード用法においても、2つの過去形が使い分けられる。

1) 事実の再確認（想起）
　　そういえば、彼女は今出張中だった。
2) 新事実の確認（発見）
　　やっぱりここにあった。
3) 意外な新事実の確認
　　スカイツリーってこんなに高かったんだ。

　中田方言の体験的過去形は、1)を表す。しかし、2)と3)は表さない。1)と2)3)とでは、過去時に話し手が確認済であるか、発話現場での確認かという点で違っているからである。
　次のように、〈事実の再確認（想起）〉の場合は、体験的過去形でもそうでなくてもよい。

　　・［今、ケースの中に眼鏡があることを思い出して］
　　　ンダッタ、眼鏡　ケースン　ナガサ　アッタ／アッタッタ。
　　　（そうだった、眼鏡はケースの中にあった）
　　・タスカ　太郎　アス　ハエガッタ／ハエガッタッタ。
　　　（確か太郎は足が速かった）

　一方、次のような発話現場での〈新事実の確認（発見）〉の場合は、体験的過去形は使用できない。

　　・［探していた品を見つけて］
　　　アッタ、アッタ／＊アッタッタ、アッタッタ。
　　・［太郎が先頭を走っているのに気づいて］

ヤ　太郎　アス　ハエガッタ（ンダ）／*ハエガッタッタ（ンダ）。（おや、太郎は足が速かった）

## 2.2　首里方言

　第3章で触れたように、首里方言にも、話し手の目撃を明示する過去形がある。次の例はすべて、「シオッタ」相当形式によって、〈話し手の目撃〉が明示されている（目撃していない場合には「シタ」相当形式を使用しなければならない）。

- 'ikiganuʔuja:　cinu:　saki　numutaɴ.　　〈目撃（視覚）〉
  父は　　　　　昨日　酒を　飲んだ（飲んでいた）
- ziru:ja　cinu:　taru:　　suguitaɴ.　　　　〈目撃（視覚）〉
  次郎は　昨日　太郎を　叩いた（叩いていた）

下記のように、〈聴覚による知覚〉であってもよい。

- ［雨音を聞いたのを思い出して］
  cinu:ja　'junakani　ʔaminu　huitaɴ.　　　　〈聴覚〉
  昨日は　夜中に　　雨が　　降った（降っていた）

　中田方言と比較すると、次のような制限がある。

1) 〈人称制限〉があり、話し手自身のことには使用できない。
2) 〈運動動詞・肯定〉に限定される。
3) アスペクト的には、運動全体あるいは開始限界達成、終了限界達成の知覚でも、進行過程の知覚でもよい（中田方言のように、完成相、継続相の分化に対する形式的対応はない）。
4) 〈時間的限定性〉のある特定時の個別具体的な運動に限定される。

　首里方言では、このように〈運動動詞（肯定）〉の「シオッタ」相当形式に限定されて、エヴィデンシャルな意味が明示されるわけであるが、この「シオッタ」相当形式は、次のように〈反復〉や

〈未遂〉の意味も表す。時間の抽象化が起こった〈反復〉の場合には、人称制限がなく、話し手の知覚を明示しない。〈未遂〉の場合も、人称制限はない。

〈反復・過去〉
・'ikiganuʔuja:／'waNne:　me:naci　saki　numutaN.
　父は／私は　　　　　　毎日　　酒を　飲んでいた

〈未遂〉
・［人の酒をあやうく飲みそうになったが飲まなかった場面で］
　na:　'jagati　numutaN.
　もう　少しで　飲むところだった

この２つの意味は、愛媛県宇和島方言のショッタ形式と共通する。

「首里方言」　　　　　「宇和島方言」
目撃・過去　　　　　　進行・過去
反復・過去　　　　　　反復・過去
未遂　　　　　　　　　未遂

「シオッタ」相当形式における首里方言と宇和島方言の違いは、アスペクトから解放されて〈目撃〉を表すようになっているか、〈進行〉というアスペクト的意味を表すかにある。形式的側面から考えて、首里方言の「シオッタ」相当形式は、本来〈進行〉を表していたのではないかと思われる。では、どのようにして〈進行〉というアスペクト的意味から〈目撃（知覚）〉というエヴィデンシャルな意味への変化が起こったのであろうか。*1

　首里方言においてこのような変化が起こった要因としては２つあると思われる。１つは「シテオッタ」相当形式との張りあい関係であり、もう１つは「シタ」相当形式との張りあい関係である。

　まず、首里方言においては、「シテオッタ」相当形式が、次のように、〈進行（動作継続）〉を表す中心的な形式になっている。

- ˈikiganuʔuja: saki nudo:taɴ.
  父は　　　　酒を　飲んでいた

　この点と相関して、「シオッタ」相当形式の方は、〈進行〉というアスペクト的意味から解放され、人称制限を伴いつつ、エヴィデンシャルな意味を表す方向に変化したと考えられる。この「シオッタ」相当形式における〈進行〉からの解放は、非過去形の「シオル」相当形式とも連動しているように思われる。非過去形の「シオル」相当形式は、第3章で述べたように、〈完成・未来〉を表すようになっている。

- ［明日のことを聞かれて］
  ʔaca: saɴru:tu saki numuɴ.
  明日は　三郎と　　酒を　飲む

〈進行・現在〉を表すのは、「シテオル」相当形式であるが、「シオル」相当形式も使用できなくはない。

- ［今何をしているのかと聞かれて］
  saɴru:tu saki nudo:ɴ／numuɴ.
  三郎と　酒を　飲んでいる

　以上の点は、次のような変化があったのではないかということを推測させる。第3章で述べたように、「スル」相当形式は叙述法では使用されなくなっている。一方、〈完成・過去〉を表す「シタ」相当形式はある。従って、「シオッタ」相当形式が〈完成・過去〉に変化する必然性はない。

「シオル」相当形式：
　〈進行・現在〉→〈完成・未来〉（「スル」相当形式無）
「シオッタ」相当形式：
　〈進行・過去〉→〈目撃・過去〉（「シタ」相当形式有）

首里方言では、以上のような歴史的経緯の結果、運動動詞の過去形（肯定）にのみ直接的エヴィデンシャリティーという意味が生じたのではないかと思われる。

## 2.3　与論方言
　与論方言の直接的エヴィデンシャリティーの特徴は、次の点にある。*2

1) 中田方言や首里方言とは違って、過去テンスのみならず、現在テンスにもある。
2) 中田方言とは異なり、首里方言と同様に、人称制限がある。
3) 首里方言とは異なり、中田方言と同様に、運動動詞述語に限定されてはいない。

　既に与論島出身の山田（1979）によって、「jumjui」と「jumjuɴ」という2つの形式があること、そして、jumjuiの方は「現在直接の目の前においての動作の進行継続を表している」、jumjuɴの方は「自分（話者）の目の前にいないで、別のところで本を読んでいると推測する場合とか、目の前にいてもその時点以後の場合に「読むだろう」という推測をする時用いられる」と指摘されている。
　以下では、存在動詞の場合と運動動詞の場合について概略を述べ、総合的には、次節の間接的エヴィデンシャリティーの箇所で詳述することにする。

### 2.3.1　存在動詞
　与論方言にも2つの存在動詞がある。主体が〈人（有情物）〉の場合は「オル」に相当するhujuɴ（フユン）であり、〈もの（無情物）〉の場合は「アル」に相当するaijuɴ（アユン）である。
　まず、hujuɴ（フユン）について述べると、終止形には次の4つの基本的形式がある。1人称主語の場合には使用できない形式と、主語の人称制限がない形式を分けて提示する。与論方言では、存在動詞であっても、「スル」相当の無標形式huɴ（フン）は特別な場

合以外使用されない（この点は首里方言との違いである）。過去形のhutaN（フタン）は「シタ」相当形式である。

A（人称制限なし）：①hujuN（フユン：「シオル」相当形式）
　　　　　　　　　②hutaN（フタン：「シタ」相当形式）
B（人称制限あり）：③hujui（フユイ：「シオル」相当形式）
　　　　　　　　　④huitaN（フイタン：「シオッタ」相当形式）

　Aグループの①hujuNと②hutaNは、標準語の「いる」「いた」の意味用法と同じであり、①は非過去形、②は過去形である。①hujuN（フユン）は〈現在の一時的存在〉〈未来の一時的存在〉〈現在の習慣〉〈恒常性〉すべてを表す。

・［あなたは今どこかときかれて］
　basuti:nu　pataNaN　hujuN.
　バス停の　そばに　　いる
・acjo:　aQcja:ja　ja:naN　hujuN.
　父は　明日は　　家に　　いる
・hunuguru　ju:　ga:zjaNnu　hujuN.
　この頃　　よく　蚊が　　　いる
・uNnaNja　?ju:nu　hujuN.
　海には　　魚が　　いる

②hutaN（フタン）は〈過去の特定時の一時的存在〉〈過去の習慣（長期的存在）〉を表す。

・［あなたは昨日家にいたのかと聞かれて］
　iN　hutaN.
　うん　いた
・hanakoja　warabi　sjuiN　to:kjo:naN　hutaN.
　花子は　　子供の　頃　　東京に　　　いた

一方、人称制限のある③hujui（フユイ）は、〈目撃〉を中心にして〈話し手の知覚〉を明示するエヴィデンシャリティー形式である。〈未来〉も〈習慣〉も不可であり、〈現在の一時的存在の知覚〉を明示する。〈視覚〉が中心だが、下記の2番目の例のように〈聴覚による知覚〉であってもよい。話し手が知覚（目撃）していない場合には、①hujuɴ（フユン）を使用しなければならない。

- ［蚊がいるのを見て］
  hore　humanaɴja　ga:zjaɴnu　<u>hujui</u>.
  ほら　ここに　　　蚊が　　　　いる
- ［蚊の飛ぶ音を聞いて］
  ida:kanaɴ　ga:zjaɴnu　<u>hujui</u>.
  どこかに　　蚊が　　　　いる

　④huitaɴ（フイタン）は〈過去の話し手の知覚（目撃）〉を明示する。話し手が目撃していない過去の存在の場合は、②hutaɴ（フタン）を使用しなければならない。

- ［家に帰った時お客さんを見たのを思い出して］
  kjakunu　<u>huitaɴ</u>.
  お客が　　いた

　与論方言の直接的エヴィデンシャリティー形式の特徴は、次のようになる。

1）　人称制限があり、話し手自身の場合は使用できない。
2）　テンス的には〈現在〉と〈過去〉であり、〈未来〉はありえない。〈未来〉の出来事は〈知覚〉できないからである。
3）　〈一時的な存在〉に限定され、時間が抽象化された〈習慣〉のような場合には使用できない。

　ajuɴ（アユン）の場合は、1人称主語であることはないが、同じ

体系になっている。形容詞述語や名詞述語の場合もこれに準じる（hujuNと同様に、ajuNも「シオル」相当形式である）。

| 中立的形式（人称制限無） | エヴィデンシャリティー形式（人称制限有） |
|---|---|
| ajuN〈現在・未来〉 | ajui〈一時的存在・現在・目撃〉 |
| ataN〈過去〉 | aitaN〈一時的存在・過去・目撃〉 |

### 2.3.2　運動動詞

運動動詞には、次のような直接的エヴィデンシャリティー形式がある。まず、単純な主体動作動詞の場合について述べる。比較対照のため、人称制限のないアスペクト・テンス体系も示しておく。

【主体動作動詞（飲む）】

| 中立的形式<br>（人称制限無） | | | 直接的エヴィデンシャリティー形式<br>（人称制限有） | | |
|---|---|---|---|---|---|
| A<br>T | 完成 | 進行 | A<br>T | 完成 | 進行 |
| 未来 | numjuN | nuduN | 未来 | — | — |
| 現在 | — | nuduN（numjuN） | 現在 | — | numjui/nudui |
| 過去 | nudaN | nudutaN | 過去 | numju:taN | |

「シオル」相当形式のnumjui（ヌミュイ）と、「シテオル」相当形式のnudui（ヌドゥイ）はともに〈動作進行・現在・目撃〉を表す。目撃していない場合は、nuduN（ヌドゥン）を使用しなければならない（稀ではあるが、numjuN（ヌミュン）を使用してもよい）。

　　・［飲んでいる現場を見て］
　　　acjaga　　bi:ru　　　numjui／nudui.
　　　父が　　　ビールを　飲んでいる

「シオッタ」相当形式のnumju:taN（ヌミュータン）は、〈過去・目撃〉を表す。下記の最初の例のように動作の進行を目撃した場合

でも、2番目の例のように動作全体を目撃した場合でもよい。目撃していない場合には、nudaN（ヌダン）やnudutaN（ヌドゥタン）を使用しなければならない。

- ［飲んでいるのを見たのを回想して］
  acjaga　sai　numju:taN.
  父が　　酒を　飲んでいた
- ［2回叩くのを見たのを思い出して］
  zja:ja　kino:　taraNcjaN　taQke:　tatakju:taN.
  次郎は　昨日　太郎を　　　2回　　叩いた

　主体変化動詞では、〈変化進行〉だけでなく〈結果〉も目撃することができる。従って、〈変化結果〉の目撃を明示する形式がある。次の「シテオル」相当形式のaQcjui（アッチュイ）は〈主体結果・現在・目撃〉を表す。視覚以外の聴覚や触覚等でもよい。目撃していない場合には、aQcjuN（アッチュン）を使用しなければならない。

- ［開いた戸を見て／風が入ってくるのを感じて］
  jadunu　aQcjui.
  戸が　　開いている
- ［会場に着いた時には幕が開いているのを想像して］
  makunu　aQcjuN／*aQcjui.
  幕が　　開いている

　過去形のaQcjutai（アッチュタイ）は、〈主体結果・過去・目撃〉を表す。

- ［店が開いているのを見たのを思い出して］
  misjenu　aQcjutai.
  店が　　開いていた

第5章　エヴィデンシャリティーのバリエーション　　573

〈結果の目撃〉を表せるのは主体変化動詞の特徴であるが、主体動作動詞と同様に、〈変化進行・目撃〉を表す形式もある。「シオル」相当形式のakjui（アキュイ）は〈進行・現在・目撃〉を表す。目撃していない場合には、akjuN（アキュン）を使用しなければならない。

- ［幕がするすると開きつつあるのを見て］
  makunu　akjui.
  幕が　　 開きつつある
- ［会場に行く途中で幕が開きつつあるのを想像して］
  na:　makunu　akjuN／*akjui.
  もう　幕が　　 開きつつある

過去の場合は、「シオッタ」相当形式のakju:taN（アキュータン）が〈過去・目撃〉を表す。この場合、次の最初の例のように、〈進行過程〉を見たのでも、2番目の例のように〈変化の完成〉を見たのでもよい。

- ［幕が次第に開いていくのを見たのを思い出して］
  makunu　akju:taN.
  幕が　　 開きつつあった
- ［車にはねられて死ぬ現場を見たのを思い出して］
  kino:　ja:nu　 mjaNkanu　sinju:taN.
  昨日　うちの　猫が　　　 死んだ

以上のように、運動動詞の「シオッタ」相当形式が〈過去・目撃〉を表す点では、首里方言と共通するが、与論方言では、首里方言よりも広範囲に〈話し手の知覚（目撃）〉を明示する専用形式が成立していることが分かる。

## 3. 間接的エヴィデンシャリティー

　首里方言と与論方言を取り上げる。どちらの方言も、非過去形の「シテアル」相当形式がこの意味を担っている。〈間接的証拠に基づいて確認した過去の事象〉を表すのが間接的エヴィデンシャリティーである。

### 3.1　首里方言

　首里方言の直接的エヴィデンシャリティーは、運動動詞に限定されているのだが、〈間接的証拠に基づく過去の事象の確認〉であることを明示する間接的エヴィデンシャリティーの方は、動詞述語、形容詞述語、名詞述語を問わずある。そして、この形式は、アスペクト・テンスだけでなく、〈意外性〉というモーダルな意味とも絡みあっている。

　「maja:ja　size:N.（マヤーヤ　シジェーン）」という文は、次の3つの場面で使用できる。size:N は「シテアル」相当形式である。*3

①猫の死体はないが、間接的証拠となる血痕を見て「猫が死んだのだ」と、過去の事象を確認（推定）した場合
②猫の姿が見えないのでどうしたのかと思っていたところ、発話現場で人から「猫は死んだ」と聞いて確認した場合
③元気な猫なので死ぬはずがないと思っていたにもかかわらず、（話し手の予想を裏切って）今目の前に猫の死体を見て直接確認した場合（この場合は「シジェーサヤー」のように終助詞「サヤー」を伴うのがほぼ義務的になる）

　①は〈間接的証拠となる痕跡に基づく過去の事象の確認（推定）〉である。②は〈間接的証拠となる言語情報による過去の事象の確認〉である。どちらも〈過去の事象の直接確認ではないこと〉で共通している。一方、③は、目の前に死体があるので、「シテオル」相当形式である「シジョーン」を使用してもよいのだが、「シテアル」相当形式である「シジェーサヤー」を使用すると、〈話し手に

とって意外な新事実の直接確認〉を明示することになる。

以下では、存在動詞、運動動詞、形容詞述語と名詞述語の順に述べる。

### 3.1.1 存在動詞

首里方言の存在動詞には、直接的エヴィデンシャリティーを明示する形式はないが、間接的エヴィデンシャリティーを明示する「シテアル」相当形式がある。

次の'uteːɴ（ヲゥテーン）は「オッテアル」相当形式であり、間接的証拠に基づく過去の存在の確認を表す。終助詞「サヤー」を伴うことが自然な場合には、終助詞がついた形式を先に提示する。

- ［今太郎はいないが、発話現場に太郎の煙草入れがあるのを見て］
 taruːːja ʔɴmaɴkai 'uteːsajaː／'uteːɴ.
 太郎は　　ここに　　　いたのだ
- ［出てきた卒業証書を見て、東京にいたことを知って］
 taruːːja 'warabi soːine: toːkjoːɴkai 'uteːsajaː／'uteːɴ.
 太郎は　子供の　頃には　東京に　　　　いたのだ
- ［昨日太郎の姿が見えずどうしたのかと思っていたところ、発話現場で、相手からここにいたことを聞いて］
 cinu: taruːːja ʔɴmaɴkai 'uteːsajaː／'uteːɴ.
 昨日　太郎は　ここに　　　いたのだ

話し手自身の場合は、'uteːɴ（ヲゥテーン）は使用できない。ただし、話し手がごく幼い時に東京を離れており、発話現場で親から聞いて知った場面であれば、'uteːɴ（ヲゥテーン）が使用できる。

'uteːɴ（ヲゥテーン）は〈発話現場における意外なことの直接確認（目撃）〉も表す。話し手の想定外のことであってもよいし、常識的に考えられないことであってもよい。

- ［既に学校に行っている時間なのに、部屋にいるのを見て］

ʔai,　　ʔja:ja　　ma:da　'ute:saja:.
　　　あれ、　おまえは　まだ　　いる（いたのか）

　この場合も、1人称は不可であるが、話し手が意識不明になっていた場合は使用できる（トルコ語の -mis も、話し手が unconsciousness の場合には使用されることが指摘されている）。

　・［お酒に酔って寝込んでいて、目が覚めて］
　　　ʔai,　　'waɴne:　ʔɴmaɴkairu　'ute:saja:.
　　　あれ、　私は　　こんな所に　　いる（いた）

　「アッテアル」相当の ʔate:ɴ（アテーン）の場合も同様であり、〈間接的証拠に基づく確認〉というエヴィデンシャルな意味を表す。

　・［発話現場にゴミはないが、汚れているのを見て］
　　　kumaɴkai　guminu　ʔate:ɴ／ʔate:saja:.
　　　ここに　　ゴミが　あったのだ

　現在の存在に対する〈意外性（驚き）〉も表す。この場合は、ʔate:saja: の方が使用されやすい。

　・［別の場所だと思っていたにもかかわらず、目の前にあるのを見て］
　　　ʔai,　kumaɴkai　ʔate:saja:／ʔate:ɴ.
　　　あれ、ここに　　ある（あったんだ）

### 3.1.2　運動動詞

　以上のように、時間のなかでの動的展開のない存在動詞の「シテアル」相当形式においては、〈間接的証拠に基づく過去の存在の確認〉というエヴィデンシャルな意味や〈現在の存在に対する意外性〉というモーダルな意味になる。
　この「シテアル」相当形式は、本来的には〈客体結果〉というア

スペクト的意味と絡みあったエヴィデンシャルな意味を表していたのではないかと思われる。

　第3章で述べたように、首里方言の主体動作客体変化動詞では、「シテアル」相当形式は、次のような、動作主体が主語となる文構造において、エヴィデンシャルな意味と絡みあった〈客体結果〉を表す。この場合、客体の結果を描写するだけでなく、主体の特定化において話し手の推定が複合化されている。

・［太郎の姿は見えないが、戸が大きく開いているのを見て］
　taru:nu　hasiru　ʔakite:ɴ.
　太郎が　戸を　開けてある（開けたのだ）

ただし、次のように、話し手自身の場合には、現在における客体結果と過去時の動作の完成という複合的なパーフェクト的意味になる（この場合は、エヴィデンシャルな意味はない）。

・kwaNtuʔui:　'wa:ga　ciQce:kutu,　ʔatukara
　スイカは　私が　切ってあるから　後で
　'ɴnasa:ni　kamijo:.
　皆で　食べなさい

どちらの意味も、宇和島方言では、シトル形式が表す。さらに、宇和島方言のシトル形式と同様に、〈痕跡（形跡）の知覚に基づく過去の事象の確認（推定）〉も表す。

・［戸は今閉まっているが、木の葉が部屋に入っているのを見て］
　ta:ganaga　mata　hasiru　ʔakite:ɴ／ʔakite:saja:.
　誰かが　また　戸を　開けてある（開けたのだ）

宇和島方言のシトル形式と同様に、このような〈痕跡の知覚に基づく過去の事象の確認（推定）〉になると、語彙的意味から解放され、どのような運動動詞であっても可能になる。次は、主体動作動

詞、主体変化動詞の場合である（以下の例はすべて、宇和島方言であればシトル形式が使用される）。

〈主体動作動詞〉
・［皿が空になっているのを見て］
　taru:ja kamaN　　sagaci:na:　　kade:N／kade:saja:.
　太郎は　食べないと　言っていたが　食べたのだ
・［太郎の頬が赤くはれているのを見て］
　ta:ganaga　taru:　　sugute:N／sugute:saja:.
　誰かが　　　太郎を　殴ったのだ

〈主体変化動詞〉
・［現在窓は閉まっているが、窓の下が濡れているのを見て］
　ʔagibasirunu　ʔace:N.　　　　　　　〈目撃＝視覚〉
　窓が　　　　　開いたのだ
・［座ってみたところ、座布団が暖かいのを感じて］
　ʔai,　ta:ganaga　ʔNmaNkai　'ice:N.　　　　〈触覚〉
　あれ、誰かが　　ここに　　　座ったのだ

　首里方言の「シテアル」相当形式と宇和島方言のシトル形式とは、以上の場合は共通しているのだが、次のように、〈発話現場における相手からの言語情報〉という〈間接的証拠に基づく過去の事象の確認〉というエヴィデンシャルな意味が前面化してくると、もはや宇和島方言のシトル形式は使用できなくなる。

〈相手からの言語情報による間接確認〉*4
・［錆びて開かない箱が開いたのを知り、誰が開けたのだろうと思っていたところ、発話現場で太郎が開けたことを聞いて］
　ʔunu　hako:　taru:ga　ʔakite:N／ʔakite:saja:.
　この　箱は　　太郎が　開けたのだ
・［目が赤いのでどうしたのだろうと思っていたところ、母親に叱られたことを聞いて］

taru:ja　nura:rija:ni　nace:saja:.
太郎は　叱られて　泣いたのだ

　宇和島方言のシトル形式は、運動動詞に限定されている点（存在動詞にはシトル形式がないこと）から言っても、アスペクト的側面を切り捨ててエヴィデンシャルな意味を表すまでには至っていない。
　一方、首里方言では、さらに次のような〈話し手の意外性〉というモーダルな意味を表すようにもなっている。話し手の評価感情に中立的に言う場合には、シテオル相当形式のkado:ɴ（カドーン）が使用される。

・［発話現場で太郎が酒を飲んでいるのを見て］
　taru:ja　cu:ja　numaɴdi　ʔitarumuɴ　nude:saja:.
　太郎は　今日は　飲まないと　言ったのに、　飲んでいる！

　次の場合も同様である。動作継続や結果を客観的に述べるのであれば、「シテオル」相当形式のʔakito:ɴ（アキトーン）、ʔaco:ɴ（アチョーン）が使用される。

・［開けるなと言っておいたのに戸を開けている現場を見て］
　taru:ga　hasiru　ʔakite:saja:.
　太郎が　戸を　開けている！
・［開かないと思っていた箱がぱっくりと開いているのを見て］
　ʔai,　ʔunu　hako:　ʔace:saja.
　あれ、　この　箱は　開いている！

　以上のことから、首里方言の「シテアル」相当形式の意味は次のように展開してきたのではないかと思われる。

　①〈現在の客体結果と過去の動作主体の推定〉
　　（アスペクト・エヴィデンシャルな意味）
　　　　↓

②〈現在の痕跡に基づく過去の運動自体の推定（間接確認）〉
　　↓
③〈記録に基づく過去の運動の間接確認〉
③′〈相手からの言語情報に基づく過去の運動の間接確認〉
　　↓
④〈意外な事実の直接確認〉（モーダルな意味）

　①の場合は、主体動作客体動作に限定されている。②の場合は、この語彙的意味から解放され、エヴィデンシャルな意味が前面化してくるが、なお、運動終了後の段階というアスペクト的側面もある（宇和島方言のシトル形式が表すのはここまでである。ただし、新聞記事を見て確認した場合のような記録に基づく場合はシトル形式が使用できる）。
　③′になると、もはやアスペクト的側面はなくなり、間接的証拠性（発話現場における相手からの言語情報）というエヴィデンシャルな意味が前面化する。④になると、さらに、過去の事象というテンス的側面からも解放され、話し手の意外性というモーダルな意味が前面化する。

### 3.1.3　形容詞述語と名詞述語

　形容詞述語、名詞述語の場合は、存在動詞に準じる。次の3つの形式が使用される。1）と2）は、非過去か過去かのテンス対立である。3）の形式は、間接的エヴィデンシャリティー形式である。

1）　赤サン　　　小学生ヤン
2）　赤サタン　　小学生ヤタン
3）　赤サテーン　小学生ヤテーン

　3）の形式は、まず〈間接的証拠に基づく過去の状態や特性の推定〉〈記録や相手からの言語情報による間接確認〉というエヴィデンシャルな意味を表す。

- [子供が毛布を使っていないのを朝見て]
  cinu:nu　'juro:　nukusate:ɴ.
  昨日の　　夜は　　暖かかったのだ
- [今は校舎はないが、写真を見せられて]
  kuma:　muto:　gaŋko:　'jate:ɴ.
  ここは　昔は　　学校　　だったのだ

〈意外な新事実の発見〉も表す。「サヤー」を伴う。

- [太郎の車は黒いと思っていたのに、目の前で赤い車を見て]
  ʔai,　taru:　kuruma:　ʔakasate:saja:.
  あれ、太郎の　車は　　赤かったのだ！
- [先生とは思わなかったのに運動会で指導をしているのを見て]
  ʔai,　ʔanu　ɋco:　siɴsi:　'jate:saja:.
  あれ、あの　人は　先生　　だったのだ！

　時間的展開性のない静的事象を表す、存在動詞、形容詞述語、名詞述語には、アスペクトの分化はありえないが、〈間接確認〉〈意外な新事実の直接確認〉というエヴィデンシャルな意味やモーダルな意味はあっても不思議ではない。

## 3.2　与論方言

　与論方言は、これまで調査した限り、最も形態論的形式の多い方言であり、その特徴は、アスペクト・テンスと2つのエヴィデンシャリティーの絡みあいにある。

### 3.2.1　存在動詞

　まず存在動詞について示すと次のようになる。hutai（フタイ）とatai（アタイ）が間接的エヴィデンシャリティー形式である。

【人の存在動詞】

| 中立的形式（人称制限無） | エヴィデンシャリティー形式（人称制限有） |
|---|---|
| hujuN〈現在未来〉 | hujui 〈一時性・現在・目撃〉 |
| hutaN〈過去〉 | huitaN 〈一時性・過去・目撃〉 |
|  | hutai 〈間接的証拠に基づく過去の存在推定〉 |

【ものの存在動詞】

| 中立的形式（人称制限無） | エヴィデンシャリティー形式（人称制限有） |
|---|---|
| ajuN〈現在未来〉 | ajui 〈一時性・現在・目撃〉 |
| ataN〈過去〉 | aitaN 〈一時性・過去・目撃〉 |
|  | atai 〈間接的証拠に基づく過去の存在推定〉 |

　hutai（フタイ）は「オッテアル」相当形式であり、〈痕跡（形跡）〉や〈記録〉といった〈間接的証拠に基づく以前の存在の確認〉を表す。

- ［蚊にさされた跡を見て］
  ga:zjaNnu　hutai.
  蚊が　　　いたのだ
- ［履歴書を見て］
  hunu　huigaja　warabi　sjuiN　to:kjo:naN　hutai.
  この　男は　　子供の　頃　　東京に　　　いたのだ

「アッテアル」相当形式のatai（アタイ）も同様である。

- ［今はごみはないが、汚れた跡を見て］
  humanaN　guminu　atai.
  ここに　　ゴミが　あったのだ

　また、首里方言と同様に〈意外性〉というモーダルな意味も表す。この場合はajui（アユイ）でもよいが、話し手の意外性は明示できない。

・［ゴミはないと思っていたにもかかわらず、部屋にゴミがあるのを見て］
?ja:　guminu　atai.
おや　ゴミが　あった！

### 3.2.2　運動動詞

　運動動詞においても、「シテアル」相当形式が、間接的エヴィデンシャリティーを表す。
　次のnudai（ヌダイ）は、〈現在の痕跡（形跡）の知覚に基づく過去の動作の推定〉を表す。この場合は、〈痕跡・現在・目撃〉という側面と〈動作・過去・推定〉とが複合化されている。視覚が中心だが、嗅覚による知覚であってもよい。

・［お父さんの顔が赤いのを見て／息が酒臭いのを感じて］
acjaga　sai　nudai.
父が　　酒を　飲んである（飲んだのだ）

　主体変化動詞のaQcjai（アッチャイ）も同様である。2番目の例は、記録という間接的証拠に基づく確認を表す（この場合には〈推定〉はない）。

・［戸は閉まっているが野良猫が入っているのを見て］
jadunu　aQcjai.
戸が　　開いてある（開いたのだ）
・［新聞を見て］
mata　ko:cu:zikosi　sizjai.
また　交通事故で　　死んである（死んだのだ）

　首里方言と同様に、aQcjai（アッチャイ）は〈話し手の意外性〉を表すこともできる。「シテオル」相当形式のaQcjui（アッチュイ）も使用できるが、この場合には、「壊れたと思っていたのに」といった意外性は明示しない。sizjai（シジャイ）の場合も「金魚が

死ぬはずがないのに」といった意外な感情を表す。同じ場面で、「シテオル」相当形式のsizjui（シジュイ）も使用できるが、その場合は〈話し手の意外性〉は前面化せず中立的な言い方になる。*5

- ［壊れたと思っていた戸が開いているのを見て］
  jadunu　aqcjai.
  戸が　　開いている！
- ［元気だった金魚が浮いているのを見て］
  kiŋjonu　sizjai.
  金魚が　　死んでいる！

首里方言と同様に、主体動作客体変化動詞のaitai（アイタイ）は、まず〈客体結果〉を表す。

- ［戸が大きく開いているのを見て］
  tomokoga　jadu　aitai.
  友子が　　戸を　開けてある（開けたのだ）
- ［切ったスイカがテーブルの上にあるのを見て］
  aŋma:ga　　suikwa　　usikicjai.
  お母さんが　スイカを　切ってある（切ったのだ）

以上の例から分かるように、動作主体（友子、母親）は現場にいないので、動作主体の特定化には〈話し手の推定〉が入っており、複合的なアスペクト・エヴィデンシャルな意味になっている。

1人称主語は基本的に不可能なのだが、次のような特別な場合、〈意外性〉の感情を伴った〈忘れていた事実の再確認〉という意味になる（直訳すると「開けてある」になる）。

- ［玄関の戸が開いたままであるのを見て、自分がやったことを思い出して］
  wa:ga　jadu　aitai.
  私が　　戸を　開けたんだった！

第5章　エヴィデンシャリティーのバリエーション　　585

aitai（アイタイ）は、語彙的意味から解放され、主体動作動詞や主体変化動詞と同様に、〈痕跡の目撃に基づく間接確認〉も表す。目撃しているのは〈痕跡（形跡）〉であり、動作自体、客体結果自体は目撃していないので、〈過去の動作の推定〉が前面化してくる。ただし、終了後の段階というアスペクト的側面もまだある。

・［今戸は閉まっているが部屋に野良猫がいるのを見て］
　taraja　mata　jadu　aitai.
　太郎は　また　戸を　開けてある（開けたのだ）
・［包丁にスイカの種が付いているのを見て］
　aNma:ja　hunu　hatanasi　suikwa　usikicjai.
　お母さんは　この　包丁で　スイカを　切ってある
　　　　　　　　　　　　　　　　　　　（切ったのだ）

　以上のように、与論方言と首里方言における間接的エヴィデンシャリティー形式（「シテアル」相当形式）の意味用法は共通性が高い。

## 4. おわりに

本章のまとめと今後の課題を述べると次のようになる。

1)　中田方言には、すべての述語の過去形に、人称制限を伴わない〈体験的過去形〉がある。これまで、東北地域について調査した限り、このような一貫したかたちで体験的過去形がある方言は見いだせていないが、今後さらに調査を進める必要があろう。中田方言の体験的過去形には、過去パーフェクトや反事実仮想というモーダルな意味もある*6。話し手の体験的な事実確認と反事実仮想は一見矛盾しているように見えるが、第II部第6章で述べたように、反事実仮想は〈話し手の事実確認〉が前提になる。従って、体験的過去形に反事実仮想というモーダルな意味が派生するのは不思議ではないように思われる。今後、こ

のような観点からも、テンス的側面、エヴィデンシャルな側面、モーダルな側面との関係性を追求していく必要があろう。

2) 首里方言には限定された直接的エヴィデンシャリティー形式と述語のタイプの制限のない間接的エヴィデンシャリティー形式がある。首里方言のエヴィデンシャリティー形式は、形式面から考えても、人称制限がないことを考えても、アスペクト・テンス的意味が出発点であったと思われる。

2・1) まず重要なのは、「シテオル」相当形式のアスペクト的意味が標準語と同じであることである（与論方言も同様である）。

　　　　主体動作動詞（客体変化の有無に関係なし）→動作継続
　　　　主体変化動詞　　　　　　　　　　　　　　→結果継続

他のアスペクト・テンス形式はこれに連動している。「シオル」相当形式は、〈完成・未来〉に移行しているが、〈主体変化動詞〉では〈変化進行・現在〉の意味を保持している。「シテアル」相当形式は、述語のタイプに関係なく〈間接的証拠に基づく確認〉というエヴィデンシャルな意味を表すが、〈主体動作客体変化動詞〉では〈客体結果〉というアスペクト的意味がある。〈変化進行〉も〈客体結果〉も「シテオル」相当形式では表せないアスペクト的意味である。

2・2)「シタ」相当形式が存在するため、すべてのタイプの運動動詞において、「シオッタ」相当形式は〈目撃（知覚）・過去〉の意味になっている。非過去形の「シオル」相当形式と過去形の「シオッタ」相当形式は次のような文法化を進めたのではないかと思われる。

　　「シオル」相当形式：
　　　〈進行・現在〉（→〈直前・近未来〉）→〈完成・未来〉
　　　　　　　　　　　　　　　　　　　　　（スル形式無）

「シオッタ」相当形式：
〈進行・過去〉→〈目撃（直接確認）・過去〉
（シタ形式有）

2・3)「シテアル」相当形式は、次のような文法化を進めたのではないかと思われる。①は、主体動作客体変化動詞に限定されているが、②③④では動詞のタイプ、述語のタイプの制限はなくなる。その代わりに、人称制限が出てくる。そして、②③では、テンス的に〈過去の事象〉であるが、④では〈現在の事象の直接確認〉でもよくなる。ここでは話し手の直接確認した事象に対する、事実とは信じがたいというモーダルな意味が前面化してくる。*7

① 〈現在の客体結果と過去の動作主体推定〉
　　↓
② 〈現在の痕跡に基づく過去の事象の間接確認（推定）〉
　　↓
③ 〈間接的証拠となる言語情報による過去の事象の確認〉
　　↓
④ 〈話し手にとっての意外な新事実の直接確認〉

第3章の冒頭で述べたように、次のような発展経路が通言語的に提示されている。pastへと向かう方向性とは別に、indirect evidence、mirativityへと向かう方向性があるとすれば、今後は、このような観点も視野に入れて、さらに他の方言についても追及していく必要がある。

resultative → anterior → perfective／simple past
　　　　　　→ inference from results → indirect evidence
　　　　　　　　　　　　　　　　　　　→ mirativity

3) 与論方言はこれまで調査した限り最も形態論的形式の多い方言

である。
3・1）与論方言の述語には、情報のソースを明示する2つのエヴィデンシャリティーがある。エヴィデンシャリティーの特徴は、首里方言と同様に、①1人称主語が不可である、②未来テンスはない、という点にある。
3・2）エヴィデンシャリティーには、事象自体の〈目撃（知覚）〉を表す〈直接的エヴィデンシャリティー〉と、痕跡（形跡）や記録（言語情報）という間接的証拠に基づく以前の事象の推定（確認）という〈間接的エヴィデンシャリティー〉がある。直接的エヴィデンシャリティーでは時間的限定性のある特定時の具体的事象に限られる。
3・3）直接的エヴィデンシャリティーは、すべての動詞において、現在テンスの場合と過去テンスの場合とでは形式が異なる。「開ケル」を例にとって示すと、〈現在〉はaijui／aitui（アイユイ／アイテゥイ）であり、〈過去〉はaijutaɴ（アイユタン）である。

〈現在〉
aijui（「シオル」相当形式）／aitui（「シテオル」相当形式）

〈過去〉
aijutaɴ（「シオッタ」相当形式）

過去形aijutaɴ（アイユタン）は、「シオッタ」相当形式であることから考えて、首里方言と同様に、本来的には〈進行・過去〉を表していたと考えられる。そして、これに形式上対応する「シオル」相当の非過去形aijuɴ（アイユン）は〈未来〉を表すようになっている。この変化をもたらした原因は、次に示すような、「シテオル」、「シテオッタ」相当の〈進行〉を表す形式との張りあい関係であると考えられる。

| aijuN：（〈進行・現在〉） | aijutaN：（〈進行・過去〉） |
| ↑ → 〈完成・未来〉 | ↑ → 〈目撃・過去〉 |
| aituN：〈進行・現在〉 | aitutaN：〈進行・過去〉 |

　そして、aijuN（アイユン）の場合には、スル形式を滅ぼしつつ〈未来〉を表すようになり、aijutaN（アイユタン）の場合は、「シタ」相当形式があるがゆえに〈目撃〉というエヴィデンシャルな意味になったと思われる。この点は、首里方言と同じである。
　3・4）首里方言と同様に、「シテアル」相当形式が間接的エヴィデンシャリティーを表すが、〈意外性〉というモーダルな意味も派生している。この場合は、現場で目撃したことが話し手の予想外であったという驚きを前面化させる。精密な考察は今後の課題であるが逆は考えられないだろう。

　以上から見えてくるのは、次のような側面の絡みあいである（323頁の注1も参照されたい）。大きくは、時間的側面と認識的側面、そして話し手の評価感情という3つの側面が絡みあっている（91頁も参照されたい）。今後は、認識的な側面とエヴィデンシャルな側面とがどのような関係にあるかについて、さらに追及していかなければならない。

　　i）　述語の意味的タイプ（時間的限定性）
　　ii）　アスペクト・テンス
　　iii）　情報のソース（エヴィデンシャリティー）
　　iv）　話し手の確認（認識）のし方
　　v）　話し手の評価感情（モーダルな意味）

---

＊1　鈴木（1960）、上村（1963）では「持続態」とされているが、今回調査した限りでは、すべての動詞のタイプにおいて、動作・変化の〈完成〉を目撃し

たのでもよいということであった。アスペクトから解放され、エヴィデンシャルな意味が前面化してきていると思われる。当初は〈動作継続（持続）・過去・目撃〉を表していたが、アスペクト的意味から解放され、〈過去・目撃〉に移行したことは十分に考えられる。

*2　形式と意味の対応関係が複雑であるため、まず「形式的側面」から一覧化しておくと次のようになる。音韻表記は『与論方言辞典』(2005)に従う。上段はm語尾形式、下段はri語尾形式である。下記の形式のうち、（　）は使用頻度が高くない形式、「―」は調査において出て来なかった形式である。

| 動詞<br>相当形式 | 存在動詞<br>「いる」 | 主体動作動詞<br>「飲む」 | 主体動作客体変化動詞<br>「開ける」 | 主体変化動詞<br>「開く」 |
|---|---|---|---|---|
| ①スル | (huɴ)<br>(hui) | ―<br>　 | ―<br>　 | ―<br>　 |
| ②シオル | hujuɴ<br>hujui | numjuɴ<br>numjui | aijuɴ<br>aijui | akjuɴ<br>akjui |
| ③シオッタ | huitaɴ<br>(huitai) | numju:taɴ<br>(numju:tai) | aijutaɴ<br>(aijutai) | akju:taɴ<br>(akju:tai) |
| ④シテオル | (hutuɴ)<br>(hutui) | nuduɴ<br>nudui | aituɴ<br>aitui | aQcjuɴ<br>aQcjui |
| ⑤シテオッタ | (hututaɴ)<br>(hututai) | nudutaɴ<br>(nudutai) | aitutaɴ<br>(aitutai) | aQcjutaɴ<br>(aQcjutai) |
| ⑥シタ・シテアル | hutaɴ<br>hutai | nudaɴ<br>nudai | aitaɴ<br>aitai | aQcjaɴ<br>aQcjai |
| ⑦シテアッタ | (hutataɴ)<br>(hutatai) | (nudataɴ)<br>nudatai | aitataɴ<br>aitatai | aQcjataɴ<br>aQcjatai |

　上記の形式的整理から分かることは、次の点である。
1) ①の「スル」相当形式はないか、あってもほとんど使用されない。存在動詞の「huɴ／hui」や「aɴ／ai」は、確認調査でやっと出てきたものであり、終助詞を伴わない単独使用は不可能になっている。
2) その代わりに、②「シオル」相当形式がある。存在動詞でもこの形式が使用されるのが普通である。そして、「hujuɴ」のようなm語尾形式（上段の形式）と、「hujui」のようなri語尾形式（下段の形式）が、すべての動詞にある。
3) ③「シオッタ」相当形式には、m語尾形式がある一方、ri語尾形式はないか、あっても使用が限定されている。
4) ④「シテオル」相当形式はすべての動詞のタイプにあるが、存在動詞の場合にはあまり使用されない。存在動詞以外の動詞（運動動詞）では、m語尾形式とri語尾形式がある。
5) ⑤過去形の「シテオッタ」相当形式は、運動動詞（主体動作動詞、主体動

作客体変化動詞、主体変化動詞）ではよく使用されるが、そのri語尾形式の方は使用が限定されている。
6) ⑥「シタ・シテアル」相当形式は、すべての動詞にある。そしてm語尾形式とri語尾形式がある（アクセントの違いによって意味用法が違ってくる）。
7) ⑦「シテアッタ」相当形式にも、ri語尾形式とm語尾形式があるが、使用が限定されている場合がある。

形容詞、名詞述語については、上記の①、⑥、⑦に対応する次のような語形が確認された。このうち、⑦は使用頻度が低く、m語尾形式もない。①の「aːsaN／aːsai（アーサン／アーサイ）」は、「aːsa-」に存在動詞「aN／ai（アン／アイ）」が融合化していると思われる。⑥は「アッテアル」相当の「ataN／atai」が融合化した形式である。

|   | 形容詞 | 名詞述語 |
|---|---|---|
| ① | aːsaN／aːsai | sjoːgakusei eN／ei |
| ⑥ | aːsataN／aːsatai | sjoːgakusei eːtaN／eːtai |
| ⑦ | —／(aːsatata) | sjoːgakusei —／(eːtatai) |

*3 Slobin and Aksu (1982) において、トルコ語の「-mis」には次の3つの用法があることが指摘されている。

 *Kemal gelmis.* (Kemal came.)
(a) Inference: The speaker sees Kemal's coat hanging in the front hall, but has not yet seen Kemal.
(b) Hearsay: The speaker has been told that Kemal has arrived, but has not yet seen Kemal.
(c) Surprise: The speaker hears someone approaches, opens the door, and sees Kemal—a totally unexpected visitor.

首里方言でも次のように言う。全く同じではないとしても極めて類似性が高い。次の文は（a）（b）（c）の3つの場面で使用される。

 ・taruːja ceːN／ceːsajaː.
  太郎は　来てある（来たのだ）

 (a) 太郎の姿は見えないが、玄関にお土産があるのを見た場合
 (b) 太郎の姿は見えないが、発話現場で人から太郎が来たことを聞いた場合
 (c) 来ないと思っていたのに、太郎が玄関にいるのを見た場合

*4 標準語の「〜ソウダ」が表す〈伝聞〉とは違って、発話現場における言語情報による〈話し手の新事実の間接確認〉である。「彼女は留学するそうだ」といった場合には、話し手が既に知っている伝聞情報（記憶の引き出し）であり、このような場合には「シテアル」相当形式は使用されない。言語情報とい

う間接的証拠に基づく、発話時における〈話し手にとっての新事実の確認〉という点が前面化される。
＊5　首里方言の「シテアル」相当形式は〈客体結果〉は表しても〈主体結果〉は基本的に表さない。〈主体結果〉を表す場合には常に〈意外性〉というモーダルな意味と複合化されている。与論方言については、この判断が難しかった。〈意外性〉というモーダルな意味を伴わずに〈主体結果〉を表せるのかどうかの確認は今後の課題である。
＊6　佐藤（2007）は次のように述べている。

> 平山輝男編（一九八二）は、つぎの八戸方言のスタッタ形を「非実現」の用法と規定している（p.258）。
>
> モット　エソエダッタラ　マニャタノネ（もっと急いだら間に合ったのに）
> モット　ハヤグ　タッタッタラ　マニャタッタノネ（もっと早く出発したら間に合ったのに）
>
> 中田方言においても、第二過去形は反実的なつきそいあわせ文の述語に頻繁にあらわれる。このばあい、第一過去形も不可能ではないのだが、反実性を明確に表すには、第二過去形の方が優先される。体験性は、本来、現実性の前面化なのであるが、この場合は非現実性を前面化させている。こうした意味の成立にも過去パーフェクトがからんでいると見られる。
>
> レンラグ　ウゲデダッタラ／ウゲデダラ、オラモ　カイギサ
> デデダッタ／デデダ（連絡を受けていたなら、私も会議に出ていた）

＊7　①の場合には、〈客体結果〉というアスペクト的側面があるため、過去形の「シテアッタ」相当形式も使用され、テンス対立が明確にある。一方、④の〈意外性〉という発話時における話し手の評価感情を表す場合には、テンス対立はありえない。その中間にあるのが、②と③であるが、②では〈痕跡の存在時〉（あるいは〈痕跡の知覚時〉）が過去であることを示すために、過去形「シテアッタ」相当形式が使用されることがある。しかし、③になると、発話時における〈確認〉というモーダルな意味がさらに前面化されるため、過去形は使用できなくなってくる。323頁の注1もあわせて参照されたい。

# 第6章
# 言語接触と文法的変化

　国内では沖縄地域、海外では日系移民社会及び沖縄系移民社会における、言語接触（方言接触）によって生成された日本語のバリエーションを考察する。第2章から第5章までの考察を踏まえて、存在動詞のあり様から出発し、言語接触が引き起こす文法的変化の問題について、アスペクトとエヴィデンシャリティーを中心に述べる。

## 1. はじめに

　沖縄地域や国外の日系移民社会では、言語（方言）の接触と混交によって、第2章～第5章で述べた諸方言とは異なる日本語のバリエーションが生まれている。その混交現象がごった煮ではないとすれば、どのような法則性が見られるのだろうか。以下、2つのタイプに分けて述べる。
　まず、日本各地からの移民で構成される海外の日系移民社会における言語接触の特徴について概観する。次に示すのは、前山編著（1986）『ハワイの辛抱人―明治福島移民の個人史―』からの引用である。あとがきによると、「各章のタイトルと見出しを除けば、あとはほとんど完全に語り手のオリジナルの語りを残すように最大の努力を払った」とある。この談話のなかで〈変化進行〉を明示するために、「落ちよる」（実線部分）という西日本諸方言（京阪地域を除く）のアスペクト形式が使用されていることが注目される。この談話の語り手の渋谷氏は、1892（明治25）年、福島に生まれ、1907（明治40）年に、14歳でハワイに移住した方（1世）である。＊1 福島県福島方言では標準語と同様に、波線で示した「やってる」のようなシテル形式が使用される。

わたしがヌアヌを<u>やってる</u>時分に、真珠湾やられたんだから。あれは7日でしたねぇ、日本じゃ8日だから。ちょうどその7日の朝ねェ、日曜でしたよ。日曜は私も忙しいんだから、朝早ァ起きてパイをつくる、シチューをこしらえる、ねェ、そしてほとんどみんなもういい具合にできたころにィ、どうも、ドンガラドンガラ音ォするもんねェ。「どうしたんかァ」って言いながら、気がつかんでおったですよォ。それから裏にちょっと小便しに出たところがァ、なに、ひどいのォ、ほんとの音ォするもん。そしてよく見たところが、真逆様に飛行機が、コウ、<u>落ちよる</u>じゃないの。　　　　　　　［前山編著1986: 240–241］

　第3章で述べたように、標準語及び福島等を含む東京周辺地域のアスペクトの中心的形式であるシテル形式は、〈変化進行〉を（特別な場合を除き）表すことができない。これに対して、西日本諸方言のショル形式は、「窓ガ　開キヨル」「畑ニ　行キヨル」「松ノ木ガ　枯レヨル」のように〈変化進行〉を表すことができる。経歴から考えて、語り手の渋谷氏は、ハワイの日系移民社会でショル形式を習得したと考えられる。ここに見られるのは、福島方言を含めて標準語型のアスペクト形式（シテル）と西日本諸方言型のアスペクト形式（ショル）の共存である。これを「混合型」と名づけておくことにする。このようなことはウチナーヤマトゥグチでは見られない。
　さて、国内の沖縄地域では、ウチナーヤマトゥグチ（沖縄日本語）と言われる、伝統方言（沖縄県首里方言で代表させる）と本土日本語との接触によって生まれた言語（方言）が話されている。ウチナーヤマトゥグチでもショッタ形式が使用されているが、この形式の意味は、日系移民社会で使用されるショッタ形式の意味とは全く違っている。
　「先生ガ　窓　開ケヨッタ」というのは、西日本諸方言では（日系移民社会でも）、〈動作進行〉というアスペクト的意味を表すのだが、ウチナーヤマトゥグチでは「先生が窓を開けるのを見た」というエヴィデンシャルな意味になる。「開ケヨッタ」は〈話し手の目

撃〉を明示する形式であり人称制限がある。従って、第5章で述べたように、意味は伝統方言（首里方言）を継承し、形式面での取り替えが起こっていることになる。

「伝統方言」　　　　「ウチナーヤマトゥグチ」　「本土日本語」
【形式】アキータン　【形式】アケヨッタ ← 【形式】アケヨッタ
【意味】目撃　→【意味】目撃　　　　　　　　【意味】進行

Heine and Kuteva（2004: 2-6）は、言語接触によって引き起こされる転移（contact-induced transfer）について大きく2つのタイプを区別している。

　　A：the transfer involving phonetic substance of some kind or another (forms or form-meaning units)
　　B：the transfer of meanings (including grammatical meanings or functions) and syntactic relations

ウチナーヤマトゥグチの特徴は、形式面での取り替えを行い、意味は伝統方言を継承していることにある。「身体は本土日本語だが、心は沖縄伝統方言」と比喩的に言えよう。これを「融合型」と名づけておく。このようなことは日系移民社会における言語接触には見られない。

## 2．言語接触の2つのタイプ

　言語接触の結果として生成された2つのタイプの日本語のバリエーションについて一覧化すると次のようになる（なお、沖縄からの移民は従来日系移民として一括されてきた。しかし言語接触のあり様について考察する際には、本土系移民と沖縄系移民は区別しておく必要がある。沖縄系移民の場合については後述する）。

|  | 【日系移民社会】本土各地の方言を母語とする移民間の言語接触と相互理解のためのコイネー化 | 【ウチナーヤマトゥグチ】沖縄の方言を母語とする人における本土日本語（上層語）との言語接触とウチナーンチュとしてのアイデンティティ |
| --- | --- | --- |
| 人（有情物）の存在動詞 | イル<br>オル | イル |
| アスペクト形式 | シテル<br>シトル・シヨル | シテ（ー）ル |
| 否定形式 | シナイ<br>セン | セン |
| エヴィデンシャリティー形式 |  | シヨッタ<br>シテアル |

　日系移民社会における言語接触では、次の3点が特徴的である。

①複数の形式（標準語あるいは東日本の方言形式と西日本の方言形式）が共存する。
②日本各地からの移民で構成されるため、相互理解のためのリンガフランカが必要になり、特殊な方言形式は淘汰されて、コイネー化（immigrant koine）が起こる（「シチョル」「シユー」のような方言形式は使用されていない）。
③地域差が見られない。ブラジルでは2地域の日系コミュニティを調査したが地域間の違いはなかった。これには移住後の移動の激しさも関わっていると思われる。

　②の点については、渋谷氏が次のように回想している。

　　ま、そんな具合でね、日本人同士が、話が通じなかったんですゾォ。山形県であろうが、新潟県であろうが、福島・宮城であろうが、一遍ですぐ話が分るなんて奴はおらんかったから。そこさきてからに、山口だ、広島だときたら、もう分らん。九州なんかときたら、もっと分らんかった。郡がちがったってち

がうのに、県がちがったら、もう……。わしら来た時分にゃ、ほんとう、日本人同志が通訳要ったんですぞう。

[前山編著 1986: 68–69]

　一方、沖縄地域においては、明治以来、方言撲滅政策を伴う日本語（標準語）教育が実施されてきた。日系移民社会では異なる方言を母語とする移民間の相互理解のためのリンガフランカ（immigrant koine）が必要になるが、沖縄地域では、政治・経済・文化の中心である首里（那覇）で話される方言が、琉球列島における共通語（リンガフランカ）としての役割を担ってきた。ウチナーヤマトゥグチでは、形式（form）は上層語としての本土日本語を取り入れているが、意味（meaning）は伝統方言と同じである。「身体は本土日本語だが、心は沖縄伝統方言」だとすれば、このような融合がウチナーンチュとしてのアイデンティティに関わっていても不思議ではない。

　以下、2つのタイプの言語接触と混交のあり様を具体的に見ていくことにする（ウチナーヤマトゥグチについては、高江洲（1994）があるが、本書では、マクロな視野からの位置づけと、日系移民社会との比較対照を行いたい）。

## 3．ウチナーヤマトゥグチ

　ウチナーヤマトゥグチにおける「融合型」言語接触を端的に示す事例の1つが「アッチュン」から「歩ク」への変化であろう。次のようなウチナーヤマトゥグチは、語彙的意味の面では伝統方言を引き継いでいることを示している。伝統方言には「歩く」の意味だけでなく「通う」「仕事をする」の意味もあるからである。

- ・太郎　大学　歩イテ（ー）ル。（太郎は大学に通っている）
- ・太郎　海　歩イテ（ー）ル。（太郎は漁師をしている）

　同じ現象が文法面でも見られるのだが、まず、形式面での変化に

おいては、3母音体系から5母音体系への変化が起こっていることを指摘しておかなければならない。そして、以下に述べる、本土日本語の形式と伝統方言の意味を融合させた言語接触が起こっている。

なお、伝統方言を話す世代と話せない世代とではウチナーヤマトゥグチのあり様は異なってくるであろう。もはや伝統方言を話せない世代においても、聞いて分かる世代（個人）と聞いても分からない世代（個人）とでも異なるであろう。本章で焦点をあてるのは、基本的に、伝統方言をもはや話さないが聞いて分かる世代の方々である。

### 3.1 存在動詞とアスペクト

ウチナーヤマトゥグチでは、人の存在動詞は「イル」である。伝統方言の「ヲゥン（'uN）」から「イル」への取り替えが起こっている。これに連動して、アスペクト形式も「ソーン」（「シテオル」相当形式）から「シテ（ー）ル」になっている。アスペクト的意味は、首里方言と同じであり、〈動作継続〉と〈結果継続〉を表す。どちらの意味になるかは動詞のタイプによって決まり、「開ケル、切ル、読ム、飲ム、歩ク」のような〈主体動作動詞〉（主体動作客体変化動詞を含む）では〈動作継続〉の意味になり、「開ク、切レル、死ヌ」のような〈主体変化動詞〉では〈結果継続〉の意味になる。第3章で述べたように、首里方言の「シテオル」相当形式のアスペクト的意味は標準語と同じである。従って、結果的には、形式面でも意味の面でも、標準語と同じになっているが、首里方言の意味を保持しつつ形式面での取り替えを行ったと考えるべきであろう。

「伝統方言」　　　「ウチナーヤマトゥグチ」　　　「本土日本語」
【形式】アキトーン　【形式】アケテ（ー）ル　⟵　【形式】アケテイル
【意味】継続　⟶　【意味】継続　　　　　　　　　【意味】継続

また、〈完成・未来〉のアスペクト的意味を表すのは、伝統方言では「シオル」相当形式であったが、ウチナーヤマトゥグチではスル形式になっている。

| 「伝統方言」 | 「ウチナーヤマトゥグチ」 | 「本土日本語」 |
|---|---|---|
| 【形式】アキーン | 【形式】アケル　← | 【形式】アケル |
| 【意味】完成　→ | 【意味】完成 | 【意味】完成 |

　第3章で述べたように、首里方言の「シオル」相当形式は、〈進行・現在〉も表す。この点については高江洲（1994）に次のような指摘がある（ウキユンは「起きる」の意味である）。

　　方言の完成相の現在・未来の形ウキユンは未来だけでなく現在進行している動作もあらわすことができるが、このことがウチナーヤマトゥグチにも影響をあたえている。

　　太郎は　いま　となりの　へやで　新聞　よむよ。
　　〈太郎はいま、となりの部屋で新聞を読んでいるよ。〉

　しかし、このもちい方は方言を第一言語として習得した高齢の世代にみられ、方言を習得していない世代では「している、してる」という不完成相の形をもちいるのが普通である。

　この点もまた、伝統方言を話す世代では、形式面の取り替えを行ったことを示している。

| 「伝統方言」 | 「ウチナーヤマトゥグチ」 | 「本土日本語」 |
|---|---|---|
| 【形式】ユムン | 【形式】ヨム　　← | 【形式】ヨム |
| 【意味】完成・<u>進行</u>　→ | 【意味】完成・<u>進行</u> | 【意味】完成 |

　第3章で述べたように、首里方言では、「読ム」のような主体動作動詞の場合には〈進行（動作継続）〉の意味を「シテオル」相当形式が表すのが普通になっていた。従って、ウチナーヤマトゥグチでも「シテ（ー）ル」形式に置き換えることができる。しかし、主体変化動詞の「シオル」相当形式が表す〈変化進行〉の意味は、「シテオル」相当形式では表せないことから、首里方言でもしっか

り保持されていたのである。この〈変化進行〉の意味は、ウチナーヤマトゥグチの「シテ（ー）ル」形式でも表すことはできない。ではどのようなことが起こっているのであろうか。この点を次に考える。

### 3.2 アスペクト・テンス・ムード体系

第3章で述べた首里方言と対比させながら、動詞のタイプごとにウチナーヤマトゥグチの特徴を見ると次のようになる。

まず、〈主体動作動詞〉では、アスペクト・テンス体系は全く変わらないままである。形式面での取り替えの結果、標準語と同じになっている。首里方言のkanuN（カヌン）の〈進行〉の意味は、首里方言を話す高年齢層以外ではウチナーヤマトゥグチには引き継がれていない。シテ（ー）ル形式で表せるからである。

【首里方言】

| T \ A | 完成 | 進行（動作継続） |
|---|---|---|
| 非過去 | kanuN 【シオル相当形式】 | kado:N (kanuN) 【シテオル相当形式】 |
| 過去 | kadaN 【シタ相当形式】 | kado:taN 【シテオッタ相当形式】 |

↓

【ウチナーヤマトゥグチ】

| T \ A | 完成 | 進行（動作継続） |
|---|---|---|
| 非過去 | 食ベル | 食ベテ（ー）ル |
| 過去 | 食ベタ | 食ベテ（ー）タ |

次に〈主体動作客体変化動詞〉では次のようになる。ここでも、ʔaki:N（アキーン）の〈進行〉の意味は継承されていない。シテ（ー）ル形式で表せるからである。{ }で括った形式「開ケテアル」については後述する。

【首里方言】

| T \ A | 完成 | 進行（動作継続） | {客体結果＋推定} |
|---|---|---|---|
| 非過去 | ʔakiːɴ【シオル相当形式】 | ʔakitoːɴ（ʔakiːɴ）【シテオル相当形式】 | {ʔakiteːɴ}【シテアル相当形式】 |
| 過去 | ʔakitaɴ【シタ相当形式】 | ʔakitoːtaɴ【シテオッタ相当形式】 | {ʔakiteːtaɴ}【シテアッタ相当形式】 |

↓

【ウチナーヤマトゥグチ】

| T \ A | 完成 | 進行（動作継続） | {客体結果＋推定} |
|---|---|---|---|
| 非過去 | 開ケル | 開ケテ（ー）ル | {開ケテアル} |
| 過去 | 開ケタ | 開ケテ（ー）タ | {開ケテアッタ} |

　〈主体変化動詞〉では次のようになる。第3章で述べたように、首里方言の非過去形ʔacuɴ（「シオル」相当形式）は〈変化進行〉の意味も表す。しかし、この意味は、首里方言を話さない世代には継承されず、アスペクト体系は大きく変化している。なお、エヴィデンシャルな意味を表す過去形のʔacutaɴ（「シオッタ」相当形式）は、ウチナーヤマトゥグチではショッタ形式になっている。この点については後述する。

【首里方言】

| T \ A | 完成 | 変化進行 | 主体結果 |
|---|---|---|---|
| 非過去 | ʔacuɴ【シオル相当形式】 | ʔacuɴ【シオル相当形式】 | ʔacoːɴ【シテオル相当形式】 |
| 過去 | ʔacaɴ【シタ相当形式】 | {ʔacutaɴ}【シオッタ相当形式】 | ʔacoːtaɴ【シテオッタ相当形式】 |

↓

【ウチナーヤマトゥグチ】

| T \ A | 完成 | 主体結果 |
|---|---|---|
| 非過去 | 開ク | 開イテ（ー）ル |
| 過去 | 開イタ | 開イテ（ー）タ |

以上のように、基本的には、〈主体変化動詞〉における〈変化進行〉の意味は継承されていないのであるが、ウチナーヤマトゥグチでは、若い世代のなかに、「行キヨル」「開キヨル」のような非過去形のショル形式を使用する人があるようである。この形式を使用する原因は〈変化進行〉という意味の継承にあると言えよう。ここでは、次のような対応になる。ʔacuN形式が表していた〈変化進行〉の意味が「開キヨル」に複製されたことになる。そしてこれは本土の西日本諸方言と同じ意味である。このショル形式の今後の動向が注目されよう。

「伝統方言」　　　　　　　「ウチナーヤマトゥグチ」
【形式】アチュン　　　　　【形式】アキヨル
【意味】変化進行　──→　【意味】変化進行

また、ウチナーヤマトゥグチのムード・テンス・アスペクト体系は次のようになっている。シテ（ー）ル形式が、〈実行法〉では使用できないことは標準語との相違点である。実行法では「シトーケ（ー）」（命令）、「シト（ー）コー」（意志・勧誘）という別の形式を使用しなければならない。叙述法と実行法で異なる形式が使用される点は伝統方言を継承している。

| M \ A T | | 完成 | 継続 |
|---|---|---|---|
| 叙述法 | 非過去 | スル | シテ（ー）ル |
| | 過去 | シタ | シテ（ー）タ |
| 実行法 | 意志・勧誘 | ショー | シト（ー）コー |
| | 命令 | シロ／シレ | シトーケ（ー） |

### 3.3　間接的エヴィデンシャリティー

標準語と同じシテアル形式が使用されるが、その文法的意味は異なる。ここでもまた、形式面での取り替えだけが起こり、意味は伝統方言を継承しているのである（なお、形式的には「シタール」に

なる場合もある)。

　ウチナーヤマトゥグチのシテアル形式は、次のように、標準語と異なり、動作主体が主語となる。そして〈客体結果の知覚に基づく先行時の動作の推定〉というアスペクト・エヴィデンシャルな意味を表す。

　　・［父親はいないが、切ったすいかがテーブルにあるのを見て］
　　　トーチャンガ　スイカ　切ッテアル。
　　・［物干し竿の洗濯物を見て］
　　　カーチャンガ　洗濯物　干シテアル。

　上記のように〈視覚による知覚〉が多いが、〈嗅覚〉〈触覚〉による知覚であってもよい。知覚と推定の主体は〈話し手〉であり、従って、1人称主語であることは不可能である（「コンナニ　酒飲ンデアル」のように、話し手が意識不明になっていたような特殊な場合に限られる）。動作主体の特定化ができない場合には、「誰カ」「何カ」を使用する（なお、〈客体結果〉が過去の場合は、過去形「シテアッタ（シターッタ）」が使用される）。

　　・［猫はもういないが、座布団が暖かいのを感じて〈触覚〉］
　　　猫ガ　寝テアル。
　　・［お酒の臭いがするのを感じて〈嗅覚〉］
　　　太郎ガ　酒　飲ンデアル。
　　・［荷物が置いてあるのを見て］
　　　留守ノ間ニ　誰カ　来テアル。

　「シテ（ー）ル」形式が表す（a）〈主体結果〉と、シテアル形式が表す（b）〈客体結果〉とは、アスペクト的には、どちらも〈変化後の結果〉という点で共通するのだが、（b）では〈先行時の動作主体の推定〉というエヴィデンシャルな意味が複合化されているのである。

(a)［開いた窓を見て］窓ガ　開イテ（ー）ル。
　　　(b)［開いた窓を見て］太郎ガ　窓　開ケテアル。

　次のようになると、「落ち葉が入っている」という〈痕跡（形跡）〉の知覚に基づく〈推定〉であって、話し手は、窓が開いた状態自体は見ていない。「開ク」のような主体変化動詞でも可能になり、エヴィデンシャルな意味（間接的エヴィデンシャリティー）が前面化する。

　　　(c)［窓は閉まっているが落ち葉が部屋のなかに入っているのを見て］
　　　・窓ガ　開イテアル。
　　　・誰カガ　窓　開ケテアル。

　このように、ウチナーヤマトゥグチのシテアル形式もまた、形式上は標準語的だが、意味は伝統方言を引き継ぐという融合的なものとなっている。

「伝統方言」　　　　　「ウチナーヤマトゥグチ」「本土日本語」
【形式】アキテーン　　【形式】アケテアル　←　【形式】アケテアル
【意味】客体結果　→　【意味】客体結果　　　　【意味】客体結果
　　　＋推定　　　　　　　＋推定
　　　痕跡に基づく　　　　痕跡に基づく
　　　推定　　　　　　　　推定

　伝統方言では、存在動詞、形容詞述語や名詞述語にも間接的エヴィデンシャリティー形式があったのだが、ウチナーヤマトゥグチでは「イテアル（イタール）」のような形式は普通使用されないようである。この点では単純化が起こっていると言えよう（ただし個人間の揺れはあるようである）。
　西日本諸方言では、以上のような場合、すべてシトル形式で表す。宇和島方言で示すと次のようになる。

(a′)〔開いた窓を見て〕窓ガ　<u>開イトル</u>。
(b′)〔開いた窓を見て〕太郎ガ　窓　<u>開ケトル</u>。
(c′)〔窓は閉まっているが落ち葉が部屋のなかに入っているのを見て〕
　・窓ガ　<u>開イトル</u>。
　・誰カガ　窓　<u>開ケトル</u>。

　西日本諸方言では〈終了後の段階〉というアスペクト的側面の共通性に基づいて同じシトル形式が使用され、ウチナーヤマトゥグチでは、伝統方言を継承しつつ、エヴィデンシャルな側面の有無によって、シテ（ー）ル形式とシテアル形式が使い分けられると言えよう。

|  | 宇和島方言 | ウチナーヤマトゥグチ |
|---|---|---|
| (a) 主体結果 | シトル | シテ（ー）ル |
| (b) 客体結果＋動作主体推定 | | シテアル |
| (c) 痕跡に基づく推定 | | |

## 3.4　直接的エヴィデンシャリティー

　過去形のショッタ形式は〈運動（動作・変化）の知覚〉を明示する直接的エヴィデンシャリティー形式である。この場合も、視覚のみならず、聴覚、触覚、嗅覚であってもよい。2番目の例「入リヨッタ」のように動作・変化全体を目撃した場合でもよく、〈進行〉というアスペクト的意味からは解放されている。首里方言の「シオッタ」相当形式と同じエヴィデンシャルな意味を表し、人称制限がある。

　・〔お父さんがすいかを切っていたのを見て〈視覚〉〕
　　父チャンガ　スイカ　<u>切リヨッタ</u>。
　・〔見知らぬ人が玄関に入るのを見て〈視覚〉〕
　　隣ノ家ニ　誰カ　<u>入リヨッタ</u>。
　・〔夜中に雨の音を聞いて〈聴覚〉〕

　　　　夜中ニ　雨　降リヨッタ。
　・［いい匂いがするのを感じて〈嗅覚〉］
　　　　カーチャンガ　オ化粧　シヨッタ。

　従って、このショッタ形式も、形式上は西日本諸方言と同じになっているが、意味上は伝統方言を引き継ぐ融合的なものである。

「伝統方言」　　　　「ウチナーヤマトゥグチ」　　　「本土日本語」
【形式】アキータン　　【形式】アケヨッタ　　←　【形式】アケヨッタ
【意味】知覚　→　　【意味】知覚　　　　　　　【意味】進行
　　　（目撃）　　　　　　（目撃）

　ウチナーヤマトゥグチのショッタ形式は、首里方言の「シオッタ」相当形式と同様に、〈反復〉や〈未遂〉も表し、この場合は人称制限はない。

　　・戦争ノ時ワ　毎日　人ガ　死ニヨッタ。　　　　〈反復〉
　　・金魚ガ　ヤガテ　死ニヨッタ。　　　　　　　　〈未遂〉
　　　（金魚がもう少しで死ぬところだった）

　従って、伝統方言の「シオッタ」相当形式の意味をそのまま継承しつつ形式面での取り替えが起こっているのである。
　以上、ウチナーヤマトゥグチでは、伝統方言の文法的意味が継承され、形式面での取り替えが起こっていることを見てきた。このような現象は、以下の日系移民社会では見られない。

## 4.　日系移民社会における言語接触

　日系移民社会における言語接触については、実際に調査を実施したブラジルのサンパウロ州ミランドポリス市アリアンサ移住地及びサンパウロ州スザノ市福博村における談話録音調査のデータに基づいて述べる。2つのコミュニティ間の違いは見られなかった。それ

どころか、存在動詞とアスペクト形式のあり様を見る限り、冒頭に引用したハワイ日系移民社会における言語接触との共通性が高いのである。

## 4.1 ブラジル日系移民社会

　本土各地の方言を母語とする 1 世移民とその子孫から構成される日系移民社会における言語接触（方言接触）の場合でも、その混合のあり様に、「人の存在動詞」とアスペクト形式との相関性がある。

　ブラジル日系移民社会（アリアンサ、スザノ）では、現在までに調査した限り、「シテル」「シトル」「ショル」の 3 つのアスペクト形式が使用されている。そして、これは「人の存在」を表す本動詞として「イル」「オル」の 2 つの形式が使用されることに連動している（以下、工藤他（2009）『ブラジル日系・沖縄系移民社会における言語接触』から簡略化して引用する。《　》で示しているのは、日本語訳である）。

　次に示すのは、農業を営む 22 歳のブラジル生まれの 3 世（BJ）の談話の一部であるが、「オル」と「イル」の併用が見られる（実線部分参照）。

　　BJ：全然。僕が通ってた時は、もうみんな、朝、朝と午後の…クラスも　みんな、一緒に運動会やらした、した時は、もうたくさんいたよねー、生徒。ね。
　　JS：何百人とか、それぐらい、いた？
　　BJ：100人、200、おったよね、おったよね。もうあっちからこっちからもみんな来てね、日本語学校してたよね。Futebol《サッカー》なんか、休憩の時はね、まあ、campo《グランド》に入らんぐらい、みんな、futebol《サッカー》やってたよね。でも、今は、acho que《たぶん～と思う》40人、30名かな。そのぐらいよね。少ないよね。うん。運動会するのにも、青年の方、青年の方が多いもんね。Eu《私》らの時代は、もう青年が少なかったよね。足りなかった。でも、もう、みんな、日本に行った

りね、息子やら、もう、日本語覚えんようになったね。日本語も、こんな、生徒がおるでしょ。お母さんも文句だけよ、もう、ね。

　上記の談話のなかでは、波線で示したように、シテル形式が使用されているが、次のように、ショル形式（反復の意味）も使用される。

　　BJ：あんまりしないね。いとこやら、ね、もうみんなおんなじ年に生まれたから、もうみんな大人だから、acho que《たぶん〜と思う》もうみんなnamora《恋愛する》して。んー、たまーに、ねー、あのー、クリスマス時や、ね、お正月。うん。たまに。でも、もうこの頃会わ…会わないもんね、いとこと。うん。もっとたくさん遊びよったけど。今、もうみんな大きくなって。何しよるかどうか知らん。{笑い}
　　JS：で、パパとママとはずっと日本語でしゃべるんですか？
　　BJ：うーん、混ぜるよね。（JS：混ぜるよねー）混ぜてるよね。もうたまーには日本語やらね。

　同じく27歳の牧畜業を営む3世（BJ）の談話では、次のように、シトル形式も使用されている。

　　JS：じゃ、その、例えば日曜日の、その、almoça《昼食》に行く時に、その、お父さんのirmão《兄弟》も来たりするんですか？
　　BJ：うん。たまに来とるね。

　このように、ブラジル日系移民社会では、本動詞としての「オル」「イル」の併用と、アスペクト形式における「シテル」「ショル」「シトル」の併用とが連動している。そして、「シチョル」や「シユー」等の音声的バリエーションは全く見られなかった。

ショル形式とシトル形式は、西日本出身ではない1世から使用されている。次に示すのは、1924年生まれ、茨城県から18歳で渡伯された方（BJ）の談話である。

　　BJ：そうよ。{笑い}（KP：うん、うん）プラットホーム行くと、こうなるけどね。（KP：うん、うん）これがないと、この、高いでしょ？（KP：はい、はい、はい）若いもんはぴょんぴょんぴょんぴょん<u>飛びよる</u>がね。（KP：うん）<u>困っとると</u>、一人の、うー、ブラジルのね、（KP：うん）「俺に任しとけ」っていう\*\*。{笑い}（KP：うん）うん。（KP：うん）外に飛び降り、降りた連中に、ねー、（KP：うん）「おーい、ちょっとajuda《手伝う》してやってくれ」って。（KP：ああ）「このじいさんとばあさんをね、（KP：うん）降ろして（KP：降ろして）やってくれんか」ってね。（KP：うん、うん、うん）だから（KP：ふーん）わしらはね、あの、汽車にぶら下がって、（KP：ああ）下から抱きかかえて、（KP：ああ）降ろしてもらった。（KP：はあ、はあ）そういうとこがねー、（KP：うん）いいなって。{笑い}（KP：そうですね）そういうことがあるのね、（KP：うん、うん、うん、うん。うん）うん。だからね、brasil...leiro《ブラジル人》もねー、（KP：うん）なかなか...

　次に示すのは、1936年生まれの2世の談話（BJ）である。ショル形式とシテル形式が併用されている。

　　BJ：いつも見てるからね。（KP：うーん）こうしないといけない、ああしないといけないって（KP：んー、ふん、ふん）集まって、この子供はどういう教育をやって（KP：そう、そう、そう、そう）勉強に<u>向いていきよるか</u>、（KP：うーん）<u>勉強してるか</u>っつことね。（KP：うーん）いっつも<u>聞いてるから</u>。（KP：あー）勉強でる子供には聞かなくて

第6章　言語接触と文法的変化　　611

いいんよ、もう。(KP：うーん) 一人ででけるからね。{二人の笑い} 勉強が (KP：うーん) ちょっと難しい子供には、(KP：うん、うん、うん) ね、この子供はどういう風に (KP：うん、うん) <u>やっていきよるか</u>、<u>勉強してるか</u>、(KP：うん、うん) <u>分かってるか</u> (KP：うん、うん) っちゅうことを、いっつも先生に聞いて、「あー、こうしたらええ、ああしたらいい」っちってね、(KP：そうでしょ) <u>話し合っている</u>からね。

　以上のように、日系移民社会では、1世から、存在動詞「イル」「オル」の併用、それに連動するアスペクト形式「シテル」「シトル」「ショル」の併用が特徴的であり、これらが immigrant koine の要素となっていると考えられる。ウチナーヤマトゥグチではこのようなことはない。

### 4.2　ハワイ日系移民社会

　以上のような「混合型」言語接触は、ブラジル日系移民社会に限ったことではないようである。冒頭であげたハワイ日系移民社会でも、同じタイプの混合が見られる。

　前山編著（1986）『ハワイの辛抱人―明治福島移民の個人史―』をデータとして分析していくと、大きくは、次の3点が浮かび上がってくる。

1)　語り手の渋谷氏は福島出身（1世）であるが、人の存在動詞は、「イル」「オル」の両方を使用している（否定形式は「イナイ」「オラン」である）。
2)　これに連動して、「シテル（シテイル）」「シトル（シテオル）」「ショル（シオル）」の3つのアスペクト形式が使用されている。
3)　〈変化進行〉を表すのはショル形式である。

　以下、1) 2) 3) の順に述べる。

1) 次のように、渋谷氏の談話では、「イル」と「オル」が併用されている（「カントラッキ」は、請負業の意味であり、ここでは、サトウ耕地内における請負い仕事のことを言っている）。

　　　野菜作りの方には、わし独りで行きました。兄さんはキャンプの方に<u>いて</u>、カントラッキの仕事盗んでやりよったよ。盗んでって、まあ、隠れておった訳よ。プランテーションの仕事、もらわれんから。他人がカントラッキで取った仕事の役取りをしておったのよ。あの時分は、みなキビ取りだったがね。何トンなんぼってカントラッキして切るのよ。キビを切るもんが<u>いる</u>。束ねるもんが<u>いる</u>。束ねたのを担いで車に積むのをハッパイコーいうでしょう。わたしらエワに<u>おった</u>時分には、夫婦もんなんかあまり<u>おらんかった</u>が、夫婦もんは、女房がね、キビを寄せるんだ。
　　　　　　　　　　　　　　　　　　［前山編著1986: 72］

そして、福島出身であるにもかかわらず、「イル」と「オル」の使用実態を見ると、「イル」が27例であるのに対し、「オル」の方が88例と多いのである。さらに、丁寧体の場合も含めて考察すると、次のような形式が使用されている。

|  | 普通体 | 丁寧体 | 普通体 | 丁寧体 |
|---|---|---|---|---|
| 非過去 | オル | オリマス | イル | イマス |
| 過去 | オッタ | オリマシタ<br>オッタデス | イタ | イマシタ |

2) 本動詞「オル」の方が「イル」よりも使用頻度が高いことに連動して、シトル（シテオル）形式の方が、シテル（シテイル）形式よりも使用頻度が高い。まず、形式上の観点から整理すると、次のように、本動詞の場合との相関性がある。融合形（シトル、シテル）と非融合形（シテオル、シテイル）の両方が使用されているが、融合形の方が使用頻度が高いので、非融合形

を（　）に入れて示す。

|  | 普通体 | 丁寧体 |
|---|---|---|
| 非過去 | シトル（シテオル） | シトリマス（シテオリマス） |
| 過去 | シトッタ（シテオッタ） | シトリマシタ（シテオリマシタ）<br>シトッタデス（シテオッタデス） |

|  | 普通体 | 丁寧体 |
|---|---|---|
| 非過去 | シテル（シテイル） | シテマス（シテイマシタ） |
| 過去 | シテタ（シテイタ） | シテマシタ（シテイマシタ） |

シヨル（シオル）形式は、基本的に普通体に限定されている。過去の丁寧体としてだけ「シヨッタデス（シオッタデス）」が使用されているが、「シヨリマス（シオリマス）」は使用されていない。

|  | 普通体 | 丁寧体 |
|---|---|---|
| 非過去 | シヨル（シオル） | × |
| 過去 | シヨッタ（シオッタ） | シヨッタデス（シオッタデス） |

3) 意味の面から見ると、次のようになる。
　〈結果〉の場合は、下線部のように、シトル（シテオル）形式とシテル（シテイル）形式が併用されている。西日本諸方言と同様に、シヨル（シオル）形式が〈結果〉を表すことはない。

(a) その時分に、以前わしはワヒアワでレストランやった時分に［コックを］教えた中村っていうハワイ生れのボーイが日本に帰っていて、銀座のオリンピック・カフェちうとこで仕事しよって、マネジャーになっとった。　　［237頁］
(b) それなりケチンさ来たら、忘れちまったんよ。それに、まだ誰も来とらんェ、ウエイトレスなんか。うろうろしてると、コックが来た。　　［151頁］
(c) それが、養子に行って、名前が変わっておったために、リ

ストを見てもわからんだった。　　　　　　　　［32頁］

〈動作進行〉の場合には、下線で示しているように、3つの形式が併用されている（国内の西日本諸方言でも〈動作進行〉の場合は、ショル形式だけでなくシトル形式も使用される）。

(d) そして時間になって、病院のカウカウ・タイムだからつうて、カウカウ出たのよ。おかずがひき肉だったんよ。それを自分ですくって<u>食いよった</u>のよ。でも、<u>見てると</u>、口によく入りきらんで、妙なこと<u>しよる</u>もんねェ。
　「ママ、ママァ、どうしたんかァ？」
　って言っても返事もせんのよ。　　　　　　　［272頁］
(e) 兄とわしとが仕事<u>やりよる</u>と、そこに池本というルナが来てねえ、わたしの兄の仕事を<u>見とった</u>が、その仕事があんまり汚いけえ、
　「もうちっと、きれいに草取んなさい」
　っていったのよ。　　　　　　　　　　　　　［97頁］
(f) それで、巡査と通訳とが中で<u>話しよった</u>ですよ。
　「ありゃ、ギャンブル・メンじゃないか」
　ちて、<u>話しておった</u>そうだよ。　　　　　　［66頁］

　これに対して、〈変化進行〉の場合は、ショル形式のみである（なお、ブラジル日系移民社会の談話録音データにはショル形式が〈変化進行〉の意味で使用されている例は出てこなかったが、調査時に「行キヨル」「来ヨル」のような発話を確認している）。

(g) 日曜の朝でェ、コックの準備たァくさんしとったでしょうがァ、それをみんなアイスボックスにぶち込んでェ、<u>行きよった</u>のよ。そうしたところがねェ、兵隊のツラッカーがどんどん、あのベレタニア［街］をあの死骸、人間よ、兵隊の死んだやつゥ、あれをツラックさ大根積んだように山

第6章　言語接触と文法的変化　　615

　　　　盛りに積み上げて、火葬場さ持って行くのよォ。そォれ、
　　　　見ましたでェ。　　　　　　　　　　　　　　　［242頁］
　（h）でも、とにかく私が店ェもっとったために、店へ行ってや
　　　　りだしたのよ、ねェ。行って見りゃ、ハー、アイスボック
　　　　スのなかァ、みんな腐りよる、ねえ。　　　　　［243頁］

　　　なお、〈反復〉は、〈動作進行〉と同様に、「シトル（シテオ
ル）」、「シヨル（シオル）」、「シテル（シテイル）」が併用され
ている。なお、1例のみだが、例（k）のように「アリヨッタ」
という存在の反復を表す形式が使用されていることは興味深い。
このような形式は、西日本諸方言でも使用されている。

　（i）店始めたころ、上の娘が店手伝って、下にはまだこまいの
　　　　がたくさんおりました。ベビーだったのも、ロープ張って
　　　　はだしで飛んで歩きよった。あとはみな学校で、6人、7
　　　　人って学校に行ってました。女房は一日中店のコックやっ
　　　　とったから、上の子供が家で下の子らを見とりました。み
　　　　んな、順々順々にね。上ふたりが女でしたから……。2番
　　　　目がハイスクールに行っとっても、戻ってきちゃ、姉を休
　　　　ませて、自分がブックぶん投げてウエイトレスやったんよ。
　　　　だから。交替でねえ。みんな順々に。そんだから、一番し
　　　　まいの娘なんか、7つころからガラス［コップ］洗いし
　　　　よったですよ。　　　　　　　　　　　　　　　［227頁］
　（j）金、金、金って、金ばかり儲けようと思ってェ、他になに
　　　　もない奴らは、早く死によるねえ。こればっかりは不思
　　　　議だ。　　　　　　　　　　　　　　　　［111–112頁］
　（k）そんだから、あんた、アメリカが禁酒になった時分にも
　　　　ねェ、ウィスキーは始終ありよったァ。そして、MPの
　　　　キャプテンまで呼んで御馳走しよったでェ。　　［175頁］

以上をまとめると次のようになる。

|  | 結果 | 変化進行 | 動作進行 | 反復習慣 |
|---|---|---|---|---|
| シテル／シテイル | ○ | × | ○ | ○ |
| シトル／シテオル | ○ | × | ○ | ○ |
| ショル／シオル | × | ○ | ○ | ○ |

　シテル形式の意味は福島方言と同じ（標準語も同様）であり、シトル形式、ショル形式の意味は、西日本諸方言と同じである。
　このように見てくると、ブラジル日系移民社会と同様に、本動詞として「オル」「イル」の両方を使用することに対応して、標準語及び東京周辺地域のアスペクト形式と西日本のアスペクト形式を使用しており、「混合型」言語接触を引き起こしていることが分かる。

## 5. ボリビア沖縄系移民社会における言語接触

　沖縄から南米への移民は多いが、これまで日系移民として一括されてきたことから、言語面でも日本語とスペイン語（ブラジルではポルトガル語）との二言語接触というかたちで捉えられ、彼らにとっての母語である沖縄方言は取り上げられて来なかった。
　ボリビアには、戦後、沖縄出身者が集団入植したオキナワ移住地がある。次に示すのは、現地の小学校の先生である3世の女性（K）が、手のかかる生徒について語っている談話の一部である。

　　K：○○【人名】がね、○○が、(J：うん。) 聞かないわけよ、言うこと。(J：うん。) 一年生だから、△△【＝K自身の名前】あんまり、(J：うん。) あれなんだけど、日直とかチューレー《朝礼》の時とか、たん、たんすって、あのー、本棚の後ろとかに隠れるわけ、もう、ひっぱっても出てこないから、(J：うん。) 一回ぎゅって押したわけ、そしたら急いで出て来よった。

　言うことを聞かない生徒が本棚の後ろに隠れていたのを引っぱっても出てこないので押したところ、あわてて出てきたという、自ら

目撃した事実をショッタ形式を用いて話している。このショッタ形式は、ウチナーヤマトゥグチと同じエヴィデンシャルな意味を表している。

ボリビアのオキナワ移住地では、現在の若年層にあたる3世に至るまで日本語が話されているが、この日本語には、国内のウチナーヤマトゥグチとの共通性が見られる。*2 ウチナーヤマトゥグチでは、アスペクト形式としてのシテ（ー）ル形式とともに、目撃や過去の反復習慣を表すショッタ形式が用いられることを述べたが、同様の特徴がボリビアでも見られるのである。

まず、話者が目撃した事象をショッタ形式で表す例をあげる。冒頭に示した「ショッタ」の例は3世の談話であったが、次のように、1世子供移民（F）でも使用されている。移住地を大学の先生がたびたび訪問しては、現地の青年たちと出かけることについて語っているのだが、運動会の日で青年たちが忙しかったために先生が一人で沼に行ったのをFが目撃したということを明示するためにショッタ形式が使用されている。

> F： 運動会の日もね、大学の先生が来てたんだよ。(E：わ、うんど…【「運動会」の言いさし】)で、○○【人名】はあれで誘われて｛笑い｝(E：あー) 一人でもう、カンニャーダ《沼の名前》に行きよったけど。

ウチナーヤマトゥグチにおいて目撃証言であることを明示する場合、1人称主語は不可だが、同様に、オキナワ移住地の談話でも1人称主語の例は出てきていない。

次に示すのは、過去の反復習慣を表すショッタ形式の例である。1世成人移民（A）が昔の農作業を回想する場面で、収穫するという反復習慣的な動作にショッタ形式が使われている。

> A： こういうふうにして、結局、何ていいますか、米の収穫には現地人を使って、この、穂積み【ほつみ】ですね。(Q：はい)穂、穂だけを、こう、積んで、(Q：んー) そ

れで収穫しよったんです。

ウチナーヤマトゥグチと同様に、反復習慣的な動作を表す場合は、1人称主語であってもシヨッタ形式が使われている。この場合にはシテタ形式が併用される点もウチナーヤマトゥグチと同じである。

> A： 私はいつも、これは何とかできないかと思ってー、綿会社【発音は「わたぐゎいしゃ」】が少し種を分けてですね、自分で試作してたんです。半町歩。ねー。

ボリビアのオキナワ移住地では、伝統的な沖縄方言の使用は1世や40代以上の2世に限られる。2世の20代や3世ではスペイン語の使用が増える一方で、現在のところ、日本語は各世代を通じて使用されている。そして、その日本語にはウチナーヤマトゥグチとの共通性が認められるのである。

ただし、ウチナーヤマトゥグチと全く同じであるかどうかについては、国内のウチナーヤマトゥグチのような精密な調査ができていない。ウチナーヤマトゥグチとも本土系日系移民社会のimmigrant koineとも異なる言語接触が起こっている可能性もある。サンパウロ市最大の沖縄系人集住地域であるビラ・カロン地区を含めての分析は今後の重要な課題である。

## 6. おわりに

以上をまとめると次のようになる。

ウチナーヤマトゥグチでは、伝統方言の意味を保持しつつ、形式面での取り替えが起こっている。「身体は本土日本語だが、心は沖縄伝統方言」だとすれば、このような言語接触のあり様はウチナーンチュのアイデンティティに関わっていると考えられる。interference（干渉）という用語はネガティブなニュアンスを伴うと指摘されることがある。むしろ創造的なtransferが起こっていると考えるべきであろう。ウチナーヤマトゥグチの話者を、不完全な学習者と

してではなく、本土日本語にはない新たな日本語のバリエーションを作る創造者であると考えることが重要であろう。

　日系移民社会では、複数の言語要素が使用される混合型の immigrant koine が形成されている。次のように、存在動詞とアスペクト形式の使用において法則性が見られ、人の存在動詞として「イル」が使用されないにもかかわらず「シテル」が使用されたり、「オル」が使用されるにもかかわらず、「シトル」が使用されないといったことはない。

　　　イル／イナイ　→　シテル／シテナイ
　　　オル／オラン　→　シトル／シトラン、シヨル／シヨラン

この事実もまた、言語接触による変化は規則的であること、人々が他の言語（方言）に対峙したとき、相互理解のために言語的習慣をどのように創造的に変化させていくかを示している。

　今後ますます言語接触によって引き起こされる文法的変化の問題は重要になってくるであろう。その際には、話者を能動的な「言語を創造していく人々」と考える観点が必要であると思われる。

---

＊1　前山編著（1986）の「まえがき」には「小学校しか出ておらず、初めは耕地労働者として、あとはずっとレストランのコックとして生涯激しく働きつづけてきた人で、ハワイの日系社会でも無名の人である。自らは字を書かない。手紙も書かない。英語もよくは分からない」とある。
＊2　ボリビアのオキナワ移住地における言語生活調査の結果は次のようになっている。詳細は白岩他（2011）、朴他（2013）を参照されたい。

|  | 1世成人→ | 1世子ども（準1世）→ | 2世→ | 3世 |
|---|---|---|---|---|
|  | 日本国籍 | 日本国籍 | 二重国籍 | 二重国籍 |
| 日本語 | ○ | ○ | ○ | ○ |
| 沖縄方言 | ○ | △ | △ | × |
| スペイン語 | △ | ○ | ○ | ○ |

# むすび

　標準語、東北から沖縄に至る諸方言、及び言語接触によって生まれた日本語のバリエーションを対象として、〈はなしあい〉という最も基本的な言語活動における〈叙述文の述語〉において、アスペクトやテンスという時間的側面、話し手の確認のし方（認識的ムード）やエヴィデンシャリティー（情報のソース）、話し手の評価感情という側面とが、どのように相関しつつ多様性を生み出しているかについて考察してきた。

　言語の活力がその内的多様性に支えられるとすれば、標準語文法とともに、方言文法の記述は極めて重要である。そしてその方言文法の記述は、基本的には、文法構造の中核をなす部分から解明を進めて行くことになるだろう。ムード・テンス・アスペクトといった領域の研究が通言語的にも盛んであるのは、これが文の中心部分をなす述語において分化し、話し手の立場から文の対象的内容を現実世界に関係づけるという、文の陳述的機能を担うものだからである。しかも、この3つのカテゴリーは、様々なかたちで相関しつつ分化しており、その分化と相互作用のあり様が多様性を生み出す。

　本書は、日本語のバリエーションとして標準語の文法と諸方言の文法を記述することを目的として構成されている。最後に、全体的なまとめと今後の課題を提示しておきたい。

　第Ⅰ部「序論」では、第Ⅱ部〜第Ⅳ部の記述を貫く枠組みを示した。この理論的枠組みは奥田靖雄の諸論考に基づくものである。参考文献に示した奥田の諸論文はすべて標準語を対象としたものであるが、理論的枠組み自体は諸方言の記述においても有効であり、その射程は標準語にとどまるものではない。

　第2章では、〈はなしあい〉という言語活動の基本的単位として

の文は、〈モーダルな意味〉と〈対象的内容〉との切り離せない統一体であることを、まず確認した。そして本書の考察の対象である〈叙述文〉の〈モーダルな意味〉には、次の2つの側面があることを述べた。叙述文とは、話し手が現実世界の事象を確認し、聞き手に伝える文である。

① 〈現実世界の事象を確認する〉という認識的（epistemic）な側面
② 〈聞き手へ情報を伝える〉という伝達的（communicative）な側面

　第3章では、文の〈対象的内容〉は、個別具体的な事象を描き出しているのか否かという〈時間的限定性〉の観点から分類されることを、文の対象的内容を中心的に担う〈述語の意味的タイプ〉として示した。人間の認識活動とコミュニケーション活動の手段としての言語において、時間的限定性のある一時的現象なのか、時間的限定性のない恒常的事象であるのかは極めて重要である。

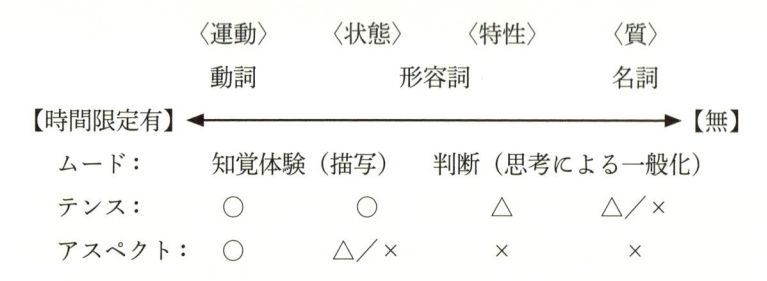

| | 〈運動〉 | 〈状態〉 | 〈特性〉 | 〈質〉 |
|---|---|---|---|---|
| | 動詞 | 形容詞 | | 名詞 |
| 【時間限定有】◀ | | | | ▶【無】 |
| ムード： | 知覚体験（描写） | | 判断（思考による一般化） | |
| テンス： | ○ | ○ | △ | △／× |
| アスペクト： | ○ | △／× | × | × |

　アスペクト研究においては、動詞の語彙的意味のタイプ化が重要であるが、認識的ムード（叙述法）やテンスを視野に入れるにあたっては、奥田靖雄による〈述語の意味的タイプ〉を踏まえることが必要不可欠である。このことによってアスペクト対立がある〈運動動詞〉の位置づけも可能になったのである。
　〈状態〉が〈運動〉と〈特性〉との関係のなかで位置づけられたことの意義も大きい。これはアスペクト分析にも、形容詞分類のあり方にも影響を及ぼす。時間的限定性の問題は、第II、III、IV部の具体的な記述における要をなしている。

|  | 時間的限定性 | 動的展開性 |
|---|---|---|
| 運動（動作・変化） | ＋ | ＋ |
| 状態 | ＋ | － |
| 特性 | － | － |

　第4章では、述語になることが一次的な構文的機能である〈動詞〉という品詞を取り上げ、①語彙的な意味、②構文的機能、③形態論的特徴という3つの側面から考察した。その上で、運動動詞述語において全面開花するムード・テンス・アスペクトは、文の陳述性を担う形態論的カテゴリーであることを述べた。

　　ムード：話し手の立場からする文の対象的内容（事象）と現実
　　　　　　との関係
　　テンス：発話時を基準とする事象の時間的位置づけ
　　アスペクト：動的事象の時間的展開の捉え方

　第5章では、文のモダリティー、テンポラリティー、アスペクチュアリティーの主要部分が、単語へ選択的に固定化されていく〈形態論化〉について述べた。形態論化は、言語（方言）ごとに多様である。文の陳述性には、人称も関わっているが、日本語においては方言も含めて人称の形態論化はない。一方、ムード、テンス、アスペクトは多様なかたちで形態論化されている。〈形態論化〉という観点は、日本語のバリエーションの多様性を捉えるために必要不可欠であった。

　第II部では、次の相関性を視野に入れて、標準語における叙述文のムード・テンス・アスペクトを中心に考察した。

【述語の意味的なタイプ】⟺　　　　ムード
　　　　　　　　　　　　　　　↗↙　　↘↖
　　　　　　　　　　　　アスペクト　⇄　テンス

むすび　623

第2章では、認識的ムード（叙述法）における〈話し手の事象の確認のし方〉に関わる断定形と推量形が次のように対立していることを述べた。認識的ムードは、テンス・アスペクトとは異なり、時間的限定性の有無に関係なくすべての述語に成立する。

【話し手の確認のし方】
①事実確認　⟵⟶　②事実未確認
新情報
【情報伝達のあり方】　　↕
③共有情報
事実確認

〈未来〉は、発話時以後というテンス的側面と、レアルではない（発話時以後のことであるため直接確認はできない）というムード的側面の複合体であることを述べたが、この点は、反事実仮想やエヴィデンシャリティー形式の分析においても重要になる。

第3章では、認識的ムードにおいて分化する〈発話時と事象成立時の時間関係〉を表し分けるテンス対立について考察した。テンス対立は、〈時間的限定性のある事象〉において成立することをまず確認した上で、第2章で考察した認識的ムードと相関しつつ、1) どのような場合にテンス対立が義務的であるか、2・1) どのような場合に過去の事象に対して非過去形が使用できるか、2・2) どのような場合に現在の事象に対して過去形が使用できるかを述べた。テンスとムードとは深い相関関係にあるのである。

1) 本来的なテンス対立（義務的）：〈事実未確認（推量）〉の場合と〈聞き手の知らない確認済みの事実〉を伝達する場合（上記第2章の①②の場合）
2) ムード用法（非義務的）
2・1) 過去の事象に対する非過去形の使用：〈確認済みの過去の事実に対する話し手の評価感情〉の前面化
2・2) 現在の事象に対する過去形の使用：〈話し手の事実確認

のし方〉というモーダルな意味の前面化

　第4章では、〈時間的限定性のある動的事象（運動）〉における〈時間的展開の捉え方の違い〉を表すアスペクトについて述べた。アスペクトについては第IV部で述べたように、東北から沖縄に至る諸方言の調査研究が進行し、標準語のアスペクト体系を1つのバリエーションとして位置づけることが可能になってきた。方言における多様なアスペクト体系との共通性と違いを捉えうる枠組みを考える必要がある。運動動詞については、第III部と第IV部で述べた諸方言のアスペクトの多様性とその動態との関係を視野に入れて、大きくは次のように3分類した。

1) 　運動動詞：アスペクト対立有
　　1・1) 主体動作客体変化動詞
　　1・2) 主体変化動詞
　　1・3) 主体動作動詞
2) 　状態動詞：明確なアスペクト対立無

〈状態動詞〉ではアスペクト対立がなくなって人称と相関しつつ、ムード対立（テンス的に現在の場合）になる場合がある。このような事実は、述語におけるムード・テンス・アスペクトの相関性を示すものである。

　　(a) いらいらする。／呆れた。　　　　　　　　　〈表出〉
　　(b) みんな、いらいらしている。／みんな、呆れている。
　　　　　　　　　　　　　　　　　　　　　〈状態描写（記述）〉

　第5章では、否定述語の断定形におけるムード・テンス・アスペクトを考察した。否定述語は事象の不成立を表すが、第3章で述べたように、肯定述語か否定述語かを問わず、聞き手の知らない事実を伝える場合には、過去のことには過去形の使用が義務的である。しかし、否定述語の断定形では、過去のことに非過去形を使用する

頻度が相対的に高い。これは、聞き手の肯定的想定（判断）の間違いを正すという否定述語の機能に関わっていると思われる。そして第Ⅲ部で述べたように、このような〈否認〉というモーダルな意味を表す専用形式がある方言もある。今後は、肯定の叙述文と否定の叙述文について、〈はなしあい〉の場面構造を考慮に入れたさらなる本質的考察が必要であろう。

　　叙述文（肯定）：聞き手にとっての新情報の伝達
　　叙述文（否定）：聞き手の肯定的想定（判断）の否認

　第6章では、第5章までの考察を踏まえて、過去形のモーダルな意味である〈反事実仮想（反レアル）〉を考察した。レアル、ポテンシャル、反レアルというレアリティーに関する問題は、諸方言における諸相も視野に入れて、今後本格的に考えていく必要がある。
　最後の第7章では、認識的モダリティー形式である「らしい」と「ようだ」におけるテンスのあり様の違いを、文法化（助動詞化）の観点から考察した。①の場合の「ようだ」は「らしい」に言い換えられないが、②の場合の「ようだ」は「らしい」に言い換えることができる。

　　①〈知覚印象＝様子の存在〉　　：「ようだ」自体にテンス
　　　↓　　　　　　　　　　　　　　対立有
　　②〈証拠に基づく推定＝間接確認〉：「ようだ」自体にはテン
　　　　　　　　　　　　　　　　　　ス対立無
　　　　　　　　　　　　　　　　　　推定の帰結にはテンス対
　　　　　　　　　　　　　　　　　　立有

　助動詞化（文法化）の進展には、テンスとモーダルな意味という2つの側面の照応関係（正確にはこの照応関係に述語の意味的タイプやアスペクトも相関する）があると言えよう。第2章と第3章における考察を通して、認識的ムードとテンスとは深い相関関係にあることを述べたが、この点を最後に確認して第Ⅱ部の記述を終え

たことになる。

　第IV部の第5章で考察した諸方言におけるエヴィデンシャリティーとの関係に関わる問題については、今後の課題であるが、標準語でも諸方言でも、エヴィデンシャリティーや認識的ムード（モダリティー）とテンスとが相関している点は共通していると言えよう。

　第III部では、標準語の形態論的体系とは大きく異なる、愛媛県宇和島方言における述語構造の記述を行った。名詞の格表示については無標である場合が多いのに対して、述語の形態論的形式は豊かである。
　第2章で世代差の問題について簡単に述べ、第3章で時間的限定性の問題を再確認した後、第4章では、存在動詞のムード・テンス・時間的限定性について考察した。存在動詞のあり様は、第IV部で述べたように極めて重要である。
　第5章では、動詞らしい動詞である運動動詞のムード・テンス・アスペクトを考察し、第6章では形容詞述語、第7章では名詞述語について考察している。
　第4章〜第7章で示した宇和島方言の形態論的体系を標準語と比較すると、アスペクトとともにムードの面でも、断定、質問、表出を明示する専用形式がある等、第I部の第5章で述べた〈形態論化〉における日本語の多様性が鮮やかに浮かび上がってくる。これは第IV部の考察につながる問題であるとともに、標準語文法の相対化にもつながる。
　この点は、否定形式を考察した第8章、実現可能形式を考察した第9章も同様である。第IV部では、アスペクト、時間的限定性、エヴィデンシャリティーの多様性しか扱うことができなかったため、宇和島方言の記述は、今後のことを考え、ムードや否定のみならず、実現可能というモデュス（奥田靖雄による用語）の問題も扱った。
　第10章では、第II部との関係、第IV部との関係を考慮して、第III部のまとめを行っている。第10章を見ていただくと、宇和島方言の特徴がお分かりいただけるであろう。極めて単純化して言え

ば、時間と認識との関係、そして、確認済みの事実に対する話し手の評価感情の問題が浮かび上がってきたと言ってもよいだろう。本来、このような個別方言の総合的記述があってこそ、第IV部で考察する諸方言間の共通性と相違性が正確に記述できるということでもある。本書における第III部の宇和島方言記述の位置づけは次のようになる。

1) 第II部との関係：標準語文法の相対化
2) 第IV部との関係
　　2・1) 奄美沖縄諸方言の複合的様相の記述の基盤
　　2・2) 通方言的考察の基盤
　　2・3) 言語接触論的観点からの考察の基盤

　第IV部では、東北から沖縄に至る諸方言と日系移民社会における日本語のバリエーションを視野に入れて、通方言的な観点から、アスペクト、時間的限定性、エヴィデンシャリティーの多様性について述べた。

　方言文法研究の意義は、単純に言ってしまえば、中央語の歴史では実現されなかった日本語の様々な姿を浮き彫りにすることにあるだろう。そして、冒頭に述べたように、ムード・テンス・アスペクトといった領域の研究が通言語的に盛んであるのは、これが文の中心部分をなす述語において多様に分化し、話し手の立場から文の対象的な内容を現実世界に関係づけるという、文の陳述的機能を担うものだからであろう。最も重要なムードに関する総合的な調査研究は進んでいない状況にあり、喫緊の課題である。

　以上の点を第1章で確認した後、第2章では、日本語には「アル」「オル」「イル（イダ）」という3つの存在動詞があり、これらの存在動詞の文法化のあり様が述語構造の多様性を生み出していることを述べた。

①すべての方言において「もの（無情物）の存在」を表すのは「アル」系である。

②「人（有情物）の存在」は、「アル」系、「オル」系、「イル」系の場合がある。

　②の点は、第3章で述べた運動動詞におけるアスペクトの多様性として開花している。日本語の歴史において、次の1）と2）の組み合わせが様々なバリエーションを形成した。そして、標準語のアスペクトのあり様は必ずしも普遍性の高いものではないように思われるのである。

1) 「アル」系、「オル」系、「イル（イダ）」系のどれをアスペクト形式の語彙的資源とするか。
2) 「〜シテ（第2中止形）＋存在動詞」という構文的組立のみを採用するか、「〜シ（第1中止形）＋存在動詞」という構文的組立もアスペクト形式化するか。

　日本語におけるアスペクトは、理論的考察にとっても僥倖とも言うべき多様性を有している。これは、①〈完成〉というアスペクト的意味を認めるか否かの問題にも、②動詞分類の問題にも関係する。

①沖縄県首里方言や鹿児島県与論方言では、無標形式「スル」がなく、「シオル」相当形式が次のような文法化を進めている。だとすれば〈完成〉というアスペクト的意味を位置づけておく必要がある。とともに、アスペクトとテンスが相関することも示しているのである。

　　　〈進行・現在〉　→　〈完成・未来〉

②東北諸方言のアスペクトは一見標準語と同じように見えるが、次のように異なっている。従って、標準語では、〈（客体）結果継続〉を表すために「してある」形式を使用しなければならない。一方、東北諸方言ではシテアル形式は使用されない。西日本諸方言の動態や奄美沖縄諸方言の複合的様相を記述するためにも、運

動動詞の3分類が重要になってくる。

主体動作客体変化動詞：〈動作継続〉〈（客体）結果継続〉
主体変化動詞　　　　：〈（主体）結果継続〉
主体動作動詞　　　　：〈動作継続〉

　第4章では、「人（有情物）の存在動詞」が、動的事象を表さない存在動詞、形容詞述語、名詞述語（コピュラ）に接続した場合には、レアルな〈一時的状態（存在）〉を明示する形式として文法化されることを述べた。

①「動的事象（運動動詞）＋人の存在動詞」　→〈アスペクト〉
②「非動的事象（存在動詞等）＋人の存在動詞」→〈一時性〉

　存在動詞の文法化の問題はエヴィデンシャリティーにも関わっている。第6章ではエヴィデンシャリティーの2つのバリエーション（直接証拠性と間接証拠性）を考察している。〈直接的エヴィデンシャリティー〉には、①人称制限のないタイプと人称制限のあるタイプ、②過去に限定されているタイプと現在にもあるタイプがありそうである。一方、「シテアル」相当形式で表現される間接的エヴィデンシャリティーは、アスペクトとの関係が深い。〈結果・現在〉から〈過去〉へ向かう方向性と、〈間接的エヴィデンシャリティー〉に向かう方向性があることが通言語的に提起されているが、首里方言や与論方言では後者の方向性が見られる。さらにはモーダルな意味である〈意外性〉という評価感情にもつながっていく。このように、エヴィデンシャリティーは、一方では、アスペクト・テンスと、他方では、ムード的な側面とつながっているのであるが、エヴィデンシャリティーと認識的ムードとの関係はいかなるものであるのか、今後の魅力的な大きな課題が残されていると言えよう。
　最後に、以上の伝統方言における多様性を踏まえた上で、沖縄地域におけるウチナーヤマトゥグチと、南米の日系移民社会、沖縄系移民社会における言語接触（方言接触）の問題に触れた。ウチナー

ヤマトゥグチでは、伝統方言の意味を継承しつつ形式面での取り替えを行うという融合的接触が起こっている。一方、日系移民社会では、標準語を含む東日本の言語要素と西日本の言語要素という複数の言語要素の混合的な様相が特徴的である。このようにウチナーヤマトゥグチと海外の日系コミュニティでは異なるタイプの言語接触が起こっているのであるが、日本語が関わる言語接触のあり様にどのようなタイプがありうるのか、この点は今後さらに追求していかなければならない。

　人々の移動の激しさが加速化していくこれからのことを考えれば、言語接触論的観点は重要になってくるであろう。*1

　本書の内容は、本格的研究の前段階とも言うべきものであり、しかも、ムード的側面の多様性に関してはまだ部分的考察にとどまっている。今後の課題として、第1に、〈レアル―ポテンシャル―反レアル〉というレアリティーに関わる問題が浮かび上がってきた。認識的モダリティーやテンポラリティーとの関係のなかで本格的に考えていく必要がある。第2に、エヴィデンシャリティー（証拠性）と認識的ムード（あるいは認識的モダリティー）との関係も追及する必要がある。第3に、〈意外性〉や〈当然性〉といった話し手の評価感情に関わるモーダルな意味の追及も必要である。このような評価感情は、〈確認済みの事実〉に対して前面化されることから、認識的ムードとの関係のなかで検討していく必要がある。

　方法論の面でも今後に残された課題が多々あるが、まえがきにも述べたように、ひとまずの中間報告として公刊する次第である。今後は、中央語の歴史では実現されなかった多様な文法化の諸相を視野に入れた、日本語全体の歴史的考察が重要になってくるであろう。

---

*1　本書の内容はすべて、参考文献に示した筆者の単著論文及び共著論文に基づく書き下ろしであるが、特に下記の章については、既発表論文の一部を掲載している。

第 I 部
　第 3 章：工藤真由美（2012）「時間的限定性という観点が提起するもの」影山太郎（編）『属性叙述の世界』くろしお出版
第 II 部
　第 5 章：工藤真由美（1996）「否定のアスペクト・テンス体系とディスコース」『ことばの科学 7』むぎ書房
　第 6 章：工藤真由美（2006c）「文の対象的内容・モダリティー・テンポラリティーの相関性をめぐって―「らしい」と「ようだ」―」『ことばの科学 11』むぎ書房.
第 IV 部
　第 5 章：工藤真由美・佐藤里美・八亀裕美（2005）「体験的過去をめぐって―宮城県登米郡中田町方言の述語構造―」『阪大日本語研究』17
　　　　　工藤真由美・高江洲頼子・八亀裕美（2007）「首里方言のアスペクト・テンス・エヴィデンシャリティー」『大阪大学大学院大学研究紀要』47
　　　　　工藤真由美・仲間恵子・八亀裕美（2007）「与論方言動詞のアスペクト・テンス・エヴィデンシャリティー」『国語と国文学』84-3
　第 6 章：工藤真由美（2010c）「方言接触から見た存在動詞とアスペクト」上野善道（監修）『日本語研究の 12 章』明治書院
　　　　　工藤真由美・白岩広行（2010）「ボリビアの沖縄系移民社会における日本語の実態」『日本語学』29-6

キーワード（用語解説）

　本書では、標準語だけでなく諸方言も包括できるキーワードを設定するように心がけた。この点とも関わって、工藤（1995）で使用した用語を改めた点もある。以下では、大きく【1】〜【10】に分けて、〈　〉で括ったキーワードについての解説を提示する。網羅的でもなく、今後の調査研究の進展によって、修正すべき点も多々出てくると思われる。現時点での暫定的な規定にすぎないが、本書を読む際の目安としていただければ幸いである。方言に特に関係する場合は｛　｝で説明を加えている。

【1】本書では、文法研究は、文を対象とする〈構文論〉と、単語の文法的側面を対象とする〈形態論〉からなると考える。述語構造に関しては、基本的に、標準語よりも方言の方が形態論的な諸形式が発達していると思われる。
〈文〉
言語活動の基本的単位。奥田靖雄による一連の研究に従って、文は、〈対象的内容の側面〉と〈陳述的な側面〉との切り離すことのできない統一体であると考える。〈陳述性（predication）〉は、単語にはない文の本質的特徴である。モダリティーが陳述性の中核をなすが、テンポラリティー、アスペクチュアリティー、人称性も含まれる。
〈単語〉
文の基本的単位。単語を認めない立場もあるが、本書では、文の基本的単位として単語を位置づける。単語は〈語彙的側面〉と〈文法的側面〉の統一体である。例えば、動詞分類なしにアスペクト研究が成り立たないように、単語の〈語彙的側面〉と〈文法的側面〉は相関する。「今日の形態論は昨日の構文論」（Givón）と言われるよ

うに、形態論的な形式は、構文論的な意味・機能の、単語のなかへの固定化である。従って、再分析（reanalysis）という現象が示すように、構文論と形態論は連続的であり、歴史的に変化していくものである。

【2】文法研究の対象としての〈文〉は、場面・文脈から切り離して抽象的な規定を与えることもできるが、場面・文脈のなかでその特性を捉えていくことが重要であろう。1つの文だけによる言語活動が普通ではないとすれば、談話構造は、1つ1つの文の存在条件として働く。形態論レベルのムード、テンス、アスペクトの相互関係を記述するにあたっても、情報構造や複数の事象間の時間構造の側面は重要である。なお、本書では〈はなしあい〉に限定しているため、テクストという用語は使用していない。

〈はなしあい〉
工藤（1995）では、小説の地の文のような〈かたり〉も視野に入れたが、本書では、最も基本的な言語活動である、話し手（発話主体）と聞き手との相互行為としての〈はなしあい〉に限定する。〈はなしあい〉では〈わたし・いま・ここ〉がダイクティックセンターとなる。

〈情報構造〉
〈はなしあい〉における叙述文の使命（機能）は、基本的に、聞き手の知らない情報（聞き手にとっての新情報）を伝えることにあるが、話し手と聞き手にとっての共有情報（共有知識）を提示することもある。

〈事象間の時間関係（タクシス）〉
複数の事象間の時間関係（タクシス）には様々なものがあるが、基本は、事象が〈継起〉的に起こるか、〈同時〉的に起こるかの違いである。工藤（1995）で示したように、アスペクトは、複数の事象間の時間構造と相関している。「来た。見た。勝った」のように〈完成〉を表すアスペクトは〈継起性〉を表す一方、「来ていた。見ていた。勝っていた」のように〈継続〉を表すアスペクト形式は〈同時性〉を表す。

【3】文は、〈対象的内容の側面〉と〈陳述的な側面〉との切り離すことのできない統一体である。陳述的側面の中核をなすのがモダリティーである。奥田靖雄の一連の研究に従って、〈モーダルな意味〉から独立した文の対象的内容も、文の対象的内容から独立したモーダルな意味も考えられず、両側面は常に相関していると考える。文の対象的内容は、話し手（発話主体）の立場から捉えられた主体・客体的なものであり、モーダルな意味に包まれてしか存在しえない。

〈文の対象的内容〉

文の対象的内容とは文のなかにあらわれてくる事象であるが、これは、聞き手との関係のなかにある話し手（発話主体）が、現実世界から意味のある事象を積極的に捉えたものである。従って、文の対象的内容は、話し手（〈わたし・いま・ここ〉）の立場からの主体・客体的なものである。文の対象的内容は、〈時間的限定性〉の観点から、大きくは、①特定の時空間における〈個別具体的事象（1回的な現象）〉を表している場合と、②〈ポテンシャルな一般化された事象（恒常的特徴）〉を表している場合とがある。①〈個別具体的事象〉は〈知覚体験〉が可能であり、②〈恒常的特徴〉は〈思考による一般化（判断）〉であるとすれば、話し手の確認（認識）のし方というモダリティーやテンポラリティーと相関する。下記の【7】も参照されたい。

〈文のモーダルな意味〉

〈叙述文〉〈質問文〉〈命令文〉に大きく3分類できるとすれば、これは、モーダルな意味の観点からの文の3分類である。〈話し手（発話主体）〉の立場からの〈現実世界〉ならびに〈聞き手〉に対する〈文の対象的内容〉の関係づけそのものが、モーダルな意味である。モーダルな意味は、モダリティーの土台をなす。叙述文には〈話し手の確認〉というモーダルな意味がある。なお、本書では、モーダルな意味という用語を、上記のような規定においてだけではなく、より広い意味でも使用しているので注意されたい。

【4】モダリティーの土台をなすモーダルな意味の観点からの文の3分類は、それぞれが内部に下位タイプを有するとともに、連続的で

あり相互移行がある。本書の考察対象は〈叙述文〉における述語構造であるが、移行現象を含めて考察しなければならなくなる場合がある。また、モーダルな意味は人称性、テンポラリティーとも相関している。例えば、命令文では過去ということはありえず、人称も限定される。｛標準語では、質問文の重要な表現手段として、上昇イントネーションがある。一方、方言では、専用の形態論的形式のある場合がある。イントネーションは重要な構文的手段だが、形態論的表現手段がある場合に、イントネーションとの関係がどうなるかという問題は今後の重要な課題であろう。｝

〈叙述文〉
話し手（発話主体）が、現実世界の事象を確認し、聞き手に情報を伝える文。人称の分化があり、モダリティー、テンポラリティー、アスペクチュアリティーも多様に分化する。

〈質問文〉
発話の相手（聞き手）に話し手の知りたい情報を求める文。大きくは肯否質問文と疑問詞質問文に分かれる。｛方言では、異なる形態論的形式がある場合がある。｝

〈命令文〉
相手に実行を求める文。叙述文の場合と違って、人称やテンポラリティーの限定がある。

【5】一語文には、主述の分化もなく、モダリティー（ムード）、テンポラリティー（テンス）、アスペクチュアリティー（アスペクト）の分化もない。二語文における主語と述語の分化と、述語におけるモダリティー（ムード）、テンポラリティー（テンス）、アスペクチュアリティー（アスペクト）の分化は表裏一体であろう。本書では、文構造を次のように考えた上で、〈述語〉のムード・テンス・アスペクトを考察する。

「おや、岸辺で子供が澄んだ水をごくごく飲んでいる」の場合、次のような構造となっている。

　　　述語：飲んでいる
　　　主語：子供が

補語：水を
修飾語：ごくごく
規定語：澄んだ
状況語：岸辺で
独立語：おや

〈述語〉
〈のべたて（predication）〉の機能を担う文の部分。どのような言語でも、文の中心的部分をなす述語が最も複雑な構造となる。品詞としての動詞の一次的な構文的機能は、述語になることである。

〈主語〉
主語論をめぐっては様々な議論があるが、本書では、〈のべられ〉として、述語が表す広義特徴の持ち主を表す文の部分を主語と考えておく。補語とともに referentiation の機能を担う。主語における〈一般（類）〉か〈個別〉かの違い、人称性の違いは、述語のムード・テンス・アスペクトのあり様と連動する。

〈補語〉
〈おぎない〉として、述語が表す広義特徴（具体的な動的現象の場合もあれば、恒常的な特徴の場合もある）の成立に加わる対象を表す文の部分。

〈修飾語〉
〈かざり〉として、様子、程度・量の側面から述語が表す広義特徴を詳しくする文の部分。

〈規定語〉
〈かざり〉として、名詞からなる文の部分にかかり、人・もの・場所・時間などを規定する文の部分。「澄んだ水」のように、動詞が規定語となる場合は、ムード・テンス・アスペクトの分化はない。構文的機能は形態論的体系に優先するのである。

〈状況語〉
〈とりまき〉として、主語と述語が表す〈事象〉が成り立つ時間、空間、原因・理由、目的といった外的状況を表す文の部分。

〈独立語〉
〈事象〉を詳しくするものではなく、話し手（発話主体）の態度あ

るいは陳述的意味を表す文の部分。

【6】述語の品詞別分類としては、次の3つがある。いわゆる形容詞と形容動詞は、第1形容詞、第2形容詞として扱う。｛九州方言では、「赤カ、寒カ」「元気カ、カワイソカ」のように同じ形式になる場合が多い。また、奄美沖縄諸方言では、第2形容詞はほとんどなく、第1形容詞は「赤サン」である。また、方言によっては、コピュラを伴わない方が普通であることから、コピュラ文という用語は使用せず、名詞述語（文）と考える。｝下記の【7】も参照。

〈動詞述語〉
典型的には、「開ける、飲む、開く」のような〈運動（動作、変化）〉を表す。周辺的には、「痛む、見える」のような〈状態〉、「いる、ある」のような〈存在〉、「優れている」のような〈特性〉、「相当する」のような〈関係〉を表す動詞もある。

〈形容詞述語〉
動詞寄りの一時的事象（現象）を表す〈状態形容詞〉と、名詞寄りの恒常的特徴を表す〈特性形容詞〉がある。形容詞述語は、動詞述語と名詞述語の中間に位置する。本書では、属性形容詞か感情・感覚形容詞かという2分割よりも、2大品詞である動詞と名詞の中間に位置づけて、動詞寄りの形容詞か名詞寄りの形容詞かという観点を優先させている。これはテンス対立の有無と相関する。

〈名詞述語〉
典型的には〈質（特性の束）〉を表す。〈特性〉や〈状態〉を表すこともあり、第2形容詞と名詞との間は連続的である。

【7】文の対象的内容である〈事象〉においては、時間との関係が重要である。時間のなかでの〈事象の存在のし方〉という〈時間的限定性〉の観点から、文の対象的内容を下記のようにタイプ化しておくことにする。まず、重要なのは〈一般主体〉か〈個別主体〉かによる分類である。品詞との関係については【6】を参照。

〈一般主体の恒常的特徴〉
「人は死ぬ」「雪は白い」といった〈一般化された人・ものの特徴づ

け〉の場合は、時間が抽象化されている。従って、テンポラリティー、アスペクチュアリティーの分化はありえない。また、知覚体験も不可能であり、〈思考による一般化（判断）〉である。

〈個別主体の事象〉

〈個別主体〉の場合には、〈一時的（temporary）な偶発的（accidental）な現象〉と〈恒常的（permanent）な本質的（essential）な特徴〉に大きく2分類される。〈存在〉の位置づけについては、今後の検討が必要だが、一時的な場合も恒常的な場合もあり、両者の中間に位置すると考えておく。

〈一時的（具体的）現象〉

特定時におけるその時限りの現象であり、〈知覚体験〉という確認のし方が可能である。〈運動〉と〈状態〉に下位分類される。動詞述語が基本的に表すのは〈運動〉であり、時間のなかでの〈動的展開〉を表す。動的展開がないのが〈状態〉であり、動詞述語、形容詞述語、名詞述語で表される。

〈恒常的（本質的）特徴〉

時間が抽象化された〈ポテンシャルな事象〉であり、確認のし方は〈思考による一般化＝判断〉である。形容詞述語や名詞述語で表されるのが基本である。〈質〉〈特性〉〈関係〉に下位分類される。基本的に、名詞述語では〈質〉を表し、形容詞述語では〈特性〉を表す。〈関係〉は名詞述語でも形容詞述語でも表されるが、そのきちんとした位置づけは今後の課題である。

〈存在〉

広義「もの」の空間的存在を表し、一時的存在の場合も恒常的存在の場合もある。人（有情物）の存在動詞は、相対的に時間的限定性があり、もの（無情物）の存在動詞は相対的に時間的限定性がない（この違いが、存在動詞の文法化の方向性を決めていくのではないかと思われる）。

なお、下記の4点に留意されたい。

第1に、工藤（1995）では「時間的局所限定」という用語を使用したが、本書では〈時間的限定性〉に統一した。

第2に、本書では、工藤（1995）と違って、「出来事」ではなく〈事象〉という用語で統一している。工藤（1995）では動詞述語に限定されていたため「出来事」という用語でも不都合はなかったのだが、本書では〈形容詞述語〉〈名詞述語〉も対象にするため、出来事という用語では、動的事象というイメージがつきまとう。従って、動的な場合も非動的な場合も含めて〈事象〉という用語に統一した（一時的現象という用語は一時的事象と同義で使用している）。

　第3に、奥田靖雄に従って、〈状態〉という用語を〈時間的限定性のある一時的な静的現象〉と規定している。従って、工藤（1995）における「情態動詞」は、本書では、基本的に〈状態動詞〉となる。「動的事象」と対立させて「静的事象＝状態」というかたちで「状態」という用語を規定する論考もある。このように考えると「痛む」「痛い」「赤い」「優秀だ」「秋田犬だ」等、一時的な事象も恒常的な事象もすべてが状態となってしまい、精密な記述が不可能になると思われた。従って、本書における〈状態〉というキーワードは、〈一時的な静的事象〉に限定していることに注意されたい。

　第4に、〈特定時の一時的事象〉に対して「アクチュアル」という用語を使用する論考がある。筆者もそのように使用していたことがあったが、このように考えると、「明日は雨が降るよ」は、「アクチュアルな未来」ということになってしまう。しかし、〈未来〉は、発話時以後というテンス的側面と絡みあって、むしろポテンシャルというムード的側面を有している。本書では、混乱を避けるために「アクチュアル」という用語を使用せず、〈レアル〉という用語に統一している。

　また、特に〈運動〉に関して、次の点にも留意しておく必要がある。

〈1回性・多回性・反復性・習慣性〉
動詞述語が表す〈運動〉は、〈具体的で1回的〉であるのが基本だが、〈多回性＝同じ時空間での繰り返し〉、〈反復性＝異なる時空間での不規則的繰り返し〉、〈習慣性＝異なる時空間でのポテンシャルな規則的繰り返し〉という連続性において、時間が抽象化されてい

く。当然、〈知覚体験〉か〈思考による一般化（判断）〉かの確認のし方の違いも連動する。このような違いは、アスペクチュアリティーの領域にも入るが、単純なアスペクチュアリティーの違いではなく、時間的限定性あるいはレアリティー（現実性）の違いが複合化されている。

【8】語彙的、文法的（語順を含む）、イントネーション等の様々な手段で表現される、文レベルの構文論的カテゴリーには、本書に関係するものとして、次のようなものがある。【9】で示す形態論的カテゴリーとは違って、どのような言語にもある。日本語には、形態論的カテゴリーとしての〈人称〉はないが、構文論的カテゴリーとしてはある。
〈モダリティー〉
モダリティーの内包・外延やその規定は、同じ解釈をする二人の論者はいないと言えるほど様々である。本書では基本的に奥田靖雄の諸論文に提示されている構想に従うが、モダリティーそのものは記述の対象とせず、モダリティーの中核をなす〈形態論的ムード〉から出発する。しかしその場合でも、一定の規定が必要であるため、次の点を考慮して記述を行う。〈モダリティー〉とは、〈聞き手〉との関係のなかにある〈話し手（発話主体）〉の立場からの〈文の対象的内容〉と〈現実世界〉との関係づけである。本書に特に関係するのは〈認識的モダリティー〉である。話し手（発話主体）による現実世界の事象の確認は、〈知覚体験〉による〈直接確認＝事実確認〉の場合もあれば、〈知覚体験〉がなくても〈知識〉として確認済みのものもあり、また、推量や想像による〈間接確認＝事実未確認〉の場合もある。〈知覚体験〉としての〈直接確認＝事実確認〉が可能なのは、〈現在〉〈過去〉の〈一時的な具体的現象〉である。「太郎はやさしい」といった〈ポテンシャルな事象（恒常的特徴）〉の場合には、思考による一般化としての〈判断〉になる。
〈人称性〉
話し手（発話主体）を基準として、発話の相手と発話の対象者（対象物）との関係を表し分ける。日本語では標準語、諸方言問わず、

人称そのものは形態論化されていないが、モダリティー（エヴィデンシャリティー）と相関している。
〈テンポラリティー〉
基本的に、発話時を基準とする事象の時間的位置づけであり、時間的限定性のある事象において分化する。モダリティー（エヴィデンシャリティー、レアリティー）ともアスペクチュアリティーとも相関している。基本的に、〈過去・現在〉は〈レアル〉、〈未来〉は〈ポテンシャル〉であることに留意しておく必要がある。形態論的カテゴリーとしてのテンスがある場合には、テンスがテンポラリティーの中核的で義務的な表現手段になる。
〈アスペクチュアリティー〉
時間的限定性のある動的事象の時間的展開の様々な姿を表し分けるカテゴリー。事象のタイプとしては、〈運動〉を表す動詞述語に限定される。動詞述語であっても「人は死ぬ」のような時間的限定性のない恒常的な特性を表す場合には、アスペクチュアリティーの分化はありえない。形態論的カテゴリーとしてのアスペクトがある場合には、アスペクトがアスペクチュアリティーの中核的で義務的な表現手段になる。

【9】単語レベルの義務的な文法的表現手段が〈形態論的カテゴリー〉である。構文論的カテゴリーの中核をなし、パラディグマティックな対立を形成する。従って、パラディグマティックな対立のなかで、「スル」のような無標形式も文法的意味・機能を担うことに留意しなければならない。形態論的カテゴリーの有無やそのあり様は、言語、方言ごとに異なる。
〈ムード〉
標準語には「スル」「シヨウ」「シロ」という動詞の語形変化というかたちで〈叙述法（認識的ムード）〉〈意志・勧誘法〉〈命令法〉が分化している。本書の中心的な分析対象は〈認識的ムード（叙述法）〉である。これは、話し手による事象の確認のし方の違いを表し分ける形態論的カテゴリーであり、〈断定〉と〈推量〉に分かれる。そして、テンスが分化することが〈叙述法（認識的ムード）〉

の特徴である。{標準語の〈断定〉は「スル（シタ）」という無標形式であるが、方言では「スライ（シタイ）」のような有標の専用形式がある場合がある。} なお、認識的ムードと叙述法という用語は同義で使用している。また、意志・勧誘法と命令法をまとめて〈実行法（実行のムード）〉という用語を使用することもある。実行法にはテンスが分化せず、人称制限もある。

〈テンス〉
基本的に〈発話時〉を基準として、事象を以前に位置づけるか否かを表す形態論的カテゴリー。標準語、方言問わず、〈過去—非過去〉の形態論的対立としてのテンスがある。アスペクトよりも〈抽象的な主体的時間〉であり、アスペクトからテンスへの文法化の進展が見られる。{沖縄中南部諸方言では、〈進行・現在〉を表す「シオル」相当形式が、未来を表す形式になっている。}〈過去〉と〈未来〉とは、一見、発話時以前か以後かで対称的に見えるが、過去の出来事は体験的認識が可能であり、未来の出来事は体験的認識が不可能である。従って、テンスと認識的ムード、エヴィデンシャリティーとは相関する。

〈アスペクト〉
時間的展開性のある（終了あるいは開始の時間限界がある）動的事象を表す運動動詞述語に成立する形態論的カテゴリー。perspective aspect、view-point aspect とも言われるように、文法的アスペクトは、他の事象との時間関係のなかでの〈運動の時間的展開の捉え方〉の違いである。アスペクトは、時間的限定性と相関しており、〈一時的（具体的）現象〉の場合に、〈完成〉〈進行〉〈結果〉といったアスペクト的意味の対立が成立する。一方、「彼はいつも6時に起きる／起きている」といった時間的限定性のない（ポテンシャルな）〈反復〉の場合は、アスペクト対立がなくなり、「する」形式でも「している」形式でも可能になる。{西日本諸方言では、スルとショル、あるいは、スル、ショル、シトルのアスペクト対立がなくなる。また、東北諸方言のステダ（ステラ）形式は〈反復〉の意味を表さない（表しにくい）。}

〈2項対立型アスペクト〉
標準語のように、1つの形式が〈進行〉〈結果〉の両方を表して、〈完成〉を表す形式との対立関係を形成する場合。1つの形式が、時間的展開段階が全く違う〈進行〉と〈結果〉を表すことは、世界の諸言語では稀である。
〈3項対立型アスペクト〉
京阪地域を除く西日本諸方言のように、〈進行〉を表す形式、〈結果〉を表す形式、〈完成〉を表す形式が対立関係を形成する場合。
〈複合型アスペクト〉
沖縄県首里方言や鹿児島県与論方言では、標準語的特徴、西日本諸方言的特徴、独自の特徴をあわせもったハイブリッドなアスペクト体系になっており、過去の変化の激しさを物語っている。また、各地の方言が接触する日系移民社会では、法則的に、混合的なアスペクトになっている。
〈完成〉
時間的に限界づけられた運動の捉え方であり、他の事象との時間関係は〈継起〉となる。開始から終了までをひとまとまり的に捉える場合もあれば、終了限界達成あるいは開始限界達成が焦点化される場合もある。標準語及び本土諸方言では無標形式であるが、奄美沖縄諸方言には、「スル」相当形式がなく、「シオル」相当の「第1中止形（連用形）＋存在動詞」という有標形式が、テンスと相関して〈完成（未来）〉というアスペクト的意味を表すようになっている。
〈継続〉
運動の限界づけられない継続的な捉え方であり、他の事象との時間関係は〈同時〉になる。標準語の「している」形式は、動詞の語彙的意味のタイプと相関しつつ、〈動作継続（進行）〉を表す場合と〈結果継続〉を表す場合がある。本書では、基本的に、2項対立型アスペクトの場合には〈動作継続〉という用語を使用し、3項対立型アスペクトの場合は〈進行〉という用語を使用している。両者の共通性を示す場合に〈動作継続（進行）〉と表記する場合もある。
〈進行〉
運動が、自らの時間限界に至っていない過程的な姿・捉え方。2項

対立型アスペクトでは、「戸を開けている」の場合には〈動作継続（進行）〉を表せても、「戸が開いている」の場合には〈結果継続〉しか表せない。一方、西日本諸方言（京阪地域を除く）のような3項対立型アスペクトでは、「戸ヲ開ケヨル」「戸ガ開キヨル」のように〈動作進行〉も〈変化進行〉も表すことができる。

〈結果〉
〈主体結果〉と〈客体結果〉がある。標準語の「している」形式では「戸が開いている」のような〈主体結果〉しか基本的に表せないが、同じく2項対立型であっても東北諸方言では「父チャン戸開ゲデダ」の場合〈客体結果〉をも表す。西日本諸方言のシトル系形式も、「戸ガ開イトル」「戸ヲ開ケトル」のように〈主体結果〉〈客体結果〉の両方を表すことができる。

〈直前〉
戸が開きつつあるのを見て「戸ガ開キヨル」という場合には知覚したままを捉えているのだが、風で戸ががたがた音をたてている状況で「戸ガ開キヨル」と言った場合には、〈兆候の知覚に基づく近未来の動作・変化の推定〉というアスペクト・テンス・ムード的（あるいは、エヴィデンシャルな）意味がある。この意味で、直前と痕跡とは鏡像関係にある。直前は未来向き、痕跡は過去向きであり、prospectiveな視点かretrospectiveな視点かで違っている。

〈痕跡（形跡）〉
〈結果〉が、先行時の変化の〈必然的な直接的結果〉であるとすれば、〈痕跡〉は、先行時の動作・変化の〈偶然的な間接的結果〉である。従って、開いた戸を見て「戸ガ開イトル」という場合は、知覚したままを捉えている。しかし、戸が閉まっている状況で、部屋のなかの木の葉を見て「戸ガ開イトル」という場合には、〈知覚した痕跡に基づく以前の変化の推定〉というエヴィデンシャルな意味も複合化されている。従って、人称制限もある。〈痕跡〉は、終了後の段階を捉えるという点では〈結果〉と共通するが、〈結果〉と違って、単純なアスペクト的意味ではない。なお、本書では、痕跡と形跡は同じ意味で使用している。

〈効力〉
「彼は去年中国に行っている。だから中国語がうまい」のような場合、「している」形式は、先行時に成立した運動の効力が後の段階に及んでいることを表す。〈痕跡〉は〈知覚（目撃）〉できるが、〈効力〉は知覚できない。「彼が去年中国に行った」という過去の事実を記憶から引き出し、後の段階におけるその効力を判断するという主体的側面が前面化する。〈痕跡〉とは異なり人称制限はない。

〈パーフェクト〉
パーフェクトという用語は、上記の〈結果（resultative）〉を含んで広義に使用されることがある。その場合には、結果は〈状態パーフェクト〉とされる。工藤（1995）で〈パーフェクト〉としたのは、〈結果〉とは違って、動詞の語彙的意味から解放され、すべての運動動詞にある複合的な時間的意味であった。本書でも〈パーフェクト〉という用語をこの意味で使用するが、混乱の恐れがある場合には〈（動作）パーフェクト〉として示すことにする。〈（動作）パーフェクト〉とは、〈先行時の運動の完成〉と〈以後の設定時における結果、痕跡、効力の継続〉の両方を捉える複合的な時間的意味である。

　　〈結果（resultative）〉
　　　　（先行時の変化を前提とした）直接的な結果
　　〈パーフェクト（perfect）〉
　　　　以前の運動の完成と以後の結果、痕跡、効力の複合的な捉え方
　　〈完成（perfective）〉
　　　　時間限界を視野にいれた運動の捉え方

パーフェクトは、設定時の置き方によって、〈未来〉〈現在〉〈過去〉がありうるが、最も基本的なのは〈パーフェクト・現在〉である。標準語でも諸方言でも、「シタ」は、〈完成・過去〉を表すとともに、「ちょっと会わない間に大きくなったね」のように〈パーフェクト・現在〉も表す。この場合、〈過去時の変化の完成〉と〈現在時の直接的結果〉を複合的に捉えている。{「シタ」「シタッタ」のように、過去形が2つある方言においては、「シタッタ」は〈完成・過去〉を表すのみであり、〈パーフェクト・現在〉は表さないため

「モー食ベタッタ」とは言えない。}
〈エヴィデンシャリティー〉
認識的ムードとの関係は今後の課題であるが、次の2つのタイプのエヴィデンシャリティーを取り出しておくことにする。
〈直接的エヴィデンシャリティー〉
標準語には、直接的エヴィデンシャリティーを明示する専用の形態論的形式はないが、方言には、話し手が直接確認した事実であることを明示する形式が成立している。この場合、人称制限を伴って〈話し手の目撃〉を中心とする知覚による確認に限定されるタイプと、人称制限を伴わずに、話し手自身のことをも含めて表す体験的確認のタイプとがある。また、過去テンスに限定されるタイプの方言と現在テンスと過去テンスの両方に成立しうるタイプの方言とがある。当然、未来にはありえない。
〈間接的エヴィデンシャリティー〉
方言には、間接的証拠に基づく確認である間接的エヴィデンシャリティーを表す専用形式がある。痕跡（形跡）の知覚や伝聞（linguistic evidence）といった間接的証拠に基づく以前の動作・変化の確認を表す場合に、首里方言やウチナーヤマトゥグチでは、〈主体結果〉を表すアスペクト形式とは異なる形式が使用される。「幕ヌアチョーン」では〈主体結果〉であり、「幕ヌ　アチェーン」では〈間接的エヴィデンシャリティー〉である。なお、アスペクトの項目のなかで示した〈痕跡（形跡）〉には、エヴィデンシャルな側面が複合化されている（〈直前〉も同様である）。

【10】時間的限定性のある動的現象を表すがゆえにアスペクト対立のある〈運動動詞〉の分類については、様々な考え方が提示されているが、方言研究を拒否しない、つまりは、方言における多様なアスペクト体系をも捉えうる枠組み（分類の原理）を追求することが重要である。本書では、基本的に、〈主体動作客体変化動詞〉〈主体変化動詞〉〈主体動作動詞〉の3分類が重要であると考える。「開ける、壊す、建てる」のような〈客体に変化をもたらす主体の意志的な動作〉を表す他動詞グループが最も動詞らしい動詞と位置づけら

れる。この動詞グループは、客体の変化が達成する〈必然的終了限界〉があるとともに、主体の意志的動作が起動される典型的なかたちでの〈開始限界〉もある。一方、「開く、壊れる、建つ」のような動詞グループでは、〈変化〉だけが捉えられており、無意志的であり、変化が達成される〈必然的終了限界〉が焦点化される（ただし、変化過程の開始が捉えられないわけではない）。一方、「叩く、飲む、歩く」のような動詞では、変化を捉えていないため、必然的終了限界はなく、動作開始の時間限界が焦点化される（ただし、外的終了限界を設定することはできる）。主体の意志性がなくなり、終了限界や開始限界がぼやけてくると、〈状態動詞〉に近づく。形態論的カテゴリーとしてのアスペクト（perspective aspect）を分析するためには、語彙的意味の範疇的側面（動詞の語彙的意味自身のなかにある時間的性質である situatinal aspect）のタイプ化、つまりは〈動詞分類〉が必要である。本書では、〈主体動作客体変化動詞〉〈主体変化動詞〉〈主体動作動詞〉という用語を、時間限界の観点を入れて使用することにする。標準語だけでなく諸方言を含めて、文法的アスペクトとの関係のなかで動詞分類を行うためには、このような観点が有効であると判断した。

〈動作動詞・変化動詞〉
標準語のシテイル形式が〈動作継続（進行）〉〈結果継続〉という２つのアスペクト的意味を表すとすれば、〈運動動詞〉を〈動作動詞〉と〈変化動詞〉に２分割することで説明できる。ただし、これは標準語に限ってのことである。同じく２項対立型アスペクトではあっても、東北諸方言のステダ（ステラ）形式は、主体動作客体変化動詞では、〈動作継続〉も〈客体結果継続〉も表す。従って、次に述べるように、客体変化の有無の観点から、動作動詞を２分類することが必要になる。なお、金田一分類では「継続動詞」「瞬間動詞」という時間の長さの観点から分類されているが、諸方言のアスペクトをも統合的に捉えるためには十分ではない。

〈主体動作客体変化動詞・主体変化動詞・主体動作動詞〉
標準語の場合には、「している」形式の観点からは、基本的に運動動詞を２分類したのでよいが、全国諸方言のアスペクト記述のため

には、運動動詞の3分類が必要である。2分類との違いは、動作動詞を、客体に変化をもたらすタイプと、そうではないタイプにさらに分割した点である。{東北諸方言のような2項対立のアスペクト体系を有する方言でも、首里方言や与論方言のような複合的なアスペクト体系を持つ方言でも、西日本諸方言における動態を記述するためにも、この3分類が必要である。}なお、「座る、来る」のような主体に変化をもたらす主体の動作を表す〈主体変化主体動作動詞〉は、諸方言においても〈主体変化動詞〉との共通性が高い。従って、本書では、大きくは〈主体変化動詞〉のなかに位置づける。主体変化動詞のなかには、意志的なものと無意志的なものとがあることになる。

〈状態動詞〉

時間的限定性がある点では運動動詞と共通するが、意志性のない持続的で静的な現象を表す動詞。明確な終了限界や開始限界がなく、アスペクト対立がぼやけて、スル形式がテンス的に〈現在〉を表せるようになる。西日本諸方言では、シヨル形式とシトル形式のアスペクト対立もなくなる。工藤(1995)では「情態動詞」という用語を使用していたが、本書では、奥田靖雄に従って、〈時間的限定性〉の観点から〈状態〉というキーワードを使用する。

〈存在動詞〉

標準語でも方言でもアスペクトの形態論化の語彙的資源になる。{方言では、時間的限定性の形態論化の語彙的資源にもなる場合もある。}金田一(1950)によって「ある、いる」のような動詞を状態動詞とすることが普及しているが、本書では、〈時間的限定性〉の観点から、存在動詞に対しては、状態という用語は使用しないので注意されたい。「空間」から「時間」へという文法化の方向性を捉えるためにも、状態動詞という用語よりも、存在動詞とする方が適切であろう。

# 参考文献

青木博史（2010）『語形成から見た日本語文法史』ひつじ書房
荒正子（1989）「形容詞の意味的なタイプ」『ことばの科学　3』むぎ書房
荒井孝一（1983）「酒田方言の動詞のテンス」『国文学解釈と鑑賞』48-6　至文堂
飯豊毅一他編（1982）『講座方言学8　中国・四国地方の方言』国書刊行会
井島正博（2011）『中古語過去・完了表現の研究』ひつじ書房
五十川緑（1984）「周防大島における「ショール」と「シチョル」の用法」『国文学 解釈と鑑賞』49-1　至文堂
井上文子（2002）「長野県・開田方言のアスペクト形式「〜イル」について」（真田信治編（2002）所収）
上村幸雄（1963）「首里方言の文法」『沖縄語辞典』大蔵省印刷局
上村幸雄他（1992）「琉球列島の言語」亀井孝・河野六郎・千野栄一編著『言語学大辞典　第四巻　世界言語編』三省堂
大田朗（1980）『否定の意味』大修館書店
大槻邦敏（1987）「「は」と「が」の使い分け」『教育国語』91　むぎ書房
大野仁美（1988）「串本方言の「イル」・「ヤル」・「タール」―その意味と機能―」『日本方言研究会第46回研究会発表原稿集』日本方言研究会
大野仁美（1991）「串本方言の継続を表わす助動詞―「アル」・「オク」・「イル」―」『東京大学言語学論集11』東京大学文学部言語学科
奥田靖雄（1977）「アスペクトの研究をめぐって」『宮城教育大学　国語国文』8　（奥田靖雄（1985c）所収）
奥田靖雄（1978）「アスペクトの研究をめぐって（上）（下）」『教育国語』53, 54　むぎ書房
奥田靖雄（1984）「おしはかり（一）」『日本語学』3-12　明治書院
奥田靖雄（1985a）「おしはかり（二）」『日本語学』4-2　明治書院
奥田靖雄（1985b）「文のさまざま（1）―文のこと―」『教育国語』80　むぎ書房
奥田靖雄（1985c）『ことばの研究・序説』むぎ書房
奥田靖雄（1986a）「文のさまざま（2）―まちのぞみ文―」『教育国語』85　むぎ書房
奥田靖雄（1986b）「条件づけを表現するつきそい・あわせ文―その体系性をめぐって―」『教育国語』87 むぎ書房
奥田靖雄（1986c）「現実・可能・必然（上）」『ことばの科学　1』むぎ書房
奥田靖雄（1988a）「述語の意味的なタイプ」琉球大学講義プリント（未公刊）
奥田靖雄（1988b）「文の意味的なタイプ―その対象的な内容とモダルな意味

とのからみあい―」『教育国語』92　むぎ書房
奥田靖雄（1988c）「時間の表現（1）（2）」『教育国語』94, 95　むぎ書房
奥田靖雄（1993）「動詞の終止形（1）」『教育国語』2-9　むぎ書房
奥田靖雄（1994）「動詞の終止形（2）（3）」『教育国語』2-12, 2-13　むぎ書房
奥田靖雄（1996a）「文のこと・その分類をめぐって」『教育国語』2-22　むぎ書房
奥田靖雄（1996b）「現実・可能・必然（中）」『ことばの科学　7』むぎ書房
奥田靖雄（1997）「動詞（その1）・その一般的な特徴づけ」『教育国語』2-27　むぎ書房
尾上圭介（1998）「文法を考える　出来文（2）」『日本語学』17-10　明治書院
尾上圭介（2001）『文法と意味I』くろしお出版
影山太郎編（2012）『属性叙述の世界』くろしお出版
笠松祐介（2013）『和歌山上富田方言における存在動詞とアスペクト形式の動態』2012年度大阪大学文学部卒業論文
金田章宏（1983）「東北方言の動詞のテンス―山形県南陽市―」松本泰丈他編『琉球方言と周辺のことば』千葉大学教養部総合科目運営委員会
金田章宏（1984）「山形方言の動詞のテンス」『国文学　解釈と鑑賞』49-1　至文堂
金田章宏（2001）『八丈方言動詞の基礎研究』笠間書院
狩俣繁久・島袋幸子（1989）「今帰仁方言の動詞の文法的なカテゴリー―アスペクトとヴォイス―」『ことばの科学　2』むぎ書房
狩俣繁久・島袋幸子（2006）「琉球語の終止形―沖縄謝名方言と沖縄安慶名方言」『日本東洋文化論集』12　琉球大学法文学部
木岡智子（2003）「姫路方言における否定のアスペクト」『国文学　解釈と鑑賞』68-7　至文堂
菊千代・松本泰丈（1980）「琉球方言の動詞の活用体系　与論方言の動詞形態論序説」『言語生活』342　筑摩書房
菊千代・松本泰丈（1984）「与論島方言の文法」『国文学解釈と鑑賞』49-1　至文堂
菊千代・高橋俊三（2005）『与論方言辞典』武蔵野書院
菊地康人（2000）「「ようだ」と「らしい」―「そうだ」「だろう」との比較も含めて―」『国語学』51-1　武蔵野書院
木下りか（2013）『認識的モダリティと推論』ひつじ書房
木部暢子（2010）「イントネーションの地域差」小林隆・篠崎晃一編『方言の発見―知られざる地域差を知る―』ひつじ書房
喜屋武政勝（2009）「時間的なありか限定について」『ことばの科学12』むぎ書房
九州方言研究会編（1997）『西日本諸方言アスペクトの地域差に関する報告書1』鹿児島大学法文学部木部研究室
九州方言研究会編（1998）『西日本諸方言アスペクトの地域差に関する報告書2』鹿児島大学法文学部木部研究室
九州方言研究会編（2004）『西日本方言の可能表現に関する調査報告書』九州方言研究会

金水敏（1997）「現在の存在を表す「いた」について」川端善明・仁田義雄編『日本語文法―体系と方法―』ひつじ書房

金水敏（2006a）『日本語存在表現の歴史』ひつじ書房

金水敏（2006b）「「～でいる」について」益岡隆志他編『日本語文法の新地平1』くろしお出版

金田一春彦（1950）「国語動詞の一分類」（金田一編（1976）所収）

金田一春彦編（1976）『日本語動詞のアスペクト』むぎ書房

工藤浩（1985）「日本語の文の時間表現」『言語生活』403　筑摩書房

工藤浩（2000）「副詞と文の陳述的なタイプ」森山卓郎・仁田義雄・工藤浩『日本語の文法3　モダリティ』岩波書店

工藤真由美（1976）「待遇表現における若い世代の共通語化と方言化」『日本方言研究会第23回発表予稿集』（『日本列島方言叢書22　四国方言考』ゆまに書房所収）

工藤真由美（1992）「四国宇和島方言の2つの否定形式」『国文学　解釈と鑑賞』57-7　至文堂

工藤真由美（1995）『アスペクト・テンス体系とテクスト―現代日本語の時間の表現―』ひつじ書房

工藤真由美（1996）「否定のアスペクト・テンス体系とディスコース」『ことばの科学　7』むぎ書房

工藤真由美（1997）「反事実性の表現をめぐって」『横浜国立大学人文紀要　第2類　語学・文学』44　横浜国立大学教育学部

工藤真由美（1998）「非動的述語のテンス」『国文学　解釈と鑑賞』63-1　至文堂

工藤真由美（1999a）「西日本諸方言におけるアスペクト対立の動態」『阪大日本語研究』11　大阪大学大学院文学研究科日本語学講座

工藤真由美（1999b）「青森県五所川原方言の動詞のアスペクトとテンス」『国語学研究』38　東北大学文学部国語学研究室

工藤真由美（2000a）「アスペクト表現の地域差―西日本諸方言を中心に―」『国文学　解釈と鑑賞』65-1　至文堂

工藤真由美（2000b）「アスペクト・テンス体系と極性」『現代日本語研究』7　大阪大学大学院文学研究科日本語学講座

工藤真由美（2000c）「否定の表現」金水敏・工藤真由美・沼田善子『日本語の文法2　時・否定と取り立て』岩波書店

工藤真由美（2000d）「八丈方言のアスペクト・テンス・ムード」『阪大日本語研究』12　大阪大学大学院文学研究科日本語学講座

工藤真由美（2000e）「方言のムードについてのおぼえがき」『待兼山論叢（日本学篇）』34　大阪大学文学会

工藤真由美（2001）「アスペクト体系の生成と進化―西日本諸方言の場合―」『ことばの科学　10』むぎ書房

工藤真由美（2002a）「現象と本質―方言の文法と標準語の文法―」『日本語文法』2-2　くろしお出版

工藤真由美（2002b）「諸方言におけるアスペクト・テンス体系の動態―存在動詞と時間表現―」佐藤喜代治編『国語論究』10　明治書院

工藤真由美（2002c）「日本語の文の成分」飛田良文・佐藤武義編『現代日本語講座5　文法』明治書院

工藤真由美（2004a）「ムードとテンス・アスペクトの相関性をめぐって」『阪大日本語研究』16　大阪大学大学院文学研究科日本語学講座

工藤真由美（2004b）「現代語のテンス・アスペクト」『朝倉日本語講座6　文法II』朝倉書店

工藤真由美（2006a）「アスペクト・テンス」小林隆編『シリーズ方言学2　方言の文法』岩波書店

工藤真由美（2006b）「話し手の感情・評価と過去の出来事の表現」土岐哲先生還暦記念論文集編集委員会編『日本語の教育から研究へ』くろしお出版

工藤真由美（2006c）「文の対象的内容・モダリティー・テンポラリティーの相関性をめぐって―「らしい」と「ようだ」―」『ことばの科学　11』むぎ書房

工藤真由美（2006d）「日本語のさまざまなアスペクト体系が提起するもの」『日本語文法』6-2　くろしお出版

工藤真由美（2007）「複数の日本語という視点から捉えるアスペクト」『月刊言語』36-9　大修館書店

工藤真由美（2008）「認識的モダリティーと情報構造」北京大学日本語言文化系・北京大学日本文化研究所編『日本語言文化研究』8　北京：学苑出版社

工藤真由美（2010a）「愛媛県宇和島方言の可能形式―努力による実現を明示する形式を中心に―」『国語語彙史の研究』29　和泉書院

工藤真由美（2010b）「現代日本語の否定とアスペクト・テンス」加藤泰彦・吉村あき子・今仁生美編『否定と言語理論』開拓社

工藤真由美（2010c）「方言接触から見た存在動詞とアスペクト」上野善道監修『日本語研究の12章』明治書院

工藤真由美（2012）「時間的限定性という観点が提起するもの」影山太郎編『属性叙述の世界』くろしお出版

工藤真由美・清水由美（2003）「アスペクトと敬語―岐阜県高山方言の場合―」『阪大日本語研究』15　大阪大学大学院文学研究科日本語学講座

工藤真由美・佐藤里美・八亀裕美（2005）「体験的過去をめぐって―宮城県登米郡中田町方言の述語構造―」『阪大日本語研究』17　大阪大学大学院文学研究科日本語学講座

工藤真由美・高江洲頼子・八亀裕美（2007）「首里方言のアスペクト・テンス・エヴィデンシャリティー」『大阪大学大学院文学研究科紀要』47

工藤真由美・仲間恵子・八亀裕美（2007）「与論方言動詞のアスペクト・テンス・エヴィデンシャリティー」『國語と國文学』84-3　東京大学国語国文学会

工藤真由美・森幸一・山東功・李吉鎔・中東靖恵（2009）『ブラジル日系・沖縄系移民社会における言語接触』ひつじ書房

工藤真由美・白岩広行（2010）「ボリビアの沖縄系移民社会における日本語の実態」『日本語学』29-6　明治書院

工藤真由美編（2004）『日本語のアスペクト・テンス・ムード体系―標準語研

究を超えて―』ひつじ書房
工藤真由美編（2007）『日本語形容詞の文法―標準語研究を超えて―』ひつじ書房
工藤真由美編（2012）『ボリビア沖縄系移民社会における談話資料』大阪大学大学院文学研究科日本語学講座　工藤真由美研究室
工藤真由美編（2000）『方言のアスペクト・テンス・ムード体系変化の総合的研究 1』科学研究費成果報告書　大阪大学大学院文学研究科
工藤真由美編（2001）『方言のアスペクト・テンス・ムード体系変化の総合的研究 2』科学研究費成果報告書　大阪大学大学院文学研究科
工藤真由美編（2002）『方言における動詞の文法的カテゴリーの類型的研究 No.1』科学研究費成果報告書　大阪大学大学院文学研究科
工藤真由美編（2003a）『方言における動詞の文法的カテゴリーの類型的研究 No.2（東日本編）』科学研究費成果報告書　大阪大学大学院文学研究科
工藤真由美編（2003b）『方言における動詞の文法的カテゴリーの類型的研究 No.3（西日本編）』科学研究費成果報告書　大阪大学大学院文学研究科
工藤真由美編（2003c）『方言における動詞の文法的カテゴリーの類型的研究 No.4（奄美・沖縄編）』科学研究費成果報告書　大阪大学大学院文学研究科
工藤真由美編（2003d）『方言における動詞の文法的カテゴリーの類型的研究 No.5（大阪（小説用例）編）』科学研究費成果報告書　大阪大学大学院文学研究科
工藤真由美編（2003e）『方言における動詞の文法的カテゴリーの類型的研究 No.6（アスペクトと敬語編）』科学研究費成果報告書　大阪大学大学院文学研究科
工藤真由美編（2005）『方言における述語構造の類型論的研究（CD-ROM 付）』科学研究費成果報告書　大阪大学大学院文学研究科
工藤真由美編（2006）『方言における述語構造の類型論的研究 II』科学研究費成果報告書　大阪大学大学院文学研究科
久野暲（1973）『日本語文法研究』大修館書店
久野暲（1983）『新日本語文法研究』大修館書店
言語学研究会編（1978）『日本語研究の方法』むぎ書房
言語学研究会編（1983）『日本語文法・連語論（資料編）』むぎ書房
小林隆編（2000）『宮城県仙台市方言の研究』東北大学大学院文学研究科国語学研究室
小林隆編（2003）『宮城県石巻市方言の研究』東北大学大学院文学研究科国語学研究室
佐久間鼎（1941）『日本語の特質』育英書院（くろしお出版より復刊、1995年）
佐久間鼎（1956）『現代日本語法の研究（改訂版）』恒星社厚生閣（くろしお出版より復刊、1983年）
迫野虔徳（1996）「日本語方言差と「テイル」」言語学林 1995–1996 編集委員会編『言語学林』三省堂
佐藤里美（1997）「名詞述語文の意味的なタイプ―主語が人名詞のばあい―」

『ことばの科学　8』むぎ書房
佐藤里美（2001）「テクストにおける名詞述語文の機能」『ことばの科学　10』むぎ書房
佐藤里美（2007）「宮城県中田方言の過去形」『国文学　解釈と鑑賞』62-7　至文堂
佐藤里美（2009）「名詞述語文のテンポラリティー」『ことばの科学　12』むぎ書房
真田信治編（2002）『消滅に瀕した方言語法の緊急調査研究（2）』「環太平洋の言語」成果報告書A4-012　大阪学院大学
山東功（2002）『明治前期日本文典の研究』（和泉書院）
山東功（2003）「ブラジル日系人の日本語への視点」『女子大文学　国文篇』54　大阪女子大学日本語日本文学研究室
渋谷勝己（1993）「日本語可能表現の諸相と発展」『大阪大学文学部紀要』33-1
渋谷勝己（1994）「鶴岡方言のテンスとアスペクト」国立国語研究所報告『鶴岡方言の記述的研究』秀英出版
渋谷勝己（2006）「自発・可能」『シリーズ方言学2　方言の文法』岩波書店
白岩広行・森田耕平・王子田笑子・工藤真由美（2010）「ボリビアのオキナワ移住地における言語接触」『阪大日本語研究』22　大阪大学大学院文学研究科日本語学講座
白岩広行・森田耕平・齋藤美穂・朴秀娟・森幸一・工藤真由美（2011）「ブラジルとボリビアにおける沖縄系エスニックコミュニティと日本語」『阪大日本語研究』23　大阪大学大学院文学研究科日本語学講座
鈴木重幸（1960）「首里方言の動詞のいいきりの形」『国語学』41　武蔵野書院
鈴木重幸（1972）『日本語文法・形態論』むぎ書房
鈴木重幸（1996）『形態論・序説』むぎ書房
鈴木泰（2009）『古代日本語時間表現の形態論的研究』ひつじ書房
須田義治（2010）『現代日本語のアスペクト論―形態論的なカテゴリーと構文論的なカテゴリーの理論―』ひつじ書房
高江洲頼子（1994）「ウチナーヤマトゥグチ―その音声、文法、語彙について―」『沖縄言語研究センター報告3』沖縄言語研究センター
高田祥司（2001）「青森県弘前方言のアスペクト・テンス体系」『待兼山論叢』35　大阪大学文学会
高田祥司（2003）「岩手県遠野方言のアスペクト・テンス・ムード体系―東北諸方言における動詞述語の体系変化に注目して―」『日本語文法』3-2　くろしお出版
高橋俊三（2000）「鹿児島県大島郡与論町方言の研究の現状と課題」『沖縄言語研究センター資料No.139』沖縄言語研究センター
高橋太郎（1985）『現代日本語動詞のアスペクトとテンス』国立国語研究所報告　秀英出版
高橋太郎（1994）『動詞の研究』むぎ書房
高橋太郎（2003）『動詞九章』ひつじ書房
田窪行則（2010）『日本語の構造』くろしお出版
竹田晃子（2000）「岩手県盛岡市方言におけるタッタ形の意味用法」『国語学研

究』39　東北大学文学部国語学研究室
田野村忠温（1990）「文における判断をめぐって」『アジアの諸言語と一般言語学』三省堂
田野村忠温（1991）「『らしい』と『ようだ』の意味の相違について」『言語学研究』10　京都大学言語学研究会
鄭相哲（2012a）「韓国語の時間的限定性について―済州市方言の形容詞を中心に―」『奥田靖雄没後10周年シンポジウム要旨集』言語学研究会
鄭相哲（2012b）「韓国語時相法研究のための幾つかの提言」『國語學』63　國語學會（韓国）
つくば言語文化フォーラム編（2001）『「た」の言語学』ひつじ書房
津波古敏子（1989）「不完成相につきまとう臨場性―首里方言の場合―」『ことばの科学　2』むぎ書房
津波古敏子（1994）「琉球方言における動詞のテンス・アスペクトはどのように記述されたか」『沖縄大学紀要』沖縄大学教養部
寺師忠夫（1985）『奄美方言、その音韻と文法』根元書房
寺村秀夫（1982）『日本語のシンタクスと意味I』くろしお出版
寺村秀夫（1984）『日本語のシンタクスと意味II』くろしお出版
西尾寅弥（1972）『形容詞の意味・用法の記述的研究』秀英出版
西山佑司（2003）『日本語名詞句の意味論と語用論―指示的名詞句と非指示的名詞句―』ひつじ書房
仁田義雄（2000）「認識のモダリティとその周辺」森山卓郎・仁田義雄・工藤浩『日本語の文法3　モダリティ』岩波書店
仁田義雄（2009）『日本語の文法カテゴリをめぐって』ひつじ書房
丹羽一彌（2005）『日本語の動詞述語の構造』笠間書院
服部四郎（1959）『日本語の系統』岩波書店
服部四郎（1960）「奄美大島諸鈍方言の動詞・形容詞・終止形の意義素」『言語学の方法』岩波書店
服部四郎・金城朝永（1955）「琉球語」『世界言語概説　下巻』三省堂
朴秀娟・森幸一・工藤真由美（2013）「沖縄系エスニックコミュニティにおける日本語と沖縄方言の継承意識―ブラジル及びボリビアの言語生活調査から―」『阪大日本語研究』25　大阪大学大学院文学研究科日本語学講座
樋口文彦（1996）「形容詞の分類―状態形容詞と質形容詞―」『ことばの科学　7』むぎ書房
樋口文彦（2001）「形容詞の評価的な意味」『ことばの科学　10』むぎ書房
日野資純（1958）「青森方言管見」『国語学』34　武蔵野書院
平山輝夫・大島一郎・中本正智（1966）『琉球方言の総合的研究』明治書院
前山隆編著（1986）『ハワイの辛抱人―明治福島移民の個人史―』御茶の水書房
益岡隆志（2000）『日本語文法の諸相』くろしお出版
益岡隆志（2007）『日本語モダリティ探求』くろしお出版
まつもとひろたけ（1996）「奄美大島方言のメノマエ性」鈴木泰・角田太作編『日本語文法の諸問題―高橋太郎先生古希記念論文集―』ひつじ書房
三上章（1953）『現代叙法序説』刀江書院（くろしお出版より復刊、1972年）

三上章（1963）『日本語の構文』くろしお出版
三宅知宏（2011）『日本語研究のインターフェイス』くろしお出版
宮崎和人（2001）「現代日本語のアスペクト体系―対照アスペクト論の方法―」『国文学解釈と教材の研究』46-2　学燈社
宮崎和人（2005）『現代日本語の疑問表現―疑いと確認要求―』ひつじ書房
宮崎和人・安達太郎・野田春美・高梨信乃『新日本語文法選書4　モダリティ』くろしお出版
宮島達夫（1956）「文法体系について―方言文法のために―」『国語学』25　武蔵野書院
宮島達夫（1972）『動詞の意味・用法の記述的研究』秀英出版
宮島達夫（1994）『語彙論研究』むぎ書房
村木新次郎（2000）「「がらあき－」「ひとかど－」は名詞か、形容詞か」『国語学研究』39　東北大学大学院文学研究科国語学研究室
村木新次郎（2002）「第三形容詞とその形態論」佐藤喜代治編『国語論究』10　明治書院
森山卓郎・仁田義雄・工藤浩（2000）『日本語の文法3　モダリティ』岩波書店
八亀裕美（2002）「〈短信〉非動的述語の継続相相当形式―青森五所川原方言の場合―」『国語学』208　武蔵野書院
八亀裕美（2006）「「AにしてはB」をめぐって―時間的限定性と評価性―」『ことばの科学　11』むぎ書房
八亀裕美（2008）『日本語形容詞の記述的研究　類型論的視点から』明治書院
八亀裕美・佐藤里美・工藤真由美（2005）「宮城県登米郡中田町方言の述語のパラダイム―方言のアスペクト・テンス・ムード体系記述の試み―」『日本語の研究』1-1　武蔵野書院
屋比久浩（1987）「ウチナーヤマトゥグチとヤマトゥウチナーグチ」『国文学解釈と鑑賞』55-7　至文堂
山田潔（2002）「『長崎版日葡辞書』の述定・装定表現― Ser と Ester ―」『国語国文』71-3　京都大学国語国文学会
山田実（1979）『琉球語動詞の形態論的構造』国書刊行会
吉田則夫（1982）「高知県の方言」『講座方言学8　中国・四国地方の方言』国書刊行会

Aikhenvald, A. Y. (2004) *Evidentiality*. Oxford UP.
Aikhenvald, A. Y. and R. M. W. Dixon (2003) *Studies in Evidentiality*. John Benjamins.
Aikhenvald, A. Y. and R. M. W. Dixon (2006) *Grammars in Contact*. Oxford UP.
Athanasiadou, A and R. Dirven. (eds.) (1997) *On Conditionals Again*. John Benjamins.
Auer, P. and F. Hinskens, P. Kerswill (eds.) (2005) *Dialect Change: Convergence and Divergence in European Languages*. Cambridge UP.
Bertinetto, P. A., V. Bianchi, Ö. Dahl and M. Squartini (eds.) (1995) *Temporal

*Reference, Aspect and Actionality*. Rosenberg & Sellier.

Benveniste, É. (1966) *Problèmes de linguistique générale*. Editions Gallimard. (岸本通夫監訳 1983『一般言語学の諸問題』みすず書房)

Benveniste, É. (1968) Mutations of linguistic categories. In Lehman, W. P. and Y. Malkiel (eds.) *Directions for Historical Linguistics: A Symposium*. 83–94.

Bhat, D. N. S. (1999) *The Prominence of Tense, Aspect and Mood*. John Benjamins.

Blakemore, D. (1999) Evidence and modality. In Brown, K. and J. Miller (eds.) *Concise Encyclopedia of Grammatical Categories*. 141–145.

Brian, D. J. and R. D. Janda (eds.) (2003) *The Handbook of Historical Linguistics*. Blackwell.

Brown, K. and J. Miller (eds.) (1999) *Concise Encyclopedia of Grammatical Categories*. Elesvier.

Butler. C. S. (2003) *Structure and Function*. Part.1. John Benjamins.

Bühler. K, (1934) *Sprachtheorie*. Stuttgart. (脇坂豊他訳 1983『言語理論—言語の叙述機能』クロノス)

Bybee, J. (1985) *Morphology*. John Benjamins.

Bybee, J. (2003) Mechanisms of change in grammaticization: The role of frequency . In Brian, D. J. and Janda, R. D. (eds.) *The Handbook of Historical Linguistics*. 602–623.

Bybee, J. (1994) Grammaticization of zero. In Pagliuca, W. (ed.) *Perspective on Grammaticization*. 235–254.

Bybee, J. and Ö. Dahl (1989) The creation of tense and aspect systems in the languages of the world. *Studies in language* 13: 51–103.

Bybee, J., R. Perkins and W. Pagliuca (1994) *The Evolution of Grammar*. The University of Chicago Press.

Bybee, J. and S. Fleischman (1995) *Modality in Grammar and Discourse*. John Benjamins.

Булыгина,Т.В. (1982) К построению типологии предикатов в русскомязыке. (ブルィギナ「ロシア語における述語の類型論の構築によせて」) В.кн.: Селиверстова,О.Н. (ГР.) (1982) *Семантические типы предикатов*.

Chafe, W. and J. Nichols (eds.) (1986) *Evidentiality: The Linguistic Coding of Epistemology*. Ablex.

Chambers, J. K., P. Trudgill and Schilling-Estes, N. (eds.) (2002) *The Handbook of Language Variation and Change*. Blackwell.

Chung, S. and A. Timberlake (1985) Tense, aspect and mood. In Shopen, T. (ed.) *Language Typology and Syntactic Description* III. 202–258.

Clyne, M. (2003) *Dynamics of Language Contact*. Cambridge UP.

Coates, J. (1983) *The Semantics of the Modal Auxiliaries*. Croom Helm.

Comrie, B. (1976) *Aspect*. Cambridge UP. (山田小枝訳 1988『アスペクト』むぎ書房)

Curnow, T. J. (2002) Types of interaction between evidentials and first-person subjects. *Anthropological Linguistics* 44-2. 178-196.

Dahl, Ö. (1997) The relation between past time reference and counterfactuality: A new look. In Athanasiadou, A and R. Dirven (eds.) *On Conditionals Again*. 97-114.

Dahl, Ö. (1999a) Aspect: Basic principles. In Brown, K. and J. Miller (eds.) *Concise Encyclopedia of Grammatical Categories*. 30-37.

Dahl, Ö. (1999b) Perfect. In Brown, K. and J. Miller (eds.) *Concise Encyclopedia of Grammatical Categories*. 290-291.

Dahl, Ö. (ed.) (2000) *Tense and Aspect in the Languages of Europe*. Mouton de Gruyter.

DeLancey, S. (1997) Mirativity: The grammatical marking of unexpected information. *Linguistic Typology* 1-1. 33-52.

DeLancy, S. (2001) The Mirative and evidentiality. *Journal of Pragmatics* 3. 369-382.

Dixon, R. and A. Aikhenvald (eds.) (2004) *Adjective Classes*. Oxford UP.

Fleischman, S. (1982) *The Future in Thought and Language*. Cambridge UP.

Friedman, V. F. (2004) The typology of Balkan evidentiality and areal linguistics. In Tomic, O. M. (ed.) *Balkan Syntax and Semantics*. 101-134.

Givón, T. (1971) Historical syntax and synchronic morphology. *CLS* 7. no. 1: 394-415.

Givón, T. (1982) Evidentiality and epistemic space. *Studies in language*. 6-1: 23-49.

Givón, T. (1984) *Syntax*. John Benjamins.

Givón, T (1989) *Mind, Code and Context*. Lawrence Erlbaum Associates.

Givón, T. (1995) *Functionalism and Grammar*. John Benjamins.

Givón, T. (2001) *Syntax: An Introduction*. John Benjamins.

Givón, T. (2005) *Contexts as Other Minds: The Pragmatics of Sociality, Cognition and Communication*. John Benjamins.

Haspelmath, M. et al. (eds.) (2005) *The World Atlas of Language Structures*. Oxford UP.

Heine, B. and T. Kuteva. (2004) *Language Contact and Grammatical Change*. Cambridge UP.

Hengeveld, Kees (1992) *Non-verbal Predication: Theory, Typology and Diachrony*. Mouton de Gruyter.

Hickey, R. (ed.) (2010) *The Handbook of Language Contact*. Blackwell.

Hopper P. (ed.) (1982) *Tense-Aspect: Between Semantics and Pragmatics*. John Benjamins.

Horn, L. R. (1989) *A Natural History of Negation*. University of Chicago Press.

Jespersen, O. (1924) *The Philosophy of Grammar*. Allen and Unwin. (半田一郎訳 1958『文法の原理』岩波書店)

Johanson, L. and B. Utas (eds.) (2000) *Evidentials: Turkic, Iranian and Neighbouring Languages*. Mouton de Gruyter.

Kerswill, P. (2002) Koineization and Accommodation. In Chambers, J. K., P. Trudgill and Schilling-Estes, N. (eds.) *The Handbook of Language Variation and Change.* 669–702.

Khrakovskij, V. S. (ed.) (1997) *Typology of Iterative Constructions.* LINCOM EUROPA.

Kudo, Mayumi (2003) Evidentiality of 'Uchina-yamatuguchi'. The 10th International Conference of EAJS in Warsaw (Poland) August 27–30, 2003 (Warsaw University).

Kuteva, T. (2001) *Auxiliation: An Enquiry in to the Nature of Grammaticalisation.* Oxford UP.

Lambrecht, K. (1994) *Information Structure and Sentence Form.* Cambridge UP.

Lazard, G. (1999) Mirativity, evidentiality, mediativity or other? *Linguistic Typology* 3: 91–109.

Leech, G. N. (1971) *Meaning and the English Verb.*（国広哲弥訳 1976『意味と英語動詞』大修館書店）

Lehman, C. (1985) Grammaticalization: Synchronic variation and diachronic change. *Lingua e Stile* 20. no.3: 303–318.

Lehmann, C. (1995) *Thoughts on Grammaticalization.* LINCOM EUROPA.

Lehman, W. P. and Y. Malkiel (eds.) (1968) *Directions for Historical Linguistics: A Symposium.* University of Texas Press.

Lindstedt, J. (2000) The Perfect—aspectual, temporal and evidential. In Dahl, Ö. (ed.) *Tense and Aspect in the Languages of Europe.* 365–384.

Lunn, P. (1992) The evaluative function of the Spanish subjunctive. In Bybee, J. and S. Fleishaman (eds.) *Modality in Grammar and Discourse.* 429–449.

Lyons, J. (1977) *Semantics* vol.2. Cambridge UP.

Matti, M. (2005) Symmetric and Asymmetric Standard Negation. In Haspelmath, M. et al. (eds.) *The World Atlas of Language Structures.* 367–388.

Mithun, M. (2003) Functional perspectives on syntactic change. In Brian, D. J. and R. D. Janda (eds.) *The Handbook of Historical Linguistics.* 552–572.

Moravcsik, J. M. (1982) Tense, aspect and negation. *Theoretical Linguistics* 9. 95–109.

Palmer, F. R. (1979) *Modality and the English Modals.* Longman.

Palmer, F. R. (2001) *Mood and Modality.* Cambridge UP.

Pagliuca, W. (ed.) (1994) *Perspective on Grammaticalization.* John Benjamins.

Plungian, V. A. (2001) The place of evidentiality within the universal grammatical space. *Journal of Pragmatics* 33. 349–358.

Плунгян, В. А. (2004) Об арриалином употреблении плюсквамперфекта.（プルンギャン「過去パーフェクトの反実的な使用をめぐって」）В.кн.: *Исследования по теории грамматики 3: Ирриалис и ирриалиность.* Москва: Гнозис.

Pustet, R. (2003) *Copulas: Universals in the Categorization of the Lexicon.* Oxford UP.

Shopen, T. (ed.) (1985) *Language Typology and Syntactic Description* III.

Cambridge UP.
Siegel, J. (2004) Morphological elaboration. *Journal of Pidgin and Creole Languages* 19-2. 333–362.
Singler, J. V. (ed.) (1990) *Pidgin and Creole Tense-Mood-Aspect Systems*. John Benjamins.
Slobin, D and A. Aksu. (1982) Tense, aspect and modality in the use of the Turkish evidential. In Hopper, P. (ed.) *Tense-Aspect: Between Semantics and Pragmatics*. 185–200.
Stassen, L. (2005) Zero copula for predicate nominals. In Haspelmath, M.et al.(eds.)*The World Atlas of Language Structures*. 486–489.
Timberlake, A. (2004) *A Reference Grammar of Russian*. Cambridge UP.
Thomason, S. T. and T. Kaufman (1988) *Language Contact, Creolization and Genetic Linguistics*. University of California Press.
Tomic, O. M. (ed.) (2004) *Balkan Syntax and Semantics*. John Benjamins.
Tottie, G. (1991) *Negation in English Speech and Writing*. Academic Press.
Trudgill, P. (2004) *New-Dialect Formation: The Inevitability of Colonial Englishes*. Edinburgh UP.
Vendler, Z. (1957) Verbs and times. *Philosophical Review* 66. 146–160.
Vendler, Z. (1967) *Linguistics and Philosophy*. Cornell UP.
Weinreich, U. (1953) *Language in Contact: Findings and Problems*. Linguistic Circle of New York. (Reprinted 1968. Mouton.)
Willett, T. (1988) A cross-linguistic survey of the grammaticization of evidentiality. *Studies in Language* 12. 51–97.
Winford, D. (2003) *An Introduction to Contact Linguistics*. Blackwell.

## 用例出典一覧

『哀愁の町に霧が降るのだ(上・下)』椎名誠　新潮文庫
『愛と幻想のファシズム(上・下)』村上龍　講談社文庫
『愛のごとく(上・下)』渡辺淳一　新潮文庫
『OUT(上・下)』桐野夏生　講談社文庫
『青い宇宙の冒険』小松左京　角川文庫
『蒼い描点』松本清張　新潮文庫
『青梅雨』永井龍男　新潮文庫
『紅い陽炎』夏樹静子　新潮文庫
『朱を奪うもの』円地文子　新潮文庫
『朝の歓び(上・下)』宮本輝　講談社文庫
『阿修羅のごとく』向田邦子　新潮文庫
『あした来る人』井上靖　新潮文庫
『アラスカ物語』新田次郎　新潮文庫
『杏っ子』室生犀星　新潮文庫
『石の眼』安部公房　新潮文庫
『異人たちとの夏』山田太一　新潮文庫
『イスタンブールの闇』高樹のぶ子　中公文庫
『一瞬の夏(上・下)』沢木耕太郎　新潮文庫
『生命ある限り(上・下)』曽野綾子　新潮文庫
『イン ザ・ミソスープ』村上龍　幻冬舎文庫
『内灘夫人』五木寛之　新潮文庫
『宇宙からの帰還』立花隆　中公文庫
『美しき嘘』丹羽文雄　新潮文庫
『ウホッホ探検隊』干刈あがた　朝日文庫
『海と毒薬』遠藤周作　新潮文庫
『海の図(上・下)』灰谷健次郎　角川文庫
『海辺の扉』宮本輝　文春文庫
『黄金を抱いて翔べ』高村薫　新潮文庫
『王妃マリー・アントワネット(上・下)』遠藤周作　新潮文庫
『丘の上の向日葵』山田太一　新潮文庫
『男たちの前線』深田祐介　新潮文庫
『お隣さんお静かに』森村桂　角川文庫
『想い出にかわるまで』内館牧子　角川文庫
『オレンジの壺(上・下)』宮本輝　講談社文庫
『女ざかり』丸谷才一　文春文庫

『女たちのジハード』篠田節子　集英社文庫
『女であること』川端康成　新潮文庫
『開幕ベルは華やかに』有吉佐和子　新潮文庫
『顔に降りかかる雨』桐野夏生　講談社文庫
『輝ける碧き空の下で（上・下）』北杜夫　新潮文庫
『影の告発』土屋隆夫　光文社文庫
『影の地帯』松本清張　新潮文庫
『火車』宮部みゆき　新潮文庫
『風の中の子供』坪田譲治　新潮文庫
『片想い』東野圭吾　文春文庫
『花壇』井上靖　角川文庫
『剃刀』志賀直哉　新潮文庫（『清兵衛と瓢箪・網走まで』所収）
『華麗なる一族（上・中・下）』山崎豊子　新潮文庫
『渇く』瀬戸内寂聴　講談社文庫
『監督』海老沢泰久　文春文庫
『官僚たちの夏』城山三郎　新潮文庫
『岸辺のアルバム』山田太一　角川文庫
『奇跡の人』真保裕一　新潮文庫
『北の海（上・下）』井上靖　新潮文庫
『霧の子午線』高樹のぶ子　中公文庫
『霧の旗』松本清張　新潮文庫
『銀河の雫』高樹のぶ子　文春文庫
『金環蝕』石川達三　新潮文庫
『銀嶺の人（上・下）』新田次郎　新潮文庫
『空夜』尋木蓬生　講談社文庫
『愚者の夜』青野聡　文春文庫
『雲の階段』渡辺淳一　講談社文庫
『黒い雨』井伏鱒二　新潮文庫
『クロスファイア』宮部みゆき　光文社文庫
『恋歌』五木寛之　講談社文庫
『恍惚の人』有吉佐和子　新潮文庫
『こがね虫たちの夜』五木寛之　講談社文庫
『木枯らしの庭』曽野綾子　新潮文庫
『凍える牙』乃南アサ　新潮文庫
『ここに地終わり海始まる』宮本輝　講談社文庫
『午後の曳航』三島由紀夫　新潮文庫
『コスメティック』林真理子　小学館文庫
『国境の南、太陽の西』村上春樹　講談社文庫
『この世の果て』野島伸司　幻冬舎文庫
『これは懺悔ではなく』高樹のぶ子　講談社文庫
『今夜も思い出し笑い』林真理子　文春文庫
『彩雲の峰』高樹のぶ子　新潮文庫
『サザンスコール』高樹のぶ子　新潮文庫

『砂糖菓子が壊れるとき』曽野綾子　新潮文庫
『さらば、荒野』北方謙三　角川文庫
『さらばモスクワ愚連隊』五木寛之　新潮文庫
『山椒大夫・高瀬舟』森鷗外　新潮文庫
『シェエラザード（上・下）』浅田次郎　講談社文庫
『時間の習俗』松本清張　新潮文庫
『四季・布由子（上・下）』五木寛之　集英社文庫
『事件』大岡昇平　新潮文庫
『湿原（上・下）』加賀乙彦　新潮文庫
『疾走（上・下）』重松清　角川文庫
『社長の器』高杉良　講談社文庫
『縦走路』新田次郎　新潮文庫
『樹海（上・下）』丹羽文雄　新潮文庫
『樹下の想い』藤田宜永　講談社文庫
『宿命』東野圭吾　講談社文庫
『小説東京帝国大学』松本清張　新潮文庫
『小説日本銀行』城山三郎　新潮文庫
『小説・吉田茂』大下英治　講談社文庫
『食卓のない家』円地文子　新潮文庫
『新西洋事情』深田祐介　新潮文庫
『砂の家』森瑤子　新潮文庫
『砂の器（上・下）』松本清張　新潮文庫
『砂の殺意』夏樹静子　角川文庫
『砂場の少年』灰谷健次郎　新潮文庫
『スパイスのミステリー』落合恵子　文春文庫
『青春の蹉跌』石川達三　新潮文庫
『世界の終わりとハードボイルド・ワンダーランド（上・下）』村上春樹　新潮文庫
『責任』角田房子　新潮文庫
『絶望の挑戦者』大藪晴彦　新潮文庫
『臓器農場』帚木蓬生　新潮文庫
『蒼氷・神々の岩壁』新田次郎　新潮文庫
『続・マッハの恐怖』柳田邦男　新潮文庫
『そっとさよなら』落合恵子　集英社文庫
『ソフィアの秋』五木寛之　新潮文庫
『それから』夏目漱石　新潮文庫
『第三の女』夏樹静子　角川文庫
『大変だァ』遠藤周作　新潮文庫
『大本営が震えた日』吉村昭　新潮文庫
『高見の見物』北杜夫　新潮文庫
『旅路（上・中・下）』平岩弓枝　角川文庫
『太郎物語（高校編・大学編）』曽野綾子　新潮文庫
『ダンス・ダンス・ダンス（上・下）』村上春樹　講談社文庫

『沈黙』遠藤周作　新潮文庫
『蔦燃』高樹のぶ子　講談社文庫
『積木の箱（上・下）』三浦綾子　新潮文庫
『Ｄの複合』松本清張　新潮文庫
『てのひらの闇』藤原伊織　文春文庫
『テロリストのパラソル』藤原伊織　講談社文庫
『天上の青（上・下）』曽野綾子　新潮文庫
『点と線』松本清張　新潮文庫
『同級生』東野圭吾　新潮文庫
『時の止まった赤ん坊（上・下）』曽野綾子　新潮文庫
『朱鷺の墓（上・下）』五木寛之　新潮文庫
『時を青く染めて』高樹のぶ子　新潮文庫
『ドナウの旅人（上・下）』宮本輝　新潮文庫
『飛ぶ夢をしばらく見ない』山田太一　新潮文庫
『夏草冬濤』井上靖　新潮文庫
『夏の栞』佐田稲子　新潮文庫
『波』山本有三　新潮文庫
『波のうえの魔術師』石田衣良　文春文庫
『楡家の人びと（上・下）』北杜夫　新潮文庫
『人間の鎖』黒岩重吾　角川文庫
『人間の証明』森村誠一　角川文庫
『脳は語らず』渡辺淳一　新潮文庫
『野火』大岡昇平　新潮文庫
『ノルウェイの森』村上春樹　講談社文庫
『博士の愛した数式』小川洋子　新潮文庫
『白痴』坂口安吾　新潮文庫
『花埋み』渡辺淳一　新潮文庫
『花の寺殺人事件』山村美沙　講談社文庫
『花の降る午後』宮本輝　講談社文庫
『花ホテル』平岩弓枝　新潮文庫
『半落ち』横山秀夫　講談社文庫
『挽歌』原田康子　新潮文庫
『ビタミンF』重松清　新潮文庫
『独りきりの世界』石川達三　新潮文庫
『悲の器』高橋和巳　新潮文庫
『101回目のプロポーズ』野島伸司　角川文庫
『百年の預言（上・下）』高樹のぶ子　新潮文庫
『氷壁』井上靖　新潮文庫
『ビルマの竪琴』竹山道雄　新潮文庫
『深い河』遠藤周作　講談社文庫
『不機嫌な果実』林真理子　文春文庫
『不信のとき』有吉佐和子　新潮文庫
『冬の旅』立原正秋　新潮文庫

『振りむいたあなた』佐田稲子　角川文庫
『プワゾン』藤堂志津子　講談社文庫
『分水嶺』森村誠一　中公文庫
『変奏曲』五木寛之　新潮文庫
『ぼくらの恐怖ゾーン』宗田理　角川文庫
『ぼくらのC計画』宗田理　角川文庫
『木瓜の花』有吉佐和子　新潮文庫
『ホワイトアウト』真保裕一　新潮文庫
『街角の法廷』高樹のぶ子　新潮文庫
『マッハの恐怖』柳田邦男　新潮文庫
『マリコ』柳田邦男　新潮文庫
『みずうみ』川端康成　新潮文庫
『満ちたりぬ月』林真理子　文春文庫
『無影燈』渡辺淳一　文春文庫
『宗方姉妹』大佛次郎　新潮文庫
『棟居刑事の「人間の海」』森村誠一　角川文庫
『迷走地図（上・下）』松本清張　新潮文庫
『メトレス』渡辺淳一　文春文庫
『地下鉄に乗って』浅田次郎　講談社文庫
『眼の壁』松本清張　新潮文庫
『やさしい関係』藤堂志津子　新潮文庫
『山本五十六（上・下）』阿川弘之　新潮文庫
『柔らかな頬』桐野夏生　文春文庫
『憂愁平野』井上靖　新潮文庫
『優駿（上・下）』宮本輝　新潮文庫
『夕べの雲』庄野潤三　講談社文庫
『ゆっくり東京マラソン』干刈あがた　朝日文庫
『愉楽の園』宮本輝　文春文庫
『八日目の蝉』角田光代　中公文庫
『夜と霧の隅で』北杜夫　新潮文庫
『夜のかけら』藤堂志津子　講談社文庫
『羅生門・鼻』芥川龍之介　新潮文庫
『理由』宮部みゆき　新潮文庫
『留学』遠藤周作　新潮文庫
『龍は眠る』宮部みゆき　新潮文庫
『リラ冷えの街』渡辺淳一　新潮文庫
『流転の海』宮本輝　新潮文庫
『若葉学習塾』三浦朱門　新潮文庫
『別ればなし』藤堂志津子　講談社文庫
『わるいやつら（上・下）』松本清張　新潮文庫
『われら冷たき闇に』藤堂志津子　講談社文庫

## あとがき（謝辞）

　私の言語研究における最大の恩師は、今は亡き奥田靖雄先生である。奥田（1985）『ことばの研究・序説』所収の「文のこと」は宮城教育大学における最終講義として用意されたものであった。文の基本的な特徴をより深く理解するためには、根底において、「人間が人間であることを保証する社会的な対象的な活動」のなかに「言語活動」を位置づける必要があることが示されている。

　　人間は自分の生命を保証し、自分の生活を発展させるために、自然に存在する物へはたらきかけて、それをつくりかえるのだが、このような人間の対象的な活動は、社会のなかで集団的におこなわれる。そして《はなしあう》という言語活動は、この、社会における対象的な活動をなりたたせるための、人びとのあいだの交通であって、そのような人間活動のそとでは、成立のいかなる必然性もない。

　文法研究においても、人間観、言語観が問われるということであろう。長年にわたってご指導いただいただけでなく、励ましの遺言まで用意してくださった奥田先生のご冥福をお祈りし、感謝の言葉を捧げたい。
　本書を仕上げるにあたっては、小さな研究会での密度の濃い議論を通して、佐藤里美、宮崎和人、鄭相哲、八亀裕美、小林英樹、山東功の諸氏から数々の教示を得た。本書をなんとか仕上げることができたのは、ひとえに、諸氏からの叱咤激励と貴重な助言によるものである。
　1972年に提出した私の修士論文は、母語である愛媛県宇和島方言についてのものであった。1974年からは言語学研究会・比較歴

史部会における石垣方言研究会に参加し、琉球語研究の興味深さを教えていただいた。1996年度〜1998年度には、九州方言研究会の方々との共同研究があり、1999年度〜2005年度にかけては科学研究費の交付を受けて、多くの方々と調査研究を行うことができた。本書はこの共同研究の成果からも多くのことを学んでいる。共同研究者としてもまた母語話者としても、お名前をあげきれないほど多くの方々にご協力いただいた。

　本書が仕上がるのを辛抱強く待っていただいた松本功社長、ならびに丁寧な編集作業を粘り強く行ってくださった板東詩おり氏にも心からお礼を申し上げたい。

　なお、本書は平成25年度科学研究費補助金（研究成果公開促進費）学術図書の交付を受けて刊行されたものである。

# 索引

本書では、詳細目次を付けているため、章や節のタイトルに
なっている箇所を除いて索引を作成している。詳細目次と併せて活用されたい。
用語解説の頁は太字で示している。

## あ

アスペクチュアリティー **642**
アスペクチュアルな副詞 233
アスペクト **643**
アスペクト対立 271

## い

意外（性） 352, 406, 442, 555, 581, 583
意志 410, 435
意志的動作 203, 210
一時的（具体的）現象 32, **639**
一時的存在 345, 441, 449
一般主体 437, **638**

## う

運動 46, 47
運動動詞 50, 64

## え

エヴィデンシャリティー 627, 631, **647**

## お

奥田靖雄 23, 25, 26, 28, 29, 32, 37, 38, 41, 43, 55, 70, 82, 84, 100, 104, 114, 121, 279, 293, 298, 337, 425, 495

## か

「が」 33, 40, 41
開始限界 70, 203, 205, 207, 366, 368, **648**
開始限界達成（性） 202, 213, 214
確信的断定 105
確認 24-26, 29, **635**
かたり 22, 149
関係 46, 47
関係動詞 67
感情・感覚形容詞 396
感情表出 201, 340
完成 198, 494, 495, 524, 525, 537, **644**
間接的エヴィデンシャリティー 385, **647**
間接的証拠 380, 451, 554, 583

## き

記憶の引き出し 221, 364, 382
聞き手の知らない事実 106, 175, 237, 240
規定語 59, **637**
義務（性） 79, 145, 147
疑問詞質問 350
客体結果（継続） 71, 206, 328, 362, 379, 487, 488, 524, 537, 580, 585, 605, **645**
共有情報（共有知識） 145, 180, 350
記録 222, 581, 583
金田一春彦 45, 69, 495
近未来 375

## け

継起 198, **634**
継続 198, **644**
継続動詞 **648**
形態論化 452

形態論的カテゴリー　77, 91, 323
形態論的形式　81, 327, 452, 582
形容詞述語　638
形容動詞　638
結果　645
限界動詞（内的限界動詞）　70, 497

## こ

語彙的意味　218
恒常的（本質的）特徴　32, 639
肯定的想定　236, 248, 253, 409, 416
肯否質問　350
効力　219, 364, 382, 504, 646
コピュラ　331, 393, 401
個別主体　639
根拠　127, 133
痕跡（形跡）　222, 364, 380, 505, 581, 583, 606, 645

## さ

再帰構造　193, 205, 210, 213
佐久間鼎　28, 32, 38, 42
3項対立型アスペクト　536, 644

## し

時間限界　198, 365, 549, 648
時間的限定性　32, 283, 287, 295, 323, 431, 638
時間的後退性　220
時間的展開性　44, 549
時間の抽象化　52, 227, 432, 434
事実確認　263, 267, 275
事実の再確認（想起）　137, 405
事実未確認　264
事象間の時間関係（タクシス）　198, 634
質　46, 47, 563
実現　425
実行法　534, 604
質問文　636
質問法　76

シテアル形式の有無　206, 475
品さだめ文　32
習慣（性）　227, 373, 548, 549, 640
修飾語　637
終了限界達成（性）　202
主語　33, 36, 56, 637
主体結果　645
主体動作客体変化動詞　70, 499, 602, 648
主体動作動詞　70, 499, 572, 602, 648
主体変化主体動作動詞　209, 210, 649
主体変化動詞　70, 499, 573, 603, 648
述語　637
瞬間動詞　209, 648
状況語　637
小説の地の文　22, 297
状態　42, 43, 46, 47, 50, 339, 640
状態形容詞　45, 49, 50, 638
状態動詞　50, 67, 201, 214, 649
状態パーフェクト　220, 221
状態描写（記述）　340, 483, 544, 545
情報構造　108, 239, 634
叙述文　24, 636
叙述法（認識的ムード）　450, 524, 525
進行　524, 526, 567, 644
新事実の確認（発見）　254, 307, 406
新情報　26, 110, 145

## す

推定　364, 375, 379, 380, 451, 524, 580, 585, 605, 606, 645

## せ

設定時　646
前提　127, 129, 241

## そ

相対的テンス　301, 303
存在　46, 47, 158, 639
存在動詞　67, 330, 649

## た

第1否定形式　409, 416
体験性　556
対象的内容　635
態度表明　201, 340
第2形容詞　392, 638
第2否定形式　409, 417
多回（性）　226, 377, 640
脱アスペクト化　224, 361
他動構造　194, 205
単語　633
断定専用形式　329, 357, 396

## ち

知覚体験　162, 165, 199, 641
知識　564, 641
兆候　364, 375, 645
直接確認時　179
直接的エヴィデンシャリティー　449, 647
直前　364, 374, 506, 645
陳述（性）　63, 86, 98, 323, 633

## て

テンス　627, 643
テンス対立　288, 300, 322
伝聞　289, 291, 292, 295, 315, 318
テンポラリティー　91, 642

## と

動作動詞　648
動作パーフェクト　220, 221
同時（性）　198, 634
動詞述語　638
特性　46, 47, 50, 227, 373, 383
特性形容詞　45, 49, 638
特性動詞　67
特性の束　39, 55
独立語　637

## に

2項対立型アスペクト　536, 644
二側面動詞　211, 212
認識的ムード（叙述法）　627, 631, 643
人称（性）　61, 75, 201, 545, 641
人称制限　396, 397, 482, 546, 566, 597, 607

## ね

念押し　348, 359, 410

## は

「は」　33, 41
パーフェクト　646
発話時　21, 283, 290, 312, 322, 442
はなしあい　296, 412, 634
話し手の確認のし方　25, 29, 101, 107
話し手の評価（性）　398
反事実仮想　328, 382
判断　55
反復（性）　227, 373, 376, 504, 566, 608, 640
反レアル　265, 382

## ひ

非実現　422, 427
必然的終了限界　70, 203, 205, 368, 648
ひとまとまり性　202, 207
否認　237, 244, 245, 250, 407, 409, 420, 442
評価感情　23, 131, 165, 238, 244, 631
表出　329, 544, 545

## ふ

不許可　436
複合型アスペクト　478, 536, 644
文　633
文法化　323, 384, 443, 540, 547

## へ

変化進行 328, 362, 524, 537, 595, 603, 615, 645
変化動詞 648

## ほ

補語 637
ポテンシャル 53, 103, 226, 266, 267, 377, 639, 640

## み

未遂 328, 364, 376, 506, 567, 608
未来 91, 266, 267, 282, 293, 298, 318, 323, 434, 553, 571, 640, 642

## む

ムード 642
無限界動詞（非内的限界動詞） 70, 497
無標形式 80, 495, 569, 642-644

## め

名詞述語 638
命令文 636

## も

モーダルな意味 635
目撃 199, 451, 524, 526, 553, 566, 571, 596, 618, 647
モダリティー 91, 641
物語り文 32

## ら

らしさの存在 280, 298

## れ

レアリティー（現実性） 109, 275, 631
レアル 53, 103, 265, 449, 640

工藤真由美（くどう まゆみ）

略歴
1949年愛媛県宇和島市生まれ。東京大学大学院人文科学研究科博士後期課程単位修得退学。横浜国立大学教育学部講師、同助教授、大阪大学大学院文学研究科教授を経て、現在、大阪大学名誉教授。博士（文学）。

主な著書・論文
『アスペクト・テンス体系とテクスト』ひつじ書房（1995年）、『複数の日本語』講談社（共著、2008年）、「否定の表現」『日本語の文法2』岩波書店（2000年）、「アスペクト・テンス」『シリーズ方言学2』岩波書店（2006年）など。

ひつじ研究叢書〈言語編〉第111巻
現代日本語ムード・テンス・アスペクト論
Mood, Tense and Aspect Systems in Japanese
Mayumi Kudo

| | |
|---|---|
| 発行 | 2014年2月3日　初版1刷 |
| | 2016年3月8日　　　2刷 |
| 定価 | 7200円＋税 |
| 著者 | ⓒ 工藤真由美 |
| 発行者 | 松本功 |
| ブックデザイン | 白井敬尚形成事務所 |
| 印刷所 | 三美印刷株式会社 |
| 製本所 | 株式会社 星共社 |
| 発行所 | 株式会社 ひつじ書房 |
| | 〒112-0011　東京都文京区千石2-1-2 大和ビル2階 |
| | Tel: 03-5319-4916　Fax: 03-5319-4917 |
| | 郵便振替 00120-8-142852 |
| | toiawase@hituzi.co.jp　http://www.hituzi.co.jp/ |

ISBN978-4-89476-658-7

造本には充分注意しておりますが、落丁・乱丁などがございましたら、小社かお買上げ書店にておとりかえいたします。
ご意見、ご感想など、小社までお寄せ下されば幸いです。

刊行のご案内

〈ひつじ研究叢書（言語編）第101巻〉
日本語の品詞体系とその周辺
村木新次郎 著　定価5,600円+税

〈ひつじ研究叢書（言語編）第106巻〉
品詞論再考
名詞と動詞の区別への疑問
山橋幸子 著　定価8,200円+税

〈ひつじ研究叢書（言語編）第107巻〉
認識的モダリティと推論
木下りか 著　定価7,600円+税

〈ひつじ研究叢書（言語編）第120巻〉
長崎方言からみた語音調の構造
松浦年男 著　定価6,800円+税